工商管理经典译丛·会计与财务系列
BUSINESS ADMINISTRATION CLASSICS

公司理财

第5版

斯蒂芬·罗斯（Stephen A. Ross）
伦道夫·威斯特菲尔德（Randolph W. Westerfield）
杰弗利·贾菲（Jeffrey F. Jaffe）
布拉德福德·乔丹（Bradford D. Jordan）
著
李常青　魏志华　等　译

CORPORATE FINANCE: CORE PRINCIPLES & APPLICATIONS

Fifth Edition

中国人民大学出版社
·北京·

译者序

随着我国资本市场的兴起及迅猛发展，越来越多的高校开设了财务学专业，市面上公司理财方面的教材百花齐放，既有国内专家学者的倾力之作，也有国外各种教材的英文版和翻译版。

西方财务管理经过多年的演进，在理论和实践上有了长足的发展，国外教材的教辅配套齐全，既利于学生学，又便于教师教。国外教材中影响较大的有罗斯（Stephen A. Ross）领衔合著的《公司理财》、理查德 · A. 布雷利（Richard A. Brealey）和斯图尔特 · C. 迈尔斯（Stewart C. Myers）等合著的《财务管理基础》、乔纳森 · 伯克（Jonathan Berk）和彼得 · 德马佐（Peter DeMarzo）合著的《公司理财》等。其中，罗斯教授先后与不同人合作编写了 3 本教材，共有 30 个以上版本，《公司理财》是罗斯与其他 3 位教授在多年合作基础上的心血力作，有机地将他们所编写的其他教材的两大特色融合在一起：作为本科教材非常重视教学法与可读性，作为研究生教材特别强调前沿性与研究性，可谓名师名著、精品中的精品。具体而言，与其他同类教材相比，该书具有以下显著特点：

（1）内容精要。教材聚焦在学生从导论课程中真正需要掌握的内容，因此，作者在内容的广度和深度两方面进行挑拣取舍，只介绍基本的财务学理论精髓，专题性内容留给后续课程。

（2）应用导向。教材遵照“问题导向型”的教学思路，从实例入手展开理论分析和案例教学，注重“理论-方法-应用”三者的平衡。全书淡化纯理论问题，尽量不用复杂而精密的计算去揭示那些本来显而易见的内容，特别注重从管理者的视角来说明一些方法的运用，并提醒读者避免决策中的某些失误，这对学生未来的职业发展将特别有帮助。

（3）主线清晰。全书自始至终贯穿了净现值（NPV）的概念及其作为估值方法的运用。这使得读者对于影响企业价值的决策保持前后一致的看法。这与某些同类教材只是简单地将相关的公司财务理论放在一起介绍，形成鲜明的对比。因此，当中国人民大学出版社的编辑邀请我们翻译本书对，我们欣然接受。

本书由厦门大学管理学院财务学系李常青教授组织师生共同翻译完成，由李常青、魏志华主译。参加第 3 版翻译的有李常青、魏志华、熊艳、王毅辉和陈亿。第 5 版在第 3 版基础上完善而成，具体分工如下：李常青博士（第 1，2，3，4，5，16 章），魏志华博士（第 6，7，8，11，13 章），熊艳博士（第 9，10，12，14 章）和郎香香博士（第 15，17，18 章）。

全书在相互校阅的基础上由李常青博士进行统稿和审校。由于时间紧、专业难度大、译者水平有限，译文难免存在疏漏，敬请读者批评指正。

李常青

2018年于厦门

前　言

写在开头的话

我们四人合作编写本书或许是天意。在过去 20 多年，我们一直以两个不同的“RWJ”①团队在工作。在这期间，我们腾出时间（我们自己都很惊讶!）合著了 2 本广为流传的本科教材和 1 本同样很成功的研究生教材，都是公司理财领域的。这 3 本教材共有 30 个以上版本（而且还在增加），另外还出版了很多国家版本和国际版本，翻译成了至少 12 种外国语言。

尽管这样，我们深知研究生（MBA）层次的教材还有一个缺陷：需要一本内容精简、重点突出、与时俱进的教材，其中的大部分内容可在一个学期或一个模块讲完。当开始着手编写本书时，我们才意识到，我们四人合计已经讲授和研究财务理论一个多世纪。根据自己的大量经验，我们发现公司理财入门班级学生的教育背景和职业背景各种各样，差异极大。我们还发现，这门课程的讲授形式日益多样化，从传统的一个学期到高度浓缩的模块化教学，甚至纯网络课程教学，既有同步教学，也有异步教学。

我们的方法

为实现我们的目标，满足不同类型学生和多样化的课程环境的需要，我们从公司理财内容中提炼出核心部分，同时保留现代的理财方法。我们保留了公司理财能以一种强有力的直觉来理解的方法，我们还保留了理解“为什么”比理解“怎样”更为重要的思路。在编写本书的整个过程中，我们一直艰难地审视什么才是真正相关和有用的。为此，我们淡化纯理论问题，尽量不用复杂精密的计算去揭示那些本来显而易见或者不太实用的内容。

或许最重要的是，本书为我们提供了一个将我们所了解的在一本公司理财教材中真正有用的东西融合在一起的机会。这些年来我们收到了无数的反馈意见。根据这些反馈，我们努

① 四位作者姓氏的首字母分别为 R，W，J，J，罗斯、威斯特菲尔德与贾菲（第一个 RWJ），罗斯、威斯特菲尔德与乔丹（第二个 RWJ）各合作编写过公司理财教材。——译者注

力将两个关键的要素有机地融合在本书中，那就是我们一直在本科教材中特别重视的教学法和可读性，在研究生教材中特别强调的前沿性和研究性。

从一开始，我们就不希望本教材是一部百科全书。我们的目标是聚焦于学生从导论课程中真正需要掌握的内容。与经常讲授公司理财课程的同事们几番争论与协商后，我们将本书设为 18 章①，每章长度控制在 30 页左右，这样书中大部分内容（因而大部分重要概念与应用）可以在一个学期或模块中讲授完。编写一本严格专注核心原理与应用的教材需要在内容的广度和深度两方面进行取舍。自始至终，我们寻求一种平衡，本书只介绍基本的必要内容，专题性内容留给后续课程。

正如我们的其他教材一样，我们将净现值视为指导公司理财的基本概念。许多教材仅此而已，并未将这一基本概念前后一致地整合起来。净现值表示市场价值超过成本的部分，这一简单、直观而又重要的概念常常迷失在强调计算而忽视理解的过分机械的方法之中。与此相反，我们所涵盖的每一个主题都根植于估值之上，并始终注意解释特定的决策是如何影响估值的。

此外，学生不容忽视的一个事实是财务管理侧重于管理。我们强调财务经理作为决策者的作用，并因此而着力突出对管理内容和判断的需求。我们有意避免将“黑箱”法用于决策，而且在适当的地方指明财务分析的粗略、实用主义特性，揭示可能的陷阱，并讨论不足之处。

第 5 版的新变化

本版中更新了各章的开篇故事以反映过去几年风云变幻的市场和财务新趋势。此外，我们更新了章末的练习题。我们努力试图整合公司理财领域最新的令人振奋的研究发现。许多章节的内容大幅修改甚至重写。

- 过去 8 年由于金融危机和经济萧条，世界金融市场比以往更加相互影响。公司理财理论和实践日新月异，我们全面更新了开篇故事、案例和章末练习题以反映这些新变化。

- 最近几年股票、债券的价格和收益屡创新高，而利率和通货膨胀则为历史低点，为此我们更新了第 10 章“风险与收益：市场历史的启示”的相关内容并对历史风险与收益进行了国际比较。根据更新后的历史数据，权益风险溢价的估计具有更加坚实的基础，对资本市场环境的理解更加深刻。

- 对于大多数公司而言，债务在资本结构中举足轻重，然而一些公司却奉行零负债政策，这令人困惑。关于这些零负债行为的最新研究为公司实际资本结构决策提供了新思路。第 15 章“资本结构：债务运用的限制”探讨了这项新研究并应用于资本结构的讨论中。

- 第 16 章“股利与其他支付”更新了美国大公司利润、股利和回购数据。最新趋势表明在公司股利政策上股票回购远远超过股利发放。由于公司可以采用股利或回购的形式将现金支付给权益投资者，回购日益增加成为一道财务新风景。

- 加权平均资本成本是资本预算的重要基准，也用来代表公司的机会成本，但其计算艰难曲折，又十分关键。我们根据互联网上可获得的数据更新了 Eastman 化学公司资本成本

① 英文原书为 20 章，本书翻译过程中删减为 18 章。——译者注

的估计，试图探究计算中的细微差别。

我们的修订与改进还涉及与教材配套的教辅材料。在许多具有奉献精神、才华横溢的同事和业界精英的一起合作下，我们继续独家提供研究生层次的补充材料。不管你是单独使用本教材，还是与其他产品配套使用，我们相信你总会找到一种组合满足你目前和正处在变化中的需要。

斯蒂芬·罗斯
伦道夫·威斯特菲尔德
杰弗利·贾菲
布拉德福德·乔丹

目　录

第1篇　综　述

第2篇　价值与资本预算

第3篇　风险与回报

第4篇　资本结构与股利政策

第5篇 理财专题

第 1 篇

综　　述

第 1 章

公司理财导论

开篇故事

Men's Wearhouse 的创始人乔治·齐默(George Zimmer)多年来无数次在电视广告中信誓旦旦地承诺："你一定会喜欢上自己的样子，我保证。"然而，在公司董事会看来，齐默无法令人满意。2013 年年中，他突然被公司扫地出门。据报道，齐默与董事会之间在公司私有化等一系列问题上存在分歧。显然，齐默的想法未能符合董事会的期望。不过，优秀的创业者不会就此倒下：齐默被解雇后，先后创立了两家新公司——zTailor 和 Generation Tux，通过 zTailor 顾客可以预订裁缝，裁缝可上门根据顾客要求对衣服进行测量、更改；Generation Tux 则提供礼服在线租赁并送货上门的服务。

要理解齐默从一家用雪茄盒做收银机的服装店的创始人到公司高管，最终变为公司前雇员的传奇经历，涉及公司组织形式、财务管理的目标和公司控制等议题，而这些内容都将在本章加以讨论。认真读下去你一定会有所收获，我保证。

1.1 什么是公司理财

假设你决定创办一家网球生产公司。为此，你必须聘用管理者购买原材料，招募一批工人生产和销售网球。用财务的语言来说，你投资于存货、机器、土地和劳动力等资产，而投资在这些资产上的现金必须与筹集到的现金相等。当你开始销售网球时，你的企业就会获得现金。这是价值创造的基础。公司的目的就是为你——业主创造价值。这一价值体现在公司的简单资产负债表模型框架中。

公司的资产负债表模型

让我们以财务的眼光来了解一下公司及其在某一时点的经营活动情况，图 1-1 形象地展示了公司资产负债表的概念框架，它将有助于你初步了解公司理财。

公司的资产位于资产负债表的左边。这些资产可划分为流动资产和固定资产。固定资产（fixed assets）是使用寿命较长的资产，如建筑物。一些固定资产是有形的，如机器和设备。一些固定资产是无形的，如专利和商标。另一类资产——流动资产（current assets）是使用寿命较短的资产，如存货。公司生产的尚未售出的网球就是一种存货。除非公司过量生产，否则它们不会在公司停留太久。

在公司投资于资产之前，必须先获得融资，这意味着公司必须筹集资金以用于投资。筹集资金的方式反映在资产负债表的右边。公司可以发行一些被称为债券（贷款协议）或股票（股票证书）的证券来筹资。正如资产分为流动资产和固定资产一样，负债也如此。短期负债也称作流动负债（current liability），是指必须在一年内偿还的贷款或其他义务。长期负债是指不需要在一年内偿还的债务。股东权益(shareholders' equity）是公司资产与负债价值的差额。换句话说，它代表对公司资产的剩余索取权。

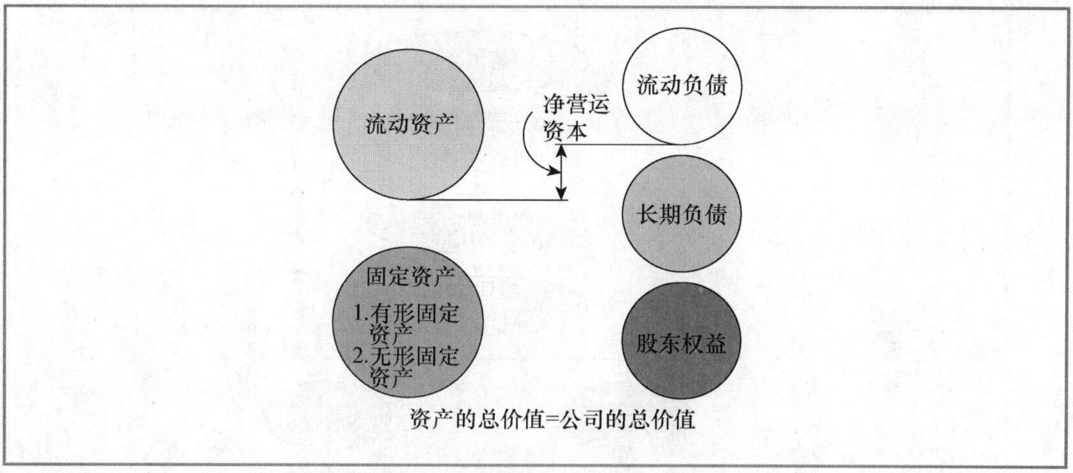

图 1-1　公司的资产负债表模型

从公司的资产负债表模型，可以容易理解为什么公司理财常被认为就是研究以下三个问题：

1. 公司应该投资于什么样的长期资产？该问题关心的是资产负债表的左边。当然，资产的类型及其比例取决于公司的性质。我们用**资本预算**（capital budgeting）这个专业术语来描述长期资产投资和管理的过程。

2. 公司如何筹集资本支出所需要的资金？该问题关心的是资产负债表的右边。回答这一问题涉及公司的**资本结构**（capital structure），也就是公司中流动负债、长期负债和权益融资的比例。

3. 如何管理短期经营性现金流量？该问题关心的是资产负债表的上半部分。经营活动的现金流入与现金流出经常在时间上不匹配。而且，经营性现金流量的数量和时间都具有不确定性。财务经理必须致力于管理现金流量的缺口。从资产负债表的视角来看，现金流（现金流量）的短期管理与公司的**净营运资本**（net working capital）有关。净营运资本是指流动资产减去流动负债的差额。从财务的视角来看，短期现金流量问题是现金流入与现金流出之间不匹配所引起的，属于短期融资的问题。

财务经理

在大型企业中，公司高层管理者如副总裁、财务总监（chief financial officer，CFO）和部分级别略低的主管负责管理公司财务活动。图 1-2 描述了公司财务活动中常见的组织结构。财务主任（treasurer）和主计长（controller）向财务总监报告。财务主任的职责是处理现金流量、管理信用和资本预算决策、安排融资计划等。主计长负责会计职能，包括税收管理、成本会计、财务会计、信息系统等。

1.2　企业组织形式

企业是组织许多个体进行经济活动的一种方式。企业的根本问题是如何筹集资金。

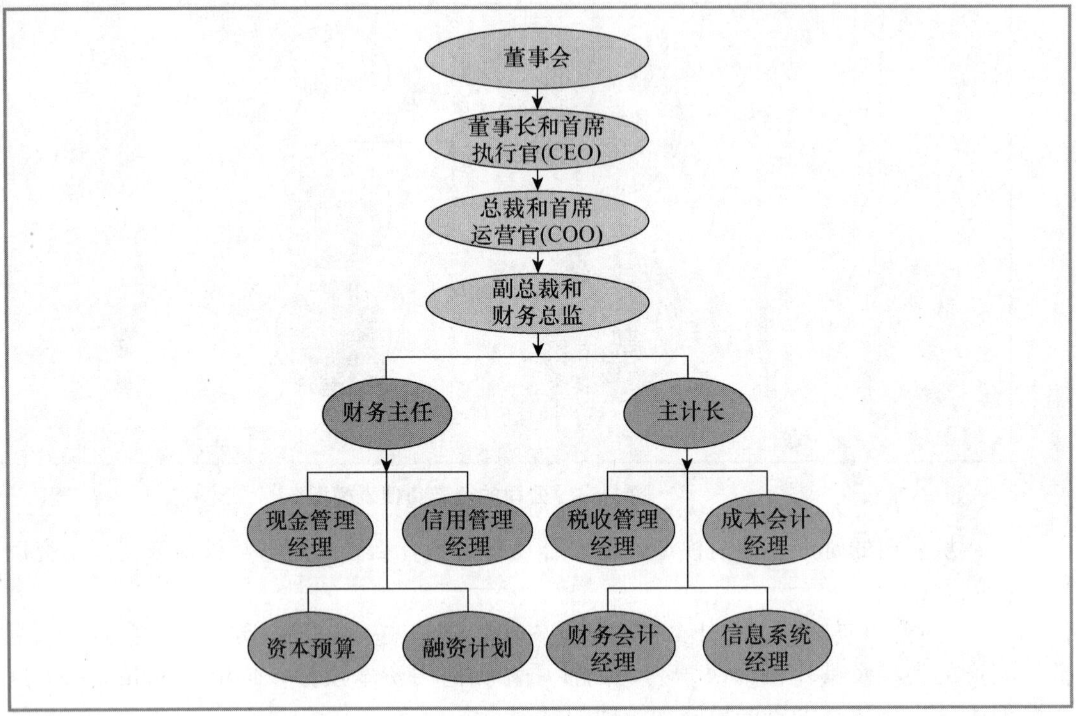

图1－2　公司财务组织结构图

公司制组织形式，即按公司组织企业，是解决筹集大量资金问题的一种标准方法。不过，企业还有其他组织形式。本节我们将讨论企业的三种基本法律形式以及在这三种企业组织形式下分别如何解决资金筹集问题。

独资企业

独资企业（sole proprietorship）是指只由一个人拥有的企业。假如你打算创办一家生产捕鼠器的企业。入行非常简单：你只需要表明“从今天开始，我将生产更好的捕鼠器”就行了。

大多数大城市要求你必须取得营业执照。此后，你就可以雇用你所需的人、借你所需的钱。年末，所有的利润或亏损都是你自己的。

以下几点是独资企业的重要特征：

1. 独资企业是费用最低的企业组织形式，不需要正式的公司章程，对于大多数行业很少有政府规章需要遵循。

2. 独资企业无须缴纳企业所得税。企业所有利润都按个人所得纳税。

3. 独资企业对债务与其他义务负有无限责任。个人资产与企业资产间没有界限。

4. 独资企业的存续期以独资企业主的寿命为限。

5. 由于投资于企业的资金只来自业主个人，因此，独资企业所能筹集到的权益资金仅限于业主的个人财富。

合伙企业

任何两个或两个以上的个人都可以在一起组建**合伙企业**（partnership）。合伙企业分为两种：(1）普通合伙企业；(2）有限合伙企业。

在普通合伙企业（general partnership）中，所有合伙人同意按合伙比例承担工作、资金和分享企业的利润或亏损。每个合伙人对合伙企业的所有债务承担无限连带责任。合伙协议明确了合伙安排的具体要求，可以是口头协议或正式的书面协议。

有限合伙企业（limited partnership）允许某些合伙人以其认缴的出资额为限对合伙企业债务承担责任。有限合伙企业通常要求：(1）至少有一名合伙人是普通合伙人；(2）有限合伙人不参与企业经营管理。

合伙企业具有以下几个重要特征：

1. 合伙企业通常费用不高，组建容易。安排复杂时要求有书面协议，营业执照和申请费用也是必需的。

2. 普通合伙人对合伙企业的所有债务承担无限连带责任。有限合伙人通常以其认缴的出资额为限对合伙企业债务承担责任。如果某个普通合伙人无力承担责任，则不足部分须由其他普通合伙人承担。

3. 当一位普通合伙人死亡或撤资时，普通合伙企业将终止（对于有限合伙人却不是这样）。除非解散，否则合伙人很难转让其权益，这通常要征得所有普通合伙人的同意。然而，有限合伙人可以出售其在企业中的权益。

4. 合伙企业要筹集大量的资金很困难。权益资本的规模通常受制于合伙人的自身能力和意愿。许多企业，如苹果公司，初始创业时采用独资或合伙企业形式，但过了一定的时间后会选择转变为公司制的企业形式。

5. 合伙企业的利润按合伙人的个人所得征收所得税。

6. 管理控制权归属于普通合伙人。企业的重大事件，如企业的利润留存数额等，通常由多数票决定。

大型企业要以独资或合伙企业的组织形式存在是很困难的。独资企业或合伙企业的主要优势是创办成本低，但其劣势在创办后变得日益严重：无限责任、有限的企业生命、产权转让困难，这三个缺陷导致筹集资金困难。

公司制企业

在所有企业组织形式中，**公司**（corporation）是最为重要的。公司是一个明确的法律主体，本身可以有名称，享有很多自然人的法律权利。例如，公司可以购买和交换财产、签订契约、起诉和被起诉。从司法管辖的角度来说，公司是其成立时所在州的公民（当然，它没有投票权）。

相对于独资企业和合伙企业，创办公司要复杂得多。公司的创办人必须准备公司章程和一套规章制度。公司章程应包括以下内容：

1. 公司名称。

2. 公司计划的经营年限（可以是永续经营）。

3. 经营目的。

4. 公司获准发行的股票数量，以及不同股份的权限说明。

5. 股东的权利。

6. 创始董事会的成员数量。

规章制度是公司规范其自身存续的准则，涉及公司股东、董事和经理。规章制度可以是对公司经营管理原则的简单描述，也可以是长达数百页的文字说明。

在最简单的公司制企业中，公司由三类不同的利益主体组成：股东（业主）、董事和公司经营者（高层管理者）。传统上，股东控制公司的方向、政策和经营活动，股东选举董事会成员，然后由董事会挑选公司高层管理者。高层管理者作为公司的经营者，为了股东的利益管理公司的日常经营活动。在股东少、股权十分集中的公司，股东、董事会成员和高层管理者通常相互大量兼任。而在大型公司中，股东、董事会成员和高层管理者很有可能是三个不同的群体。

与独资企业和合伙企业相比，公司制企业所有权和经营权可能的分离具有以下优势：

1. 因为股份代表公司的所有权，公司所有权可以容易地转让给新的所有者。因为公司的存在与谁持有它的股份无关，所以，股份转让不像合伙企业那样受到限制。

2. 公司具有无限的存续期。因为公司是独立于所有者的，某个所有者的死亡或撤资不影响公司的法律存在，即使创始所有者撤资，公司也可存续。

3. 股东以其所持股份为限对公司承担责任。例如，如果股东购买了1 000美元公司股份，其可能的损失就是1 000美元。而在合伙企业中，出资1 000美元的普通合伙人可能损失1 000美元再加上合伙企业的任何其他债务。

有限责任、所有权转让容易和永续存在是公司制企业组织形式的主要优点。这些优点使得公司制企业募集资金的能力大幅提高。

然而，公司制企业有一个较大劣势。联邦政府（州政府同样）除了对股东收到的股利征收个人所得税，还要对公司的利润征收企业所得税。与独资企业或合伙企业相比，这是对股东的双重征税。表1-1对公司制企业和合伙企业进行了比较。

表1-1　公司制企业和合伙企业的比较

	公司制企业	合伙企业
流动性和可交易性	股份可以交易，公司无须终止。普通股可在交易所上市。	合伙权利单位的交易受到重大限制，合伙企业的交易市场通常不存在。
表决权	在需要表决重大事项和选举董事会成员时，普通股股东每一股享有一票表决权。董事会成员可以决定高层管理者人选。	有限合伙人享有部分表决权，普通合伙人则完全控制和管理企业的经营。
税收	公司面临双重纳税：公司利润要纳税，股东的股利也要纳税。	合伙企业不缴纳企业所得税，合伙人从合伙企业分得的利润缴纳个人所
再投资和股利	公司在股利政策决策上具有充分的自由。	合伙企业一般禁止再投资，所有利润都分配给合伙人。
责任	股东个人对公司债务不承担责任。	有限合伙人对合伙企业债务不承担责任，普通合伙人承担无限连带责任。
存续连续性	公司可以永续经营。	合伙企业存续期有限。

目前，美国 50 个州都已立法，允许创办一种相对新的企业组织形式，即有限责任公司（limited liability company，LLC）。这种实体的目标是像合伙企业一样经营和纳税，但保留所有者的有限责任，因此，有限责任公司实质上是合伙企业和公司制企业的混合体。尽管各州对有限责任公司的定义各不相同，但更为重要的把关者是美国国内税收（收入）署（Internal Revenue Service，IRS）。除非满足某些特别的条件，否则国内税收署仍会将有限责任公司视同为公司进行双重征税。其实，有限责任公司是不可能公司化的，或者说被国内税收署当作公司来看待。但有限责任公司越来越普遍。例如，华尔街最后的合伙企业之一高盛公司（Goldman Sachs）决定从私人合伙企业转变为有限责任公司（后来，公司上市，成为一家公众公司）。许多大型会计师事务所和律师事务所已经转型为有限责任公司。

其他名称的公司

公司制组织形式在世界各地不尽相同。确切的法律和规章制度因所处的国家不同而略有差异，但公众所有和责任有限这两个本质特征保持不变。这些公司经常被称为股份联合公司、公众有限公司或有限责任公司，这具体取决于企业的特定性质和其所在的国家。

表 1-2 列出了几个知名国际公司的名称、原籍国家以及公司名称后面简写的翻译。

表 1-2　　国际公司

公司名称	原籍国家	公司类型	
		原文	翻译
Bayerische Motoren Werke (BMW) AG	德国	Aktiengesellschaft	公司
Rolls-Royce PLC	英国	Public limited company	公众有限公司
Shell UK Ltd.	英国	Limited	公司
Unilever NV	荷兰	Naamloze Vennootschap	股份联合公司
Fiat SpA	意大利	Società per Azioni	股份联合公司
Volvo AB	瑞典	Aktiebolag	股份联合公司
Peugeot SA	法国	Société Anonyme	股份联合公司

1.3　现金流量的重要性

财务经理最重要的工作是从公司资本预算、融资和净营运资本活动中创造价值。那么财务经理如何创造价值呢？答案就是公司创造的现金流量应该超过它使用的现金流量。

公司支付给债权人和股东的现金流量应该大于债权人和股东投入公司的现金流量。为了说明这一点，我们可以追踪现金流量在公司与金融市场之间往返流动的情况。

公司财务活动与金融市场之间的相互作用如图 1-3 所示。图 1-3 中的箭头说明了现金流量从公司到金融市场，再从金融市场到公司的过程。假设我们从公司的融资活动开始，为了融资，公司在金融市场发售债券和股票给投资者，这导致现金流量从金融市场流向公司（A）。公司管理层将这些现金投资于公司的资产（B），公司创造的现金（C）支付给股东和债权人（F）。股东以股利的形式收到现金；出借资金给公司的债权人收到利息，并最终收回公司偿还的本金。并不是公司的所有现金都支付出去，一些留存在公司（E），还有一些以税收的形式支付给政府（D）。

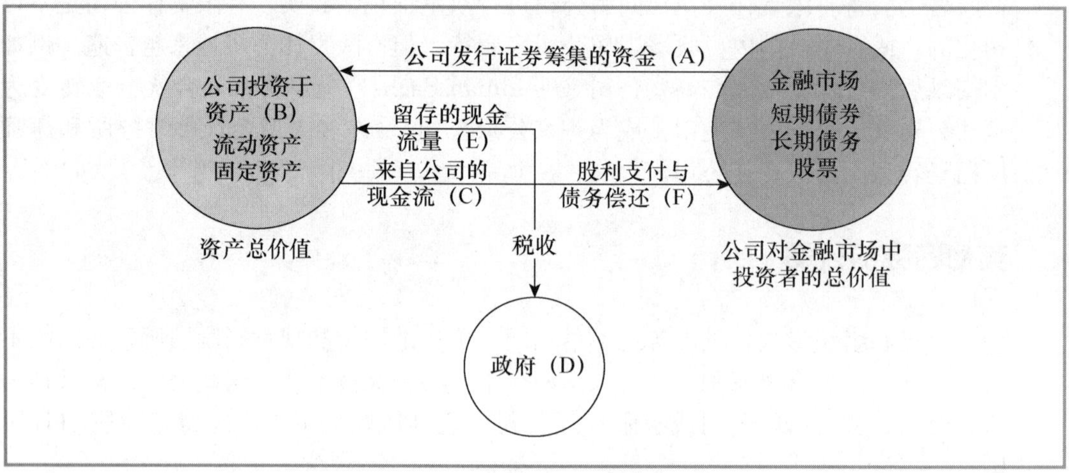

图1-3 公司与金融市场之间的现金流量

经过一段时间，如果支付给股东和债权人的现金（F）大于从金融市场筹集的现金（A），公司就创造了价值。

现金流量的确认 遗憾的是，有时直接观察现金流量很不容易。我们得到的多数信息是会计报表形式，从会计报表中提取现金流量信息需要大量的财务分析工作。下面的例子说明了如何获取现金流量信息。

例1.1 会计利润与现金流量

Midland公司从事黄金提炼和贸易业务。年末，公司以100万美元的价格销售了2 500盎司黄金。年初，公司支付了90万美元现金用于购买这些黄金。遗憾的是，公司还没有从购买黄金的客户处收到现金。以下是年末从会计视角表示的公司财务情况：

Midland公司 利润表（会计视角） 12月31日截止的会计年度	
销售收入	$ 1 000 000
一成本	−900 000
利润	$ 100 000

根据一般公认会计原则，基于客户会很快付款的假定，即使客户没有付款也可以确认收入。从会计视角来看，Midland公司似乎是盈利的。然而，从公司理财的视角来看却不是这样，它更强调现金流量。

Midland 公司 利润表（公司理财视角） 12 月 31 日截止的会计年度	
现金流入	$　0
现金流出	−900 000
	$ −900 000

公司理财感兴趣的是 Midland 公司的黄金交易活动是否创造了现金流量。价值创造取决于现金流量。对于 Midland 公司来说，价值创造取决于它是否能收到和何时实际收到 100 万美元现金。

现金流量的时间分布　公司所做出投资的价值取决于现金流量的时间分布。公司理财的一个重要原则是任何人都偏好早点收到现金流量而不是晚点收到。今天收到的一美元比明年收到的一美元更有价值。

例 1.2　企业组织

Midland 公司正在两个新产品项目计划之间进行抉择，两个产品的原始投资都是 10 000 美元，在未来 4 年都将带来额外的现金流量，具体分布情况如下：

年份	新产品 A	新产品 B
1	$　0	$ 4 000
2	0	4 000
3	0	4 000
4	20 000	4 000
合计	$ 20 000	$ 16 000

初看起来，新产品 A 似乎更好。但是，B 的现金流量比 A 的来得早。由于没有更多的信息，我们无法确定哪一组现金流量为公司债权人和股东创造的价值更多。这取决于从 B 早收到现金的价值是否超过从 A 多收到现金的价值。债券和股票的价格反映了对较早收到现金流量的偏好，我们将讨论如何应用它们去选择产品 A 和 B。

现金流量的风险　公司必须考虑风险。现金流量的数量和时间分布通常很不确定。大多数投资者都是风险厌恶者。

例 1.3　风险

Midland 公司正考虑进行海外业务扩张，经过评估它认为欧洲和日本是两个备选地点。欧洲被认为相对安全，在日本经营则颇有风险。无论在上述哪个地方，公司都将在一年后关闭其海外业务。

在进行全面的财务分析后，Midland 公司得到了两种扩张方案在悲观、正常和乐观三种情境下的现金流量，具体如下：

地点	悲观	正常	乐观
欧洲	$75 000	$100 000	$125 000
日本	0	150 000	200 000

如果不考虑悲观情境，日本或许是最好的选择。如果考虑悲观情境，我们的选择就不太清楚了。在日本经营看起来风险更大，但产生的现金流量可能更高。那么，什么是风险？如何定义它？我们必须弄清楚这一重要问题。公司理财无法回避处理风险方案的决策问题，因此，本书将用较大篇幅讨论对风险投资机会的评估方法。

1.4 财务管理的目标

如果我们将讨论限定于营利性组织，财务管理的目标就是为股东赚取利润或增加价值。当然，这一目标有点模糊不清，因此，我们考察一些不同的表述方式以得出一个更准确的定义。这个定义很重要，因为它是制定和评价财务决策的客观基础。

可能的目标

如果考虑可能的财务管理目标，我们可能会想到以下几个方面：

- 生存。
- 避免财务困境或破产。
- 战胜同行。
- 销售收入或市场份额最大化。
- 成本最小化。
- 利润最大化。
- 保持稳定的利润增长。

这些只是我们能罗列的部分目标。而且，对财务经理而言，每个可能的目标都存在一定的问题。

例如，要提高市场份额或销售收入其实很简单，我们只需要降低价格或放松信用条件。类似地，我们只需停止研发活动这一类事情就可以降低成本，我们只需永不借款或从不冒险就可以避免破产，等等。很难说这些行为是符合股东利益的。

利润最大化可能是最经常被引用的目标，但它同样不够准确。我们所谓的利润是指今年的利润吗？如果是，我们就应该注意到，推迟维护、压缩库存、采取其他短期的成本削减措施都能增加今年的利润，但这些措施未必对企业有利。

利润最大化目标可能指的是某种长期利润或平均利润，这仍然不够准确。首先，我们所说的利润是指会计净利润或每股收益吗？在下一章我们将详细了解，这些会计数字和企业的好坏几乎没有什么关系，我们更关心的是现金流量。其次，长期到底是指多长？正如一位著名的经济学家评论的那样，从长期来看，我们终有一死。更为重要的是，这个目标没有告诉我们如何在当前利润与未来利润间进行适当的权衡。

我们在前面罗列的目标虽各不相同，但基本上可以分成两大类。第一类与盈利能力相关，包括销售收入、市场份额、成本控制等，这类目标都与获得利润或提高利润的各种不同方式相关，至少是潜在相关。第二类包括避免破产、稳定性、安全性等，这类目标在一定程度上都与风险控制有关。遗憾的是，这两类目标在某种程度上相互矛盾。追求利润通常会伴随一定的风险，利润最大化同时风险又最小实际上是不太可能的。因此，我们需要的是将这两个因素同时考虑在内的目标。

财务管理的目标

公司财务经理代表公司股东进行财务决策。因此，我们不能仅仅为财务经理列出各种可能的目标，而要认真地回答一个更为基础的问题：从股东的角度来看，什么决策才是好的财务管理决策？

如果我们假设股东是为了获取财务利益而购买股票，答案则显而易见：好的决策增加股票的价值，而糟糕的决策降低股票的价值。

根据我们的观察，财务经理根据股东利益最大化来进行决策将会提高股票的价值。因此，财务经理的恰当目标可以简单表述如下：

财务管理的目标是使现有股票每股当前价值最大化。

股票价值最大化的目标避免了前面罗列的各种目标所存在的种种问题。没有标准模棱两可的问题，也没有长期与短期的问题。我们的目标可以明确地表达为：使当前股票价值最大化。

如果这个目标看似有点极端或较为肤浅，那么请记住，股票持有者是公司的剩余所有者。也就是说，只有当员工、供应商和债权人（以及其他任何具有合法要求权的人）都得到他们应得的部分之后，股东才享有剩余资产的所有权。如果这些人中任何一个未得以支付，股东将什么也得不到。因此，从某种意义上说，如果股东成功赢得了剩余部分，剩余索取权部分在增长，那么其他任何人一定也获得了成功。

由于财务管理的目标是股票价值最大化，我们必须了解如何识别对股票价值有利的投资和融资安排。这也正是我们将要学习的。在前面的部分，我们强调现金流量对价值创造的重要性。实际上，我们可以将公司理财（corporate finance）定义为研究公司经营决策、现金流量和股票价值之间的关系。

一个更一般的目标

如果财务管理的目标如前述的那样（即股票价值最大化），那么一个显而易见的问题就产生了：当公司没有可供交易的股票时，那么合适的目标是什么？公司当然不是唯一的企业组织形式，即使是公司，很多公司的股票也很少交易，因此，在任意特殊时点的每股价值是很难确定的。

只要我们考虑的是营利性组织，只需要做一点点的修正。公司股票总价值简单等于业主权益的价值。因此，更为一般意义上的财务管理目标可以表述为：

现有业主权益价值最大化。

有鉴于此，我们就不必担心企业组织形式是独资企业、合伙企业还是公司制企业了。对于以上每一种企业，好的财务决策增加业主权益价值，糟糕的财务决策则减少业主权益价值。实际上，尽管我们在本书后面的章节中重点关注的是公司这种组织形式，但其基本原理对所有的企业组织形式都是适用的，许多原理甚至能应用于非营利组织。

最后，这一目标并不意味着财务经理可以采取非法或不道德的行为以使公司权益价值最大化。我们希望财务经理通过提供提高公司价值的产品和服务来最好地为公司的股东服务。

1.5 代理问题与公司控制

指导公司行为的程序、政策、法律和制度都属于广义的公司治理。公司治理也包括股东、管理层、员工、董事会、供应商、社区等不同利益相关者之间的关系。正因为如此，公司治理是个很宽泛的话题。

我们知道，财务经理通过采取增加股票价值的行动，最大限度地保护股东的利益。然而，在大型公司中，所有权分散在大量的投资者手中，所有权的分散意味着管理层实质上控制了公司。在这种情况下，管理层必然会最大限度地保护股东的利益吗？换句话说，管理层是否会为了达到自己的目的而牺牲股东的利益？

在全球各地，公司治理各不相同。例如，在美国和英国之外的大多数国家，公众公司通常被一个或多个大股东控制。而且，与美国、英国这些对股东保护较好的国家相比，在对股东保护较差的国家中，大股东侵害小股东利益的机会更多。研究表明，一个国家的投资者保护框架是理解公司现金持有水平和股利政策的重要因素。例如，研究发现，与美国这样一个对投资者保护程度较高的国家相比，在对投资者保护程度低的国家中，股东对公司的现金持有不会给予很高的估值。①

在基本的公司治理架构下，股东选举董事会，董事会随后任命公司高层管理者，例如首席执行官。首席执行官通常也是董事会成员。公司治理中的董事长问题最近引起了关注。在大多数美国公司中，首席执行官和董事长是同一人。反对者认为，首席执行官和董事长两职合一会导致公司治理较差。当我们比较美国和英国的公司治理时，对英国公司的治理通常评价较高，这部分归因于90%以上英国公司的董事长是外部董事而不是首席执行官兼任。② 这对于多数美国公司来说仍是一个有争议的问题。例如，2015年，29%的标准普尔500指数公司任命外部独立董事作为董事长，比8年前仅仅10%的比例有很大提升。

---

① 例如，可参阅Rafael La Porta，Florencio Lopez-De-Silanes，Andrei Shleifer，and Robert Vishny，“Investor Protection and Corporate Valuation，” *Journal of Finance* 57（2002），pp. 1147-1170；Lee Pinkowitz，René M. Stulz，and Rohan Williamson，“Cash Holdings，Dividend Policy，and Corporate Governance：A Cross-Country Analysis，” *Journal of Applied Corporate Finance*，Vol. 19，No. 1(2007)，pp. 81-87。

② “U. S. Corporate Governance：Accomplishments and Failings，a Discussion with Michael Jensen and Robert Monks，”（moderated by Ralph Walkling）*Journal of Applied Corporate Finance*，Vol. 20，No. 1（Winter 2008），pp. 28-46.

代理关系

股东与管理者之间的关系称为代理关系。当某个人（委托人）雇佣另一个人（代理人）来代表他的利益时，代理关系就产生了。例如，当你离开学校时可能雇某人（代理人）来帮你卖车。在这种关系中，委托人和代理人之间可能存在利益冲突，这种冲突称为**代理问题**（agency problem）。

假设你雇某人来帮你卖车并约定事成之后支付固定的酬金。这种情况下，代理人的动机是把车卖出去，但未必是按最高的价格卖出去。如果你按卖出价格的一定比例（例如 10%）而不是固定的金额支付佣金，那么这一问题就不会存在。这个例子说明，代理人报酬的支付方式是影响代理问题的一个因素。

管理层目标

为了说明股东和管理层的利益有何不同，设想一家公司正在考虑一项新投资。新投资预计会对公司股票价值产生积极影响，但也有一定的风险。因为股票价值会提升，公司的股东希望进行投资，但是管理层则因情况可能变得糟糕而失去工作，因而不愿意投资。如果管理层不投资，股东则可能会失去一个有价值的投资机会。这就是代理成本（agency cost）的一个例子。

更广义的代理成本是指股东和管理层之间利益冲突的成本。这些成本可能是直接成本或间接成本。直接代理成本是指失去的机会，正如前面的例子所描述的。

直接代理成本有两种形式。第一种是管理层受益但股东蒙受损失的公司开支，购置奢侈和没必要的公司商务机就属于这种。第二种是出于监督管理层行为的需要而发生的费用，支付给外部审计师鉴定财务报表信息准确性的费用就是一个例子。

人们有时候争论认为，如果听之任之，财务经理倾向于最大化他们控制的公司资源，或者更一般地说，公司的权力和财富。这一目标将导致过于强调公司的规模或成长性。例如，仅仅为了扩大公司的规模或显示公司的实力，管理层被指责以高昂的代价去收购另一家公司的案例屡见不鲜。显然，如果确实付出高昂的代价，这项并购受益的肯定不是主并公司的股东。

我们的讨论表明，管理层倾向于过于强调组织的生存以确保其工作的安全性。同时，管理层可能不喜欢外界的干预，因此，独立性和公司的自给自足可能是管理层的重要目标。

管理者是否为股东的利益行事

实际上，管理者是否会为了股东的最佳利益行事取决于两个因素：首先，管理层目标与股东目标有多么一致？这个问题至少部分地与管理层的报酬方式有关。其次，管理者如果没有按股东的目标来行事是否会被撤换？这一问题涉及公司的控制。正如我们即将讨论的那样，有大量的理由认为，即使在大公司中，管理层也有足够的动机去为股东的利益行事。

管理人员报酬 管理层常常会有巨大的经济激励去提高股票价值，理由有二：第一，管理人员特别是高级管理人员的报酬通常与财务业绩尤其是公司股票价值挂钩。例如，管理层常被授予期权，可以按某一约定价格购买公司股票。股票价格越高，期权的价值也越高。事实上，期权可用于激励各个级别的员工，而不只是高级管理人员。许多公司也会通过授予股票或期权让管理者持有一定的公司股份。例如，探索通信公司（Discovery Communications）首席执行官戴维·扎斯拉夫（David Zaslav）在2015年的总薪酬达15 610万美元，其中基本工资和现金奖金是1 100万美元，股票和期权价值14 510万美元。尽管高额的高管薪酬一直为人所诟病，但从股东的角度看，高管薪酬与公司业绩的敏感性通常更为重要。

第二个理由与管理者的工作前景有关。公司业绩好，管理人员更容易获得提升。一般来说，那些成功实现股东目标的管理者在劳动力市场更受欢迎，因此他们可以要求更高的薪酬。

事实上，成功地实现股东目标的管理者可以获得丰厚的报酬。例如，自由全球（Liberty Global）首席执行官迈克尔·弗里斯（Michael Fries）在2015年挣了11 190万美元。相比之下，拳击运动员弗洛伊德·梅威瑟（Floyd Mayweather）的收入是3亿美元，演员小罗伯特·唐尼（Robert Downey，Jr.）的收入约为8 000万美元。①

公司的控制 公司的控制权最终在股东手里。他们选举产生董事会，再由董事会聘请或解雇管理层。

不满意的股东借以更换现有管理层的一个重要机制称为代理权之争（proxy fight）。代理权是指代表他人投票的权利。当一群人为了更换现有董事会进而更换现有管理层而四处寻求代理权时，代理权之争就产生了。2002年，惠普公司和康柏公司的合并提议触发了史上参与最为广泛、最为惨烈、最为昂贵的一场代理权之争，据估计代价超过1亿美元。

管理层可能被更换的另一种情形是收购。相对于管理良好的公司，经营不善的公司由于其潜在的利润更高而更可能被收购。因此，避免被其他公司收购就成了管理层为股东利益行事的另一个激励。不满意的大股东可以向公司高管提出各种公司经营战略的建议。

2015年网上图片公司快门网（Shutterfly）在与马拉松伙伴公司（Marathon Partners）代理权之争中失败就是一例，后者在当年6月赢得了董事会中两个席位。随后，另一位积极的股东Ancora Advisors认为快门网公司的战略、资本分配和薪酬体系不太合理，又一次威胁到快门网的代理权。

直到最近，代理权之争才相对减少。例如，2016年1—10月，美国只出现了75起代理权争夺案例。正如惠普公司和康柏公司的代理权之争所显示的，代理权之争的费用十分高昂，这或许是代理权之争如此少的原因。此外，当现有董事利用公司资源维护其董事席位争取投票权时，发起代理权之争的外部收购者必须自己承担相应的费用。近年

① 这提出了另一个问题：高级管理人员薪酬水平与其他员工薪酬水平的关系。根据经济政策研究所的数据，1965年，CEO的平均薪酬超过了员工平均薪酬的20倍；2000年，CEO的平均薪酬超过了员工平均薪酬的383倍；2011年，CEO的平均薪酬超过了员工平均薪酬的231倍（http://www.epi.org/publication/ib331-ceo-pay-top-1-percent）。然而，并没有准确的公式来控制高管薪酬与员工薪酬的差距。

来，代理权之争似乎日益温和。2014年，大约50%的代理权之争坚持到最后，即最终以股东表决的方式解决，而在此之前，通常70%甚至更多的代理权之争走到最终的股东表决。今天的公司更愿意与积极的股东合作，或许是因为双方都越来越担心旷日持久、激烈的代理权之争所面临的高昂成本。

总结 现有理论和证据都与下面的观点相一致：股东控制着公司，股东财富最大化是公司的相关目标。尽管如此，毫无疑问，在许多时候管理层仍然会至少暂时牺牲股东的利益而追求自身的目标。

利益相关者

到目前为止，我们的讨论意味着只有管理层和股东关心公司的决策。当然，这将问题过于简单化了。员工、客户、供应商甚至政府部门都在公司享有财务利益。

这些各种各样的群体统称为公司的**利益相关者**（stakeholder）。一般来说，利益相关者是指除了股东和债权人，其他对公司现金流量具有潜在索取权的人。这些群体同样试图对公司施加控制，甚至可能会损害所有者的利益。

1.6 管 制

直到现在，我们主要讨论的是股东和董事会采取的减少他们与管理层之间利益冲突的措施。我们没有涉及管制问题。[①] 最近，美国联邦管理制度大力推进公司向投资者和潜在投资人披露所有相关信息。公司披露所有相关信息意在使所有投资者都处于信息平等的环境，从而减少利益冲突。当然，管制增加了公司的成本，任何对管制的分析必须同时考虑收益和成本。接下来的“金融实务”专栏将讨论上市公司因披露要求而面临的部分新增成本。

金融实务

《萨班斯-奥克斯利法案》

为了回应安然（Enron）、世通（WorldCom）、泰科（Tyco）和Adelphia等公司的丑闻，美国国会于2002年颁布了《萨班斯-奥克斯利法案》（Sarbanes-Oxley Act）。这项法案通常称为Sarbox法案，是为了保护投资者免受公司的欺诈。例如，该法案的其中一个条款就禁止公司向其管理人员提供类似于世通公司首席执行官伯尼·埃伯斯（Bernie Ebbers）收到的个人贷款。

Sarbox法案的核心条款从2004年11月15日生效。其中的404条款要求每家公司的年报必须评估公司的内部控制结构和公

① 本书暂时只关注公司治理的管理制度，而不涉及金融市场其他许多管理制度，例如联邦储备委员会（Federal Reserve Board）。在第8章，我们将讨论美国的全国公认统计评级组织（NRSRO），包括惠誉（Fitch）、穆迪（Moody's）和标准普尔（Standard & Poor's）。它们的评级经常被市场参与者用于证券（如公司债券）估值。许多关于评级机构的批评将2007—2009年的次级债危机归因为对这些评级机构的监管疏漏。

司财务报告。审计师必须就管理层关于内部控制的评估进行测试和评价，并出具评价报告。

Sarbox 法案还包含其他一些重要要求。例如，公司管理人员必须对年报进行评价和签名。他们必须公开声明年度报告不含有任何虚假陈述或重大遗漏；财务报表公允地反映了公司的财务结果；他们对所有内部控制负责。最后，年报必须列出内部控制的任何缺陷。本质上，Sarbox 法案促使公司管理层对公司财务报表的准确性负责。

当然，和其他法律一样，执行该法案是有成本的。Sarbox 法案增加了公司审计的费用，有时候还非常高。2004 年，公司执行该法案的平均成本达 451 万美元，2007 年下降到 170 万美元。最近的数据显示，执行 Sarbox 法案的成本变得更加可控了。Sarbox 法案生效十年之后的 2012 年，大多数小公司每年花费的执行 Sarbox 法案的成本不到 10 万美元，大约是中等规模公司执行成本 10 万～50 万美元的 1/3。而在 Sarbox 法案实施 4 年时，不管公司规模大小，公司一般要花费 10 万～50 万美元。Sarbox 法案的实施成本似乎降低了。

这一额外增加的成本还导致了一些意想不到的后果。1998—2004 年的 7 年时间里，484 家公司从交易所上市交易股票名单中消失，即退市；Sarbox 法案刚生效的头两年，370 家公司退市。很多公司宣称其选择退市是为了避免执行 Sarbox 法案的成本。而且，不只小公司因为 Sarbox 法案而选择退市，2016 年 9 月，德国保险公司安联集团（German Insurer Allianz）申请从纽约证券交易所将其股票退市，公司估计，取消在其家乡法兰克福之外的交易所上市每年可以节约 500 万欧元（600 万美元）的费用。

退市的公司不必提供季报或年报，不需要独立注册会计师的年度审计，管理层也不需要证明财务报表的正确性，因此，节约的成本会非常大。当然，这也是有代价的，当公司宣布将要退市的时候，其股票价格一般会下跌。此外，这些公司接触资本市场的渠道通常有限，银行贷款的利率也常常要高些。

Sarbox 法案还可能影响选择在美国上市的公司数量。例如，总部位于佛罗里达州伯恩顿海滩的 Peach 控股公司 2006 年决定上市时，就有意避开了美国股票市场，而选择伦敦证券交易所的二板市场（Alternative Investment Market，AIM）。如在美国上市，公司必须支付 10 万美元上市费用，外加大约 200 万美元的 Sarbox 法案执行成本。相反，公司在 AIM 上市只花费了 50 万美元。

《1933 年证券法案》和《1934 年证券交易法案》

《1933 年证券法案》（以下称 1933 年法案）和《1934 年证券交易法案》（以下称 1934 年法案）为美国证券公开交易提供了基本监管框架。

1933 年法案侧重于新证券的发行。从根本上说，1933 年法案要求公司向美国证券交易委员会（Securities and Exchange Commission，SEC）提交注册申报材料，并让每个新证券的购买者看到。注册申报材料的目的是为潜在的购买者提供所有必要的信息以做出合理的决策。1934 年法案延伸了 1933 年法案的披露要求，主要针对证券发行后的市场交易问题。1934 年法案确立了 SEC 的地位，涉及公司报告、要约收购和内幕交易等众多议题。1934 年法案要求公司向 SEC 提交年报（Form 10K）、季报（Form 10Q）和月报（Form 8K）。

正如前面提到的，1934 年法案讨论了内幕交易这一重要议题。当拥有非公开的特殊信息（即内幕信息）的任何人利用该信息买入或卖出证券时，内幕交易就发生了。1934年法案的某一条款界定了内部人，如董事、管理者和大股东，同时另一条款界定了获得内幕信息的人员。1934年法案的这些条款的目的是阻止内部人或内幕信息知悉人与外部人员交易时利用这些信息而带来的不公平优势。

为说明这一点，假设你了解到ABC公司即将公开宣告它同意被另一家公司以远高于目前股价的价格收购，这就是内幕信息的一个例子。1934年法案禁止你从不知道这一信息的股东处购买ABC公司股票。如果你是ABC公司的CEO，这一规定尤其严格。其他类型的公司内幕信息包括公司即将发放的首发股利、发明治疗癌症药物或债务合同违约等信息。

最近发生的一个内幕交易的例子是赛克资本（SAC Capital）前投资组合经理马修·马尔托马（Mathew Martoma）于2014年被指控犯有内幕交易罪。赛克资本已经承认存在证券欺诈行为，缴纳了18亿美元罚款，马尔托马被指控非法利用新药内幕消息进行交易，被判监禁9年。

本章小结

本章主要介绍公司理财的一些基本理念。

1. 公司理财重点关注三大主题：

a. 资本预算：公司应该采取什么样的长期投资？

b. 资本结构：公司从哪里获得短期和长期融资以支付其投资？同时，负债与权益应保持怎样的比例？

c. 营运资本管理：公司应如何管理其日常财务活动？

2. 营利性企业的财务管理目标是增加股票价值，或者更一般地说，提高权益的价值。

3. 公司制企业组织形式在筹措资金和股权转让方面优于其他两种企业组织形式，但具有双重纳税的重大缺陷。

4. 大型企业的股东与管理层之间可能存在利益冲突，我们称之为代理问题，并讨论了如何控制和减少代理问题。

5. 公司制的优势因金融市场的存在而放大。

6. 最近，联邦管制的核心是要求公司向投资者和潜在投资者披露所有相关信息。最新的管制重点则强调公司治理。

到目前为止，我们讨论的主题中最重要的是财务管理目标：股票价值最大化。在整本教材中，我们将讨论许多不同的财务决策，但我们总会问同一个问题：考虑中的决策如何影响股票的价值？

概念性思考题

1. **企业组织形式** 三种基本的企业法律组织形式是什么？分别具有哪些优缺点？初创企业通常采用哪种企业组织形式？为什么？

2. **财务管理目标** 什么目标经常激励公司财务经理的行为？

3. **代理问题** 谁拥有公司？请描述所有者控制公司管理层的过程。公司制企业存在代理问题的主要原因是什么？在这种情况下，可能出现什么样的问题？

4. **非营利企业目标** 假设你是一家非营利企业（如非营利医院）的财务经理，你认为什么样的目标较为合适？

5. **企业目标** 评价下面这句话：管理者不应该只关注现在的股票价值，因为这样做会导致过于强调短期利润而牺牲长期利润。

6. **道德规范与公司目标** 股票价值最大化的目标是否会与其他目标如避免不道德和非法的行为相冲突？特别是，你认为顾客和员工安全、环境和社会总体利益等话题是否在这个框架之内，或者它们完全被忽略了？列举一些具体情形来解释你的答案。

7. **跨国公司目标** 如果考虑外国公司财务管理，股票价值最大化的目标会有差别吗？为什么？

8. **代理问题** 假设你拥有一家公司的股票，目前每股股价为25美元，另外一家公司刚刚宣布其打算收购你的公司并以每股35美元的价格购买所有流通在外的股份。你公司的管理层立即对这一敌意收购展开反击。管理层是在为股东的最大利益而行事吗？为什么？

9. **代理问题与公司所有权** 公司所有权在世界各地都不相同。历史上，在美国，个人拥有上市公司的大多数股份，而在德国和日本，银行、大型金融机构和其他公司持有上市公司的多数股份。你认为德国和日本公司的代理问题是否比美国公司更严重？为什么？近年来，大型金融机构如共同基金、养老基金等已经成为美国公司股票的主要持有者，越来越积极地参与公司的事务。这一趋势对代理问题和公司控制权有什么启示？

10. **高管薪酬** 批评者指责美国公司高级管理人员的薪酬过高，应该削减。例如，在大型公司中，GAMCO投资公司的马里奥·加贝利（Mario Gabelli）是美国薪酬最高的首席执行官之一，2015年其薪酬大约为8 850万美元。这样的金额是否过多了？如果承认超级体育明星比如勒布朗·詹姆斯（LeBron James），演艺界知名人士比如奥普拉·温弗瑞（Oprah Winfrey）和杰瑞·布鲁克海默（Jerry Bruckheimer），还有其他在他们各自领域非常出色的人赚得都不比这少或许有助于回答这个问题。

网络资源

1. **上市要求** 本章讨论了纽约证券交易所（NYSE）和纳斯达克两个市场的一些上市要求。请分别到网站 www.nyse.com 找出NYSE、到网站 www.nasdaq.com 找出纳斯达克完整的上市要求。哪个交易所的上市要求更严格？为什么两个交易所不采用相同的上市要求？

2. **企业形式** 正如你所知道（或不知道）的那样，许多公司出于各种原因在特拉华州注册。请登录 www.bizfilings.com 网站访问Bizfilings公司并找出其中的原因。哪个州的公司成立费用最高？对于有限责任公司情况又如何呢？关于公司和有限责任公司，请在该网站上查看“常见问题解答”部分的内容。

章末案例

东海岸游艇公司

1969年，汤姆·沃伦（Tom Warren）创立了东海岸游艇公司（East Coast Yachts）。公司位于南卡罗来纳州希尔顿海德岛附近，属于个人独资企业。公司为顾客定制生产中型豪华游艇，其产品的安全性和可靠性广受好评，因此获得了客户满意最高奖。公司的游艇主要是富有人士买来用于休闲，公司客户为了商业目的偶尔也会购买。

定制游艇行业的生产商众多，市场较为分散。与其他任何行业一样，游艇行业也有市场领导者，但是行业的多样化特征使得没有生产厂商能够垄断市场。市场竞争和产品成本使得关注细节十分必要。例如，东海岸游艇公司花费80～100小时手工打造不锈钢首柱金属包板，那是船头上可能与码头或其他船撞击的金属盖子。

几年前，汤姆从公司的日常运营中退居幕后并将经营权交给女儿拉丽莎（Larissa）。由于公司环境的巨大变化，拉丽莎找你商量如何管理和领导公司的成长，她特别向你请教以下问题：

1. 将公司从独资企业转换为有限责任公司有什么好处和坏处？

2. 将公司从独资企业转换为公司制企业有什么好处和坏处？

3. 最后，你建议公司应该采取什么行动？为什么？

第 2 章

财务报表与现金流量

开篇故事

会计核销通常意味着公司资产价值下降。例如，2015年7月，微软公司宣布对其上一年购买的诺基亚电话业务进行76亿美元的核销。有意思的是，微软当时购买诺基亚电话业务仅花了72亿美元。2015年，石油企业也遭受重创，因为在怀俄明州的石油生产设备减值，5家最大的石油上市公司头9个月就合计核销了410亿美元资产。

尽管微软的核销数额巨大，但纪录保持者却是媒体巨头时代华纳，其在2002年第四季度进行了455亿美元的核销。而在此之前，时代华纳更是进行了高达540亿美元的巨额核销。

那么，当这些资产被核销时，这些公司的股东是否损失了数十亿美元呢？幸运的是，答案可能并非如此。要理解个中缘由，让我们进入本章的主题：至关重要的现金流量。

2.1 资产负债表

资产负债表（balance sheet）是在某一特殊时点会计师对企业会计价值所拍的一张“快照”，仿佛企业在这一瞬间静止不动一样。资产负债表分成两边：左边是资产（assets），右边是负债（liabilities）和股东权益（stockholders' equity）。资产负债表说明了企业拥有什么东西以及这些东西是如何融资得到的。资产负债表的编制基础和描述的内容在会计上的准确表述是：

$$\text{资产} \equiv \text{负债} + \text{股东权益} \qquad [2.1]$$

我们在方程式中用了一个三横的等号，这表明该等式必须永远成立。实际上，股东权益被定义为企业的资产与负债之间的差额。理论上，权益是指股东在企业清偿债务以后所拥有的剩余部分。

表2-1是虚拟的美国联合公司2016年和2017年的资产负债表。表中的资产是根据持续经营企业的资产转换为现金所需要的正常时间长短顺序来排列的。资产部分取决于企业的性质和管理层的行为，管理层必须就各种问题做出决策，如持有现金还是买入交易性证券，赊销还是现销，自制还是外购商品，租赁还是自购设备，企业从事的业务类型等。

表2-1　美国联合公司资产负债表

美国联合公司
资产负债表
截至12月31日的会计年度
（单位：百万美元）

资产	2016年	2017年	负债和股东权益	2016年	2017年
流动资产			流动负债		
现金及现金等价物	$ 157	$ 18	应付账款	$ 455	$ 486
应收账款	270	294	流动负债合计	$ 455	$ 486

续前表

美国联合公司 资产负债表 截至 12 月 31 日的会计年度 （单位：百万美元）					
资产	2016 年	2017 年	负债和股东权益	2016 年	2017 年
存货	280	269	长期负债		
流动资产合计	$ 707	$ 761	递延税款	$ 104	117
固定资产			长期债务*	458	471
财产、厂房与设备	$1 274	$1 423	长期负债合计	$ 562	$ 588
减：累计折旧	460	550	股东权益		
财产、厂房与设备	$ 814	$ 873	优先股	$ 39	$ 39
无形资产与其他资产	221	245	普通股（面值为 1 美元）	32	55
固定资产合计	$1 035	$1 118	资本溢价	327	347
			累计留存收益	347	390
			减：库存股票†	20	26
			股东权益合计	$ 725	$ 805
资产合计	$1 742	$1 879	负债和股东权益合计‡	$1 742	$1 879

* 长期债务增加 47 100 万－45 800 万＝1 300 万美元，这是 8 600 万美元的新增债务与 7 300 万美元到期旧债务之间的差额。

† 库存股票增加 600 万美元，说明美国联合公司回购了 600 万美元公司股票。

‡ 美国联合公司报告新增权益 4 300 万美元。公司以每股 1.87 美元发行了 2 300 万股股票，普通股的面值增加了 2 300 万美元，资本公积增加了 2 000 万美元。

负债和股东权益部分反映了企业融资的类型及其比例，这取决于管理层对资本结构的选择，包括负债与权益、流动负债与长期负债之间的选择。负债和股东权益按偿付的先后顺序排列。

分析资产负债表时，财务经理应当关注三个方面的问题：会计流动性、负债与权益、价值与成本。

会计流动性

会计流动性（accounting liquidity）是指资产转换为现金的便利程度和快捷程度。流动资产（current assets）的流动性最好，包括现金和自资产负债表编制日起一年内能够变现的资产。应收账款（accounts receivable）是企业向客户销售产品或提供劳务但还没有收到的款项（调整了可能的坏账之后的净额）。存货（inventory）包括企业生产要用的原材料、在产品和产成品。固定资产（fixed assets）是流动性最差的一类资产。有形固定资产包括财产、厂房与设备，这些资产不会在企业正常经营活动中转换为现金，通常也不会用于支付费用，如工资。

有些固定资产不是有形的。无形资产没有实物形态但很有价值，如商标和专利。企业资产的流动性越好，出现无法偿付短期债务的可能性就越小，因此，企业避免财务困境的概率与企业的流动性存在关联。遗憾的是，流动资产的盈利能力通常比固定资产低，例如，现金就不会产生任何投资收益。企业投资于流动资产，在一定程度上会牺牲投资于盈利能力强的投资工具而获利的机会。

负债与权益

负债是指在一定时期内企业需要支付现金偿付的责任。许多负债常涉及在一定期限内偿还约定金额和一定利息的合同义务，此时，负债就是债务（debt），对企业来说常常伴随着固定的现金支出负担，称作债务义务，如果企业不能偿还，就视为违反合约。股东权益是对企业剩余的、金额不确定的资产的索取权。一般来说，企业借入款项，则债券持有人就对企业现金流量拥有第一索取权。[①] 如果企业拒绝执行债券合约，债券持有人可以起诉企业，这可能导致企业破产。股东权益是企业的资产与负债之间的剩余差额：

$$资产-负债\equiv股东权益 \qquad [2.2]$$

这是用会计术语表示的股东在企业中的利益。当留存收益增加时，股东权益的会计价值也增加，这通常发生在企业将其部分利润留存在企业而不是作为股利分配出去的时候。

价值与成本

企业资产的会计价值是指资产的置存价值（carrying value）或账面价值（book value）。[②] 在美国，根据**一般公认会计原则**（generally accepted accounting principles，GAAP），企业经审计的财务报表中资产要按成本来报告。[③] 因此，术语置存价值和账面价值十分尴尬。它们的名字中特别强调“价值”，而实际上财务报表中的会计数字是以成本为基础的。这会导致许多财务报表读者误认为企业的资产是按真正的市场价值来记录的。而市场价值（market value）是指买卖双方就资产愿意交易的价格。如果会计价值与市场价值正好相等，那只是一种巧合。实际上，管理者的工作就是为企业创造高于其成本的价值。

很多人都会使用资产负债表，但不同的人希望从中获取的信息各不相同。银行通过资产负债表寻找企业流动性和营运资本的证据，供应商想了解企业应付账款的规模以评估其能否快速支付货款。包括管理层和投资者在内的许多财务报表的使用者都想了解企业的价值而不是成本，但这一信息在资产负债表中是无从得到的。实际上，企业很多真正的资源在资产负债表上并未得到体现：优秀的管理、专有技术、良好的经济状况等。从现在开始，当我们谈到资产的价值或企业的价值时，通常是指市场价值。所以，当我们说财务经理的目标是提高股票的价值时，是指股票的市场价值。

---

① 债券持有人（bondholder）是企业债券的投资者，他们是企业的债权人（creditor）。在本书的讨论中，债券持有人与债权人含义相同。

② 许多会计专业名词意义相同，经常引起混乱，这对于财务报表的读者来说行话连篇、十分棘手。例如，以下名词通常所指意思相同：资产减负债、净财富、所有者权益、股东权益、业主权益、账面权益、资本化权益。

③ 通常，一般公认会计原则要求资产按成本与市场价值孰低原则报告。大多数情况下，成本低于市场价值。不过，在有些情况下，如果公允市场价值很容易确定，则资产的价值调整为按公允市场价值报告。

例 2.1 市场价值与账面价值

Cooney 公司某项固定资产的账面价值为 700 美元，评估的市场价值大约为 1 000 美元；净营运资本的账面价值为 400 美元，但所有流动账户清偿后可实现约 600 美元；长期债务的账面价值和市场价值均为 500 美元。那么权益的账面价值和市场价值分别是多少？

Cooney 公司 资产负债表 市场价值与账面价值					
资产			负债和股东权益		
	账面价值	市场价值		账面价值	市场价值
净营运资本	$ 400	$ 600	长期债务	$ 500	$ 500
固定资产净额	700	1 000	股东权益	600	1 100
	$1 100	$1 600		$1 100	$1 600

本例中，股东权益的实际价值几乎是其披露的账面价值的两倍。账面价值与真正的经济价值相差竟如此之大，因此区分账面价值与市场价值确实十分重要。

2.2 利润表

利润表（income statement）反映企业在一定时期（如一年）内的经营业绩。利润的会计定义如下：

$$收入-费用\equiv利润 \qquad [2.3]$$

如果说资产负债表如同一张“快照”，利润表则相当于一段“录像”，记录了人们在两张“快照”之间做了什么。表 2-2 是美国联合公司 2017 年度的利润表。

表 2-2 美国联合公司 2017 年度利润表

美国联合公司 利润表 2017 年 （单位：百万美元）	
营业收入总额	$2 262
产品销售成本	1 655
销售、一般与管理费用	327
折旧费用	90
营业利润	$ 190
其他利润	29
息税前利润	$ 219
利息费用	49

续前表

美国联合公司 利润表 2017年 （单位：百万美元）	
税前利润	$ 170
所得税	84
当期：$ 71	
递延：$ 13	
净利润	$ 86
留存收益增加额	$ 43
股利	43

说明：流通在外的普通股为2 900万股，每股收益和每股股利计算如下：

每股收益＝净利润/流通在外普通股股数＝86/29＝＄2.97每股

每股股利＝股利/流通在外普通股股数＝43/29＝＄1.48每股

利润表通常分为几个部分。经营部分报告企业主要经营活动实现的收入和费用。其中一个非常重要的数字是息税前利润（earnings before interest and taxes，EBIT），是指企业支付利息、缴纳所得税之前的利润。除此之外，利润表的非经营部分包括所有的融资成本，如利息费用。通常，根据利润征收的所得税作为一个单独的部分在利润表上列示。利润表上最后的项目是净利润。净利润常常以每股的形式来表示，即每股收益。

分析利润表时，财务经理必须注意一般公认会计原则、非现金项目、时间与成本。

一般公认会计原则

当货物已经发出或劳务已经提供、盈利过程实质上已经完成时，收入在利润表中确认。因此，企业持有的资产增值，在未实现时不能确认为收入。这就为企业平滑利润提供了一个工具，企业在需要利润时就卖出已增值的资产。例如，如果企业拥有的一个林场的价值已经翻番，那么它就有可能在其他业务经营业绩不好的年份出售林场而提高总利润。根据一般公认会计原则的配比原则，收入与费用要配比。因此，当收入已经赚取或应计的时候，即使没有收到现金，也应该在利润表上报告（例如，赊销产品时，收入和利润都应报告）。

非现金项目

资产的经济价值最终取决于未来的增量现金流量，然而，利润表上并不披露现金流量。有些**非现金项目**（noncash item）是费用，与收入相配比，但并不影响现金流量，其中最重要的一个非现金项目是折旧（depreciation）。折旧反映了会计人员对设备成本在生产过程的损耗部分的估计。例如，假设某项资产的买价为1 000美元，使用寿命5年，没有残值。对于会计人员而言，1 000美元成本必须在资产的寿命期内摊入费用。如果采用直线折旧法，将分成5等份，每年的折旧费用均为200美元。但从财务的角度来看，这笔资产的成本是取得资产时的一项实际现金流出（即成本是1 000美元，而不是会计人员眼中每年 200 美元的折旧费用）。

另外一项非现金费用是递延税款（deferred taxes）。递延税款是由于会计利润和实际应税利润之间的差异而引起的。[①] 请注意，在美国联合公司的利润表上，会计税款 8 400 万美元可以分成两个部分：当期税款和递延税款。当期税款部分实际上缴给税务机关（如国内税收署），递延税款部分则不必。不过，理论上，如果本年度的应税利润小于会计利润，在以后年度应税利润就会大于会计利润。于是，本年度没有缴纳的税款会在以后年度缴纳，并成为企业的一项负债，在资产负债表上报告为递延税款。从现金流量的角度来看，递延税款不是一项现金流出。

在实务中，现金流量与会计利润的差异可能非常大，因此，理解其差异十分重要。例如，2016 年 1 月，美国钢铁公司（United States Steel）披露其 2015 年亏损 15 亿美元，这听起来很糟糕，但公司报告的同期经营活动现金流量却达到 3.59 亿美元！大部分的亏损缘自重组费用和其他战略性活动。

时间与成本

在考虑未来时，我们常常将其分为短期和长期。短期是指在这样一个时间长度内企业特定的设备、资源和责任义务都是固定的，但企业有足够长的时间通过增加劳动力和原材料来改变产量。对于不同的行业来说，短期并没有一个统一、精确的期限标准，但所有企业制定短期决策时都有一些固定成本，即由于固定的承诺而无法改变的成本。在现实商业活动中，固定成本的例子包括债券利息、管理费用和财产税等。非固定的成本称作变动成本，变动成本随着企业产量的变化而变化，如原材料和生产工人的工资。

从长期来看，所有的成本都是变动的。财务会计人员不区分变动成本和固定成本；相反，通常将成本分为产品成本和期间费用。产品成本是指在某一期间内发生的所有生产成本，包括原材料、直接人工和制造费用，产品销售出去以后，产品成本在利润表上作为产品销售成本报告。产品成本中既有固定成本，又有变动成本。期间费用是分配到一定期间的成本，常称作销售、一般与管理费用（selling，general，and administrative expenses），如公司董事长的工资。

2.3　净营运资本

净营运资本是流动资产减去流动负债的差额。当流动资产大于流动负债时，净营运资本为正数，这意味着在未来的 12 个月内企业能得到的现金将大于要付出的现金。美国联合公司 2016 年和 2017 年的净营运资本分别为 25 200 万美元和 27 500 万美元。

	流动资产	—	流动负债	=	净营运资本
2017 年	＄ 76 100 万	—	＄ 48 600 万	=	＄ 27 500 万
2016 年	70 700 万	—	45 500 万	=	25 200 万

① 当企业向国内税收署报税时采用加速折旧法，而对外报告时，一般公认会计原则允许采用直线折旧法，这种情况下，应税利润就会低于会计利润。

企业除了投资于固定资产（资本支出），还可投资于净营运资本，这称作**净营运资本变化额**（change in net working capital）。美国联合公司2017年净营运资本变化额等于公司2017年和2016年净营运资本的差额，即27 500万－25 200万＝2 300万美元。成长性企业的净营运资本变化额通常为正数。[①]

2.4 企业的现金流量

从财务报表中能获得的最重要信息可能要算企业实际的**现金流量**（cash flow）。有一张法定的会计报表叫现金流量表，用于说明公司现金及现金等价物的变化。从表2-1可以看出，美国联合公司的现金及现金等价物从2016年的15 700万美元增长到2017年的19 800万美元，变化额为4 100万美元[②]（见2.5节）。但是，我们可以换个角度，从财务的角度来看现金流量。财务上，企业的价值是其创造财务现金流量的能力（我们将在第8章更深入地讨论现金流量）。

首先需要指出的是，现金流量不同于净营运资本。例如，存货增加需要使用现金，由于存货和现金都是流动资产，因而不影响净营运资本。在这种情况下，一项净营运资本（如存货）的增加，会引起现金流量的减少。

我们知道，企业资产的价值永远等于负债的价值与权益的价值之和，从资产产生的现金流量（即经营活动）$\mathrm{CF}(A)$也一定等于流向债权人的现金流量$\mathrm{CF}(B)$与流向权益投资者的现金流量$\mathrm{CF}(S)$之和：

$$\mathrm{CF}(A) \equiv \mathrm{CF}(B) + \mathrm{CF}(S) \qquad [2.4]$$

确定企业现金流量的第一步是计算经营性现金流量。如表2-3所示，经营性现金流量是企业经营活动如销售产品和提供劳务产生的现金流量，包括支付的税款，但不包括筹资性支出、资本性支出或净营运资本变化额。

单位：百万美元

息税前利润	\$ 219
折旧费用	90
当期税收	−71
经营性现金流量	\$ 238

现金流量的另外一个重要部分是固定资产的变化。例如，美国联合公司2017年出售其电力系统子公司获得2 500万美元现金流量。固定资产的变化净额等于取得的固定资产减去出售的固定资产，也就是用于资本性支出的现金流量。

① 企业的流动负债有时包括短期有息负债，如应付票据。不过，财务分析师经常将流动负债分为有息负债和无息负债（如应付账款）。如果进行了这样的区分，在计算净营运资本时只考虑短期无息负债。这样计算出来的净营运资本叫作“经营性”净营运资本。有息负债并未被遗忘，而是被纳入筹资活动产生的现金流量，其利息被视作资本的收益率。

② 原书为3 300万美元，笔误，已改。——译者注

单位：百万美元

取得固定资产	$ 198	
出售固定资产	−25	
资本性支出	$ 173	财产、厂房与设备的增加＋无形资产的增加＝149＋24

我们也可以这样简单计算资本性支出：

资本性支出＝期末固定资产净额－期初固定资产净额＋折旧　　[2.5]

＝＄111 800 万－103 500 万＋9 000 万

＝＄17 300 万

表 2-3　　美国联合公司财务现金流量

美国联合公司 财务现金流量 2017 年 （单位：百万美元）	
企业的现金流量	
经营性现金流量（息税前利润加折旧减税收）	$ 238
资本性支出（取得的固定资产减出售的固定资产）	−173
净营运资本增加额	−23
合计	$ 42
支付给企业投资者的现金流量	
债务（利息加清偿的债务减发行长期债务）	$ 36
权益（股利加回购股票减发行新股）	6
合计	$ 42

现金流量还可能用于净营运资本的投资。美国联合公司 2017 年的净营运资本增加额如下：

单位：百万美元

净营运资本增加额	$ 23

这里的 2 300 万美元正是我们前面计算的净营运资本变化额。

企业资产产生的现金流量总额等于以下三个部分之和：

单位：百万美元

经营性现金流量	$ 238
资本性支出	−173
净营运资本增加额	−23
企业现金流量合计	$ 42

表 2-3 的下半部分对数据进行重新组合，将企业的总现金流出分成两部分：支付给债权人的现金流量和支付给股东的现金流量。支付给债权人的现金流量通常称作债务义务，包括利息支出和本金的偿付（即债务的清偿）。

发行新债是现金流量的一个重要来源。美国联合公司长期债务增加了1 300万美元（发行的新债8 600万美元与清偿的旧债7 300万美元之差）。[①] 因此，长期债务的增加额就等于新增借款、偿还的到期债务和利息费用之和。

单位：百万美元

支付给债权人的现金流量	
利息	$ 49
清偿的债务本金	73
债务义务	122
发行长期债务	−86
合计	$ 36

支付给债权人的现金流量还可按如下方式计算：

支付给债权人的现金流量＝支付的利息＋债务净增加额 [2.6]

＝支付的利息－(长期债务期末余额－长期债务期初余额)

＝$4 900万－(47 100万－45 800万)

＝$3 600万

企业的现金流量还支付给股东，包括发放的股利、回购流通在外的股票和发行新股。

单位：百万美元

支付给股东的现金流量	
股利	$ 43
回购股票	6
支付给股东的现金	49
发行新股	−43
合计	$ 6

总之，支付给股东的现金流量可按如下方式计算：

支付给股东的现金流量＝发放的股利－权益净增加额 [2.7]

＝发放的股利－(发行新股－回购股票)

普通股和资本公积账户合计增加了2 300＋2 000＝4 300万美元，这意味着公司发行了价值4 300万美元的新股。库存股票账户增加了600万美元，说明公司回购了价值600万美元的股票。因此，权益净增加额为4 300－600＝3 700万美元。发放的股利为4 300万美元。支付给股东的现金流量可计算如下：

支付给股东的现金流量＝$4 300万－(4 300万－600万)＝$600万

从以上关于现金流量的讨论中，我们可以发现以下几点：

1. 为了解企业的财务状况，几种类型的现金流量都是相关的。**经营性现金流量**（operating cash flow）定义为息税前利润加折旧减税收，反映经营活动产生的现金流

① 发行的新债和清偿的旧债数据通常在资产负债表附注中可查到。

量，不包括资本性支出和营运资本支出。经营性现金流量通常为正数，如果企业经营性现金流量长期为负数则企业可能陷于困境，因为企业无法创造足够的现金去支付经营成本。企业的**现金流量总额**（total cash flow of the firm）则除了经营性现金流量，还包括资本性支出和净营运资本支出。企业的现金流量总额常常为负数。当企业成长速度极快时，用于存货和固定资产的支出可能比经营性现金流量还多。

2. 净利润不是现金流量。美国联合公司 2017 年的净利润是 8 600 万美元，而现金流量为 4 200 万美元。这两个数字经常不相等。判断企业的经济状况和财务状况时，现金流量更有价值。

企业的现金流量总额有时也称作**自由现金流**（free cash flow）。当然，真正“自由”的现金是没有的（我们希望有）。这里所谓的自由，是指企业可以自由地将这些现金分配给债权人和股东，而无须用于营运资本和固定资产投资。由于实务中对于自由现金流的计算有各种不同的方法，本书还是坚持使用“企业的现金流量总额”的说法。不管怎样，无论何时听到术语“自由现金流”，你应该知道那就是指企业的现金流量总额或非常相近的一类东西。

2.5 会计现金流量表

如前所述，现金流量表是法定会计报表之一，用于说明会计现金的变化。美国联合公司 2017 年的现金变化为 4 100 万美元。现金流量表对于理解财务现金流量非常有用。

确定现金变化的第一步是计算经营活动产生的现金流量。经营活动产生的现金流量是指企业生产和销售产品及提供劳务等正常经营活动产生的现金流量。第二步是调整计算投资活动产生的现金流量。最后一步是计算筹资活动产生的现金流量。筹资活动是企业年度内支付给债权人和所有者的净额（不包括利息费用）。①

现金流量表的三个组成部分分别确定如下。

经营活动产生的现金流量

我们从净利润开始计算经营活动产生的现金流量。净利润可从利润表中得到，美国联合公司的净利润为 8 600 万美元。在此基础上，我们需要加回非现金费用并调整流动资产和流动负债的变化（现金和应付票据除外），这样就可得到经营活动产生的现金流量。

美国联合公司 经营活动产生的现金流量 2017 年 （单位：百万美元）		
净利润	$	86
折旧费用		90

① 中国会计准则将利息费用划为筹资活动产生的现金流量，而美国会计准则将其划为经营活动产生的现金流量。——译者注

续前表

美国联合公司 经营活动产生的现金流量 2017年 （单位：百万美元）	
递延税款	13
流动资产和流动负债的变化	
应收账款	−24
存货	11
应付账款	31
经营活动产生的现金流量	$ 207

投资活动产生的现金流量

投资活动产生的现金流量涉及资本性资产的变化，如取得固定资产和出售固定资产（即资本性支出净额）。美国联合公司投资活动产生的现金流量如下：

美国联合公司 投资活动产生的现金流量 2017年 （单位：百万美元）	
取得固定资产	−$ 198
出售固定资产	25
投资活动产生的现金流量	−$ 173

筹资活动产生的现金流量

筹资活动产生的现金流量是指从债权人和所有者流入和流出的现金流量，包括权益和负债的变化。

美国联合公司 筹资活动产生的现金流量 2017年 （单位：百万美元）	
偿还长期债务	−$ 73
发行长期债务	86
股利	−43
回购股票	−6
发行新股	43
筹资活动产生的现金流量	$ 7

现金流量表是经营活动产生的现金流量、投资活动产生的现金流量和筹资活动产生的现金流量的汇总，具体如表2-4所示。我们将所有的现金流量加总，就可以得到资产负债表上的现金变化额4 100万美元。

表 2-4　美国联合公司现金流量表

美国联合公司 现金流量表 2017 年 （单位：百万美元）	
经营活动	
净利润	$ 86
折旧费用	90
递延税款	13
流动资产和流动负债的变化	
应收账款	−24
存货	11
应付账款	31
经营活动产生的现金流量合计	$ 207
投资活动	
取得固定资产	−$ 198
出售固定资产	25
投资活动产生的现金流量合计	−$ 173
筹资活动	
偿还长期债务	−$ 73
发行长期债务	86
股利	−43
回购股票	−6
发行新股	43
筹资活动产生的现金流量合计	$ 7
现金变化额（与资产负债表一致）	$ 41

法定会计报表中的现金流量表与财务上使用的企业的现金流量总额之间的关系十分密切。联系前一节的内容，你可能注意到这里存在一点小小的概念性问题。支付的利息实质上应该属于筹资活动，但会计上并不是这样处理的。原因是，当计算净利润时，利息是被当作一项费用扣减掉的。因此，企业会计现金流量与财务现金流量的主要差异在于利息费用。

本章小结

除了介绍会计知识，本章还阐述了如何根据公司会计报表计算现金流量。

1. 现金流量是企业创造的以及支付给债权人和股东的现金，可分为三类：

a. 经营性现金流量；

b. 固定资产变化产生的现金流量；

c. 营运资本变化产生的现金流量。

2. 计算现金流量并不困难，但要细心，特别要注意折旧、递延税款等非现金费用的恰当计算。尤为重要的是，不要将净营运资本变化产生的现金流量与净利润相混淆。

概念性思考题

1. **流动性** 流动性衡量什么？请解释企业在高流动性和低流动性之间如何权衡。

2. **会计与现金流量** 为什么标准利润表上显示的收入和成本数字不能代表同期企业实际的现金流入和现金流出？

3. **现金流量** 财务现金流量表与会计现金流量表有何区别？当分析一家公司时，哪种更有用？

4. **账面价值与市场价值** 在标准会计规则下，一家公司的负债有可能大于其资产，此时所有者权益是负的。这种情形在市场价值下是否可能发生？为什么？

5. **资产的现金流量** 假设在某一特殊时期，一家公司资产的现金流量是负的，这是好消息还是坏消息？

6. **经营性现金流量** 假设一家公司连续几年经营性现金流量都是负的，这是好消息还是坏消息？

7. **净营运资本与净资本性支出** 公司在某个年度净营运资本是否可能为负？（提示：有可能）请解释怎样才会发生这种情况。净资本性支出呢？

8. **支付给股东和债权人的现金流量** 公司在某个年度支付给股东的现金流量是否可能为负？（提示：有可能）请解释怎样才会发生这种情况。支付给债权人的现金流量呢？

9. **企业价值** 本章开篇故事中提到微软公司，我们认为，尽管微软公司报表上出现亏损，但其股东可能并不会遭受损失。你认为我们得出这一结论的依据是什么？

练习题

1～8题为基础题；9～19题为中级题；20～21题为提高题。

1. **编制利润表** Bradds公司的销售额为528 600美元，销售成本为264 400美元，折旧费用为41 700美元，利息费用为20 700美元，税率为35%。该公司的净利润是多少？假如公司发放了现金股利27 000美元，则留存收益增加了多少？

2. **市场价值与账面价值** Klingon Cruisers公司3年前以700万美元的价格购买了新一代机器，该机器现在可以530万美元卖给Romulans公司。Klingon公司当前资产负债表上固定资产净额为390万美元，流动负债为107.5万美元，净营运资本为32万美元。如果所有流动资产现在处理掉，可收到41万美元现金。Klingon公司资产现在的账面价值是多少？资产和净营运资本的市场价值又是多少？

3. **计算经营性现金流量** Timsung公司的销售额为30 700美元，销售成本为11 100美元，折旧费用为2 100美元，利息费用为1 140美元，税率为40%。该公司的经营性现金流量是多少？

4. **计算资本性支出** Busch驾校2016年资产负债表上披露的固定资产净额为375万美元，2017年资产负债表上披露的固定资产净额为445万美元，2017年利润表上的折旧费用为39.5万美元。该驾校2017年资本性支出净额是多少？

5. **编制资产负债表** 下表是Information Control公司一年前长期债务和股东权益的信息：

长期债务	$37 000 000
优先股	2 100 000
普通股（面值为1美元）	8 900 000
资本公积	41000 000
累计留存收益	75 300 000

去年，Information Control公司发行了400万股新股，募集资金总额为2 600万美元，新发行长期债务筹集资金950万美元，实现净利润1 530万美元，发放股利310万美元。请编制该公司当前的资产负债表以反映这一年中发生的变化。

6. **支付给债权人的现金流量** Maria网球商店2016年资产负债表上长期债务为240万美元，2017年资产负债表上长期债务为253万美元，

2017年利润表上利息费用为187 000美元。公司2017年支付给债权人的现金流量是多少？

7. **支付给股东的现金流量** Maria网球商店2016年资产负债表上普通股项目金额为54万美元，资本公积为560万美元，2017年资产负债表上这两个项目的金额分别为59.5万美元和618万美元。如果该商店2017年发放的现金股利为27万美元，那么本年度支付给股东的现金流量是多少？

8. **计算现金流量总额** 根据前面两个练习题中Maria网球商店的资料，假设你另外了解到2017年该商店的资本性支出净额为64万美元，其营运资本净额投资减少了65 000美元。那么该商店2017年经营性现金流量是多少？

9. **现金流量** Ritter公司的会计师编制的2017年度的财务报表如下：

Ritter公司
利润表
2017年

销售收入	$1 068
销售成本	745
折旧费用	77
税前利润	$246
所得税	98
净利润	$148
股利	$40

Ritter公司
资产负债表
截至12月31日的会计年度

	2016年	2017年
资产		
现金	$81	$93
其他流动资产	253	265
固定资产净额	690	824
资产合计	$1 024	$1 182
负债和所有者权益		
应付账款	$295	$301
长期债务	0	44
股东权益	729	837
负债和所有者权益合计	$1 024	$1 182

a. 解释公司2017年现金的变化。

b. 计算公司2017年营运资本净额的变化。

c. 计算2017年公司资产产生的现金流量。

10. **编制利润表** Senbet折价轮胎公司本年度实现销售收入757 000美元，销售成本和销售费用分别是249 800美元和146 000美元。Senbet公司还有应付票据675 000美元，这些票据为利率6%的带息票据，折旧费用为87 000美元。Senbet公司所得税税率为35%。

a. Senbet公司的净利润是多少？

b. Senbet公司的经营性现金流量是多少？

11. **计算现金流量总额** Schwert公司2017年利润表上披露了如下信息：销售收入225 000美元，销售成本103 200美元，其他费用6 100美元，折旧费用15 300美元，利息费用11 200美元，所得税31 227美元，股利18 100美元。此外，公司2017年发行新股6 000美元，偿还长期债务8 500美元。

a. 2017年经营性现金流量是多少？

b. 2017年支付给债权人的现金流量是多少？

c. 2017年支付给股东的现金流量是多少？

d. 如果固定资产净额年度内增加了33 000美元，那么营运资本净额增加了多少？

12. **利用利润表** 根据O'Hara Marine公司的以下信息，计算折旧费用：销售收入57 900美元，销售成本28 600美元，留存收益增加额8 100美元，支付的股利5 200美元，利息费用2 050美元，所得税税率为35%。

13. **编制资产负债表** 根据以下信息，编制Jarrow公司2017年的资产负债表：现金168 000美元，专利与著作权827 000美元，应付账款429 000美元，应收账款237 000美元，有形固定资产净额3 410 000美元，存货385 000美元，应付票据171 000美元，留存收益2 084 000美元，长期债务1 985 000美元。

14. **净利润与经营性现金流量** Raines雨伞公司2017年实现销售收入809 000美元，销售成本、销售与管理费用以及折旧费用分别为549 000美元、136 000美元和85 000美元。此外，利息费用为67 000美元，所得税税率为35%（不考虑税收递延或返还问题）。

a. Raines公司2017年的净利润是多少？

b. 经营性现金流量是多少？

c. 解释a与b的结果。

15. **会计价值与现金流量** 前一题中，假设Raines雨伞公司打算发放75 000美元的现金股利，这是否有可能？如果公司固定资产净额和营运资本净额支出为零，年度内也没有发行新股，那么，公司长期债务账户的变化是多少？

16. **计算现金流量** 蓝宝石工业公司2017年经营成果如下：销售收入44 600美元，销售成本27 500美元，折旧费用4 630美元，利息费用1 050美元，支付股利2 275美元。年初固定资产净额为27 510美元，流动资产为6 840美元，流动负债为4 580美元。年末，固定资产净额为35 610美元，流动资产为7 720美元，流动负债为4 830美元。公司2017年税率为40%。

a. 2017年净利润是多少？

b. 2017年经营性现金流量是多少？

c. 2017年资产的现金流量是多少？这可能吗？请解释。

d. 如果本年度没有发行新债，支付给债权人的现金流量是多少？支付给股东的现金流量是多少？解释a至d答案中正数或负数的意义。

17. **计算现金流量** 以下信息是从Weston公司财务报表摘要中得到的：

Weston公司 资产负债表（部分） 截至12月31日的会计年度					
资产			负债和所有者权益		
	2016年	2017年		2016年	2017年
流动资产	$1 066	$1 145	流动负债	$475	$518
固定资产净额	5 184	5 472	长期债务	2 880	3 090

Weston公司 利润表 2017年	
销售收入	$15 690
销售成本	3 739
折旧费用	1 339
利息费用	562

a. 2016年和2017年的所有者权益分别是多少？

b. 2017年营运资本净额的变化是多少？

c. 2017年，Weston公司新购买了2 740美元固定资产，该公司出售了多少固定资产？本年度资产的现金流量是多少？（所得税税率为35%。）

d. 2017年，Weston公司新发行了634美元长期债务，那么这一年公司偿还了多少长期债务？支付给债权人的现金流量是多少？

根据Ingersoll公司以下信息回答练习题18和练习题19（假设所得税税率为35%）：

	2016年	2017年
销售收入	$40 743	$43 277
折旧费用	5 853	5 858
销售成本	14 020	15 912
其他费用	3 322	2 776
利息费用	2 098	3 142
现金	21 364	21 856
应收账款	28 283	31 864
长期债务	71 550	83 476
固定资产净额	179 166	183 440
应付账款	27 349	25 639
存货	50 287	51 675
股利	4 966	5 468

18. **财务报表** 编制该公司2016年、2017年的利润表和资产负债表。

19. **计算现金流量** 计算该公司2017年资产产生的现金流量、支付给债权人的现金流量、支付给股东的现金流量。

20. **现金流量** 你正在研究Time制造公司，并收集了其最近一年的会计现金流量表。你还了解到该公司缴纳了18 500万美元当期税款，利息费用为9 600万美元。请根据会计现金流量表编制财务现金流量表。

Time制造公司 现金流量表 （单位：百万美元）	
经营活动	
净利润	$321
折旧费用	177
递延税款	34
流动资产和流动负债的变化	
应收账款	−52
存货	41
应付账款	33
应计费用	−17
其他	4
经营活动产生的现金流量合计	$541
投资活动	
取得固定资产	−$332
出售固定资产	42
投资活动产生的现金流量合计	−$290
筹资活动	
偿还长期债务	−$195

续前表

Time 制造公司 现金流量表 （单位：百万美元）	
发行长期债务	105
股利	−158
回购股票	−26
发行新股	50
筹资活动产生的现金流量合计	−$224
现金变化额（与资产负债表一致）	$27

21. **固定资产净额与折旧**　在资产负债表上，固定资产净额（NFA）等于固定资产总额（FA，即固定资产的取得成本）减去累计折旧（AD，即企业对其固定资产计提的折旧总额）。根据 NFA＝FA－AD 的事实，说明本章中阐述的资本性支出净额 $NFA_{end}-NFA_{beg}+D$（其中，D 表示本年度计提的折旧费用）实际上等于 $FA_{end}-FA_{beg}$。

网络资源

1. **营运资本净额的变化**　登录网站 www.finance.yahoo.com，找出美国通用动力公司（General Dynamics）最近的资产负债表摘要。进入该网站后输入股票代码“GD”，找到“Balance Sheet”链接即可。根据最近两期的资产负债表，计算通用动力公司营运资本净额的变化，并解释其意义。

2. **账面价值与市场价值**　可口可乐公司的网址是 www.coca-cola.com。找到公司最近的年度报告，内有资产负债表。可口可乐公司权益的账面价值是多少？公司的市场价值等于公司流通在外股票数量乘以每股股价，这一信息可以在 www.finance.yahoo.com 找到，进入该网站后输入可口可乐公司股票代码“KO”。权益的市场价值是多少？哪个数据对于股东来说更为相关？

3. **支付给股东和债权人的现金流量**　库珀轮胎橡胶公司（Cooper Tire and Rubber Company）在其官网 www.coopertires.com 上向投资者披露其财务报表。点击“investors”链接，找到公司最近的年报。根据合并现金流量表，计算支付给股东的现金流量和支付给债权人的现金流量。

章末案例

东海岸游艇公司的现金流量

由于东海岸游艇公司发展迅速，拉丽莎决定将其改组为公司制企业（详细情况见第 1 章章末案例）。时光飞逝，公司已经发展成为上市公司（股票代码：ECY）。

东海岸游艇公司刚刚聘用了丹·欧文（Dan Ervin）帮助公司规划短期财务计划，评估公司财务业绩。丹 5 年前大学毕业，拥有财务学学位，曾在《财富》世界 500 强公司工作。

东海岸游艇公司过去几年的增长有点不尽如人意，这部分归因于公司的计划性较差。在规划公司未来增长计划时，拉丽莎让丹分析公司的现金流量。公司的财务报表由外部审计师编制，最近一年的利润表和过去两年的资产负债表如下：

东海岸游艇公司 利润表 2017 年	
销售收入	$611 582 000
销售成本	431 006 000
销售与管理费用	73 085 700
折旧费用	19 958 400
息税前利润	$87 531 900
利息费用	11 000 900
税前利润	$76 531 000
所得税	30 612 400
净利润	$45 918 600
股利	$17 374 500
留存收益	$28 544 100

东海岸游艇公司 资产负债表 截至12月31日的会计年度					
	2016年	2017年		2016年	2017年
流动资产			流动负债		
现金及现金等价物	$10 644 500	$11 119 700	应付账款	$43 482 200	$44 461 550
应收账款	18 924 800	18 681 500	应计费用	5 417 300	6 123 200
存货	17 090 100	20 149 650	流动负债合计	$48 899 500	$50 584 750
其他	1 097 700	1 172 200	长期债务	$151 860 000	$169 260 000
流动资产合计	$47 757 100	$51 123 050	长期负债合计	$151 860 000	$1 692 660 000
固定资产			股东权益		
财产、厂房与设备	$404 727 800	$457 509 600	优先股	$1 970 000	$1 970 000
减：累计折旧	(93 887 500)	(113 845 900)	普通股	29 700 000	37 583 700
财产、厂房与设备净额	$310 840 300	$343 663 700	资本公积	11 800 000	28 116 300
无形资产和其他资产	6 772 000	6 772 000	累计留存收益	133 019 900	161564000
固定资产合计	$317 612 300	$350 435 700	减：库存股票	(11 880 000)	(47 520 000)
			股东权益合计	$164 609 900	$181 714 000
资产合计	$365 369 400		负债和股东权益合计	$365 369 400	$401 558 750

此外，拉丽莎还提供了以下信息：在这一年，公司新发行长期债务筹集资金4 000万美元，偿还长期债务2 260万美元，发行新股2 420万美元，回购股票3 564万美元，公司购置固定资产5 950万美元，处置固定资产6 718 200美元。

拉丽莎让丹编制公司的财务现金流量表和会计现金流量表，请你回答以下问题：

1. 如何评价东海岸游艇公司的现金流量？

2. 哪张现金流量表更准确地反映了公司的现金流量？

3. 根据前面的回答，请评价拉丽莎的扩张计划。

第 3 章

财务报表分析与财务模型

开篇故事

2015年2月5日，高端超市零售商全食公司（Whole Foods）的普通股股价为每股约29美元，按此价格，全食公司的市盈率为20倍，这说明投资者愿意为全食公司赚取的每1美元利润支付20美元。同一时期，对于福特、思科（Cisco System）、亚马逊赚取的每1美元利润，投资者分别愿意支付10美元、12美元和402美元。其他极端例子是通用电气和阿纳达科石油公司（Anadarko Petroleum），它们上一年都是亏损，但通用电气的股价约为每股29美元，阿纳达科石油公司的股价更是高达每股约41美元。因为亏损，其市盈率也是负的，所以这两家公司都没有报告市盈率。同期，由大型公司组成的标准普尔500指数公司股票的平均市盈率约为17倍，即股价是它们在华尔街报告的利润的17倍。

市盈率比较是比率分析应用的一个例子。我们将在本章中看到，财务比率种类繁多，每个财务比率都用来反映企业某个特定方面的财务特征。除了介绍如何分析财务报表和计算财务比率，本章还将用相当多的篇幅讨论谁在使用这些信息以及为什么使用这些信息。

3.1 财务报表分析

在第2章，我们介绍了有关财务报表和现金流量的一些基本概念。为了强化大家对财务报表信息的理解与运用，本章延续上一章的讨论。

掌握财务报表的应用知识十分重要，因为这些报表以及报表中的数字是企业内部和外部进行财务信息交流的重要工具。简而言之，大部分企业财务的语言都根植于本章将要讨论的概念。

显然，会计师的重要目标之一是按照一种有助于报表使用者做出决策的形式报告财务信息。具有讽刺意味的是，财务信息常常没有按照这种形式传递给报表使用者，换句话说，财务报表脱离了使用者导向的原则。本章试图弥合这个差距。

报表的标准化

拿到一家公司财务报表，我们要做的第一件事可能是将它与其他类似公司的财务报表进行比较。然而，这时我们立刻面临一个问题：公司的规模不同，直接比较两家公司的财务报表几无可能。

例如，特斯拉（Tesla）和通用汽车是汽车市场的直接竞争对手，但通用汽车规模大，直接将两家公司进行比较很困难。就此而言，一旦公司规模发生了变化，即使比较同一家公司在不同时间点的财务报表都很困难。如果我们想比较通用汽车和丰田，规模问题就变得更为复杂。如果丰田的财务报表是按日元编制的，我们就同时面临规模不同和币种不同的困扰。

显然，为了进行比较，我们需要在一定程度上对财务报表进行标准化处理。一种常见而且有用的方法是将以金额形式表达的报表数据转化为百分比形式，这样形成的财务报表称作**共同比报表**（common-size statement）。接下来，我们对此进行讨论。

共同比资产负债表

为便于参照，表3-1列示了Prufrock公司2016年和2017年的资产负债表，根据这一报表，我们将报表中的每个项目转换为总资产的百分比形式，从而得到Prufrock公司2016年和2017年的共同比资产负债表，如表3-2所示。

表3-1　Prufrock公司资产负债表

Prufrock公司 资产负债表 截至12月31日的会计年度 （单位：百万美元）	2016年	2017年
资产		
流动资产		
现金	$ 84	$ 98
应收账款	165	188
存货	393	422
流动资产合计	$ 642	$ 708
固定资产		
固定资产净额	$ 2 731	$ 2 880
资产合计	$ 3 373	$ 3 588
负债和所有者权益		
流动负债		
应付账款	$ 312	$ 344
应付票据	231	196
流动负债合计	$ 543	$ 540
长期债务	$ 531	$ 457
所有者权益		
普通股和资本公积	$ 500	$ 550
留存收益	1 799	2 041
所有者权益合计	$ 2 299	$ 2 591
负债和所有者权益合计	$ 3 373	$ 3 588

表 3-2 **Prufrock 公司共同比资产负债表**

Prufrock 公司 共同比资产负债表 截至 12 月 31 日的会计年度			
	2016 年	2017 年	变化
资产			
流动资产			
现金	2.5%	2.7%	+0.2%
应收账款	4.9	5.2	+0.3
存货	11.7	11.8	+0.1
流动资产合计	19.0	19.7	+0.7
固定资产			
固定资产净额	81.0	80.3	−0.7
资产合计	100.0%	100.0%	0.0%
负债和所有者权益			
流动负债			
应付账款	9.2%	9.6%	+0.4%
应付票据	6.8	5.5	−1.3
流动负债合计	16.1	15.1	−1.0
长期债务	15.7	12.7	−3.0
所有者权益			
普通股和资本公积	14.8	15.3	+0.5
留存收益	53.3	56.9	+3.5
所有者权益合计	68.2	72.2	+4.1
负债和所有者权益合计	100.0%	100.0%	0.0%

请注意，表中部分合计数与单个数字的加总不相等是由于四舍五入的缘故，另外，表中总计栏的变化必须为零，因为期初数和期末数的百分比加起来都等于 100%。

采用百分比形式，财务报表的阅读和比较都相对容易。例如，查看 Prufrock 公司两年的共同比资产负债表，我们可以发现，其流动资产占总资产的比例从 2016 年的 19.0%上升到 2017 年的 19.7%，流动负债占负债和所有者权益合计的比例从 2016 年的 16.1%下降到 2017 年的 15.1%，而所有者权益占负债和所有者权益合计的比例从 2016 年的 68.2%上升到 2017 年的 72.2%。

总体来说，从流动资产与流动负债的比较来看，Prufrock 公司的流动性这一年来有所增强。同时，从负债占总资产的比例来看，Prufrock 公司的负债程度有所降低。因此，我们可以认为，Prufrock 公司的资产负债表变得更健康了。

共同比利润表

表 3-3 介绍了一些经常使用的利润衡量指标。Prufrock 公司的利润表如表 3-4 所示，使其标准化的有效方式是将表中每个项目表示为销售收入的百分比，具体如表 3-5 所示。

表 3-3 利润的衡量指标

投资者和分析师十分关注利润表，以从中发现公司在特定年份经营好坏的线索。以下是一些常用的利润衡量指标。

净利润 俗称底线（bottom line），等于总收入减去总费用。Prufrock 公司最近一期的净利润为 36 300 万美元。净利润反映了企业资本结构、税收和营业利润的差异。营业利润减去利息费用和所得税即得到净利润。股东十分重视净利润，因为股利支付和留存收益与净利润紧密相关。

EPS 以每股的形式来反映净利润，等于净利润除以流通在外股票数。对于 Prufrock 公司，EPS=净利润/流通在外股票数=36 300/3 300=11 美元。

EBIT 支付利息及缴纳所得税之前的利润，常被称作利润表上的"营业利润"，是未包含非经常性项目、中止经营项目和异常项目的利润。将营业收入减去营业费用即得到 EBIT。分析师喜欢 EBIT，因为它剔除了企业资本结构（利息费用）和税收对利润的影响。对于 Prufrock 公司，EBIT 是 69 100 万美元。

EBITDA 支付利息、缴纳所得税、扣除折旧和摊销之前的利润。EBITDA = EBIT+折旧和摊销，摊销是指类似于折旧的非现金费用，只不过它针对无形资产（如专利）而不是有形资产（如机器），摊销不是指债务的偿还。Prufrock 公司的利润表上没有摊销，因此，它的 EBITDA=69 100 万+27 600 万=96 700 万美元。分析师喜欢 EBITDA 是因为它在 EBIT 的基础上加回了两项非现金费用（折旧和摊销），因而能更好地衡量公司的税前经营现金流量。

利润的衡量指标有时加前缀 LTM，表示最近 12 个月。例如，LTM EPS 表示最近 12 个月的每股收益，LTM EBITDA 表示最近 12 个月的 EBITDA。有时也使用字母 TTM，表示该指标追踪了 12 个月的数据。当然，LTM 与 TTM 含义相同。

表 3-4 **Prufrock** 公司利润表

Prufrock 公司
利润表
2017 年
（单位：百万美元）

销售收入		\$2 311
销售成本		1 344
折旧		276
息税前利润		\$ 691
利息费用		141
税前利润		\$ 550
所得税（34%）		187
净利润		\$ 363
股利	\$121	
留存收益增加额	242	

表 3-5 **Prufrock** 公司共同比利润表

Prufrock 公司
共同比利润表
2017 年

销售收入	100.0%
销售成本	58.2
折旧	11.9

续前表

Prufrock 公司 共同比利润表 2017 年		
息税前利润		29.9
利息费用		6.1
税前利润		23.8
所得税（34%）		8.1
净利润		15.7%
股利	5.2%	
留存收益增加额	10.5	

共同比利润表告诉我们每1美元销售收入的去向。就 Prufrock 公司而言，每1美元销售收入中，利息吃掉了0.061美元，税收消耗了0.081美元。当所有项目都扣减完，每1美元销售收入剩下0.157美元净利润，这0.157美元又分为两部分，0.105美元留存在企业，0.052美元以股利形式发放出去。

这些百分比在比较分析时很有用。例如，分析成本百分比就很有意义。对于 Prufrock 公司，每1美元销售收入中0.582美元为销售成本，将其与 Prufrock 公司主要竞争对手的同一百分比进行对比，可以看出 Prufrock 公司的成本控制水平。

3.2 比率分析

为避免不同规模公司不可比问题，还有一个办法，那就是计算和比较**财务比率**（financial ratios）。这些比率是比较和考察财务信息各个数据之间关系的一种方法。接下来，我们将介绍一些较为常见的比率（还有很多比率本书无法一一提及）。

在财务比率的计算上，不同的人、不同的信息来源常常使得计算结果不完全相同，这不免令人困惑。本书使用的比率定义或许与你在其他地方曾经见过或者将会看到的定义不完全相同。如果使用财务比率作为分析工具，你应该注意说明每一个比率是如何计算的，如果将你的数据与其他来源的数据比较时，必须确定你已经了解这些数字的算法。

我们暂且将财务比率的应用及产生的问题推迟到后面的章节中讨论。针对每个财务比率，我们先讨论五个问题：

1. 它是如何计算的？
2. 它是用来衡量什么的？我们为什么会感兴趣？
3. 度量的单位是什么？
4. 它的值较高或较低说明了什么？这样的值可能产生哪些误导？
5. 如何改进这个比率？

传统上，财务比率通常分为以下几个类别：

1. 短期偿债能力比率，即流动性比率。
2. 长期偿债能力比率，即财务杠杆比率。
3. 资产管理能力比率，即周转率。

4. 盈利能力比率。

5. 市场价值比率。

下面我们通过 Prufrock 公司的例子，逐一计算以上这些财务比率。除非特别说明，我们将使用 2017 年年末资产负债表的数据。

短期偿债能力指标

顾名思义，短期偿债能力比率是一组旨在提供企业流动性信息的比率，有时也称为流动性指标，其重点关注的是企业短期内支付货款而不会产生过度压力的能力。因此，这些比率专注于流动资产和流动负债。

显然，短期债权人对流动性比率特别感兴趣。因为财务经理经常需要和银行以及其他短期借款人打交道，掌握这些比率十分必要。

流动资产和流动负债的一个优点是其账面价值与市场价值几乎接近。这些资产和负债经常（虽然不总是）持续时间不长，不至于使账面价值和市场价值之间产生较大差额。不过，另一方面，作为近似现金的项目，流动资产和流动负债可能而且确实变化十分迅速，所以，其当前的金额未必是未来的可靠参考。

流动比率　最为人熟知且应用最广泛的比率是流动比率（current ratio）。流动比率的定义如下：

$$\text{流动比率}=\frac{\text{流动资产}}{\text{流动负债}} \tag{3.1}$$

Prufrock 公司 2017 年的流动比率是：

$$\text{流动比率}=\frac{\$708}{\$540}=1.31\text{ 倍}$$

因为理论上流动资产和流动负债在接下来的一年内会转化为现金，流动比率是短期流动性的衡量指标，其衡量单位可以是美元或倍数。所以，我们可以说，对于每 1 美元的流动负债，Prufrock 公司有 1.31 美元的流动资产来保障，或者说 Prufrock 公司流动负债的覆盖倍数为 1.31 倍。

对于债权人尤其是短期债权人如供应商而言，流动比率越高越好。对于企业来说，流动比率高说明企业流动性好，但也表明企业的现金以及其他流动资产使用效率不高。除非某些特别情况，流动比率至少为 1，流动比率小于 1 说明企业的营运资本净额（流动资产减流动负债）是负的，这对于健康的企业不太正常，至少大多数企业如此。

像其他比率一样，流动比率受到各种各样交易的影响。例如，假设企业采用长期借款筹集资金，这一交易将导致现金增加和长期债务增加，而流动负债不受影响，因此，流动比率提高。

例 3.1　流动性事件

假设一家企业要向供应商和短期债权人付款，这对流动比率有什么影响？如果一家企业购买了一些存货，此时其流动比率会有什么变化？如果企业出售商品又将如何影响呢？

第一种情况是个颇具迷惑性的问题，流动比率的变化取决于其如何偏离1。如果流动比率大于1（普遍情况如此），它将变大；如果流动比率小于1，它将变小。为了说明这点，假设某企业的流动资产为4美元，流动负债为2美元，则它的流动比率为2，如果我们花费1美元现金支付流动负债，新的流动比率则变为（4－1）/（2－1）＝3。如果情况反过来，该企业的流动资产为2美元，流动负债为4美元，则流动比率将从1/2降为1/3。

第二种情况没有什么迷惑性。由于现金减少的同时存货增加，流动资产总额不受影响，所以流动比率不会变化。

在第三种情况下，流动比率通常将上升。因为正常情况下，存货按成本计价，销售收入通常高于成本（其差额为利润），因此，现金或应收账款的增加额大于存货的减少额，这就增加了流动资产，流动比率自然随之上升。

最后，需要注意的是，对于拥有强大借款能力的公司而言，看似偏低的流动比率也不一定是不良信号。

速动比率（酸性测试比率） 流动资产中存货的流动性通常较差，其账面价值也不能准确地反映它的市场价值，因为账面价值没有考虑存货的质量问题。有些存货会变质、过时甚至丢失。

更为重要的是，过多的存货往往是企业陷入短期流动性困境的信号。这可能是企业对销售估计过于乐观而过量采购或过量生产，使流动性在很大程度上被流动缓慢的存货拖累。

为进一步评价企业的流动性，我们常常使用速动比率或酸性测试比率（quick or acid-test ratio）指标，其计算与流动比率类似，只是扣除了存货，具体如下：

$$\text{速动比率}=\frac{\text{流动资产}-\text{存货}}{\text{流动负债}} \qquad [3.2]$$

值得注意的是，使用现金购买存货的业务不会影响流动比率，但是会降低速动比率。这是因为存货与现金相比流动性较差。

Prufrock公司2017年的速动比率是：

$$\text{速动比率}=\frac{\$708-422}{\$540}=0.53\text{倍}$$

由于Prufrock公司存货占流动资产的一半以上，速动比率揭示的情况与流动比率有所不同。夸张一点说，如果这些存货中包括未出售的核电站，那么我们就应当予以关注。

为了比较说明流动比率与速动比率，我们再以沃尔玛和万宝盛华公司（Manpower）最近的财务报表为例。沃尔玛和万宝盛华的流动比率分别为0.93和1.47，然而，万宝盛华没有存货，而沃尔玛的流动资产几乎全部为存货，结果沃尔玛的速动比率仅为0.2，万宝盛华的速动比率则为1.61，与其流动比率几乎相同。

现金比率 借款期较短的债权人可能感兴趣的是现金比率（cash ratio）：

$$现金比率=\frac{现金}{流动负债} \quad [3.3]$$

根据上式可计算出 Prufrock 公司 2017 年的现金比率为 0.18 倍。

长期偿债能力指标

长期偿债能力比率旨在衡量企业偿还长期债务的能力，有时也称为财务杠杆比率（financial leverage ratio）或杠杆比率（leverage ratio）。这里我们介绍三个常用的长期偿债能力指标以及一些变形。

总负债比率　总负债比率（total debt ratio）考虑了所有债权人全部到期的债务。它有几种定义形式，最常见的是：

$$总负债比率=\frac{总资产-总权益}{总资产} \quad [3.4]$$

$$=\frac{\$3\,588-2\,591}{\$3\,588}=0.28倍$$

据此，分析师可能会说 Prufrock 公司使用了 28%的负债。[①] 该负债率究竟是高是低，甚至是否有影响都取决于资本结构是否具有价值相关性，后面的章节将讨论这一主题。

Prufrock 公司每 1 美元资产有 0.28 美元负债，或者说，每 0.28 美元负债有 0.72 美元（1－0.28）权益来保障。考虑到这一点，我们可以定义总负债比率的另外两种有用的变形：负债/权益比（debt-equity ratio）和权益乘数（equity multiplier）。

$$负债/权益比=\frac{总负债}{总权益} \quad [3.5]$$

$$=\frac{0.28}{0.72}=0.39倍$$

$$权益乘数=\frac{总资产}{总权益} \quad [3.6]$$

$$=\frac{1}{0.72}=1.39倍$$

权益乘数等于负债/权益比加 1，这不是巧合，可推导如下：

$$权益乘数=\frac{总资产}{总权益}=\frac{1}{0.72}=1.39倍$$

$$=\frac{总权益+总负债}{总权益}=1+负债/权益比=1.39倍$$

注意，这三个比率只要给出任何一个，就可以立即计算出另外两个，因此，它们实质上意义相同。

---

① 此处总权益包括优先股（如果有的话）。比率中的分子也可采用如下算法：流动负债＋长期负债。

利息保障倍数 衡量长期偿债能力的另外一个常用指标是**利息保障倍数比率**（times interest earned ratio，TIE）。同样，利息保障倍数有几种可能的定义，我们讨论最经典的一种：

$$利息保障倍数=\frac{EBIT}{利息费用} \tag{3.7}$$

$$=\frac{\$691}{\$141}=4.9\ 倍$$

顾名思义，利息保障倍数衡量公司负担利息费用的能力，常常称为利息倍数。Prufrock 公司对利息的覆盖率是 4.9 倍。

现金利息保障倍数 利息保障倍数存在一个问题，它是以 EBIT 为基础的，而 EBIT 扣除了折旧、摊销、非现金费用等，不能真正衡量企业可用来支付利息的现金。因为利息是一项最直接的对债权人的现金流出，所以我们也常计算**现金利息保障倍数**（cash coverage ratio）：

$$现金利息保障倍数=\frac{EBIT+折旧和摊销}{利息费用} \tag{3.8}$$

$$=\frac{\$691+276}{\$141}=\frac{\$967}{\$141}=6.86\ 倍$$

分子中 EBIT 加上折旧和摊销经常缩写为 EBITDA（earning before interest，taxes，depreciation，and amortization），是衡量企业经营活动产生现金能力的基本指标，也常常用来衡量企业可用于偿还财务负担的现金流量。

近来，另外一个长期偿债能力指标在财务报表分析和债务契约中的使用日益增多，这就是有息债务与 EBITDA 比。具体到 Prufrock 公司：

$$有息债务与\ EBITDA\ 比=\frac{有息债务}{EBITDA}$$

$$=\frac{\$196+457}{\$967}=0.68\ 倍$$

公式中分子包括应付票据（应付票据通常是银行借款）和长期债务，分母使用 EBITDA。比率小于 1 说明公司偿债能力十分健康，比率大于 5 说明公司偿债能力差。当然，要正确运用这一比率还需要与其他可比公司进行仔细比较。

资产管理能力指标

接下来，我们讨论 Prufrock 公司资产使用的效率。这方面的指标有时称作资产管理比率（asset management）或资产利用比率（utilization ratio）。具体而言，这些指标都用来衡量公司资产的周转率，旨在说明公司运用其资产获取收入的效率或强度。首先来看两项重要的流动资产：存货和应收账款。

存货周转率和存货周转天数 Prufrock 公司 2017 年的销售成本为 134 400 万美元，年末存货为 42 200 万美元。根据这些数据，可计算出存货周转率（inventory turnover）如下：

$$存货周转率=\frac{销售成本}{存货} \qquad [3.9]$$

$$=\frac{\$1\,344}{\$422}=3.18\text{ 次}$$

从某种意义上说，公司所有的存货在这一年周转了 3.18 次。只要不是出清存货不再销售，存货周转率越高，说明存货管理效率越高。

如果知道公司存货一年周转 3.18 次，我们立即可以计算出存货周转一次平均需要多长时间，即存货周转天数（days' sales in inventory）。

$$存货周转天数=\frac{365}{存货周转率} \qquad [3.10]$$

$$=\frac{365}{3.18}=114.61\text{ 天}$$

这告诉我们，大致说来，存货在销售出去前在企业平均停留 115 天，换句话说，根据最新的存货和成本数据，Prufrock 公司当前的存货需要大约 115 天才能全部销售完毕。

例如，2015 年 12 月，通用汽车拥有 82 天的汽车库存，比正常情况下 60 天的库存量高很多。这意味着照此销售速度，公司需要 120 天才能售罄这些库存。同期，福特的存货周转天数是 59 天，丰田的存货周转天数是 45 天。当然，我们也可以按各个细分市场来计算分析存货周转率。例如，紧凑型卡车的存货周转天数仅仅 26 天，中等豪华运动型多功能汽车（SUV）的存货周转天数是 44 天，而小货车和大型轿车的存货周转天数分别为 93 天和 98 天。

应收账款周转率和应收账款周转天数　存货周转指标说明公司产品的销售速度有多快，现在让我们来看看这些销售货款的收回速度有多快。应收账款周转率（receivables turnover）的定义与存货周转率类似：

$$应收账款周转率=\frac{销售收入}{应收账款} \qquad [3.11]$$

$$=\frac{\$2\,311}{\$188}=12.29\text{ 次}$$

大致上，公司一年内收回外面的赊销款并赊借出去 12.29 次。①

如果将这一比率转换为天数，即应收账款周转天数（days' sales in receivables），则更好理解：

$$应收账款周转天数=\frac{365}{应收账款周转率} \qquad [3.12]$$

---

① 这里，我们假设所有的销售为赊销。如果不是，计算时就该用赊销额而不是销售额。另外，我们在此用会计期末应收账款余额计算应收账款周转率。通常是用会计期间应收账款的平均数来计算。重要的是，在进行不同期间、不同公司比较时所用的数据应保持一致。

$$=\frac{365}{12.29}=29.69\text{ 天}$$

因此，平均来说，我们在30天内收回赊销货款。不难理解，这个比率常被称作平均收账期（average collection period，ACP）。同样，如果根据Prufrock公司最新的数据，我们可以说该公司目前还有相当于30天销售额的货款尚未收回。

例3.2 应付账款周转率

与应收账款收账期类似，Prufrock公司平均要花多长时间才支付货款呢？为此，我们可以利用销售成本计算应付账款周转率。假设Prufrock公司所有采购均为赊购。

销售成本为134 400万美元，应付账款为34 400万美元，因此，应付账款周转率为134 400/34 400=3.91次，应付账款每周转一次需要365/3.91=93.42天。平均来说，Prufrock公司需要93天才支付货款。如果作为一个潜在的债权人，我们应注意这一事实。

总资产周转率 除了存货或应收账款这些特定的项目，我们还可以计算一个重要的综合性的比率——总资产周转率（total asset turnover）。与前面的周转率指标计算原理类似，总资产周转率计算如下：

$$\text{总资产周转率}=\frac{\text{销售收入}}{\text{总资产}} \tag{3.13}$$

$$=\frac{\$2\,311}{\$3\,588}=0.64\text{ 次}$$

也就是说，每1美元资产实现了0.64美元销售收入。

例3.3 周转率

假设你了解到某公司每1美元总资产创造了0.40美元的年销售收入，那么该公司的总资产多长时间周转一次？

该公司总资产周转率为0.40次，因此其总资产完全周转一次需要1/0.40=2.5年。2.5常被称作公司的资本密集率。

盈利能力指标

本节将讨论的三类指标可能是所有财务比率中最广为人知和使用最广泛的。它们以这样或那样的形式，衡量企业使用资产的效率或管理营运活动的效率。

销售利润率 公司十分关注其销售利润率（profit margin）：

$$\text{销售利润率}=\frac{\text{净利润}}{\text{销售收入}} \tag{3.14}$$

$$=\frac{\$363}{\$2\,311}=0.157\text{ 或 }15.7\%$$

这说明Prufrock公司每1美元的销售收入创造的净利润不到16美分。

销售 EBITDA 率 另外一个经常使用的盈利能力指标是销售 EBITDA 率（EBITDA margin）。如前所述，EBITDA 没有扣除利息和所得税并加回了非现金费用，衡量的是税前经营现金流量。因此，与销售利润率相比，销售 EBITDA 率与经营现金流量更相关，而且不受资本结构和税收的影响。就 Prufrock 公司而言，销售 EBITDA 率为：

$$\text{销售 EBITDA 率} = \frac{\text{EBITDA}}{\text{销售收入}} = \frac{\$967}{\$2\,311} = 0.418 \text{ 或 } 41.8\%$$

其他条件相同的情况下，相对高的利润率当然更好。这意味着销售费用率相对较低。然而，我们不得不经常面对的是其他条件往往不相同。

例如，降低销售价格虽然通常会增加销量但也会使利润率萎缩，总利润（或更为重要的经营现金流量）可能增加或减少。所以，利润率低并不一定是坏事。毕竟，“我们的价格已经低到销售亏损的程度，但我们可以在销量上加以弥补”的情况是否可能出现呢？[①]

不同行业利润率相差极大。杂货店的利润率很低，通常在 2%左右；相反，医药行业的利润率高达 18%左右。例如，克罗格公司（Kroger）和辉瑞公司（Pfizer）当前的销售利润率分别为 1.6%和 17.6%不足为奇。

资产报酬率 资产报酬率或资产收益率（return on assets，ROA）衡量每 1 美元资产所实现的利润，它有多种算法[②]，最常用的是：

$$\text{资产报酬率} = \frac{\text{净利润}}{\text{总资产}} = \frac{\$363}{\$3\,588} = 0.101 \text{ 或 } 10.1\% \qquad [3.15]$$

净资产收益率 净资产收益率或股东权益报酬率（return on equity，ROE）衡量的是股东在一年内的收益如何。因为使股东受益是我们的目标，因此，从会计上说，它是真正衡量公司盈利表现的指标。净资产收益率计算如下：

$$\text{净资产收益率} = \frac{\text{净利润}}{\text{净资产}} = \frac{\$363}{\$2\,591} = 0.14 \text{ 或 } 14\% \qquad [3.16]$$

这就是说，Prufrock 公司每 1 美元权益实现 14 美分利润。不过，需要再次强调的

---

① 答案是否定的。

② 例如，我们希望资产报酬率不受资本结构（利息费用）和所得税的影响，可采用以下公式计算 Prufrock 公司的资产报酬率：

$$\frac{\text{EBIT}}{\text{总资产}} = \frac{\$691}{\$3\,588} = 0.193 \text{ 或 } 19.3\%$$

这种算法解释起来更为客观。如果 19.3%大于 Prufrock 公司的借款利率，那么公司在投资上赚的钱就高于其付给债权人的利息，其盈余部分缴完税后归公司的股东所有。

是，这只是从会计的角度得出的。

ROA和ROE这两个指标应用十分普遍。我们需要再次强调的是，这只是会计收益率指标。正因为如此，称作账面资产收益率（return on book assets）和账面权益收益率（return on book equity）更为准确。另外，有时也称作净权益收益率（return on net worth）。

ROE大于ROA说明Prufrock公司使用了财务杠杆。下一节我们将讨论这两者间的关系。

市场价值指标

最后一组指标是基于股票市场上的每股价格（这一信息通常不必然在财务报表中披露）而计算的。显然，只有公开上市公司才能计算这些指标。

假设Prufrock公司流通在外的股票数为3 300万股，年末股价为每股88美元。根据前面介绍的公司的净利润为36 300万美元，不难算出其每股收益：

$$\text{每股收益}=\frac{\text{净利润}}{\text{流通在外股票数}} \tag{3.17}$$

$$=\frac{\$363}{33}=\$11$$

市盈率 第一个市场价值指标是市盈率（price-earnings ratio）或PE乘数（PE multiple），定义如下：

$$\text{市盈率}=\frac{\text{每股股价}}{\text{每股收益}} \tag{3.18}$$

$$=\frac{\$88}{\$11}=8\text{倍}$$

用专业的话来说，这表示Prufrock公司的股票按其利润的8倍来买卖，或者说，Prufrock公司股票的PE乘数为8倍。

因为市盈率反映了投资者对公司每1美元当前利润愿意支付的价格，高市盈率往往意味着公司未来发展前景良好。当然，如果公司的利润很少，市盈率也可能很高。因此，解读这一比率时必须十分小心。

市净率 第二个经常使用的市场价值指标是市净率（market-to-book ratio）：

$$\text{市净率}=\frac{\text{每股市场价值}}{\text{每股账面价值}} \tag{3.19}$$

$$=\frac{\$88}{\$2\,591/33}=\frac{\$88}{\$78.5}=1.12\text{倍}$$

式中，每股账面价值等于权益总额（不仅仅普通股）除以流通在外股票数量。

每股账面价值是个会计指标，反映了历史成本。从通常意义上说，市净率指标将企业投资的市场价值与其成本进行比较，指标小于1表明企业没有为其股东成功地创造价值。

市场资本总额 上市公司的市场资本总额（market capitalization）是指一个公司资本的总市场价值，其衡量方式是以公司股票每股股价乘以流通在外股票数量。就 Prufrock 公司而言：

每股股价×流通在外股票数量＝＄88×3 300 万＝＄290 400 万

这个数字对于 Prufrock 公司潜在的并购方来说十分有用。在并购活动中，一个想收购 Prufrock 公司所有流通在外股票数量的买家出价至少等于 290 400 万美元加上溢价。

企业价值 企业价值（enterprise value，EV）是一个十分接近市场资本总额的企业价值指标。它关注流通在外股票的市场资本总额，等于流通在外股票的市场资本总额加上有息债务的市场价值减去持有现金。我们知道 Prufrock 公司流通在外股票的市场资本总额，但不知道其有息债务的市场价值，此时，普遍的做法是用有息债务的账面价值代替。就 Prufrock 公司而言，其企业价值为：

EV＝市场资本总额＋有息债务的市场价值－现金 [3.20]
＝＄290 400 万＋(＄19 600 万＋45 700 万)－＄9 800 万
＝＄345 900 万

EV 指标的目的是估计购买公司所有流通在外股份并偿还债务需要支付的价格。之所以减去现金，是因为如果我们是买家，现金可以立即用来偿还债务或者发放股利。

企业价值乘数 为了估计企业的总价值而不仅仅是权益的价值，财务分析师常常使用企业价值乘数，即用企业价值除以 EBITDA。对于 Prufrock 公司，企业价值乘数是：

$$\frac{\text{EV}}{\text{EBITDA}}=\frac{\$3\,459}{\$967}=3.58\text{ 倍}$$

当公司间在资本结构（利息费用）、税收和资本支出上存在差异时，采用企业价值乘数进行比较十分有用，因为企业价值乘数不受这些因素的直接影响。

与市盈率类似，企业价值乘数高的公司未来成长前景良好。

至此，我们介绍了一些常见比率的计算。我们还可以介绍更多的比率，但这些已经足够了。如何计算比率暂且到此为止，我们转而讨论如何应用这些比率。表 3－6 归纳了已经讨论过的部分比率。

表 3－6 **常见财务比率**

Ⅰ. 短期偿债能力指标	利息保障倍数＝$\frac{\text{EBIT}}{\text{利息费用}}$
流动比率＝$\frac{\text{流动资产}}{\text{流动负债}}$	现金利息保障倍数＝$\frac{\text{EBITDA}}{\text{利息费用}}$
速动比率＝$\frac{\text{流动资产}-\text{存货}}{\text{流动负债}}$	Ⅱ. 长期偿债能力指标
现金比率＝$\frac{\text{现金}}{\text{流动负债}}$	总负债比率＝$\frac{\text{总资产}-\text{总权益}}{\text{总资产}}$

负债/权益比 $=\frac{\text{总负债}}{\text{总权益}}$

权益乘数 $=\frac{\text{总资产}}{\text{总权益}}$

Ⅲ. 资产管理能力指标

存货周转率 $=\frac{\text{销售成本}}{\text{存货}}$

存货周转天数 $=\frac{365}{\text{存货周转率}}$

应收账款周转率 $=\frac{\text{销售收入}}{\text{应收账款}}$

应收账款周转天数 $=\frac{365}{\text{应收账款周转率}}$

总资产周转率 $=\frac{\text{销售收入}}{\text{总资产}}$

资本密集率 $=\frac{\text{总资产}}{\text{销售收入}}$

Ⅳ. 盈利能力指标

销售利润率 $=\frac{\text{净利润}}{\text{销售收入}}$

资产报酬率 $=\frac{\text{净利润}}{\text{总资产}}$

净资产收益率 $=\frac{\text{净利润}}{\text{净资产}}$

净资产收益率＝销售利润率×总资产周转率×权益乘数

Ⅴ. 市场价值指标

市盈率 $=\frac{\text{每股股价}}{\text{每股收益}}$

市净率 $=\frac{\text{每股市场价值}}{\text{每股账面价值}}$

企业价值乘数 $=\frac{\text{EV}}{\text{EBITDA}}$

例3.4 大西洋公司与太平洋公司

下表为大西洋公司与太平洋公司2017年部分财务数据（除了每股股价单位为美元，其余单位均为10亿美元）：

	大西洋公司	太平洋公司
销售收入	\$48.3	\$77.3
EBIT	\$ 4.8	\$ 7.3
净利润	\$ 2.8	\$ 4.4
现金	\$ 0.5	\$ 0.5
折旧	\$ 1.5	\$ 1.9
有息债务	\$ 6.7	\$13.4
总资产	\$30.9	\$44.3
每股股价	\$24	\$27
流通在外股票数	1.5	1.7
股东权益	\$16.1	\$17.7
每股收益	\$1.87	\$2.6

1. 计算大西洋和太平洋两家公司销售利润率、ROE、资本市场总额、企业价值、PE乘数和EV乘数。

	大西洋公司	太平洋公司
权益乘数	30.9/16.1＝1.9	44.3/17.7＝2.5
资产周转率	48.3/30.9＝1.6	77.3/44.3＝1.7
销售利润率	2.8/48.3＝5.8%	4.4/77.3＝5.7%
ROE	2.8/16.1＝17.4%	4.4/17.7＝24.9%

续前表

	大西洋公司	太平洋公司
资本市场总额	1.5×24=36	1.7×27=45.9
企业价值	(1.5×24)−6.7−0.5=42.2	(1.7×27)+13.4−0.5=58.8
PE 乘数	24/1.87=12.8	27/2.6=10.4
EBITDA	4.8+1.5=6.3	7.3+1.9=9.2
EV 乘数	42.2/6.3=6.7	58.8/9.2=6.4

2. 从财务角度看，你如何评价这两家公司？两家公司在某些方面有点相似。2017年，太平洋公司的ROE较高（部分归因于债务较多和资产周转率较高），但大西洋公司的PE乘数和EV乘数稍高一点。两家公司的乘数指标都低于市场平均水平，说明其未来增长预期可能存在问题。

3.3 杜邦公式

前面在讨论ROA和ROE时曾提到，这两个盈利能力指标的差异反映了公司债务融资或财务杠杆的使用情况。本节将通过著名的ROE分解公式来解释两者的关系。

ROE的深入分析

首先，我们回忆一下ROE的定义：

$$净资产收益率=\frac{净利润}{净资产}$$

如果我们想分解ROE，可以将ROE乘以资产/资产，这实际上没有任何影响：

$$\begin{aligned}净资产收益率&=\frac{净利润}{净资产}=\frac{净利润}{净资产}\times\frac{资产}{资产}\\&=\frac{净利润}{资产}\times\frac{资产}{净资产}\end{aligned}$$

这样，我们可以将ROE分解为ROA和权益乘数两个比率的乘积：

$$净资产收益率=资产报酬率\times权益乘数=资产报酬率\times(1+负债/权益比)$$

回到Prufrock公司的例子，该公司负债/权益比为0.39，资产报酬率为10.1%，根据分解公式可计算出公司的ROE如下，与我们前面的计算结果完全相同：

$$净资产收益率=10.1\%\times1.39=14\%$$

对于某些特殊行业，ROA 和 ROE 相差非常大。例如，根据最新的财务报表，美国富国银行（Wells Fargo）的 ROA 仅为 1.29%，这对于一家银行来说十分正常。然而，银行通常借入大量资金，结果其权益乘数相对较大，富国银行的 ROE 约为 11.83%，这意味着其权益乘数为 9.17 倍。

在公式上下同时乘以销售收入，可以将 ROE 进一步分解如下：

$$净资产收益率=\frac{销售收入}{销售收入}\times\frac{净利润}{资产}\times\frac{资产}{净资产}$$

将上式稍加整理，可得

$$净资产收益率=\underbrace{\frac{净利润}{销售收入}\times\frac{销售收入}{资产}}_{资产收益率}\times\frac{资产}{净资产} \qquad [3.21]$$

$$=销售利润率\times资产周转率\times权益乘数$$

在这里，我们将资产报酬率分解为销售利润率和资产周转率两个比率。上式的最后表达形式称作**杜邦公式**（DuPont identity），该公式因杜邦公司将其推广使用而得名。

我们再用 Prufrock 公司的数据来验证这一关系。Prufrock 公司的销售利润率为 15.7%，资产周转率为 0.64 次，因而其 ROE 等于：

$$\begin{aligned}净资产收益率&=销售利润率\times资产周转率\times权益乘数\\&=15.7\%\times0.64\times1.39\\&=14\%\end{aligned}$$

这与我们前面的计算结果完全一致。

杜邦公式告诉我们，ROE 受到三个方面因素的影响：

1. 经营效率（用销售利润率衡量）；
2. 资产运用效率（用资产周转率衡量）；
3. 财务杠杆（用权益乘数衡量）。

经营效率或资产运用效率（或同时）不高，都会导致资产报酬率不高，并最终降低净资产收益率。

杜邦公式表明，企业可以通过增加负债来提高净资产收益率。然而，需要注意的是，增加负债也会增加企业的利息费用，而利息费用会降低企业的销售利润率，进而降低净资产收益率。因此，净资产收益率可能提高也可能降低，要视具体情况而定。更为重要的是，债务融资还将带来其他一些影响，这将在后面的章节进行讨论。企业使用杠杆的程度取决于其资本结构政策。

本节讨论的 ROE 分解是一种非常简便的财务报表系统分析方法。如果 ROE 指标不那么令人满意，杜邦公式告诉你可以从哪里寻找原因。

雅虎和谷歌是世界上两家最重要的互联网公司。杜邦分析如何有效地帮助我们分析公司的财务表现，雅虎和谷歌是很好的例子。雅虎和谷歌的杜邦分解明细如表 3-7 所示。

表3-7 雅虎和谷歌的杜邦分解明细表

雅虎							
会计年度	ROE	=	销售利润率	×	资产周转率	×	权益乘数
2015	0.001%	=	0.01%	×	0.110	×	1.56
2014	0.4%	=	3.1%	×	0.075	×	1.60
2013	4.5%	=	12.6%	×	0.279	×	1.29
谷歌							
会计年度	ROE	=	销售利润率	×	资产周转率	×	权益乘数
2015	12.3%	=	22.9%	×	0.430	×	1.24
2014	13.8%	=	21.9%	×	0.503	×	1.25
2013	15.3%	=	24.0%	×	0.501	×	1.27

从表3-7中可以发现，雅虎公司的ROE从2013年的4.5%下降到2015年的0.001%，与此对照，谷歌公司的ROE从2013年的15.3%下降到2015年的12.3%。根据这些信息，如何理解谷歌公司的ROE比雅虎公司高很多？如何解释雅虎公司ROE在这期间的下降？

仔细分析杜邦公式的分解后，我们发现，2015年雅虎公司的销售利润率只有0.01%，与此同时，谷歌公司的销售利润率却高达22.9%，雅虎公司和谷歌公司的财务杠杆基本相近。那么，为什么谷歌公司的ROE优于雅虎公司？显然是销售利润率和资产经营效率不同造成的。高经营效率可能源自其销售量大、销售价格高或（和）成本低。很明显，两家公司ROE的不同主要是由销售利润率和资产周转率这两个比率不同引起的。

财务报表分析存在的问题

接下来我们讨论使用财务报表可能带来的一些问题。不管怎样，财务报表分析存在的最基本问题是，缺乏一套基本的理论建立标准的财务指标或指导我们设立标准的指标。

正如其他章节所述，在很多情况下，关于价值与风险的判断，财务理论和经济思想可以为我们提供指导，但财务报表却很少有助于判断。所以，我们很难说哪个财务比率最相关以及比率的标准值应该是多少。

尤为严重的问题是许多企业都是多元化集团公司，拥有很多互不相关的业务。通用电气便是典型的例子。这些公司的合并报表无法真正反映任何一个行业。一般来说，对公司进行比较分析时最好是将其严格控制在同一行业。

另外一个日益普遍的问题是主要竞争对手和集团内成员企业遍布在全球各地，汽车行业是典型的例子。此时面临的问题是美国之外的财务报表不必遵循一般公认会计原则。会计准则和处理程序的差异使得财务报表的跨国比较十分困难。

有时，即使从事相同业务的公司，其财务报表也不具可比性。主要以发电为主的电力企业应划归同一行业，并常常被认为性质基本相同。然而，大多数电力企业垄断经营，历史上相互之间很少竞争。许多电力企业为股份制，也有许多电力企业采用合伙制，没有股东。此外，发电方式也互不相同，从水电到核电，因此，这些电力企业的经营活动也相差极大。最后，盈利能力还受到管制环境的深刻影响，不同地方电力企业可能相似但盈利相差很大。

还有其他一些问题也时有发生。首先，不同企业使用的会计方法不同，如存货，这使得报表比较很困难。其次，不同企业的会计年度起止日不同，对于季节性企业，如存在圣诞销售旺季的零售业，由于年度内项目波动很大导致资产负债表不具可比性。最后，对于任一特定企业，非经常性、暂时性事件，如出售资产的一次性利润，也会影响报表的可比性。当我们进行企业比较分析时，这些事件可能发出误导性信号。下面的“金融实务”专栏讨论了这方面的一些问题。

金融实务

比率里有什么

著名财经评论员亚伯拉罕·布里洛夫（Abraham Briloff）曾说：“财务报表犹如名贵香水，只能细细地品鉴而不能生吞活剥。”你可能已经体会到，他的意思是，从财务报表中收集的信息以及根据这些信息计算的财务比率不可全信。

例如，2016年早期，网络与物流技术公司笛卡尔物流系统集团（Descartes Systems Group）的股票市盈率约为67倍。据此你会预期公司成长性很好，分析师们也这么认为，他们预测笛卡尔下一年利润增长率高达33%。与此同时，美国肯塔基赛马会（Kentucky Derby）的举办方丘吉尔庄园赛马场公司（Churchill Down）的股票市盈率为50倍，但分析师们预测其下一年利润增长率仅为7%。为什么市盈率如此之高呢？答案是丘吉尔庄园赛马场公司前一年的利润很低。因此，分析市盈率时必须特别小心。

AK钢铁控股公司（AK Steel Holding）是另一类问题的代表。如果计算其2014年的净资产收益率，高达22%，非常好。但奇怪的是，公司报告的2014年净利润为亏损9 690万美元！之所以如此，原因是其权益的账面价值为—49 200万美元。这种情况下，AK钢铁控股公司亏损越多，净资产收益率越高。当然，AK钢铁控股公司的市净率和市盈率都是负的。如何理解负的市盈率？我们也不太清楚。如果公司权益的账面价值是负的，意味着公司亏损太大，以至于账面权益都消耗完了。此时，净资产收益率、市净率和市盈率通常不报告，因为毫无意义。

即使公司权益的账面价值是正的，也要当心。例如，市净率反映公司为股东创造的价值，2016年上半年，全球领先的消费产品生产和经销商高乐氏公司（Clorox）市净率为125倍，这是个好信号。然而，仔细分析发现，高乐氏公司每股账面净资产从2012年的1.04美元下降到2016年的0.92美元，这一下降是由于公司进行了股票回购，而不是实现盈利或亏损，但是这导致公司在当年及以后年份市净率急剧上升。

财务比率是评价各种企业的重要工具，但不能简单地以所给的数据为基础；相反，在正式分析前，第一步是要了解数据是否真正有意义。

3.4 财务模型

财务报表的另一重要应用是财务计划。多数财务计划模型的结果生成了预测财务报表。财务报表是用来概括公司未来预计财务状况的形式。

一个简单的财务计划模型

我们先从一个简单的例子开始财务计划模型的讨论。Computerfield 公司最近几年的财务报表如下。

Computerfield 公司 财务报表					
利润表		资产负债表			
销售收入	\$1 000	资产	\$500	负债	\$250
销售成本	800			权益	250
净利润	\$ 200	合计	\$500	合计	\$500

除非特别说明，Computerfield 公司财务计划编制者假设所有变量与销售收入挂钩，并且保持目前的最佳关系。这意味着所有项目都与销售收入同步增长。这一假设显然过于简化，但我们只是为了清楚地说明问题。

假设销售收入增长 20%，从 1 000 美元增长到 1 200 美元，计划编制者预计销售成本也将增长 20%，从 800 美元增长到 $800\times1.2=960$ 美元。预计利润表如下：

预计利润表	
销售收入	\$1 200
销售成本	960
净利润	\$ 240

根据所有变量都将增长 20%的假设，可以非常容易地编制出公司的预计资产负债表：

预计资产负债表			
资产	\$600（+100）	负债	\$300 （+50）
		权益	300 （+50）
合计	\$600（+100）	合计	\$600（+100）

注意，各个项目都假设增加 20%，括号里的数字表示增加额。

现在我们来调节这两张预计报表。净利润等于 240 美元而权益怎么仅增加 50 美元呢？可能是 Computerfield 公司将差额 $240-50=190$ 美元作为股利发放了，在这里，股利是个倒推出来的变量。

假如 Computerfield 公司没有发放 190 美元股利，则留存收益增加额将是 240 美元，Computerfield 公司的权益将因此增加 250（期初余额）+240（净利润）=490 美元，负债必须减少以确保总资产等于 600 美元。

总资产等于 600 美元，权益等于 490 美元，负债则减少为 $600-490=110$ 美元。因为负债期初余额为 250 美元，因此，本期必须偿还债务 $250-110=140$ 美元。预计资产负债表应该如下：

预计资产负债表			
资产	$600（+100）	负债	$110（−140）
		权益	490（+240）
合计	$600（+100）	合计	$600（+100）

在这里，负债是个倒推出来的变量，以使预计资产负债表保持平衡。

这个例子说明了销售收入增长和财务政策的相互作用关系。销售收入增长，总资产也将增长，因为公司必须投资于营运资本和固定资产以支持公司的高销售水平。因为资产增长了，资产负债表右边的负债和权益也会增长。

通过以上简单的例子说明，负债和所有者权益的变化取决于公司的融资政策和股利政策。资产的增长要求公司决策如何融资以支持这一增长，这是标准的管理决策问题。需要注意的是，在我们简化的例子中，公司不需要外部资金。实际生活中很少出现这种情况，因此下节我们将探讨更为复杂的情况。

销售百分比法

在前一小节，我们描述了一个简单的财务计划模型。模型中各个项目都以与销售收入相同的速度增长。这对于某些因素或许是合理的假设，但对于另一些如长期借款就不一定，长期借款是由管理层决定的，与销售水平不必然相关。

本节中，我们对简单模型进行扩展。基本思路是将资产负债表和利润表项目分成两大类：与销售收入直接相关和与销售收入不直接相关。这样给出一个销售预测，我们就能够计算出公司为支持销售增长需要的融资金额。

接下来介绍的财务计划模型是以**销售百分比法**（percentage of sales approach）为基础的。我们的目的是找到一种编制预计财务报表的快捷、实用方法，而将一些华而不实的东西推迟到以后的章节再介绍。

利润表　Rosengarten公司最近的利润表如表3-8所示。在这里，我们仍然将一些问题简化处理，如将成本、折旧和利息合并成一个数字。

表3-8　Rosengarten公司利润表

Rosengarten公司 利润表		
销售收入		$1 000
销售成本		800
应税利润		$ 200
所得税（34%）		68
净利润		$ 132
股利	$44	
留存收益增加额	88	

Rosengarten公司预计下年销售收入增长25%，即1 000×1.25=1 250美元。为编制预计利润表，我们假设成本仍然按销售收入的800/1 000=80%处理。根据这些

假设，Rosengarten 公司的预计利润表如表 3-9 所示。因为企业的销售利润率是稳定的，所以销售成本按销售收入的固定比例来预计。本例中 Rosengarten 公司的销售利润率为 132/1 000=13.2%，在预计利润表中，销售利润率还是 165/1 250=13.2%，维持不变。

表 3-9　　Rosengarten 公司预计利润表

Rosengarten 公司 预计利润表	
销售收入（预计）	$1 250
销售成本（销售收入的 80%）	1 000
应税利润	$ 250
所得税（34%）	85
净利润	$ 165

接下来，我们需要预计公司发放的股利。这实际上取决于 Rosengarten 公司的管理层。我们假设 Rosengarten 公司按净利润的固定比例发放现金股利。根据最近几年的数据，公司的**股利支付率**（dividend payout ratio）为：

$$股利支付率=\frac{现金股利}{净利润} \quad [3.22]$$

$$=\frac{\$44}{\$132}=33.33\%$$

我们也可以计算出留存收益增加额对净利润的比例：

$$\frac{留存收益增加额}{净利润}=\frac{\$88}{\$132}=66.67\%$$

这个比例被称作**留存收益比率**（retention ratio）或**再投资比率**（plowback ratio），等于 1 减股利支付率，因为利润不分配就留存在企业。假设股利支付率保持不变，则预计股利和留存收益增加额分别为：

$$预计发放给股东的股利=\$165\times\frac{1}{3}=\$\ \ 55$$

$$预计留存收益增加额=\$165\times\frac{2}{3}=\underline{\$110}$$

$$\underline{\underline{\$165}}$$

资产负债表　根据表 3-10 Rosengarten 公司最近的财务报表可编制预计资产负债表。

假设资产负债表上有些项目的变化与销售收入直接相关，有些项目则与销售收入没有关系。对于那些与销售收入直接相关的项目，我们将刚刚结束年度的报表数据换算成按照销售收入的百分比来表示；对于那些与销售收入没有关系的项目，我们用“n/a”表示不适用销售收入的百分比形式。

表 3-10 Rosengarten 公司资产负债表

Rosengarten 公司 资产负债表					
资产			负债和所有者权益		
项目	金额	销售收入的百分比	项目	金额	销售收入的百分比
流动资产			流动负债		
现金	$ 160	16%	应付账款	$ 300	30%
应收账款	440	44%	应付票据	100	n/a
存货	600	60%	合计	$ 400	n/a
合计	$1 200	120%	长期债务	$ 800	n/a
固定资产			所有者权益		
厂房与设备净额	$1 800	180%	普通股和资本公积	$ 800	n/a
			留存收益	1 000	n/a
			合计	$1 800	n/a
资产合计	$3 000	300%	负债和所有者权益合计	$3 000	n/a

例如，在刚刚结束的会计年度，资产方存货项目等于销售收入的 60%（=600/1 000），我们假设这一百分比对于下一年同样适用，因此销售收入每增加 1 美元，存货将增加 60 美元。推而广之，总资产与销售收入比率是 3 000/1 000=3，或 300%。

总资产与销售收入比率有时称作**资本密集率**（capital intensity ratio），表示实现 1 美元销售收入所需要的资产数量。比率越高，企业的资本密集度越大。资本密集率实际上是我们前面定义的资产周转率的倒数。

对于 Rosengarten 公司，实现 1 美元销售收入需要 3 美元资产（显然 Rosengarten 公司属于资本密集率相对高的行业）。假设其资本密集率固定不变，如果销售收入增加 100 美元，Rosengarten 公司就必须增加 3 倍即 300 美元的资产。

在资产负债表的负债方，应付账款随销售收入的变化而变化。当销售量增加，一般需要向供应商订购更多的存货，应付账款自然而然地随之增加。另一方面，应付票据代表短期债务，比如银行借款，除非我们采取特别措施去改变其金额，否则它一般不变化，因此我们用“n/a”标记这一项目。与此类似，由于长期债务不会随着销售收入的变化而变化，我们用“n/a”标记它。这同样适用于普通股与资本公积项目。右边最后一个项目留存收益会随着销售收入的变化而变化，但变化幅度不同，我们转而根据预计净利润和股利来计算留存收益的变化。

现在可以编制 Rosengarten 公司的预计资产负债表。我们使用刚刚计算出的百分比计算出可以计算的项目金额。例如，固定资产净额是销售收入的 180%，因此，根据新的销售收入 1 250 美元，固定资产净额应为 1.80×1 250=2 250 美元，增加了 2 250−1 800=450 美元。需要特别注意的是，对于那些与销售收入变化无关的项目，我们先假设其不变，直接用其原始数据代替。留存收益的变化等于前面计算的留存收益增加额 110 美元（见表 3-11）。

表 3-11 **Rosengarten 公司预计资产负债表（部分）**

Rosengarten 公司 预计资产负债表					
资产			负债和所有者权益		
项目	下年	比本年增加额	项目	下年	比本年增加额
流动资产			流动负债		
现金	\$ 200	\$ 40	应付账款	\$ 375	\$ 75
应收账款	550	110	应付票据	100	0
存货	750	150	合计	\$ 475	\$ 75
合计	\$ 1 500	\$ 300	长期债务	\$ 800	\$ 0
固定资产			所有者权益		
厂房与设备净额	\$ 2 250	\$ 450	普通股和资本公积	\$ 800	\$ 0
			留存收益	1 110	110
			合计	\$ 1 910	\$ 110
资产合计	\$ 3 750	\$ 750	负债和所有者权益合计	\$ 3 185	\$ 185
			外部融资需要量	\$ 565	\$ 565

检查预计资产负债表，我们注意到资产预计增加 750 美元，然而，如果没有其他融资，负债和权益只增加 185 美元，缺口为 750－185＝565 美元，我们将其称为**外部融资需要量**（external financing needed，EFN）。

如果你真想计算外部融资需要量又不想编制预计资产负债表，则可采用以下公式计算：

$$\text{EFN} = \frac{\text{资产}}{\text{销售收入}} \times \Delta\text{Sales} - \frac{\text{自发负债融资}}{\text{销售收入}} \times \Delta\text{Sales} - PM \times \text{预计销售收入} \times (1-d) \qquad [3.23]$$

式中，ΔSales 是预计销售收入变化额，上例中下年销售收入预计为 1 250 美元，比本年销售收入增加了 250 美元，因此 ΔSales＝250 美元。自发负债融资表示随着销售收入增减自然而然变化的负债。Rosengarten 公司自发负债融资为 300 美元的应付账款。最后，PM 和 d 分别代表销售利润率和股利支付率，本例中分别为 13.2％ 和 33.33％。总资产和销售收入分别为 3 000 美元和 1 000 美元。因此，可得

$$\begin{aligned}\text{EFN} &= \frac{\$3\,000}{1\,000} \times \$250 - \frac{\$300}{1\,000} \times \$250 - 0.132 \times \$1\,250 \times \left(1-\frac{1}{3}\right) \\ &= \$565\end{aligned}$$

上式由三部分组成：第一部分是预计的资产增加额，通过资本密集率计算而得；第二部分为自发负债融资增加额；第三部分先将销售利润率乘以预计销售收入得到预计净利润，再乘以留存收益比率，这样得到留存收益增加额。

一种特定的方案 财务计划模型让我们想起了“好消息-坏信息”的笑话。好消息是公司销售收入将增长 25％，坏消息是公司必须筹集 565 美元资金，否则这一增长将无法实现。

这个例子很好地说明了计划过程如何发现问题和潜在的冲突。例如，如果 Rosengarten 公司既不打算新增任何借款也不打算新发行任何权益，则 25％的销售收入增长

率不可能实现。

如果我们决定筹集565美元，则Rosengarten公司有三个融资途径可供选择：短期借款、长期借款和发行股票。三者具体如何组合取决于公司管理层，我们这里选取其中一种加以介绍。

假设Rosengarten公司决定借入所需资金。此时，公司可以部分通过短期借款，部分通过长期借款。例如，由于流动资产增加了300美元而流动负债只增加了75美元，Rosengarten公司可以利用300－75＝225美元的应付票据，使得营运资本净额保持不变。剩余的565－225＝340美元资金需求采取长期借款方式解决。这样可得到完整的公司预计资产负债表（见表3-12）。

表3-12 **Rosengarten公司预计资产负债表**

Rosengarten公司 预计资产负债表					
资产			负债和所有者权益		
项目	下年	比本年增加额	项目	下年	比本年增加额
流动资产			流动负债		
现金	$ 200	$ 40	应付账款	$ 375	$ 75
应收账款	550	110	应付票据	325	225
存货	750	150	合计	$ 700	$ 300
合计	$ 1 500	$ 300	长期债务	$ 1 140	$ 340
固定资产			所有者权益		
厂房与设备净额	$ 2 250	$ 450	普通股和资本公积	$ 800	$ 0
			留存收益	1 110	110
			合计	$ 1 910	$ 110
资产合计	$ 3 750	$ 750	负债和所有者权益合计	$ 3 750	$ 750

在这里，我们采取短期债务和长期债务相结合的方式，但需要强调的是这只是众多方案中的一种，它绝不是最好的。我们可以（而且应该）考察其他各种方案，前面介绍的各种财务比率就大有用武之地了，例如，在刚刚讨论的情境中，我们需要计算流动比率和负债比率以判断增加负债后企业是否仍然安全。

一个替代性方案 假设资产是销售收入的固定比例很便利，但多数情况下不合适。特别是我们直接假设Rosengarten公司固定资产百分之百地满负荷运转，这样销售的任何增长都将导致固定资产的相应增长。对于大多数企业，产能可能会闲置或者饱和，如果加班产量也会提高。根据美国联邦储备委员会的资料，美国制造企业的整体产能利用率从2009年6月的低点64.4%上升到2015年12月的76.5%。

如果我们假设Rosengarten公司的产能利用率只有70%，那么外部融资需要量则大有不同。“70%的产能利用率”意味着当前销售收入只有满负荷运转情况下收入的70%：

当前销售收入＝＄1 000＝0.7×满负荷运转时销售收入

满负荷运转时销售收入＝＄1 000/0.7＝＄1 429

这表明即使不增加任何新的固定资产，销售收入也可以增长43%，即从1 000美元增加到1 429美元。

在之前的方案中，我们假设需要增加 450 美元固定资产。而在目前这种情况下，由于销售收入只增加到 1 250 美元，低于满负荷运转时的销售收入 1 429 美元，因此没必要增加任何固定资产。

这样做的结果是，我们之前估计的 565 美元的外部融资需要量太高了，当时我们估计需要 450 美元的固定资产，而实际上根本不需要。因此，如果产能利用率是 70%，我们仅仅需要 115 美元（565－450）的外部资金。过剩产能使得结果有所不同。

例 3.5　资本密集率

假设 Rosengarten 公司的产能利用率是 90%，那么满负荷运转情况下的销售收入是多少呢？满负荷运转情况下的资本密集率又是多少？这时的 EFN 呢？

满负荷运转情况下的销售收入是 1 111 美元（1 000/0.9），从表 3－10 可知，固定资产是 1 800 美元，因此，满负荷运转时固定资产对销售收入的比率是：

$$\frac{\text{固定资产}}{\text{满负荷运转时的销售收入}} = -\frac{\$1\,800}{\$1\,111} = 1.62$$

所以，当满负荷运转时，Rosengarten 公司每 1 美元销售收入需要 1.62 美元固定资产，在预计销售收入是 1 250 美元时，我们需要 2 025 美元（1 250×1.62）固定资产，相对于我们之前估计的 2 250 美元要少 225 美元，因此 EFN 是 340 美元（565－225）。

流动资产仍然为 1 500 美元，因此，总资产将是 3 525 美元（1 500＋2 025），资本密集率是 2.82（＝3 525/1 250），由于产能过剩而略小于之前计算的 3。

3.5 外部融资和成长性

显然，外部融资需要量与成长性相关。在其他条件相同的情况下，收入和资产的成长性越高，企业需要的外部融资也越多。在上一节，我们假设增长率已经给定，然后确定为支持这一增长率需要的外部融资金额。本节我们反过来考虑。假设公司财务政策已定，根据财务政策和公司为新投资筹措资金的能力之间的关系确定公司的增长率。

需要强调的是，我们关注成长性不是因为增长是企业追求的合理目标，而仅仅是因为成长性是考察公司投资政策和融资决策相互作用的一个便捷途径。实际上，我们假定基于增长来安排计划只是财务计划过程中高度整合的一个反映。

EFN 和成长性

我们首先要做的事情是确立 EFN 和成长性的关系。为此，我们引入 Hoffman 公司简化的利润表和资产负债表（见表 3－13）。简化的资产负债表中，我们将流动负债和长期负债合并为总负债。这实际上假定流动负债的所有项目不自动随销售收入而变化，这一假设并没有听起来那么苛刻，如果任一流动负债项目（如应付账款）随销售收入而变化，我们可以认为这个项目是流动资产的减项。同样，在简化的利润表中，我们将折旧、利息和成本合并为一个项目。

表 3-13　　Hoffman 公司利润表和资产负债表

利润表					
销售收入					$500
销售成本					400
应税利润					$100
所得税（34%）					34
净利润					$ 66
股利			$22		
留存收益增加额			44		
资产负债表					
资产			负债和所有者权益		
	金额	销售收入百分比		金额	销售收入百分比
流动资产	$200	40%	负债	$250	n/a
固定资产净额	300	60	所有者权益	250	n/a
资产合计	$500	100%	负债和所有者权益合计	$500	n/a

假设 Hoffman 公司预测下一年收入增长 100 美元，达到 600 美元，增长率为 100/500=20%。根据销售收入百分比法和表 3-13 中的数据，我们可以编制预计利润表和资产负债表。如表 3-14 所示，20%的增长率，Hoffman 公司需要新增资产 100 美元，预计的留存收益增加额为 52.8 美元，所以，外部融资需要量 EFN 为 100－52.8＝47.2 美元。

表 3-14　　Hoffman 公司预计利润表和预计资产负债表

预计利润表					
销售收入（预计）					$600
销售成本（销售收入的 80%）					480
应税利润					$120
所得税（34%）					40.8
净利润					$ 79.2
股利			$26.4		
留存收益增加额			52.8		
预计资产负债表					
资产			负债和所有者权益		
	金额	销售收入百分比		金额	销售收入百分比
流动资产	$240	40%	负债	$250	n/a
固定资产净额	360	60	所有者权益	302.8	n/a
资产合计	$600	100%	负债和所有者权益合计	$552.8	n/a
			外部融资需要量	$ 47.2	n/a

根据表 3-13，Hoffman 公司的负债/权益比为 250/250＝1，我们假设公司不希望发行新股。这种情况下，47.2 美元的外部融资需要量只能通过借款的方式解决。那么，新的负债/权益比将是多少呢？根据表 3-14，所有者权益总额预计为 302.8 美元，新的负债总额等于原来的 250 美元加上新增的借款 47.2 美元，即 297.2 美元。因此，负

债/权益比从 1 略微下降到 297.2/302.8=0.98 或 98%。

表 3-15 列出了不同增长率情况的外部融资需要量、预计留存收益增加额和预计负债/权益比（你最好动手计算几种情况）。为计算负债/权益比，我们假设所有的外部融资需要量都采用借款方式，剩余的资金都用于偿还借款。这样，在零增长的情况下，负债将减少 44 美元，从 250 美元下降到 206 美元。在表 3-15 中，新增资产需要量等于最初的资产 500 美元乘以增长率，类似地，留存收益增加额等于最初的留存收益 44 美元与 44 美元乘以增长率之和。

表 3-15　Hoffman 公司的成长性和外部融资需要量

预计销售增长率	新增资产需要量	留存收益增加额	外部融资需要量 EFN	负债/权益比
0%	$ 0	$44.0	-$44.0	0.70
5	25	46.2	-21.2	0.77
10	50	48.4	1.6	0.84
15	75	50.6	24.4	0.91
20	100	52.8	47.2	0.98
25	125	55.0	70.0	1.05

表 3-15 表明，在增长率相对较低的情况下，Hoffman 公司将有资金盈余，其负债/权益比将下降。一旦增长率提高到 10%以上，资金盈余就会变成负的。增长率进一步提高到 20%以上，则负债/权益比将超过其最初值 1。

图 3-1 是将表 3-15 中的新增资产需要量和留存收益增加额与增长率标绘成图，详细说明了销售收入增长率和外部融资需要量之间的相互关系。从图中可以发现，新增资产需要量比留存收益增加额增长稍快一点，因此，由留存收益增加额提供的内部资金很快就没有了。

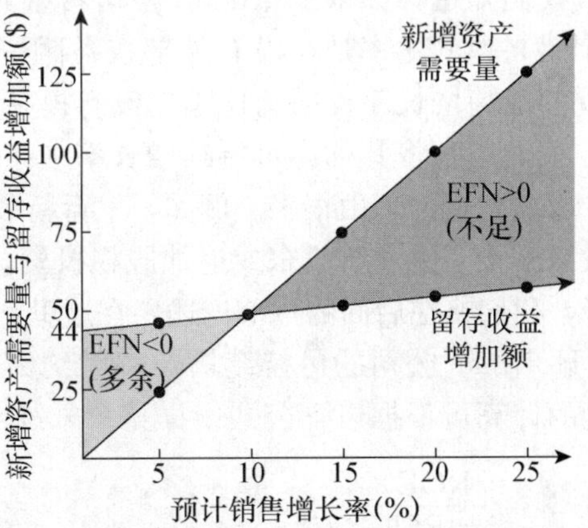

图 3-1　Hoffman 公司的成长性与相关的需要量

以上讨论表明，公司资金是多余还是不足取决于增长率。微软公司是个很好的例证，20 世纪 90 年代，其销售增长率十分惊人，年增长率平均超过 30%。2000—2015 年销售增长率明显下降，尽管如此，高成长和高利润率仍导致微软公司拥有大量的多余现金，加上微软公司很少发放股利，其现金大量累积起来。2016 年，微软公司的现金和短期投资超过 1 020 亿美元。

财务政策与成长性

根据前面的讨论我们发现，成长性与外部融资具有直接关系。本节将讨论两个增长率在长期规划中的特殊作用。

内部增长率 第一个感兴趣的增长率是在没有任何外部融资的情况下可以实现的最高增长率。因为这是在只有内部资金情况下，公司可以达到的增长率，我们将其称为**内部增长率**（internal growth rate）。图 3-1 中，两条线的交叉点即为内部增长率。在这一点，新增资产需要量正好等于留存收益增加额，EFN 为零。我们已经知道，当增长率稍低于 10%时会发生这种情况。应用一点点代数知识（详见章末练习题 26），我们就可以得到该增长率的准确定义：

$$\text{内部增长率}=\frac{\text{ROA}\times b}{1-\text{ROA}\times b} \qquad [3.24]$$

式中，ROA 代表资产报酬率；b 代表利润再投资率或留存收益比率。

对于 Hoffman 公司而言，净利润是 66 美元，总资产是 500 美元，因此，ROA 等于 66/500=13.2%。在 66 美元净利润中，44 美元留存在企业，所以，利润再投资率 b 等于 44/66=2/3。根据这些数据，我们可以计算内部增长率为：

$$\begin{aligned}\text{内部增长率}&=\frac{\text{ROA}\times b}{1-\text{ROA}\times b}\\&=\frac{0.132\times(2/3)}{1-0.132\times(2/3)}=9.65\%\end{aligned}$$

因此，在没有外部融资的情况下，Hoffman 公司最高可以实现 9.65%的年增长率。

可持续增长率 我们知道，如果 Hoffman 公司希望其增长高于 9.65%，则必须安排外部融资。第二个感兴趣的比率是在没有外部权益融资且负债/权益比保持不变的情况下，公司可以实现的最高增长率。因为这是在没有提高财务杠杆的情况下，公司可以实现的最高增长率，我们通常将其称为**可持续增长率**（sustainable growth rate）。

公司不希望引入权益融资的理由很多。例如，发行新股因需支付高额发行费用而较为昂贵，另外，现有股东不希望引入新股东或追加股权投资。至于公司为什么将某一负债/权益比作为最优选择，我们将在后面的章节论述，在这里，我们视其为已知。

根据表 3-15，Hoffman 公司的可持续增长率大约为 20%，因为此时负债/权益比接近于 1.0。更准确的计算可根据以下公式（详见章末练习题 26）：

$$\text{可持续增长率}=\frac{\text{ROE}\times b}{1-\text{ROE}\times b} \qquad [3.25]$$

除了用净资产收益率 ROE 替代 ROA，上式与内部增长率计算公式完全相同。

对于 Hoffman 公司而言，净利润是 66 美元，所有者权益是 250 美元，因此，ROE 等于 66/250=26.4%，利润再投资率仍然为 2/3。我们可以计算出可持续增长率为：

$$\text{可持续增长率}=\frac{\text{ROE}\times b}{1-\text{ROE}\times b}$$

$$=\frac{0.264\times(2/3)}{1-0.264\times(2/3)}=21.36\%$$

在没有外部权益融资的情况下，Hoffman公司最高可以实现21.36%的年增长率。

例3.6　可持续增长率

假设Hoffman公司正好按21.36%的可持续增长率增长，那么其预计利润表会怎样？

按照21.36%的增长率，销售收入将从500美元增长到606.8美元，预计利润表如下：

Hoffman公司 预计利润表		
销售收入（预计）		\$606.8
销售成本（销售收入的80%）		485.4
应税利润		\$121.4
所得税（34%）		41.3
净利润		\$ 80.1
股利	\$26.7	
留存收益增加额	53.4	

用同样的方法可以编制Hoffman公司预计资产负债表。此时，由于留存收益增加额为53.4美元，所有者权益将从250美元增加到303.4美元：

Hoffman公司 预计资产负债表					
资产			负债和所有者权益		
	金额	销售收入百分比		金额	销售收入百分比
流动资产	\$242.7	40%	负债合计	\$250	n/a
固定资产净额	364.1	60	所有者权益	303.4	n/a
资产合计	\$606.8	100%	负债和所有者权益合计	\$553.4	n/a
			外部融资需要量	\$ 53.4	n/a

上表显示，外部融资需要量为53.4美元，如果Hoffman公司采用借款的方式，总负债将增加至303.4美元，负债/权益比正好等于1，与增长前相同。不过，如果以其他的任何增长率成长，负债/权益比都将不得不发生变化。

成长性的决定因素　本章前面提到，根据杜邦公式，ROE可以分解为不同的部分。因为ROE是可持续增长率的关键决定因素，所以ROE的影响因素也是成长性的重要决定因素。

根据前面的讨论，ROE可以分解为以下三个因素：

ROE＝销售利润率×资产周转率×权益乘数

根据可持续增长率的公式，可以看出，任何提高ROE的因素都会使得公式中的分子更大、分母更小，因而可持续增长率会提高。留存收益比率的提高会产生同样的效果。

综合考虑，我们可以得出下列结论，企业的可持续增长能力取决于以下四个因素：

1. 销售利润率：提高销售利润率将提高企业内部产生资金的能力，从而提高企业的可持续增长率。

2. 股利政策：降低净利润中作为股利分配的比例会提高留存收益比率，这会增加内部权益资金，从而提高企业的可持续增长率。

3. 融资政策：提高负债/权益比会提高企业的财务杠杆。由于这将提供增量的债务资金，从而也将提高企业的可持续增长率。

4. 资产周转率：提高资产周转率将提高每一美元资产创造的销售收入，这将减少企业的新增资产需要量，从而提高企业的可持续增长率。提请注意的是，提高资产周转率与降低资本密集率是一回事。

可持续增长率是财务计划中十分有用的一个数字，它清楚地解释了企业四个主要方面的关系：用销售利润率衡量的经营效率，用资产周转率衡量的资产运用效率，用留存收益比率衡量的股利政策，以及用负债/权益比衡量的融资政策。

例3.7 销售利润率与可持续增长

Sandar公司负债/权益比为0.5，销售利润率为3%，股利支付率为40%，资本密集率为1。那么，可持续增长率是多少？如果Sandar公司期望通过提高销售利润率实现10%的可持续增长率目标，你认为如何？

ROE等于0.03×1×1.5＝4.5%，留存收益比率等于1－0.40＝0.60，因此，可持续增长率为0.045×0.60/(1－0.045×0.60)＝2.77%。

如果公司要实现10%的增长率，必须提高销售利润率，根据公式可求出销售利润率为：

$$0.10 = PM \times 1.5 \times 0.60 / (1 - PM \times 1.5 \times 0.60)$$
$$PM = 0.10/0.99 = 10.1\%$$

可见，只有销售利润率从3%大幅提高到大约10%，才能成功实现计划，不过这似乎不太可行。

如果所有这四个因素都是确定的，那么可以实现的增长率只有一个。这一点十分重要，值得重申一次：

> 如果公司不希望发行新股，并且其销售利润率、股利政策、融资政策和资产周转率（或资本密集率）都固定不变，那么，公司可能实现的增长率是唯一的。

财务计划的一个重要优势是保证了公司不同目标之间的内在一致性，可持续增长率概念恰恰抓住了这一本质。此外，我们现在可以看到财务计划模型如何用于测试企业计划增长率的可行性。如果销售收入增长率超过可持续增长率，企业必须提高销售利润率，提高资产周转率，提高财务杠杆，提高留存收益比率或发行新股。

对内部增长率和可持续增长率这两个比率的总结如表 3 - 16 所示。

表 3 - 16　　内部增长率和可持续增长率总结

Ⅰ. 内部增长率

$$内部增长率=\frac{ROA\times b}{1-ROA\times b}$$

式中，ROA 为资产报酬率，等于净利润/总资产；b 为利润再投资比或留存收益比率，等于留存收益增加额/净利润。

内部增长率是在没有任何外部融资的情况下，公司能够实现的最大增长率。

Ⅱ. 可持续增长率

$$可持续增长率=\frac{ROE\times b}{1-ROE\times b}$$

式中，ROE 为净资产收益率，等于净利润/净资产；b 为利润再投资比或留存收益比率，等于留存收益增加额/净利润。

可持续增长率是在没有任何权益融资并且保持负债/权益比不变的情况下，公司能够实现的最大增长率。

可持续增长率计算的一个说明

很多时候，可持续增长率只是用分子中的 ROE×b 来计算而得，这使我们备感困惑，在此有必要搞清楚。这个问题与净资产收益率的计算有关。净资产收益率是将净利润除以所有者权益计算而得的。如果所有者权益用资产负债表中的期末余额（我们一直是这么做的，这也是实践中的普遍做法），那么前面列示的公式是正确的；如果所有者权益用资产负债表中的期初余额，那么这个简化的计算公式是正确的。

理论上，不管你采用哪种算法，得到的可持续增长率几乎相同（只要你针对 ROE 的计算正确地选用相应的可持续增长率公式）。不过实际上，由于会计处理的复杂性，二者的计算还是会略有不同。顺便提一句，如果所有者权益采用期初与期末的平均数（这是有些人提倡的做法），就需要采用另外的增长率计算公式。这里关于可持续增长率的所有说明同样适用于内部增长率。

3.6 关于财务计划模型的一些告诫

财务计划模型并非总是提出正确的问题。一个主要的原因是，我们常常依赖于会计关系而不是财务关系。特别是企业价值的三个基本要素没有被考虑在内，即现金流量的规模、风险和时间分布。

基于这一点，财务计划模型有时无法为使用者提供很多关于采取什么策略以提高价值的有益思路。相反，这些模型将使用者的注意力引向诸如负债/权益比和企业成长性之间的关系之类的问题上。

分析 Hoffman 公司时使用的财务模型较简单——实际上是过于简单了，它像我们今天使用的多数模型一样，本质上只不过是会计报表的生成器。这样的模型有助于我们指出矛盾所在，并帮助我们了解融资的需要，但对于如何解决这些问题却功效甚微。

在结束本章的讨论前，我们还要补充说明的是，财务计划是个重复的过程，制定、检查和修订计划，如此不断循环，最终的计划是整个过程中各参与方相互协商的结果。实际上，在大多数公司，长期财务计划依赖于一种被称作 Procrustes 的方法①。高层管理者心中有个目标，他传达给计划制定人员，最终由他们提出一份满足这个目标的可行计划。

因此，最后的计划暗含着不同方面的不同目标，并受制于许多限制条件。由于这一原因，所谓的计划并不是对预期未来结果的客观、冷静的评估，而是协调不同利益团体的计划活动并设定未来的共同目标的方法。

无论计划是如何制定的，重要的是，要记住财务计划不是单纯的机械练习。如果财务计划是机械练习，它就有可能关注一些错误的事情。无论如何，如果没有计划，我们只能盲目走向未来。尤基·贝拉（Yogi Berra，棒球接球手，不是卡通人物）说得好："如果你不知道自己在往哪里走，务必小心，你可能到不了那里。"②

本章小结

本章集中讨论财务报表信息的应用，包括标准的财务报表、比率分析以及长期财务计划。

1. 公司规模的差异使财务报表比较变得困难，本章讨论了如何构造共同比财务报表以使公司间报表数据的比较简单而有意义。

2. 估算会计数字的比率是比较财务报表信息的另一种方法。本章定义了许多常用财务比率，并讨论了著名的杜邦公式。

3. 本章还讨论了如何编制预计财务报表，并利用它来计划未来的资金需求。

学完本章，希望有助于你理解财务报表信息的利用与滥用，并充实商业术语和财务术语。

概念性思考题

1. **财务比率分析** 由于不同行业的公司财务比率存在很大的差异，财务比率本身告诉我们的信息非常有限。分析公司的财务比率有两种基本方法：时间趋势分析和同类公司比较分析。为什么这些分析方法是有用的？这些方法分别传递了什么样的财务信息？

2. **行业专用比率** 所谓的同店销售额对于麦当劳和西尔斯这样多元化经营的公司来说是一个非常重要的衡量指标。顾名思义，测算同店销售额意味着比较同一家分店或餐馆在两个不同时点的收入变化。为什么公司更注重同店销售额而不是总销售额呢？

3. **销售预测** 为什么大多数长期财务计划都从销售预测开始？换句话说，为什么未来销售收入是关键？

4. **可持续增长率** 在本章中，我们以 Rosengarten 公司为例演示了如何计算 EFN。Rosengarten 公司的 ROE 大约为 7.3%，利润再投资率大约为 67%。如果你计算 Rosengarten 公司的可持续增长率，得到的结果仅为 5.14%。但在计算 EFN 的过程中，我们使用的增长率是 25%。这可能吗？（提示：答案是可能，但如何才能实现这一点？）

① 在希腊神话中，Procrustes 是一个巨人，他抓捕旅行者并把他们绑在一张铁床上，拉伸或砍割他们的腿，使之适合铁床的尺寸。

② 我们并不确切地了解这句话的意思，但我们喜欢它的含义。

5. **EFN和增长率**　Broslofski公司每年都维持正的留存比率且产权比率（负债/权益比）保持不变。当销售额增长20%时，公司的预计EFN为负值。这表明了关于公司可持续增长率的什么信息？你能否确定公司内部增长率是大于20%还是小于20%，为什么？如果留存比率增加，预期的EFN将如何变化？如果留存比率下降，预期的EFN将如何变化？如果留存比率为0，预期的EFN又将如何变化？

6. **共同比财务报表**　财务分析的一个工具就是共同比财务报表。你认为财务分析师为什么会运用共同比利润表和共同比资产负债表？注意现金流量表并没有被转化成共同比的会计报表，这是为什么？

7. **资产利用率和EFN**　我们在计算外部资金需求量时隐含了一个假设，即公司是满负荷运转的。如果公司并非满负荷运转，这将对公司的外部融资需要量产生什么影响？

根据以下信息回答第8～12题：一个名叫"祖母日历"的小公司开始售卖个性化的可附照片的日历工具包。这种工具包的市场反应颇佳，销售量迅速超过预期。一时间订单急剧增加，形成了严重的积压，公司租用了更多空间并扩展了其生产能力，仍然不能满足客户的需求。公司的设备因过度使用而受损，产品质量也因此受到影响。为了扩大生产，公司营运资金已经枯竭，同时，客户支付的货款经常要等到产品发出后才能收到。由于无法交付客户订单，公司的现金流变得非常紧张，以至于连支付雇员的工资都很困难。最终，由于现金流枯竭，这家公司在三年后彻底停止运营。

8. **产品销售**　如果这家公司的产品没有那么受欢迎，它会遭受同样的命运吗？请解释原因。

9. **现金流**　"祖母日历"公司显然在现金流管理方面出了问题。根据我们在第2章中建立的现金流分析框架，客户等到商品发出后才付款对公司的影响是什么？

10. **企业贷款**　如果公司在产品销售方面非常成功，为什么没有银行或其他借款者为它提供继续经营所需的现金呢？

11. **现金流**　公司倒闭的最大祸因是什么：订单太多？现金太少？或者是产能太小？

12. **现金流**　像"祖母日历"这样的小公司如果发现销售增长超出了其产能，它们能采取的措施有哪些（除了扩张产能）？

13. **ROE和ROA**　ROE和ROA都衡量公司的获利能力。当比较两家公司时，哪个指标更有用？为什么？

14. **比率分析**　思考EBITDA/总资产这个比率。这个比率告诉了我们什么？为什么说在比较两家公司时它比ROA更有用？

练习题

1～8题为基础题；9～21题为中级题；22～28题为提高题。

1. **杜邦公式**　如果Harley公司的权益乘数为1.35，总资产周转率为2.15，销售利润率为6.08%，那么它的ROE是多少？

2. **权益乘数和净资产收益率**　Quinn公司产权比率（负债/权益比）为0.75，资产收益率为8.6%，权益总额为97.5万美元。公司的权益乘数是多少？净资产收益率是多少？净利润是多少？

3. **运用杜邦公式**　Y3K公司的销售额为6 180美元，总资产为3 680美元，产权比率（负债/权益比）为0.45。如果公司的净资产收益率为15%，那么它的净利润是多少？

4. **EFN**　Cornell公司最近一期的财务报告如下所示：

利润表		资产负债表			
销售收入	\$43 000	资产	\$104 500	负债	\$28 200
销售成本	30 200			权益	76 300
利润总额	\$12 800	资产合计	\$104 500	负债和权益合计	\$104 500
所得税（34%）	4 352				
净利润	\$ 8 448				

资产、成本与销售额成正比，负债、权益不与销售额成正比。公司支付的股利为2 600美元，公司希望保持稳定的股利支付率。如果下一年公司的销售额预计为50 310美元，那么公司所需的外部融资额是多少？

5. **销售和增长** Weyland公司最新的财务报告如下所示：

利润表		资产负债表			
销售收入	\$67 400	流动资产	\$ 19000	长期债务	\$ 51 000
销售成本	39 600	固定资产	141000	权益	109 000
利润总额	\$27 800	资产合计	\$160 000	负债和权益合计	\$160 000
所得税（34%）	9 452				
净利润	\$18 348				

资产、成本与销售额成正比。公司保持稳定的30%股利支付率和稳定的负债/权益比。如果没有新股发行，那么公司能实现的最大销售增长率是多少？

6. **可持续增长率** 假设以下比率是恒定的，那么可持续增长率是多少？

总资产周转率	=3.20
销售利润率	=7.4%
权益乘数	=1.45
股利支付率	=60%

7. **外部融资需要量** 科比是Charming Florist有限公司的首席财务官，她编制了公司下一会计年度的预计资产负债表。公司下一年销售额将增长15%，达到21 160万美元。流动资产、固定资产和短期债务分别是销售额的20%，90%和15%。公司用净利润的40%来支付股利。该公司目前的长期债务为3 200万美元，普通股股票的账面价值为1 600万美元，公司的利润率是10%。

a. 用预测的销售数据编制公司当年的资产负债表。

b. 根据科比的预计销售增长率，Charming Florist公司在下一会计年度中将需要多少外部资金？

c. 编制公司下一会计年度的资产负债表，并验证你在b中计算的外部融资需要量。

8. **可持续增长率** Dent公司的ROE为13.15%，股利支付率为30%。

a. 公司的可持续增长率是多少？

b. 公司的实际增长率是否有可能不等于可持续增长率？为什么能或不能？

c. 公司如何提高其可持续增长率？

9. **净资产收益率** 公司A和公司B的资产负债率分别为35%和30%，总资产收益率分别为8%和9%。哪家公司的净资产收益率更高？

10. **比率和跨国公司** Prince Albert Canning公共事业公司的销售额为153 875英镑，净亏损为17 218英镑。那么这家公司的利润率是多少？当这些数据以外币表示时，公司的利润率会受影响吗？为什么？如果以美元来表示，公司的销售额为223 180美元，那么该公司的净损失是多少美元？

11. **外部融资需要量** Optical Scam公司下一年的销售增长率预计为18%。公司目前的财务报表如下表所示。流动资产、固定资产以及短期负债与销售额成正比。

利润表		
销售收入		\$31 600 000
销售成本		24 650 000
利润总额		\$ 6 950 000
所得税		2 432 500
净利润		\$ 4 517 500
股利	\$1 450 000	
留存收益增加额	\$3 067 500	

资产负债表			
资产		负债和所有者权益	
流动资产	\$10 750 000	短期债务	\$ 5 150 000
固定资产	32 100 000	长期债务	7 700 000
		普通股	\$ 3 100 000

续前表

资产负债表			
资产		负债和所有者权益	
		累计留存收益	26 900 000
		所有者权益总额	$ 30 000 000
资产合计	$ 42 850 000	负债和所有者权益合计	$ 42 850 000

a. 使用本章中给出的公式，计算下一年的外部融资需要量。

b. 编制公司下一会计年度的预计资产负债表，并验证你在a中计算的外部融资需要量。

c. 计算公司的可持续增长率。

d. 公司可以通过改变其股利政策消除外部融资需求吗？公司还可以采取什么措施来达到增长目标？

12. **应收账款周转天数** 一家公司的净利润为263 000美元，销售利润率为7.4%，应收账款余额为165 700美元。假设有80%的销售是赊销，该公司的应收账款周转天数是多少？

13. **比率和固定资产** Arkham公司的长期债务/(长期债务+股本）的比率为0.45，流动比率为1.25。流动负债为1 215美元，销售额为9 360美元，利润率为7.5%，ROE为15.3%。该公司的固定资产净值是多少？

14. **计算现金利息保障倍数** PVA公司最近一年实现净利润为21 460美元，公司适用的所得税税率为34%。该公司支付的利息费用总额为7 340美元，提取的折旧为8 720美元。公司该年度的现金利息保障倍数为多少？

15. **销售成本** Sexton公司的流动负债为263 000美元，速动比率为0.75，存货周转率为10.35，流动比率为1.25。该公司的销售成本是多少？

16. **共同比财务报表和同一基年财务报表** 除了共同比财务报表，同一基年财务报表也常常用于财务分析。同一基年财务报表由当年财务报表的账面价值除以基准年的账面价值得到，以反映会计账面价值的增长速度。使用下面的财务报表，编制公司的共同比财务报表和同一基年财务报表。以2016年为基准年。

Jarrow公司 资产负债表 截至12月31日的会计年度					
资产			负债和所有者权益		
	2016年	2017年		2016年	2017年
流动资产			流动负债		
现金	$ 17 928	$ 22 608	应付账款	$ 25 192	$ 32 198
应收账款	28 565	32 170	应付票据	32 379	39 476
存货	48 607	57 173	流动负债合计	$ 57 571	$ 71 674
流动资产合计	$ 95 100	$ 111 951	长期债务	$ 46 200	$ 70 000
			所有者权益		
固定资产			普通股及资本公积	$ 55 000	$ 55000
厂房与设备净额	$ 422 852	$ 488 184	累计未分配利润	359 181	403 461
			所有者权益合计	$ 414 181	$ 458 461
资产合计	$ 517 952	$ 600 135	负债和所有者权益合计	$ 517 952	$ 600 135

17. **满负荷运转销售额** Breffolge制造公司目前使用的固定资产最大产能仅为92%，该公司目前的销售额为905 000美元。在购买新的固定资产前，公司的最大销售增长率是多少？

18. **固定资产和产能利用率** 对于上一题中的公司，假设公司的固定资产为895 000美元，销售额预计增长到997 000美元。为了满足增加的销售额，公司需要购买多少固定资产？假设公司满负荷运转。

19. **计算 EFN** Retro Machine 公司最近一期的财务报表如下所示。2017 年销售额预计增长 20%，利息费用保持不变，税率、股利支付率也保持不变。成本、其他费用、流动资产、固定资产及应付账款随着销售额的增加而增加。如果这家公司满负荷运转，且不发行新债和新股，为达到 20%的销售增长率，它所需要的外部融资额为多少？

Retro Machine 公司 利润表 2016 年	
销售收入	$ 594 000
销售成本	462 700
其他费用	12 200
息税前利润	$ 119 700
利息费用	8 960
利润总额	$ 110 740
所得税（35%）	38 759
净利润	$ 71 981
股利	$ 28 792
留存收益增加额	43 189

Retro Machine 公司
资产负债表
2016 年 12 月 31 日

资产		负债和所有者权益	
流动资产		流动负债	
现金	$ 17 070	应付账款	$ 45 900
应收账款	24 560	应付票据	11 480
存货	58 650	流动负债合计	$ 57 380
流动资产合计	$ 100 280	长期债务	$ 106 000
		所有者权益	
固定资产		普通股及资本公积	$ 95 000
厂房与设备净额	$ 278 780	累计未分配利润	120 680
		所有者权益合计	$ 215 680
资产合计	$ 379 060	负债和所有者权益合计	$ 379 060

20. **产能利用率和增长率** 对于上一题中的公司，假设公司 2016 年使用的产能仅为 80%。公司的 EFN 为多少？

21. **计算 EFN** 在第 19 题中，假设公司希望保持负债/权益比不变，那么其 EFN 是多少？

22. **EFN 和内部增长率** 重新计算第 19 题，把原题中 20%的销售增长率分别改为 15%和 25%。以图表的形式表示 EFN 和内部增长率之间的关系。使用这张图表确定它们之间的关系。

23. **EFN 和可持续增长率** 重新计算第 19 题，把原题中 20%的销售增长率分别改为 30%和 35%。以图表的形式表示 EFN 和可持续增长率之间的关系。使用这张图表确定它们之间的关系。

24. **增长的制约因素** Dahlia 公司希望保持每年 9%的增长速度和 0.40 的负债/权益比。公司的利润率为 7.2%，总资产与销售额的比值恒定为 2.25，公司可以实现这个增长率吗？为回答这个问题，首先需要确定公司的股利支付率。你如何解释这个结果？

25. **EFN** 定义下列变量：

S=上一年销售额

A=总资产

D=总负债

E=权益总额

g=预计销售增长率

PM=销售利润率

b=留存收益比率（再投资比率）

证明 EFN 可以表示如下：

$$EFN = -PM(S)b + [A - PM(S)b] \times g$$

提示：增加的资产等于 $A \times g$，增加的留存收益是 $PM(S)b \times (1+g)$。

26. **可持续增长率** 根据第 25 题的结果，证明内部增长率和可持续增长率可以用式［3.24］和式［3.25］来计算。提示：对于内部增长率，令 EFN 为 0，从而解得 g。

27. **可持续增长率** 在本章中，我们讨论了可持续增长率可计算如下：

$$可持续增长率=\frac{ROE\times b}{1-ROE\times b}$$

实际中，最常用的计算可持续增长率的公式是 ROE×b。如果使用期初权益来计算 ROE，这个公式和本章中提出的两个计算可持续增长率的公式是相同的。试从本章介绍的公式推导出这个公式。

28. **可持续增长率**　利用上一题中可持续增长率的公式来回答下列问题。Grendl 公司期初总资产为 410 000 美元，权益总额为 265 000 美元。该公司期末总资产为 460 000 美元。公司本年没有发行新股，全年的净利润为 75 000 美元，股利为 32 000 美元。公司的近似可持续增长率是多少？公司确切的可持续增长率是多少？如果你利用期初权益来计算 ROE，那么公司近似的可持续增长率是多少？这个数字是高还是低了？为什么？

网络资源

1. **杜邦公式**　请登录迪士尼公司网站 www.disney.go.com 找到公司财务报表，根据其最近三年报表，计算杜邦公式。在这期间，迪士尼公司的 ROE 如何变化？杜邦公式各组成部分的变化如何影响公司的 ROE？

2. **比率分析**　假设你打算考察喜达屋（Starwood）酒店度假村公司的财务比率。请登录 www.reuters.com 网站，输入喜达屋公司代码“HOT”，找到喜达屋公司、行业和部门的财务比率以及每个比率的标准普尔 500 指数公司的平均值。

a. TTM 和 MRQ 分别是什么意思？

b. 喜达屋公司最近的盈利比率与过去 5 年的数据相比如何？与行业平均数据相比呢？与部门平均数据相比呢？与标准普尔 500 指数公司的平均数据相比呢？对于喜达屋公司来说，哪组数字更具可比性：行业平均值、部门平均值还是标准普尔 500 指数公司平均值？

c. 根据财务比率，喜达屋公司在哪些方面的表现优于竞争对手？哪些方面逊于竞争对手？

3. **销售百分比法的应用**　在 www.dupont.com 网站的“Investors”链接下找到杜邦公司最近一期的年度财务报表。将最近一期的销售增长率作为下年的预计销售增长率，编制预计资产负债表和预计利润表，并据此计算外部融资需要量。

4. **增长率**　在 www.cat.com 可找到卡特彼勒公司的主页。登录该网页找到其最近的年报，根据财务报表信息，公司的可持续增长率是多少？

章末案例

东海岸游艇公司的财务比率与财务计划

丹分析完东海岸游艇公司的现金流量后（详见上章章末案例），拉丽莎找到丹想了解一下公司的业绩表现和未来增长计划。首先，拉丽莎想了解东海岸游艇公司与同行相比的业绩表现如何。其次，她想了解确保公司成长的未来融资需求。以前，东海岸游艇公司由于计划不周，在规划未来成长资金方面困难重重，如因产能不足，公司曾经不得不拒绝了几个大订单。拉丽莎希望丹能准确地估计公司下年的资本筹集数量以便为扩张计划做好准备。

为了让丹开始分析，我们为其提供了如下财务报表，丹也收集了游艇制造业的行业财务比率。

东海岸游艇公司 利润表 2017 年	
销售收入	\$ 61 158 2000
销售成本	431 006 000
销售、一般与管理费用	73 085 700
折旧费用	19 958 400
息税前利润	\$ 87 531 900
利息费用	11 000 900
税前利润	\$ 76 531 000
所得税	30 612 400
净利润	\$ 45 918 600
股利	\$ 17 374 500
留存收益	\$ 28 544 100

东海岸游艇公司 资产负债表 2017年12月31日			
流动资产		流动负债	
现金及现金等价物	$11 119 700	应付账款	$44 461 550
应收账款	18 681 500	应计费用	6 123 200
存货	20 149 650	流动负债合计	$50 584 750
其他	1 172 200	长期债务	$169 260 000
流动资产合计	$51 123 050	长期负债合计	$169 260 000
固定资产		股东权益	
厂房与设备	$45 7509 600	优先股	$1 970 000
减：累计折旧	(113 845 900)	普通股	37 583 700
厂房与设备净额	$343 663 700	资本公积	28 116 300
无形资产和其他资产	6 772 000	留存收益	161 564 000
固定资产合计	$350 435 700	减：库存股份	(47 520 000)
		所有者权益合计	$181 714 000
资产合计	$401 558 750	负债和所有者权益合计	$401 558 750

游艇行业财务比率

	下四分位数	中位数	上四分位数
流动比率	0.86	1.51	1.97
速动比率	0.43	0.75	1.01
总资产周转率	1.10	1.27	1.46
存货周转率	12.18	14.38	16.43
应收账款周转率	10.25	17.65	22.43
负债比率	0.32	0.56	0.61
负债/权益比	0.83	1.13	1.44
权益乘数	1.83	2.13	2.44
利息保障倍数	5.72	8.21	10.83
销售利润率	5.02%	7.48%	9.05%
资产报酬率	7.05%	10.67%	14.16%
净资产收益率	14.06%	19.32%	26.41%

1. 东海岸游艇公司使用小部分优先股作为其融资来源。计算公司的财务比率时，总权益中是否应包括这些优先股？

2. 按照行业财务比率表，计算东海岸游艇公司的各项比率。

3. 将东海岸游艇公司的业绩与整个行业进行比较，分析每一个财务比率，评价其与行业相比的优劣性。假设你用存货除以流动负债构造了一个存货比率，如何理解这一比率？与行业平均相比，东海岸游艇公司这一比率表现如何？

4. 计算东海岸游艇公司的可持续增长率。假设公司按照这个增长率增长，计算其外部融资需要量，编制公司预计利润表和预计资产负债表。重新计算上一题的比率，你会观察到什么？

5. 实际情况是，由于股东不愿意稀释现有股权和控制权，东海岸游艇公司不想筹集外部权益资本。然而，东海岸游艇公司计划下一年实现20%的增长率，对于这个扩张计划的可行性，你可以得出什么结论和建议？

6. 很多资产都会随着销售额成比例增长。例如，现金可以增加任何金额，但固定资产只能按某些特定金额增加，因为不可能只购买新厂房或设备的一部分，这样，公司的固定成本结构是阶梯式的。假设东海岸游艇公司目前按生产能力100%满负荷运转，销售收入预计增长20%，为此，公司必须安装一套新生产线以扩大产能，成本为9 500万美元。编制预计利润表和预计资产负债表，根据这些假设，公司新的EFN是多少？这意味着东海岸游艇公司下一年的生产能力利用情况将会怎样？

第 2 篇

价值与资本预算

第 4 章

折现现金流量估值

开篇故事

大牌运动员的薪酬合约总是媒体津津乐道的话题，但媒体报道的数额经常夸大其词。例如，2015 年年底，据报道棒球捕手马特·威特斯（Matt Weiters）与巴尔的摩金莺队签署了一份价值 1 580 万美元的一年期合同。这份合同看起来不错，尤其是对那些使用“傻子的工具”（棒球比赛行话，意指接球手的护具，包括面罩、护胸等设备）来谋生的人而言。再如，戴维·普莱斯（David Price）与波士顿红袜队签署了价值 2.17 亿美元的巨额合同。

马特和戴维似乎干得相当漂亮，但金莺队与一垒手克里斯·戴维斯（Chris Davis）的合同金额高达 1.61 亿美元，不过这实际上是在若干年内支付，合同规定前 6 年的年薪 1 700 万美元，其余的 4 200 万美元递延到 2023—2037 年间支付。戴维·普莱斯的合同同样是分期支付，不过其付款期只有 7 年。由于这 3 份合同中有 2 份是在未来的时点进行支付，我们必须考虑货币的时间价值，这就意味着合同的价值并没有所报道的那么高。那么，他到底拿到了多少报酬呢？本章将为你提供解决这个问题的工具。

4.1 单期情形下的估值

凯斯·沃恩正打算出售位于阿拉斯加的一块土地。昨天，他收到 10 000 美元买地的报价，当他准备接受这一报价时，另有一人报价 11 424 美元，不过是在一年后付款。凯斯了解到两个买主都有购买诚意，并且均有支付能力，所以不必担心他们会违约。这两个报价的现金流量可绘成图 4－1。凯斯应该选择哪个报价呢？

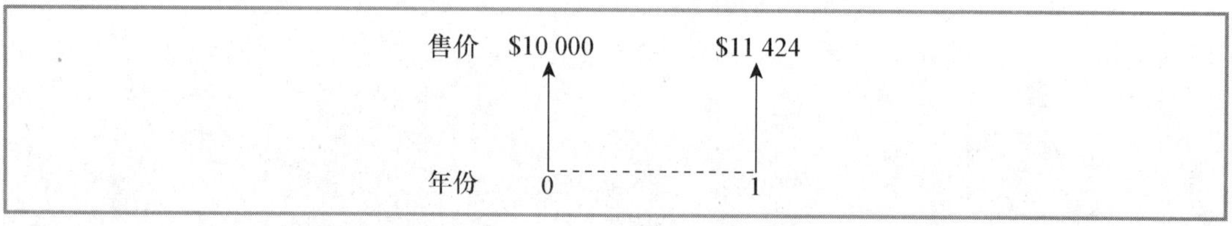

图 4－1 凯斯售地的现金流量

凯斯的财务顾问吉姆·艾利斯指出，如果凯斯接受第一个报价，他可以将 10 000 美元价款存入银行，并获得 12%的利息收入。这样，一年后他将得到：

$$\underset{\text{偿还的本金}}{\$10\,000} + \underset{\text{利息}}{(0.12 \times \$10\,000)} = \$10\,000 \times 1.12 = \$11\,200$$

因为这一金额低于第二个报价 11 424 美元，艾利斯建议他选择后者。在这一分析过程中，我们用到了**终值**（future value，FV）或**复利值**（compound value）的概念，其含义为一笔资金经过一期或多期后的价值。10 000 美元在 12%利率情况下的终值或复利值是 11 200 美元。

另外一种方法是使用**现值**（present value，PV）的概念。通过回答以下问题我们可以理解现值的概念：凯斯现在需要在银行存入多少钱，按 12%的利率，才能在一年后获得11 424美元？可用以下代数式表示：

$$PV \times 1.12 = \$11\,424$$

我们想计算出现值，即现在投资，按12%的利率，一年后能获得11 424美元所需要的资金：

$$PV = \frac{\$11\,424}{1.12} = \$10\,200$$

PV的计算公式可表示如下：

投资的现值：

$$PV = \frac{C_1}{1+r} \qquad [4.1]$$

式中，C_1是时点1的现金流量；r是凯斯对售地收入要求的回报率，有时称作折现率或贴现率（discount rate）。

现值分析告诉我们，下年收到的11 424美元土地款在今天的现值是10 200美元。换句话说，在12%利率的情况下，今天的10 200美元或下年的11 424美元对凯斯都是一样的。如果今天给他10 200美元，他可以将其存入银行，下年将收到11 424美元。

因为第二个报价的现值是10 200美元，而第一个报价仅有10 000美元，现值分析同样认为凯斯应该选择第二个报价。也就是说，终值分析和现值分析可以得出同样的结论。

上述例子包含一个基本原理，我们在后面几章都将用到。现在我们再举一个例子介绍净现值的概念。

例4.1　现值

房地产龙头企业Kaufman & Broad公司的财务分析师黛安娜·巴达姆正考虑建议公司投资85 000美元购买一块土地。她确信到下年，这块土地的价值将达到91 000美元，从而实现6 000美元利得。假设银行利率为10%，Kaufman & Broad公司是否应该投资购地？黛安娜的建议用现金流量图描述如图4-2所示。

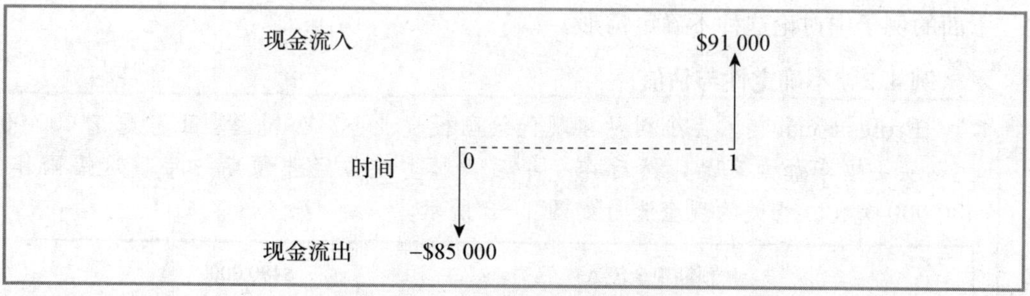

图4-2　土地投资的现金流量图

稍加思考即可说服她这不是一笔具有吸引力的投资。投资85 000美元购地，一年后将得到91 000美元。假设Kaufman & Broad公司不购买土地，而是将85 000美元存入银行，在10%利率的情况下，这85 000美元一年后将增长为：

$$(1+0.10)\times\$85\,000=\$93\,500$$

当在金融市场投资同样的85 000美元能额外多赚得2 500美元（从银行得到的93 500美元减去投资土地的91 000美元）利得时却去购买土地，这是不明智的。这是终值计算法。

另外，她也可以计算下年售地款的现值：

$$现值=\frac{\$91\,000}{1.10}=\$82\,727.27$$

由于下年售地款的现值低于现在的购地成本85 000美元，现值分析法同样表明她不应该建议公司购买土地。

商人们常常更想知道一个决策的准确收益或成本。今年购地下年卖地决策可以按如下方式进行评价：

投资的净现值：

$$-\$2\,273=\underset{\text{今年的土地成本}}{-\$85\,000}+\underset{\text{下年售地款的现值}}{\frac{\$91\,000}{1.10}}$$

这样，净现值的计算公式可表示为：

$$NPV=-成本+现值 \tag{4.2}$$

式［4.2］表明，将所有投资成本和所有收益折算到时点0后，投资的价值为−2 273美元。我们将−2 273美元定义为这项投资的**净现值**（net present value，NPV）。NPV是未来现金流量的现值减去投资成本的现值。本案例中，由于净现值为负，黛安娜不应建议公司购买该块土地。

凯斯和黛安娜的例子讨论的都是完全确定情形。也就是说，凯斯完全确定他在下年卖出土地可获得11 424美元。同样，黛安娜完全确定地知道Kaufman & Broad公司在下年卖地可收到91 000美元。遗憾的是，人们通常不知道未来的现金流量。我们将在下面的例子中讨论这种不确定情形。

例4.2 不确定性与估值

Professional艺术品公司从事现代绘画投资业务。公司经理正考虑花400 000美元购买一幅毕加索真品，然后在一年后卖掉。这位经理预期一年后这幅画作价值480 000美元。相关的现金流量如图4-3所示。

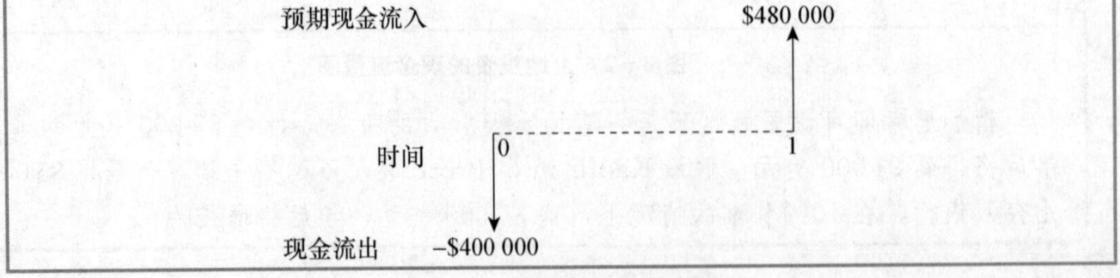

图4-3 绘画投资的现金流量

当然，这仅仅是估计，画作的价值可能高于或低于480 000美元。假设银行利率为10%，公司是否应购买这幅画作？

我们马上可能会想到，按利率去折现就可得到：

$$\frac{\$480\ 000}{1.10}=\$436\ 364$$

因为436 364美元大于400 000美元，乍看起来似乎应该购买该幅画作。然而，10%是人们投资于一个无风险项目所能获得的报酬率。由于绘画投资风险极大，因而需要更高的折现率。公司经理选择25%的折现率以反映这一风险。换句话说，他认为25%的预期收益率才能合理补偿绘画这样的风险投资。此时，画作的现值将变为：

$$\frac{\$480\ 000}{1.25}=\$384\ 000$$

这样，经理认为画作现在400 000美元的价格高估了，所以不会购买。

前面的分析是现代公司决策的典型情形，当然，现实世界可能更加复杂。遗憾的是，任何例子只要有风险存在，就会产生在无风险情况下不会遇到的问题。例如，在一个无风险现金流量的例子中，只要简单地查询几家银行就可确定适当的折现率。风险投资项目的折现率选择则是一件十分困难的事。我们完全不知道例4.2中绘画投资的折现率应该是11%，25%，52%，还是其他数值。

由于折现率的选择十分困难，我们在这里仅先提出问题，等到在以后的章节中学习了有关风险与收益方面的知识后，我们就可以进行风险调整分析了。

4.2 多期情形下的估值

上节只讨论了单期的现值和终值的计算问题，本节我们将之推广到多期的情况。

终值和复利计算

假设某人准备贷款1美元，到了第1年年底，借款人将欠贷款人1美元本金加上利率为r情况下的贷款利息。在利率为9%的特定情况下，借款人将欠贷款人：

$$1\times(1+r)=\$1\times1.09=\$1.09$$

然而，到了第1年年底，贷款人有两个选择：她可以从金融市场收回1.09美元，或者说，一般情况下的（$1+r$）美元；她也可以不收回而将资金再借出去一年。这种将资金留在金融市场并继续出借的过程称作**复利**（compounding）。

假设贷款人决定将其贷款再复利出借1年。为此，她将所获得的第1年贷款的本金与利息和1.09美元再出借一年。这样，到了第2年年底，借款人将欠贷款人：

$$\$1\times(1+r)\times(1+r)=\$1\times(1+r)^2=1+2r+r^2$$

$$\$1\times1.09\times1.09=\$1\times1.09^2=\$1+\$0.18+\$0.0081$$
$$=\$1.1881$$

这是贷款人收到的贷款2年复利计算的总金额。

换句话说，通过提供贷款机会，资本市场使投资者将今天的1美元增值为2年后的1.1881美元。到了第3年年底，这笔资金将变成$1\times(1.09)^3=1.295$美元。

需要特别注意的是，贷款人收到的总金额不只是她贷出去的1美元加上这1美元在这两年的利息，即

$$2\times r=2\times\$0.09=\$0.18$$

贷款人还将得到r^2的款项，这是第1年所赚取的利息在第2年产生的利息。$2\times r$代表这两年的**单利**（simple interest），r^2指的是利息的利息。本例中，后者的准确数额为：

$$r^2=0.09^2=\$0.0081$$

当资金按**复利**（compound interest）进行投资时，每笔利息将再投资。在单利的情况下，利息将不再投资。本杰明·富兰克林说过，“钱可以生钱，钱生出的钱又可以生出更多的钱”，这是复利的生动写照。单利和复利的差别如图4-4所示。本例中，由于本金仅为1美元，两者的差别看起来不是很大。如果本金为100万美元，贷款人将收到1188100美元，其中的8100美元是利息的利息。这就告诉我们，如果交易金额足够大，小数点后的小数字也会累积成一大笔钱。此外，贷款期限越长，利息的利息就变得越来越重要。

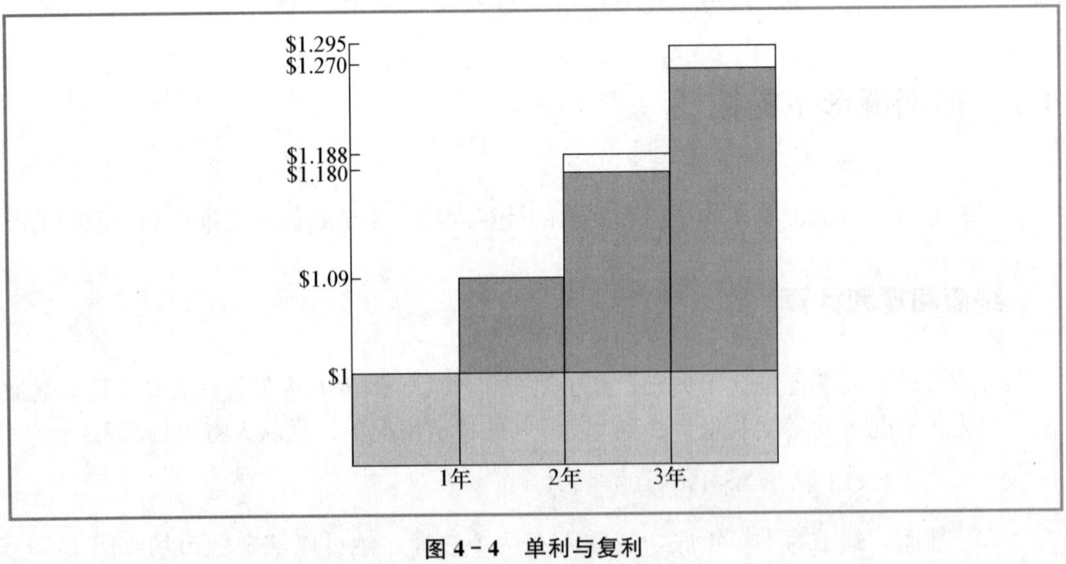

图4-4 单利与复利

说明：图中浅灰色部分代表原始投资，深灰色部分代表单利，无色部分代表利息的利息。

一笔投资多期后的终值一般可用公式表示如下：

一笔投资的终值：

$$FV = C_0 \times (1+r)^T \quad [4.3]$$

式中，C_0 代表时点 0（即今天）投资的现金；r 是每期的利率；T 代表现金投资持续的时期数。

例 4.3 利息的利息

库女士将 500 美元存入肯塔基州第一国民银行的存款账户，这个账户资金的利率为 7%，每年按复利计算。那么，第 3 年年末，库女士能得到多少钱？

$$\$500 \times 1.07 \times 1.07 \times 1.07$$
$$= \$500 \times 1.07^3$$
$$= \$612.52$$

图 4-5 说明了库女士资金账户的增长情况。

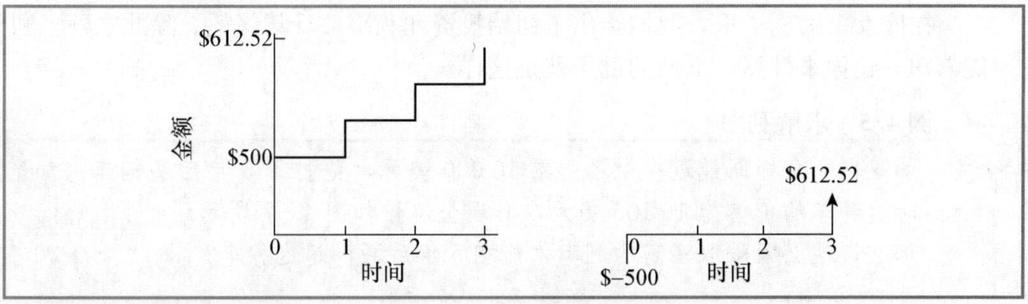

图 4-5 吴女士的存款账户

例 4.4 复利增长

杰伊·里特投资购买了 SDH 公司 1 000 美元股票。公司现在发放的股利为 2 美元，估计在未来两年内会以每年 20%的速度增长。那么，两年后，SDH 公司发放的股利将是多少？

$$\$2 \times 1.20^2 = \$2.88$$

图 4-6 说明了 SDH 公司股利的增长情况。

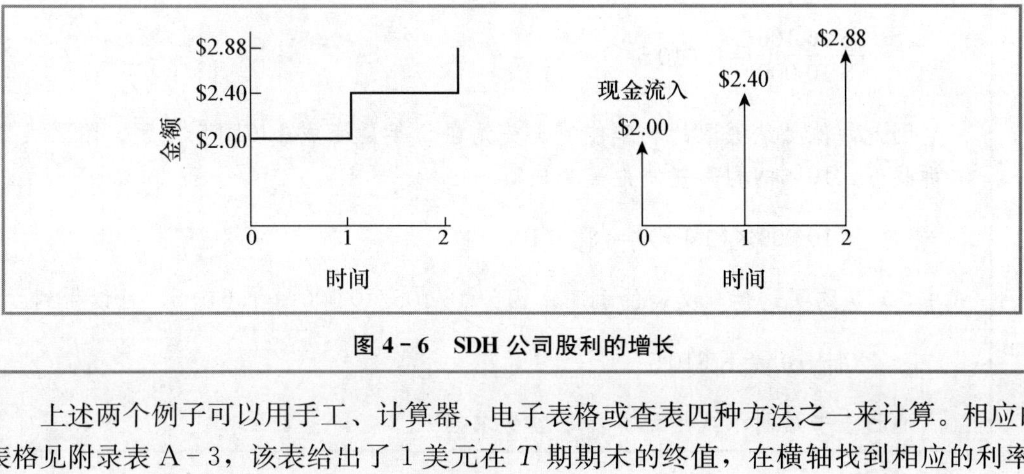

图 4-6 SDH 公司股利的增长

上述两个例子可以用手工、计算器、电子表格或查表四种方法之一来计算。相应的表格见附录表 A-3，该表给出了 1 美元在 T 期期末的终值，在横轴找到相应的利率，在纵轴找到相应的期数，就可得到对应的终值。

例如，库女士就可根据下面附录表 A－3 的一部分查得在 7%利率的情况下，1 美元在第 3 期期末的终值为 1.225 美元。

因此，其 500 美元的终值为：

$$\$500\times1.2250=\$612.52$$

期数	利率		
	6%	7%	8%
1	1.060 0	1.070 0	1.080 0
2	1.123 6	1.144 9	1.166 4
3	1.191 0	1.225 0	1.259 7
4	1.262 5	1.310 8	1.360 5

在库女士的例子里，我们给出了初始投资和利率，计算终值。除此之外，利率也可能未知，让你来计算，下面的例子就是这样。

例 4.5 求解利率

加里斯·詹姆斯最近在中了彩票 10 000 美元，他打算 5 年后买辆车。加里斯估计到时这种车的价格为 16 105 美元，其现金流量如图 4－7 所示。

那么，他必须赚取多高的利率才能在 5 年后买得起这种车？

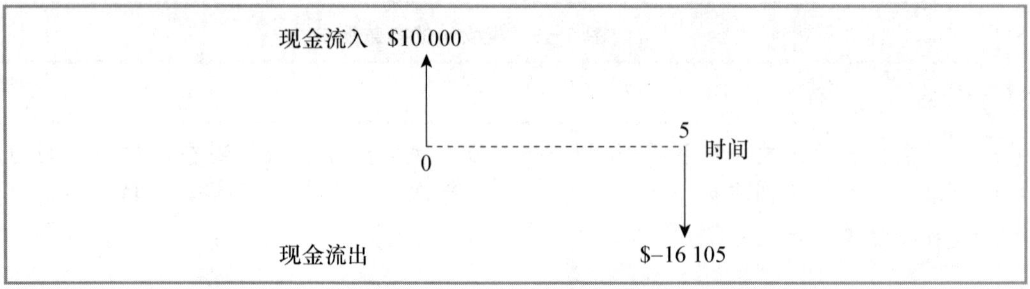

图 4－7 加里斯购车的现金流量

购买价格与初始现金的比率是：

$$\frac{\$16105}{\$10000}=1.6105$$

因此，他必须赚取的利率能使 1 美元在 5 年后变成 1.610 5 美元。附录表 A－3 告诉我们，10%的利率能使他美梦成真。

$$\$10000\times(1+r)^5=\$16105$$

式中，r 是购买这辆车必需的利率。因为 16 105/10 000＝1.610 5，可以得到

$$(1+r)^5=1.6105$$

通过查书后附录或用计算器很容易求出 r。

复利的威力：一个题外话

凡是了解复利的人，大多会被其在长时间内所产生的威力震撼。实际上，复利常被称作“世界第八大奇迹”和“宇宙间最强大的能量”。① 以股票市场为例，伊博森（Ibbotson）和辛克菲尔德（Sinquefield）计算了 1926—2015 年间股票市场的整体回报②，他们发现，1926 年年初投入股市 1 美元，2015 年年末就会变成 5 384.08 美元。这相当于按 10.02%的复利计算 90 年的结果，忽略四舍五入误差后，就是 $(1.100\,2)^{90}=\$5\,384.08$。

这个例子说明了单利与复利的巨大差距。在 10.02%利率的情况下，1 美元的单利利息是每年 10.02 美分（即 0.100 2 美元），90 年的单利利息总额为 9.01 美元（90×0.100 2）。也就是说，某人每年可获得 10.02 美分，经过 90 年累计可获得 9.01 美元，这远远低于将所有本金和利息进行再投资情况下所获得的 5 384.08 美元。

如果时间期限更长，结果会更惊人。一个不懂复利的人可能会认为，在年报酬率相同的情况下，1 美元在 180 年后的价值是 1 美元在 90 年后价值的 2 倍。实际上，1 美元在 180 年后的价值是 1 美元在 90 年后价值的平方。也就是说，如果年报酬率保持不变，投资 1 美元购买普通股 180 年后将价值 28 988 317.45 美元（1×5 384.08×5 384.08）。

几年前，一个人类学家在出土的一件文物中发现一份声明：尤利乌斯·恺撒借给某人相当于 1 便士的罗马货币。由于没有记录说明这 1 便士是否已经偿还，这位人类学家想知道，如果在 20 世纪恺撒的后人想找借款人的后人索要这笔钱，那么本息合计会达到多少？该人类学家认为 6%的利率是合适的，令他震惊的是，经过 2 000 多年后，1 便士的本息合计竟然远远超过了整个地球上的所有财富。

复利的威力可以解释为什么富裕家庭的父母总是将财产传给他们的孙子而不是儿子。也就是说，他们更愿意隔代传承。父母总是希望他们的孙子非常富有，而不只是让他们的儿女比较富有。我们发现，在这些家庭中，孙子比儿子对复利的威力持更为积极的态度。

例 4.6　曼哈顿岛价值几何？

有些人认为这是史上最成功的房地产交易。1626 年，荷兰西印度公司在北美洲的殖民地——新荷兰的总督彼得·米纽伊特（Peter Minuit）以价值 60 荷兰盾的小饰物从美国当地居民那里购买了曼哈顿岛。这次交易看起来十分合算，但荷兰人从交易中是否真正获益了呢？据报道，根据当时的汇率，60 荷兰盾价值 24 美元。如果美国当地居民以公平的市场价格将这些小饰物售出，并将获得的 24 美元以 5%的收益率进行投资（假设免税），那么，到 390 年后，这笔资金价值 44 亿美元。毫无疑问，现在曼哈顿岛的价值肯定不止 44 亿美元。因此，在 5%收益率的情况下，美国当地居民在交易中损失巨大。如果以 10%的收益率进行投资，他们收到的资金价值将达到：

---

① 这些引语常认为出自爱因斯坦（特别是第二个），但他是否真的说过此话无从考证。第一个引语也常常认为出自罗斯菲尔德男爵、约翰·凯恩斯、本杰明·富兰克林和其他人。

② Stocks，Bonds，Bills and Inflation [SBBI]. 2016 Yearbook，Ibbotson Associates，Chicago，2016.

$$\$24\times(1+r)^T$$
$$=24\times1.1^{390}$$
$$=\$3\ 307\ 000\text{ 万亿}$$

这是一个惊人的数字。事实上，3 307 000 万亿美元甚至超过了今天全球所有房地产价值的总和。当然，历史上没有人能够找到一个持续 390 年且年收益率达 10%的投资项目。

现值与贴现

现在，我们了解到，9%的利率能够使投资者今天的 1 美元变成两年后的 1.188 1 美元。除此之外，我们还想知道：

投资者今天需要付出多少钱才能使其两年后得到 1 美元？

用代数式可表示如下：

$$PV\times1.09^2=\$1$$

在上面的式子中，PV 表示现值，即为了两年后得到 1 美元我们今天必须付出的资金数额。

解上式中的 PV，我们可以得到：

$$PV=\frac{\$1}{1.188\ 1}=\$0.84$$

这一计算未来现金流量现值的过程称作**贴现或折现**（discounting）。它与复利计息的过程正好相反。贴现与复利的区别如图 4-8 所示。

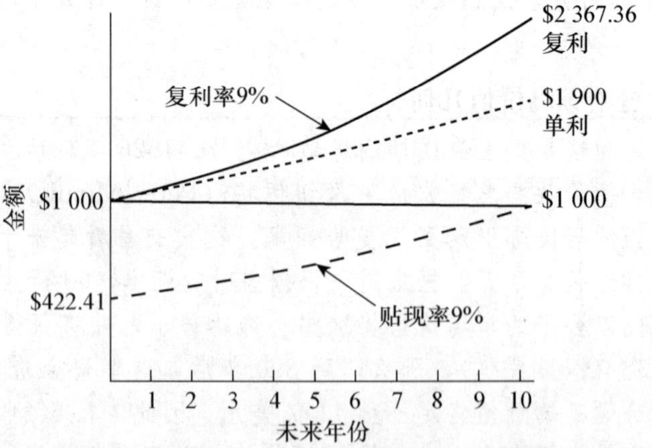

图 4-8 复利与贴现

说明：最上面的线表示 1 000 美元按 9%复利率计息情况下的终值增长情况：$1\ 000\times1.09^{10}=2\ 367.36$ 美元；接下来的线表示单利，第 10 年年末为 $1\ 000+10\times(1\ 000\times0.09)=1\ 900$ 美元；最下面的线表示在利率为 9%的情况下 1 000 美元的现值。

为了确信这 0.84 美元确实是两年后收到的 1 美元的现值，我们必须检验一下，假如现在借出 0.84 美元，两年后我们是否正好收回 1 美元。如果事实如此，资本市场就会认为两年后收到的 1 美元等同于现在的 0.84 美元。检验过程如下：

$$\$0.841\,68 \times 1.09 \times 1.09 = \$1$$

换句话说，当资本市场上利率确定为 9%时，我们无所谓是现在收到 0.84 美元还是两年后收到 1 美元。我们没有理由认为这两个选择之间存在差异，因为今天的 0.84 美元借出两年后就能收回 1 美元。$1/1.09^2$ 这个值称作**现值系数**（present value factor），它是用来计算未来现金流量现值的系数。

在多期情况下，现值计算公式可表示如下：

投资的现值：

$$PV = \frac{C_T}{(1+r)^T} \qquad [4.4]$$

式中，C_T 表示时点 T 的现金流量；r 是适用的贴现率。

例 4.7　多阶段折现

从现在开始的三年后，哈里·迪安杰洛将收到 10 000 美元。哈里投资的收益率为 8%，所以按 8%贴现是合适的。那么，这笔未来现金流量的现值是多少？

$$\begin{aligned} PV &= \$10\,000 \times \left(\frac{1}{1.08}\right)^3 \\ &= \$10\,000 \times 0.793\,8 \\ &= \$7\,938 \end{aligned}$$

图 4-9 说明了哈里投资的贴现系数的应用。

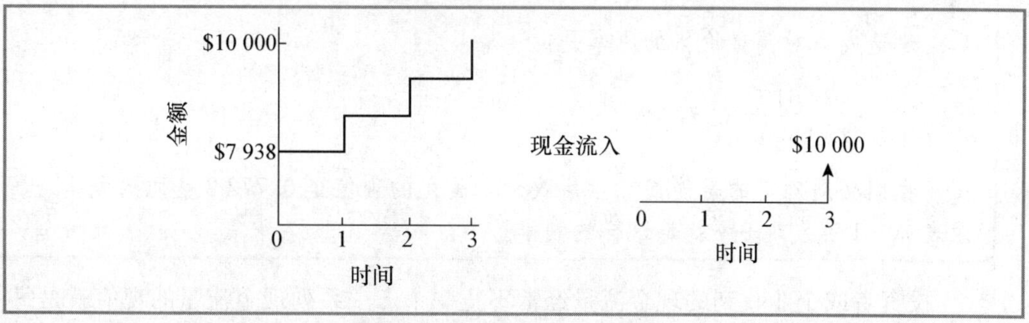

图 4-9　哈里投资的贴现

当投资以 8%的利率增长时，哈里认为现在收到 7 938 美元或三年后收到 10 000 美元没有差别。毕竟，通过将资金按 8%的利率借出去的方式，他可以将现在收到的 7 938 美元转化为三年后的 10 000 美元。

哈里可以采用手工、计算器或借助附录表 A-1 三种方式之一计算现值。附录表 A-1 列出了 T 期后收到的 1 美元的现值，在横轴找到相应的利率，在纵轴找到相应的期数就可得到对应的现值。例如，哈里可根据下面附录表 A-1 的一部分查得在 8%利率的情况下，第 3 期期末 1 美元的现值系数为 0.793 8。

期数	利率		
	7%	8%	9%
1	0.934 6	0.925 9	0.917 4
2	0.873 4	0.857 3	0.841 7
3	0.816 3	0.793 8	0.772 2
4	0.762 9	0.735 0	0.708 4

前面的例子中我们给出了利率和未来现金流量，计算现值。有时，利率也可能未知，让你来计算。

例 4.8　求解利率

Beatty 公司的一个客户打算买一艘拖船，但他不想立即付款，而是想三年后支付 50 000 美元。Beatty 公司现在建造拖船将耗资 38 610 美元，公司相关的现金流量如图 4-10 所示。利率为多少时 Beatty 公司在这笔生意上正好不盈不亏？

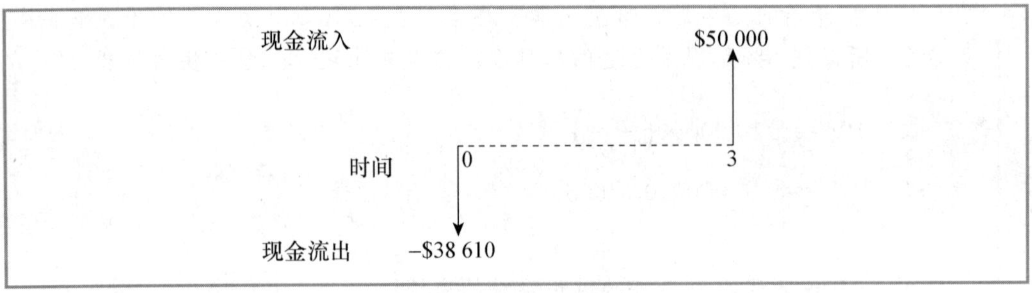

图 4-10　拖船的现金流量

建造成本对销售价格的比率是：

$$\frac{\$38\,610}{\$50\,000}=0.772\,2$$

我们必须确定的是能使三年后收到 1 美元的现值是 0.772 2 美元的利率。根据附录表 A-1 可发现 9%就是这样的利率。

投资者或企业收到的现金流量经常不止一个。一系列现金流量的现值就是每个现金流量现值的和。下面的例子可说明这一问题。

例 4.9　现金流量估值

丹尼斯·德雷珀中了肯塔基州的彩票，未来两年他将获得如下的现金流量：

年份	现金流量
1	$2 000
2	$5 000

德雷珀目前的投资收益率是6%，因此，按6%折现是合适的。现金流量的现值是：

年份	现金流量×现值系数=现值
1	$\$2\,000\times\frac{1}{1.06}=\$2\,000\times0.943=\$1\,887$
2	$\$5\,000\times\left(\frac{1}{1.06}\right)^2=\$5\,000\times0.890=\$4\,450$
	合计　$6 337

换句话说，德雷珀认为现在获得 6 337 美元与未来两年分别获得 2 000 美元和 5 000 美元两者间没有差别。

例 4.10　净现值

Finance.com 公司有一个机会投资 50 000 美元于新型高速计算机。这台计算机（源于成本节约）可创造以下的现金流量：第 1 年 25 000 美元，第 2 年 20 000 美元，第 3 年 15 000 美元。三年后这台计算机将分文不值，不会产生新的现金流量。Finance.com 公司认为该投资项目所适用的贴现率为 7%。那么，公司是否应该投资这种新型高速计算机？该投资的现值是多少？

计划中的计算机项目的现金流量和现值系数如下：

年份	现金流量	现值系数
0	−$50 000	1=1
1	$25 000	$\frac{1}{1.07}=0.934\,6$
2	$20 000	$\left(\frac{1}{1.07}\right)^2=0.873\,4$
3	$15 000	$\left(\frac{1}{1.07}\right)^3=0.816\,3$

现金流量的现值是：

年份	现金流量×现值系数=现值
0	−$50 000×1=−$50 000
1	$25 000×0.934 6=$23 364.49
2	$20 000×0.873 4=$17 468.77
3	$15 000×0.816 3=$12 244.47
	合计　$3 077.73

由于新型高速计算机项目的未来现金流量的现值大于其投资成本，净现值是 3 077.73 美元，Finance.com 公司应该投资该项目。

代数公式

为了得出一笔现金流量净现值的代数公式，首先回忆一下一年后收到的现金流量的现值是：

$$PV=C_1/(1+r)$$

两年后收到的现金流量的现值是：

$$PV=C_2/(1+r)^2$$

这样，我们就可以写出 T 期现金流量的净现值为：

$$NPV=-C_0+\frac{C_1}{1+r}+\frac{C_2}{(1+r)^2}+\cdots+\frac{C_T}{(1+r)^T}=-C_0+\sum_{i=1}^{T}\frac{C_i}{(1+r)^i} \quad [4.5]$$

式中，$-C_0$ 是初始现金流量，由于它代表了初始投资，因此是负的；$\sum$ 是系列求和的符号。

本节结束之前，我们回到本章开篇故事中提到的有关棒球运动员克里斯·戴维斯的合同问题。合同规定在2016—2022年间每年支付1 700万美元，2023—2032年间每年支付350万美元，2033—2037年间每年支付140万美元。如果采用12%的贴现率，那么金莺队与一垒手的合同属于哪一类型呢？

为了回答这个问题，我们可以按照如下所示计算每年工资的现值（请注意，我们假设未来的工资将在每年年末支付）：

第1年(2016年)：$\$17\ 000\ 000\times1/1.12^1=\$15\ 178\ 571.43$

第2年(2017年)：$\$17\ 000\ 000\times1/1.12^2=\$13\ 552\ 295.92$

第3年(2018年)：$\$17\ 000\ 000\times1/1.12^3=\$12\ 100\ 264.21$

⋮　　⋮　　⋮　　⋮

第8年(2023年)：$\$3\ 500\ 000\times1/1.12^8=\$1\ 413\ 591.30$

⋮　　⋮　　⋮　　⋮

第22年(2037年)：$\$1\ 400\ 000\times1/1.12^{22}=\$115\ 699.51$

如果将缺失行的数据补充完整（作为练习），你会发现克里斯合同的现值为8 730万美元，只有其报道的合同价值16 100万美元的50%左右，当然还是相当丰厚的。

你或许已经注意到，现值的计算相当烦琐枯燥，因此"电子表格工具"专栏介绍了一种简便做法。作为应用，我们可以看看"金融实务"专栏中彩票的例子。

电子表格工具

如何运用电子表格计算多期未来现金流量的现值

下面我们建立一个基本的电子表格来计算现金流量的现值，要注意的是，我们一次只计算一个现值，然后进行加总。

	A	B	C	D	E
1					
2	运用电子表格对多期未来现金流量进行估值				
3					
4	如果贴现率为12%，第1年200美元，第2年400美元，第3年600美元，				
5	最后一年800美元的系列现金流量的现值是多少？				
6					
7	利率	0.12			
8					
9	年份	现金流量	现值	使用的公式	
10	1	$200	$178.57	=PV($B$7，A10，0，－B10)	
11	2	$400	$318.88	=PV($B$7，A11，0，－B11)	
12	3	$600	$427.07	=PV($B$7，A12，0，－B12)	
13	4	$800	$508.41	=PV($B$7，A13，0，－B13)	
14					
15		现值合计	$1 432.93	=SUM(C10:C13)	
16					
17	注意：在PV公式中插入了负号，这只是为了让现值为正。此外，单元格B7中的贴现率在				
18	公式中输入为$B$7（代表固定的单元格），因为它要重复使用。我们也可以简单地输入				
19	“0.12”来代替，但现在的方法更加灵活。				
20					
21					
22					

金融实务

彩票大奖！

如果你或你认识的朋友经常买彩票，你或许已经知道：被雷电劈死的概率是买彩票中头奖概率的1 300倍以上。中奖的概率有多大呢？下表是超级百万彩票（Mega Millions Lottery）中头奖的概率与其他事件发生概率的对比。

超级百万彩票中头奖的概率	1：175 711 536
被燃放的烟花炸死的概率	1：652 046
被狗咬死的概率	1：144 899
被雷电劈死的概率	1：134 906
地震死亡的概率	1：97 807
被蜜蜂蛰死的概率	1：79 842
空难死亡的概率	1：7 178
车祸死亡的概率	1：368

说明：第一个概率来自Virginia Lottery Web site，其他概率来自National Safety Council。

摸彩（sweepstake）中奖的概率与彩票不同，但概率也不高。史上奖金最高的大奖可能是百事可乐的“亿万富翁”，其奖金高达10亿美元。但是你最好阅读细则，原来获奖者将在随后的前20年里每年获得500万美元，第21～39年每年获得1 000万美元，第40年获得71 000万美元的大额款项。根据你所学的知识，很容易算出摸彩奖金的价值根本不到10亿美元。实际上，当利率为10%时，其现值大约为7 070万美元。

2016年1月，三位幸运儿共同分享创纪录的15.84亿美元的强力球Jackpot大奖。每个中奖者有两个选择来领取奖金：现在立即领取一次性奖金3.28亿美元；或者现在立即领取790万美元，在接下来的30年内，每年按5%的增长率领取相应金额奖金。那么，其隐含的贴现率是多少？学习了后面章节的增长性年金后，不难计算出其利率约为2.79%。

有些彩票会令你难以决策。加拿大安大略省的彩票将在你余生里每周向你支付2 000加拿大元或者现在就支付130万加拿大元。当然，有一种可能是你不久就死去了，所以，安大略省的彩票承诺：在这种情况下，你的继承人将会每周收到2 000加拿大元，直到从第一笔款项起算届满20周年；或者你可以一直拿到年满91岁，两种情况以先到者为准。这一支付计划使得你的决策更为棘手。如果你只能再活20年，两种选择的盈亏平衡点利率大约为每年5.13%，每周复利计息。如果你不止再活20年，每周收到2 000加拿大元会使你生活得更好。当然，如果你将收到的130万加拿大元进行一项年收益率为8%（每周复利计息）的投资，由于投资能够无限期地每周带给你2 000加拿大元，你也可以生活得很好。因为彩票都是扣税后付款，税收将会使这种情况下的决策更为复杂。因此，本例中的收益率就必须是税后的。

4.3 复利计息期

到目前为止，我们都假设复利计算和贴现是以年为单位进行的。然而，有时复利计息在一年中会发生不止一次。例如，假设一家银行支付其储户10%的利息是按“每半年复利计息一次”。这意味着1 000美元存入银行，6个月之后其价值为1 000×1.05=1 050美元，到了年末其价值将达到1 050×1.05=1 102.50美元。

年末价值可用公式表示如下：

$$\$1\,000\times(1+\frac{0.10}{2})^2=\$1\,000\times1.05^2=\$1\,102.50$$

显然，如果每年计息一次，1 000美元存款一年后价值仅为1 100美元（1 000×1.1）。由此可见，半年复利计息下的终值大于一年复利计息下的终值。如果以年为单位复利计息，最初的1 000美元是全年计息的本金。每半年复利计息一次，这最初的1 000美元只是前6个月计息的本金，而第二个6个月计息的本金基础为1 050美元。这样，半年复利计息下投资者就获得了利息的利息。

因为1 000×1.102 5=1 102.50，可见，10%的年利率每半年复利计息一次，实际上与10.25%的年利率每年计息一次是等价的。换言之，理性的投资者将不会在意其存款是10%的年利率每半年复利一次还是10.25%的年利率每年计息一次。

如果10%的年利率每季度复利计息，则一年后的终值为：

$$\$1\,000\times\left(1+\frac{0.10}{4}\right)^4=\$1\,103.81$$

再推而广之，一项投资一年复利m次情况下的一年后终值为：

$$C_0\left(1+\frac{r}{m}\right)^m \qquad [4.6]$$

式中，C_0代表最初投资额；r是**名义年利率**（annual percentage rate，APR）。名义年利率是没有考虑复利计息情况下的年利率，银行和其他金融机构对此常有不同的称谓。

例4.11　实际年利率

如果名义年利率是24%，每月复利计息一次，费尔南多·萨帕特罗的1美元投资年末价值多少？

根据式［4.6］，他的财富价值为：

$$\$1\times\left(1+\frac{0.24}{12}\right)^{12}$$
$$=\$1\times(1.02)^{12}$$
$$=\$1.2682$$

由此可见，这笔投资的年度投资收益率实际为26.82%，这个收益率就称作**实际年利率**（effective annual rate，EAR）或**实际年收益率**（effective annual yield，EAY）。由于复利的原因，实际年利率要大于名义年利率24%。用代数公式，实际年利率可表示如下：

$$\left(1+\frac{r}{m}\right)^{m}-1 \qquad [4.7]$$

有些学生经常因式［4.7］中减去1而困惑。需要注意的是，年末的价值包括初始本金和年内赚取的利息，所以要从式［4.7］中减去1以扣除初始本金。

例4.12　复利频率

如果8%的名义年利率，每季度复利计息一次，那么，实际年利率是多少？

根据式［4.7］，我们可以得到

$$\left(1+\frac{r}{m}\right)^{m}-1=\left(1+\frac{0.08}{4}\right)^{4}-1$$
$$=0.0824=8.24\%$$

回到前面的例子，C_0 为1 000美元，r 为10%，我们可导出下表：

C_0	复利频率(m)	C_1	实际年利率$=\left(1+\frac{r}{m}\right)^{m}-1$
\$1 000	每年(m=1)	\$1 100.00	0.10
1 000	每半年(m=2)	1 102.50	0.102 5
1 000	每季(m=4)	1 103.81	0.103 81
1 000	每天(m=365)	1 105.16	0.105 16

名义年利率与实际年利率的差别

名义年利率与实际年利率的差别常常令学生备感困惑。名义年利率只有当给出复利计息间隔期间时才有意义，认识到这一点将有助于厘清大家的困惑。例如，对于10%的名义年利率，在每半年复利计息一次的情况下，一年后的终值为 $[1+(0.10/2)]^2=$

1.102 5，在每季度复利计息一次的情况下，一年后的终值为 $[1+(0.10/4)]^4=1.103\ 8$。如果名义年利率是 10%，但没有给出复利计息间隔期间，则无法计算出终值。也就是说，人们不知道到底该按半年、季度还是其他间隔期间进行计算。

与此相反，即使没有给出复利计息间隔期间，实际年利率也具有意义。例如，如果实际年利率为 10.25%，则意味着 1 美元投资一年后就变为 1.102 5 美元。你可以认为这是名义年利率 10%按每半年复利计息一次或名义年利率 10.25%按每年复利计息一次或其他计息方式所得到的。

当利率很高时，名义年利率与实际年利率的差别会很大，例如发薪日贷款。发薪日贷款是一种短期贷款，贷款期限常常少于两周，一般只有 AmeriCash Advance 和 National Payday 这样的公司才会向客户提供。其运作流程如下：签署一张远期支票，支票到期时，去商店兑现这张支票或由公司兑现。例如，AmeriCash Advance 公司允许签署一张 115 美元、期限 14 天的远期支票，在这种情况下，他们就会给你 100 美元。那么，这种协议的名义年利率和实际年利率是多少？首先，我们通过以下的 FV 等式算出利率：

$$\text{FV}=\text{PV}(1+r)^t$$
$$\$115=\$100\times(1+r)^1$$
$$1.15=(1+r)$$
$$r=0.15 \text{ 或 } 15\%$$

当你还没意识到这只是 14 天的利率时，你会觉得利率不算太高。这一贷款的名义年利率是：

$$\begin{aligned}\text{APR} &=0.15\times365/14\\ &=3.910\ 7 \text{ 或 } 391.07\%\end{aligned}$$

这一贷款的实际年利率是：

$$\begin{aligned}\text{EAR} &=(1+\text{报价利率}/m)^m-1\\ &=(1+0.15)^{365/14}-1\\ &=37.236\ 6 \text{ 或 } 3\ 723.66\%\end{aligned}$$

这才是真正的利率！为了解一点小费用可能导致多大的差异，我们来看看同一家公司的另一笔贷款。AmeriCash Advance 公司允许签署一张 117.5 美元、其他条款完全相同的支票。读者可以自己测算出，该贷款协议的名义年利率是 456.25%，实际年利率是 6 598.65%——实在不是一笔值得推荐的贷款！

根据法律，债权人必须报告所有贷款的 APR。本教材中，我们将每期利率乘以一年中的期数来计算 APR。APR 是衡量消费者信贷成本的指标，用年利率形式表达，包括利息和某些非利息费用。在实践中，如果债权人收取按联邦规定计算 APR 时必须包括在内的高额费用，APR 会远远大于贷款利率。

多年期复利

式［4.6］适用于只持续一年的投资。如果一项投资持续多年，其终值计算公式变为：

复利计息的终值：

$$FV=C_0\left(1+\frac{r}{m}\right)^{mT} \qquad [4.8]$$

例 4.13　多年期复利

哈里·迪安杰洛拟投资一个项目 5 000 美元，名义年利率是 12%，每季度复利计息一次，期限 5 年。那么，5 年后这笔投资的价值是多少？

根据式［4.8］，可以求得：

$$\begin{aligned}&\$5\,000\times\left(1+\frac{0.12}{4}\right)^{4\times5}\\&=\$5\,000\times(1.03)^{20}\\&=\$5\,000\times1.806\,1\\&=\$9\,030.5\end{aligned}$$

连续复利

前面的讨论表明，复利计息一年可以不止一次。人们可以每半年、每季度、每月、每天、每小时、每分钟，甚至还可以更短时间复利计息。最极端的情况是以无限短的时间间隔复利计息，此时一般称作**连续复利计息**（continuous compounding)。令人惊讶的是，银行和其他金融机构有时真的采用连续复利计息方式，这也正是我们要学习它的原因所在。

也许你一想到如此迅速地复利计息会觉得无从下手，这里有个简单的公式可以助你一臂之力。连续复利计息的情况下，T 年年末的终值可表达为：

$$C_0\times e^{rT} \qquad [4.9]$$

式中，C_0 代表最初投资额；r 是名义年利率；T 是投资持续的期数；e 是常数，约等于 2.718，它不像 C_0，r 和 T 那样是未知的。

例 4.14　连续复利

琳达·德丰投资 1 000 美元，年利率 10%，连续复利计息。那么，到第 1 年年末，其财富价值将达到多少？

根据式［4.9］，我们可得：

$$\begin{aligned}&\$1\,000\times e^{0.1}\\&=\$1\,000\times1.105\,2\\&=\$1\,105.2\end{aligned}$$

式中的系数通过附录表 A-5 很容易得到。我们只要将表中横轴 r 设为 10%，纵轴 T 设为 1，对于本例，附录表 A-5 的相应部分如下：

期数 (T)	连续复利计息利率 (r)		
	9%	10%	11%
1	1.094 2	1.105 2	1.116 3
2	1.197 2	1.221 4	1.246 1
3	1.310 0	1.349 9	1.391 0

注意，10%情况下连续复利计息与10.52%情况下年复利计息结果完全等价。换言之，琳达将不会在意银行是给她10%的连续复利计息还是10.52%的年复利计息。

例4.15 连续复利（续）

琳达的兄弟马克投资1 000美元，年利率10%，连续复利计息，投资期限为两年。那么，此时公式变为：

$$\begin{aligned}&\$1\,000\times e^{0.1\times 2}\\=&\$1\,000\times e^{0.2}\\=&\$1\,221.4\end{aligned}$$

使用连续复利表，可查得系数为1.221 4，得到上述结果。

图4-11说明了年复利、半年复利和连续复利之间的关系。半年复利的曲线较年复利平滑些，期末价值更高些。连续复利的曲线最平滑，期末价值也最高。

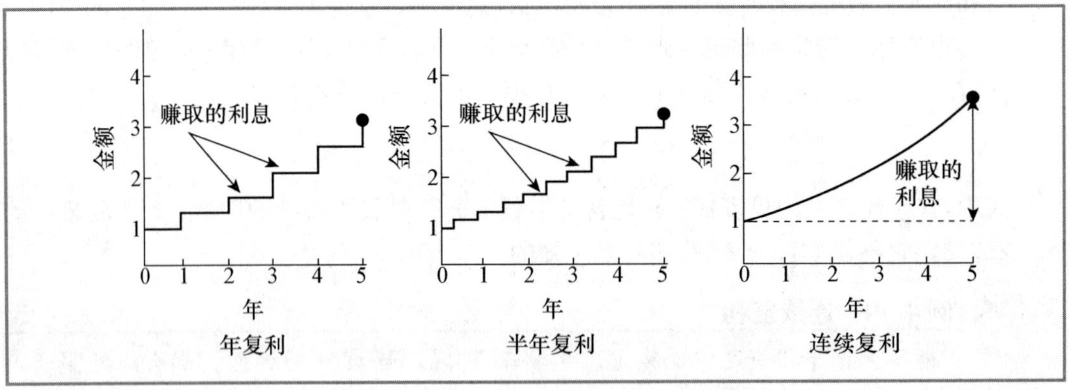

图4-11 年复利、半年复利和连续复利

例4.16 连续复利下的现值

密歇根州彩票中心4年后将支付1 000美元款项，如果年利率为8%，连续复利计息，这笔款项的现值是多少？

$$\begin{aligned}&\$1\,000\times\frac{1}{e^{0.08\times 4}}\\=&\$1\,000\times\frac{1}{1.377\,1}=\$726.15\end{aligned}$$

4.4 简化计算公式

本章前面部分介绍了现值和终值的概念。尽管这些概念有助于回答大量有关货币时间价值的问题，但耗费的人力常常十分巨大。例如，假如银行要计算一笔按月按揭、20年期款项的现值，因为这笔按揭一共240期（20×12）款项，计算这一简单的问题却十分费时。

由于很多基础的财务问题都十分费时，为此本节试图寻找一些简化办法。我们将阐述以下四种现金流量的简化公式：

1. 永续年金。
2. 增长永续年金。
3. 年金。
4. 增长年金。

永续年金

永续年金（perpetuity）是指金额相等、连续不断的现金流量。如果你认为永续年金不太现实，那么，一种永无限期的现金流量可能令你十分惊讶，这就是著名的英国统一公债（consols）。购买统一公债的投资者享有永远的每年从英国政府领取一笔利息收入的权利。

那么，如何确定统一公债的价格呢？假如统一公债每年支付利息 C 美元而且永无限期。采用现值公式，可得到：

$$PV=\frac{C}{1+r}+\frac{C}{(1+r)^2}+\frac{C}{(1+r)^3}+\cdots$$

式中，省略号表示还有无穷项。诸如此类的数列称作等比数列，尽管它有无穷多项，但数列之和是一个确定的数，而且每一项与前一项成一定比例。在翻阅代数书之前，我们最好先回忆一下一些基本原理，看看理财直觉能否帮我们找出其现值。

统一公债的现值是其未来所有利息支出的现值之和。换言之，它是这样一笔资金，如果投资者现在拥有它，会与拥有统一公债及其利息具有同样的消费能力。假设一个投资者想以后每年消费 C 美元，如果他拥有统一公债，他就可以做到这一点。他现在要拥有多少钱才能具有同样的消费能力呢？显然，他需要的这笔钱的利息应正好是每年 C 美元。如果他的钱更多，则他每年消费的金额就可以大于 C 美元，但如果他的钱没有这么多，而他每年仍要消费 C 美元，那么他最终会破产。

统一公债每年能给投资者 C 美元的利息，因此其现值可通过以下公式求得：

$$PV=\frac{C}{r} \qquad [4.10]$$

为验证以上计算结果正确与否，假设我们借出 C/r 的资金，每年获得的利息是：

$$利息=\frac{C}{r}\times r=C$$

这恰好为统一公债每年支付的利息额。根据统一公债的计算，我们可以归纳出永续年金的现值公式如下：

$$\begin{aligned}PV&=\frac{C}{1+r}+\frac{C}{(1+r)^2}+\frac{C}{(1+r)^3}+\cdots\\&=\frac{C}{r}\end{aligned} \qquad [4.11]$$

根据一点点理财直觉就如此容易地解决了这一数学问题，令人十分愉快。

例 4.17 永续年金

假设有一笔每年支付 100 美元的永续年金，利率为 8%，那么，其现值是多少呢？

根据式［4.10］，可以得到：

$$PV=\frac{\$100}{0.08}=\$1\,250$$

假设利率降为 6%，利用式［4.10］，则永续年金的现值为：

$$PV=\frac{\$100}{0.06}=\$1\,666.67$$

由此可见，永续年金的价值随着利率的下降而上升；反之，永续年金的价值则随着利率的上升而下降。

增长永续年金

假想一栋公寓的房东下一年扣除费用后的房租现金收入是 100 000 美元，预期这一现金流量每年将增长 5%，如果这一增长能够无限期地持续下去，则这样的现金流量就称作**增长永续年金**（growing perpetuity）。如果贴现率为 11%，则其现值为：

$$\begin{aligned}PV=&\frac{\$100\,000}{1.11}+\frac{\$100\,000\times 1.05}{1.11^2}+\frac{\$100\,000\times 1.05^2}{1.11^3}+\cdots\\&+\frac{\$100\,000\times 1.05^{N-1}}{1.11^N}+\cdots\end{aligned}$$

推而广之，用代数形式可将上式表示为：

$$PV=\frac{C}{1+r}+\frac{C(1+g)}{(1+r)^2}+\frac{C(1+g)^2}{(1+r)^3}+\cdots+\frac{C(1+g)^{N-1}}{(1+r)^N}+\cdots$$

式中，C 表示下一期收到的现金流量；g 代表每期的增长率，用百分比表示；r 代表贴现率。

庆幸的是，上式可以简化为：

增长永续年金的现值公式：

$$\mathrm{PV}=\frac{C}{r-g} \qquad [4.12]$$

根据式［4.12］，公寓房租现金流量的现值为：

$$\frac{\$100\,000}{0.11-0.05}=\$1\,666\,667$$

关于增长永续年金的公式，必须注意以下三个问题：

1. 分子。式［4.12］中的分子是从现在起一期后的现金流量，而不是时点 0 的现金流量。请考虑以下例子。

例 4.18　发放股利

Rothstein 公司正准备每股发放 3 美元的股利，投资者预期以后的股利会以每年 6%的速度增长。适用的贴现率是 11%。目前公司股票的价格应该是多少？

式［4.12］中的分子是下一期收到的现金流量，由于股利增长率为 6%，因而下一年的股利是 3.18 美元（3.00×1.06）。今天的股票价格为：

$$\$66.60=\$3.00+\frac{\$3.18}{0.11-0.06}$$

当前股利　　一年后各期股利现值

66.60 美元的价格由当期的股利和一年后各期股利的现值两部分组成。式［4.12］只能用来计算一年后各期股利的现值。

必须认真领会这个例子，因为很多学生都会在有关这部分的测试题中出错。

2. 贴现率和增长率。贴现率 r 必须大于增长率 g，这样，增长永续年金公式才有意义。当增长率与利率非常接近时，公式中的分母就会趋于无穷小，现值就会趋于无穷大。当增长率 g 大于贴现率 r 时，计算现值事实上没有意义。

3. 时间假设。现实世界中，企业的现金流入和流出是随机的，而且几乎是连续不断的。然而，式［4.12］中假设收到和支付的现金流量是有规律而且非连续的。在公寓出租的例子中，我们假设 100 000 美元的现金净流入每年只发生一次。现实中，每个月都会收到租金，而维修费用和其他费用在一年中的任一时间都有可能发生。

只有当现金流量是有规律的而且非连续时，才能应用增长永续年金公式。这一假设可以节省很多计算时间，因而也是合理的，但使用者不应忘记这只是一个“假设”而已。我们在后面的章节中会反复强调这一点。

关于一些术语在此有必要进一步澄清。财务管理教材的作者一般使用两种习惯方式来描述时间。少数作者将现金流量的收付时间视作发生在某一确定的日期，如时点 0、时点 1 等。在这种惯例下，时点 0 表示现在。然而，由于一年是一个时段，而不是一个特殊的时点，因此，大多数作者都假定现金流量发生在年末（或期末）。在年末的惯例下，第0年年末表示现在，第1年年末表示现在起的一年后，依此类推（第0年年初已经过去，通常很少提及）。①

这两种时间习惯表达方式之间的转换可用下图表示：

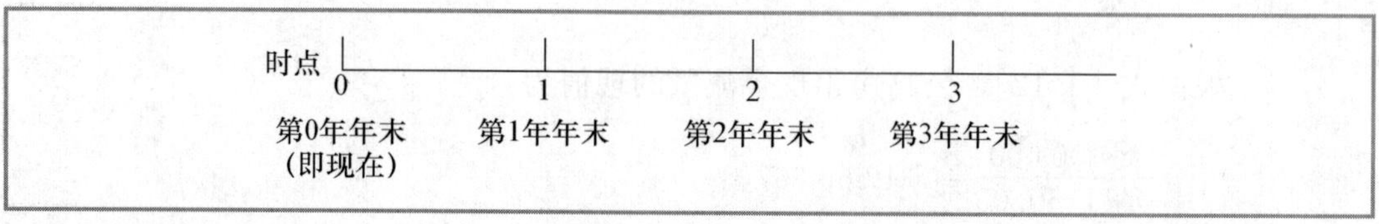

我们坚信时点的习惯表达方式能减少歧义。但是，由于在以后的课程中你可能会看到“年末”的表达方式，所以这两种表达方式我们都会用。实际上，为了使大家熟练运用，在有些例子中我们甚至会同时使用这两种表达方式。

年　金

年金（annuity）是指一系列持续固定期数且有规律的现金流。毫不奇怪，年金是最常见的金融工具。人们退休时收到的养老金常常就采用年金的形式。租赁和抵押贷款也经常采用年金的形式。

为计算年金的现值，我们可以使用以下公式：

$$\frac{C}{1+r}+\frac{C}{(1+r)^2}+\frac{C}{(1+r)^3}+\cdots+\frac{C}{(1+r)^T}$$

只收到 T 期利息的债券的现值肯定低于统一公债的现值，但究竟低多少呢？为回答这一问题，我们不妨更深入地考察统一公债。

请看以下时间表：

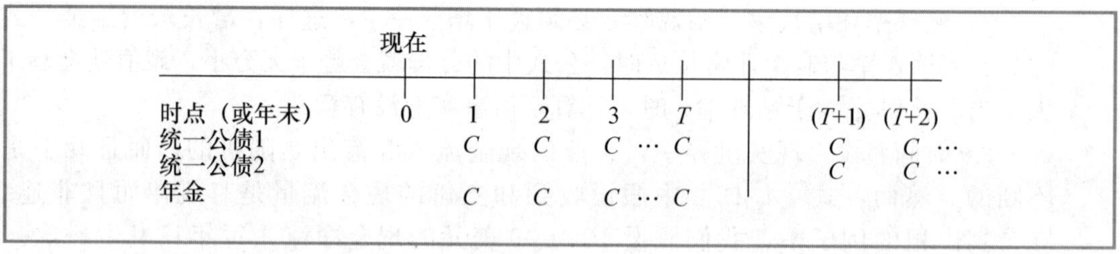

统一公债1是正常的统一公债，其首期利息款发生在时点1。统一公债2的首期利息款发生在时点 $T+1$。

在 T 期内每期收到 C 美元现金流量的现值等于统一公债1的现值减去统一公债2的现值。统一公债1的现值为：

$$\text{PV}=\frac{C}{r} \qquad [4.13]$$

① 财经作家有时会说在 x 年的现金流量，这有些模糊不清，他们的意思通常是指 x 年年末。

统一公债 2 就是首期利息款发生在时点 $T+1$ 的统一公债，根据永续年金公式，其在时点 T 的价值为 C/r。① 然而，我们需要的不是时点 T 的价值，而是现在的价值，换言之，是在时点 0 的价值。我们必须将 C/r 往回贴现 T 期。因此，统一公债 2 的价值为：

$$\mathrm{PV}=\frac{C}{r}\left[\frac{1}{(1+r)^{T}}\right] \qquad [4.14]$$

持续 T 期现金流量的现值等于首期利息款发生在时点 1 的统一公债的现值减去首期利息款发生在时点 $T+1$ 的统一公债的现值。因此，年金的现值等于式［4.13］减去式［4.14］，可以写成：

$$\frac{C}{r}-\frac{C}{r}\left[\frac{1}{(1+r)^{T}}\right]$$

上式可简写为：

年金现值公式：

$$\mathrm{PV}=C\left[\frac{1}{r}-\frac{1}{r(1+r)^{T}}\right] \qquad [4.15]$$

此式也可写成：

$$\mathrm{PV}=C\left[\frac{1-\dfrac{1}{(1+r)^{T}}}{r}\right]$$

例 4.19　彩票估值

马克·杨中了州彩票大奖，在以后 20 年中每年可获得 50 000 美元奖金，首笔奖金从现在起一年后开始领取。州彩票公司的广告宣传称这是一个百万美元的大奖，因为 1 000 000＝50 000×20。如果利率为 8%，这项大奖的真正价值是多少呢？

根据式［4.15］，可得：

百万彩票大奖的现值

$$=\$50\,000\times\left[\frac{1-\dfrac{1}{(1.08)^{20}}}{0.08}\right]$$

每年奖金额　年金系数

$$=\$50\,000\times 9.818\,1$$

$$=\$490\,907.37$$

① 因为首期利息款发生在时点 $T+1$，学生常常认为 C/r 是时点 $T+1$ 的价值。然而，公式中的年金价值是指首期利息款前一期的价值。

> 杨先生没有因为获奖而欣喜若狂，反而起诉州彩票公司涉嫌误导和欺诈。他在法律起诉书中称，彩票公司承诺发放 100 万美元，但他实际只收到 490 907.37 美元。

我们用来计算 T 期内等额支付 C 美元现金流量的现值的术语称作**年金系数**（annuity factor）。上例中的年金系数为 9.818 1。由于计算现值时经常要用到年金系数，我们在本书附录表 A-2 中列出。表中给出了不同利率 r 和不同期数 T 对应的年金系数值。

式［4.15］括号中的年金系数表示方法过于复杂，为简化起见，我们经常采用下列方式表示年金系数：

$$\mathrm{PVIFA}_{r,T}$$

这表示在利率 r、期数 T 的情况下，1 美元年金的现值。

我们同样可以给出年金终值的计算公式：

$$\mathrm{FV}=C\left[\frac{(1+r)^T}{r}-\frac{1}{r}\right]=C\left[\frac{(1+r)^T-1}{r}\right] \qquad [4.16]$$

与年金现值系数一样，我们编制了年金终值表，见本书附录表 A-3。当然，你也可以使用下面的电子表格方法。

电子表格工具

年金现值

使用电子表格求年金现值的方法如下：

	A	B	C	D	E	F	G
1							
2	使用电子表格求年金现值						
3							
4	利率为10%，3年期，500美元的年金现值是多少？						
5	我们需要求出未知的现值，因此，我们使用现值公式PV(rate，nper，pmt，fv)。						
6							
7	每期付款额	$500					
8	期数	3					
9	贴现率	0.1					
10							
11	年金现值	$1 243.43					
12							
13	单元格B11中输入的公式为PV(B9，B8，−B7，0)；输入公式时需注意fv为零，pmt有个负号，						
14	利率应输入十进制，而不是百分比。						
15							
16							
17							

例 4.20　退休投资

假设你每年向罗斯个人退休金账户（Roth IRA）存入 3 000 美元，该账户每年支付 6%的利息。当你 30 年后退休时能得到多少钱？

这实际上是问在利率 6%的情况下，30 年期、3 000 美元年金的终值，可计算如下：

$$
\begin{aligned}
\text{FV} &= C\left[\frac{(1+r)^{T}-1}{r}\right] \\
&= \$3\,000\times\left[\frac{(1.06)^{30}-1}{0.06}\right] \\
&= \$3\,000\times 79.058\,2 \\
&= \$237\,174.56
\end{aligned}
$$

因此，你的账户中的资金将接近 100 万美元的 1/4。

经验告诉我们，对于初学者，年金计算公式不难，但很容易混淆。下面，我们列出四种容易混淆的年金。

第一：递延年金　在有关年金或永续年金的计算中要特别注意的一个问题是准确弄清时间。这一点对多期以后开始的年金或永续年金来说尤需注意。我们发现，即使最聪明的学生在刚开始时也会在这里出错。看看下面的例子。

例 4.21　递延年金

戴妮拉·卡拉韦洛从时点 6 开始每年将收到 500 美元，一共 4 期。如果利率为 10%，那么，她的年金的现值是多少？这一情形可用下图表示：

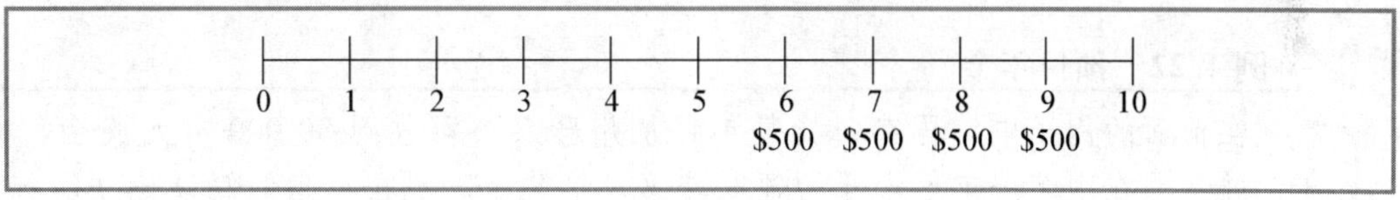

分析过程包括两步：

1. 用式［4.15］计算年金的现值，也就是：

在时点 5 年金的现值：

$$
\begin{aligned}
&\$500\times\left[\frac{1-\dfrac{1}{(1.10)^{4}}}{0.10}\right] \\
&= \$500\times \text{PVIFA}_{10\%,4} \\
&= \$500\times 3.169\,9 \\
&= \$1\,584.95
\end{aligned}
$$

需要注意的是，1 584.95 美元代表的是年金在时点 5 的现值。

学生们常常认为 1 584.95 美元是年金在时点 6 的现值，因为年金是在时点 6 开始的。但是，我们的公式求出的是年金在首期现金流之前一期的现值。这一点从典型年金情形中很容易看出，其首期现金流发生在时点1，而公式计算出的是年金在时点0的现值。

2. 将年金现值再往回贴现到时点0。即

时点0的现值：

$$\frac{\$1\,584.95}{1.10^{5}}=\$984.13$$

需要再次提请注意的是，因为年金计算公式求出的是年金在时点5的现值，第二步的计算要按剩余的5期时间进行贴现。这两步的计算过程可用图4-12表示。

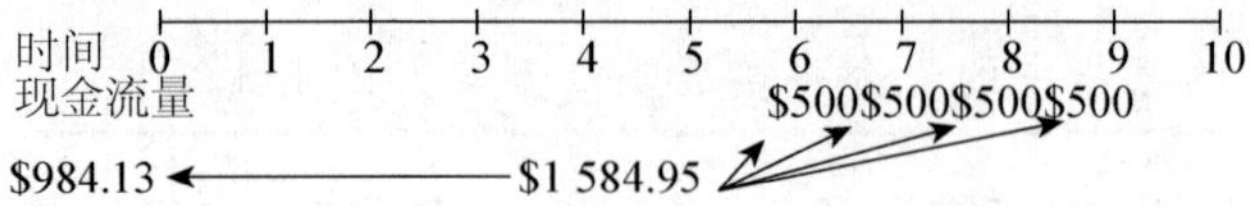

图4-12 戴妮拉年金的贴现过程

第一步：用年金公式将4期年金贴现至时点5。

第二步：将时点5的年金现值（1 584.95美元）再贴现至时点0。

第二：预付年金 式［4.15］的年金计算公式假设年金的首笔款项发生在一个完整期间之后，我们常称这种年金为后付年金（annuity in arrears）或普通年金（ordinary annuity）。如果年金的首笔款项发生在现在或者说时点0，那么会发生什么情况呢？

例4.22 预付年金

在前面的例子中，马克·杨每年将从州彩票公司收到50 000美元奖金，共20年，并且是在中奖一年后才开始领取其第一笔奖金。现在，我们假设他立即就可以领取第一笔奖金，总期数仍为20年。

在新的假设情况下，我们得到的是一个为期19年、一年以后才开始支付的普通年金和一个时点0的额外奖金。此时，现值为：

$$\underset{\text{时点0的奖金}}{\$50\,000} \quad + \quad \underset{\text{19年期年金的现值}}{\$50\,000\times PVIFA_{8\%,19}}$$

$$=\$50\,000+\$50\,000\times 9.603\,6$$

$$=\$530\,180$$

本例中的现值530 180美元大于前面例子中的现值490 907.37美元。这是由于本例中年金支付时间提前所致。这种立即支付首笔款项的年金称作预付年金（annuity in advance/annuity due）。而式［4.15］和本书附录表A-2都是适用于普通年金的。

第三：不定期年金　下面的例子是另一种年金，其支付频率的时间间隔在一年以上。

例 4.23　不定期年金

陈安女士收到一笔 450 美元的年金，每两年支付一次，持续时间为 20 年。首笔款项发生在时点 2，即从现在起两年后。年利率为 6%。

这里容易犯错之处是确定两年期的利率。两年期的利率应为：

$$(1.06\times1.06)-1=12.36\%$$

也就是说，100 美元的投资两年后将变为 112.36 美元。

这样，我们要计算的是在每期利率为 12.36%的情况下，10 期、450 美元年金的现值，即

$$\$450\times\left[\frac{1-\dfrac{1}{(1+0.1236)^{10}}}{0.1236}\right]$$

$$=\$450\times \text{PVIFA}_{12.36\%,10}$$

$$=\$2\,505.57$$

第四：两笔年金的现值相等　我们用下面的例子说明一笔现金流入的现值与一笔现金流出的现值相等。

例 4.24　年金计算

哈罗德·纳什和海伦·纳什夫妇正为他们刚出生的女儿苏珊的大学教育进行储蓄筹划。他们估计，当女儿年满 18 岁并开始上大学时，每年的大学教育费用需要 30 000 美元。在以后几十年中年利率为 14%。为了使女儿完成 4 年大学教育，他们现在每年需要存入银行多少钱？

为便于计算，我们假设苏珊今天出生，其父母将在她 18 岁生日时开始支付第一笔学费。在以后的 17 年间，他们每年都在女儿生日那天存入银行相同金额的存款，但在时点 0 不存款。这一情况可用下图来描绘：

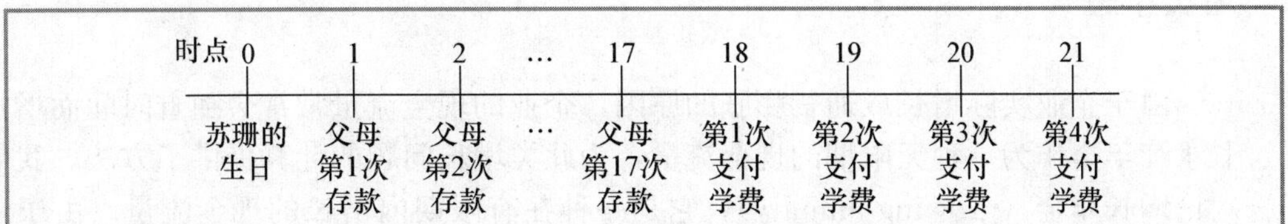

纳什夫妇在以后的 17 年里每年都将向银行存款，而在随后的 4 年里每年支取 30 000 美元。如果存款的现值等于 4 笔 30 000 美元学费的现值，我们确信他们将恰好可以支付其女儿的 4 年学费。

计算过程分三步。前两步计算确定学费的现值，最后一步计算确定每年的存款金额以使其现值等于学费的现值。

1. 用年金公式计算4年大学期间学费的现值。

$$\$30\,000\times\left[\frac{1-\frac{1}{(1.14)^4}}{0.14}\right]$$
$$=\$30\,000\times PVIFA_{14\%,4}$$
$$=\$30\,000\times 2.913\,7=\$87\,411.37$$

我们假设苏珊在其18岁生日时上大学。根据我们前面讨论的第一个容易犯的错误，这里的87 411.37美元是在时点17的现值。

2. 计算大学学费在时点0的现值。

$$\frac{\$87\,411.37}{1.14^{17}}=\$9\,422.92$$

3. 假设纳什夫妇在17年间的每年年末向银行存款，我们可以计算出其每年的存款金额，这些存款的现值应等于9 422.92美元。具体计算如下：

$$C\times PVIFA_{14\%,17}=\$9\,422.92$$

因为 $PVIFA_{14\%,17}=6.372\,9$

所以 $C=\dfrac{\$9\,422.92}{6.372\,9}=\$1\,478.6$

这样，纳什夫妇只要在前17年每年年末向银行存款1 478.6美元，当年利率为14%时，就有足够的资金支付其女儿随后4年每年30 000美元的学费。

另一种计算方法是：（1）计算在苏珊18岁生日时大学学费的现值；（2）计算每年的存款额以使这些存款在苏珊18岁生日时的终值等于此时学费的现值。尽管这种计算方法也能得到正确的答案，但我们发现它很容易出错，所以，本书只列出了第一种算法。

增长年金

由于企业实际增长或通货膨胀的原因，企业的现金流量常常会随着时间而增加。增长永续年金作为一种无限期的现金流量，为此类增长问题的计算提供了方法。我们现在讨论**增长年金**（growing annuity），它是一种在有限期内增长的现金流量。由于永续年金很少见，因此增长年金公式在实践中更有用。计算公式如下：

增长年金现值的计算公式：

$$PV=C\left[\frac{1}{r-g}-\frac{1}{r-g}\times\left(\frac{1+g}{1+r}\right)^T\right]=C\left[\frac{1-\left(\frac{1+g}{1+r}\right)^T}{r-g}\right] \quad [4.17]$$

式中，与前面一样，C为第1期期末发生的支付额；r为利率；g为增长率，用百分比表示；T为年金期数。

例 4.25　增长年金

二年级 MBA 学生斯图尔特·加百利刚获得了一个年薪 80 000 美元的工作机会。他期望在其退休前的 40 年中，自己的薪金每年增长 9%。如果利率为 20%，那么，他一生的薪金的现值是多少？

为简化起见，我们假设从现在起一年后开始支付他 80 000 美元，以后每年均在同一时间支付。合适的贴现率为 20%，根据式［4.17］计算如下：

斯图尔特一生薪金的现值

$$= \$80\,000 \times \left[\frac{1-\left(\frac{1.09}{1.20}\right)^{40}}{0.20-0.09}\right]$$

$$= \$711\,731$$

尽管增长年金的用途十分广泛，但它的计算要比其他简化公式复杂得多。很多复杂的计算器都带有专用的程序计算永续年金、增长永续年金和年金，但没有专门的程序计算增长年金。因此，我们必须根据式［4.17］计算求得。

例 4.26　增长年金的深入

在前面的例子中，纳什夫妇计划在 17 年中每年支付等额的资金以筹集女儿苏珊的大学教育费用。换一种情形，假设他们计划每年的存款额以 4%的速度增长，那么，他们第 1 年应存多少钱？

在前面纳什家庭的例子中，前两步计算结果表明，大学学费的现值为 9 422.92 美元。本例中前两步没有差别，但是，第三步必须改变。我们现在要回答的是：如果每年存款增长 4%，他们第 1 年应存多少钱才能使所有存款的现值等于 9 422.92 美元？

令增长年金的计算公式等于 9 422.92 美元，即可求得：

$$C\left[\frac{1-\left(\frac{1+g}{1+r}\right)^{T}}{r-g}\right] = C\left[\frac{1-\left(\frac{1.04}{1.14}\right)^{17}}{0.14-0.04}\right]$$

$$= \$9\,422.92$$

式中，$C=1\,192.75$ 美元。因此，在苏珊第一个生日时的存款应为 1 192.75 美元，在第二个生日时的存款应为 1 240.40 美元（1.04×1 192.75），依此类推。

4.5　贷款类型与贷款清偿

不管贷款人何时发放一笔贷款，都会谈及本金（最初贷款金额）偿还的条款。例如，贷款既可以等额分期偿还，也可以一次性还清。因为本金和利息的偿还方式取决于所涉及的各方，因此实际生活中，可能的偿还方式多种多样。

本节将讨论几种常见的贷款偿还方式，更为复杂的形式也是建立在这些方式的基础之上的。三种基本的贷款形式包括：纯贴现贷款、只付利息贷款和分期偿还贷款。这些贷款问题是我们前面讨论的现值的直接应用。

纯贴现贷款

纯贴现贷款（pure discount loan）是最简单的贷款形式。在这种贷款形式下，借款人现在收到资金，在将来某个时点一次性偿还贷款。例如，一笔1年期、10%利率的纯贴现贷款要求借款人今天借入的每1美元一年后偿还1.10美元。

由于纯贴现贷款如此简单，我们甚至已经知道如何对其估值。假设一个借款人能够在5年后偿还25 000美元，如果我们作为放贷者，希望贷款利率为12%，那么，我们愿意借给他多少钱？换句话说，对于这笔5年后将偿还的25 000美元，我们现在愿意估值多少？基于前面的分析，答案就是将25 000美元按12%利率、5年期贴现：

$$\begin{aligned}\text{现值} &= \$25\,000/1.12^5\\ &= \$25\,000/1.762\,3\\ &= \$14\,186\end{aligned}$$

当贷款期限短，如一年或更短时，纯贴现贷款较为普遍，近年来，在一些长一点期限的贷款中纯贴现贷款也日益增多。

例 4.27 短期国债

当美国政府借入短期资金（一年或更短）时，常常销售短期国债（treasury bill）或简称为T券（T-bill）。T券承诺政府在将来某个时间（如3个月或12个月）偿还固定金额的款项。

短期国债是一种纯贴现贷款。如果T券承诺在12个月后偿还10 000美元，市场利率为7%，那么，T券在市场上能卖多少钱？

由于市场利率为7%，T券将按1年后偿还的10 000美元以7%贴现的现值销售，即

$$\begin{aligned}\text{现值} &= \$10\,000/1.07\\ &= \$9\,345.79\end{aligned}$$

只付利息贷款

第二种贷款偿还计划要求借款人每期偿还利息，在将来某个时点偿还全部本金（最初贷款金额），这种偿还方式的贷款称作只付利息贷款（interest-only loans）。需要注意的是，如果贷款期限只有一期，则纯贴现贷款与只付利息贷款并无区别。

例如，一笔3年期、10%利率、1 000美元的只付利息贷款，借款人将在第1年年末和第2年年末支付利息1 000×0.10=100美元，在第3年年末，借款人须偿还本金1 000美元和第3年利息100美元。类似地，一笔50年期的只付利息贷款要求借款人在以后的50年里每年支付利息，最后偿还本金。极端情况下，借款人无限期地每年支付

利息，并且永远不偿还本金，这实际上相当于我们前面讨论过的永续年金。

大多数公司债券采用只付利息贷款的形式。我们将在下一章详细讨论债券，所以稍后再进一步讨论。

分期偿还贷款

在纯贴现贷款或只付利息贷款的情况下，本金都是一次性偿还。另外一种贷款形式是分期偿还贷款（amortized loan），此时贷款人要求借款人在还款期内分次偿还贷款。这种使得本金有规律地减少的贷款偿还过程称作贷款的分期清偿。

贷款分期清偿的最简单方式是让借款人每期偿还利息和某一固定数额的本金。这种形式在中期商业贷款中较为普遍。例如，假设某一企业获得一份 5 年期、9%利率的 5 000 美元贷款，贷款协议要求借款人每年偿还本金 1 000 美元，且每年支付剩余贷款额的利息。由于贷款本金每年减少 1 000 美元，所以 5 年后正好全部还清。

上例中，每年的偿还数额在逐年下降，原因是每年固定偿还本金 1 000 美元，贷款余额越来越少，导致每年的利息费用减少。例如，第 1 年的利息费用为 5 000×0.09＝450 美元，总偿还额为 1 000＋450＝1 450 美元；第 2 年，贷款余额为 4 000 美元，所以利息费用为 4 000×0.09＝360 美元，总偿还额为 1 000＋360＝1 360 美元。我们可以编制一个简单的贷款分期偿付时间表（amortization schedule）来计算每年的总偿还额。

年份	期初余额	年偿还额	利息支付额	本金偿还额	本金余额
1	$5 000	$1 450	$450	$1 000	$4 000
2	4 000	1 360	360	1 000	3 000
3	3 000	1 270	270	1 000	2 000
4	2 000	1 180	180	1 000	1 000
5	1 000	1 090	90	1 000	0
总计		$6 350	$1 350	$5 000	

需要注意的是，表中利息支付额是将期初余额乘以利率而得，期初余额就是上一年的本金余额。

不过，贷款分期清偿的最常见方式是让借款人每期偿还固定数额的款项。几乎所有的消费贷款（如车贷）和房屋抵押贷款都采用这种方式。例如，一笔 5 年期、利率为 9%的 5 000 美元贷款按这种方式偿还，那么，具体的分期偿付计划是怎样呢？

我们首先确定每期偿还额。根据前面章节的讨论，这一贷款的现金流量是普通年金形式，因此，每期偿还额计算如下：

$$
\begin{aligned}
\$5\,000 &= C\times\{[1-(1/1.09^5)]/0.09\} \\
&= C\times[(1-0.649\,9)/0.09]
\end{aligned}
$$

由此可得：

$$C=\$5\,000/3.889\,7=\$1\,285.46$$

因此，借款人将分5期等额支付1 285.46美元。这样能够偿清贷款吗？我们通过编制贷款分期偿付时间表来验证。

上例中，本金逐年减少，我们据此计算出利息费用和年偿还额。本例中，我们知道年偿还额，先要计算利息费用，然后将年偿还额减去利息费用从而得到每期偿还额中所包含的本金偿还额。

第1年的利息费用是450美元，由于总偿还额为1 285.46美元，因此，第1年偿还的本金数额必然为：

本金偿还额＝＄1 285.46－450＝＄835.46

这样，第1年年末贷款余额为：

本金余额＝＄5 000－835.46＝＄4 164.54

第2年利息费用为4 164.54×0.09＝374.81美元，贷款余额因此减少1 285.46－374.81＝910.65美元。我们将所有相关计算过程归纳如下：

年份	期初余额	年偿还额	利息支付额	本金偿还额	本金余额
1	＄5 000.00	＄1 285.46	＄ 450.00	＄ 835.46	＄4 164.54
2	4 164.54	1 285.46	374.81	910.65	3 253.88
3	3 253.88	1 285.46	292.85	992.61	2 261.27
4	2 261.27	1 285.46	203.51	1 081.95	1 179.32
5	1 179.32	1 285.46	106.14	1 179.32	0.00
总计		＄6 427.30	＄1 427.31	＄5 000.00	

上表显示贷款余额最终减少为零，这说明5期等额付款正好还清贷款。要指出的是，利息支付额逐年减少，不过这也不奇怪，因为贷款余额逐年减少。如果年偿还额是固定的，每年的本金偿还额则越来越多。如想了解如何通过Excel计算这一贷款清偿情况，请阅读“电子表格工具”专栏。

比较本节介绍的两种贷款分期清偿方式，你会发现，分期本息等额偿还法下的利息费用总额1 427.31美元大于分期本金等额偿还法下的利息费用总额1 350美元。这是因为分期本息等额偿还法下贷款本金偿还的速度更慢一些，所以利息费用稍高一点。这并不意味着一种贷款优于另一种贷款，仅仅说明一种贷款比另一种贷款偿还得更快一些。例如，第1年偿还的本金数额在分期本息等额偿还法下只有835.46美元，而在分期本金等额偿还法下为1 000美元。

电子表格工具

用电子表格计算贷款分期清偿额

贷款清偿是电子表格的一种常见应用形式。我们以前面的例子来说明：一笔5年期、利率为9%的5 000美元贷款，采用分期本息等额偿还法。电子表格计算如下：

1						
2	用电子表格计算贷款清偿					
3						
4		贷款金额：	$5,000			
5		利率：	0.09			
6		贷款期限：	5			
7		贷款年偿还额：	$1,285.46			
8			注意：贷款年偿还额通过公式PMT(rate,nper,-pv,fv)计算。			
9	贷款分期清偿表：					
10						
11	年份	期初余额	年偿还额	利息支付额	本金偿还额	本金余额
12						
13	1	$5,000.00	$1,285.46	$450.00	$835.46	$4,164.54
14	2	4,164.54	1,285.46	374.81	910.65	3,253.88
15	3	3,253.88	1,285.46	292.85	992.61	2,261.27
16	4	2,261.27	1,285.46	203.51	1,081.95	1,179.32
17	5	1,179.32	1,285.46	106.14	1,179.32	0.00
18	总计		6,427.31	1,427.31	5,000.00	
19						
20	贷款分期清偿表中的公式：					
21						
22	年份	期初余额	年偿还额	利息支付额	本金偿还额	本金余额
23						
24	1	=+D4	=$D$7	=+$D$5*C13	=+D13-E13	=+C13-F13
25	2	=+G13	=$D$7	=+$D$5*C14	=+D14-E14	=+C14-F14
26	3	=+G14	=$D$7	=+$D$5*C15	=+D15-E15	=+C15-F15
27	4	=+G15	=$D$7	=+$D$5*C16	=+D16-E16	=+C16-F16
28	5	=+G16	=$D$7	=+$D$5*C17	=+D17-E17	=+C17-F17
29						
30	注意：贷款分期清偿表中的“总计”栏数字使用求和公式SUM计算。					

例 4.28　部分分期偿还，或者“子弹付款”

房地产贷款中的通用模式是要求 5 年期贷款按 15 年平均摊还。这意味着借款人按 15 年平均摊还期来计算每月的固定偿还金额。不过，60 个月后，借款人必须偿还一笔巨额资金以偿清所有贷款，这笔巨额资金常称为气球付款（balloon payment）或子弹付款（bullet payment）。因为之前的每月偿还额不足以偿清所有贷款，故这种贷款叫作部分分期偿还（partially amortization）。

假设我们获得一笔名义年利率为 12%、摊还期为 20 年（240 个月）的 100 000 美元商业抵押贷款，另外假设该贷款规定有 5 年期气球付款。那么，每月的偿还额是多少？气球付款又是多少？

每月偿还额可按现值等于 100 000 美元的普通年金来计算。由于期限为 240 期，月利率为 1%，所以每月偿还额为：

$$
\begin{aligned}
&\$100\,000\\
&=C\times[(1-1/1.01^{240})/0.01]\\
&=C\times 90.819\,4\\
&C=\$1\,101.09
\end{aligned}
$$

计算气球付款有一难一易两种算法。难的方法是按 60 个月的实际摊还期计算确定届时的贷款余额，易的方法是偿还 60 个月后，还剩有 240−60=180 个月，每月偿还额为 1 101.09 美元，利率为 1%。这样，贷款余额应为剩余偿还额的现值，即

$$贷款余额=\$1\,101.09\times[(1-1/1.01^{180})/0.01]$$
$$=\$1\,101.09\times83.321\,7$$
$$=\$91\,744.69$$

气球付款额竟然高达 91 744.69 美元，为什么这么高？为探究其中的奥妙，不妨考虑一下抵押贷款的第一笔偿还额。第一个月的利息费用为 100 000×0.01=1 000 美元，而偿还额为 1 101.09 美元，因此，贷款本金仅仅减少了 101.09 美元。由于贷款余额减少很慢，所以 5 年期间累计偿还的本金并不多。

结束本节之前，我们再来看一个与大家的实际生活相关的例子。联邦斯塔福德贷款（Federal Stafford Loans）是很多大学生的重要资金来源，它可以帮助学生负担学费、书费、购车、住宿费和其他许多费用。有时，学生们似乎并没有完全意识到斯塔福德贷款的重大缺点：通常从学生毕业离校 6 个月后开始，他们必须每月分期偿还贷款。

有些斯塔福德贷款是补贴性质的，这意味着直到开始偿还贷款时才计算利息，这当然是好事。如果你是一个本科学生，在这种条件下，你最多可贷款 23 000 美元，2015 年 7 月—2016 年 7 月的贷款利率为 4.29%，即月利率为 4.29%/12=0.357 5%。根据“标准偿还计划”，贷款可按 10 年摊还期分期偿还（最低偿还额为 50 美元）。

假如你申请最高限额的斯塔福德贷款，利率也最高。你毕业（或离开象牙塔）后 6 个月开始分期偿还贷款，那么，每月偿还额是多少？偿还 4 年后你还欠多少贷款？

根据前面的讨论，你自己验算一下 23 000 美元贷款的每月偿还额是不是 236.05 美元。同样，根据例 4.28，偿还 4 年后，你尚欠贷款余额为剩余偿还额的现值。共有 120 期，你已经偿还了 4 年即 48 期，还剩 72 期未还。这样，你可以非常容易地计算出 72 期、236.05 美元年金在 0.357 5%利率情况下的现值仅稍低于 15 000 美元。因此，你的贷款偿还之路还十分漫长。

当然，获得更大额贷款也是有可能的。根据美国医学院校协会统计，贷款读医学院并在 2014 年毕业的医学院学生平均贷款余额为 16 000 美元。哎呀！这些医学院学生平均需要多长时间才能够偿清其贷款啊？

假设每月偿还 1 200 美元，贷款年利率为 7%，即月利率为 0.583 3%，你可以自己算算看，这些医学院学生是不是需要 333 个月，也就是大约 28 年的时间才能偿清其贷款！也许，MD① 真的是“债台高筑”（mucho debt）的意思！

4.6 什么是企业价值

假如你是一个资产评估师，在一家主要从事小企业价值评估的事务所工作。你如何确定企业的价值呢？其中一种方法是计算企业未来现金流量的现值。

让我们来看一个例子，某企业预计第 1 年产生的净现金流量（现金流入量减现金流

① MD 既是医学院（medical college）的英文缩写，又是债台高筑（mucho debt）的英文缩写。——译者注

出量）为5 000美元，随后5年每年的净现金流量为2 000美元。7年后企业可以10 000美元出售。企业主希望的投资报酬率为10%。

企业的价值可通过将各期净现金流量乘以相应的现值系数，然后将每笔净现金流量的现值简单相加求得。

企业各期净现金流量的现值如下表所示：

年末	企业的现值		
	企业的净现金流量	现值系数（10%）	净现金流量的现值
1	$5 000	0.909 09	$4 545.45
2	2 000	0.826 45	1 652.89
3	2 000	0.751 31	1 502.63
4	2 000	0.683 01	1 366.03
5	2 000	0.620 92	1 241.84
6	2 000	0.564 47	1 128.95
7	10 000	0.513 16	5 131.58
		企业的现值	$16 569.38

我们也可以使用年金的简化公式计算企业的价值：

$$\frac{\$5\,000}{1.1}+\frac{(\$2\,000\times PVIFA_{10\%,5})}{1.1}+\frac{\$10\,000}{1.1^{7}}=\$16\,569.38$$

假如你有机会以12 000美元的价格购买这家企业，你是否应该买呢？当然要买，因为NPV为正。

$$NPV=PV-成本$$

$$\$4\,569.38=\$16\,569.38-\$12\,000$$

购买这家企业的增值（NPV）是4 569.38美元。

例4.29　企业价值

Trojan Pizza公司计划在洛杉矶投资100万美元建造4家新奥特莱斯商店。公司财务总监安德鲁·罗估计该项投资在9年间每年将产生20万美元的现金流量，此后将一无所有（现金流量都发生在每年年末，9年后没有现金流量）。罗先生认为与投资相关的贴现率应为15%，这也是公司投资同类项目可获得的投资收益率。Trojan Pizza公司是否应该投资这一奥特莱斯项目呢？

决策评价过程如下：

$$\begin{aligned}NPV&=-\$1\,000\,000+\frac{\$200\,000}{1.15}+\frac{\$200\,000}{1.15^{2}}+\cdots+\frac{\$200\,000}{1.15^{9}}\\&=-\$1\,000\,000+\$200\,000\times PVIFA_{15\%,9}\\&=-\$1\,000\,000+\$954\,316.78\\&=-\$45\,683.22\end{aligned}$$

4家新奥特莱斯商店的现值只有954 316.78美元，其价值比它们的成本还低。由于NPV是−45 683.22美元，Trojan Pizza公司不应该投资该项目。如果Trojan Pizza公司要求的投资收益率为15%，则这一奥特莱斯项目不是一项好的投资。

本章小结

1. 本章一开始就介绍了两个基本概念：现值和终值。在利率为10%的情况下，今天投资1美元，1年后其终值为1.10美元，2年后为1.21美元（1×1.10^2），依此类推。与此相反，现值是分析未来的现金流量在当前的价值。在利率为10%的情况下，1年后收到的1美元在时点0的现值是0.909美元（1/1.10），2年后收到的1美元的现值是0.826美元（$1/1.10^2$）。

2. 常见的利率表达形式为年利率，如12%，不过，我们也可以说成每季度利率3%。尽管此时名义年利率仍为12%（=3%×4），但实际年利率为12.55%（$=1.03^4-1$）。换句话说，复利计息提高了投资的终值。计息次数增加到极限情况就是连续复利计息，即假设资金在每一瞬间都被用来再投资。

3. 财务决策中的基本定量工具是净现值法。对于一项在未来期间产生现金流量（C_i）的投资，其净现值公式为：

$$\begin{aligned}NPV&=-C_0+\frac{C_1}{1+r}+\frac{C_2}{(1+r)^2}+\cdots\\&\quad+\frac{C_T}{(1+r)^T}\\&=-C_0+\sum_{i=1}^{T}\frac{C_i}{(1+r)^i}\end{aligned}$$

上述公式假设时点0的现金流量为初始投资，其实际上是一笔现金流出。

4. 实际上，现值的计算常常是冗长烦琐的。按月偿还的长期抵押贷款的现值计算就是一个典型的例子。我们介绍了四个简化公式：

永续年金：$PV=\dfrac{C}{r}$

增长永续年金：$PV=\dfrac{C}{r-g}$

年金：$PV=C\left[\dfrac{1-\dfrac{1}{(1+r)^T}}{r}\right]$

增长年金：$PV=C\left[\dfrac{1-\left(\dfrac{1+g}{1+r}\right)^T}{r-g}\right]$

5. 在上述公式的具体应用中，我们强调要注意以下几点：

a. 每个公式中的分子C是从现在起一个完整期间后收到的现金流量。

b. 现实生活中的现金流量分布常常是不规律的。为避免出现一些问题，在本书和现实世界中都假设现金流量分布是有规律的。

c. 有些现值问题是关于几期以后开始的年金（或永续年金）现值的计算。学生应学会综合使用年金（或永续年金）公式和贴现公式来求解。

d. 年金和永续年金可能是每两年甚至每n年发生一次，而不是每年一次。年金和永续年金公式可以轻松地解决这类问题。

e. 我们还经常会碰到令两个年金的现值相等的求解问题。

6. 很多贷款都是年金形式。逐步偿还贷款的过程称作分期清偿贷款，我们讨论了如何编制和理解贷款分期偿付时间表。

概念性思考题

1. **复利与期数** 当你增加复利期限的长度时，终值将如何变化？现值将如何变化？

2. **利率** 如果提高利率r，年金终值将如何变化？年金现值又将如何变化？

3. **现值** 假设两名运动员分别签署了一份总额为8 000万美元、10年期的合同。在一份合同中，8 000万美元将分10次等额支付。在另一份合同中，8 000万美元也分10次支付，但是分期付款的金额每年递增5%。哪一位运动员的合同更合算？

4. **APR和EAR** 是否应该修改贷款法要求银行发布EAR，而不是APR？为什么？

根据以下信息回答第5～9题。

丰田汽车信贷公司（TMCC）是丰田汽车公司的一个子公司，它在2008年3月28日向公众发售了一定数额的债券。根据交易条款，TMCC 承诺在 2038 年 3 月 28 日对每份债券的所有人支付 100 000 美元，但是在此之前，债券所有人不会得到任何偿付。投资者支付给 TMCC 的数额为 24 099 美元，即投资者 30 年后得到 100 000 美元，但在 2008 年 3 月 28 日放弃了 24 099 美元。

5. **货币的时间价值**　TMCC 为什么愿意接受今天投资者所支付的少额价款（24 099 美元），而承诺在未来支付 4 倍于该价款的金额（100 000 美元）呢？

6. **赎回条款**　TMCC 有权在债券到期前以事先确定的价格回购债券（这是该特殊交易的一个条款）。这一规定对于这类投资性债券的吸引力会产生何种影响？

7. **货币的时间价值**　你愿意今天支付 24 099 美元，30 年后得到 100 000 美元吗？你回答“是”或“否”时，主要考虑的因素是什么？你的决定是否还取决于谁做出偿还承诺？

8. **投资比较**　假设 TMCC 以 24 099 美元出售债券，同时美国财政部提供了另一种实质上一样的证券，你认为它的价格应该较高还是较低？为什么？

9. **投资期限**　TMCC 的债券在纽约证券交易所交易。你认为该债券的价格会比 24 099 美元的原始价格高吗？为什么？如果在 2019 年这个时点，你认为债券价格应该比今天的价格高还是低？为什么？

概念性思考题

1～18 题为基础题；19～47 题为中级题；48～65 题为提高题。

1. **单利与复利**　第一城市银行对储蓄账户支付每年 7%的单利，而第二城市银行支付每年 7%的复利。如果你在每家银行存入 6 000 美元，那么 10 年后你在第二城市银行取出的金额比第一城市银行多多少？

2. **计算终值**　3 550 美元分别按下列利率计算的终值是多少？

a. 以 6%的利率复利 10 年。

b. 以 8%的利率复利 10 年。

c. 以 6%的利率复利 20 年。

d. 为什么 c 中得到的利息不是 a 中得到的利息的两倍呢？

3. **计算现值**　计算下面每一项的现值：

现值	年限	利率（%）	终值
	9	7	$15 451
	13	9	51 557
	16	14	886 073
	24	11	550 164

4. **计算利率**　求解下列每一项的利率：

现值	年限	利率（%）	终值
$217	3		$293
432	10		1 053
41 000	16		162 181
54 382	19		483 500

5. **计算期数**　求解下列每一项的年限数：

现值	年限	利率（%）	终值
$625		6	$1 284
810		9	4 341
18 400		7	234 162
21 500		10	215 000

6. **计算期数**　按照 5.75%的利率计算，你的本金翻一番需要多少时间？翻两番呢？

7. **计算现值**　Imprudential 公司必须在 20 年后支付总额为 5.4 亿美元的养老金，这项养老金的还款资金还没有着落。为了评估这家公司的股票价值，财务分析师须将这笔养老金折现。如果相关的折现率是 5.6%，那么这项养老金的现值是多少？

8. **计算收益率**　虽然艺术品收藏投资吸引了许多类型的投资者，但是艺术品投资并非总是盈利的。2010 年，Deutscher-Menzies 画廊将其收藏的澳大利亚著名画家布莱特·怀特利（Brett Whiteley）的油画 *Arkie Under the Shower* 在拍卖会上以 1 100 000 美元的价格售出。这件作品的前拥有者以 1 680 000 美元的价格于 3 年前购买。这幅油画的年收益率是多少？

9. **永续年金**　一位购买了英国统一公债的投资者有权每年从英国政府获得一定数额的利息。如果从明年的今天开始，投资者每年能够得到 80 美元，那么英国统一公债的价格是多少？假设市场利率为 2.6%。

10. **连续复利** 计算 1 625 美元经连续复利后的终值：

a. 5 年期，票面年利率为 14%。

b. 3 年期，票面年利率为 6%。

c. 10 年期，票面年利率为 8%。

d. 8 年期，票面年利率为 9%。

11. **现值和多期现金流** 投资项目 X 可以在未来 9 年内每年向你提供 4 850 美元，而投资项目 Y 可以在未来 5 年内每年向你提供 6 755 美元。如果折现率为 5%，那么哪一个投资项目的现值更高？如果折现率为 21%呢？

12. **计算年金现值** 一项投资在未来 15 年内每年获得 5 500 美元，从明年此时开始支付。如果必要收益率为 7.5%，那么这项投资的现值是多少？如果支付年限为 40 年，那么其现值是多少？支付年限为 75 年呢？永续支付呢？

13. **计算永续年金价值** Perpetual 人寿保险公司想要向你出售一个投资项目，该项目将每年向你和你的继承人永续支付 18 000 美元。如果这项投资的必要收益率为 4.3%，那么你将为这项投资支付多少钱？假设该公司告诉你这个投资项目的价格是 445 000 美元。当利率是多少时，这项交易是合算的？

14. **计算 EAR** 计算下列各项的 EAR：

名义年利率（APR,%）	复利计算期	实际年利率（EAR,%）
9.8	每季度	
12.4	每月	
7.6	每天	
8.4	无限期	

15. **计算 APR** 计算下列各项的 APR：

名义年利率（APR,%）	复利计算期	实际年利率（EAR,%）
	半年期	10.4
	每月	8.9
	每周	11.6
	无限期	15.4

16. **计算 EAR** 第一国民银行对其商业贷款收取 15.7%的利息，按月计算复利。第一联合银行收取 16.2%的利息，以半年计算复利。作为一名潜在的贷款者，你会选择向哪一家银行贷款呢？

17. **利率** 知名财经作家安德鲁·托比亚斯（Andrew Tobias）认为，他可以通过购买整箱葡萄酒赚取每年 177%的收益。具体而言，他假定未来 12 周内，他每周可以喝掉每瓶 10 美元的上好的波尔多葡萄酒。他可以每周支付 10 美元购买 1 瓶或者在今天支付整箱价格购买 12 瓶。如果购买整箱葡萄酒，可得到 10%的折扣，他认为通过这样的方式可赚取 177%的收益。假设他从今天开始购买并喝掉第一瓶酒，你同意他的分析吗？你能找出他计算中的问题吗？

18. **计算期数** 你的一位客户拖欠你一笔应付款项，你们已经达成了一个每月支付 450 美元的还款计划。你将按未还款项的 1.3%按月收取利息，如果当前的未还款项余额为 18 700 美元，那么多久以后他能还清欠款？

19. **终值** 1 500 美元按 7.2%的票面年利率，计算在未来 6 年的终值：

a. 按年计算复利。

b. 按半年计算复利。

c. 按月计算复利。

d. 连续复利。

e. 为什么随着复利间隔期缩短，终值会增加？

20. **单利与复利** First Simple 银行对于其投资账户支付 7.4%的单利，First Complex 银行对于其投资账户按年计算复利。如果在 10 年投资期内，First Complex 银行想竞争胜过 First Simple 银行，那么它应设置的利率是多少？

21. **计算年金** 你正计划在未来 30 年间为退休储蓄一笔钱。为了做到这一点，你将每月向股票账户投资 750 美元，向债券账户投资 325 美元。股票账户的名义年利率是 10.5%，债券账户的名义年利率是 6.1%。当你退休后，你将把你的钱合并到一个名义年利率为 6.9%的账户中。所有的利率都是按月复利。在 25 年的取款期限内，你每月可以取出多少钱？

22. **计算收益率** 你正在两个不同的投资项目中进行选择，两者的预付成本都是 55 000 美元。投资项目 G 在 5 年后将收到 105 000 美元，投资项目 H 在 11 年后将收到 235 000 美元。哪一项投资的收益率更高？

23. **增长永续年金** 马克一直致力于研究激光眼科手术领域的先进技术，该技术将会在近期内成熟。他预计从这项技术中得到的第一笔现金流量为210 000美元，3年后的今天收到。此后的现金流量将以每年2.5%的比率永续增长。当折现率为11%时，这项技术的现值是多少？

24. **永续年金** 一位享有盛誉的投资银行家设计了一只新的证券，按每季度1.75美元的股利永续支付。从下一季度开始支付首次股利。如果名义年利率是5.5%，按季度计算复利，那么这项证券的价格是多少？

25. **年金现值** 如果一项年金每年可以收到5 700美元，其第一笔收入是3年后的今天，最后一笔收入是25年后的今天，当折现率是6.8%时，这项年金的现值是多少？

26. **气球付款** 迈克刚刚在巴哈马购买了一套价值825 000美元的度假屋，首付为20%。按揭贷款的名义年利率是5.4%，按月计复利，要求在未来30年内等额还款。一个月后，他开始还款。然而，这笔贷款附有8年的气球付款，这意味着这笔贷款必须在第8年年末全部清偿。假设没有其他交易费用或财务费用，迈克在8年后的气球付款总额是多少？

27. **计算利息费用** 你收到了Shady储蓄银行的一张信用卡，对方提供了一项利率优惠政策。对于前6个月，仅收取1.9%的年利率，按月计算复利，6个月后增加到按照16%的年利率按月计算复利。假设你用这张卡消费了7 500美元且没有后续支出，1年后你将欠银行多少利息？

28. **永续年金** Barrett制药公司正在考虑是否投资一个药物项目，这个项目现在要投入的成本是1 650 000美元，预计可在每年年末产生185 000美元的永续现金流。当折现率是多少时，该公司对是否接受这个项目持中立态度？

29. **增长年金** 南加利福尼亚出版公司正在考虑是否要修订其广受欢迎的教材《财务心理分析让一切变得简单》。据估计，修订这本教材会花费135 000美元。第一年增加的销售量产生的现金流为38 000美元，每年现金流的增长速度为5.5%。这本书从现在开始的第5年付印销售。假设现在支付初始成本，并在每年年末收到现金流。如果公司对这项投资要求的投资报酬率为11%，那么该公司是否应该接受这项投资？

30. **现值和利率** 年金的价值和利率水平之间的关系是什么？假设你刚刚购买了一项期限为15年，每年支付5 250美元的年金，目前的利率水平是10%。如果利率突然下降到5%，你的投资项目价值将会如何变化？如果利率突然上升到15%，又会如何变化？

31. **计算付款期数** 你准备从这个月月末开始向一个账户每月存入190美元，这个账户以8.75%的年利率按月计算复利。当你的账户余额达到25 000美元时，你已经缴存了多少期存款？

32. **计算年金现值** 你想从当地银行借105 000美元来购买新帆船。你每月最多可以负担的偿还额为2 025美元。假设按月计算复利，你能承受的60个月贷款的APR是多少？

33. **计算贷款偿还额** 你需要一笔30年固定利率的抵押贷款来购买一套价值为225 000美元的房子。抵押贷款银行将以5.1%的年利率贷款给你。但是你只能负担每月875美元的还款，所以你提出采用气球付款的形式，在这项贷款期末偿还所有贷款余额。那么，在你每月支付875美元的情况下，期末的气球付款额将会是多少？

34. **现值和终值** 当折现率为8%时，以下现金流的现值是5 800美元。“?”处的现金流是多少？

年份	现金流
1	$1 300
2	?
3	1 900
4	2 450

35. **计算现值** 你刚刚中了TVM彩票，今天你会得到100万美元，同时你还将得到一次10年期每年递增165 000美元的年金。也就是说，第一年，你得到116.5万美元；第二年，你得到133万美元，以此类推。如果合理的折现率是7.5%，那么你的奖金的现值是多少？

36. **EAR与APR** 你刚刚购买了一座新的仓库。为了筹措购买资金，你为购买价格的80%安排了30年期的抵押贷款，购买价格为3 900 000美元，每月还款额为18 250美元。那么这项贷款的APR是多少？EAR是多少？

37. **现值和盈亏平衡点利率** 假设一家公司有一份3年后出售资产的合同，出售价格为150 000美元。这项资产现在的生产成本是102 000美元。给定这项资产的贴现率为13%，那么这家公司出售该资产会盈利吗？当贴现率为多少时，这家公司刚好实现盈亏平衡？

38. **现值和多期现金流** 一项年金每年支付3 500美元，折现率为7.6%。如果距今7年后首次付款，30年后最后一次付款，那么该年金的现值是多少？

39. **可变利率** 一项年限为15年的年金每月月末支付1 750美元。如果对于前7年，该年金以11.4%的年利率按月计算复利，之后以8.6%的年利率按月计算复利，那么该项年金的现值是多少？

40. **比较现金流** 有两个投资项目供你选择。A是一项期限为15年的年金，该年金需在每月月末支付1 250美元，以6.15%的年利率按月计算复利。B以7%的利率连续计算复利，且一次性支付投资款，期限也为15年。你今天应该向项目B投资多少，才可使得项目B在15年后具有和项目A一样的价值？

41. **计算永续年金的现值** 给定6.4%的年折现率，一笔从$t=15$开始、每年支付3 250美元的永续年金，在$t=7$时的价值是多少？

42. **计算EAR** 一家当地的财务公司1年期贷款的利率报价为16.6%。如果你贷款的金额为23 000美元，那么年利息将为3 818美元。由于你一年必须偿还的价款总额为26 818美元，财务公司要求你在未来12个月内，每月支付26 818/12，即2 234.83美元。这是一笔利率为16.6%的贷款吗？法定的利率报价是多少？实际年利率是多少？

43. **计算现值** 一项年金的期限为5年，每半年支付6 500美元，该年金将从9年后开始支付，第一次支付距今9.5年。如果折现率是每年9%，并按月计算复利，那么该年金5年后的价值是多少？3年后的价值是多少？现在的价值是多少？

44. **计算预付年金** 假设你将在未来5年内每年收到17 500美元，合适的折现率为7.4%。

a. 如果是普通年金，那么这项支付的现值是多少？如果是预付年金，其现值又是多少？

b. 假设你将在未来5年内投资于这个项目。如果这是一项普通年金，其终值是多少？如果这是一项预付年金，其终值又是多少？

c. 普通年金和预付年金的现值哪个更高？终值哪个更高？结论总是这样吗？

45. **计算预付年金** 你想以83 000美元的价格从Muscle Motors公司购买一辆新的运动型轿车。购买合同中约定的APR为4.89%，以期限为60个月的预付年金形式按月支付，你每月将支付的金额是多少？

46. **等额分期付款** 有一个总额为51 000美元分3年支付的贷款计划。这笔贷款的年利率为9%，要求每年等额偿付。那么第3年支付的利息是多少？为这笔贷款支付的利息总额是多少？

47. **等额分期偿还本金** 假设贷款协议同意每年偿还17 000美元的本金，而不是每年等额偿还，重新计算第46题。

48. **计算预付年金** 你想从Pings有限公司租用一套高尔夫球具。租赁合同要求以9.7%的票面年利率在未来24个月内等额支付，按月计算复利。由于这套球具的零售价为3 100美元，因此Pings公司希望租赁价款的现值为3 100美元。假设你立即支付第一笔租金，你每月支付的租金是多少？

49. **年金** 你准备为你的两个孩子储蓄教育经费。他们相差两岁，一个孩子将在15年后开始上大学，另一个孩子将在17年后开始上大学。你预计每个孩子上大学的费用是每年55 000美元，在每学期初支付，年利率为9.2%。那么你每年应向银行账户中存入多少钱？假设一年后你存入第一笔资金，在你的大孩子开始上大学时存入最后一笔资金，大学共4年。

50. **计算年金** 你最近中了生命彩票超级大奖。在阅读相关资料时，你发现你有如下两种选择：

a. 你将在31年内每年收到400 000美元，第一次支付就在今天，奖金收入被征收36%的所得税。在签发支票时，税收会被直接扣留。

b. 你现在即可收到1 000 000美元的奖金，且不必对这部分纳税。此外，1年后开始，你会在未来30年内每年收到325 000美元，这部分年金将被征收36%的所得税。

如果使用4.5%的折现率，你将选择哪一个方案？

51. **气球付款** 2014年9月1日，苏珊以35 000美元的价格购买了一辆摩托车。她先支付了1 000美元，并签订了一个为期5年、名义年利率为5.8%、按月计算复利的分期还款合同。她从购买摩托车的下一个月开始还款（即2014年10月1日）。2年后，即2016年10月末，苏珊找到了一份新工作并决定还清贷款。如果银行收取她提前还款的罚金是未还款余额的1%，那么她将在2016年11月1日付多少钱给银行？

52. **计算年金价值** 你决定购买一辆新车，你可以选择租赁的方式，也可以选择以3年期的贷款来购买。你想购买的车价格是38 000美元。经销商有一个特殊的租赁安排，即今天支付2 500美元，未来3年内每月支付425美元。如果你选择购买，你将在未来3年内按照3.8%的名义年利率每月等额还款，且3年后还能以24 500美元的价格转售这辆车。那么你应该选择购买还是租赁？3年后，当转售价格为多少时，你对选择租赁或购买的方式持中立态度？

53. **贴现利息贷款**　这个练习题将说明贴现利息的含义。假设你正和一位有点不讲道理的贷款人商讨贷款事宜。你想借一笔1年期、20 000美元的贷款，贷款利率为14.5%。你和贷款人都同意利息费用应该是0.145×20 000=2 900美元。但贷款人从借款总额中扣除了这部分利息费用，只借给你17 100美元。在这种情况下，我们说贴现利息是2 900美元。这里出现的问题是什么？

54. **计算年金价值**　你在陪审团中服务，原告因在一次清路机事故中受伤而起诉市政府。在庭审中，医生作证原告重返工作需要5年时间。陪审团已经做了有利于原告的判决。你是陪审团的团长，建议陪审团给原告的赔付裁决包括以下内容：(1) 2年欠薪的现值。原告在过去2年的年薪分别是42 000美元和45 000美元。(2) 未来5年工资的现值。你估计每年的薪水是49 000美元。(3) 为病痛支付150 000美元。(4) 庭审费用25 000美元。假设原告的工资在每月月末等额支付。你选择的实际年利率是9%，这项赔付裁决的价值有多大？如果你是原告，你愿意看到更高的利率还是更低的利率？

55. **EAR和APR**　在某地区，有2家银行提供利率为5%、30年期、总额为225 000美元的抵押贷款，该项贷款收取的贷款申请费是2 400美元。如果贷款申请被拒绝，Insecurity Bank and Trust将会退还贷款申请费，而I. M. Greedy and Sons Mortgage银行不会退还申请费。目前的信息披露法律要求如果申请人被拒绝，退还的任何费用都要计算到APR中，但是对于不退还的费用则不做要求（这大概是因为退还的申请费是贷款的一部分而不是费用）。那么这两种贷款的EAR是多少？APR是多少？

56. **计算带有附加利息的EAR**　这个练习题说明了所谓的附加利息是一种欺骗式的利率报价方式。想象一下，你看到Crazy Judy's Stereo City的广告是这样写的："2 500美元的即时信贷！17.5%的单利！3年还款！每月还款额低！低！"当然，你并不能完全确定这是什么意思，有人在贷款合同中标注出APR，所以你向经理询问以确认。

经理解释道，如果你以17.5%的年利率借入2 500美元3年，那么在3年中，你所欠金额为：$2\,500\times 1.175^3=2\,500\times 1.622\,234=4\,055.59$美元。

现在，经理意识到一下子算出4 055.59美元的数额对于贷款者负担比较重，所以她让你继续计算"每月超低支付额"为4 055.59 /36=112.66美元，尽管这对于她来说仅仅是一项额外的计算工作。

这是一笔利率为17.5%的贷款吗？为什么？这笔贷款的APR是多少？EAR是多少？你认为，称其为附加利息的原因是什么？

57. **增长年金**　你是成功人士，过去10年开办公司。现在决定出售公司，到夏威夷海边安享退休生活。有个潜在买家对你的公司十分有兴趣，但他手头没有那么多钱一次性付款。经商量，他现在马上支付500 000美元，余款按年金支付。第一笔付款金额为220 000美元，3个月后开始支付。以后按季度增长2.5%，总共25个季度。假如你要求的实际年利率为11%。你公司的售价到底是多少？

58. **计算还款期**　你的圣诞假期计划非常棒，但遗憾的是它稍微超出了预算。你当然不会因此取消假期，因为你刚收到邮件称，你可以从目前的信用卡中转出10 000美元的额度到新信用卡上，旧信用卡的年利率是18.2%，新信用卡的年利率是7.9%。如果每月还款175美元，用新信用卡还款的时间将会缩短多少？如果收取3%的转账费用呢？

59. **终值和多期现金流**　一家保险公司推出了一项新业务，这项业务要求父母或者祖父母在孩子生日时购买保险。业务的具体细节如下：购买者（比如父母）按以下情形分6次交款给保险公司：

1岁生日：750美元
2岁生日：750美元
3岁生日：850美元
4岁生日：850美元
5岁生日：950美元
6岁生日：950美元

孩子过完6岁生日之后，购买者将不再支付款项。当孩子65岁以后，他将获得500 000美元。如果前6年的利率是10%，随后所有年度的利率是8%，那么这项保险值得购买吗？

60. **年金现值和实际利率** 你的彩票刚中了奖。今天你可收到4 000 000美元，剩余奖金将分40次支付，每次金额为1 750 000美元，1年后开始，每6个月支付一次。Greenleaf投资公司的一名代表提出以35 000 000美元的价格购买你的上述奖金。如果合理的名义年利率是8%，并按天计算复利，那么你应该接受他的提议吗？假设1年有365天。

61. **盈亏平衡投资收益率** 你的理财规划师为你提供了两种不同的投资方案。方案X是每年支付15 000美元的永续年金，方案Y是每年支付31 000美元的10年期年金。两种方案都在一年后开始支付。利率为多少时，两种方案对你来说并没有差异？

62. **普通年金和预付年金** 如在教材中所述，预付年金每期年金在期初支付，普通年金每期年金在期末支付，除了这点，预付年金和普通年金在其他方面是相同的。请证明在其他条件相同的前提下，普通年金和预付年金的关系是：

$$预付年金价值=普通年金价值\times(1+r)$$

并证明对于年金现值和终值都满足这个关系。

63. **计算EAR** 一家支票兑付中心针对短期客户提供个人贷款业务。中心只提供一种为期一周、每周利率为5.5%的短期贷款。

a. 中心应向客户报价的APR是多少？顾客实际支付的EAR是多少？

b. 现假设中心对这项为期一周的短期贷款给出每周5.5%的贴现利率（见第53题），那么现在的APR是多少？EAR又是多少？

c. 支票兑付中心同时也经营期限为1个月的附加利息贷款，贴现率为每周5.5%。如果你借入100美元，期限为一个月（4周），利息将等于$(100\times1.055^4)-100=23.88$美元。由于这是一项贴现利息，故你今天得到的净贷款额是76.12美元，在月末你将偿还100美元。为了减轻你的负担，中心让你每周偿还25美元，分4次付清。这项贷款的APR是多少？EAR是多少？

64. **现值和增长永续年金** 如果一项增长永续年金每期的支付额是C，从下一期开始支付，每期增加的支付额也是C，那么计算这项永续年金现值的公式是什么？

65. **72法则** 72法则是一条有用的经验，可用它来计算在非连续复利情况下使一项投资翻一番的时间。在运用72法则时，你只需简单地用72除以利率就可以得到使投资翻一番的期数。例如，如果利率是6%，运用72法则，投资翻一番的时间是72/6=12年，这约等于真实答案11.9年。同时，想要计算在指定时期内使得一项投资翻番的利率，也可以运用72法则。利率为多少时，运用72法则计算的结果是准确的？

网络资源

1. **计算终值** 请登录www.dinkytown.net网站，点击链接“Savings Calculator”。如果你现在有10 000美元并将其用于投资，收益率为9%，假设你没有任何其他收入，30年后你将有多少钱？如果收益率为11%呢？

2. **终值与税收** 税收对你的投资的终值有重大影响。财务计算器网www.fincalc.com上有财务计算器帮你调整计算税后报酬。假如你今天投资50 000美元，收益率为12%，没有其他储蓄，20年后你将有多少钱（税率输入0）？假设你的边际税率为27.5%，20年后你将有多少钱？

EXCEL解题

Excel是一个解题的好工具，但对于许多货币时间价值问题，你最好还是画出时间轴。例如，典型的退休问题。你的朋友今天欢庆生日，并想开始为未来的退休生活储蓄一笔资金。她距离退休的时间和退休后消费目标如下：

距离退休时间：30年

每年取款金额：90 000美元

退休后取款年数：20年

利率：8%

因为你朋友是提前做规划，第一笔取款实际要等到她正式退休一年后开始。她想在退休前每年向其退休基金账户中存入等额资金。

a. 假设她从一年后开始存款，并持续到退休日。如果她想在退休时能按设想领取退休金，她每年所需存款的金额是多少？

b. 假设你的朋友刚刚继承了一大笔钱，她决定现在一次性存入她退休后所需要的钱，而不是分期储蓄。那么她需要存入的金额是多少？

c. 假设你朋友的雇主将按照公司的利润分享计划，每年向这个养老金账户存入一笔资金。此外，你的朋友预计几年后可获得一笔家庭信托基金，并把这笔基金存入养老金账户。具体情况如下。她每年需向其养老金账户存入多少钱才能按其设想领取退休金？

雇主利润分享计划每年金额：1 500美元

家庭信托基金获得年份：20年后

家庭信托基金金额：25 000美元

章末案例

攻读MBA学位的决定

本·贝茨（Ben Bates）6年前大学毕业，获得财务学学士学位，之后一直就职于东海岸游艇公司的财务部。尽管对目前的工作很满意，但他的理想是成为一名投资银行家。他认为，攻读MBA学位将有助于他实现这一理想。经过权衡，他将目标锁定为Wilton大学或Mount Perry学院。尽管两所学校都鼓励通过实习拿到学分，但实习是没有薪酬的。除了实习，两所学校都不允许学生在攻读MBA学位期间工作。

本在东海岸游艇公司的年薪为57 000美元，并且预期将以每年3%的速度增长，直到退休。本现年28岁，估计还可以再工作40年。他目前的工作包括一份完全支付的健康保险计划，其目前平均税率为26%。本的储蓄账户有足够的资金来资助其完成MBA学业。

Wilton大学的Ritter商学院是该国顶尖的MBA项目提供商之一。其MBA项目要求全脱产学习两年，每年学费63 000美元，在每学年年初交纳。书籍与其他用品费用估计为每年2 500美元。本预计从Wilton大学毕业后，年薪可达到105 000美元，每年增长4%，还有18 000美元的签约奖金。由于薪酬较高，其平均所得税税率将提高到31%。

Mount Perry学院的Bradley商学院16年前开始创办MBA项目。与Ritter商学院相比，Bradley商学院规模较小，名气不高。但Bradley商学院提供了一个一年期的速成MBA项目，学费75 000美元，在被录取入学时交纳。书籍与其他用品费用估计为每年3 500美元。本预计从Mount Perry学院毕业后，年薪只能达到88 000美元，每年增长3.5%，签约奖金为15 000美元，平均所得税税率为29%。

两所学校都提供了一个健康保险计划，其成本为每年3 000美元，每年年初支付。本估计两所学校的食宿费用都比其现在的水平要高，每年需再花费2 000美元，每年年初支付。合适的贴现率为6.1%。假设所有的薪酬都在每年年末支付。

1. 本的年龄如何影响他攻读MBA学位的决定？

2. 可能还有哪些无法量化的因素会影响他攻读MBA学位的决定？

3. 假设所有的薪酬都在每年年末支付，从严格的财务角度而言，本的最优选择是什么？

4. 在两所学校的选择中，本认为最好的分析办法是计算每种选择的终值，你如何评价这一说法？

5. 本需要拿到多少初始薪酬，才能使他觉得进Wilton大学深造与待在目前的职位是没有区别的？

6. 假如本没有足够的现金，而必须借款攻读MBA学位，借款利率为5.4%。那么，这会影响他攻读MBA学位的决定吗？

第 5 章

利率与债券估值

开篇故事

对于债券来说，2015年和2016年年初是极度不平凡的岁月。2016年2月，瑞典中央银行宣布将基准利率从－0.35%下调至－0.5%！瑞典并不孤单，欧元区、瑞士、日本和其他国家的央行都实施了负利率。为什么会这样？为了提振国内经济，各国央行掀起了竞相降息的“货币战争”。

利率是央行的货币政策工具。你可能认为利率是由市场决定的，永远不可能是负的。毕竟，如果未来比现在还要少，你怎么会接受呢？然而，事实证明这是错误的。两年期瑞士政府债券的收益率是－1.12%，此外，巧克力巨头雀巢和德意志银行发行的债券都是史无前例地按负收益率交易。

本章将讨论如何运用之前所学的货币时间价值来对最常见的金融资产——债券进行估值。在此基础上，我们将继续讨论债券的特征、种类和债券市场的运行情况。我们会发现，债券的价格严重依赖于利率。因此，我们将继续讨论一些有关利率的基本问题。显然，所有的公司无论大小都会借钱，因此，利率对任何人都十分重要。

本章的目的是向你介绍债券。我们将首先介绍如何运用第4章中所学的方法来进行债券估值。在此基础上，我们将继续讨论债券的特征以及如何买卖债券。我们还会学习的一项重要内容是，债券的价值在很大程度上由利率决定。因此，本章最后将考察利率以及利率的特征。

5.1 债券与债券估值

当一家公司（或一个政府）希望从公众手中获得长期的借款时，它往往会通过发行或销售债务性证券也就是我们通常所称的“债券”来筹措资金。本节首先介绍公司债券的特征以及与债券有关的专业术语，接下来将讨论与债券有关的现金流以及如何使用现金流折现法来进行债券估值。

债券的特征与价格

债券通常是一种只付利息贷款，即借款人只需每期支付一定的利息，直到贷款到期时才偿还贷款的本金。例如，假定Beck公司想借入1 000美元，期限为30年。其他类似的公司发行类似债券的利率为12%。因此，Beck公司在这30年期间每年需要支付0.12×1 000＝120美元的利息。而在30年到期时，Beck公司还需要偿还1 000美元的本金。如本例所示，债券实际上是一种非常简单的融资安排。不过，还有一些与债券有关的术语值得注意，我们将使用这个例子来界定一些重要的名词。

在我们的例子中，Beck公司承诺定期支付的120美元的利息称为债券的**票息**（coupons）。由于票息是固定的且每年支付，因此有时也把这类债券称为平息债券（level coupon bond）。债券到期时偿还的本金数额称为债券的**票面价值**（face value），或者**面值**（par value）。与我们的例子一样，在现实中公司债券的面值通常是1 000美元，而一种债券如果按照它的面值来销售则称为平价债券（par value bond）。在美国，政府债券面值通常较大。最后，将每年的票息除以面值就得到了债券的**票面利率**（coupon rate）。在本例中，由于120/1 000＝12%，因而这种公司债券的票面利率为12%。

距离清偿债券面值的年数称为债券的**到期时间**（maturity）。公司债券在初始发行时往往会设定30年的到期时间，但不同的公司可能会有所差异。一旦公司债券发行，债券到期的年数将随着时间的流逝而减少。

债券价值与收益率

随着时间的推移，市场的利率在不断变化。但是，债券所产生的现金流量是固定不变的。因此，债券的价值将会出现波动。当利率上升时，债券带来的剩余现金流量的现值将下降，从而导致债券贬值。当利率下降时，债券则将升值。

为了及时判断债券在某一特定时点的价值，我们需要知道债券到期的剩余期数、面值、票息以及此类债券的市场利率。市场对于债券所要求的这一收益率称为债券的**到期收益率**（yield to maturity，YTM）。为简化起见，该比率有时也称为债券的收益率。根据上述所有信息，我们能够计算出现金流量的现值从而估计出债券的当前市场价值。

例如，假设Xanth公司要发行一只10年期的债券。Xanth公司债券每年的票息为80美元。类似债券的到期收益率为8%。基于我们之前的讨论，Xanth公司债券将在接下来的10年中每年都向投资者发放80美元的票息。在第10年时，Xanth公司还将向债券持有人偿还1 000美元的本金。债券产生的现金流量如图5-1所示。那么，这种债券售价应是多少？

现金流量											
年份	0	1	2	3	4	5	6	7	8	9	10
利息		\$80	\$80	\$80	\$80	\$80	\$80	\$80	\$80	\$80	\$ 80
											\$1 000
债券面值		\$80	\$80	\$80	\$80	\$80	\$80	\$80	\$80	\$80	\$1 080

图5-1 Xanth公司债券的现金流量

说明：如图所示，Xanth公司债券的年票息为80美元，票面价值或者说面值为1 000美元，10年后到期。

从图5-1可知，Xanth公司债券的现金流量由年金（票息）和一次性付款（到期偿还的面值）两部分构成。因此，我们可以通过分别计算这两部分金额的现值并加总来估计债券的市场价值。首先，按照现行市场利率8%计算，在第10年收到1 000美元本金的现值为：

$$现值=\$1\,000/1.08^{10}=\$1\,000/2.158\,9=\$463.19$$

其次，债券在10年中每年支付80美元的利息，其年金现值为：

$$\begin{aligned}年金现值&=\$80\times(1-1/1.08^{10})/0.08\\&=\$80\times(1-1/2.158\,9)/0.08\\&=\$80\times6.710\,1\\&=\$536.81\end{aligned}$$

我们现在可将这两部分数额加总从而得到债券价值：

债券价值＝\$463.19＋\$536.81＝\$1 000

可见，这种债券是完全按照面值销售的，这并非巧合。现行的市场利率为8%。作为一种纯利息贷款，这种债券的利率是多少？由于票息为80美元，当债券售价为1 000美元时，这种债券所支付的利率就刚好等于8%。

为了说明利率变化会产生何种影响，假定债券已经发行了1年，Xanth公司债券目前离到期还有9年。如果市场利率已上升到10%，那么该债券的价值是多少？为此，我们以9年代替10年并且以10%的利率代替8%的利率，重复前述债券现值的计算过程。首先，第9年收到1 000美元本金，按照10%的市场利率进行折现得到现值为：

现值＝\$1 000/1.10^9＝\$1 000/2.357 9＝\$424.10

其次，债券在9年中每年支付80美元的利息，折现率为10%，其年金现值为：

$$
\begin{aligned}
\text{年金现值} &= \$80\times(1-1/1.10^9)/0.10 \\
&= \$80\times(1-1/2.3579)/0.10 \\
&= \$80\times5.7590 \\
&= \$460.72
\end{aligned}
$$

我们现在可将这两部分数额加总从而得到债券价值：

债券价值＝\$424.10＋\$460.72＝\$884.82

因此，Xanth公司债券应以885美元的价格出售。通俗地说，我们称这一债券具有8%的票面利率，按照10%的折现率计算其报价为885美元。

Xanth公司债券现在是以低于其面值1 000美元的价格销售。为什么会出现这种情况呢？可以看到，当前市场利率为10%，而这种1 000美元的纯利息贷款的票面利率为8%。由于该债券票面利率低于市场利率，投资者将只愿意以低于1 000美元的价格来购买这种面值1 000美元的公司债券。由于该债券是以低于其面值的价格出售，因此被称为折价债券（discount bond）。

使债券利率达到10%的唯一方式是将债券价格降到1 000美元以下，从而使购买者获得债券的内在利得。对于Xanth公司债券而言，885美元的债券价格比其面值少115美元，所以购买并持有该债券的投资者每年将获得80美元的利息收入以及到期时115美元的利得，而这一利得可以抵消票面利率低于市场利率带来的损失。

我们还可以从另一个角度来分析为什么Xanth公司债券折价了115美元发行。在当前的市场条件下，该债券的票息80美元要比新发行的平价债券的票息少20美元。只有当债券每年的票息为100美元时，债券的价值才是1 000美元。从某种意义上讲，投资者购买并持有Xanth公司债券实际上是放弃了9年每年20美元的票息收入。当市场利率为10%时，这一年金的价值为：

$$
\begin{aligned}
\text{年金现值} &= \$20\times(1-1/1.10^9)/0.10 \\
&= \$20\times5.7590 \\
&= \$115.18
\end{aligned}
$$

这就是 Xanth 公司债券折价的数额。

如果市场利率下降 2%而非上升 2%，那么 Xanth 公司债券的售价又是多少呢？与你猜想的一样，该债券将以高于 1 000 美元的价格出售。由于这种债券是以溢价出售，因此被称为溢价债券（premium bond）。

这种情况正好与折价债券相反。Xanth 公司债券目前的票面利率是 8%，而市场利率仅为 6%。投资者将愿意支付一个溢价以获得额外的票息。在此例中，折现率是 6%，债券还有 9 年到期，到期时 1 000 美元债券票面金额的现值为：

$$现值 = \$1\,000/1.06^9 = \$1\,000/1.689\,5 = \$591.89$$

票息现金流的现值为：

$$\begin{aligned}年金现值 &= \$80\times(1-1/1.06^9)/0.06\\ &= \$80\times(1-1/1.689\,5)/0.06\\ &= \$80\times6.801\,7\\ &= \$544.14\end{aligned}$$

我们现在可将这两部分数额加总从而得到债券价值：

$$债券价值 = \$591.89 + \$544.14 = \$1\,136.03$$

因此，债券价值要比面值高 136 美元。与前面类似，我们可以验证在当前的市场条件下，每年多收到 20 美元票息的价值正好就是这个数额。每年 20 美元、共 9 年的票息收入按照 6%折现率计算的现值为：

$$\begin{aligned}年金现值 &= \$20\times(1-1/1.06^9)/0.06\\ &= \$20\times6.801\,7\\ &= \$136.03\end{aligned}$$

这正好是 Xanth 公司债券溢价的数额。

基于上述例子，我们现在可以总结出计算债券价值的公式。如果债券：(1) 到期支付的面值为 F；(2) 每期支付的票息为 C；(3) 距离到期日的期数为 T；(4) 每期的收益率为 r，那么债券价值为：

$$\begin{aligned}债券价值 &= C\times[1-1/(1+r)^T]/r + F/(1+r)^T \qquad [5.1]\\ &= 票息的现值 + 面值的现值\end{aligned}$$

例 5.1　半年期票息

在实践中，美国发行的债券通常一年付息两次。所以，如果一种普通的债券的票面利率为 14%，那么债券持有人每年将获得 140 美元的票息，每半年收到 70 美元。假设我们现在要考察这样一种债券，其到期收益率为 16%。

债券的收益率与名义年利率类似，收益率报价等于每期的实际利率乘以期数。在这种情况下，16%的收益率报价并且每半年支付一次，意味着债券每 6 个月的实际收益率为 8%。该债券 7 年内到期。那么这种债券的价格是多少？债券的实际年收益率是多少？

基于之前的讨论，我们知道该债券将折价销售，因为它的票面利率仅为每 6 个月 7%，而市场要求的收益率是每 6 个月 8%。所以，如果我们对这种债券的估值超过 1 000 美元，显然就错了。

为了获得精确的价格，我们首先计算 7 年后收到 1 000 美元债券票面金额的现值。7 年的支付期每 6 个月支付一次，因而可分为 14 期。每期的折现率为 8%，可得：

$$
\begin{aligned}
\text{现值} &= \$1\,000/1.08^{14} \\
&= \$1\,000/2.937\,2 \\
&= \$340.46
\end{aligned}
$$

票息可以看成是 14 期、每期 70 美元的年金。折现率为 8%，则该年金现值为：

$$
\begin{aligned}
\text{年金现值} &= \$70\times(1-1/1.08^{14})/0.08 \\
&= \$70\times(1-0.340\,5)/0.08 \\
&= \$70\times8.244\,2 \\
&= \$577.10
\end{aligned}
$$

债券的总现值就是它的销售价格：

$$
\begin{aligned}
\text{现值} &= \$340.46+\$577.10 \\
&= \$917.56
\end{aligned}
$$

为了计算该债券的实际收益率，请注意每 6 个月 8% 的收益率等价于：

$$
\begin{aligned}
\text{实际年利率} &= (1+0.08)^2-1 \\
&= 16.64\%
\end{aligned}
$$

因此，实际年利率为 16.64%。

正如本节所介绍的，债券价格与市场利率总是呈反向关系。当利率上升时，债券价值就下降，这与其他现值的计算一样。类似地，当利率下降时，债券价值就上升。即便我们考虑一种无风险的债券，即在某种意义上债务人一定会还本付息，债券持有人也会面临风险。我们接下来讨论这个问题。

利率风险

债券持有人因利率波动而产生的风险称为利率风险（interest rate risk）。债券的利率风险有多大取决于债券价格对于利率变化有多敏感。这种敏感性又取决于两个因素：到期时间和票面利率。正如我们马上会看到的，你在评估债券时应记住：

1. 在同等情况下，到期时间越长，利率风险越大。
2. 在同等情况下，票面利率越低，利率风险越大。

我们以图 5-2 来说明上述两点。如图所示，我们计算并绘制了在不同利率情况下票面利率为 10% 的 1 年期债券和 30 年期债券的价格。请注意 30 年期债券的价格曲线比

1年期债券具有明显更陡峭的斜率。这种陡峭的斜率告诉我们，即使利率相当小的变动也会引起30年期债券价值的大幅变化。相比而言，1年期债券的价格对于利率变动相对不敏感。

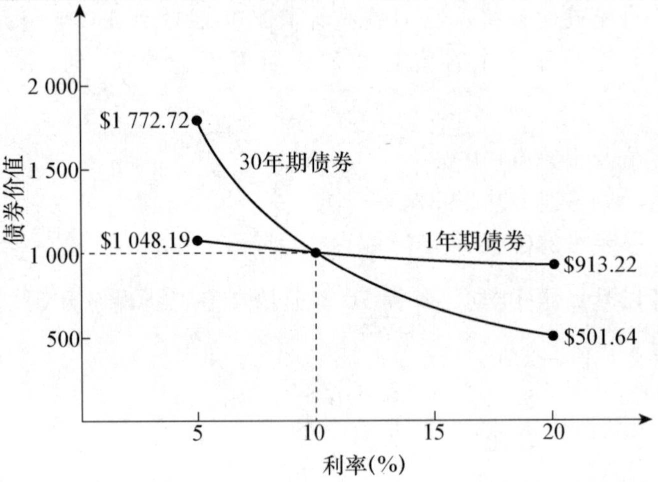

票面利率为10%，在不同利率与到期时间情况下的债券价值：

	到期时间	
利率	1年	30年
5%	$1 048.19	$1 772.72
10%	1 000.00	1 000.00
15%	955.11	671.02
20%	913.62	501.64

图5-2　利率风险与到期时间

直观地说，我们发现短期债券的利率敏感性更低的原因是，短期债券的价值很大一部分来自1 000美元的面值。如果这一金额将在一年后收到，那么显然不会因为利率的微小变化而受到很大影响。然而，一旦时间拉长到30年，利率的变化会对现值产生显著的影响。因此，长期债券票面金额的现值更不稳定。

关于利率风险，需要了解的另外一点是，与金融学和经济学中的大多数情况一样，利率风险随到期时间的延长而增加，但增速是递减的。换言之，如果我们将1年期债券与10年期债券进行对比，会看到10年期债券具有明显更大的利率风险。然而，你若对比20年期债券和30年期债券，虽然发现30年期债券由于到期时间更长而利率风险更大，但是二者的利率风险差异要小得多。

票息更低的债券具有更高的利率风险，其原因是一样的。正如我们前面所讨论的，债券的价值取决于其票息与票面金额的现值。如果两种票面利率不同的债券具有相同的到期时间，那么票息更低的债券的价值会更取决于到期时所收到的票面金额。因此，在同等情况下，这种债券的价值受利率变动的影响将波动得更为剧烈。另一方面，息票更高的债券在存续期的前段具有更大的现金流，所以其价值对折现率的变动更不敏感。

债券的期限很少会超过30年。然而，美国近年来的低利率使得一些公司发行了更长期限的债券。20世纪90年代，迪士尼发行了到期时间为100年的“睡美人”（Sleeping Beauty）债券。类似地，贝尔南方（BellSouth）、可口可乐以及荷兰的银行业巨头荷兰银行（ABN AMRO）都发行了100年期债券。这些公司显然想长期锁定历史上的低利率。在这些近期发行的长期债券之前，最后一次发行100年期债券似乎是在1954年5月，由芝加哥与东方铁路公司（Chicago and Eastern Railroad）发行。近年来的低利率导致越来越多的100年期债券。例如，2015年7月，巴西石油公司Petrobras发行了100年期债券，但这还算不上2015年发行的最长期限债券，因为永续债刷新了纪录。例如，法国能源公司道达尔（Total）发行了57亿欧元永续债，大众汽车（Volkswagen）发行了267亿欧元永续债。

我们可以用贝尔南方公司发行的100年期债券来说明利率风险的影响。下表提供了该债券发行的一些基本信息，以及它在1995年12月31日、1996年7月31日和2014年12月9日的价格。

到期时间	票面利率	1995年12月31日的价格	1996年7月31日的价格	1995—1996年价格变动率	2014年12月9日的价格	1996—2014年价格变动率
2095年	7%	\$1 000	\$800	−20%	\$1 235.59	+54.4%

从表中可以得出一些结论。首先，利率在1995年12月31日至1996年7月31日期间明显上升了（请思考原因）。然而，在此之后利率却下降了（请思考原因）。债券的价格起初下跌20%，但后来上涨了54.4%。这些变化表明，长期债券具有显著的利率风险。

计算到期收益率：试错法

通常，我们知道债券价格、票面利率以及到期日，而不知道它的到期收益率。例如，假设我们对一种6年期、票面利率为8%的债券感兴趣。证券经纪人的报价是955.14美元。那么，这种债券的收益率是多少？

我们知道，债券的价格可以记为债券年金和到期偿还的面值两部分之和。已知债券的票息为80美元，偿付时间为6年，面值为1 000美元，我们可以得到债券价格为：

$$\$955.14=\$80\times[1-1/(1+r)^6]/r+\$1\,000/(1+r)^6$$

式中，r是未知的折现率，或者说到期收益率。这个方程中只有一个未知数，但我们不能明确地算出r。求解的唯一方法就是采用试错法。

这个问题和我们在上一章中试图算出未知的年金利率本质上是相同的。但是，计算债券利率（或收益率）更为复杂，因为它还包含到期支付的1 000美元票面金额。

我们可以运用已知的债券价格和收益率来加快试错进程。在此例中，债券的票息为80美元并且折价销售，因此收益率肯定要大于8%。如果我们以10%的折现率来计算债券价值：

$$
\begin{aligned}
\text{债券价值} &= \$80\times(1-1/1.10^{6})/0.10+\$1\,000/1.10^{6}\\
&= \$80\times4.355\,3+\$1\,000/1.771\,6\\
&= \$912.89
\end{aligned}
$$

在折现率为10%时，我们算出的债券价值低于实际价格，所以10%太高了。真实的收益率肯定是介于8%～10%之间。此时，我们很容易就能找到答案。你接下来可能想用9%来试算。那么，你将发现债券的到期收益率实际上就是这个数字。

债券的到期收益率不应该与**当期收益率**（current yield）相混淆，后者简言之就是债券的年票息除以债券价格。在前面的例子中，债券每年的票息是80美元，其价格为955.14美元。根据这些数字，我们可知当期收益率为80/955.14=8.38%，这要低于9%的到期收益率。当期收益率较低的原因在于，它只考虑了债券收益中的票息部分，而未考虑内在利得。对于溢价债券，则相反，即当期收益率要高于到期收益率，因为它忽略了债券溢价所导致的内在损失。

我们对于债券估值的讨论总结在表5-1中。随后的“电子表格工具”专栏将演示如何便捷地计算债券价格和收益率。

表5-1　　债券估值总结

Ⅰ. 计算债券价值

$$\text{债券价值}=C\times[1-1/(1+r)^{T}]/r+F/(1+r)^{T}$$

式中，C为每期支付的票息；r为每期的折现率；T为期数；F为债券的面值。

Ⅱ. 计算债券的收益率

给定债券价值、票息、到期时间以及面值，只有通过试错法才可能计算出确切的折现率，或者说到期收益率。为此，尝试采用不同的折现率直到算出的债券价值等于给定值（你也可以让电子表格代劳）。记住，利率提高时债券价值会降低。

例5.2　当前收益率

一只债券的报价为1 080.42美元。其面值为1 000美元，每半年支付票息30美元，到期时间为5年。那么这种债券的当期收益率是多少？到期收益率是多少？哪个收益率更高？为什么？

请注意这种债券每半年付息30美元，所以每年利息为60美元。因而当期收益率为60/1 080.42=5.55%。要计算到期收益率，可参考之前的例5.1。此例中，该债券以每6个月为一期支付30美元票息，在到期之前有10个这样的支付期。所以，我们按下式计算出r：

$$
\begin{aligned}
&\$1\,080.42\\
&=\$30\times[1-1/(1+r)^{10}]/r+\$1\,000/(1+r)^{10}
\end{aligned}
$$

运用试错法，可得出r等于2.1%。但需要注意的是，这个2.1%是每6个月的收益率。我们必须将这个数字乘以2从而得出到期收益率，所以到期收益率是4.2%，这一数值要低于当期收益率。原因在于，当期收益率忽略了债券现在与到期时二者之间溢价的内在损失。

电子表格工具

如何使用电子表格计算债券价格和收益率

大多数电子表格都有可供计算债券价值和收益率的复杂程序，对于这些程序的很多细节我们并没有讨论。然而，正如下面的两个电子表格所示，使用简单的电子表格来计算债券价格或收益率是非常容易的：

	A	B	C	D	E
1					
2	使用电子表格计算债券价值				
3					
4	假设我们有一种22年后到期的债券，票面利率为8%，				
5	到期收益率为9%。如果债券每半年付息一次，请问它现在的价格是多少？				
6					
7	交割日：	01/01/00			
8	到期日：	01/01/22			
9	年票面利率：	0.08			
10	到期收益率：	0.09			
11	面值（面值百分比）：	100			
12	年付息次数：	2			
13	债券价格（面值百分比）：	90.49			
14					
15	在单元格B13中输入公式=PRICE(B7,B8,B9,B10,B11,B12)；				
16	请注意，面值与债券价格是以面值百分比的形式给出的。				

	A	B	C	D	E	F	G	H
1								
2	使用电子表格来计算债券到期收益率							
3								
4	假设我们有一种22年后到期的债券，票面利率为8%，价格为							
5	960.17美元，如果债券每半年支付一次,它的到期收益率是多少?							
6								
7	交割日：	01/01/00						
8	到期日：	01/01/22						
9	年票面利率：	0.08						
10	债券价格（面值百分比）：	96.017						
11	面值（面值百分比）：	100						
12	年付息次数：	2						
13	到期收益率：	0.084						
14								
15	在B13单元格中输入公式=YIELD(B7,B8,B9,B10,B11,B12)；							
16	请注意，面值与债券价格是以面值百分比的形式给出的。							

在电子表格中，请注意我们必须输入两个日期，即交割日（settlement date）和到期日。交割日是你实际购买债券的日期，到期日则是债券实际到期的日期。在大多数问题中，我们并不确切地知道这些日期，所以必须补齐这些信息。例如，由于我们的债券22年内到期，可选择1/1/2000（2000年1月1日）作为交割日和1/1/2022（2022年1月1日）作为到期日。只要两个日期之间相隔整整22年，就满足到期时间的条件。最后，请注意还必须输入票面利率和到期收益率并明确提供每年支付的票息金额。

5.2 债券的其他特征

在本节中，我们将通过详细介绍典型的长期公司债券的一些基本条件和特点，来继续关于公司债务的讨论。我们还将在随后的章节中讨论与长期债务相关的其他问题。

由公司发行的证券可大致分为权益性证券（equity securities）和债务性证券（debt securities）两种。很显然，债务是必须偿还的，这是借钱的必然结果。公司借钱时一般会承诺定期支付利息和偿还原始的借款金额（即本金）。借钱给他人的个人或公司称为债权人（creditor）或者贷款人（lender）。向他人借钱的公司则称为债务人（debtor）或者借款人（borrower）。

从财务角度来看，债务与权益的主要差异如下：

1. 债务不享有公司的所有者权益。债权人一般没有投票权。

2. 公司的债务利息支出被视为一种业务运营成本而且可以完全在税前扣除。支付给股东的股利则不能在税前扣除。

3. 未偿还的债务是企业负债。如果企业不偿还债务，债权人可依法享有对企业资产的索取权。债权人诉诸法律的行动会引发清算或重组，这两种情形都可能导致公司破产。因此，举债需要承担的成本之一是可能导致财务无力偿付。而如果进行权益融资，则不会有这种可能性。

长期债务：基本原理

最后，所有发行长期债务性证券的公司都会承诺在债券到期时偿还本金并且及时地支付应付的债券利息。除此之外，长期债务性证券还具有一些区别于其他证券的重要特征。我们接下来讨论这些特征。

长期债务工具的到期时间是指债务仍有余额未到期的时间长度。债务性证券可以是短期的（到期时间在一年之内）或长期的（到期时间在一年以上）。① 短期债务有时也称为非融资性债务（unfunded debt）。②

债务性证券通常称为票据（notes）、信用债券（debentures）或债券（bonds）。严格地说，债券是一种担保性债务。然而在一般使用中，债券这个词适用于各种担保性和非担保性债务。同时，票据和债券之间的唯一区别一般在于初始的到期期限。初始到期期限在10年以内的通常称为票据，期限更长的则称为债券。

长期债务的两种主要募集方式为公开发行和私募。我们主要关注公开发行的债券。事实上，我们对于公开发行债券的多数分析也适用于私募的长期债务。公开发行和私募之间的主要区别在于，后者是直接向贷款人而不是向公众募集资金。由于这是一种私下交易，具体的条款取决于当事人。

长期债务还有许多其他方面的特征，包括担保、赎回特征、偿债基金、评级以及保护性条款。下表将以迪士尼公司发行的债券为例阐释这些特征。如果你对部分条款不熟悉，也不必担心，我们会对它们逐一讨论。

---

① 对于短期债务和长期债务的区别并没有一种公认的标准。此外，人们经常提及的中期债务的期限是1年以上，3年、5年甚至是10年以下。

② 融资（funding）是金融学中的专业术语，它通常是指长期的融资行为。因此，一家公司若计划进行债务性“融资”，其目的可能是用长期债务替代短期债务。

迪士尼公司债券的特征		
条款		解释
发行总额	10亿美元	公司发行了价值10亿美元的债券。
发行日	2016年8月1日	债券在2016年8月1日销售。
到期日	2026年2月13日	债券在2026年2月13日到期。
面值	2 000美元	债券的面值是2 000美元。
每年的票息	3%	每位债券持有人将就每份债券每年收到60美元（面值的3%）。
发行价	99.60	发行价是面值2 000美元的99.6%，即每份债券1 992美元。
票息支付日	2月13日，8月13日	在这两个日期支付30美元（60/2）的票息。
担保	无	债券没有以特定的资产进行担保。
偿债基金	无	债券没有设立偿债基金。
赎回条款	任何时间	债券没有延迟赎回条款。
赎回价格	国库券利率加0.15%	债券具有“保全”的赎回价格。
评级	穆迪A2，惠誉A	债券处于中等的投资级别。

债券契约的部分特征比较复杂，我们先讨论这些特征。

契 约

契约（indenture）是公司（借款人）与它的债权人之间的书面协议，有时也称为信托证书（deed of trust）。[①] 通常，信托人（可能是某家银行）由公司委派作为债券持有人的代表。信托公司必须：(1) 确保债务人遵守契约条款；(2) 管理偿债基金（将在下文中介绍）；(3) 若出现违约，即如果公司未能履约还本付息时，代表债券持有人行使权利。

债券契约是一种法律文件。它可能长达数百页，并且通常读起来很乏味。然而，它是一份重要的文件，一般包括以下条款：

1. 债券的基本条款。
2. 债券发行总额。
3. 用于担保的财产说明。
4. 还款安排。
5. 赎回条款。
6. 保护性条款的细节。

我们接下来讨论这些特征。

债券条款 公司债券通常有1 000美元的面值（即面额）。这就是本金值（principal value），并在债券凭证上注明。所以，如果一个公司想借款100万美元，就要出售1 000份公司债券。债券的面值（即初始会计价值）几乎总是等于面额，而且在实践中这两个名词会交替使用。虽然1 000美元的面值是最常见的，但实际上可能出现任意面值的债券。例如，本例中迪士尼公司债券的面值为2 000美元。

公司债券通常是**记名形式**（registered form）。例如，我们可能在契约上读到如下信息：

① 贷款协议（loan agreement）或贷款合同（loan contract）通常用于私募举债和长期贷款。

利息每半年支付一次，分别在每年的7月1日和1月1日支付给那些在6月15日或12月15日交易结束前登记在册的债券持有人。

这意味着该公司指定了证券登记员负责记录每份债券的所有权归属以及发生的所有权变更。该公司将以支票的形式将所支付的本金和利息直接邮寄到债券所有人登记的地址。公司债券可能是记名的并附有息票。要获得利息，债券所有人必须将息票从债券凭证上剪下并邮寄给公司的证券登记员（付款代理人）。

作为另一种选择，债券也可以是**无记名形式**（bearer form）。这意味着债券凭证是债券所有权的基本凭据，而公司将本金和利息付给持票人。这种债券的所有权是没有记录的，而且与记名债券附有息票一样，债券凭证的持有人要剪下息票并邮寄到公司以获取利息。

无记名债券有两个缺点。第一，如果债券不慎遗失或被盗，很难找回。第二，公司不了解债券的持有人信息，因而无法向债券持有人通知重大事件。在美国，无记名债券一度是主要的债券类型，但现在与记名债券相比已不多见。

担保 根据用于保护债券持有人利益的质押物和抵押品的不同，债务担保可分为两类。

质押物（collateral）是一个通用术语，通常意味着证券（例如债券和股票）用于质押以确保偿还债务的安全性。例如，质押信托债券往往涉及将公司拥有的普通股作为质押。然而，质押物这个词通常用来指为债务进行质押的任何资产。

抵押证券（mortgage securities）是以抵押借款人的实物财产来作为担保。所涉及的财产通常是不动产，例如土地或建筑物。描述抵押贷款的法律文件称为抵押信托契约（mortgage trust indenture）或信托证书（trust deed）。

有时，抵押品是一些特定的财产，比如一辆有轨电车。更常见的是一揽子抵押。一揽子抵押是指公司将所拥有的全部不动产都用于抵押。①

公司债券往往是没有担保的。**无担保债券**或称**信用债券**（debenture）是一种没有担保的债券，没有财产用于对债券进行担保。**票据**（note）这个名词一般适用于这类债券，即原始发行时到期时间少于10年的无担保债券。无担保债券的持有人仅对除抵押物之外的财产拥有求偿权，换句话说，这些财产是考虑抵押和质押信托之后剩余的财产。

我们在本章中和其他地方所使用的术语是以美国为标准的。在美国以外，这些词汇可能有不同的含义。例如，英国政府发行的债券（金边债券）被称为国库券（treasury stock）。在英国，信用债券具有担保责任。

目前，在美国工业和金融业公司公开发行的债券通常是无担保债券。然而，大多数公用事业和铁路债券是有资产抵押担保的。

优先权 一般来说，享有优先权的贷款人相比其他贷款人具有优先的偿付地位，而债务有时标记为初级或高级来表明其优先性。一些债务是次级的（subordinated），例如次级无担保债券（subordinated debenture）。

在违约事件中，次级债的持有人必须让其他类型的债权人优先得到偿付。通常来说，这意味着次级债权人只有在其他类型的债权人得到补偿后才能获得偿付。不过，债务的偿付应在权益之前。

---

① 不动产包括土地以及土地附着物，但不包括现金或存货。

偿还 债券可以在到期时偿还，此时债券持有人将收到确定的金额，即债券面值；债券在到期之前也可以部分或全部偿还。早期的一些偿还方式更加典型，并且往往是通过偿债基金来进行。

偿债基金（sinking fund）是一个以偿还债券为目的而设立的由债券信托人管理的账户。公司每年向信托人付款，由信托人使用这些资金来偿还部分债务。信托人可以通过从市场中购买一些债券抑或赎回一定比例的未到期债券来达到偿债目的。第二种选择将在下一部分讨论。

偿债基金的安排有很多种不同的类型，一般会在契约上详细注明。例如：

1. 一些偿债基金会在首次发行10年后设立。
2. 一些偿债基金会在债券存续期间建立等额付款机制。
3. 一些高质量的债券设立的偿债基金不足以偿还发行在外的全部债券。结果，有可能在到期时需要进行一次大的气球付款。

赎回条款 **赎回条款**（call provision）允许公司在指定的时间以设定的价格回购或赎回部分或全部流通在外的债券。公司债券通常是可赎回的。

一般来说，赎回价格高于债券的设定价值（即票面价值）。赎回价格与设定价值之间的差异是**赎回溢价**（call premium）。赎回溢价的数值可能随时间推移而变小。一种安排是，最初设置的赎回溢价相当于每年支付的票息，而接近到期日时赎回溢价下降为0。

赎回条款通常在债券存续期的前段是不能执行的。这使得债券持有人在债券的早期不用太担心赎回条款的问题。例如，公司可能会被禁止在债券发行后的前10年赎回债券。这就是**延期赎回条款**（deferred call provision）。在禁止赎回期间，债券被认为受到**赎回保护**（call protected）。

最近几年，一种新的赎回条款——“保全”赎回（“make-whole” call）在公司债券市场中得到了广泛使用。在这种赎回条款下，如果债券被赎回，债券持有者可以获得几乎与债券价值相等的补偿。所以，债券持有人在赎回事件中不会遭受损失，他们的利益得以“保全”。

为了确定保全赎回的价格，我们对契约中剩余的利息和本金按照一定的折现率计算得到其现值。例如，来看迪士尼公司发行债券的例子，我们知道折现率是“国债利率加0.15%”。这意味着要想确定折现率，首先要找出到期时间相同的美国国债。我们计算出国债的到期收益率，然后加上0.15%，就可以得到所要用的折现率。

请注意，在采用保全赎回条款时，当利率更低时赎回价格会更高，反之亦然。（为什么？）同样要注意的是，迪士尼公司发行的债券并没有延期赎回条款，这在保全赎回中是很常见的。为什么投资者可能并不会太在意这一条款的缺失？

保护性条款 **保护性条款**（protective covenant）是契约或贷款协议中的一部分，限制了公司在贷款期内本来可能会采取的一些特定行动。保护性条款可以划分为两类：否定性条款（negative covenants）和肯定性条款（positive/affirmative covenants）。

否定性条款是一种“你不准”类型的条款。它限制或禁止了公司可能会采取的某些行动。以下是一些典型的例子：

1. 公司不能将任何资产抵押给其他贷款人。
2. 公司不能与其他公司合并。
3. 除非获得贷款人许可，公司不能出售或出租任何主要资产。

4. 公司不能举借额外的长期债务。

肯定性条款是一种“你必须”类型的条款。它明确了公司必须采取的行动或者公司必须遵守的条件。以下是一些典型的例子：

1. 公司必须根据一些计算公式限制支付股利的金额。
2. 公司必须保持其营运资本达到或者超过某一规定的最低水平。
3. 公司必须定期向贷款人提供经过审计的财务报表。
4. 公司必须保持任何质押或抵押物处于良好的状态。

这些只是部分条款列表，一个特定的契约可以规定许多不同的条款。

5.3 债券评级

公司往往需要出资聘请他人来对它们的债券进行评级。两个主要的债券评级企业是穆迪和标准普尔。债券评级是对公司发行人信用进行评估。穆迪和标准普尔对于信用的界定是基于企业违约的可能性有多大以及出现违约时债权人得到了多少保护。

债券评级仅与违约的可能性有关，认识到这一点很重要。之前，我们讨论过利率风险，我们将其定义为因利率变化而引起债券价值变化的风险。债券评级并没有解决这个问题。因此，高评级债券的价格仍然可能随利率变化而剧烈波动。

债券评级是建立在由公司和其他渠道提供的信息的基础之上。评级的分类及其一些相关信息如下表所示。

	投资级别的债券评级		低质量、投机的与/或“垃圾”债券评级	
	高级	中级	低级	最低级
标准普尔	AAA AA	A BBB	BB B	CCC CC C D
穆迪	Aaa Aa	A Baa	Ba B	Caa Ca C

穆迪	标准普尔	
Aaa	AAA	评级为Aaa和AAA的债券等级最高，还本付息的能力极强。
Aa	AA	评级为Aa和AA的债券具有非常强的还本付息能力。该评级与最高评级的债券一起构成了高等级债券。
A	A	评级为A的债券具有较强的还本付息能力，虽然它与高等级债券相比在某种程度上更容易受环境和经济条件变化带来的不利影响。
Baa	BBB	评级为Baa和BBB的债券被视为具有足够的能力还本付息。此类评级通常表现出足够的保护参数，但与更高的评级相比，不利的经济条件或环境的变化更有可能导致对债券还本付息能力的削弱。这类债券具有中等信用品质。
Ba；B Caa Ca C	BB；B CCC CC C	总体而言，从还本付息的能力与偿债责任的对比来看，评级为这些类型的债券被视为投机级别。BB和Ba的投机程度最低，Ca，CC以及C的投机程度最高。虽然这样的债券可能有一些优质的和保护性的特征，但这些远不能抵消暴露在不利条件下的较大不确定性或重大风险。穆迪评级中的C级通常都会违约。
	D	评级为D的债券会违约，利息的支付和/或本金的偿还都会拖欠。

说明：有时，穆迪和标准普尔都会使用调整后（称为计分）的评级形式。标准普尔使用加和减进行标记：A+代表A级中的最高级别，A−则代表A级中的最低级别。穆迪则采用1，2或3来指定，其中1代表最高等级。穆迪没有D这一评级。

公司债券可以获得的最高评级是 AAA 或 Aaa，这种债券被判定为具有最高的质量以及最低程度的风险。例如，到 2016 年 4 月为止，微软和强生是总部在美国的非金融企业中唯一两家评级为 AAA 的公司。AA 或 Aa 评级表明债券质量非常高，较为常见。

很大一部分公司债券是低评级债券或者说是垃圾债券。如果对其进行评级，会被主要评级机构评定为投资级别以下。投资级债券是那些被标准普尔评级至少在 BBB 以上以及被穆迪评级至少在 Baa 以上的债券。

评级机构的观点并非总是一致的。例如，有一些债券称为"交叉"债券或 5B 债券。原因是，它们被一个评级机构评为 BBB（或 Baa）级而被另一个机构评为 BB（或 Ba）级，即存在"分歧评级"（split ratings）。例如，2015 年 7 月，西班牙手机信号塔公司 Cellnex 发行了价值 8 亿欧元的 7 年期票据，惠誉的评级是 BBB，而标准普尔的评级是 BB+。

债券的信用评级会随着发行人的财务实力提升或削弱而变动。例如，2016 年 2 月，标准普尔将英国矿业公司英美资源集团（Anglo American）的债券评级从 BBB－下调为 BB，使得这家公司的债券从投资级债券降低为垃圾债券。在同一周，惠誉和穆迪也跟随标准普尔进行了同样的评级下调。像这种掉入垃圾债券行列的债券称为"堕落天使"。为什么英美资源集团的债券会被调低评级？主要是因为金属价格跌至 6 年的低点。

信用评级很重要，原因在于违约确实会发生，而且一旦出现违约，投资者将损失惨重。例如，2000 年，专门为诸如汉堡王（Burger King）这类餐厅供应汉堡包以及赠品玩具等物品的美国食品配送公司（AmeriServe Food Distribution）发行的垃圾债券发生了 2 亿美元的违约。在违约之后，其债券在市场上的交易价格只有 18 美分，致使投资者损失超过 1.6 亿美元。

更糟糕的是，美国食品配送公司的债券才刚刚发行了 4 个月，这使得该公司成为"NCAA 冠军"。这一头衔对于大学篮球队比如肯塔基大学野猫队而言，或许是件好事，但在债券市场上意味着"没有任何票息"（No Coupon At All），这对投资者来说绝对不是什么好事。

5.4 不同种类的债券

到目前为止，我们仅仅讨论了"普通"的公司债券。在这一节中，我们会简要考察由政府发行的债券以及一些具有独特特征的债券。

政府债券

世界上最大的借款人——从大范围来说——是"山姆大叔"。2016 年年初，美国政府的债务总额约为 19 万亿美元，或者说人均约 59 000 美元（这个数字还在增大）。当政府希望举借期限在 1 年以上的借款时，它就会向公众销售众所周知的中期国债或长期国债[①]（事实上，每个月都在销售）。目前，未到期的中期国债和长期国债的初始到期时间从2年到30年不等。

美国财政部发行的大多数债券都是附息债券。一些早期发行的债券是可赎回的，少数债券还有一些特征。然而，要记住两件重要的事情。第一，美国财政部发行的债券在本质上与其他债券都不一样，它没有违约风险，因为（我们希望）财政部总是能够拿出钱来还本付息。第二，财政部发行的债券是免州所得税的（但不免联邦所得税）。换言之，你收到的中期国债或长期国债利息仅需缴纳联邦这一级的所得税。

州政府和地方政府也会通过发行票据和债券来举债，即市政票据和市政债券（munis）。与财政部发行的债券不同，市政债券有不同程度的违约风险。事实上，这些债券的收益率与公司债券非常类似。同时，市政债券几乎都是可赎回的。关于市政债券最让人感兴趣的事情就是，债券利息是免联邦所得税的（但不一定免州所得税），这使得市政债券对于那些高收入、承担高税率的投资者而言具有很大的吸引力。

由于享受了大量的税收减免，市政债券的收益率要远低于应税债券的收益率。例如，2016年2月，AAA级长期公司债券的收益率约为3.65%。与此同时，AAA级长期市政债券的收益率只有大约3.2%。假设有一个投资者处于30%的所得税税率等级，如果其他条件都相同，该投资者将偏好AAA级公司债券还是AAA级市政债券？

为了回答这个问题，我们需要比较两种债券的税后收益率。忽略州和地方税，市政债券3.21%的收益率既是税前收益率也是税后收益率。而公司债券3.65%的收益率是税前的，一旦考虑到要扣除30%的税收，即0.036 5×(1−0.30)=0.026 5，其税后收益率为2.56%。鉴于此，市政债券的收益率略高。

例5.3 应税债券与市政债券

假设应税债券的当期收益率为8%，而同时，风险和到期时间相当的市政债券收益率为6%。哪种债券对于所得税税率等级为40%的投资者更有吸引力？临界税率是多少？你如何理解这一税率？

对于所得税税率等级为40%的投资者，应税债券的税后收益率为0.08×(1−0.40)=4.8%，所以市政债券具有更大的吸引力。临界税率是指使得投资者持有应税债券和非应税债券两者无差异的税率。如果我们以 t^* 来代表临界税率，那么按下式算出其值为：

$$0.08\times(1-t^*)=0.06$$

$$1-t^*=0.06/0.08=0.75$$

$$t^*=0.25$$

因此，所得税税率等级为25%的投资者持有其中任意一种债券的税后收益率都是6%。

---

① 美国国债中，1年以内的短期国债称为treasury bill，2年、5年、10年的中期国债都称为treasury note，30年期的长期国债称为treasury bond。——译者注

零息债券

不支付任何利息的债券必须以大大低于其面值的价格出售。这种债券称为**零息债券**（zero coupon bonds），或无息债券。①

假设 Eight-Inch Nails 公司（EIN）发行了面值为 1 000 美元的 5 年期零息债券。原始发行价设定为 508.35 美元。尽管并不支付利息，零息债券以半年为一期来计算价值，这与附息债券的计算方法是一致的。以半年为一期，可以直接确认，按这个价格销售，债券的到期收益率为 14%。债券存续期支付的利息总额为 1 000－508.35＝491.65 美元。

从税收的角度看，零息债券的发行人每年可以在税前扣除相应的利息支出，即便并没有实际支付利息。类似地，债券持有人每年必须就所获得的利息纳税，尽管并没有实际收到利息。零息债券每年的利息额的计算方法是依据税法来确定的。1982 年之前，公司可以根据直线法计算利息扣除额，对于 EIN 公司，每年的利息可在税前扣除的数额为 491.65/5＝98.33 美元。

在现行税法下，内含利息（implicit interest）由分期偿还贷款的数额决定。我们可以首先计算每年年初债券的价值。例如，一年后，债券还有 4 年到期，所以它的价值为 $1\,000/1.07^8=582.01$ 美元。两年后，债券价值为 $1\,000/1.07^6=666.34$ 美元，依此类推。每年的内含利息仅仅是债券价值当年的变化额。

请注意在旧的税法下，零息债券对公司而言更有吸引力，因为在早些年债券利息支出的税前扣除数额更大（内含利息支出与直线利息支出相比）。

在现行税法下，EIN 公司可以税前抵扣的第一年利息支出为 73.66 美元（582.01－508.35），而债券持有人需就 73.66 美元的应税收入纳税（即便实际上并没有收到利息）。第二个税收特征使得应税的零息债券对投资者的吸引力下降。然而，对于长期以美元计价的免税投资者（如养老基金）而言，零息债券仍具有很大的吸引力，因为众所周知，未来美元价值仍将保持相对稳定。

一些债券仅在存续期间的部分时间是零息债券。例如，通用汽车公司有一种未到期的债券。债券的前 20 年不支付利息，但是 20 年后每年按 7.75%的利率开始支付利息，每半年支付一次。

浮动利率债券

在本章中我们已经讨论的传统债券都具有固定的美元利息，因为票面利率设置为面值的一个固定比例。类似地，本金设置为面值。在这种情况下，还本付息完全是固定的。

对于浮动利率债券（floating-rate bonds/floaters）而言，票息支付是可调整的。这种调整与利率指数（如短期国债或 30 年期长期国债的利率）是紧密联系的。

浮动利率债券的价值完全取决于如何对利息支付进行调整。在多数情况下，票息根据一些基础利率进行滞后调整。例如，假设票面利率的调整是在 6 月 1 日。调整可能是基于国债收益率在之前三个月的简单平均。此外，浮动利率债券还具有如下特征：

① 发行时票面利率很低（与零息债券的利率相比）的一种债券是原始发行折价债券。

1. 债券持有人有权在规定时间后的某个利息支付日以票面价格回售他的票据。这就是回售条款，该内容将在下一部分进行讨论。

2. 票面利率有上下限，这意味着票息有最大值和最小值。在这种情况下，票面利率称为封顶，最高和最低的利率有时称为利率两头封（collar）。

有一种特别有趣的浮动利率债券叫通货膨胀挂钩债券（inflation-linked bond）。这种债券的票息是根据通货膨胀率来调整的（本金也可能会做调整）。美国财政部从1997年1月开始发行这种债券。这种债券有时称为“TIPS”，即财政部通货膨胀保护债券（Treasury Inflation Protected Securities）。加拿大、以色列、英国等国也发行过类似的证券。

其他类型的债券

许多债券拥有与众不同的或奇异的特征。例如，由传奇人物沃伦·巴菲特经营的伯克希尔哈撒韦公司曾经发行过利息为负的债券。这些债券的购买者有权在随后的5年中以一个固定的价格购买伯克希尔哈撒韦公司的股票。这种权利称为认股权证（warrant），如果股票价格大幅攀升，它会价值非凡（后面的章节将更深入地讨论这个问题）。

债券的很多特征只有当事人才知道。遗憾的是，债券的种类繁多，而我们此处难以一一详细讨论。在本节结束时，我们仅介绍其中一部分比较常见的债券类型。“金融实务”专栏对于债券特征做了进一步的讨论。

收益债券（income bond）类似于传统的债券，除了其票息支付需取决于公司收益。具体而言，只有当公司的收益足够时才会支付票息给债券的持有人。这似乎是一个有吸引力的特征，但收益债券并不是很常见。

可转换债券（convertible bond）使得持有人可以选择在债券到期之前的任何时间将其转换为固定数量的股票。可转换债券比较常见，但是近年来数量正在减少。

可回售债券（put bond）允许持有人要求发行公司按照规定价格买回债券。例如，国际纸业公司（International Paper）有一种未到期的债券，倘若某些特定的“风险”事件（例如，债券的信用评级被穆迪或标准普尔从投资级调低到投资级以下）发生的话，允许持有人要求国际纸业公司以面值100%的价格买回债券。因此，回售的特征正好与赎回条款是相反的。

结构化票据（structured note）是基于股票、债券、商品和货币的债券。某种特别的结构化票据的收益率建立在股票市场指数基础之上。债券到期时，如果股票指数下跌，债券将偿还本金。如果股票指数上涨，债券将按股票指数收益率的一定比例，例如80%支付收益。另一种结构化票据会按股票指数收益率的两倍支付收益，但可能会损失部分本金。

一种给定的债券可能有许多不同寻常的特征。近来有两种奇异的债券——附票面利息的CoCo债券以及不支付利息的NoNo债券。CoCo债券和NoNo债券都是或有可转换的、可回售的、可赎回的次级债券。或有可转换条款类似于正常的可转换特征，除了必须满足或有的特征才能转换。例如，一种或有的特征可能是要求公司股票在最近的30天中有20天以可转换价格的110%交易。这类债券的估值非常复杂，计算其到期收益率往往没有意义。

金融实务

债券持有人眼中出"西施"

许多债券具有与众不同或奇异的特征。最常见的一种类型是资产支持或资产抵押的债券。抵押贷款支持证券（mortgage-basked securities，MBS）在2007年是头条新闻。多年来，所谓的次级抵押贷款（sub-prime mortgage loans），即向信用程度较差的个人提供的抵押贷款，快速增长。然而，房价降温（在有些地区是下降）与利率上升的综合作用导致抵押贷款违约和房产止赎的现象增多。这些有问题的抵押贷款不断增加，致使大量抵押贷款支持证券的价值严重下滑，并给投资者带来了巨大的损失。证券化债券的持有人收到的本金和利息是由一种特定的资产（或资产池）而非特定的公司来支付的。例如，传奇摇滚歌手大卫·鲍威（David Bowie）曾出售了5 500万美元的债券，该债券由他未来的专辑和歌曲的版税支持（这是重要的特征）。这些"鲍威"债券的持有人会收到版税作为偿付，所以如果鲍威的专辑销量下滑，这种债券就有可能会违约。其他出售了以未来版税作为支持的债券的艺术家包括詹姆斯·布朗（James Brown）、铁娘子乐队（Iron Maiden）以及传奇人物马文·盖伊（Marvin Gaye）。

抵押贷款支持证券中最有名的一类是资产支持证券。对于抵押贷款支持证券，信托公司从银行购买抵押贷款并将其合并为一个资金池，然后发行债券，而债券持有人收到的本金利息是由购房者偿还住房抵押贷款的资金来提供的。抵押贷款支持债券的一个不寻常的转折就是利率下降，此时债券价值实际上会降低。这有可能发生，因为在这个过程中房主也许以更低的利率筹资来偿还抵押贷款。证券化债券通常由具有长期支付特征的资产来支持，如抵押贷款。然而，也有债券是由车贷、信用卡付款以及其他资产证券化而来的，而汽车租赁支持债券的市场也在不断成长。

反向可转债（reverse convertible）是一种相对较新的结构化票据。它通常具有较高的票面利率，但到期时可能按面值支付现金或支付股票。例如，最近的通用汽车反向可转债的票面利率为16%，这在目前的利率环境下是非常高的利率。但是，在到期时，如果通用汽车的股价下跌足够多，债券持有人将收到价值低于本金的固定数量的通用汽车的股票。因此，债券的利息收入部分是很高，但潜在的本金损失会抵消这种超额收益。

巨灾债券（CAT bond）是保险公司为应对自然灾害而发行的一种债券。自然灾害的种类会列示在债券契约中，例如，大约30%的巨灾债券都会针对北大西洋飓风。这种债券的结构化方式是如果债券持有人受到的灾害损失巨大，他们可以暂时甚至永久性推迟偿付。巨灾债券可看作一种纯风险性投资，但到目前为止，只有因卡特里娜飓风、2011年日本海啸和2011年异常活跃的龙卷风而导致巨大损失的三只巨灾债券没有按计划偿付。

或许最不同寻常（肯定也是最病态的）的债券当属死亡债券（death bond）。诸如Stone Street Financial之类的公司向那些预计会在10年内死亡的个人购买人寿保险单，然后打包成债券卖给投资人，债券的偿还资金来自保单持有人死亡后获得的保险赔偿款。债券投资人的收益取决于保单持有人的寿命长短。这种债券的一个主要风险是医药技术迅速进步，保单持有人的寿命延长，从而降低债券投资人的收益。

5.5 债券市场

债券每一天的买卖量都非常大。你或许会惊讶地得知，在特定的某一天，债券的交易量要比股票的交易量高出许多倍（对于交易量，我们只是指换手的成交额）。在这里，我们问一个财务方面的小问题：世界上最大的证券市场是什么？大多数人都会猜是纽约证券交易所。事实上，从交易量来看，世界上最大的证券市场是美国国债市场，其平均日交易量超过 5 亿美元。

如何买卖债券

正如我们在第 1 章中反复提到的，债券的大部分交易发生在柜台，或者说是场外交易。这意味着并不存在买卖债券的特定地点。相反，全国的（以及全世界的）证券交易商随时准备进行交易。各种证券交易商通过电子网络连接在一起。

债券市场如此庞大的一个原因在于，债券发行量要远远超过股票发行量。有两个方面的原因：一方面，一家有代表性的公司只能对外发行一种普通股（这里也存在一些例外情况，我们会在下一章讨论）。然而，一家大公司却可以很容易地对外发行十几种甚至更多的票据。另一方面，仅仅是联邦、州以及地方政府举债的数量就相当惊人。例如，即便是一个小城市也可以发行多种未到期的票据和债券，相应的借款用来建设公路、下水道以及学校之类的设施。当你想到美国有多少这种小城市时，就会了解为什么债券市场会如此巨大。

因为债券市场几乎完全就是场外交易市场，在历史上它的透明度很低甚至不透明。如果能够很容易地观察市场价格和交易量信息，金融市场就是透明的。例如，在纽约证券交易所，每一笔交易的价格和数量都是可以看到的。相反，在债券市场上，这些往往都是不可能观察到的。交易由双方私下协商，很少或者几乎没有集中报告的交易。

虽然债券的交易量远远超过股票的交易量，但在特定的某一天，所有已发行的债券中仅有一小部分实际进行了交易。这一事实加上债券市场缺乏透明度，意味着获取单只债券的最新价格是很困难或者不可能的，尤其是对小企业债券或市政债券而言。相反，各种各样的估算债券价格的渠道大量存在并且被普遍采用。

债券报价

2002 年，公司债券市场的透明度开始大幅提高。根据新的法规，公司债券交易商现在必须通过交易报告与合规引擎系统（Trade Report and Compliance Engine，TRACE）上报交易信息。截至 2010 年，已报告交易和价格数据的公司债券数量超过 29 000 只，这些基本上就是所有公开交易的公司债券。

TRACE 债券报价可以在 http://finra-markets. morningstar. com/MarketData/Default. jsp 上获取。我们登录该网站并输入“Deere”——一家知名的环保拖拉机制造商，共发现 8 只未到期的债券。以下是你可以看到的有关债券的所有信息。

Issuer Name	Symbol	Callable	Sub-Product Type	Coupon	Maturity	Ratings Moody	S&P	Fitch	Last Sale Price	Yield
DEERE & CO	DE.GF		Corporate Bond	8.100	05/15/2030	A2	A		140.334	
DEERE & CO	DE.GG		Corporate Bond	7.125	03/03/2031	A2	A		135.183	
DEERE & CO	DE.LY		Corporate Bond	4.375	10/16/2019	A2	A		107.227	2.296
DEERE & CO	DE.LZ		Corporate Bond	5.375	10/16/2029	A2	A		117.948	3.689
DEERE & CO	DE.GB		Corporate Bond	8.500	01/09/2022	A2	A		130.642	
DEERE & CO	DE3863463	Yes	Corporate Bond	2.600	06/08/2022	A2	A		99.979	2.603
DEERE & CO	DE3863464	Yes	Corporate Bond	3.900	06/09/2042	A2	A		96.936	4.091
DEERE & CO	DE.GC		Corporate Bond	6.550	10/01/2028	A2	A		127.591	3.778

如果你进入该网站并点击某一具体的债券，将获取很多关于这种债券的信息，包括信用评级、赎回计划、原始发行信息以及交易量信息等。例如，当我们检索后看到，上面列出的第一只债券已有两周未进行交易。

如图5－3所示，美国金融业监管局（Financial Industry Regulatory Authority, FINRA）通过报告最活跃的债券，提供了TRACE系统数据的每日快照。所报告的信息大多一目了然。我们可以发现苹果公司债券这一天的价格上涨了1.681%。你认为该债券的到期收益率会有什么变化？图5－3主要关注最活跃的投资级债券，但最活跃的高收益和可转换债券的信息也可在该网站上查到。

Most Active Investment Grade Bonds

Issuer Name	Symbol	Coupon	Maturity	Moody's/S&P /Fitch	High	Low	Last	Change	Yield%
APPLE INC	AAPL4336433	4.650%	02/23/2046	Aa1//	103.85715	100.41000	101.71300	1.681000	
Bank of America Corporation	BAC.GUK	5.625%	10/14/2016	Baa1/BBB+/A	103.00501	102.36550	102.79910	-0.205909	1.229397
ANHEUSER-BUSCH INBEV FIN INC	BUD4327591	2.650%	02/01/2021	//	102.71810	100.67200	101.15700	0.393000	2.396091
ANHEUSER-BUSCH INBEV FIN INC	BUD4327481	3.650%	02/01/2026	//	104.91223	102.12000	102.86600	0.596000	3.301977
BARCLAYS PLC	BCS4220957	2.000%	03/16/2018	Baa3//A	99.05000	98.54400	98.66600	0.440000	2.668243
INTERNATIONAL BUSINESS MACHS CORP	IBM4336427	3.450%	02/19/2026	//A+	101.14500	99.64800	100.57500	0.927000	
APPLE INC	AAPL4336435	2.250%	02/23/2021	Aa1//	101.71500	100.40000	100.88300	0.452000	
MORGAN STANLEY	MS4329522	3.875%	01/27/2026	A3//A	102.10400	101.39100	102.10400	0.488000	3.620553
APPLE INC	AAPL4336438	1.700%	02/22/2019	Aa1//	101.17200	100.26600	100.62200	0.022000	
CITIGROUP INC	C.ALY	4.500%	01/14/2022	Baa1/BBB+/A	108.04267	106.66005	107.47800	0.287000	3.100941

图5－3 TRACE债券报价样本

资料来源：美国金融业监管局报告的TRACE价格。

如前所述，美国国债市场是世界上最大的证券市场。与一般的债券市场一样，美国国债市场也是一个场外交易市场，所以透明度有限。然而，与一般债券市场不同的是，国债尤其是最近发行的国债交易非常频繁。每一天，未到期国债的基准价格都会报告。

图5－4显示了每日国债列表的一部分，数据来自WSJ.com。查询表格中以“02/15/2026”开头的一行。从左到右阅读，“02/15/2026”表明该债券的到期时间是2026年2月15日，1.625表明债券的票面利率为1.625%。

接下来的两个价格信息是买入价（bid price）与卖出价（asked price）。一般来说，在任何一个场外交易或证券交易市场，买入价代表了证券交易商愿意买入证券的价格，卖出价则是证券交易商愿意卖出证券的价格。这两个价格的差异称为买卖价差（bid-ask spread），它代表了证券交易商的利润。

国债都是按面值的百分比报价的。2026年2月15日到期的债券的买入价是98.875，也就是说，对于面值为1 000美元的该债券，买入价是988.75美元。卖出价，也就是交易商愿意卖出该债券的价格为98.890 6，即988.906美元。

Treasury Bonds

Maturity	Coupon	Bid	Asked	Chg	Asked yield
3/31/2016	2.375	100.1953	100.2109	-0.0313	0.34
1/31/2017	0.875	100.2813	100.2969	0.0078	0.558
4/15/2018	0.75	99.9219	99.9375	-0.0547	0.779
4/30/2018	0.625	99.6328	99.6484	-0.0703	0.787
5/15/2019	3.125	106.8984	106.9141	-0.0625	0.945
5/31/2020	1.375	100.8594	100.875	-0.0625	1.164
6/30/2021	2.125	104.1563	104.1719	0.0156	1.315
8/15/2022	7.25	135.8906	135.9063	-0.0313	1.429
8/15/2023	2.5	106.8125	106.8281	0.0625	1.531
11/15/2024	2.25	104.5078	104.5234	0.125	1.69
8/15/2025	6.875	145.0703	145.0859	0.0469	1.705
2/15/2026	1.625	98.875	98.8906	0.1172	1.747
2/15/2027	6.625	147.7656	147.8281	0.1094	1.804
8/15/2028	5.5	139.5156	139.5781	0.1406	1.919
2/15/2029	5.25	137.6094	137.6719	0.1328	1.951
5/15/2030	6.25	152.7344	152.7969	0.1641	1.975
2/15/2031	5.375	143.5625	143.625	0.2422	1.992
2/15/2036	4.5	138.2656	138.3281	0.3906	2.134
2/15/2037	4.75	142.6641	142.7266	0.3594	2.197
2/15/2038	4.375	136.2188	136.2813	0.4375	2.269
8/15/2039	4.5	138.0625	138.125	0.4688	2.373
5/15/2040	4.375	135.6797	135.7109	0.3984	2.419
11/15/2041	3.125	112.1641	112.1953	0.4766	2.481
8/15/2042	2.75	104.0234	104.0547	0.5156	2.539
5/15/2044	3.375	116.7656	116.7969	0.5859	2.538
8/15/2045	2.875	105.6484	105.6797	0.5781	2.598
11/15/2045	3	108.4844	108.5156	0.6016	2.588
2/15/2046	2.5	97.8281	97.8594	0.5391	2.603

图5-4 《华尔街日报》中列出的美国国债报价样本

资料来源：The Wall Street Journal，February 19，2016.

接下来一个数字表示当天卖出价与前一天卖出价的变动，按面值的百分比来衡量，所以这种债券的卖出价与前一天相比升了0.117 2%，即1.172美元。最后的一个数字是基于卖出价计算的到期收益率。请注意这是一只折价债券，因为它的售价低于面值。这并不奇怪，因为它的到期收益率（1.747%）要高于票面利率（1.625%）。

列表中的最后一种债券——“02/15/2046”——通常称为“领头羊”债券。这种债券的收益率通常会出现在晚间新闻的报道中。所以，当你听到长期利率上升时，就意味着该债券的收益率上升了（而它的价格下跌了）。

考察图 5-4 中各种债券的收益率，将清楚地看到收益率随着到期时间的不同而有所差异。为什么会发生这种情况，这可能意味着什么，将是我们下一节中讨论的问题。政府债券（也称主权债券）的收益率也会因发行国不同而有所差异。下表列示了若干国家的 10 年期政府债券收益率。政府债券收益率会根据违约风险和汇率风险（本书后面将讨论）的不同而变化。

	收益率（%）
瑞士	−0.36
日本	0.00
德国	0.20
英国	1.41
美国	1.75
澳大利亚	2.43
墨西哥	3.96
巴西	6.87
希腊	10.25

资料来源：www.bloomberg.com，February 19，2016.

例 5.4　国债报价

找到图 5-4 中到期日为 2019 年 5 月 15 日的国债。它的票面利率是多少？买入价是多少？前一日的卖出价又是多少？

标识为“05/15/2019”的债券就是我们要找的债券，其票面利率是面值的 3.125%。买入价是 106.898 4，即面值的 106.898 4%。当天的卖出价是 106.914 1，相对于前一天下跌了 0.062 5。这意味着前一天卖出价是 106.914 1+0.062 5=106.976 6。

关于债券报价的说明

如果你在两个票息支付日之间购买了一只债券，你支付的价格通常比你看到的报价要高。原因在于，债券市场的标准惯例是报价并不包含“应计利息”，这意味着扣除了应计利息之后的价格才是报价。这种报价称为**净价**（clean price）。然而，你实际支付的价格要包含应计利息。这一价格是**含息价**（dirty price），也称为全价（full price）或发票价（invoice price）。

理解这一问题最简单的方法就是举例说明。假设你购买了一只票面利率为 12%的债券，每半年付息一次。你购买该债券时实际支付 1 080 美元，所以 1 080 美元是含息价或发票价。进一步地，你的购买日距离下一付息日还有 4 个月，所以购买日处于两个付息日之间。请注意下一次的票息额为 60 美元。

计算债券的应计利息应考虑票息支付期已过了多久，在本例中 6 个月的支付期已过去了 2 个月，所以，这个例子中的应计利息为 2/6×60=20 美元。债券的报价（即它的净价）应是1 080－20＝1 060美元。[①]

5.6 通货膨胀与利率

到目前为止，我们尚未考虑通货膨胀对之前讨论的利率、收益率以及收益的影响。由于通货膨胀是一个非常重要的因素，接下来将讨论通货膨胀对债券估值的影响。

实际利率与名义利率

在考察利率或其他金融市场利率（如折现率、债券收益率、收益率以及必要收益率）时，我们往往需要区别**实际利率**（real rates）与**名义利率**（nominal rates）。名义利率之所以是名义上的，是因为它没有经过通货膨胀调整。实际利率则是经过通货膨胀调整后的利率。

为了观察通货膨胀的效应，假设价格每年上涨5%，即通货膨胀率是5%。某项待实施的投资项目当前成本是100美元，预计1年后的价值为115.50美元。请注意该项目现值为100美元，而一年后的价值为115.50美元，因而这项投资的收益率为15.5%。但在计算15.5%的收益率时，我们并没有考虑通货膨胀效应，所以15.5%是名义收益率。

通货膨胀会对投资产生怎样的影响呢？为了回答这一问题，假设在年初每张比萨的成本是5美元。100美元可以购买20张比萨。由于通货膨胀率是5%，比萨在年末的价格将会上涨5%，达到5.25美元。如果我们采纳了上述投资项目，那么在年末能购买多少张比萨？以比萨来衡量，投资的收益率是多少？

我们投资获得的115.50美元将可以购买115.50/5.25＝22张比萨，超过20张比萨的购买力，所以用比萨数量来衡量的收益率是10%。这一例子说明的是，尽管我们的投资的名义收益率是15.5%，但由于通货膨胀的缘故，我们的购买力仅仅上升了10%。换句话说，我们的财富实际上只增加了10%。在这种情况下，我们说实际收益率为10%。

另一种计算方法是，在5%的通货膨胀率下，获得115.50美元名义上的货币要比实际上的价值低5%，所以我们的投资在一年后的真实货币价值为：

$$\$115.50/1.05=\$110$$

我们所做的就是将115.50美元挤去5%的水分。由于我们放弃了当前购买力下的100美元而获得了相当于110美元的收益，因此我们的实际收益率就是10%。因为此处我们已经剔除了未来通货膨胀率的影响，所以这110美元是用当前货币来度量的。

---

① 应计利息的计算方法实际上取决于债券类型，例如，国债和公司债券的应计利息计算方法就存在差异。差异的产生源于计息时间的差别。在上面的例子中，我们默认每个月的天数是相同的（即每月30天，一年360天），这与公司债券价格的计算方式是一致的。相反，对于国债报价的计算使用的却是实际天数。

名义利率和实际利率之间的差别非常重要，值得再次强调：

一项投资的名义利率是指你拥有的货币数量的变化比例。

一项投资的实际利率则是指你的货币能购买多少东西的变化比例，换句话说，就是你的购买力的变化比例。

费雪效应

我们所讨论的实际利率与名义利率之间的关系通常称为**费雪效应**（Fisher effect），以纪念伟大的经济学家欧文·费雪（Irving Fisher）。由于投资者最终关心的是他们的货币的购买力，因而要求对通货膨胀进行补偿。以 R 代表名义利率，r 代表实际利率。费雪效应向我们揭示了名义利率、实际利率和通货膨胀之间的关系：

$$1+R=(1+r)\times(1+h) \tag{5.2}$$

式中，h 为通货膨胀率。

在前面的例子中，名义利率为 15.50%，通货膨胀率为 5%，那么实际利率是多少？我们可以通过代入这些数值进行求解：

$$1+0.1550=(1+r)\times(1+0.05)$$
$$1+r=1.1550/1.05=1.10$$
$$r=0.10 \text{ 或 } 10\%$$

计算得到的实际利率与我们之前得到的数值相同。如果再看看费雪效应，我们可以将其稍做整理如下：

$$1+R=(1+r)\times(1+h)$$
$$R=r+h+r\times h \tag{5.3}$$

这表明名义利率实际上由三部分构成。第一部分是投资的实际收益率 r。第二部分是针对初始投资额由于通货膨胀所造成的价值贬值而做出的补偿，即 h。第三部分是对投资所赚取的收益由于通货膨胀所造成的贬值而做出的补偿。

第三部分数值通常较小，往往忽略不计。因此名义利率近似等于实际利率加上通货膨胀率：

$$R\approx r+h \tag{5.4}$$

费雪的观点是，投资者并不愚蠢。投资者知道通货膨胀会降低购买力，因此会在借款之前要求提高名义利率。费雪的这一假说通常称为费雪效应，可以表述为：

通货膨胀率上升会导致名义利率随之上升，使实际利率维持不变。换句话说，实际利率并不随着通货膨胀率而变化。

例 5.5 费雪效应

如果投资者要求 2%的实际利率，而通货膨胀率为 8%，那么近似的名义利率是多少？精确的名义利率是多少？

首先，名义利率近似等于实际利率与通货膨胀率之和：2%+8%=10%。根据费雪效应，可得：

$$\begin{aligned}1+R &=(1+r)\times(1+h)\\ &=1.02\times1.08\\ &=1.101\,6\end{aligned}$$

因此，名义利率实际上更接近于10.16%。此例中，当通货膨胀率预期出现严重负值的极端情况时，你可发现负名义利率产生了。

需要重点指出的是，财务上所说的比率诸如利率、折现率以及收益率，几乎都是以名义利率的形式表示的。为了时刻提醒你这一点，我们将在此后的讨论中使用符号 R 而不是 r 来表示这些比率。

5.7 债券收益率的影响因素

现在我们讨论债券收益率的影响因素。我们将看到，任何特定债券的收益率都受多种因素影响，有些因素影响所有的债券，而有些因素只影响特定的债券。

利率的期限结构

在任何一个时点上，短期利率和长期利率一般来说都是不同的。有时，短期利率更高，有时则更低。图 5－5 显示了大约两个世纪以来长短期利率的变化情况。如图所示，纵观历史，短期利率与长期利率的差异实际上在零到几个百分点之间波动，有正有负。

短期利率和长期利率之间的关系称为**利率的期限结构**（term structure of interest rates）。更确切地说，利率的期限结构反映了所有期限的无违约风险的（default-free）、纯贴现的（pure discount）债券的名义利率。在本质上，这些利率是“纯粹”的利率，因为它们不存在违约风险，且只需在未来付款一次。换句话说，期限结构体现了货币在不同期限的纯时间价值。

当长期利率高于短期利率时，我们说期限结构是向上倾斜的；而当短期利率更高时，期限结构就是向下倾斜的。期限结构也可能是“驼峰形的”。这种期限结构之所以会出现，通常是因为从更长的期限来看，利率刚开始是上升的，但随后开始下降。最常见的期限结构形状是向上倾斜的（尤其是在现代），但是倾斜程度变化很大。

是什么决定了利率期限结构的形状？这里有三个基本影响因素。前两个因素是我们在上一节讨论过的实际利率和通货膨胀率。实际利率是投资者放弃资金使用权而要求的补偿，可将其视为经过通货膨胀调整后货币的纯时间价值。

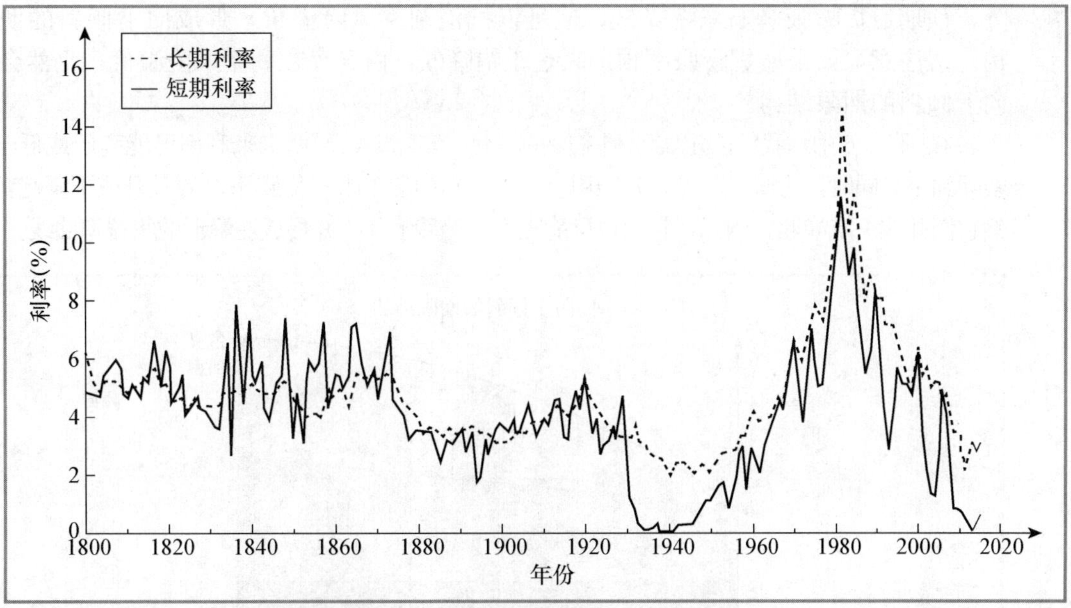

图 5-5 美国利率：1800—2015 年

资料来源：Jeremy J. Siegel，*Stocks for the Long Run*，4th edition，© McGraw-Hill，2008. 作者对数据进行了更新。

实际利率是各种利率的基本要素，与到期时间无关。当实际利率较高时，所有的利率都会更高，反之亦然。事实上，实际利率并不会决定期限结构的形状。相反，它主要影响利率的总体水平。

未来通货膨胀的预期对利率期限结构的形状的影响非常大。在考虑将钱以不同期限借出时，投资者会意识到未来的通货膨胀将使得收回的还款面临贬值损失。鉴于此，投资者会要求更高的名义利率来补偿。这种额外的补偿称为**通货膨胀溢价**（inflation premium）。

如果投资者认为未来的通货膨胀率将更高，那么长期名义利率就会高于短期利率。因此，向上倾斜的期限结构或许反映的是通货膨胀预期会加剧。类似地，向下倾斜的期限结构很可能反映的是通货膨胀预期会减弱。

最后，期限结构与利率风险有关。正如本章前面所讨论的，长期债券因利率变动而导致损失的风险要远远大于短期债券。一旦投资者意识到这种风险，就会要求更高的利率作为额外补偿。这种额外补偿称为**利率风险溢价**（interest rate risk premium）。到期期限越长，则利率风险越大，因此利率风险溢价随着到期时间而增加。然而，正如前文所述，利率风险在以递减的速度增长。利率风险溢价亦是如此。①

总体而言，我们可以看到，期限结构受实际利率、通货膨胀溢价以及利率风险溢价的综合影响。图 5-6 显示了这些因素如何相互作用形成向上倾斜的期限结构（图 5-6 的上半部分）或向下倾斜的期限结构（图 5-6 的下半部分）。

在图 5-6 的上半部分，通货膨胀预期渐强。同时，利率风险溢价在以递减的速度增长。在二者的综合影响之下，形成了明显向上倾斜的期限结构。在图 5-6 的下半部

① 过去，利率风险溢价称为流动性溢价。现在，流动性溢价具有完全不同的含义，我们将在下一部分进行研究。同时，利率风险溢价有时称为到期风险溢价。本书中的术语与现代期限结构的观点一致。

分，预期通货膨胀率未来将降低，这足以抵消利率风险溢价，形成向下倾斜的期限结构。请注意，如果通货膨胀率预期只是小幅降低，由于存在利率风险溢价，仍然会得到向上倾斜的期限结构。

在图5-6中，我们假定实际利率保持不变。实际上，预期未来利率可能高于或低于当前实际利率。同时，为简单起见，我们用直线表示预期的未来通货膨胀率的上升或下降趋势，虽然它们并非一定如此。例如，它们也可能先上升然后下降，并形成驼峰形的收益率曲线。

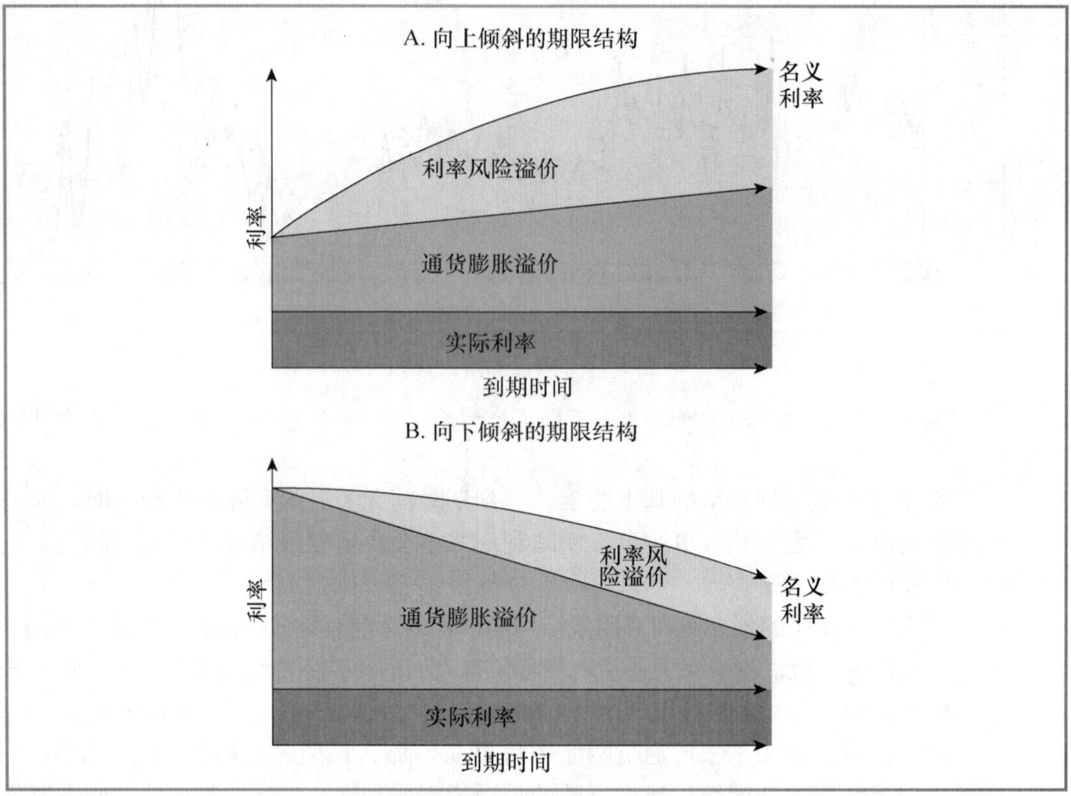

图5-6 利率的期限结构

债券收益率与收益率曲线的综合影响

回到图5-4，回忆一下国债收益率随着到期时间不同而不同。除了提供如图5-4所示的国债价格和收益率，美国财政部网站每天还会提供一张国债收益率相对于到期时间关系的图。这张图叫作**国债收益率曲线**（Treasury yield curve，简称收益率曲线）。图5-7显示的是2016年2月的收益率曲线。

你现在可能怀疑，收益率曲线的形状是利率期限结构的反映。事实上，国债收益率曲线和利率期限结构几乎是一样的。唯一的区别在于，期限结构是以纯贴现债券的收益率为基础，收益率曲线则是基于附息债券的收益率。因此，国债收益率同样取决于构成期限结构的三个决定因子——实际利率、预期的未来通货膨胀以及利率风险溢价。

中期国债和长期国债有三个需要特别指出的重要特征：无违约风险、应税以及高流动性。并非一般的债券都具备这些特征，所以在研究公司债券或市政债券时，还需考察其他影响因素。

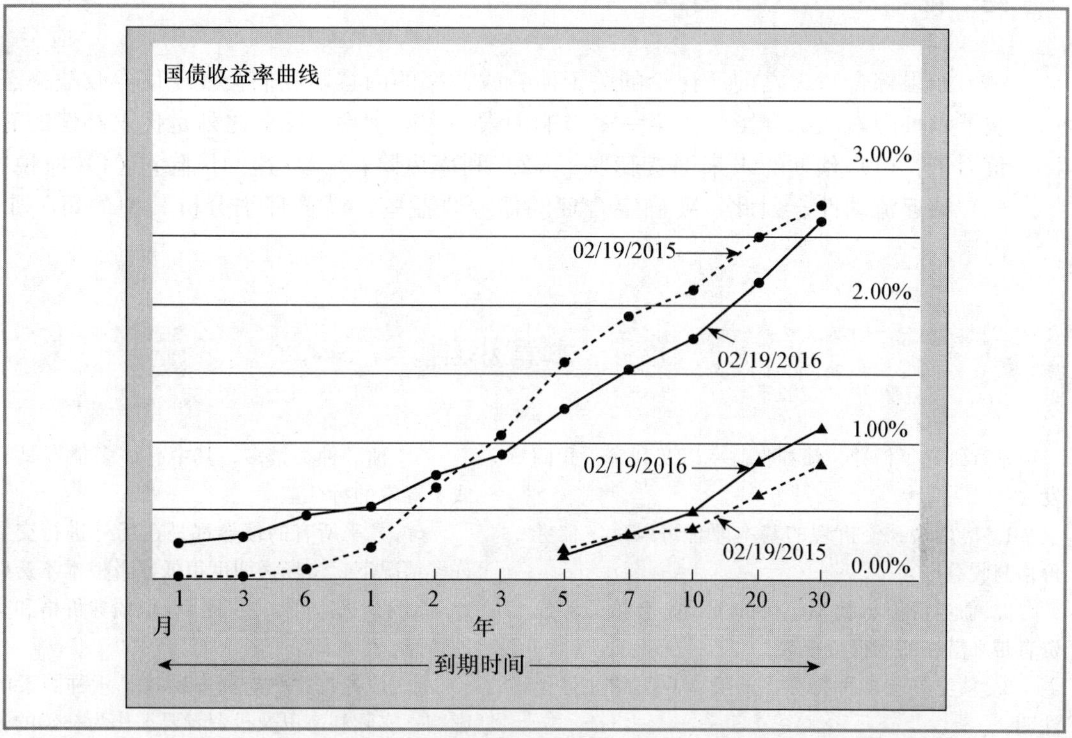

图 5-7　国债收益率曲线：2016 年 2 月 19 日

资料来源：https://www.treasury.gov/resource-center/data-chart-center/interest-rates/Pages/Historic-Yield-Data-Visualization.aspx，February，2016.

首先要考虑的是信用风险，即违约的可能性。投资者知道除了财政部，其他债券发行人未必能够兑现还本付息的承诺，所以他们对这种风险会要求更高的收益率作为补偿。这种额外的补偿称为**违约风险溢价**（default risk premium）。如前文所述，债券是根据信用风险来评级的。如果你查看不同评级的债券就会发现，评级较低的债券具有更高的收益率。

债券收益率的一个关键假定是所有还本付息的承诺都能实现。因此，它实际上是承诺的收益率，投资者未必能够达到该收益率水平。特别是如果发行人违约，投资者的实际收益率很可能大大降低。垃圾债券的这一特征尤为明显。将利用营销手段承诺高收益的债券称为高收益债券似乎更加贴切，但现在你会认识到这些收益实际上只是承诺而已。

接下来，回顾前文所述，市政债券可以免征大部分税收并因此具有比应税债券明显更低的收益率。投资者对于应税债券的税收劣势会要求额外的收益率来作为补偿。这种额外的补偿就是**税负溢价**（taxability premium）。

最后，债券有不同程度的流动性。正如我们前面所讨论的，对于当前发行的大量债券而言，其中大部分的交易都是不定期的。因此，如果你想迅速脱手，可能难以获得好价格。投资者更加青睐流动性好而不是流动性差的资产，即他们要求**流动性溢价**（liquidity premium），而且要求的流动性溢价在我们前面讨论的所有溢价中是最高的。因此，同等情况下，流动性差的债券要比流动性好的债券具有更高的收益率。

结　论

如果综合考虑之前所讨论的关于债券收益率的内容，我们会发现债券收益率至少反映了六种因素的综合影响。第一个影响因素是实际利率。除此之外是代表补偿的五种溢价因子：（1）预期的未来通货膨胀；（2）利率风险；（3）违约风险；（4）应税特征；（5）缺乏流动性。因此，要确定合理的债券收益率，就要仔细分析其中的每一个影响因素。

本章小结

本章研究了债券、债券收益率以及利率。我们发现：

1. 应用现金流折现的基本原理可以确定债券价格与收益率。

2. 债券价值与利率呈反向关系，会给债券投资者带来潜在的利得或损失。

3. 债券具有多种特征，一般会在契约文件上注明。

4. 债券基于违约风险来评级。有一些债券（如国债）没有违约风险，而垃圾债券有较高的违约风险。

5. 债券种类繁多，其中有许多债券具有特别或不寻常的特征。

6. 几乎所有的债券都是在场外进行交易，在许多情况下，市场透明度很低或者根本不透明。因此，对于一些债券，将很难获取债券价格和交易量的信息。

7. 债券收益率与利率反映了六种因素的综合影响：实际利率以及投资者要求作为补偿的通货膨胀、利率风险、违约风险、应税特征、缺乏流动性等五种溢价因子。

概念性思考题

1. **国债**　美国国债是无风险的，对吗？

2. **利率风险**　哪一种债券具有更大的利率风险，3年期的国债还是30年期的BB级公司债券？

3. **国债定价**　关于国债的买入价和卖出价，买入价有可能更高吗？请解释原因。

4. **到期收益率**　国债的买入或卖出报价有时会提供收益率，其中可能包括买入收益率和卖出收益率。你认为哪个收益率更高？请解释原因。

5. **赎回条款**　一家公司正在考虑发行长期债券。公司内部就是否要包含赎回条款展开了争论。包含赎回条款对公司而言有何好处？会带来何种成本？如果是包含回售条款，答案会有什么变化？

6. **票面利率**　债券发行人如何为发行的债券确定一个合理的票面利率？请解释债券的票面利率与必要收益率的区别。

7. **实际收益率与名义收益率**　是否存在令投资者更关心投资的名义收益率而不是实际收益率的情形？

8. **债券评级**　许多公司会花钱聘请评级机构如穆迪和标准普尔来对债券评级，这往往成本不菲。然而，公司并未被要求进行债券评级，这么做完全是自愿的。你认为这些公司为什么要这么做？

9. **债券评级**　美国国债没有评级。为什么？通常来说，垃圾债券也没有评级。为什么？

10. **期限结构**　利率期限结构与收益率曲线的区别是什么？

11. **交叉债券**　回顾我们在本章中讨论的交叉债券，你认为为什么会出现这种“分歧评级”？

12. **市政债券**　为什么市政债券在联邦层面不需要纳税，而在州层面需要纳税？为什么美国国债在州层面不需要纳税？（对于这个问题，你可能需要查阅已被束之高阁的历史书。）

13. **债券市场** 债券市场缺乏透明度对投资者而言意味着什么？

14. **国债市场** 回顾图5-4，请注意票面利率的分布范围很广。为什么它们会有如此大的差异？

15. **评级机构** 当一些评级机构提供自发的债券评级时，其行为往往会引发争议。你认为为什么会存在争议？

16. **作为权益的债券** 我们在本章中讨论的100年期债券与垃圾债券有一些共同点。批评家指出，在这两种情况下，发行人实际上都是在变相出售股权。这种债券到底是什么？为什么公司想出售“变相的权益”？

17. **债券价格与债券收益率**

a. 债券价格与到期收益率之间是什么关系？

b. 请解释为什么有些债券以高于面值的溢价销售而有些债券是折价销售。你认为溢价债券的票面利率与到期收益率是何种关系？对于折价债券而言，二者关系又是怎样的？对于平价债券呢？

c. 溢价债券的当期收益率与到期收益率是何种关系？对于折价债券，这种关系又是怎样的？对于平价债券呢？

18. **利率风险** 在相同情况下，哪一种债券的利率风险更高，长期债券还是短期债券？低票息债券还是高票息债券？长期的高票息债券还是短期的低票息债券？

练习题

1～9题为基础题；10～16题为中级题；17～23题为提高题。

1. **债券估值** Microhard公司发行了一只具有以下特征的债券：

面值：1 000美元

到期期限：30年

票面利率：7%

每半年付息一次

计算这只债券的价格，如果其到期收益率分别为：

a. 7%。

b. 9%。

c. 5%。

2. **债券收益率** Skolits公司两年前发行了一只票面利率为5.1%的15年期债券。这种债券每半年付息一次。如果这只债券目前按照面值105%的价格销售，请问它的到期收益率是多少？

3. **票面利率** Lydic公司在市场上发行了一只期限为12.5年、到期收益率为6.4%、面值为1 000美元的债券，其当前价格为1 040美元。该债券每半年付息一次。那么这只债券的票面利率是多少？

4. **计算实际收益率** 如果短期国债的当前利率为4.8%，通货膨胀率为2.7%，那么实际利率的近似值是多少？精确值又是多少？

5. **通货膨胀与名义收益率** 假设实际利率为1.8%，通货膨胀率为3.4%。你希望短期国债的利率是多少？

6. **名义收益率与实际收益率** 假设你拥有的一项资产去年的总收益率为11.4%。如果去年的通货膨胀率为3.9%，那么你的实际收益率是多少？

7. **零息债券** 一只零息债券面值为10 000美元，期限17年，如果到期收益率为4.9%，那么其价格是多少？假设每半年付息一次。

8. **债券估值** Mycroft公司有只流通在外的债券，面值为2 000美元，票面利率为4.9%，每半年付息一次，期限13年。到期收益率为3.8%。这只债券的价格是多少？

9. **使用国债报价信息** 找到图5-4中到期时间为2028年8月的国债。这是一只溢价债券还是折价债券？它的当期收益率是多少？它的到期收益率是多少？买卖价差又是多少？假设面值为1 000美元。

10. **债券价格变动** Miller公司发行了一只每半年付息一次的溢价债券。这只债券的票面利率为8.2%，到期收益率为6.2%，13年后到期。Modigliani公司则发行了一只每半年付息一次的折价债券。这只债券的票面利率为6.2%，到期收益率为8.2%，同样还有13年到期。如果利率保持不变，你预期这两只债券从现在算起1年后的价格各是多少（两只债券面值均为1 000美元）？3年后呢？12年后呢？13年后呢？你可以发现什么规律？请通过作图描绘债券价格与到期时间的关系来说明你的答案。

11. **利率风险**　Laurel公司和Hardy公司都有一只票面利率为6.5%的未到期债券，每半年付息一次，并且都是按照面值1 000美元来定价。Laurel公司债券4年后到期，Hardy公司债券还有23年才到期。如果利率突然上升2%，那么这两种债券的价格的变化比例将各是多少？反之，如果利率突然下降2%，此时这两种债券的价格的变化比例又将各是多少？请通过作图描绘债券价格与到期收益率的关系来说明你的答案。关于长期债券的利率风险，这个练习题说明了什么？

12. **债券收益率**　Binino软件公司在市场上有一只票面利率为6.4%，11年后到期的债券。这种债券每半年付息一次，目前按照面值108%的价格销售。请问这只债券的当期收益率是多少？到期收益率是多少？实际年收益率是多少？

13. **应计利息**　你购买了一只发票价为945美元的债券。这只债券的票面利率为6.8%，距离下一个半年期利息支付日还有两个月。请问这只债券的净价是多少？

14. **计算债券到期时间**　Cavo公司有一只票面利率为6.3%按年付息的债券，其到期收益率为7.14%。这只债券的当期收益率为6.95%。请问该债券目前距离到期还有多少年？

15. **计算到期时间**　你刚刚在市场上发现了一只票面利率为10%的债券正以面值销售。请问这只债券的到期时间是多久？

16. **债券收益率的构成**　债券P是一只票面利率为8.4%的溢价债券。债券D是一只票面利率为5.6%的债券，目前正在折价出售。这两种债券都是按年付息，到期收益率为7%，并且都是8年后到期。请问债券P的当期收益率是多少？债券D呢？如果利率保持不变，请问债券P下一年度的预期资本收益率（expected capital gains yield）是多少？债券D呢？请对你的答案以及各类收益率之间的相互关系进行解释。

17. **持有期收益率**　债券的到期收益率是指在利率不变的情况下，你持有债券一直至到期日所获得的收益率。如果你实际上在债券到期前出售了债券，所实现的收益率就是持有期收益率（holding period yield，HPY）。

a. 假设你今天以865美元的价格购买了一只每年按照5.5%的利率支付利息的债券。这只债券21年后到期。请问你预期可从投资中获取的收益率是多少？

b. 从现在算起的2年后，你的债券到期收益率已下降了1%，而你决定出售该债券。请问你的债券将以什么价格销售？你的这项投资的持有期收益率是多少？请比较这一收益率与你刚开始购买该债券时的到期收益率。它们有什么区别？

18. **债券估值**　Grimm公司目前有两只不同的未到期债券。债券M的面值为20 000美元，20年后到期。该债券前6年不支付利息，此后8年每6个月都将支付800美元的利息，而在最后的6年每6个月将支付1 000美元的利息。债券N的面值同样为20 000美元，20年后到期。该债券在存续期内都不支付利息。如果这两只债券按半年计算的必要收益率是5.9%，那么债券M的当前价格是多少？债券N呢？

19. **赎回特征估值**　有些国债在某个时间点可以赎回。请考虑以下三只国债2016年2月24日的价格：

5.50	5月20日	106.321 50	106.375 00	−0.406	5.28
7.60	5月20日	103.120 00	103.500 00	−0.094	5.24
8.40	5月20日	107.987 50	108.218 75	−0.406	5.32

第2只债券在2017年2月是可赎回的。请问可赎回特征隐含的价值是多少？

（提示：有没有办法将两只不可赎回的债券混合并生成一种具有相同票息的可赎回债券？）

20. **国债**　以下国债报价信息出现在2004年5月11日的《华尔街日报》上：

9.125	5月9日	100.03	100.04	…	−2.15

为什么会有人购买到期收益率为负数的债券？为什么这是可能的？

21. **实际的现金流**　在玛丽莲·梦露去世后，她的前夫乔·迪马乔发誓说，只要他活着，每个星期天都要放一束鲜花在她墓前。在梦露1962年去世后的当周，这位前棒球运动员为梦露送上一束合适的鲜花大约花费5美元。基于精算表的分析，乔预计在梦露去世后自己还将在世30年。假设实际年利率为5.5%。同时，假设当采用实际年利率来表示时，鲜花价格每年上涨2.9%。假设每一年正好是52周，这一承诺的现值是多少？乔在梦露去世后的当周开始买花。

22. **实际的现金流**　你正在计划为30年后退休进行储蓄。为了退休储蓄计划，你每月将700美元现金存入股票账户，将325美元现金存入债券账户。股票账户的实际年利率预计为12%，而债券账户的收益率为7%。当你退休时，你将所有的钱汇总到一个账户并获得8%的实际收益率。在此期间通货膨胀率预计为4%。假设取款期为25年，请问你每个月能够从账户中实际领取多少钱？你最后一次取款的名义金额是多少？

23. **实际的现金流**　保罗·亚当斯在洛杉矶市区拥有一家健身俱乐部。他向顾客收取的年费为800美元，目前已有525个顾客。保罗计划以每年6%的比例提高俱乐部年费，并且预计在未来5年俱乐部的会员将按照每年3%的固定比例增长。健身俱乐部每年的运营支出为8万美元，并且预计每年按照通货膨胀率2%的比例增长。5年后，保罗计划花40万美元购买一艘豪华游艇，关闭健身俱乐部，然后驾驶游艇环游世界享受余生。保罗如果想在去世前花光所有积蓄，每年能够花在环球旅行上的钱是多少？假设保罗还有25年的寿命并且他的储蓄年收益率为9%。

网络资源

1. **债券报价**　你可以在finra-markets. morningstar. com/MarketData/Default. jsp上找到当前的债券价格信息。你若要找Georgia Pacific公司所发行债券的价格和债券收益率，可以输入股票代码“GP”进行搜索。Georgia Pacific公司所发行的尚未到期的债券中，哪一只债券的到期时间最短？哪一只债券的到期时间最长？Georgia Pacific公司债券的信用评级如何？是否所有的债券具有相同的信用评级？你认为这是为什么？

2. **收益率曲线**　你可以在money. cnn. com上找到最新的债券收益率信息。请找到美国国债的收益率曲线。收益率曲线一般是什么形状？这意味着预期的未来通货膨胀会是怎样的？现在请为评级为AAA，AA，A的公司债券绘制收益率曲线。公司收益率曲线与国债收益率曲线是一样的形状吗？请解释原因。

3. **违约溢价**　圣路易斯联邦储备委员会（St. Louis Federal Reserve Board）在它的网站www. stlouisfed. org上用文档列出了历史利率信息。找出“FRED”数据的链接，获取穆迪每一季度评级为Aaa的公司债券的收益率以及穆迪每一季度评级为Baa的公司债券的收益率。通过计算Aaa级债券收益率与Baa级债券收益率的差异就可以算出违约溢价。请使用这两类债券最近36个月的数据计算违约溢价。你认为违约溢价是否每个月都相同？为什么？

章末案例

发行债券为东海岸游艇公司的扩张计划融资

在丹对东海岸游艇公司的外部融资需要量进行分析后（参见第3章的章末案例），拉丽莎已决定扩大公司的经营。她请丹去招募一家承销商帮助公司销售4 500万美元的30年期债券，从而为新的项目融资。丹已经开始与来自Crowe & Mallard公司的一个承销商雷娜塔·哈珀（Renata Harper）进行讨论，议题包括东海岸游艇公司应考虑的债券特征以及债券的票面利率可能是多少。虽然丹了解债券特征，但是并不确定其中一些特征的成本与收益，所以他不清楚每个特征会如何影响债券的票面利率。

1. 你是雷娜塔的助理，她请你为丹准备一份备忘录，描述以下每一个债券特征对于债券票面利率的影响。她希望你列出每个特征的优缺点。

a. 债券的担保，即是否有质押物。

b. 债券的优先权。

c. 设立偿债基金。

d. 包含具体赎回日期和赎回价格的赎回条款。

e. 伴随上述赎回条款的延迟赎回条款。

f. “保全”赎回条款。

g. 任何肯定性条款。同时，讨论一些东海岸游艇公司可能会考虑的肯定性条款。

h. 任何否定性条款。同时，讨论一些东海岸游艇公司可能会考虑的否定性条款。

i. 转换特征（请注意东海岸游艇公司并不是公开上市的公司）。

j. 浮动利率的票息。

丹也在考虑是否发行附息债券或零息债券。这两种债券发行时的到期收益率都将是5.5%。附息债券的票面利率为5.5%。公司的所得税税率为35%。

2. 东海岸游艇公司要发行多少附息债券才能筹措4 500万美元的资金？如果发行零息债券呢？

3. 如果东海岸游艇公司发行的是附息债券，在第30年时偿还的本金会是多少？如果发行零息债券呢？

4. 在选择发行附息债券还是零息债券时，公司主要考虑的因素有哪些？

5. 假设东海岸游艇公司发行了带有“保全”赎回条款的附息债券。“保全”赎回利率为国债利率加上0.40%。如果东海岸游艇公司在债券发行7年后赎回，此时国债利率为4.8%，那么债券的赎回价格是多少？如果国债利率是6.2%呢？

6. 带有“保全”赎回条款的债券是否能够使投资者真的得到保全？

7. 在考虑所有相关因素后，你会建议发行零息债券还是普通的附息债券？为什么？你会建议采用普通的赎回特征还是保全赎回特征？为什么？

第 6 章

股票估值

开篇故事

2016年2月19日股市收盘时，重型装备制造商卡特彼勒公司的普通股每股股价为65.40美元。就在同一天，著名酒店企业万豪国际（Marriott International）的股票收盘价为每股65.71美元，而软件公司红帽（Red Hat）的股票收盘价为每股65.90美元。因为这三家公司的股票价格是如此相近，你可能会认为它们将向股东发放类似的股利，但你错了。事实上，卡特彼勒公司的年度股利为每股3.01美元，万豪国际为每股0.95美元，而红帽公司则没有发放任何股利！

正如我们将在本章中看到的，公司目前支付的股利是我们在对普通股进行估值时考虑的主要因素之一。然而，从红帽公司来看，显然当前的股利并非故事的全部（它不是对股票进行估值的唯一因素）。本章将探索股利、股票价值以及两者之间的联系。

在第5章中，我们介绍了债券和债券估值。在本章中，我们将转而介绍公司融资的其他主要来源，即普通股股票和优先股股票。我们首先描述与股票有关的现金流量，然后引出著名的股利增长模型。在此基础上，我们将基于股东权利的视角，探讨普通股和优先股的各种重要特征。在本章的结尾，我们将讨论股票如何交易以及财经媒体如何报告股价和其他重要信息。

6.1 普通股的现值

股利与资本利得

本节的目标是对普通股进行估价。在前面的章节中我们已介绍，一项资产的价值是由其未来现金流量的现值决定的。股票可以产生两种现金流量：一是许多股票定期发放的股利；二是股东出售股票时得到的收入。因此，为了对普通股进行估价，我们需要回答一个有趣的问题：股票的价值等于下面的哪一种价值：

（1）下一期股利加上下一期股票价格总和的折现现值。

（2）所有未来股利的折现现值。

这类问题是学生们在选择题考试中喜欢看到的，因为（1）和（2）都是正确的。

为了说明（1）和（2）是一样的，我们首先以某个人购买并持有一年股票为例进行分析。换句话说，她有一年的持有期（holding period）。此外，她现在愿意为股票支付 P_0 的价格。也就是说，她按下式计算股价：

$$P_0=\frac{\text{Div}_1}{1+R}+\frac{P_1}{1+R} \qquad [6.1]$$

式中，Div_1 是年末支付的股利；P_1 是年末股价；P_0 是普通股投资的现值；分母中的 R 是合适的股票折现率。

这看起来很简单，但 P_1 是从哪里来的？P_1 不会无中生有。相反，必须有买方在一年后愿意以 P_1 的价格购买该股票。这个买方按下式来确定股价：

$$P_1=\frac{\mathrm{Div}_2}{1+R}+\frac{P_2}{1+R} \qquad [6.2]$$

将式 [6.2] 替代 P_1 的值代入式 [6.1] 可得：

$$\begin{aligned}P_0&=\frac{1}{1+R}\left[\mathrm{Div}_1+\left(\frac{\mathrm{Div}_2+P_2}{1+R}\right)\right]\\&=\frac{\mathrm{Div}_1}{1+R}+\frac{\mathrm{Div}_2}{(1+R)^2}+\frac{P_2}{(1+R)^2}\end{aligned} \qquad [6.3]$$

对于式 [6.3]，我们可以问一个类似的问题：P_2 是从哪里来的？一个投资者在第2年年末愿意支付价格 P_2 购买股票，那是因为考虑到第3年的股利和股价。这个过程可以循环往复。① 最终，我们可以得到：

$$P_0=\frac{\mathrm{Div}_1}{1+R}+\frac{\mathrm{Div}_2}{(1+R)^2}+\frac{\mathrm{Div}_3}{(1+R)^3}+\cdots=\sum_{t=1}^{\infty}\frac{\mathrm{Div}_t}{(1+R)^t} \qquad [6.4]$$

因此对投资者而言，企业普通股的价值等于未来所有预期股利的现值。

这是一个非常有用的结果。对于将现值分析法运用于股票，一个常见的反对意见就是，投资者是短视的以至于并不关心长期的股利现金流。这些批评者认为，投资者一般不会关注他的整个投资期限。因此，在一个由短期投资者主导的市场上，价格将仅仅反映近期的股利。然而，我们的讨论表明，即便是对于短期投资者而言，长期的股利折价模型（DDM）也是成立的。尽管投资者可能想早点将股票变现，但是他必须找到另一个愿意购买的投资者。而第二个投资者支付的股票价格取决于其买入股票后所收到的股利。

不同类型股票的估值

上述讨论表明企业价值等于其未来股利的现值。在实践中我们如何应用这一想法呢？式 [6.4] 列出了一个非常通用的模型，不管预期的股利是增长的、变动的还是固定的，都可以使用该模型。如果预期公司的股利呈现以下一些基本特征——零增长、固定增长、变动增长，那么这个模型还可以进行简化。这些情形在图6-1中进行了说明。

情形1（零增长） 股利固定时，股票价值可计算如下：

$$P_0=\frac{\mathrm{Div}_1}{1+R}+\frac{\mathrm{Div}_2}{(1+R)^2}+\cdots=\frac{\mathrm{Div}}{R}$$

这里假设 $\mathrm{Div}_1=\mathrm{Div}_2=\cdots=\mathrm{Div}$，该式的推导只是之前章节中永续年金公式的应用而已。

---

① 这个过程让我们想起了一位物理学家关于宇宙起源的演讲。听众中有一个对演讲持不同意见的老先生走近物理学家，这名与会者说，宇宙是支撑在一只巨大的乌龟背上的。当物理学家问这只乌龟又是由什么来支撑的，这位老先生说是另一只乌龟。预计到物理学家会表示反对，这名与会者说道："别把自己累坏了，小伙子。这是一只驮着一只一直驮下去的乌龟群。"

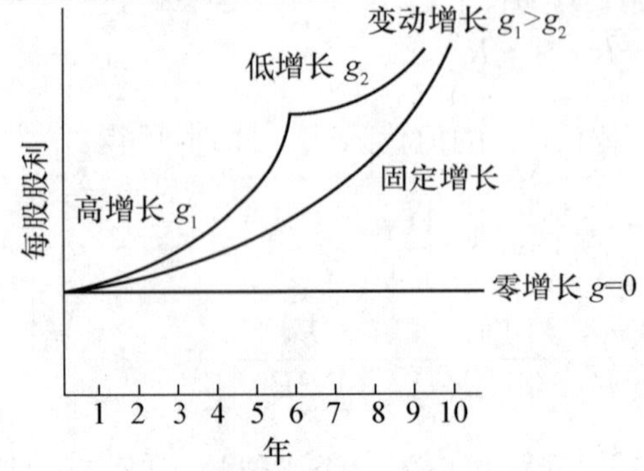

股利增长模型

零增长：$P_0=\frac{\text{Div}}{R}$

固定增长：$P_0=\frac{\text{Div}}{R-g}$

变动增长：$P_0=\sum_{t=1}^{T}\frac{\text{Div}(1+g_1)^t}{(1+R)^t}+\frac{\frac{\text{Div}_{T+1}}{R-g_2}}{(1+R)^T}$

图 6-1　零增长、固定增长与变动增长模型

情形 2（固定增长） 股利以固定的比率 g 增长，如下所示：

	第1年	第2年	第3年	第4年	…
年末股利	Div	Div$(1+g)$	Div$(1+g)^2$	Div$(1+g)^3$	…

请注意，Div 是第一期期末的股利。

例 6.1　预期股利

Hampshire Products 公司将在一年后支付每股4美元的股利。财务分析师认为，在可预见的未来股利将以每年6%的比率增长。请问在前5年，每年年末的每股股利将是多少？

	第1年	第2年	第3年	第4年	第5年
年末股利	\$4.00	$\$4\times(1.06)=$ \$4.24	$\$4\times(1.06)^2=$ \$4.494 4	$\$4\times(1.06)^3=$ \$4.764 1	$\$4\times(1.06)^4=$ \$5.049 9

股利以固定比率增长的普通股价值为：

$$P_0=\frac{\text{Div}}{1+R}+\frac{\text{Div}(1+g)}{(1+R)^2}+\frac{\text{Div}(1+g)^2}{(1+R)^3}+\frac{\text{Div}(1+g)^3}{(1+R)^4}+\cdots$$

$$=\frac{\text{Div}}{R-g}$$

式中，g 是增长率，Div 是股票在第1期期末的股利。这是一个增长年金的现值公式，我们在之前的章节中已经推导过了。

例 6.2　股票估值

假设一个投资者正在考虑购买 Utah 矿业公司的股票。该股票一年后将支付 3 美元的每股股利，而且预期股利在可预见的未来将以每年 10%的比率增长（$g=10\%$）。基于对 Utah 矿业公司风险的评估，投资者认为该股票的必要收益率（R）为 15%。请问 Utah 矿业公司股票每股的价值是多少？

利用情形 2 中的股利固定增长模型，我们可估算出股票价值为 60 美元：

$$\$60=\frac{\$3}{0.15-0.10}$$

P_0 在很大程度上取决于 g。如果 g 估计为 12.5%，那么股票价值将是：

$$\$120=\frac{\$3}{0.15-0.125}$$

g 仅仅增长 25%（从 10%增加到 12.5%），股票价格就翻了一番（从 60 美元变为 120 美元）。因为 P_0 取决于 g，在使用股利固定增长模型时，必须保持一种理性的怀疑态度。

进一步地，请注意当股利增长率 g 等于折现率 R 时 P_0 无穷大。由于股票价格并不能无限增加，因此若 g 大于 R 就意味着估计是错误的。对此，我们将在后续内容中更详细地介绍。

股利稳定增长的假设可能会让你觉得这过于特殊。为什么股利会以一个固定的比率增长？原因在于，对许多公司而言，股利的稳定增长是一个明确的目标。例如，在 2016 年，总部设在辛辛那提的个人护理和家用产品制造商——宝洁公司将其年度股利提高了 1%至每股 2.68 美元。这一增长是值得注意的，因为这是该公司第 60 次提高股利。股利增长的话题属于股利政策的范畴，所以我们将这部分内容推迟到后续章节中进一步探讨。

情形 3（变动增长）　在该情形中，代数公式似乎太复杂了，我们换以案例来说明。

例 6.3　变动增长

考虑 Elixir 医药公司的股票，该公司推出了一种新的擦背药膏，市场销量快速增加。该股票一年后将支付每股 1.15 美元的股利，而在未来的 4 年中，股利将以每年 15%的比率增长（$g_1=15\%$）。此后，股利的增长率（g_2）将保持每年 10%的水平。如果必要收益率（R）为 15%，你能计算出该公司股票的现值是多少吗？

图 6 - 2 显示了股利的增长情况。我们需要分两步来折现这些股利。首先，计算以每年 15%比率增长的股利的现值，也即前 5 年中每年年末的股利现值。其次，再计算第 6 年年末起股利的现值。

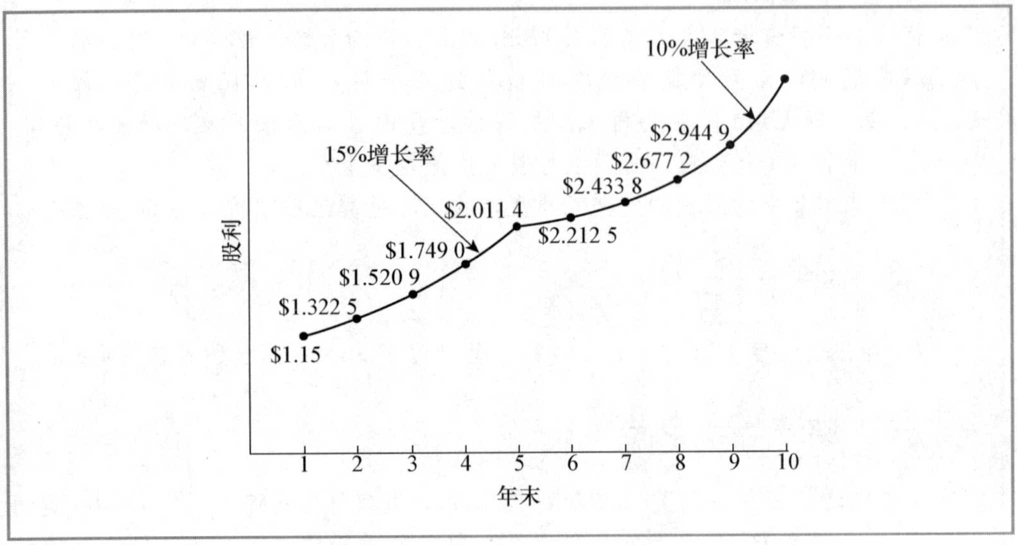

图 6-2　Elixir 医药公司的股利增长

计算前 5 年的股利现值　第 1 年至第 5 年股利的现值如下：

未来年数	增长率(g_1)	预期股利	现值
1	0.15	\$1.15	\$1
2	0.15	1.322 5	1
3	0.15	1.520 9	1
4	0.15	1.749 0	1
5	0.15	2.011 4	1
1～5 年		股利的现值＝\$5	

之前章节介绍的增长年金公式通常可以在这一步计算中使用。不过，要注意的是此例中股利是以 15%的比率增长，这正好等于折现率。由于 $g=R$，增长年金公式在这个例子中不能使用（因为计算公式的分母将为零）。

计算第 6 年年末起股利的现值　这是之前章节中我们提到的递延永续年金和递延年金的情况。从第 6 年年末起的股利为：

	第 6 年	第 7 年	第 8 年	第 9 年
年末股利	$\text{Div}_5\times(1+g_2)$ \$2.011 4×1.10＝ \$2.212 5	$\text{Div}_5\times(1+g_2)^2$ \$2.011 4×1.10²＝ \$2.433 8	$\text{Div}_5\times(1+g_2)^3$ \$2.011 4×1.10³＝ \$2.677 2	$\text{Div}_5\times(1+g_2)^4$ \$2.011 4×1.10⁴＝ \$2.944 9

正如之前章节所介绍的，增长年金公式计算的是第一笔支付前一年的现值。因为支付是从第 6 年年末开始，所以公式算出的结果将是第 5 年年末的现值。

第 5 年年末的价格为：

$$P_5=\frac{\text{Div}_6}{R-g_2}=\frac{\$2.212\,5}{0.15-0.10}=\$44.25$$

P_5 在第0年年末的现值为：

$$\frac{P_5}{(1+R)^5}=\frac{\$44.25}{(1.15)^5}=\$22$$

所有股利在第0年年末的现值为27美元（22+5）。

6.2　股利折价模型中参数的估计

公司价值是股利增长率 g 以及折现率 R 的函数，那么我们如何估计这些参数呢？

g 从何而来

前面对股票的讨论是假设股利的增长率为 g。现在，我们来估计这个增长率。

本部分拓展了第3章中关于公司成长性方面的讨论。考虑这样一个公司，如果不存在净投资，公司下一年度的盈利预计将与本年度持平。这种情况很可能会发生，因为净投资等于总投资减去折旧。当总投资等于折旧时，净投资为零。如果总投资等于折旧，公司的生产设备维持原状，盈利就不会增长。

只有当一些盈利没有以股利的形式发放出去时，净投资才会是正的，即此时公司留存了一些盈余用于投资。[①] 因而，我们可以得到以下等式：

$$\text{下一年度的盈利}=\text{今年的盈利}+\text{今年的留存收益}\times\text{留存收益的收益率} \qquad [6.5]$$

增长的盈利是留存收益与留存收益收益率的函数。

现在，将式［6.5］左右两边都除以“今年的盈利”，可得到：

$$\frac{\text{下一年度的盈利}}{\text{今年的盈利}}=\frac{\text{今年的盈利}}{\text{今年的盈利}}+\left(\frac{\text{今年的留存收益}}{\text{今年的盈利}}\right)\times\text{留存收益的收益率} \qquad [6.6]$$

式［6.6］的左边为“1+盈利的增长率”，可记为“$1+g$”。留存收益与盈利的比率称为**留存收益比率**（retention ratio）。因此，可将上式写为：

$$1+g=1+\text{留存收益比率}\times\text{留存收益的收益率} \qquad [6.7]$$

因为公司未来投资项目的详细信息往往并非公开信息，所以财务分析师很难判断当前留存收益的预期收益率。然而，通常可以假定当年某一投资项目的预期收益率等于其他年度投资项目的收益率。这里，可以用历史的**净资产收益率**（return on equity，ROE）来估计当前留存收益的预期收益率。毕竟，ROE就是公司全部权益的收益率，它反映了公司过去所有投资项目的总体收益率。

从式［6.7］，我们可以简单地估计增长率。

---

① 我们忽略了公司发行股票或债券进行融资的可能性，这些将在后续章节中予以考虑。

公司增长率的计算公式：

g＝留存收益比率×留存收益的收益率　　[6.8]

之前的 g 是指股利增长率。不过，盈利的增长率在这种情况下会等于股利的增长率，因为正如我们即将看到的，股利与盈利的比率将保持不变。事实上，你可能已经知道了，g 就是我们在第3章中介绍的可持续增长率。

例 6.4　盈利增长率

Pagemaster 公司刚刚公布了 2 000 000 美元的盈利，它计划保留盈利的 40%。公司历史的净资产收益率为 0.16，预计未来保持不变。那么公司明年的盈利增长率将是多少？

我们先不使用式［6.8］进行计算，而是用式［6.8］来检验。

不使用式［6.8］进行计算　公司将保留 800 000 美元（40%×2 000 000）。假设历史的 ROE 适合用来估计未来收益率，那么预期的盈利增长为：

$$\$800\,000\times0.16=\$128\,000$$

盈利增长的比例为：

$$\frac{\text{盈利的变化}}{\text{总盈利}}=\frac{\$128\,000}{\$2\,000\,000}=0.064$$

这意味着一年后的盈利将是 2 128 000 美元（2 000 000×1.064）。

使用式［6.8］进行检验　我们使用 g＝留存收益比率×ROE，可以得到：

$$g=0.4\times0.16=0.064$$

R 从何而来

到目前为止，我们所使用的必要收益率或者折现率都是给定的。对于这个问题，我们将会在后续章节中详细讨论。现在，我们考察股利增长模型对于这一必要收益率的含义。

之前，我们通过下式计算得到 P_0：

$$P_0=\frac{\text{Div}}{R-g}$$

现在假设已知 P_0，如果整理该式来求解 R，可得：

$$R-g=\frac{\text{Div}}{P_0}$$

$$R=\frac{\text{Div}}{P_0}+g \qquad [6.9]$$

这告诉我们，总收益率 R 由两部分构成。第一部分是 Div/P_0，称为**预期股利收益率**（expected dividend yield）。它是以预期的现金股利除以当前股价计算得到的，这与债券当期收益率的概念类似。

总收益率的第二部分是增长率 g。正如接下来要验证的，股利增长率等于股价增长率。因此，这一增长率也可以理解为**资本利得收益率**（capital gains yield），即投资价值的增长率。

为了说明必要收益率的构成，假设有一只售价为每股 20 美元的股票，下一次股利支付将是每股 1 美元，你认为这一股利将以每年 10%左右的比率无限期地增长。如果这种估计是对的，那么该股票给你带来的收益率将是多少？

运用股利增长模型计算的总收益率为：

$$
\begin{aligned}
R &= \text{股利收益率} + \text{资本利得收益率} \\
&= \frac{\text{Div}}{P_0} + g
\end{aligned}
$$

在此例中，总收益率可计算如下：

$$
\begin{aligned}
R &= \$1/20 + 10\% \\
&= 5\% + 10\% \\
&= 15\%
\end{aligned}
$$

因此，这种股票的预期收益率为 15%。

我们可以通过计算一年后的股价 P_1，并使用 15%作为必要收益率来验证上述结果。基于股利增长模型，股价为：

$$
\begin{aligned}
P_1 &= \text{Div} \times \frac{1+g}{R-g} \\
&= \$1 \times \frac{\$1.10}{0.15-0.10} = \frac{\$1.10}{0.05} \\
&= \$22
\end{aligned}
$$

请注意 22 美元就是 20×1.1，所以股价与预料的一样上涨了 10%。如果你现在花 20 美元购买该股票，在年末你将获得 1 美元的股利，以及 2 美元（22－20）的利得。你的股利收益率为 1/20＝5%，而资本利得收益率为 2/20＝10%。所以，你的总收益率将是 5%＋10%＝15%。

为了更好地理解上述这些数字，我们来考虑一个现实中的例子。根据 2016 年价值线公司（Value Line）的投资调查报告，宝洁公司的股利预计将在未来 5 年左右每年增长 4%，相比而言，该公司过去 5 年股利的历史增长率为 8.5%，而过去 10 年这一增长率为 10%。在 2016 年，宝洁公司预计未来一年的股利为 2.75 美元，而当时股票价格大约是每股 82 美元。那么，投资者对宝洁公司股票所要求的收益率是多少？这里，股利收益率是 3.4%，而资本利得收益率为 4%，因而宝洁公司股票的总收益率为 7.4%。

例 6.5 计算必要收益率

前面的例子中提到的 Pagemaster 公司拥有 1 000 000 股流通在外的股票，每股售价为 10 美元。那么该股票的必要收益率是多少？

因为留存收益比率为 40%，**股利支付率**（payout ratio）就是 60%（＝1－留存收益比率)。股利支付率是股利与利润的比率。由于公司一年后的利润是 2 128 000 美元（2 000 000×1.064），股利将是 1 276 800 美元（0.60×2 128 000），则每股股利为 1.28 美元（1 276 800/1 000 000）。考虑到之前的结果是 $g=0.064$，可以根据式［6.9］计算出 R 如下：

$$0.192=\frac{\$1.28}{10.00}+0.064$$

理性的怀疑

这里必须强调，我们的方法仅仅是估计 g 而不是精确地计算 g。我们之前提到，对 g 的估计都是基于一系列假设之上的。例如，我们假设留存收益再投资的收益率等于公司过去的 ROE。如果这一假设被证明是错误的，那么对 g 的估计也将不成立。

3D 打印机制造商 3D Systems 公司就是一个很好的例子，它的历史增长率并不等于未来增长率。该公司 2009 年的总收入是 1.128 亿美元，而 2015 年大约为 6.63 亿美元。可以计算出其增长率高达每年 34.3%！该公司还有多大可能继续保持如此高速的增长？如果能够保持，它的收入在 11 年后将达到大约 17 万亿美元，这个数值差不多与美国的国内生产总值持平。显而易见，3D Systems 公司的增长率将在未来几年里大幅放缓。

遗憾的是，对 R 的估计高度依赖于 g。在 Pagemaster 公司的例子中，如果 g 估计为 0，则 R 等于 12.8%（=1.28/10）。如果 g 估计是 12%，则 R 等于 24.8%（=1.28/10+12%）。因此，我们应该对 R 的估计保持一种理性的怀疑态度。

基于上述原因，一些金融学家认为，对某一种证券的 R 进行估计的误差太大因而不实用。所以，他们建议计算整个行业平均的 R，该值可用于同一行业中某一股票股利折价的计算。

在估计单个证券的 R 时，我们应对两种极端情况持特别怀疑的态度。第一，考虑目前不分配股利的企业，其股票价格将大于零，因为投资者相信其可能在某一时点开始发放股利或者可能被收购。然而，当一家企业从不分配股利到分配股利，隐含的增长速度是无限大的。因此，必须非常谨慎地使用式［6.9］——关于这点在本章的稍后还会再次强调。

第二，我们之前提到，当 g 等于 R 时，公司价值是无限大的。因为股价并不会无限增长，如果一个分析师估计出某一特定企业的 g 等于或大于 R，那肯定是错误的。最有可能的是，该分析师对 g 的较高估计只在未来的几年中是正确的。然而，企业不可能永远保持超常的高增长率。该分析师的错误在于，将 g 的短期估计值用在一个要求使用永久增长率的模型中。

“金融实务”专栏讨论了使用不切实际的长期增长率将导致的错误结果。

金融实务

多快才是过快

增长率是对公司进行评价的一种重要工具，正如我们已经看到的，它是计算公司股票价值的一个重要组成部分。当你在考虑（或计算）增长率时，知道一些常识很重要。例如，2015年，零售业巨头沃尔玛在美国大约有7.77亿平方英尺的商店、配送中心等。该公司预期下一年度的营业面积将增长4%。这听起来并不令人惊讶，但沃尔玛的营业面积能否以每年4%的比率无限期地增长呢？

采用我们在前面章节中讨论的复合增长率计算方法，你会发现，如果沃尔玛以每年4%的速度增加营业面积，300年后该公司的营业面积将达到100万亿平方英尺，这相当于是整个美国的陆地面积。换句话说，如果沃尔玛的营业面积每年保持4%的增长速度，最终整个美国将成为一个大的沃尔玛。太可怕了！

现金流量的增长率又将如何？截至2015年9月的这个财务年度，苹果公司的经营性现金流量在过去6年的年增长率约为41.4%。2015年，苹果公司创造了813亿美元的现金流量。如果该公司打算将现金流量保持同样的增长率，那么9年后它将每年产生1.83万亿美元的现金流量，这将比全世界的美元总量还多。

这些例子表明，高增长率不可能一直保持下去。一个小公司快速成长，这是很容易的。如果一家公司的销售额是100美元，它只要再增加100美元的销售收入，销售额就会增加100%。而如果公司的销售额为100亿美元，那么它需要增加100亿美元的销售收入才可能实现100%的增长。所以，必须非常谨慎地估计长期增长率。根据经验，对于实际的长期增长率的估计，应假设一个公司的增长速度不会超过经济总体的增长速度太多，这一比率很可能会明显小于5%（经过通货膨胀调整后）。

不分配股利的公司

学生们经常会问这样的问题：如果股利折价模型是正确的，为什么不分配股利的企业股票价格不等于零？这是一个很不错的问题，而且涉及企业的目标。拥有许多增长机会的企业通常面临进退维谷的抉择——公司是现在派现，还是放弃派现而将资金用于投资以期未来能够产生更多的股利。[①] 这往往是一个痛苦的选择，因为暂缓发放股利的战略或许是最优的，但对一些股东而言是不受欢迎的。

许多企业选择不向股东发放股利，但其股票价格却为正。例如，大量网络公司（如Alphabet公司）并不发放任何股利。理性的投资者相信，他们要么会在未来的某一时点获得股利，要么将获得与股利类似的回报。也即公司将被兼并收购，届时投资者将获得现金或股票。

当然，不分配股利的公司难以应用股利折价模型。毫无疑问，股利固定增长模型并不能完全适用。虽然理论上可以采用股利变动增长模型，但在估计首次支付股利的时间、此后的股利增长率以及最终的并购价格方面存在困难，这使得在现实中很难应用这一模型。

---

① 第三种选择是发行股票，从而使公司拥有足够的现金，不但能支付股利，还可以进行投资，这种可能将在后面的章节中探讨。

实证证据表明，拥有高增长率的公司更有可能支付较低水平的股利，这一结果与上述分析一致。例如，以微软公司来说，该公司成立于1975年并且连续多年保持快速增长。它首次支付股利是在2003年，虽然在此之前它已经是一家价值数十亿美元的公司（不管是销售额还是股东权益的市场价值）。为什么微软公司要等这么久才派发股利？因为它拥有很多好的增长机会——投资新的软件产品。

6.3 相对估值法

本章到目前为止，我们是通过股利（或总支付）折现进行股票估值。除了这种方法，实务界人士往往还通过对比法来给股票定价，该方法类似于对房地产的估值。如果你邻居的房子刚刚以200 000美元卖出，并且这个房子的大小和配套设施与你的房子相似，那么你的房子很可能也值200 000美元。在股票市场中，可比公司被认为拥有相似的乘数。为了说明相对估值法如何使用，我们来看一个或许是最常见的乘数——股价收益乘数，或称为市盈率。

市盈率

顾名思义，一只股票的市盈率是其股价与每股盈利的比率。例如，如果Sun Aerodynamic Systems公司（SAS）的股票目前每股售价为27.00美元，并且该公司去年的每股盈利为4.50美元，那么SAS公司的市盈率应该为6倍（27/4.50）。

一般来说，相似的公司拥有相似的市盈率。例如，假设在零售专卖行业中所有上市公司的平均市盈率为12倍，并且在该行业中有一家公司盈利为1 000万美元。如果这家公司被判断为与该行业中的其他公司相似，那么可以估计这家公司的价值为1.2亿美元（12×1 000万）。

通过市盈率估值看起来确实要比通过折现现金流（discounted cash flow，DCF）估值更容易，因为折现现金流法需要对未来现金流进行估计。但是，市盈率法是否就更好呢？这取决于可比公司之间的相似程度。

2016年2月19日，Alphabet公司的股票价格为每股701美元，而其每股盈利为23.59美元，这意味着该公司市盈率约为29.7倍。[①] 同一天，惠普公司的市盈率为10.2倍，微软公司为36.7倍，而苹果公司为10.2倍。为什么同一行业的上市公司股票却有不同的市盈率呢？

股利折价模型（在例6.1和例6.2中使用）表明，市盈率与增长机会有关。[②] 举例

---

① 我们使用的是当前股价除以上年每股盈利来计算市盈率。或者，也可以通过当前股价除以预期的下一年度每股盈利来计算市盈率。

② 我们也可以使用股利固定增长情形下的股利折价模型来计算市盈率。请记得：

$$\text{每股价格}=\frac{\text{Div}}{R-g}$$

如果Div可以表示为$\text{EPS}_1\times(1-b)$，其中EPS_1是时期1的每股盈利，b是再投资比率（$1-b$是股利支付率），而且$\text{EPS}_0\times(1-g)=\text{EPS}_1$，那么：

$$\text{每股价格}=\frac{\text{EPS}_0(1+g)(1-b)}{R-g}$$

两边同时除以EPS_0可得：

$$\frac{\text{每股价格}}{\text{EPS}_0}=\frac{(1+g)(1-b)}{R-g}$$

而言，考虑两家公司，都刚刚报告了 1 美元的每股盈利。然而，其中一家公司拥有许多有价值的增长机会，而另一家公司则完全没有增长机会。拥有增长机会的公司股票应该卖更高的价格，因为投资者是在同时购买 1 美元的收益和增长机会。假设拥有增长机会的公司股票卖每股 16 美元，而另一家公司股票卖每股 8 美元。两家公司市盈率的分母都是 1 美元的每股盈利。因此，拥有增长机会的公司市盈率为 16 倍，而没有增长机会的公司市盈率只有 8 倍。

还有至少另外两种因素可以解释市盈率。第一个因素是折现率 R。因为 R 出现在股利折价模型的分母上，该公式意味着市盈率与公司的折现率负相关。我们也已发现，折现率与股票风险或波动性正相关。所以，市盈率与股票风险负相关。为了验证这是一个合理的结果，考虑两家公司 A 和 B，都是现金牛公司。股票市场预期这两家公司都能永久地获得每年 1 美元的每股盈利。然而，已知 A 公司的盈利是确定的，而 B 公司的盈利则变化无常。理性的股东很有可能会为 A 公司股票支付更高的价格，因为不存在任何风险。如果 A 公司的股票价格更高而这两家公司拥有相同的每股盈利，那么 A 公司的市盈率无疑会更高。

第二个因素与公司选择的会计方法有关。例如，考虑两家相似的公司 C 和 D。C 公司采用后进先出法（LIFO），并报告了 2 美元的每股盈利。[①] D 公司则使用相对激进的会计假设先进先出法（FIFO），并报告了 3 美元的每股盈利。市场知道这两家公司是相似的，因此它们的股票价格都是每股 18 美元。C 公司的市盈率为 9 倍（18/2），而 D 公司的是 6 倍（18/3）。因此，使用的会计准则相对保守的公司会有更高的市盈率。

综上所述，我们已经证明了一只股票的市盈率可能是以下三个因素的函数：

1. 增长机会。拥有巨大增长机会的公司可能会有更高的市盈率。
2. 风险。低风险的股票可能会有更高的市盈率。
3. 会计方法。采用保守会计方法的公司可能会有更高的市盈率。

在现实中这些因素哪一个最重要呢？实务界人士一致认为，成长机会通常对市盈率影响最大。例如，高科技公司相比公用事业公司通常会有更高的市盈率，因为公用事业公司增长机会更少，即便这些公司的风险也更低。而且，即便在同一行业内，增长机会的差异也能造成市盈率的巨大差异。在本节前面的例子中，Alphabet 公司的高市盈率几乎都是因为它的高增长机会，而不是因为它的低风险或是保守的会计处理。事实上，由于它相对年轻，Alphabet 公司的风险可能还高于它的许多竞争者。惠普公司的市盈率低于 Alphabet 公司，这是因为惠普公司现有业务范围中只有很小一部分具有较高的增长机会。然而，在数十年前惠普公司的市盈率要高得多，当时它的经营业务几乎与现在完全不同，但却拥有巨大的增长机会。

因此，当使用乘数（如市盈率）进行股票估值时，必须小心谨慎。如果同一行业中的公司具有不同的增长率、风险水平以及会计处理方式，它们可能会有不同的乘数。在任意行业中计算所有公司的平均乘数是没有意义的。而只有当一个行业中的公司具有相

① 请回忆一下会计课程，在通货膨胀的环境中，先进先出法的会计处理低估了存货的真实成本，因而会高估盈利。而采用后进先出法时，存货则是根据最近的成本来进行估值，这意味着此时报告的盈利要低于采用先进先出法报告的盈利。因此，后进先出法的会计处理要比先进先出法更为保守。类似的会计方法选择空间还存在于施工成本（全部完工法还是完工百分比法）以及折旧（加速折旧法还是直线折旧法）等方面。

似特征时，计算平均乘数才是有意义的。

企业价值比率

市盈率是一个权益比率。也就是说，分子是股票的每股价格，分母是股票的每股盈利。除此以外，实务界人士经常使用涉及权益和负债的比率。或许最常见的就是企业价值（EV）与息税折旧摊销前利润（EBITDA）的比率。企业价值等于公司权益的市场价值加上公司负债的市场价值减去现金。请记住，EBITDA代表了利息、税收、折旧以及摊销之前的利润。

例如，假设Illinois Food Products Co.（IFPC）拥有价值8亿美元的权益、3亿美元的负债以及1亿美元的现金。此时，这家企业的价值是10亿美元（8+3−1）。进一步地，假设该公司的利润表如下：

ILLINOIS FOOD PRODUCTS CO. 利润表 （单位：百万美元）	
收入	$700.00
商品销售成本	−500.00
息税折旧摊销前利润	$200.00
折旧和摊销	−100.00
利息	−24.00
税前利润	76.00
所得税（30%）	−22.80
税后利润	$53.20

EV与EBITDA的比率为5（=1 000/200）。请注意，在计算这一比率时，利润表中EBITDA之后的所有项目都要被忽略。

就像市盈率一样，通常认为相似的公司其EV/EBITDA比率也是相似的。例如，假设一个行业的平均EV/EBITDA比率是6。如果该行业中的一家公司即QRT公司的EBITDA为5 000万美元，并且它被认为与行业中其他公司相似，那么它的企业价值估计为3亿美元（6×0.5）。现在，假设QRT公司有7 500万美元的负债和2 500万美元的现金。给定对QRT公司企业价值的估计，QRT公司的股票价值应该为2.5亿美元（3−0.75+0.25）。

企业价值比率引申出的一系列问题如下：

1. EV/EBITDA比率相比市盈率有优势吗？有。

相同行业中的公司可能会有不同的负债率，即负债与权益的比率。你将在第14章中学到，负债会提高权益的风险，影响折现率 R。因此，如果杠杆率不同，同一行业中公司的市盈率就可能不同，那么这些公司也就不具有可比性。因为企业价值包含负债和权益，负债率对EV/EBITDA比率的影响会更小。①

① 然而，负债率确实会在某种程度上影响EV与EBITDA的比率。就如我们将在第14章中讨论的一样，负债会创造税盾，提高EV。因为负债率不会影响EBITDA，因此该比率会随着负债率上升。

2. 为什么把 EBITDA 作为分母？一个比率的分子和分母的计算口径应该具有一致性。因为市盈率的分子是股票的每股价格，分母采用股票的每股盈利才是合理的。也就是说，在计算每股盈利之前，就应该先明确地扣除利息。相比之下，因为 EV 是负债和权益的加总，分母不受利息支付的影响才是合理的。EBITDA 符合这个要求，因为它计算的是支付利息之前的利润。

3. 为什么分母忽略了折旧和摊销？许多实务界人士认为，因为折旧和摊销不是现金流，所以 EBITDA 的计算应该先减去折旧和摊销。换句话说，折旧和摊销仅仅反映了此前购买所形成的沉没成本。然而，这个观点并未获得普遍认同。其他人指出，在持续经营的业务中，可折旧资产最终会被替换。因为折旧费反映了未来发生替换的成本，所以这种费用在计算收益时应予以考虑。

4. 在价值比率中还能使用哪些分母？在其他选择方面，实务界人士或许还可以使用息税前利润、息税摊销前利润（earnings before interest，taxes，and amortization，EBITA）以及自由现金流。

5. 为什么要减去现金？许多公司持有的现金似乎远超其所需要的数量。例如，微软公司在过去十年里持有数百亿美元的现金和短期投资，远高于许多分析师所认为的最佳现金持有量。因为一个企业的价值比率应该反映生产性资产创造利润或现金流的能力，所以在计算该比率时现金应该被扣除。然而，所有现金持有都应被忽略的观点则是值得商榷的。有些现金持有对企业经营是必不可少的，而这部分现金持有应该包含在 EV 中。

6.4 使用自由现金流进行股票估值

到目前为止，我们已经通过现金股利折现对单一股票进行估值，也使用了相对估值法。作为备选方案，我们还可以使用一种“自上而下”的方法来折现现金流，从而进行股票估值。

例如，考虑 Global Harmonic Control Systems（GHCS）公司，预测其一年后的收入为 5 亿美元，预计此后两年每年的增长率是 10%，接下来两年每年的增长率是 8%，再之后每年的增长率是 6%。费用（包括折旧）为收入的 60%，净投资（包括净营运资本和扣减了折旧的资本支出）为收入的 10%。因为所有的成本都与收入成比例，所以净现金流（有时也称为自由现金流）的增长率与收入的增长率相同。GHCS 是一家全权益公司，它有 1 200 万股股票流通在外。16%的折现率对于 GHCS 公司的风险来说是合理的。

前 5 年的相关数字（单位：万美元）如下，保留两位小数：

	第 1 年	第 2 年	第 3 年	第 4 年	第 5 年
收入	50 000	55 000	60 500	65 340	70 567
费用	30 000	33 000	36 300	39 204	42 340
税前利润	20 000	22 000	24 200	26 136	28 227
所得税（40%）	8 000	8 800	9 680	10 454	11 291
税后利润	12 000	13 200	14 520	15 682	16 936
净投资	5 000	5 500	6 050	6 534	7 057
净现金流	7 000	7 700	8 450	9 148	9 879

因为第5年后净现金流每年的增长率为6%，第6年的现金流预计是10 479万美元（9 879×1.06）。使用永续年金公式，我们可以计算出所有未来现金流在第5年的现值是104 722万美元（10 472.2/(0.16 −0.06)）。

该终值当前的现值是：

$$\$104\ 722 \times \frac{1}{1.16^5} = \$49\ 859$$

前5年净现金流的现值是：

$$\frac{\$7\ 000}{1.16} + \frac{\$7\ 700}{1.16^2} + \frac{\$8\ 470}{1.16^3} + \frac{\$9\ 148}{1.16^4} + \frac{\$9\ 879}{1.16^5} = \$26\ 939$$

加上终值，该公司现在的价值是76 798万美元（26 939+49 859）。给定流通在外的股票数量，那么每股股票的价值为64美元（76 798 /1 200）。

上述计算是假设5年后现金流为永续增长。然而，我们在之前的部分曾指出，股票往往通过乘数来估值。投资者可能通过一个乘数来估计GHCS公司的终值，而不是使用永续年金公式。例如，假设与GHCS公司同行业的其他具有可比性的公司市盈率是7倍。

因为第5年的税后利润是16 936万美元，使用7倍的市盈率，那么该公司在第5年的价值估计为118 552万美元（16 936×7）。

该公司当前的价值是：

$$\frac{\$7\ 000}{1.16} + \frac{\$7\ 700}{1.16^2} + \frac{\$8\ 470}{1.16^3} + \frac{\$9\ 148}{1.16^4} + \frac{\$118\ 552}{1.16^5} = \$83\ 383$$

考虑到流通在外的股票为1 200万股，GHCS公司每股股票的价值应该是69.49美元（83 383/1 200）。

现在，我们对GHCS公司每股权益的价值有了两个估计值。不同的估计值反映了计算终值的不同方法。使用固定增长率折现现金流法计算终值，GHCS公司每股权益的估计值为64美元。使用市盈率法，估计值为69.49美元。最优的估计方法并不存在。如果所使用的可比公司都与GHCS公司一模一样，那么市盈率法可能是最好的。遗憾的是，公司并不会完全相同。另一方面，如果我们能够非常确定终值日期和其后现金流的增长率，也许固定增长率方法会是最优的。在实践中，两种方法都会使用。

从概念上讲，股利折价模型、相对估值法以及自由现金流模型是相互一致的，都可以用于股票估值。在实践中，对于股利支付非常稳定的公司，股利折价模型是上上之选；对于有相似增长机会的公司，相对估值法更加有效；而对于有外部融资需求且不支付股利的公司，自由现金流模型更合适。

6.5 普通股与优先股的特征

在讨论普通股的特征时，我们主要关注股东的权利和股利支付。对于优先股（preferred stock），我们将解释“优先”的含义，并讨论优先股到底是负债还是权益。

普通股的特征

普通股（common stock）这个名词对不同人有不同的意思，但它通常是指在获取股息或公司破产时不享受特殊的优先权的股票。

股东权利 在公司中，股东选举董事，相应地，由董事聘任管理者来执行股东的命令。因此，股东有权选举董事从而对公司行使控制权。通常而言，只有股东才拥有这种权利。

董事是在每年的股东年会上选举产生的。虽然会有例外（将在下面讨论），但一般来说都是按照“一股一票”（而不是一个股东一票）的原则进行表决。因此，公司民主与政治民主截然不同。在公司民主中，盛行的原则是“黄金法则”（golden rule）。①

在股东年会上，由出席会议并拥有多数股份的股东投票选举产生董事。不同公司的选举机制不完全相同。最主要的差别在于所采用的投票制度是累积投票制还是直接投票制。

为了说明这两种表决程序的区别，假设一个公司有两个股东：史密斯持有 20 股股票，而琼斯持有 80 股股票，他们都想成为董事。然而，琼斯不希望史密斯被推选为董事。我们假定公司一共可以推选 4 名董事。

累积投票制度（cumulative voting）的作用是允许中小股东参与。② 如果公司采用累积投票制度，那么首先要确定每位股东可投选票的总数，其值通常是以股票数量（拥有的或控制的）乘以待选董事的人数来计算。

在累积投票制度下，所有董事是一次性选出的。在我们的例子中，这意味着得票最高的四人将成为新董事。股东可以投票给他所支持的任何人。

史密斯能够获得一个董事会席位吗？如果我们忽略 5 人投票打平的可能性，那么答案是肯定的。史密斯将投 $20\times4=80$ 票，而琼斯将投 $80\times4=320$ 票。如果史密斯将所有的票都投给自己，那么他可以确保自己获得董事席位。原因在于，琼斯不可能将 320 票分散投给四个人并使得每人的得票都超过 80 票，所以史密斯即便最差也将获得投票的第 4 名。

一般，如果要选举 N 位董事，那么持有 $1/(N+1)$ 比例的股票加 1 股将确保你能够获得一个董事席位。在我们现在的例子中，也就是 $1/(4+1)=20\%$。所以，一次性选举董事的数量越多，就越容易（代价也越低）获得一个席位。

在**直接投票制度**（straight voting）下，一次投票只选举一名董事。每一次，史密斯能投 20 票而琼斯可投 80 票。结果是，琼斯将能决定所有的董事候选人。唯一能够确保获得董事席位的方法就是拥有 50%的股票加 1 股，这也可确保你获得每一个董事席位。所以，直接投票制度可以确保参与者要么得到全部席位，要么一无所有。

---

① 黄金法则：谁拥有黄金谁说了算。

② 关于中小股东参与，我们是指持有相对较少数量股票的股东的参与。

例6.6 购买选票

JRJ公司的股票售价为每股20美元，并且采用累积投票制度。该公司流通在外的股票数量为10 000股。如果该公司要选举3位董事，你要花多少钱才能确保自己获得一个董事会席位？

这个问题实质上就是需要购买多少股票来获得一个董事席位。答案是2 501股，所以花费为50 020美元（2 501×20）。为什么是2 501股？因为剩下的7 499股股票对应的投票权不可能分别投给3个人并使得每人的得票都超过2 501票。例如，假设有两人获得了2 502票，也即前两个董事席位。第3个人最多获得2 495票（10 000－2 502－2 502－2 501），所以第3个董事席位会是你的。

正如我们已经解释过的，直接投票制度会“排斥”中小股东，这就是许多国家采用强制性累积投票制度（mandatory cumulative voting）的原因。在一些采用强制性累积投票制度的国家，有一些措施被用于尽可能降低这种强制性的影响。

其中一种措施就是董事会的交错选举。采用交错选举，那么在某个特定时间只要重新选举一小部分董事。所以，在任何时候如果只选举两位董事，那么掌握1/(2+1)=33.33%的股票再加上1股就可以确保获得一个董事席位。

总体而言，交错选举带来了两方面的影响：

1. 当采用累积投票制度时，交错选举使得中小股东获得董事席位变得更加困难，因为每次只选举更少数量的董事。

2. 交错选举也使得并购企图更不可能成功，因为它增加了大规模选举新董事的难度。

我们应该注意到，交错选举也有益处。它提供了“制度性记忆”，即保证了董事会的连续性。这对于拥有重大长期计划和项目的公司而言，也许是至关重要的。

代理投票 **代理**（proxy）是指股东授权其他人使用他的股份进行投票。为方便起见，大型公众公司的大多数投票实际上通常采用委托代理方式进行。

正如我们所看到的，在直接投票制度下，每股股票只有一票投票权。拥有10 000股股票的人就有10 000票的投票权。大公司拥有成千上万甚至数百万的股东。股东可以参加股东年会并选举，也可以委托他人投票。

显然，管理层总是试图获得尽可能多的代理投票权。然而，如果股东对管理层不满意的话，“外部”的股东团体可以设法获得代理投票权。他们可以尝试通过代理投票选举足够多的董事来更换管理层。由此产生的竞争称为代理权之争。

股票类型 有些公司拥有不止一类普通股。通常，股票类型是根据投票权的不同而划分的。例如，福特公司有一种B类普通股，这类股票是不公开交易的（它由福特家族利益信托持有）。这类股票拥有40%的投票权，尽管它占流通在外股票总数的比例不到10%。

类似的例子不胜枚举，许多公司都拥有不同类型的股票。例如，Adolph Coors公司曾发行B类股票，这类股票由公众持有，没有任何投票权除非是公司合并（后来Adolph Coors公司与Molson公司合并了）。有线电视巨头康卡斯特公司（Comcast）的CEO布莱恩·罗伯茨只拥有0.4%的公司权益，却掌握了1/3的投票权，而这得益于特殊的股票类型。其他类似的例子还有Alphabet公司，其前身是谷歌。Alphabet公司最初设置了A类和B类这两类普通股（最近还增加了第三类股票）。A类股票由公众持有，每股具有1票投票权。B类股票则由公司内部人持有，每股具有10票投票权。因此，谷歌的创始人和管理层可以有效控制公司。

历史上，纽约证券交易所并不允许公司发行具有不同投票权的普通股，但特例（如福特公司）还是出现了。此外，许多非纽约证券交易所公司拥有双层股权结构的普通股。

设置双层或多层股权结构的股票与公司的控制权有关。如果这类股票被允许存在，公司管理层就可以通过发行无投票权或有限投票权的股票来融资，但同时又能保持对公司的控制。

股票的投票权不同在美国是一个有争议性的话题，因为一股一票的观念广受推崇且具有悠久的历史。然而，有趣的是，拥有不同投票权的股票在英国和世界的其他地方却是颇为常见的。

其他权利 在一家公司中，普通股价值与股东的总体权利是直接相关的。除了选举董事的投票权，股东通常还拥有下列权利：

1. 按比例分享股利的权利。
2. 按比例分享企业清算后剩余资产的权利。
3. 对股东重大事项进行投票的权利，比如并购。投票通常是在年度会议或特别会议上进行。

此外，有时股东还拥有按比例购买新发行股票的权利，这就是所谓的优先购买权(preemptive right)。

从本质上说，优先购买权是指一个公司若希望发行股票，在向公众出售之前必须首先向现有股东出售股票。其目的是，为股东提供保护他在公司的所有权比例的机会。

股利 公司的一个突出特点就是，它在法律授权下向持有公司股票的股东派发股利。支付给股东的股利代表股东直接或间接投入公司的资本所取得的回报。股利支付决策由董事会酌情决定。

股利的一些重要特征包括如下方面：

1. 除非公司董事会宣布发放股利，否则发放股利并不会成为公司的一种责任。公司若宣布不发放股利，并不可能因此而出现违约。所以，公司不会因为不发放股利而破产。是否发放股利乃至股利发放的金额由董事会基于商业判断做出决策。

2. 公司支付的股利不属于经营费用。股利支付在计税时并不能减免公司税收。总之，股利是在公司的税后利润中支付的。

3. 股东个人收到的所有股利都是应税收入。然而，一家美国公司持有其他公司股票所取得的股利收入准予扣除70%，而只对剩余的30%纳税。①

优先股的特征

优先股（preferred stock）不同于普通股，因为优先股相比普通股在股利支付和公

---

① 为准确起见，准予扣除70%在收到股利的公司持有另一家公司流通在外的股票比例低于20%时适用。如果一家公司持有的股权比例超过20%但低于80%，准予扣除的比例则是80%。如果持股比例高于80%，公司可以申请合并纳税，而有效的扣除比例会是100%。

司清算后的资产分配中享有优先的权利。优先意味着在优先股股东获取股利后（在公司持续经营的情况下），普通股股东才有权获取股利。

优先股从法律和税收角度来看是一种权益的形式。然而，值得注意的是，优先股股东在表决权方面有时并不享有特权。

设定价值 优先股具有一个设定的清算价值，通常是每股100美元。现金股利以美元/股为单位来描述。例如，福特公司“5美元优先股”可以简单表述为股利收益率为设定价值的5%。

累积和非累积股利 优先股利与债券的利息不一样。董事会可以决定不向优先股发放股利，而这一决定或许与公司当期的净利润无关。

应付的优先股股利要么是累积的，要么是非累积的，大多数情况下是累积的。如果优先股股利是累积的而且在某一特定年度没有派发，那么它将作为应付股利向前结转。通常，累积的（过去的）优先股股利和当期的优先股股利必须在普通股股东获得股利之前得到支付。

未支付的优先股股利并不属于公司债务。普通股股东选举的董事可以无限期推迟优先股股利的支付。然而，在这种情况下，普通股股东也必须放弃股利。此外，如果在一段时间内不支付优先股股利，有时优先股股东将会获得投票权和其他权利。

优先股实质上是债务吗 一个很好的解释是，优先股实际上是一种变相的债务，是一种权益债券。优先股股东只会收到设定的股利，并且如果公司被清算，优先股股东将会获得设定的价值。通常，对优先股股票进行信用评级与债券的信用评级非常类似。此外，优先股有时可以转换为普通股，而且优先股通常是可赎回的。

许多优先股的发行会设立强制性偿债基金。这种偿债基金的建立事实上明确了优先股的到期时间，因为设立偿债基金意味着所有的优先股最终都会被回购。由于这些原因，优先股似乎与债务非常类似。然而，在计税时，优先股股利与普通股股利在会计处理上并无二致。

20世纪90年代，企业开始出售一种类似于优先股而税务处理接近于债务的证券，比如信托优先证券（trust-originated preferred securities，TOPrS/toppers）、月收益优先证券（monthly income preferred securities，MIPS）、季度收益优先证券（quarterly income preferred securities，QUIPS）等。由于具有各种明确的特征，在计税时这些证券可以被视为债务，其利息支出可以在税前扣除。对投资者而言，来自这些证券的收入视为利息收入，需要缴纳个人所得税。直到2003年，利息和股利才按相同的边际税率课税。在新政策下，股利收入的所得税税率降低了，但是这些证券的股利收入并不包括在内，所以个人仍然必须就其来自这些证券的股利收入承受较高的所得税税率。

6.6 股票市场

股票市场由**一级市场**（primary market）和**二级市场**（secondary market）构成。在一级市场或者说新股发行市场中，股票是首次进入市场交易并销售给投资者的。而在二级市场中，则是现有的股票在投资者之间进行交易。

在一级市场中，公司出售股票来融资。我们将在后续章节中对这一过程进行详细的讨论。所以，我们在这一节主要关注二级市场的活动，并以讨论股票如何在财经媒体上报价作为结束。

交易商与经纪人

因为大多数证券交易都会涉及交易商和经纪人，所以准确理解什么是交易商和经纪人就显得非常重要。**交易商**（dealer）要维持股票的库存，随时准备购买和出售股票。相反，**经纪人**（broker）只是将买家和卖家联系在一起，而无须维持股票的库存。因此，当我们谈到二手车交易商和房地产经纪人时会意识到，二手车交易商需要保持库存，而房地产经纪人则不用。

在证券市场中，交易商随时准备购买投资者想向其出售的股票，或是向投资者出售他们想购买的股票。回顾我们在之前章节中提到的，交易商愿意买入股票的价格叫作买入价，而其愿意卖出的价格叫作卖出价。买入价和卖出价之间的差异称为价差，它是交易商利润的基本来源。

交易商存在于所有经济领域，而不只是股票市场。例如，你所在学校的书店可能既是一级市场也是二级市场的教材交易商。如果你购买一本新书，这就是一级市场的交易。如果你购买一本二手书，这就是二级市场交易，而你向书店支付的价格就是买入价。如果你再把这本书卖回给书店，你收到书店支付的价格就是卖出价，它通常是买入价的一半。书店的价差就是这两个价格的差异。

相反，证券经纪人负责安排投资者之间进行交易，对希望购买股票和希望出售股票的投资者进行匹配。证券经纪人与众不同的特征就在于，他们并不为自己的账户买卖股票，他们的工作是帮助他人进行交易。

纽约证券交易所

纽约证券交易所（New York Stock Exchange，NYSE）俗称主板（Big Board）。自20世纪以来，它就坐落在华尔街目前的位置。以美元计算的交易量和上市股票总价值来衡量，它是世界上最大的股票市场。

会员 历史上，纽约证券交易所拥有1 366名会员。在2006年之前，交易所会员被称为在交易所拥有“席位”，并且总的来说，交易所会员也是交易所席位的所有者。由于各种原因，交易所席位是有价值的而且可以定期买卖，其价格在2005年曾达到创纪录的400万美元。

到了2006年，当纽约证券交易所变成一家叫作“纽约证券交易所集团公司”的上市公司后，一切都发生了改变。当然，它的股票在纽约证券交易所上市。现在，成为交易所会员将不再需要购买交易所席位，而是必须购买交易许可证，其数量限制在1 361个以内。2013年，购买一个交易许可证的花费是每年40 000美元。拥有交易许可证将使得你有权在交易所内买卖股票，但不同类型的交易所会员在这方面发挥着不同的作用。

2007年4月4日，纽约证券交易所与泛欧证券交易所（Euronext）合并组建了纽约-泛欧证券交易所（NYSE Euronext），规模有所扩大。泛欧证券交易所是一家设在阿姆斯特丹的证券交易所，在比利时、法国、葡萄牙以及英国都有附属机构。通过这次合并，纽约-泛欧证券交易所成为世界上第一家环球交易所，其每个营业日的交易时间达到了21小时。进一步的扩张发生在2008年，纽约-泛欧证券交易所与美国证券交易所（American Stock Exchange）合并。此后在2013年11月，洲际交易所（Intercontinental Exchange，ICE）完成了对纽约证券交易所的收购。成立于2000年5月的洲际交易所最初是一家商品交易所，但此后的飞速发展令它能够拿出82亿美元收购纽约证券交易所。

在我们简要描述纽约证券交易所如何运营之前，请记住，纽约-泛欧证券交易所和洲际交易所旗下的其他交易所功能可能有所差异。纽约证券交易所的独特之处在于，它是一个混合型市场。在一个混合型市场中，交易可以同时通过电子化方式和面对面方式完成。

通过电子化交易，买入订单和卖出订单被提交给交易所。订单由电脑进行比对，一旦存在匹配的订单，订单将被执行而不会有人工介入。纽约证券交易所的大部分交易都是这样完成的。对于不是通过电子化方式操作的订单，纽约证券交易所依赖于它的交易许可证持有人来完成。有三种不同类型的交易许可证持有人：**指定做市商**（designated market makers，DMM）、**场内经纪人**（floor brokers）以及**辅助流动性供应商**（supplemental liquidity providers，SLP）。

指定做市商以前被称为交易专员，在特定股票中扮演交易商的角色。通常，纽约证券交易所中的每只股票都指定了一个做市商。作为交易商，指定做市商维持了一个双边市场，这意味它能够持续地发布和更新买入价和卖出价。通过这么做，指定做市商确保了总是能够找到一个买家或卖家，从而促进了市场流动性。

场内经纪人为顾客执行交易，试图获得可能的最优价格。场内经纪人通常是大型经纪公司的雇员，例如美国银行（Bank of America）的财富管理部门美林证券（Merrill Lynch）。场内经纪人和指定做市商之间的合作是纽约证券交易所中非电子化交易的关键。我们接下来将对二者的合作进行详细的讨论。

辅助流动性供应商本质上是同意成为指定股票的活跃参与者的投资公司。他们的工作是按规定创造一个单边市场（即提供买或者卖的服务）。他们纯粹是为自己的账户交易（使用的也是他们自己的钱），所以他们并不代表客户。在买入或卖出时，辅助流动性供应商会被给予一个小回扣，这可以鼓励他们更积极地参与交易。纽约证券交易所的目标是创造尽可能多的流动性，从而使得普通投资者能够更容易地以现行价格快速地买入或卖出。不同于指定做市商和场内经纪人，辅助流动性供应商不在证券交易所的场内运营。

运营 现在，我们对纽约证券交易所的组织及其主要会员有了基本的了解。接下来，我们要探讨的问题是证券交易实际上是如何发生的。从根本上说，纽约证券交易所的业务是吸引和处理订单流（order flow）。订单流是指客户购买和出售股票的订单流量。纽约证券交易所的客户包括数百万的个人投资者以及成千上万的机构投资者，这些投资者通过订单买卖纽约证券交易所上市公司的股票。纽约证券交易所在吸引订单流方面可谓相当成功，目前纽约证券交易所单日股票换手数量远远超过10亿股。

大厅活动 你很可能在电视上看到过纽约证券交易所交易大厅的镜头，或者你可能参观过该交易所并在参观走廊中见过交易大厅的活动。无论哪种方式，你会看到这个大厅像篮球场那样大。严格来说，这个大厅才是真正的交易“大厅”（Big Room）。还有一些较小的交易厅，但你通常不会看到，其中有一个是被称为“车库”（Garage）的交易厅，这个地方在成为交易厅之前其实就是一个车库。

在交易所大厅有许多交易平台（station），每个都大致是“8”字形。每个交易平台都是一个**指定做市商的交易台**（DMM's post）。这些交易平台拥有多个柜台（counter），每个柜台的上方和两侧都装有多个终端屏幕。指定做市商通常在其交易台前监督和管理指派给他们的股票交易，一些文员则在柜台后面为指定做市商的操作提供服务。那些一直在交易所大厅内来回走动的人是场内经纪人，他们需要接收客户订单，走到指定做市商的交易台执行订单，并返回确认订单的执行情况，以及接收新的客户订单。

为了更好地理解纽约证券交易所交易大厅的活动，你可以想象自己是一位场内经纪人。你的电话文员刚刚递给你一份卖出20 000股沃尔玛股票的订单，它是你所在经纪公司的客户发出的，这个客户想尽快以最高的价格卖掉这些股票。你立即走（跑会违反交易所规则）到指定做市商的交易台，交易沃尔玛的股票。

走到沃尔玛股票指定做市商的交易台后，你会查看终端屏幕上的当前市场价格信息。屏幕上显示，最近一笔股票交易的卖出价是60.25美元，而指定做市商的买入价为每股60.00美元。你可以立即以每股60美元的价格把股票卖给指定做市商，但如果是这样就太轻而易举了。

事实并非如此，作为客户的代表人，你有责任为客户争取最高的卖出价。你的工作是“处理”订单，而这体现在你能否提供令人满意的订单执行服务。所以，你要到处寻找其他想买沃尔玛股票的客户的经纪人。幸运的是，你很快就找到了在指定做市商交易台旁边的另一位经纪人，其订单是买进20 000股沃尔玛股票。请注意，指定做市商给出的卖出价是每股60美元，你和那位经纪人彼此都同意以每股60.05美元的价格执行订单。这一价格正好是指定做市商买入价和卖出价的一半，相比交易台的报价，现在的成交价为双方的客户都节省了1 000美元（0.05×20 000）。

对一种交易非常活跃的股票来说，可能会有许多买家和卖家聚集在指定做市商的交易台旁边，而且大部分交易将会在经纪人之间直接完成。这种交易被称为“大众”交易（trading in the “crowd”）。在这种情况下，指定做市商的职责就是维护秩序，确保所有的买家和卖家能以公平的价格交易。换句话说，指定做市商最基本的职能就是做裁判。

然而，更常见的情况是，指定做市商交易台附近并没有拥挤的人群。回到那个沃尔玛股票的例子，假设你不能迅速地找到另一个需要执行买入20 000股股票订单的经纪人。因为你收到的订单是要求立即卖出，你可能别无选择而只好按每股60美元的卖出价将股票卖给指定做市商。在这种情况下，尽快完成订单是优先的选择，而指定做市商提供了所需的流动性以确保订单立即执行。

纳斯达克的运营

从以美元衡量的交易量来看，美国的第二大股票市场是纳斯达克（NASDAQ）。这个有些古怪的名字源于全国证券交易商协会自动报价（National Association of Securities Dealers Automated Quotations）系统的英文首字母缩写，但纳斯达克现在已成为一个专有名词。

1971年创立时，纳斯达克市场是一个为遍布于世界各地电脑屏幕前的证券交易商和其他投资者及时发布证券报价信息的计算机网络。纳斯达克的交易商为在纳斯达克上市的公司做市。作为做市商，纳斯达克的交易商会分别发布他们接受买入和卖出订单的买入价和卖出价。对于每个报价，交易商还会发布他们在该报价上需要买卖的股票数量。

与纽约证券交易所的指定做市商类似，纳斯达克的做市商是基于股票库存来进行交易，即利用库存作为缓冲来吸收买卖订单之间的不平衡。与纽约证券交易所指定做市商制度不同的是，纳斯达克为交易活跃的股票安排了多个做市商。因此，纳斯达克和纽约证券交易所有两个关键不同：

1. 纳斯达克是一个计算机网络而不存在实际的交易场所。
2. 纳斯达克采用的是多个做市商制度而不是指定做市商制度。

传统上，以交易商自有库存买卖股票为主要特征的证券市场被称为**场外交易市场**（over-the-counter（OTC）market）。因此，纳斯达克通常就被认为是一个OTC市场。不过，纳斯达克的管理者一直在努力塑造纳斯达克不同的形象，希望不要用OTC市场来称呼纳斯达克。然而，积习难改，许多人仍把纳斯达克称为OTC市场。

以某些指标来衡量，纳斯达克已发展成为与纽约证券交易所相匹敌甚至是规模更大的证券交易所。例如，2016年2月19日，纳斯达克当日的股票成交量为19亿股，而纽约证券交易所是11.8亿股。以美元来衡量，纳斯达克在这一天的交易量是691亿美元，而纽约证券交易所则为403亿美元。

实际上，纳斯达克由三个独立的市场构成：纳斯达克全球精选市场（NASDAQ Global Select Market）、纳斯达克全球市场（NASDAQ Global Market）以及纳斯达克资本市场（NASDAQ Capital Market）。作为纳斯达克较大和较活跃的证券交易市场，纳斯达克全球精选市场大约有1 600家上市公司（截至2016年年初），其中包括一些世界上最著名的公司，如微软和英特尔。在纳斯达克全球市场上市的公司规模要稍小一些，大概有700家上市公司。最后，在纳斯达克资本市场上市的公司规模最小，目前约有750家上市公司。当然，在斯达克资本市场上市的公司随着日益完善，可能会升板到纳斯达克全球市场或纳斯达克全球精选市场。

电子通信网络　在20世纪90年代末这个非常重要的发展阶段，纳斯达克系统向电子通信网络（Electronic Communication Network，ECN）开放了。电子通信网络是允许投资者之间直接进行交易的基础网站。提交到电子通信网络的投资者买卖订单会被传送到纳斯达克，并且与做市商的买入价和卖出价信息一起显示。结果，电子通信网络通过实际上允许个人投资者而不仅仅是做市商提交订单，打开了纳斯达克的大门。因此，电子通信网络提高了市场的流动性和竞争性。

当然，纽约证券交易所和纳斯达克并非证券交易仅有的两个场所。在“金融实务”专栏中将会讨论一些有点疯狂的交易市场。

金融实务

极其疯狂的西部股票交易

当公司不能（或不愿意）满足大型证券市场的上市要求时，是否有其他上市场所可供选择？场外交易电子报价板（Over-the-Counter Bulletin Board，OTCBB）和粉红单市场（Pink Sheets）是其中两种选择，这两种电子交易市场是疯狂的西部股票交易的一部分。这两个听上去有点奇怪的名字其实解释起来很简单。场外交易电子报价板起初是以电子报价板的形式建立的，旨在方便非上市公司股票的场外交易。“粉红单”因这类股票以前曾经把报价印刷在粉红色的单子上而得名。

像纳斯达克和纽约证券交易所这样著名的证券市场会有相对严格的上市要求。如果一家公司不能满足这些要求，将会被摘牌。另一方面，场外交易电子报价板和粉红单市场则没有设定上市要求。场外交易电子报价板要求公司向美国证券交易委员会提交财务报表，但粉红单市场不需要。

在场外交易电子报价板和粉红单市场上交易的股票往往价格极低，因而通常称为便士股（penny stocks）、微型股（microcaps）甚至是纳米股（nanocaps）。鲜有经纪人会对这些公司进行研究，所以信息往往是通过口碑或者互联网传播的，而非最可靠的信息来源。事实上，对许多股票来说，这两个市场通常看起来就像是流言蜚语满天飞的“加工厂”。为了感受这两个市场的股票交易情况，我们从场外交易电子报价板网站（www.otcbb.com）截取了两张典型的交易信息图片(finra-markets.morningstar.com/MarketData/EquityOptions/Default.jsp)：

OOTC Equity

Most Actives | % Gainers | % Losers | Exchange by OOTC

Symbol		Last	Chg	Chg %	Vol (mil)
KATX	▼	0.0001	-0.0001	-50.0000	353.5201
GFOO	▲	0.0002	0.0000	0.0000	228.6835
VELA	▲	0.0003	0.0001	50.0000	193.4933
VPCO	▲	0.0017	0.0007	70.0000	121.0148
SKYF	▲	0.0005	0.0003	150.0000	108.2410
PZOO	▼	0.0003	-0.0001	-14.2857	104.5303
NECA	▲	0.0002	0.0000	0.0000	100.4475
INOL	▲	0.0001	0.0000	0.0000	88.1378
HDSI	▲	0.0005	0.0002	66.6667	86.1769
BVTK	▲	0.0001	0.0000	0.0000	81.0175

资料来源：Financial Industry Regulatory Authority，Inc.

首先，我们来看看股票收益率。Here Media（HRDI）公司股票的当日收益率是199 900%！这种情况似乎非常罕见。当然，这种巨额收益率的产生源于每股股价飙升了0.02美元。在任何特定的一天，在场外交易电子报价板上市的股票通常都是交易最活跃的股票。例如，在图中所示的这一天结束时，美国银行的股票在纽约证券交易所上市公司中交易最为活跃，股票交易量约为3.54亿股。而在场外交易电

OOTC Equity

Most Actives | % Gainers | % Losers   Exchange by OOTC

Symbol		Last	Chg	Chg %	Vol (mil)
HRDI	▲	0.0200	0.0200	199900.000	0.0050
TIPS	▲	0.0100	0.0100	39900.0000	0.0000
XCLK	▲	0.0001	0.0001	9900.0000	0.0200
MILPQ	▲	0.0139	0.0137	6850.0000	0.0020
EVSO	▲	0.0025	0.0024	2400.0000	0.0000
ATNAQ	▲	0.0200	0.0180	900.0000	0.5556
CLNP	▲	0.0001	0.0001	900.0000	71.1669
HIMR	▲	0.0001	0.0001	900.0000	1.0000
IFXY	▲	0.0001	0.0001	900.0000	5.3450
WCRI	▲	0.1400	0.1240	775.0000	0.0012

资料来源：Financial Industry Regulatory Authority，Inc.

子报价板中，Kat Exploration（KATX）公司的交易量达到了2.1亿股。但是，该公司的平均交易价格只有每股0.000 1美元，总成交金额为35 400美元。相比之下，美国银行的交易金额约为19亿美元。

场外交易市场（www. otcmarkets. com）是由一家私营公司经营的。一家公司要想在场外交易市场上市，只需要找到一个愿意交易该公司股票的做市商即可。公司在场外交易市场上市的理由各异。许多小公司不愿意满足上市的监管要求就是一个原因。另一个原因是，许多外国公司没有根据一般公认会计原则来准备财务报表，而这是在美国股票市场上市的必要条件，所以它们只好在场外交易市场上市。还有许多公司在场外交易市场上市，是因为以前在更大的股票市场上市但后来被摘牌了，或者是出于诸多原因而选择"进入休眠状态"，其中就包括我们在第1章中讨论的原因，即规避《萨班斯-奥克斯利法案》的遵循成本。

总之，场外交易电子报价板和场外交易市场都是非常疯狂的交易市场。很低的股票价格使得股价的微小波动就能产生巨大的回报。然而，应注意的是，在这些市场中股价操纵和欺诈是司空见惯的事情。同时，这些市场上的股票交易一般很冷清，也就是说几乎没有什么交易量。在这两个市场其中之一上市的某只股票，在某天的交易量为零是不足为奇的。甚至一些股票两三天都没有交易也并不罕见。

股票市场的报价

近年来，越来越多有关股票价格和相关信息的报告从传统的印刷媒体（如《华尔街日报》）转移到各种网站上。雅虎财经（finance. yahoo. com）就是一个很好的例子。我们登录该网站并查找美国好市多公司（Costco）的股票报价信息，该公司在纳斯达克上市。我们列出其中的一部分信息如下：

Costco Wholesale Corporation (COST) - NasdaqGS ★ Watchlist

149.10 ↑0.40(0.27%) 12:28PM EST - Nasdaq Real Time Price

Prev Close:	148.70	Day's Range:	148.49 - 149.70
Open:	149.63	52wk Range:	117.03 - 169.73
Bid:	149.05 x 100	Volume:	603,949
Ask:	149.09 x 200	Avg Vol (3m):	2,522,910
1y Target Est:	168.48	Market Cap:	65.57B
Beta:	0.859532	P/E (ttm):	27.91
Next Earnings Date:	2-Mar-16	EPS (ttm):	5.34
		Div & Yield:	1.60 (1.08%)

大部分信息都是不言自明的。图中报告的最近一笔交易发生在下午 12：28，成交价是 149.10 美元。所报告的股价变动（change）是相对于前一日的股票收盘价。开盘价是指当日第一笔交易的价格。可以看到，买入价和卖出价分别是 149.05 美元和 149.09 美元，并相应提供了市场的“深度”数据，即在买入价上的买单数量以及在卖出价上的卖单数量。“1y Target Est”是指一年后的平均估计股价，该数据是基于跟踪该股票的证券分析师估计得出的。

在第 2 列，我们可以看到当日的股价波动区间，接下来是过去 52 周的股价区间。交易量是指股票当日交易的数量，接下来是过去 3 个月的每日平均交易量。市值是指公司已发行的股票数量（来自最近的季度财务报表）乘以当前的每股价格。每股盈利所采用的计算方法是基于“ttm”，意思是“过去 12 个月”（trailing twelve months）的数据。最后，我们可以看到该股票的股利支付额，它实际上是最近一季度的股利乘以 4，同时也可以看到股利收益率数据。请注意，股利收益率是刚才提到的股利除以股价：1.60/149.10＝0.010 8＝1.08％。

本章小结

本章涉及股票以及股票估值的基础知识。主要内容包括：

1. 股票可以通过将股利折现来估值。我们提及了三种情形：

a. 股利零增长的情形。

b. 股利固定增长的情形。

c. 股利变动增长的情形。

2. 股利折价模型需要估计股票的增长率。估计增长率的一种有用的方法是：

$$g = 留存收益比率 \times 留存收益的收益率$$

3. 在会计上，我们知道盈利可分为两部分：股利和留存收益。大多数公司会持续保留部分盈利用于投资以创造未来的股利。每股股价不应该通过盈利的折现来计算，因为部分盈利必须用于再投资。所以，只有发放给股东的股利才可以通过折现来计算股价。

4. 我们证明了一个公司的市盈率是三个因素的函数：

a. 公司增长机会的每股价值。

b. 股票风险。

c. 公司所采用的会计方法。

5. 作为一家公司普通股股票的所有者，你拥有各种权利，其中包括选举公司董事的权利。公司的选举投票可以采用累积投票制度或是直接投票制度。大多数投票实际上是通过代理投票完成的，而当竞争双方都试图争取足够多的选票以推荐自己的候选人当选董事时，就会爆发代理权之争。

6. 除了普通股，一些公司还会发行优先股。顾名思义，优先股是指优先股股东必须在普通股股东获得股利之前得到优先支付。优先股具有固定的股利。

7. 美国最大的两个股票市场是纽约证券交易所和纳斯达克。我们讨论了这两个市场的组织和运营，并介绍了股价信息是如何报告的。

概念性思考题

1. **股票估值** 股票价值为什么会取决于股利？

2. **股票估值** 在纽约证券交易所和纳斯达克上市的公司中有很大一部分并不分红，但投资者仍然愿意购买它们的股票。根据你对上一题的回答，请说明这是为什么。

3. **股利政策** 与上一题有关，请问在什么情况下公司可能会选择不派发股利？

4. **股利增长模型** 在满足哪两个假设的条件下，我们才能够使用本章中介绍的股利增长模型来计算股票价值？请对这些假设的合理性进行评论。

5. **普通股与优先股** 假设一家公司发行了优先股与普通股。这两种股票都刚刚支付了2美元的股利。你认为哪种股票具有更高的价格，是优先股还是普通股？

6. **股利增长模型** 根据股利增长模型，请问股票总收益率是由哪两部分构成的？你认为哪一部分通常会更大？

7. **增长率** 就股利增长模型而言，认为股利增长率与股价增长率二者完全相同的观点正确吗？

8. **市盈率** 决定公司市盈率的三个因素是什么？

9. **公司伦理** 公司发行具有不同投票权的两种股票是不公平或不道德的吗？

10. **投票权** 一些公司（如安德玛）发行了一类不附有任何投票权的股票。为什么投资者会购买这种股票？

11. **股票估值** 请评价以下观点：公司经理不应该关注当前的股票价值，因为这样做会导致过分强调短期利润，而这是以牺牲长期利润为代价的。

练习题

1～9题为基础题；10～24题为中级题；25～27题为提高题。

1. **股票价值** Herjavec公司刚刚为股票支付了每股2.57美元的股利，预计股利将以每年4%的固定比率无限期地增长。如果投资者所要求的股票必要收益率是11%，那么该股票当前的价格是多少？3年后呢？15年后呢？

2. **股票估值** O'Leary公司的股利预计将保持每年4.1%的固定比率无限期地增长。如果该公司的股利收益率为5.4%，那么公司股票的必要收益率是多少？

3. **股票估值** 假设你知道有一家公司的股票目前售价为每股63美元，而且其股票的必要收益率是10.4%。你同时知道，该股票的总收益率可分为相等的资本利得收益率和股利收益率两部分。如果该公司的政策是维持股利以固定比率增长，那么其当前每股股利是多少？

4. **优先股估值**　John 公司对外发行了一种优先股，永续地每年发放 3.85 美元的股利。如果该优先股当前售价为每股 108 美元，那么必要收益率是多少？

5. **增长率**　上周有报纸报道称，Tisch 公司今年的盈利为 3 860 万美元。报道还指出，Tisch 公司的净资产收益率为 14%。它会将盈利的 75%用于留存。该公司的盈利增长率是多少？其下一年的盈利是多少？

6. **股票估值与必要收益率**　Red 公司、Yellow 公司以及 Blue 公司下一年都将支付 2.86 美元的股利。这三家公司的股利增长率都是 5%，股票的必要收益率分别为 8%，11%以及 14%。这三家公司的股票价格分别是多少？你能总结出必要收益率与股票价格之间的关系吗？

7. **投票权**　在顺利完成公司财务课程后，你觉得下一个挑战是在 DeJoria 公司的董事会任职。遗憾的是，你将是唯一一个会给你投票的人。假设公司流通在外的股票有 415 000 股，并且股票的当前价格为 37 美元，如果公司采用直接投票制度，那么你要花多少钱才能获得一个董事会席位？

8. **投票权**　在上一题中，假设该公司采用累积投票制度，并且在这次选举中会有 4 个董事会席位。现在你要花多少钱才能获得一个董事会席位？

9. **股票估值与市盈率**　Blooming Flower 公司的每股盈利为 2.14 美元。在一项对比分析中，Blooming Flower 公司的参考市盈率为 18 倍。你认为该公司合适的股票价格是多少？如果参考市盈率是 21 倍呢？

10. **非固定增长**　Metallica Bearings 公司是一家年轻的初创公司。由于公司亟须保留利润再投资以推动增长，其股票在未来的 11 年都不会派发股利。该公司将在第 12 年支付每股 17 美元的股利，并且此后股利将以每年 5.5%的比率保持增长。如果该股票的必要收益率是 13%，那么其当前股价是多少？

11. **非固定股利**　East Side 公司预计在未来 4 年中将支付以下数额的股利：12 美元、8 美元、7 美元以及 2.85 美元。该公司承诺，此后的股利将以每年 5%的固定比率永续增长。如果该公司股票的必要收益率是 10%，那么其当前股价是多少？

12. **变动增长**　Upton 公司正处于快速增长阶段。预计未来 3 年该公司的股利将以每年 27%的比率增长，此后股利增长率将下降到每年 4.5%并保持固定不变。如果该公司的必要收益率是 10.4%，并且刚刚支付了每股 2.65 美元的股利，那么其当前股价是多少？

13. **负增长**　Antiques R Us 公司是一家成熟的制造公司。该公司刚刚支付了每股 16 美元的股利，但管理层预计此后将永远以每年 3%的比例缩减股利支付。如果你对该公司股票要求的投资收益率是 9.3%，那么你现在愿意为该股票支付的每股价格是多少？

14. **优先股估值**　Fifth National 银行刚刚发行了一些新的优先股，该股票从 10 年后开始将永续地每年支付 6 美元的股利。如果市场对这项投资要求的收益率是 4.6%，那么该优先股目前的每股价格是多少？

15. **使用股票报价信息**　你在今天报纸的金融版上找到了 RJW 公司如下的股票报价信息。请问该公司每年的股利是多少？在昨天的报纸上出现的该股收盘价是多少？如果这家公司目前流通在外的股票数量为 2 500 万股，那么其最近四个季度的净利润是多少？

收益率变动（%）	股票	股票代码	收益率	市盈率	最新报价	净变动
9.6	RJW 公司	RJW	2.7	22	34.18	0.19

16. **税收与股价**　你拥有价值 100 000 美元的 Smart Money 公司股票。一年后，你将获得每股 2.65 美元的股利。两年后，你将收到每股 2.85 美元的股利。你将在第 3 年以每股 91 美元的价格卖出股票。股利按 20%的税率纳税，假设没有资本利得税，所要求的税后收益率是 9%。请问你拥有多少股这家公司的股票？

17. **非固定增长与季度股利**　Candescent Gold 公司将在未来 12 个季度的季末支付每股 0.58 美元的季度股利。此后，股利将以每季度 1.1%的比率永续增长。该公司股票合适的必要收益率是 10%，按每季度复利计算。请问该股票当前的价格是多少？

18. **计算股利**　Vignette 公司预计在未来 2 年的年末都将支付相同的股利。此后，股利将以每年 4%的固定比率永续增长。该公司股票当前的股价为每股 61 美元。如果必要收益率是 9.8%，那么该公司下一年的股利支付是多少？

19. **计算必要收益率** Juggernaut 卫星公司在昨天结束的这个财务年度中盈利 2 450 万美元，昨天该公司也将盈利的 30%用于派发股利。这家公司将继续每年将其盈利的 30%用来支付年末的股利，剩下 70%的盈利将被公司留存，用来投资新项目。该公司已发行的普通股数量为 250 万股，当前股价是每股 104 美元。该公司历史的净资产收益率是 13%，预计在未来仍将保持。请问该股票的必要收益率是多少？

20. **股利增长** 4 年前，Bling 钻石公司支付了每股 1.73 美元的股利。该公司昨天支付的股利为每股 2.36 美元，其股利将在未来 5 年中按照与之前 4 年同样的比率增长。此后，股利将以每年 5%的比率增长。请问该公司在第 7 年支付的现金股利将是多少？

21. **市盈率** 请考虑 Pacific 能源公司和 U.S. Bluechips 公司，这两家公司都报告了 110 万美元的盈利。若没有新的项目，这两家公司将继续永续地获得 110 万美元的盈利。假设所有的盈利都用于支付股利，而且这两家公司所要求的收益率都是 12%。

a. 请问每家公司当前的市盈率是多少？

b. Pacific 能源公司拥有一个新项目，它将永续地每年额外产生 22 万美元的盈利。请计算这家公司新的市盈率。

c. U.S. Bluechips 公司拥有一个新项目，它将永续地每年增加 44 万美元的盈利。请计算这家公司新的市盈率。

22. **股票估值与市盈率** Ramsay 公司目前的每股盈利是 3.83 美元，该公司的参考市盈率是 19 倍，预计盈利将以每年 6.5%的比率增长。

a. 你估计该公司股票当前的价格是多少？

b. 一年后的目标股价是多少？

c. 假设该公司不分配股利，该公司股票下一年的隐含收益率是多少？关于使用市盈率估值来计算隐含的股票收益率，上述结果告诉了你什么？

23. **股票估值与企业价值** Lotharan 公司每年的销售收入为 3 150 万美元，成本为 1 730 万美元。资产负债表显示，该公司有负债 5 900 万美元和现金 2 100 万美元。该公司流通在外的股票为 97.5 万股，所在行业的 EV/EBITDA 比率为 7.5。那么该公司的企业价值是多少？其股票的每股价格是多少？

24. **股票估值与现金流** Maslyn 制造公司下一年的销售额预计为 15 300 万美元，成本预计为 8 200 万美元，并且净投资预计为 1 500 万美元。这些数额预计都会在下一年增长 14%，此后增长率每年下降 2%直到 6%，并且预计此后一直保持在 6%。该公司流通在外的股票有 620 万股，投资者对该公司股票要求的收益率是 12%。该公司所得税税率为 40%。

a. 你估计当前的股票价格是多少？

b. 假设你改用市盈率来估计该公司的终值，所在行业的市盈率为 12 倍。那么你重新估计的公司股票价格是多少？

25. **资本利得与收益** 请考虑 4 种不同的股票，所有股票的必要收益率都是 17%，并且最近一次派发的股利都是每股 3.65 美元。股票 W、股票 X 以及股票 Y 预计在可预见的未来都将维持固定的股利增长率，分别是每年 10%，0 以及−5%。股票 Z 是成长性股票，它的股利在未来 2 年将以 30%的比率增长，并且此后保持 8%的固定增长率。请问每种股票的股利收益率是多少？预期的资本利得收益率是多少？请就你计算得到的 4 种股票不同收益率的关系进行讨论。

26. **股票估值** 大多数美国公司对其普通股是支付季度股利而非年度股利。如无意外，在一年内董事会只会做出一次股利分配决策，决定提高、降低或保持当前的股利，然后将股利按照季度四等分发放给公司股东。

a. 假设一个公司目前对其普通股是按年支付每股 2.96 美元的年度股利，而且管理层计划以每年 4%的比率无限期地提高股利支付。如果该股票的必要收益率是 11%，那么当前的股价是多少？

b. 现在假设这家公司实际上是把年度股利按季度平均地支付，因此，该公司刚刚支付了每股 0.74 美元的季度股利，这与它之前 3 个季度支付的股利是一样的。请问该股票目前的价格是多少？（提示：请算出这等价于每年年末获得了多少股利。）你认为这一股票估值模型是否合适，请做出评论。

27. **非固定增长** Storico 公司刚刚支付了每股 3.35 美元的股利。该公司下一年的股利支付将增加 16%，然后按照每年 4%的比率降低股利增长率，直到其股利增长率等于行业平均值 4%，此后该公司将永远保持这一固定的股利增长率不变。如果该公司股票的必要收益率是 10.5%，现在其每股售价是多少？

网络资源

1. **股利折价模型** 根据 2016 年价值线公司的投资调查报告，强生公司的股利增长率为 5.5%。请从 finance.yahoo.com 上找出这家公司当前的股票报价和股利信息。如果价值线公司投资调查报告给出的股利增长率是正确的，那么强生公司的必要收益率是多少？你认为这一数值合理吗？

EXCEL 解题

在实践中，人们使用的股利折价模型是我们在教材中呈现的方法的改良版。许多分析师会估计 5 年内的股利，然后再估计未来一段时间（通常是 10 年）的永续增长率。相比令股利增长率从高速增长期急剧下降到永续增长期的估计方法，预计股利增长率每年下降一个相同数值的线性插值法（linear interpolation）更为常用。例如，假设前 5 年高速增长期的股利增长率为 15%，并预计在 5 年后股利会下降到 5%的永续增长率水平，这期间股利增长率每年下降 2%。

价值线公司的投资调查报告给投资者提供了信息。下面，你将从 2016 年版的价值线投资调查报告中找到关于 IBM 的信息：

2016 年的股利	5.2 美元
5 年内的股利增长率	8%

虽然价值线并没有提供永续增长率或必要收益率数据，我们可以假设它们是：

永续增长率	4.5%
必要收益率	11%

a. 假设 11 年后股利支付开始永续增长，并且使用线性插值法来估计高速增长率和永续增长率之间的股利增长率。请构建一个表格来呈现每年的股利增长率和股利。第 10 年的股票价格是多少？现在的股票价格是多少？

b. 当前的股票价格对永续增长率的变化有多敏感？请通过画出当前股票价格随 11 年后永续增长率变化的折线图来找出答案。

相比使用股利固定增长率模型来估计未来的股票价格，分析师们更经常同时使用股利折价模型和价格比率（往往是市盈率）来进行估值。请记住市盈率是每股股价除以每股盈利。所以，如果我们知道市盈率是多少，就能算出股票价格。假设我们还有以下关于 IBM 的以下信息：

股利支付率：	30%
固定增长率时期的市盈率：	15 倍

c. 用市盈率来计算当 IBM 的股利达到永续增长率时的股票价格。现在，请使用非固定增长率时期的股利现值和你用市盈率计算的股票价格来计算股票现在的价值。

d. 当前股票价格对永续增长率时期的市盈率的变化有多敏感？请通过画出当前股票价格随 11 年后市盈率变化的折线图来找出答案。

章末案例

Ragan 发动机公司的股票估值

拉丽莎一直在与公司董事讨论东海岸游艇公司的未来。其中的一点就是，公司使用外部供应商来提供公司游艇的各种关键部件，包括发动机。拉丽莎深思熟虑后认为，东海岸游艇公司应考虑购买一家发动机制造公司，这可以使东海岸游艇公司更好地整合其供应链以及量身定做所需的发动机。在调查了一些可能的公司后，拉丽莎觉得可以考虑购买 Ragan 发动机公司。她已经让丹·欧文去分析 Ragan 公司的价值。

Ragan 公司由卡林顿·拉根（Carrington Ragan）和吉纳维芙·拉根（Genevieve Ragan）两兄妹创立于 9 年前，目前仍是私营公司。该公司生产各种功能的船用发动机。因为拥有一项可以在几乎不牺牲性能的情况下提高发动机燃油效率的专有技术，Ragan 公司的成长非常迅速。这家公司的所有权由卡林顿和吉纳维芙平分，兄妹之间的原始协议规定两人各拥有 125 000 股公司股票。

拉丽莎要求丹确定 Ragan 公司股票的每股价值。为此，丹收集了一些已经上市的 Ragan 公司竞争对手的下列信息：

	EPS	DPS	股价	ROE	*R*
Blue Ribband Motors Corp.	$1.24	$0.39	$20.10	11.00%	14.00%
Bon Voyage Marine, Inc.	1.55	0.47	16.85	14.00	17.00
Nautilus Marine Engines	−0.25	0.67	31.60	N/A	13.00
行业平均	$0.85	$0.51	$22.85	12.50%	14.67%

Nautilus Marine Engines 公司每股盈利为负数是因为上一年度进行了会计核销。不考虑核销，该公司的每股盈利将会是 1.93 美元。去年，Ragan 公司的每股盈利为 3.65 美元，并且向卡林顿和吉姆维芙各支付了 195 000 美元的股利。该公司的净资产收益率为 18%。拉丽莎告诉丹，Ragan 公司的必要收益率为 13%是合适的。

1. 假设公司保持目前的增长率，Ragan 公司股票每股的价值是多少？

2. 丹查阅了 Ragan 公司及其竞争对手的财务报表。虽然 Ragan 公司目前拥有技术优势，但丹的调查表明，Ragan 公司的竞争对手正在研发其他改进发动机效率的方法。鉴于此，丹认为 Ragan 公司只能在未来的 5 年内维持技术优势。5 年后，Ragan 公司的增长率可能会回落到行业的平均水平。此外，他认为，对 Ragan 公司使用的必要收益率太高了，采用行业的平均收益率更合适。根据丹的假设，Ragan 公司股票的价格是多少？

3. 请问行业平均的市盈率是多少？Ragan 公司的市盈率是多少？请对二者之间的差异进行评论，并解释为什么会存在差异。

4. 假设 Ragan 公司的增长率 5 年后下降到行业平均水平。这意味着 Ragan 公司未来的净资产收益率是多少？

5. 卡林顿和吉纳维芙并不确定是否应该把 Ragan 公司卖掉。如果不把公司完全出售给东海岸游艇公司，他们试图提高公司股票的价值。在这种情况下，他们想保留对公司的控制权，不想把股票卖给外部投资者。他们还认为，Ragan 公司的负债处于一个可承受的水平而不需要举借更多的债务。请问他们可以采用什么措施来提高股票价格？在何种情况下，这种策略并不会提高股票价格？

第 7 章

净现值与其他投资决策方法

开篇故事

2016年2月，福特公司宣布它将花费10亿美元在墨西哥的圣路易斯波托西建立一个新工厂，以与丰田普锐斯竞争。在上一年福特公司就已宣布要投资25亿美元在墨西哥建立两个工厂，来生产引擎和传动装置。福特公司并不是汽车行业中唯一一家建立新厂的公司，它的竞争对手通用汽车公司预计也将会宣布投资50亿美元在墨西哥建立新工厂。

福特公司建立新工厂是资本预算决策的一个例子。像这样一个价值超过35亿美元的决策显然是公司的重大事项，必须仔细权衡风险与回报。在本章中，我们将讨论做出这些决策的基本方法。

在第1章中，我们已知道财务管理的目标是提高公司股票的价值。因此，我们需要知道如何判断一项特定的投资能否实现这一目标。本章旨在介绍实践中采用的各种判断方法。更重要的是，本章将揭示其中一些判断方法所存在的误导性，并解释为什么净现值法是最好的方法。

7.1 为什么使用净现值法

本章以及之后的两章主要关注资本预算，这是一个接受或拒绝某些项目的决策制定过程。本章重点介绍一些基本的资本预算方法，而其实际运用的内容主要放在第8章和第9章中。但是，我们不必从头开始讲述这些方法。在第4章中，我们已经指出，未来收到的一美元要比现在收到的一美元价值更低。原因当然是现在的一美元可以再投资，从而在未来产生更多的价值。正如我们在第4章中所展示的，未来收到一美元的准确价值就是它的现值。此外，在4.1节中我们介绍了计算任何项目净现值的方法，也即净现值等于项目未来现金流现值的总和与项目初始投资成本之差。

净现值法是本章介绍的第一种投资决策方法。我们先通过一个简单的例子来回顾这种方法。接下来，我们将说明为什么这种方法能带来正确的决策。

例7.1 净现值法

Alpha公司正在考虑投资一个无风险的项目，耗资100美元。该项目将在一年后获得107美元，没有其他现金流。所用的折现率为6%。

该项目的净现值可以容易地计算得出：

$$\$0.94=-\$100+\frac{\$107}{1.06}$$

根据第4章的内容，我们知道应该接受该项目，因为项目的净现值为正。如果折现率大于7%，则该项目的净现值为负，此时应放弃该项目。

基本的投资法则可以归纳为：

如果项目的净现值大于0，就接受该项目。

如果项目的净现值小于0，就拒绝该项目。

我们称之为**净现值法则**（NPV rule）。

现在来思考：为什么净现值法则可以得出正确的决策？请考虑以下两个对 Alpha 公司经理而言可选的投资策略：

1. 将 100 美元现金投资于一个项目，一年后支付的股利将是 107 美元。

2. 放弃该项目，现在就将 100 美元的现金用于支付股利。

如果采纳了策略 2，公司股东可能将其股利收入放到银行存一年。年利率为 6%，则一年后策略 2 将获得 106 美元（100×1.06）的现金。所以股东会选择策略 1，因为策略 2 一年后获得的收入低于 107 美元。

所以，基本原则是：

接受净现值为正的项目有益于股东。

应如何理解净现值等于 0.94 美元呢？这其实就是项目所增加的公司价值。例如，假设目前公司生产性资产的价值为 V 美元并拥有 100 美元现金。如果公司放弃这个项目，则公司现在的价值将会是：

$$\$V+\$100$$

如果公司接受这个项目，则公司将在一年后获得 107 美元，但要放弃现在的 100 美元作为成本。因此，公司现在的价值为：

$$\$V+\frac{\$107}{1.06}$$

上述两个式子之差正好是 0.94 美元，也就是例 7.1 中算出的净现值。因此：

公司因接受该项目而增加了 NPV。

请注意，公司价值仅仅是公司内不同项目、部门以及其他实体的价值之和。公司的这种属性称为**价值可加性**（value additivity），是非常重要的。它意味着，任何项目对公司价值所做出的贡献就是该项目的净现值。正如我们后面将要看到的，本章中讨论的其他方法一般都不具有如此良好的属性。

还有一个细节需要注意。我们之前假设该项目是无风险的，但这是一个令人难以信服的假设。在现实世界中，项目的未来现金流总是不可避免地存在风险。换言之，现金流只能是估计的，而不是确定的。设想 Alpha 公司的经理预计项目下一年的现金流是 107 美元。但该现金流可能会更高，比如 117 美元，或者更低，比如 97 美元。伴随这些微小的变化，该项目变得有风险了。假设该项目的风险相当于整个股票市场的风险，股市今年的预期收益率为 10%。那么，10%就是项目的折现率，这就意味着该项目的净现值将会是：

$$-\$2.73=-\$100+\frac{\$107}{1.10}$$

因为净现值是负值，该项目应该被放弃。这样做是合理的，因为如果 Alpha 公司的股东将现在获得的 100 美元股利投资于股票市场，将有望获得 10%的收益率。为什么要接受一个具有与股票市场同等风险但预期收益率只有 7%的项目呢？

从概念上说，一个有风险项目的折现率就是投资者期望从具有相同风险的金融资产上获取的收益率。这一折现率通常称为机会成本（opportunity cost），因为公司对某一项目的投资占用了股东把股利投资于其他金融资产的机会。不过，在本章中并不介绍折现率的计算，而会放在之后的章节中讨论。

我们已经知道净现值法是一种合理的决策方法，那么如何判断其他可选方法是不是与净现值法一样有效呢？净现值法的关键在于它的三个属性：

1. 净现值法使用的是现金流。一个项目的现金流可以被公司另作他用（比如支付股利、投资于其他资本预算项目或者偿付公司的贷款利息等）。相反，利润是人为构造的。虽然利润对会计师而言很有用，但是利润不应该用于资本预算的编制，因为利润并不代表现金。

2. 净现值法包含项目中全部的现金流。其他方法忽略了特定日期之外的现金流，使用这些方法应当谨慎。

3. 净现值法对现金流进行了合理折现。其他方法在处理现金流时可能忽略了货币的时间价值，也应当谨慎。

手工计算净现值是很枯燥的。下面的“电子表格工具”专栏说明了如何简化计算净现值并且附注了一些重要的说明。

电子表格工具

利用电子表格计算净现值

我们通常利用电子表格来计算净现值。在这一背景下，检查表格的使用情况能使我们获得重要的警示。来看下面的例子：

	A	B	C	D	E	F	G	H	I
1									
2	使用电子表格来计算净现值								
3									
4	一个项目的成本为10 000美元，最初两年的现金流为每年2 000美元，								
5	之后两年为每年4 000美元，最后一年为5 000美元。项目的折现率为								
6	10%，请问项目的净现值为多少？								
7									
8		年份	现金流						
9		0	−$10 000		折现率=	10%			
10		1	2 000						
11		2	2 000		NPV=	$2 102.72	（错误答案）		
12		3	4 000		NPV=	$2 312.99	（正确答案）		
13		4	4 000						
14		5	5 000						
15									
16	在单元格F11中输入的公式为=NPV(F9,C9:C14)。然而，这会得出错误答案，因为								
17	NPV函数实际上计算的是现值，而不是净现值。								
18									
19	在单元格F12中输入的公式为=NPV(F9,C10:C14)+C9。这次得到正确答案，因为								
20	净现值函数被用来计算现金流量的现值，然后从计算结果中减去初始成本。								
21	请注意，我们加上单元格C9是因为它本身就已经是负值了。								

在这个例子中，请注意我们提供了两个答案。第一个答案是错误的，尽管我们使用了电子表格中的净现值公式。之所以会这样，是因为在电子表格中使用的“NPV”函数实际上是PV（现值）函数。遗憾的是，许多年前原始的电子表格程序把定义弄错了，而随后的电子表格又复制了这一错误的程序。第二个答案显示了如何正确使用该公式。

此例说明，盲目地使用计算器或计算机而不理解发生了什么是很危险的。我们不敢想象，在现实中有多少资本预算决策是基于误用了这个独特的函数而做出的。

7.2　投资回收期法

定　义

替代净现值法的最常见的方法之一就是**投资回收期法**（payback）。下面举例说明投资回收期法。假设一个项目的初始投资是－50 000美元，前3年的现金流量分别为30 000美元、20 000美元以及10 000美元。图7-1中描述了这些现金流。与之前的章节一样，使用符号能够很好地记录上述投资状况：

$$(-\$50\,000,\$30\,000,\$20\,000,\$10\,000)$$

50 000美元前的减号提醒我们，这是投资者的现金流出，而不同数字之间的逗号表示它们是在不同的时点收到或付出（如果是现金流出）的现金流。在这个例子中，假设现金的流入流出是以年为单位发生的，而投资决策是在时点0做出的。

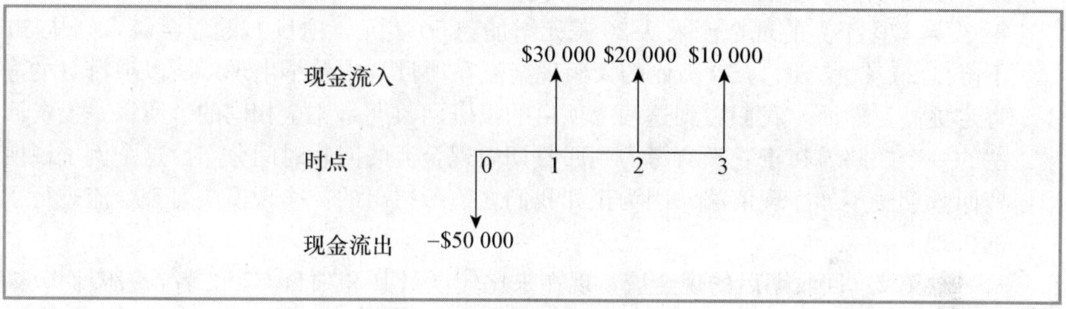

图7-1　投资项目的现金流

公司在前两年收到的现金流为30 000美元和20 000美元，将其加总起来正好等于初始投资成本50 000美元，这意味着公司在两年内就收回了投资。在这个例子中，两年就是该项目的投资回收期。

使用投资回收期法进行投资决策比较简单，并且该方法还可能包含有用的信息。投资回收期法告诉我们，一项投资的现金流出何时能够通过现金流入"收回"。如果选择一个特定的截止日期，比如两年，那么所有投资回收期为两年或是两年之内的项目都可以接受，而所有回收期限大于两年的项目——如果有——都将放弃。

投资回收期法的缺陷

投资回收期法至少存在三个缺陷。为了说明前两个缺陷，我们考虑表7-1中列出的三个项目。这三个项目的投资回收期同样都是三年，所以它们应该具有相同的吸引力——果真如此吗？

表 7-1　　项目 A、项目 B 和项目 C 的预期现金流

年	项目 A	项目 B	项目 C
0	－$100	－$100	－$100
1	20	50	50
2	30	30	30
3	50	20	20
4	60	60	100
投资回收期（年）	3	3	3

实际上，它们的吸引力并不相同，这从不同项目间的配对比较中就可以看出。为了说明投资回收期法存在的缺陷，请考虑表 7-1。假设类似风险项目的预期收益率是 10%，那么我们可以对这些项目使用 10%的折现率。如果是这样，那么项目 A，B，C 的净现值将分别为 21.5 美元、26.3 美元以及 53.6 美元。在使用投资回收期法时，这些项目都是相同的（即它们的投资回收期都是 3 年）。然而，当考虑到全部的现金流时，由于投资回收期内现金流入的时点不同，项目 B 的净现值要高于项目 A。而项目 C 的净现值最高，因为其在投资回收期后还有 100 美元的现金流入。

缺陷 1：回收期内现金流的回收时间　让我们来比较项目 A 和项目 B。从第 1 年到第 3 年，项目 A 的现金流入从 20 美元增加到 50 美元，项目 B 的现金流入则从 50 美元下降到 20 美元。因为 50 美元的大额现金流在项目 B 中较早出现，所以项目 B 的净现值肯定更高。然而，我们看到这两个项目的投资回收期是完全相同的。所以，投资回收期法的一个缺陷就在于它没有考虑到回收期内现金流的回收时间分布。这个例子说明，投资回收期法不如净现值法，因为正如我们之前所指出的，净现值法对现金流进行了适当的折现。

缺陷 2：回收期后的现金流　现在来比较项目 B 和项目 C，二者在投资回收期内具有完全相同的现金流。然而，项目 C 显然更优，因为它在第 4 年将有 100 美元的现金流入。因此，投资回收期法的另一个缺陷就是，它忽视了投资回收期后的所有现金流。因为投资回收期法的短期导向，一些有价值的长期项目可能会被拒绝。而净现值法不存在这个缺陷，因为就像我们之前所指出的，净现值法会把项目中所有的现金流都纳入考虑范围。

缺陷 3：投资回收期标准的随意性　在说明投资回收期法的第三个缺陷时，不需要用到表 7-1。资本市场可以帮助我们估计净现值法所用到的折现率。无风险利率若是以国债收益率进行衡量，就适合作为无风险投资的折现率。在本书后续的章节中会说明如何运用资本市场的历史收益率来估计风险项目的折现率。然而，对于投资回收期的选择并没有可比的指标，所以它的选择有一定的随意性。

管理的视角

那些大型的、相对复杂的公司在处理规模相对较小的决策时，经常使用投资回收期法。例如，建造一个小型仓库或者支付货车发动机的替换费用就是此类决策，它往往是由较低级别的管理层做出的。通常而言，公司经理会这样解释：换一台货车发动机需要花费 200 美元，如果它可以每年节省 120 美元的燃油成本，那么两年内公司就能收回成

本。鉴于此，管理层会做出更换发动机的决定。

虽然公司的财务主管可能不会采用这种方式做出决策，但公司会赞同较低级别的管理层这样决策。为什么高层管理人员会容忍甚至是鼓励其下属做出这种逆向的行为呢？原因之一可能是运用投资回收期法做出决策更加容易。如果一个月内要做出的更换货车发动机这样的决定多达 50 个，那么投资回收期这一简单的方法显然会魅力大增。

投资回收期法在管理控制上还是有一些可取之处的。公司评价管理者决策能力与评价投资决策本身同样重要。在净现值法下，我们需要很长的时间才能确定所做的决策是否正确。而采用投资回收期法，我们在几年内就能知道公司经理对现金流的估计是否正确。

也有人认为，那些拥有良好的投资机会但现金缺乏的公司可能适合采用投资回收期法。例如，投资回收期方法可用于小型的私营公司，这些公司具有良好的增长前景但在资本市场上很难获取融资。快速的现金回流提高了这类公司再投资的可能性。

最后，实务界人士通常认为，标准的学术批评夸大了投资回收期法在现实中所带来的问题。例如，在本书中我们设计了一个有趣的回收期例子，假设一个项目在最初几年拥有较少的现金流入，而在投资回收期后获得了巨大的现金流入。这个项目在采用投资回收期法时很可能会被放弃，虽然事实上接受这个项目对公司是有利的。表 7－1 中的项目 C 就是这样一个项目。实务界人士指出，本书例子中的现金流模式过于程式化，以至于不能反映现实情况。事实上，一些高管告诉我们，对于现实世界中的绝大多数项目，运用投资回收期法和净现值法都将做出同样的决策。此外，这些高管还指出，如果在现实中遇到项目 C 这样的投资机会，决策者几乎肯定都会对投资回收期法做出特殊的调整，使得项目被接受。

尽管存在上述理由，你会发现随着决策越来越重要，或者说当公司在审视一个较大的项目时，净现值法的地位不可动摇。与做出正确的投资决策相比，控制和评价管理者就显得不那么重要，此时投资回收期法并不会经常使用。对于金额较大的决策，比如是否购买一台机器、新建一个工厂或者收购一家公司，很少使用投资回收期法。

投资回收期法小结

不同于净现值法，投资回收期法存在很多概念性的错误。由于在回收期标准的选择上存在随意性并且忽视了回收期后的现金流，如果机械地使用投资回收期法，确实会导致做出一些愚蠢的决策。但是，因为它比较简单且具有前面提及的其他优点，所以许多公司经常用它来筛选公司所面临的无数小型投资决策。

这就意味着，当你在公司中遇到投资回收期法这类决策方法时，既不要简单地否定它，也不要完全依赖它。在学习完本课程之后，你在有机会选择决策方法时会发现，若选择投资回收期法而不是净现值法，可能会损害公司的利益。

7.3　折现回收期法

意识到投资回收期法存在的缺陷后，一些决策者使用了一种改进后的回收期法，称为**折现回收期法**（discounted payback period method）。在这种方法下，我们首先折现现金流量，然后计算经过多长时间折现后的现金流量才会等于初始投资。

例如，假设折现率是10%，一个项目的现金流量如下：

$$(-\$100, \$50, \$50, \$20)$$

这项投资的回收期为两年，因为两年后公司就可以收回初始投资。

为了计算该项目的折现回收期，首先用10%的折现率对每一笔现金流进行折现。折现后的现金流量为：

$$[-\$100, \$50/1.1, \$50/1.1^2, \$20/1.1^3]$$
$$=(-\$100, \$45.45, \$41.32, \$15.03)$$

初始投资的折现回收期就是这些折现现金流量的投资回收期。折现现金流量的投资回收期略少于3年，因为3年的折现现金流量为101.80美元（45.45+41.32+15.03）。只要现金流量是正的，折现回收期将肯定不会小于投资回收期，因为折现会让现金流量变少。

乍看之下，折现回收期法或许是一种有吸引力的备选方法，但仔细观察，我们会发现它有一些与投资回收期法相同的主要缺陷。与投资回收期法类似，折现回收期法首先需要我们选择一个有一定随意性的基准回收期限，并且它也忽略了所有回收期后的现金流量。

考虑到折现现金流的麻烦，折现回收期法在管理控制上本来具有的一点小的吸引力也就荡然无存了。我们可能还不如将所有的折现现金流加总然后采用净现值法来做出决策。虽然折现回收期法看上去有点像净现值法，但它其实只是投资回收期法与净现值法之间一种蹩脚的折中方法。

7.4 平均会计收益率法

定 义

另一种富有吸引力但也具有致命缺陷的财务决策方法是**平均会计收益率**（average accounting return，AAR）法。平均会计收益率法是指扣除税收和折旧后的项目平均利润除以项目期限内的平均账面投资额所得到的报酬率。尽管存在缺陷，平均会计收益率法仍是一种值得研究的方法，因为它在现实中经常使用。

例7.2 平均会计收益率法

考虑这样一家公司，它正在评估是否要在一个新的购物中心里购买一家商店，购买价格为500 000美元。我们假设，这家商店的预计使用寿命是5年，5年后将彻底报废或者重建。预计的每年销售额和费用已列于表7-2中。

表 7-2　计算平均会计收益率所需预测的每年项目收入与成本

	第 1 年	第 2 年	第 3 年	第 4 年	第 5 年
收入	$433 333	$450 000	$266 667	$200 000	$133 333
支出	200 000	150 000	100 000	100 000	100 000
税前现金流	233 333	300 000	166 667	100 000	33 333
折旧	100 000	100 000	100 000	100 000	100 000
税前利润	133 333	200 000	66 667	0	−66 667
所得税（$t_c=0.25$）*	33 333	50 000	16 667	0	−16 667
净利润	$100 000	$150 000	$ 50 000	$ 0	−$ 50 000

$$平均净利润=\frac{\$100\,000+150\,000+50\,000+0-50\,000}{5}=\$50\,000$$

$$平均投资额=\frac{\$500\,000+400\,000+300\,000+200\,000+100\,000+0}{6}=\$250\,000$$

$$AAR=\frac{\$\ 50\,000}{\$250\,000}=20\%$$

* 公司所得税税率＝t_C。如果公司其余部分是盈利的，那么第 5 年将抵扣税收−16 667 美元。此处，我们假设项目的损失会减少整个公司的所得税。

这张表格值得我们仔细研究。事实上，任何项目评估的第一步都是仔细观察预期的现金流量。商店第 1 年的销售额预计为 433 333 美元，税前现金流为 233 333 美元。到了第 2 年，销售额预计会上升而费用预计会下降，带来的税前现金流为 300 000 美元。随着其他商店加入竞争以及商店吸引力下降，商店之后 3 年税前现金流将分别下降到 166 667 美元、100 000 美元以及 33 333 美元。

要计算项目的平均会计收益率，我们要用平均净利润除以平均投资额，这需要分三步完成。

第一步：计算平均净利润　任何一年的净利润都是净现金流减去折旧和税收。折旧并不会带来现金的流出。① 相反，它只是一项费用，反映了在商店上的投资价值逐年递减这样一个事实。

我们假设这个项目的有效期限是 5 年，期末无残值。因为初始投资成本是 500 000 美元且 5 年后的价值为零，我们可以假设该项目以每年 100 000 美元的速度折旧。这种稳定的 100 000 美元折旧费用称为直线折旧（straight-line depreciation）。我们从税前现金流中扣除折旧和税收就得到了净利润，如表 7-2 所示。第 1 年的净利润为 100 000 美元，第 2 年为 150 000 美元，第 3 年为 50 000 美元，第 4 年为 0，最后一年为−50 000 美元。因此，项目期限内的平均净利润为：

平均净利润：

$$[\$100\,000+150\,000+50\,000+0+(-50\,000)]/5=\$50\,000$$

第二步：计算平均投资额　之前说过，由于折旧，在商店上的投资的价值每年都在减少。因为每年的折旧是 100 000 美元，所以第 0 年年末投资的价值是 500 000 美元，第 1 年年末的账面价值下降到 400 000 美元，依此类推。那么项目期限内投资的平均价

① 关于折旧，在第 8 章中会有更详细的介绍。

值是多少呢？

机械的计算方法是：

$$\frac{\$500\,000+400\,000+300\,000+200\,000+100\,000+0}{6}=\$250\,000$$

公式中除以 6 而不是 5，是因为价值 500 000 美元的投资是在 5 年项目期的最开始做出的，而投资最终减值为 0 发生在第 6 年年初。换句话说，上述公式中有 6 个时间段。

第三步：计算平均会计收益率 平均会计收益率为：

$$\text{AAR}=\frac{\$50\,000}{\$250\,000}=20\%$$

如果公司的目标会计收益率超过 20%，该项目就会被拒绝；而如果其目标会计收益率低于 20%，该项目就会被接受。

对平均会计收益率法的分析

到现在为止，你应该能看出平均会计收益率法存在什么问题。

第一，平均会计收益率法最大的缺陷就在于，它没有使用正确的基础数据。平均会计收益率法使用的是净利润以及投资的账面价值数据，这两者都是来自会计账目，而会计上的数字是比较武断的。例如，某些现金流出（如一栋建筑的成本）是根据现行会计准则来计提折旧的。而其他现金流出（如维修费）则计入费用。在现实情况下，决定将一个项目进行折旧还是计入费用依赖于判断。因此，平均会计收益率法所使用的基础数据——净利润和平均的投资额，是受会计判断影响的。与之相反，净现值法使用的是真实的现金流，而现金流不受会计判断的影响。

第二，平均会计收益率法没有考虑时间。在前面的例子中，如果 100 000 美元的净利润不是发生在第 1 年而是发生在最后一年，平均会计收益率法会得出同样的结论。然而，一笔现金流入延后 5 年将会降低项目的净现值。正如本章之前提到的，净现值法对现金流则进行了合理的折现。

第三，正如投资回收期法在选择基准回收期时存在一定的随意性一样，平均会计收益率法在选择合理的目标收益率时也缺乏依据。目标收益率可以是市场的折现率。但同样，因为平均会计收益率法不像净现值法那样进行了折现，所以市场折现率并不是一个很好的选择。

考虑到这些问题，在现实中平均会计收益率法会被采用吗？与投资回收期法类似，平均会计收益率法（及其修正后的方法）往往是作为净现值法的一种备用方法。这可能是因为，平均会计收益率很容易计算，而且可以使用公司会计制度中一些现成的数据。另外，股东和媒体都高度关注公司的整体盈利能力。因此，一些公司经理会迫于压力选择在短期内有利可图的项目，即使这些项目短期的净现值较小。这些经理可能对单个项目的平均会计收益率给予过度的关注。

7.5　内含报酬率法

现在，我们来讨论净现值法最重要的一种替代方法——内含报酬率法，也就是众所周知的 IRR 法。内含报酬率法与净现值法很接近，但是你无须算出项目的净现值。内含报酬率法的基本原理就是，提供单一的数字来概括项目的优劣，这个数字不依赖于资本市场通用的利率。这也是为什么把它叫作内含报酬率的原因。这个报酬率是项目内部的或项目本身固有的，不依赖于除项目现金流以外的其他任何因素。

例如，考虑图 7－2 中所示的这个简单项目（－＄100，＄110）。

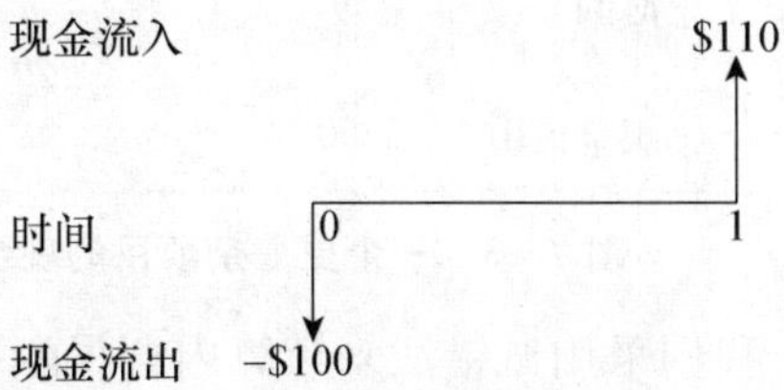

图 7－2　一个简单项目的现金流

对于给定的折现率，项目的净现值可以表示为：

$$NPV=-\$100+\frac{\$110}{1+R}$$

式中，R 表示折现率。如果要使这个项目的净现值等于零，那么此时折现率应为多少？

我们可以先随便使用一个折现率，比如 8％，可得：

$$\$1.85=-\$100+\frac{\$110}{1.08}$$

因为在这个式子中净现值为正，我们现在试算一个更高的折现率，比如 12％，可得：

$$-\$1.79=-\$100+\frac{\$110}{1.12}$$

因为在上述式子中净现值为负，我们可以降低折现率，比如 10％，可得：

$$0=-\$100+\frac{\$110}{1.10}$$

上述试错过程告诉我们，当 R 等于 10％时，项目的净现值为零。[①] 因此，我们说 10％就是项目的**内含报酬率**（internal rate of return，IRR）。总体而言，内含报酬率就是使项目的净现值为零时的折现率。它的实践含义也非常简单。如果折现率是 10％，那么公司接受或者拒绝该项目应该是无差异的。如果折现率低于 10％，则公司应接受

① 当然，在这个例子中我们可以设置让净现值等于零，然后直接解出 R。然而，当有一长串的现金流时，人们通常不能直接解出 R，不得不使用试错法。

该项目。而如果折现率高于10%，则公司应拒绝该项目。

我们可以明确一般的投资法则：

如果项目的内含报酬率高于折现率，就接受该项目。如果项目的内含报酬率低于折现率，则拒绝该项目。

我们把上述法则称为**内含报酬率法的基本法则**（basic IRR rule）。现在我们来讨论图7-3中这个比较复杂的例子（-＄200，＄100，＄100，＄100）。

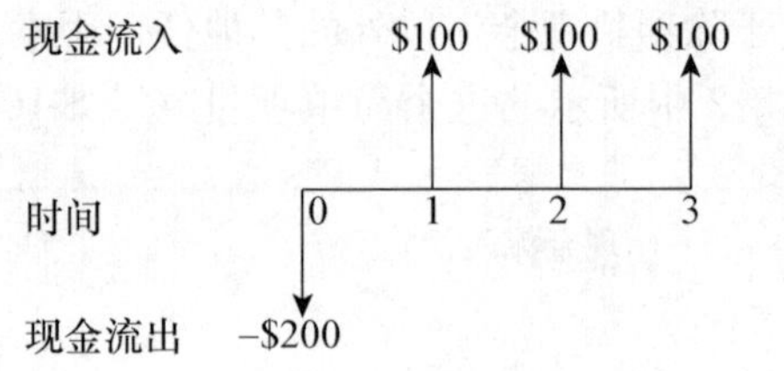

图7-3　一个更复杂项目的现金流

就像之前所做的，我们采用试错法来计算内含报酬率。我们分别尝试20%和30%，可得：

折现率	净现值
20%	＄10.65
30%	-18.39

在经过更多的试错后，我们发现当折现率是23.37%时，项目的净现值为零。因此，内含报酬率为23.37%。若折现率为20%，项目的净现值为正，我们会接受该项目。然而，如果折现率为30%，那么我们将舍弃该项目。

如果使用代数方法，我们算不出下面式子中的IRR①：

$$0=-\$200+\frac{\$100}{1+\text{IRR}}+\frac{\$100}{(1+\text{IRR})^2}+\frac{\$100}{(1+\text{IRR})^3}$$

图7-4说明了一个项目的内含收益率意味着什么。该图把NPV表示成折现率的函数。函数曲线在内含报酬率等于23.37%时与横轴相交，因为此时NPV等于零。

应当明确的是，当折现率低于内含报酬率时净现值为正，而当折现率高于内含报酬率时净现值为负。这就意味着，如果我们接受一个折现率低于内含报酬率的项目，也将接受一个净现值为正的项目。因此，内含报酬率法则与净现值法则是完全一致的。

如果真的完全如此，那么内含报酬率法则将总是与净现值法则一致。这将是一个美妙的发现，因为这将意味着，仅仅通过计算一个项目的内含报酬率，我们就可以对所考虑的所有项目进行排序。例如，如果内含报酬率法则真的起作用，那么一个内含报酬率为20%的项目一定会比一个内含报酬率为15%的项目好。

① 若只涉及初始的一笔现金流出以及随后最多两笔现金流入的问题，可以直接算出内含报酬率。例如，在随后有两笔现金流入的情形中，可通过二次方程式求解。然而，在一般情况下，对于随后涉及三笔或者更多现金流入的情形，需要利用计算器或电子表格来求解。

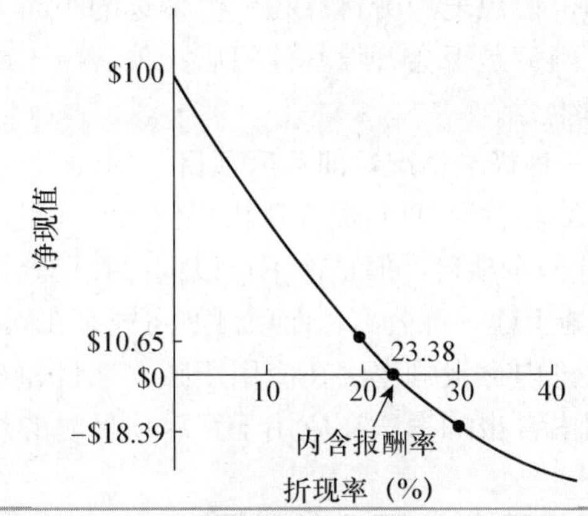

图 7-4　一个更复杂项目的净现值和折现率

说明：当折现率小于 IRR 时，NPV 为正；当折现率大于 IRR 时，NPV 为负。

但现实中的财务决策并非如此。遗憾的是，内含报酬率法则和净现值法则仅仅在上面这样的例子中是相同的。在更复杂的情况下，内含报酬率法会出现一些问题。在现实中，我们可以使用电子表格来避开枯燥烦琐的试错法计算过程。“电子表格工具”专栏将演示其过程。

电子表格工具

利用电子表格计算内含报酬率

因为手工计算内含报酬率比较烦琐，所以我们通常采用财务计算器特别是电子表格来进行计算。由于使用各种财务计算器的步骤千差万别而难以详述，因此我们此处将重点放在使用电子表格上。如下面的例子所示，使用电子表格是很容易的。

	A	B	C	D	E	F	G	H
1								
2	使用电子表格来计算内含报酬率							
3								
4	假设我们有一个 4 年期的项目，成本为500美元。在 4 年的项目期内现金流量将为							
5	100美元、200美元、300美元以及400美元。请问内含报酬率为多少？							
6								
7		年份	现金流					
8		0	-$500					
9		1	100		IRR=	27.3%		
10		2	200					
11		3	300					
12		4	400					
13								
14								
15	在单元格F9中输入的公式为=IRR(C8:C12)。请注意，第0年的现金流量有负号，							
16	代表了项目的初始成本。							

7.6　内含报酬率法的缺陷

独立项目与互斥项目的定义

独立项目（independent project）是指一个项目接受与否与其他项目是否被接受无

关的投资项目。例如，设想麦当劳打算在一个偏远的小岛上开设一家门店，那么这家门店是否开张可能与麦当劳是否会开设其他门店无关。由于地处偏远，这使得岛上的门店不会影响其他门店的生意。

现在我们讨论另一种极端情况，即**互斥项目**（mutually exclusive investments）。如果A和B是互斥项目，那么这对两个项目而言意味着什么？你可以接受项目A，可以接受项目B，也可以同时放弃这两个项目，但是你不可以同时接受这两个项目。举例而言，项目A可能是在你拥有的土地上建一栋公寓，而项目B可能是在同样的地方建一座电影院。

下面，我们先讨论内含报酬率法在应用于独立项目和互斥项目时都避免不了的两个一般问题，然后介绍内含报酬率法在应用于互斥项目时的两个特殊问题。

影响独立项目与互斥项目的两个一般问题

我们的讨论从项目A开始，它的现金流如下：

（－＄100，＄130）

项目A的内含报酬率为30％。表7－3提供了该项目的其他相关信息。该项目的净现值与折现率之间的关系如图7－5所示。你可以看到，净现值随着折现率的上升而下降。

表7－3　内含报酬率和净现值

	项目A			项目B			项目C		
	0	1	2	0	1	2	0	1	2
现金流	－＄100	＄130		＄100	－＄130		－＄100	＄230	－＄132
IRR		30％			30％		10％	和	20％
NPV@10％		＄18.2			－＄18.2			＄0	
接受（如果市场利率）		＜30％			＞30％		＞10％	但是	＜20％
投资或筹资		投资			筹资			混合	

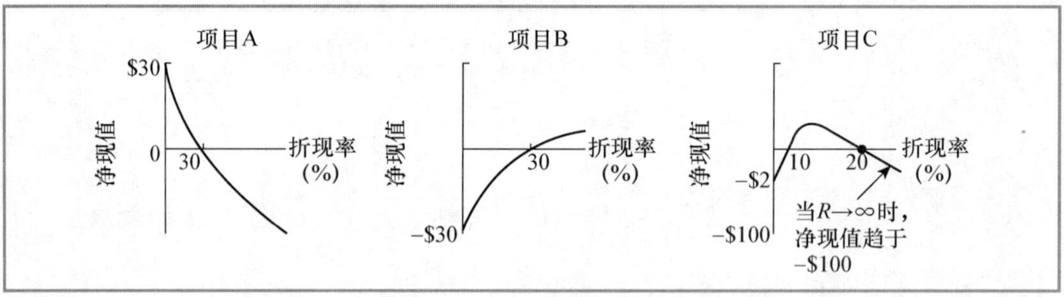

图7－5　项目A，B以及C的净现值与折现率

说明：项目A在第0期有现金流出，随后在第1期有现金流入。它的净现值与折现率负相关。
项目B在第0期有现金流入，随后在第1期有现金流出。它的净现值与折现率正相关。
项目C的现金流量符号发生了两次改变。它在第0期有现金流出，在第1期有现金流入，而在第2期又有现金流出。项目现金流符号变化不止一次时，就会出现多个内含报酬率。

问题1：投资或筹资　现在考虑项目B，其现金流为：

（＄100，－＄130）

项目B的现金流量与项目A正好相反。在项目B中，公司先取得现金而后付出现金。尽管这样的现金流形式不太寻常，但也是真实存在的。例如，一个公司举办研讨会，与会者需要提前付款。这是因为在召开研讨会期间，公司要支付大额费用，即先有现金流入后有现金流出。

我们采用试错法来计算内含报酬率：

$$-\$4=+\$100-\frac{\$130}{1.25}$$

$$\$0=+\$100-\frac{\$130}{1.30}$$

$$\$3.70=+\$100-\frac{\$130}{1.35}$$

与项目A一样，项目B的内含报酬率也是30%。然而请注意，当折现率低于30%时，项目B的净现值为负。相反，当折现率高于30%时，项目B的净现值为正。可见，这类项目的投资法则与前面恰好相反。对于这类项目，其投资法则是：

如果项目的内含报酬率低于折现率，就接受该项目。如果项目的内含报酬率高于折现率，则拒绝该项目。

这种特殊的决策法则如图7-5中的项目B所示。曲线是向上倾斜的，这意味着净现值与折现率正相关。

曲线图可以给我们很直观的感觉。假设一家公司希望立即获得100美元，它可以有两种选择：(1) 接受项目B；(2) 从银行借款100美元。因此，项目B实际上是向银行借款的替代方案。事实上，由于内含报酬率为30%，因此接受项目B就等同于以30%的利率进行借款。如果公司从银行借款的利率只有25%，那么公司应该拒绝项目B。然而，如果公司只能以比如35%的利率向银行借款，那么公司就应该接受项目B。因此，当且仅当折现率高于内含报酬率时，项目B将会被接受。①

这与项目A正好相反。如果该公司有100美元的现金用于投资，也可以有两种选择：(1) 接受项目A；(2) 贷款100美元给银行。项目A实际上是贷款给银行的替代方案。事实上，由于项目A的内含报酬率是30%，接受项目A无异于以30%的利率进行贷款。如果贷款利率在30%以下，那么公司应接受项目A。相反，如果贷款利率在30%以上，则公司应该拒绝项目A。

由于在项目A中公司是先有现金流出，而在项目B中公司是先有现金流入，因此我们把项目A称为投资型项目（investing type project），而把项目B称为筹资型项目（financing type project）。投资型项目是标准的决策项目。由于内含报酬率法则与筹资型项目的投资法则正好相反，因此在使用内含报酬率法则时要小心这类项目。

问题2：多个内含报酬率 假设一个项目的现金流如下：

$$(-\$100, \$230, -\$132)$$

---

① 这里所隐含的假设是，项目的现金流是无风险的。在这种情况下，可以把所需的100美元的贷款利率当作项目折现率。如果现金流存在风险，那么就要另选折现率。然而，当项目的内含报酬率小于折现率时就接受项目的决策原则仍然适用。

因为该项目是先有现金流出，再有现金流入，之后又有现金流出，这种项目的现金流符号发生了两次变化，称之为非常规（flip-flops）现金流。虽然这种模式的现金流可能看起来有点奇怪，但很多项目在有一些现金流入后需要后续的现金流出。露天开采项目就是这样的例子。这种项目在第一个阶段是挖掘矿井的初始投资，而在经营煤矿的第二阶段可以获得利润，第三阶段则涉及进一步投资以开垦土地和满足环境保护法规的要求，在这个阶段现金流是负的。

利用租赁安排进行融资的项目也可能会产生类似模式的现金流。在初始投资之后，租赁通常会带来明显的税收优惠，从而产生现金流入。然而，这种税收优惠会持续减少，这往往导致在以后的年份中现金流又变成负的。（关于租赁的详细内容将在后面的章节中讨论。）

我们很容易验证，这个项目拥有两个而不是一个内含报酬率，即10%和20%。① 在这种情况下，内含报酬率没有任何意义。我们要使用哪个内含报酬率，10%还是20%？因为没有充分的理由能说明哪一个更合适，所以内含报酬率此时无法使用。

为什么这个项目会存在多个内含报酬率？因为在发生初始投资之后既有现金流入又有现金流出，这使得项目C产生了多个内含报酬率。在一般情况下，这种非常规现金流量或者说符号发生变化的现金流会产生多个内含报酬率。理论上讲，现金流的符号变化K次就会产生多达K个满足条件的内含报酬率（IRR大于－100%）。所以，由于项目C的现金流符号发生了两次变化，因此它会有两个内含报酬率。而我们曾指出，在现实中有很多项目的现金流符号都会反复变化。

净现值法则　当然，无须为一个项目出现多个内含报酬率而感到担心。毕竟，无论怎样，我们还可以求助于净现值法来进行决策。在图7-5中，把项目C（－＄100，＄230，－＄132）的净现值表示为折现率的函数。如图所示，当折现率等于10%和20%时，项目C的净现值为零。而在10%和20%之外的区间，项目C的净现值为负。因此，根据净现值法则，如果合适的折现率介于10%与20%之间，那么项目C就是可以接受的。而折现率在此区间之外时，项目C就应该被拒绝。

修正的内含报酬率法　作为净现值法的一种替代方法，我们现在介绍**修正的内含报酬率**（modified IRR，MIRR）法，它通过合并现金流直至只存在一次符号变化，解决多个内含报酬率的问题。为了看看这种方法是如何使用的，我们再次考虑项目C。假设折现率为14%，那么最后一笔现金流－132美元折现到第1期的价值为：

$$-\$132/1.14=-\$115.79$$

因为第1期已有现金流入230美元，所以第1期“调整”后的现金流为114.21美元

---

① 计算步骤如下：

$$-\$100+\frac{\$230}{1.1}-\frac{\$132}{1.1^2}$$

$$0=-\$100+\$209.09-\$109.09$$

以及

$$-\$100+\frac{\$230}{1.2}-\frac{\$132}{1.2^2}$$

$$0=-\$100+\$191.67-\$91.67$$

因此，我们计算得到了多个内含报酬率。

(230－115.79)。因此，采用修正的内含报酬率法后，这个项目就产生了如下两项现金流：

(－＄100，＄114.21)

请注意，通过折现和合并现金流，这个项目的现金流只改变了一次符号。现在，内含报酬率法则就可以使用了。这两项现金流的内含报酬率为14.21%，这意味着我们假设折现率为14%，这个项目就应该接受。

当然，项目C只是一个相对简单的例子，因为它只涉及三个现金流量以及两次符号变化。然而，相同的过程可以简单地推广到更加复杂的项目中，即通过不断地折现与合并后面的现金流直至只剩下一次符号变化。

虽然这种调整确实纠正了出现多个内含报酬率的情况，但它似乎违背了内含报酬率的"本质"，至少对我们而言是如此。如前所述，内含报酬率法的基本原理在于，它提供了单一的数字来概括项目的优劣，这个数字不依赖于折现率。事实上，这也是它被称为内含报酬率的原因，因为这个报酬率是项目内部的或项目本身固有的，它不依赖于除项目现金流以外的其他任何因素。相反，修正的内含报酬率显然是折现率的函数。然而，公司采用这种修正的内含报酬率法可以规避存在多个内含报酬率的问题，就像公司也可以采用净现值法来规避这个问题一样。

避免多个内含报酬率　如果一个项目第一笔现金流为负值——因为这是它的初始投资——而且假如之后所有的现金流都是正值，那么无论这个项目持续多少期，它的内含报酬率都是唯一的。利用货币时间价值的概念，很容易理解这一点。例如，容易证明表7-3中的项目A的内含报酬率为30%，因为当采用30%的折现率时，可以得到：

$$NPV = -\$100 + \$130/1.3 = 0$$

如何知道这是唯一的内含报酬率？假设我们试图用高于30%的折现率进行折现。在计算净现值时，改变折现率并不会影响初始现金流－100美元的价值，因为该现金流无须折现。因此，提高折现率只会降低未来现金流量的现值。换言之，因为折现率为30%时净现值为零，所以提高折现率将使得净现值为负。类似地，如果尝试用低于30%的折现率进行折现，该项目整体的现金流将会是正的。虽然此例中只有一个正的现金流，但上述原理仍然适用于初始投资后发生了多笔现金流入（但无现金流出）的项目，此类项目只有唯一的内含报酬率。

如果初始的现金流为正值——而且如果其余所有的现金流都为负值，那么这类项目也只有唯一的内含报酬率。得出结论的理由与上面类似。这两种情形下现金流都只改变过一次符号，或者说现金流量只摆动过一次。因此，当现金流的符号只改变一次时，可以避免出现多个内含报酬率。

一般法则　下表总结了投资法则：

现金流	IRR个数	IRR准则	NPV准则
初始现金流为负，其余现金流为正	1	若IRR＞R，则接受 若IRR＜R，则拒绝	若NPV＞0，则接受 若NPV＜0，则拒绝
初始现金流为正，其余现金流为负	1	若IRR＜R，则接受 若IRR＞R，则拒绝	若NPV＞0，则接受 若NPV＜0，则拒绝
首次之后，一些现金流为正，一些现金流为负	可能大于1	IRR无效	若NPV＞0，则接受 若NPV＜0，则拒绝

值得注意的是，在上述三种不同的现金流情形下，净现值法所使用的判断标准都是一样的。换言之，净现值法适用于任何情况。相反，内含报酬率法仅在特定的情况下适用。因此，对于净现值法，“用我赐予你的东西，你准会赢”这句话无疑非常贴切。

互斥项目所特有的问题

如前所述，如果公司在面临两个或两个以上项目时最多只能接受其中一个，那么这些项目就是互斥的。现在，我们将讨论在处理互斥项目时使用内含报酬率法会出现的两个特殊问题。这两个问题非常相似，但在逻辑上截然不同。

规模问题 我们认识的一位教授为了活跃班级讨论氛围，提出了这样一个话题：“同学们，我准备让你们中的一位在以下两个互斥的‘商业’机会中做出选择。机会1——你现在给我1美元，下课后我将还给你1.5美元。机会2——你给我10美元，我会在下课后还给你11美元。你只能选择其中一个投资机会，而且每个投资机会都不能重复选择。现在我来挑选第一个自告奋勇者。”

你会选择哪个机会？正确的答案是机会2。[①] 为了加以说明，我们来看下面这张表：

	课初的现金流量	课末的现金流量（90分钟后）	NPV[②]	IRR
机会1	－$1	＋$1.5	$0.5	50%
机会2	－10	＋11	1	10

正如我们曾强调的，应该选择净现值最高的投资机会，也就是本例中的机会2。也许就像教授的一个学生解释的那样：“我比教授要强壮，所以我肯定能拿回我的钱。而且我的口袋里现在有10美元，足够我选择任何一个机会。如果选择机会2，在下课后我可以完好无损地拿回我的初始投资，还能玩两轮我最喜欢的电子游戏。[③] 而机会1的利润只足够我玩一轮电子游戏。”

这个例子说明了利用内含报酬率进行决策的缺陷。如果依据内含报酬率的基本法则，我们应选择机会1，因为机会1的内含报酬率为50%，而机会2的内含报酬率只有10%。

内含报酬率法错在哪里？内含报酬率法的问题在于，它忽视了项目规模。尽管机会1的内含报酬率更大，但是它的投资规模小得多。换句话说，机会2以合适的收益率进行一个大得多的投资完全可以抵消机会1因高收益率所带来的好处。[④]

内含报酬率法在这里有一定的误导性，那么我们是否能加以调整或修正呢？我们将在下例中阐述这个问题。

---

① 教授用“真金白银”来做这个实验。尽管这位教授的许多学生在考试中成绩不佳，但是并没有学生此时选择机会1，教授说他的学生都是“投资高手”。

② 我们假设利率为0，因为他的课仅有90分钟，这只是一小段时间。

③ 当时，玩电子游戏每次花费0.5美元。

④ 在短短90分钟内就获得10%的收益率已经相当高了。

例 7.3　净现值法与内含报酬率法

斯坦利·贾菲和谢里·兰辛刚购买了《公司理财》(*Corporate Finance*)的电影版权。他们将投资制作一部电影，有预算大小不同的两种选择。预计的现金流量如下：

	第0期的现金流量(百万美元)	第1期的现金流量(百万美元)	NPV@25%(百万美元)	IRR
小预算	－$10	$40	$22	300%
大预算	－25	65	27	160

由于风险较高，因此设定25%的折现率可能比较合适。谢里认为要采用大预算项目，因为其净现值较高。斯坦利则倾向于选择小预算项目，因为该项目的内含报酬率较高。谁是对的？

就像上面这个例子中阐述的原因一样，净现值法才是正确的。因此，谢里是对的。然而，斯坦利固执地认为应采用内含报酬率法来判断。谢里应如何利用内含报酬率法说服斯坦利采用大预算的项目才是合理的呢？

这里需要引入增量内含报酬率。斯坦利计算了采用大预算项目替代小预算项目而带来的增量现金流量：

	第0期的现金流量(百万美元)	第1期的现金流量(百万美元)
选择大预算项目替代小预算项目的增量现金流量	－$25－(－10)＝－$15	$65－40＝$25

上表显示，第0期和第1期的增量现金流量分别为－1 500万美元以及2 500万美元。谢里进而计算出增量内含报酬率为：

计算增量内含报酬率的公式：

$$0=-\$15\,000\,000+\frac{\$25\,000\,000}{1+\text{IRR}}$$

由上述等式可得，IRR等于66.67%，这意味着**增量内含报酬率**(incremental IRR)为66.67%。增量内含报酬率是指选择大预算项目替代小预算项目所带来的投资增量的内含报酬率。

此外，我们还可以计算增量现金流量的净现值：

增量现金流量的净现值：

$$-\$15\,000\,000+\frac{\$25\,000\,000}{1.25}=\$5\,000\,000$$

我们知道，作为一个独立的项目，小预算的电影项目是可以接受的，因为它的净现值为正。但我们想知道，如果额外多投资1 500万美元来制作大预算的电影而非小预算的电影对我们而言是否有利可图。也就是说，如果追加投资1 500万美元的投资以获得下一年额外的2 500万美元收入是否划算？首先，上述计算结果显示，增量投资的净现值是正的。其次，66.67%的增量内含报酬率远高于25%的折现率。基于这两个原因，增量投资显然是合理的。因此，应选择投资大预算的电影。而上述第二个理由能说服斯坦利。

回顾一下，可以用以下三种方法之一来处理上述例子（或任何互斥的项目）：

1. 比较两种选择的净现值。此例中，大预算电影取得的净现值大于小预算电影的净现值，即前者的2 700万美元要高于后者的2 200万美元。

2. 计算用大预算电影替代小预算电影所带来的增量净现值。因为增量净现值等于500万美元，因此选择大预算电影。

3. 比较增量内含报酬率与折现率。因为此例中增量内含报酬率为66.67%，而折现率只有25%，因此选择大预算电影。

这三种方法所得到的结论是一样的。但值得注意的是，不能直接比较两个电影项目的内含报酬率。否则，我们会做出错误的决策，即接受小预算电影的投资项目。

然而，学生往往会认为规模问题不怎么重要，但实际上完全相反。就像一位著名的大厨在电视上常说的："我不知道你的面粉是怎样的，但我的面粉可不是买来就加了调料的。"资本预算也是同样的道理。在现实中，项目的规模往往没有明确的大小。很多时候，公司必须自己决定最佳的项目规模。电影的投资预算为2 500万美元也不一定是最佳决策。也许多花100万美元聘请一个更有名的明星或者在更合适的场地进行拍摄就能够提高电影的票房。类似地，一家工业公司必须决定仓库究竟建多大才好，比如是500 000平方英尺还是600 000平方英尺。再如，本章前面提到的一个例子，麦当劳打算在一个荒岛上建一家门店，那么它必须决定这个门店的规模是多大。对于几乎所有的项目，公司管理者都必须决定项目规模，这意味着项目规模问题在现实中普遍存在。

最后补充一点。学生经常会问，在计算增量现金流量时应该用哪个项目的现金流减去另一个项目的现金流。那么请注意，我们通常是用大项目的现金流减去小项目的现金流。这会使得第0期有现金流出，这样就可以运用基本的内含报酬率法则来分析增量现金流量了。[①]

时间分布问题 接下来，我们讨论在评价互斥项目时运用内含报酬率法会遇到的另一个非常类似的问题。

例7.4 互斥投资

假设Kaufold公司对一个货仓的使用有两种选择。它可以用来存放有毒废物容器（投资A），也可以存放电子设备（投资B）。现金流量如下：

	各年的现金流量				NPV			IRR
	0	1	2	3	@0%	@10%	@15%	
投资A	－$10 000	$10 000	$1 000	$1 000	$2 000	$669	$109	16.04%
投资B	－10 000	1 000	1 000	12 000	4 000	751	－484	12.94

我们发现，当折现率较低时，投资B的净现值较大；而当折现率较高时，投资A的净现值更大。如果你仔细观察现金流模式，就不会觉得奇怪了。投资A的现金流入出现得较早，投资B的现金流入则出现得比较晚。如果我们假设的折现率比较高，那么会倾向于选择投资A，因为假设越早收回现金流（比如，在第1年收回1万美元），就能越早地以同样的利率进行再投资。因为投资B大部分的现金流都是在第3年收到的，因此折现率较低时投资B的净现值会相对较大。

① 此外，我们也可以用小项目的现金流减去大项目的现金流。那么，第0期就会有现金流入，这就使得我们需要使用筹资型项目的内含报酬率法则。这样做也是可行的，但容易出错。

这两个投资项目的现金流模式如图7-6所示。当折现率为0时，项目A的净现值为2 000美元。这其实就是将项目A的现金流简单加总，而不需要进行折现。此时，项目B的净现值为4 000美元。然而，随着折现率的上升，项目B的净现值要比项目A的净现值下降得更快。如前所述，这是因为项目B的现金流入出现得较晚。当折现率为10.55%时，两个项目的净现值是一样的。我们知道，一个项目的内含报酬率就是使项目净现值为零时的折现率。因为项目B的净现值下降得更快，实际上项目B的内含报酬率会更低。

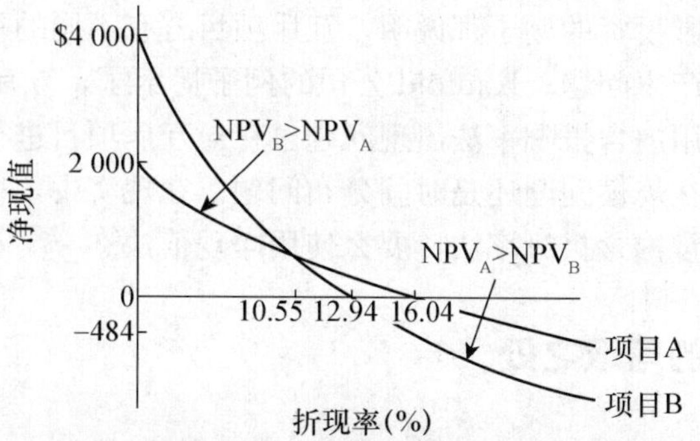

图7-6　互斥项目的净现值和内含报酬率

对于前面有关电影的例子，可以从下面三种方法中选择一种来判断哪个项目更优：

1. 比较两个项目的净现值。图7-6有助于我们做出决策。如果折现率低于10.55%，我们会倾向于项目B，因为此时项目B的净现值更大。而当折现率高于10.55%时，我们会选择项目A，因为此时项目A的净现值更大。

2. 比较增量内含报酬率与折现率。上述方法利用的是净现值。另一种可以判断出项目B更优的方法是，用项目B的现金流减去项目A的现金流，然后计算出内含报酬率。这就是我们之前提到的增量内含报酬率法。

增量现金流量为：

	年份				增量现金流量的净现值			
	0	1	2	3	增量IRR（%）	@0%	@10%	@15%
B—A	0	－$9 000	0	$11 000	10.55	$2 000	$83	－$593

该表显示，增量内含报酬率为10.55%。换句话说，当折现率为10.55%时，增量投资的净现值为零。因此，当相关的折现率低于10.55%时，项目B优于项目A。而当相关的折现率高于10.55%时，项目A优于项目B。①

3. 计算增量现金流量的净现值。最后，还可以通过计算增量现金流量的净现值来决策。第二种方法已经向我们展示了两个项目的增量现金流量。我们发现，当折现率取0或10%时，增量净现值为正。若折现率为15%，则增量净现值为负。如果增量现金流量的净现值为正，我们应选择项目B。否则，我们就选择项目A。

总之，无论通过哪一种方法来判断，结论都是一致的：(a) 比较两个项目的净现

① 在此例中，我们首先得出，当折现率为10.55%时，两个项目的净现值相等。接下来，结果显示，增量内含报酬率也是10.55%。这绝非巧合，这种相等是始终成立的。这是因为增量内含报酬率是使增量现金流量的净现值为零的折现率。而当两个项目的净现值相等时，增量现金流量的净现值就正好等于零。

值；(b) 比较增量内含报酬率与相关的折现率；(c) 考察增量现金流量的净现值。但是，如前所述，我们不能直接比较项目A和项目B的内含报酬率。

就像我们之前所建议的，应该用大项目的现金流减去小项目的现金流。但现在这两个项目的初始投资相等，那我们又该怎么办呢？在这种情况下，我们建议通过相减使得第一个非零的现金流为负值。比如，在Kaufold公司的例子中，可以用项目B的现金流减去项目A的现金流。这样，就能继续使用基本的内含报酬率法则来评估现金流了。

前面的几个例子说明了利用内含报酬率法来评价互斥项目时存在的问题。教授与学生的例子以及电影投资的例子都说明，互斥项目若有不同的初始投资，运用内含报酬率法进行评价就会产生问题。Kaufold公司的例子揭示了，互斥项目的现金流量出现的时间不同将导致运用内含报酬率法出现问题。在对互斥项目进行决策时，我们实际上不必考虑它究竟是存在规模问题还是时间分布问题。在现实中，很可能两种问题都存在。实务界要么使用增量内含报酬率法，要么使用净现值法。

内含报酬率法的可取之处

内含报酬率之所以被人们接受，是因为它具有净现值法所没有的优点。人们似乎希望能用某个单一的报酬率就概括出一个项目的主要信息。这种单一的比率为人们评价项目优劣提供了简单易行的方法。例如，公司的一位经理可能会对另一位经理说："重建北边的办公楼会有20%的内含报酬率。"

同时，值得赞赏的是，使用内含报酬率法的许多公司似乎都很清楚这种方法存在不足。例如，许多公司往往会严格进行管理控制，使得一个初始有现金流出的项目在其后都是现金流入。在这些情况下，内含报酬率法与净现值法往往是兼容的。因此，内含报酬率法拥有以一个简单的数字就反映出复杂的投资项目概况的能力，而且该数字便于沟通，这或许是内含报酬率法存在的原因。

小测验

为了检验你学得怎么样，考虑下面两种说法是否正确：

1. 在计算一个项目的净现值时，你必须知道折现率，但计算内含报酬率则不需要。

2. 因为你在运用内含报酬率进行决策时不需要用到折现率，所以内含报酬率法则要比净现值法则简单。

第一种说法是正确的，计算净现值时需要用到折现率。而计算内含报酬率是求解净现值为零时的折现率，在计算中不会涉及折现率。但第二种说法是错误的。运用内含报酬率来进行决策，你必须将内含报酬率与折现率进行比较。因此，无论是净现值法还是内含报酬率法都需要用到折现率。

7.7 获利指数法

评估投资项目的另一种方法就是使用**获利指数**（profitability index），它是指初始投资之后预期未来现金流量的现值与初始投资数额的比率。获利指数的计算公式如下：

$$\text{获利指数}=\frac{\text{初始投资后现金流量的现值}}{\text{初始投资}} \qquad [7.1]$$

例 7.5　获利指数

Hiram Finnegan 公司（HF）有以下两个投资机会，使用 12%的折现率。

项目	现金流量（百万美元）			初始投资后现金流量的 PV@12%（百万美元）	获利指数	NPV@12%（百万美元）
	C_0	C_1	C_2			
1	－＄20	＄70	＄10	＄70.5	3.52	＄50.5
2	－10	15	40	45.3	4.53	35.3

计算获利指数

项目 1 的获利指数的计算方法如下。初始投资之后的现金流现值为：

$$\$70.5=\frac{\$70}{1.12}+\frac{\$10}{1.12^2}$$

获利指数等于上述等式的结果除以初始投资额 2 000 万美元，可得：

$$3.52=\frac{\$70.5}{\$20}$$

获利指数的应用　如何运用获利指数进行决策呢？下面考虑三种情况：

1. 独立项目。假设 HF 公司的两个项目是独立的。根据净现值法则，这两个项目都是可以接受的，因为它们的净现值都为正。当净现值为正值时，获利指数将大于 1。因此，获利指数法则就是：

- 当获利指数＞1 时，独立项目可以接受。
- 当获利指数＜1 时，独立项目应该放弃。

2. 互斥项目。现在假设 HF 公司只能在两个项目中二选一。采用净现值法分析会选择项目 1，因为项目 1 的净现值更大。而采用获利指数法进行分析会做出错误的选择，因为此时项目 2 的获利指数比项目 1 的获利指数大。

在互斥项目中运用获利指数法所产生的问题与我们之前提到的内含报酬率法所面临的规模问题是一样的。项目 2 的规模小于项目 1，因为获利指数只是单一的比值，它忽略了项目 1 的投资大于项目 2 这个问题。因此，与内含报酬率一样，获利指数忽略了互斥项目之间的规模差异。

然而，与内含报酬率法一样，获利指数法的缺陷可以使用增量分析法来修正。我们通过项目 1 减去项目 2 可得到增量现金流量如下：

项目	现金流量（百万美元）			初始投资后现金流量的 PV@12%（百万美元）	获利指数	NPV@12%（百万美元）
	C_0	C_1	C_2			
1－2	－＄10	＄55	－＄30	＄25.2	2.52	＄15.2

因为增量现金流量的获利指数大于 1.0，所以应该选择更大的项目，即项目 1。这个结论与使用净现值法得到的结果是一样的。

3. 资本限额。上述两个例子隐含的假设是，HF 公司总是可以吸引到足够的资本投资于有利可图的项目。现在考虑这样一种情况，即公司没有足够的资本投资于所有净现值为正的项目。这就是存在**资本限额**（capital rationing）的情形。

假设 HF 公司除前面两个项目外还有第三个项目，项目 3 的现金流如下：

项目	现金流量（百万美元）			初始投资后现金流量的 PV@12%（百万美元）	获利指数	NPV@12%（百万美元）
	C_0	C_1	C_2			
3	－$10	－$5	$60	$43.4	4.34	$33.4

此外还假设：(a) HF 公司的三个项目是相互独立的；(b) 该公司只有 2 000 万美元可用于投资。因为项目 1 的初始投资额为 2 000 万美元，该公司若选择了该项目就不能再投资其他项目了。相反，项目 2 和项目 3 的初始投资额都只有 1 000 万美元，所以这两个项目可以被同时选择。换句话说，由于资本的限制，要么只选择项目 1，要么同时选择项目 2 和项目 3。

那么公司会如何选择呢？孤立地看每个项目，项目 2 和项目 3 的净现值都要小于项目 1 的净现值。然而，项目 2 和项目 3 的净现值加总之和要大于项目 1 的净现值。所以，常识告诉我们应接受项目 2 和项目 3。

关于净现值法则或获利指数法则能得出什么结论呢？在资本限额的例子中，不能根据项目的净现值对它们进行排序，而应该根据现值与初始投资的比率来进行排序，这就是获利指数法则。项目 2 和项目 3 都比项目 1 具有更高的获利指数。因此，在存在资本限额的情况下，项目 2 和项目 3 应比项目 1 优先考虑。

在存在资本限额的情况下，获利指数的好处可以用一个军事术语来描述。美国国防部在盛赞一件武器物超所值时会这样形容它——“这一块钱换来了很大的响声”。在资本预算中，获利指数衡量了一块钱投资带来的响声（投资回报）有多大。因此，在存在资本限额的情况下获利指数法则非常有用。

值得注意的是，如果资金的限制不仅仅局限于初始投资期，获利指数法就会无效。举例来说，倘若上例中公司在第 1 期会有其他大额现金流出，比如项目 3 在第 1 期也有现金流出，那么项目 3 可能会被舍弃。换句话说，获利指数法无法处理多个时期的资本限额问题。

此外，经济学家所称的不可分割性可能会降低获利指数法则的有效性。设想 HF 公司拥有 3 000 万美元而不是 2 000 万美元可用于资本投资。现在，公司可以同时投资项目 1 和项目 2，因为这两个项目的净现值之和大于项目 2 和项目 3 的净现值之和，因此公司会选择投资项目 1 和项目 2。因为项目 2 和项目 3 仍然具有最高的获利指数，所以获利指数法则此时会带来错误的决策。为什么获利指数法则在这里会误导我们呢？关键就在于，项目 1 和项目 2 用尽了所有的 3 000 万美元投资额，而项目 2 和项目 3 初始的总投资额只有 2 000 万美元（1 000＋1 000）。如果我们接受项目 2 和项目 3，那么会有 1 000 万美元未使用而只能存入银行。

上述这种情况表明，在现实中使用获利指数法要非常谨慎。然而，尽管获利指数法并不完美，它仍然有助于处理资本限额情况下的决策问题。

7.8 资本预算实务

到目前为止，本章提出了这样的问题：公司到底应使用哪一种资本预算的方法？还有一个同样重要的问题是：实践中公司正在使用哪些方法？表 7－4 有助于回答上述问题。从表中可以看出，大约有 3/4 的美国和加拿大公司采用内含报酬率法和净现值法。考虑到这两种方法在理论上的优势，这似乎并不令人意外。但这些公司中超过半数使用了投资回收期法，这让人有点诧异，毕竟该方法存在许多概念上的问题。而尽管折现回收期法对常规的投资回收期法做了很大的改进，但是在实际中很少采用。或许，这些公司看中的就是投资回收期法原本简便易行的特点。除此之外，本章所述的投资回收期法的一些缺点大多很容易修正。例如，投资回收期法忽略了回收期之后的所有现金流，这就警示公司经理需要对项目做出特殊的调整以考虑这些现金流。

表 7－4　CFO 使用的资本预算方法调查

	始终使用或几乎始终使用（%）
内含报酬率法	75.6
净现值法	74.9
投资回收期法	56.7
平均会计收益率法	30.3
折现回收期法	29.5
获利指数法	11.9

资料来源：John R. Graham and Campbell R. Harvey，“The Theory and Practice of Corporate Finance：Evidence from the Field，” *Journal of Financial Economics* 60（2001）. 基于一份对 392 名 CFO 的调查。

大公司的资本预算通常金额巨大。例如，埃克森美孚 2016 年宣布其当年预计的资本支出是 232 亿美元，这是自 2007 年以来该公司最低的资本支出水平。几乎是在同一时间，其竞争对手英国石油公司预计 2016 年的资本预算为 170 亿～190 亿美元，该公司 2015 年的资本支出为 187 亿美元，这显著低于其 2014 年 230 亿美元的资本支出水平。其他资本支出预算较大的公司还有沃尔玛和苹果公司，前者预计 2016 年的资本支出约为 124 亿美元，而后者预计 2016 年的资本支出约为 150 亿美元。

对整个经济而言，所有单个公司的资本支出加总起来数额是非常大的。比如，2016 年年末，埃克森美孚宣布，其 2017 年预计的资本支出为之前公布的 250 亿～300 亿美元资本预算的上限。事实上，该公司前些年就预计其资本支出在未来 5 年每年将会在 250 亿～300 亿美元之间。这家公司 2016 年实际的资本支出是 290 亿美元，而 2008 年为 260 亿美元。几乎是在同一时间，竞争对手雪佛龙宣布，2017 年的资本支出预算将在 2016 年 228 亿美元的水平上有所增长，但是它没有公布具体的增加额。2017 年资本支出预算较大的公司还有福特，它预计的资本支出为 45 亿～50 亿美元，而奥迪预计的资本支出为 105 亿美元。

大规模的资本支出通常是一个行业现象。例如，美国半导体行业 2016 年的资本支出预计为 594 亿美元，比 2015 年下降了 4.7%。然而，该行业 2017 年的资本支出预计会上升到 636 亿美元。

根据美国人口普查局2015年发布的信息，经济总体的资本投资额在2013年为1.488万亿美元，2012年为1.424万亿美元，2011年为1.243万亿美元。因而，这三年的总投资金额超过了4.1万亿美元！鉴于金额如此之大，那些成功的公司针对资本支出进行谨慎分析便不足为奇了。

有人可能会认为大公司的资本预算方法会比小公司的方法更加复杂。毕竟，大公司有雄厚的财力来聘请更有经验的人才。表7-5的调查证据支持了这种观点。在表中，公司报告了其使用各种资本预算方法的频率，范围是从0（从不使用）到4（总是使用）。与小公司相比，大公司更频繁使用内含报酬率法和净现值法，而较少采用投资回收期法。但不管是大公司还是小公司，采用后三种方法进行决策的频率基本相同。

表7-5　各种资本预算方法的使用频率

	大公司	小公司
内含报酬率法	3.41	2.87
净现值法	3.42	2.83
投资回收期法	2.25	2.72
折现回收期法	1.55	1.58
平均会计收益率法	1.25	1.41
获利指数法	0.75	0.78

说明：频率用0（从不使用）到4（总是使用）来衡量，表中数字为调查者回答的平均数。

资料来源：Graham and Harvey (2001), op. cit 的表2。

资本预算中各种定量分析的运用情况因行业而异。可以想象，能够更准确地预计现金流的公司更有可能使用净现值法。举例来说，石油行业在某些方面的现金流估计是非常可信的。正因为这点，能源相关行业的公司首选的决策方法就是净现值法。与之相反，电影行业的现金流估计相当困难。诸如《泰坦尼克号》《哈利·波特》《星球大战》这些电影在票房上所获得的成功远远超乎人们的想象。同样，《阿拉莫湾》《未来水世界》所遭遇的票房滑铁卢则让人们大跌眼镜。正因为如此，电影行业很少使用净现值法。

那么好莱坞是如何进行资本预算的呢？一个电影公司决定接受或者拒绝一个电影创意就看对方是否会"推销"（pitch）。独立的电影制片人会约电影公司召开一个简短的会议，来推销他的电影创意。以下关于推销电影创意的四段内容转引自畅销书*Reel Power*。[①]

"他们（电影公司的经理）并不想知道得太多，"罗恩·辛普森说，"他们只想知道个大概……他们想知道的是电影的三段简要介绍，因为他们需要用它来做广告宣传。他们还想知道影片的名字……他们根本不想听有关影片的任何细节。而且如果会议的时间超过5分钟，他们很可能不会接受这个项目。"

"一个家伙走了进来，说我的创意是'太空船上的大白鲨'"[②]，电影《战火下》的编剧克莱·弗罗曼这样描述道，"然后他们惊叹，'太棒了，真是引人入胜！'

① Mark Litwak, Reel Power: The Struggle for Influence and Success in the New Hollywood (New York: William Morrow and Company, Inc., 1986), pp. 73, 74, and 77.

② 原文为"Jaws on a spaceship"。"Jaws"是斯皮尔伯格执导的著名电影《大白鲨》的英文名。——译者注

最终，这个‘太空船上的大白鲨’创意拍成了电影《异形》。就这么简单，这才是他们想听的。他们的观念就是‘别拿那些故事情节来烦我’。”

“……构思新颖的创意会比其他故事更吸引电影公司。这些创意最好具有足够的原创性，观众在其他影片中闻所未闻，但又与之前的高票房影片有几分相像，从而让电影公司不会觉得该创意太不靠谱。所以，这些电影创意常被简要记录为：它是乡村版的《闪电舞》（即电影《浑身是劲》）或是太空版的《正午》（即电影《九霄云外》）。”

“……在推销影片创意时切忌的策略，”一个电影公司的经理芭芭拉·博伊尔说，“就是大谈特谈你的故事会带来多高的票房收入。因为大家都知道，预测一部电影能赚多少钱是不可能的，这种豪言壮语反而会被认为纯粹是在胡说八道。”

本章小结

1. 在本章中，我们学习了不同的投资决策方法。评价了那些替代净现值法的最常见的决策方法：投资回收期法、折现回收期法、平均会计收益率法、内含报酬率法以及获利指数法。通过比较，我们更好地认识了净现值法。

2. 我们发现，虽然每种方法都有一些可取之处，但归根结底，它们都不如净现值法。

3. 在净现值法的替代方法中，内含报酬率法要优于投资回收期法和平均会计收益率法。事实上，当一个独立的投资项目最初有现金流出而其后都是一系列现金流入时，内含报酬率法和净现值法通常会得出相同的结论。

4. 我们将内含报酬率法的缺点划分为两类，并分析了在一般情况下运用内含报酬率法分析独立项目和互斥项目可能会出现的两个问题：

a. 有些项目是先有现金流入而其后是一笔或多笔现金流出。此时内含报酬率法则与正常情况下正好相反：当内含报酬率低于折现率时，项目可以接受。

b. 有些项目的现金流符号发生了多次变化。此时，很可能会出现多个内含报酬率。在这种情况下，实务中要么选用净现值法，要么采用修正后的内含报酬率法进行决策。

5. 我们讨论了在互斥项目中运用内含报酬率法所出现的特殊问题，揭示了由于存在规模问题或时间分布问题，内含报酬率最高的项目净现值未必最大。因此，内含报酬率法在这两种情况下并不适用。（当然，净现值法仍然可以使用。）

然而，我们还可以利用增量现金流量。为了便于计算，建议用大项目的现金流减去小项目的现金流。这样，初始的增量现金流量就是负值。此时如果增量内含报酬率高于折现率，接受大项目无疑是正确的决策。

6. 我们将资金数量被限制在一个固定数量上的情况称为资本限额。在资本限额问题中，获利指数法可用于校正净现值法。

概念性思考题

1. **投资回收期和净现值** 如果一个具有常规现金流的项目其投资回收期小于项目期限，你能清楚说出净现值的代数符号吗？为什么？如果你知道项目的折现回收期小于项目期限，你能说出净现值的符号吗？请解释。

2. **净现值** 假设一个项目拥有常规的现金流并且净现值为正。那你知道它的投资回收期、折现回收期、获利指数以及内含报酬率吗？请解释。

3. **比较投资准则** 请定义以下每一种投资决策方法并讨论它们各自潜在的缺点。在你的定义中，要说明每种方法接受或者放弃一个独立项目的判断法则是怎样的。

a. 投资回收期法。

b. 平均会计收益率法。

c. 内含报酬率法。

d. 获利指数法。

e. 净现值法。

4. **投资回收期和内含报酬率** 一个项目拥有永续的每期为 C 的现金流，投资成本为 I，而必要收益率为 R。请问该项目的投资回收期与内含报酬率有什么关系？你的答案对于一个现金流相对固定的项目而言意味着什么？

5. **国际投资项目** 2016 年年初，总部设在德国的轮胎制造商大陆集团（Continental）宣布，计划在美国密西西比州投资 14 亿美元建造一个新工厂来生产商业汽车轮胎。大陆集团显然认为，这个设在美国的工厂能够增强公司竞争力并创造价值。其他公司，如富士胶片公司（Fujifilm）和瑞士化工公司龙沙（Lonza），持类似观点并采取了类似的行动。请问是哪些原因使得汽车、胶片以及化工品等产品的国外制造商得出相同的结论？

6. **资本预算问题** 本章中讨论的各种决策方法在实际应用中会遇到什么困难？哪种方法在实际应用中是最容易实施的？哪一种是最难的？

7. **非营利组织的资本预算** 我们所讨论的资本预算决策方法适用于非营利组织吗？非营利组织是如何进行资本决策的？美国政府又是如何进行资本决策的？它应该在评估支出提案时使用这些决策方法吗？

8. **净现值** 项目 A 的投资为 100 万美元，而项目 B 的投资为 200 万美元。两个项目都只有唯一的内含报酬率 20%。请判断以下说法是否正确：

使用任何从 0 到 20%的折现率进行计算，项目 B 的净现值都是项目 A 的两倍。

解释你的答案。

9. **净现值与获利指数** Global 投资公司有以下两个互斥项目可供选择：

	C_0	C_1	C_2	获利指数	净现值
A	－$1 000	$1 000	$500	1.32	$322
B	－500	500	400	1.57	285

该项目适用的折现率为 10%。Global 投资公司决定选择投资项目 A。在股东招待午宴上，持有该公司大量股票的养老基金公司的经理问你，为什么公司选择项目 A 而不是项目 B，项目 B 拥有更高的获利指数。

如果你是 Global 投资公司的 CFO，你应如何说明公司决策的合理性？会不会在某种情况下，公司应选择项目 B 呢？

10. **内含报酬率** 项目 A 和项目 B 的现金流量如下：

年份	项目 A	项目 B
0	－$1 000	－$2 000
1	C1A	C1B
2	C2A	C2B
3	C3A	C3B

a. 如果这两个项目的现金流量是完全相同的，请问哪一个项目的内含报酬率会更高？为什么？

b. 如果 C1B＝2C1A，C2B＝2C2A，C3B＝2C3A，那么项目 A 和项目 B 的内含报酬率相等吗？

11. **净现值** 你正在评估两个项目，项目 A 具有短期的未来现金流，项目 B 则具有相对长期的未来现金流。请问哪个项目将对必要收益率的变化更加敏感？为什么？

12. **MIRR** MIRR 这个缩写有一种不那么讨人喜欢的理解，即“meaningless internal rate of return”，认为内含报酬率毫无意义。你如何看待这个缩写用于形容修正的内含报酬率？

13. **净现值** 对净现值法的潜在批评之一就是，该方法隐含的假设是项目中间的现金流都以必要收益率进行再投资。换句话说，如果以必要收益率计算一个项目所有中间现金流在投资期末的终值，并把终值相加并计算其净现值，你会发现这一净现值与按净现值原始定义计算的结果是一样的。如果计算终值的再投资收益率低于必要收益率，那么净现值就将降低。你是如何看待这种批评的？

14. **内含报酬率** 对内含报酬率法的潜在批评之一就是，该方法隐含的假设是项目中间的现金流都是以内含报酬率进行再投资。换句话说，如果你以内含报酬率计算一个项目所有中间现金流在投资期末的终值，并把终值相加并计算其内含报酬率，你会发现这一内含报酬率与按内含报酬率原始定义计算的结果是一样的。如果计算终值的再投资收益率与内含报酬率不同，那么这两种方法计算的内含报酬率也会有所差异。你是如何看待这种批评的？

练习题

1～5题为基础题；6～12题为中级题；13～17题为提高题。

1. **计算投资回收期和净现值**　Tri Star公司有以下两个互斥项目供选择。

年份	项目A	项目B
0	－$15 300	－$10 700
1	8 700	5 300
2	7 400	4 300
3	3 100	4 800

a. 假设该公司的目标投资回收期为2年，那么应该选择哪个项目？

b. 假设该公司使用净现值法则来对两个项目排序，如果合适的折现率为15%，那么应该选择哪个项目？

2. **计算折现回收期**　一个投资项目每年的现金流入分别为4 300美元、4 900美元、5 400美元以及5 600美元，折现率为12%。如果该项目的初始投资成本为6 000美元，那么它的折现回收期为几年？如果初始投资成本是9 000美元呢？如果是13 000美元呢？

3. **平均会计收益率**　你的公司正在考虑购买一台设备，其每年年末的账面价值如下：

	购买时	第1年	第2年	第3年	第4年
总投资	$57 000	$57 000	$57 000	$57 000	$57 000
减：累计折旧	0	14 250	28 500	42 750	57 000
净投资	$57 000	$42 750	$28 500	$14 250	$0

该设备还可以产生每年平均5 800美元的净利润。

a. 这台设备的平均会计收益率为多少？

b. 这种决策方法存在的三种内在缺陷是什么？

4. **计算内含报酬率**　Fast Machines公司一个项目的现金流如下：

年份	现金流
0	－$16 100
1	7 800
2	9 100
3	5 300

该公司所有的项目决策都是使用内含报酬率法则进行的。如果合适的折现率为9%，那么该公司是否该接受这一项目呢？

5. **计算获利指数**　比尔计划在临街的店面开设一家自助美容中心。这套美容设备将花费207 000美元。比尔预计能获得为期7年、每年64 000美元的税后现金流入，7年后他打算将设备报废并且退休，然后去尼维斯岛享受生活。假设第一笔现金流入发生在第1年年底，项目的必要收益率是15%。那么该项目的获利指数是多少？该项目应该被接受吗？

6. **现金流的直觉**　一个项目的初始投资成本为I，收益率为R，之后N年每年的现金流入为C。

a. 如果该项目的投资回收期正好等于项目期限，请根据I和N计算出C的值。

b. 如果根据净现值法则得出该项目是一个能盈利的项目，请根据I，N和R计算C的值。

c. 如果该项目的效益成本比率为2，请根据I，N和R计算C的值。

7. **内含报酬率的问题**　假设有人向你提供一个具有如下现金流的项目。

年份	现金流
0	$14 700
1	－5 800
2	－5 300
3	－4 300
4	－3 700

a. 该项目的内含报酬率是多少？

b. 如果合适的折现率为10%，你应该接受这个项目吗？

c. 如果合适的折现率为20%，你应该接受这个项目吗？

d. 如果合适的折现率为10%或20%，请问该项目的净现值分别为多少？

e. 在d中利用净现值法则所做出的决策与运用内含报酬率法则所做出的决策是否一致？

8. **净现值与内含报酬率** Bahamas Recreation Corporation（BRC）两个互斥项目的现金流如下，这两个项目每年的必要收益率都是15%。

年份	深海钓鱼	乘坐潜艇
0	－$835 000	－$1 650 000
1	450 000	1 050 000
2	410 000	675 000
3	335 000	520 000

作为BRC的一名财务分析师，你被问到以下问题。

a. 如果你的决策依据是接受内含报酬率更高的项目，那么应该选择哪个项目？

b. 因为你对内含报酬率法则的规模问题了如指掌，请你计算增量现金流量的内含报酬率。根据计算结果，你应该选择哪个项目？

c. 为谨慎起见，请你计算这两个项目的净现值。根据结果，你应该选择哪个项目？这与采用增量内含报酬率法则所做出的决策是一致的吗？

9. **比较投资准则** 游戏制造商Mario Brothers有一个开发冒险游戏的新创意。这个游戏可以做成传统的棋盘游戏，也可以制作为光盘游戏在市场上推销。这两个互斥项目的现金流如下，假设这两个项目的折现率都是10%。

年份	棋盘游戏	光盘游戏
0	－$345 000	－$570 000
1	265 000	360 000
2	150 000	290 000
3	98 000	185 000

a. 根据投资回收期法，应该选择哪个项目？

b. 根据净现值法，应该选择哪个项目？

c. 根据内含报酬率法，应该选择哪个项目？

d. 根据增量内含报酬率法，应该选择哪个项目？

10. **获利指数与净现值** Broxton集团是一家生产消费电子产品的企业集团，现在正检查其无线技术的年度预算。该集团在考虑投资于三种不同的技术以开发公司的无线通信设备。这三个独立项目的现金流如下表所示，假设折现率为10%。此外，Broxton集团今年只有5 500万美元可用于新项目的投资。

年份	现金流		
	L6	G5	WI-FI
0	－20	－35	－55
1	15	23	23
2	13	29	42
3	9	21	39

a. 根据获利指数法则，请对这些项目进行排序。

b. 根据净现值法则，请对这些项目进行排序。

c. 根据你在a和b中的发现，你会向Broxton集团的CEO做出何种建议？为什么？

11. **比较投资准则** Tropical水果公司的财务主管预测公司三个项目A，B，C的现金流如下。

年份	项目A	项目B	项目C
0	－$200 000	－$350 000	－$200 000
1	135 000	240 000	140 000
2	135 000	240 000	125 000

假设相关的折现率为每年12%。

a. 请分别计算这三个项目的获利指数。

b. 请分别计算这三个项目的净现值。

c. 假设这三个项目是相互独立的。根据获利指数法则，Tropical水果公司应该接受哪个（些）项目？

d. 假设这三个项目是互斥的，根据获利指数法则，Tropical水果公司应该接受哪个（些）项目？

e. 假设这些项目的预算额为550 000美元，而且项目是不可分割的。请问Tropical水果公司应该接受哪个（些）项目？

12. **比较投资准则** 请分析Savage科技公司正在考虑的两个互斥研发项目，假设这两个项目合适的折现率都是15%。

项目A：服务器中央处理器（CPU）的0.13微米加工项目。通过把CPU芯片尺寸缩小到0.13

微米，该公司将能够提供耗电更少、散热更好的CPU芯片，这意味着CPU会提速。

项目B：新的通信芯片项目。要进入这个行业，需要推出一种新的手机芯片。这个项目的技术研发需要大量的前期资本投入，但是项目成功后将带来大量的现金流入。

年份	项目A	项目B
0	－$675 000	－$1 150 000
1	330 000	345 000
2	330 000	375 000
3	260 000	385 000
4	195 000	455 000
5	135 000	575 000

请填写下面的表格：

	项目A	项目B	含义
净现值			
内含报酬率			
增量内含报酬率			
获利指数			

13. **净现值与内含报酬率**　Anderson国际有限公司正在评估一个坐落在Erewhon的项目。该项目将创造的现金流如下：

年份	现金流
0	－$1 450 000
1	465 000
2	535 000
3	445 000
4	395 000

所有的现金流都将发生在Erewhon，并且以美元计算。为了促进当地经济发展，Erewhon政府宣布外国公司在当地产生的现金流将被“锁定”，必须按政府规定再投资1年。这些资金的再投资报酬率为4%。如果Anderson公司在这个项目上的必要收益率为11%，那么该项目的净现值和内含报酬率是多少？你计算的该项目内含报酬率是修正的内含报酬率吗？为什么？

14. **多个内含报酬率**　这个练习题有助于考察财务计算以及使用计算机软件的能力。请考虑以下的现金流量。请问这个项目有多少个不同的内含报酬率？（提示：请在20%～70%之间搜索）。我们何时可以接受这个项目？

年份	现金流
0	－$1 008
1	5 724
2	－12 140
3	11 400
4	－4 000

15. **净现值估值**　Yurdone公司打算成立一个私人墓园公司，公司CFO巴里·迪普认为公司很有发展前景。因此，该墓园项目预计将在第1年带来94 500美元的现金流入，此后现金流预计以每年3.5%的比率永续增长。这个项目所需的初始投资为1 250 000美元。

a. 如果Yurdone公司对这个项目所要求的收益率为10%，那么这个墓园公司应该成立吗？

b. 该公司对于现金流3.5%的年增长率并不是太确定。如果公司的必要收益率仍然是10%，那么现金流的固定增长率为多少时，该公司处于投资与否均可的临界点上？

16. **计算内含报酬率**　Utah矿业公司准备开采位于犹他州普罗沃附近的一个金矿。公司的财务主管蒙蒂·戈尔茨坦认为：“这是一个千载难逢的机会。”矿场开采的成本为2 900 000美元，之后这个矿场将有11年的经济寿命。该项目第1年年末将产生525 000美元的现金流入，预计在未来10年内现金流入将以每年6%的比率增长。11年后，该矿场将废弃，第11年年末的弃置费用为575 000美元。

a. 请问该金矿开采项目的内含报酬率为多少？

b. Utah矿业公司对于该项目所要求的收益率是13%。请问这个矿场应该开设吗？

17. **计算增量现金流量**　达林·克莱是Make-Money.com公司的CFO，要在以下两个项目中进行决策。

年份	项目MILLION	项目BILLION
0	－$1 500	－$$I_0$
1	I_0＋200	I_0＋500
2	1 200	1 500
3	1 500	2 000

这两个项目的预期收益率都是12%。请问当初始投资额（I_0）处于哪个范围时，项目Billion会比项目Million在财务上更有吸引力？

EXCEL 解题

正如你已经知道的，Excel 并没有一个函数能够计算折现回收期。我们已经演示了三种方法来计算折现回收期，但还有许多其他方法也能计算。接下来会列出一个项目的现金流，你需要用两种不同的方法来计算折现回收期。

a. 在表格中计算折现回收期。表格的前三列分别是年份、当年的现金流以及累计现金流。第四列显示投资回收的整数年份。换句话说，如果投资回收期是 3 年多，那么这一列的数字会是 3；否则，这列就是 0。再下一列是投资回收期的小数部分，也有可能是 0。最后一列是将前面两列加总起来，展示最终的投资回收期的计算。你还需要有一个单元格来自动显示最终的投资回收期计算结果，以及一个单元格显示正确的决策，即基于投资回收期法则究竟是接受还是拒绝这个项目。

b. 写一个嵌套的 IF 函数，只使用项目现金流的那列来计算投资回收期。如果该项目没有投资回收期，则 IF 函数的输出值应该为“Never”。与我们此前展示的例子不同的是，嵌套的 IF 函数应该按照由短到长的顺序来检验投资回收期。还需要一个单元格显示正确的决策，即基于投资回收期法则究竟是接受还是拒绝这个项目。

年份	现金流
0	－$250 000
1	41 000
2	48 000
3	63 000
4	79 000
5	88 000
6	64 000
7	41 000
要求的回收期	5年

章末案例

Bullock 黄金矿业公司

塞思·布洛克（Seth Bullock）是 Bullock 黄金矿业公司的股东，目前正在评估南达科他州的一个新的金矿。丹·多里蒂（Dan Dority）是该公司的地质专家，已经完成了对矿址的分析。他评估认为，这个新矿可以开采 8 年，8 年后黄金将被开采完毕。丹已经把该新矿黄金储量的估计情况告诉了公司的财务总监阿尔玛·加勒特（Alma Garrett）。塞思要求阿尔玛对新矿进行分析并且提出她的建议，即公司是否要开采这个新矿。

阿尔玛使用丹提供的估计数据来确定这个金矿预期的未来收益情况。同时，她也预计了金矿的开采成本以及每年的经营费用情况。如果公司决定开采该金矿，现在的投资成本为 850 000 000 美元，而且在第 9 年该项目会有 120 000 000 美元的现金流出，用于关闭金矿以及修复周围环境。金矿每年的预期现金流入如下表所示，Bullock 公司对该金矿所要求的收益率为 12%。

年份	现金流
0	－$85 000 000
1	165 000 000
2	190 000 000
3	225 000 000
4	245 000 000
5	235 000 000
6	195 000 000
7	175 000 000
8	155 000 000
9	－120 000 000

1. 请构建一个电子表格来计算该金矿提案的投资回收期、内含报酬率、修正的内含报酬率以及净现值。

2. 根据你的分析，该公司应该开采这个金矿吗？

3. 附加题：大多数电子表格没有内置公式来计算投资回收期。请编写一个 VBA 程序来计算项目的投资回收期。

第8章

资本投资决策

开篇故事

众所周知，计算机芯片更新换代很快，芯片越来越小，运行速度越来越快，而价格却越来越便宜。事实上，著名的摩尔定律（以英特尔联合创始人戈登·摩尔（Gordon Moore）的名字命名）预测，一个芯片上所放置的晶体管数量将每两年翻一番（自从该定律1965年问世以来，其预测与现实惊人地相符）。这种增长往往意味着，许多公司需要建立新的制造设施。例如，格罗方德半导体股份有限公司（Global Foundries）于2015年宣布，将耗资约6.46亿美元进一步扩建其位于纽约萨拉托加的制造工厂，为该公司生产更多新的14纳米芯片产品。不甘示弱的是，IBM则宣布，将投资30亿美元与纽约州、格罗方德半导体股份有限公司以及三星公司共同设立一个政府和社会资本合作项目，试图制造7纳米芯片，这种芯片将比目前的芯片更小、速度更快且能耗更低。

本章紧接上一章的内容，将更加深入地研究资本预算以及项目评估，比如上述例子中的芯片制造设施。我们将识别与项目有关的各种现金流量，包括初始投资支出、净营运资本需求以及经营性现金流量等。此外，我们还会关注折旧和税收的效应。同时，也将分析通货膨胀的影响，并且揭示如何一致地评估项目的净现值。

8.1 增量现金流量

现金流量——而非会计利润

你可能没有想过这个问题，其实公司理财课程与财务会计课程的区别是很大的。在公司理财中通常使用的是现金流量，而财务会计一般强调收益或净利润数字。毫无疑问，本书会遵循这一惯例，因此净现值法使用的是现金流量而非净利润。在考虑某个项目时，我们是对公司所收到的现金流量进行折现。在评估一个公司时，也是对股东实际收到的现金流量而非净利润进行折现。

例8.1 相关现金流量

Weber-Decker 公司刚刚耗费了1 000 000美元现金用于建造一幢大楼，这是一个新的资本预算项目的一部分。这整笔1 000 000美元的花费是即时的现金流出。然而，如果采用直线折旧法按20年计提折旧的话，每年只有50 000美元（1 000 000/20）被计入当年的会计费用。因此，当年的盈利只会减少50 000美元。其余的950 000美元则会在未来的19年内摊销。出于资本预算的目的，在第0期相关的现金流出是全部的1 000 000美元，而不只是用于扣减盈利的50 000美元。

在进行资本预算或估值计算时，始终是对现金流量而不是利润进行折现，因为利润并不是真正的现金。你不能用利润来支出花费，不能用利润来开销吃住，不能用利润来发放股利。你唯一能做的，就是用现金流量来完成这些事情。

此外，仅仅使用现金流量是不够的。在计算项目的净现值时，我们实际上使用的只是项目产生的增量现金流量。这是我们接受某个项目所带来的直接影响——公司现金流量发生的变化。也就是说，我们感兴趣的是公司接受一个项目与不接受一个项目的现金流量的差异。

使用增量现金流量听起来很容易，但在现实决策中陷阱比比皆是。我们接下来将说明如何规避在使用增量现金流量进行决策时遇到的一些陷阱。

沉没成本

沉没成本（sunk cost）是一种已经发生的成本。因为沉没成本发生在过去，所以无论是决定接受还是拒绝一个项目，沉没成本都不会发生改变。诚如格言“过去的就让它过去吧”所说，我们理应忽略这类成本。同时，沉没成本并不属于增量的现金流出。

例 8.2　沉没成本

General 牛奶公司目前正在评估新建一条巧克力牛奶生产线的净现值。作为评估的一部分，公司支付了 100 000 美元给咨询公司来进行市场调研分析，这笔开支是去年发生的。对于 General 牛奶公司的管理者而言，该成本与现在进行的资本预算决策有关吗？

答案是无关。这 100 000 美元是不可收回的，所以 100 000 美元的费用是一种沉没成本，或者可以形象地比喻为“打翻的牛奶”（覆水难收）。当然，在 100 000 美元成为沉没成本之前，决定是否花这些钱进行市场调研分析本身就是一项资本预算决策，此时 100 000 美元与该资本预算决策是完全相关的。我们认为，一旦公司已经发生了某项费用，这种成本应与公司未来的任何决策无关。

机会成本

你的公司可能有一项资产正在考虑出售、租赁或是用于其他业务。如果该资产被用于一个新的项目，那么它的其他用途所产生的潜在收入就没有了。这些损失的收入可以视为成本，它们被称为**机会成本**（opportunity costs），由于执行该项目，公司放弃了使用该资产的其他机会。

例 8.3　机会成本

假设 Weinstein 贸易公司在费城有一个闲置仓库，可以用来存放新型的电子弹球机。该公司希望把些机器出售给富裕的东北部消费者。那么在决策是否出售电子弹球机时，是否需要把这个仓库的成本考虑进去呢？

答案是需要。如果该公司决定不向市场销售电子弹球机，就可以卖掉该仓库。因此，在是否销售电子弹球机的决策中，仓库的销售价格就是一种机会成本。

副效应

确定增量现金流量的另一个困难在于，新的项目提案会对公司的其他项目产生副效应（side effects）。项目的副效应可分为**侵蚀效应**（erosion）和**协同效应**（synergy）。

侵蚀效应是指新产品的出现降低了公司原有产品的销量乃至现金流量。协同效应则是指新产品的出现增加了现有项目的现金流量。

例 8.4　侵蚀效应和协同效应

假设 Innovative 汽车公司（IMC）正在估计一款新型敞篷运动型轿车项目的净现值。一些购买这款汽车的顾客原本可能会购买 IMC 的紧凑型轿车。那么新型敞篷运动型轿车所带来的销量和利润是否都是增量现金流量呢？

答案是否定的，因为新款轿车的一部分现金流量是从 IMC 其他产品线中转移过来的。这就是侵蚀效应，在计算净现值时必须考虑。如果没有考虑侵蚀效应，IMC 可能会错误地算出运动型轿车项目的净现值，比如是 1 亿美元。但如果其中有一半的客户是从紧凑型轿车转移过来的，并使得紧凑型轿车销售额的净现值损失 1.5 亿美元，那么运动型轿车项目真正产生的净现值应是−0.5 亿美元（1−1.5）。

IMC 正在考虑组建一个赛车队。可以预见，该赛车队将会一直“烧钱”，即便最乐观的预测也认为，赛车队的运营将产生−3 500 万美元的净现值。然而，IMC 的经理们都很清楚，赛车队对于 IMC 所有的产品而言都会发挥巨大的宣传效应。一位顾问估计，赛车队将增加公司其他产品的现金流量，净现值约为 6 500 万美元。假设该顾问对协同效应的估计是可信的，那么这支赛车队带来的净现值就是 3 000 万美元（6 500−3 500）。显然，IMC 的经理应该组建这样一支赛车队。

分摊成本

通常，一项费用可能会使许多项目受益。在计算费用时，会计师会把这笔成本分摊到不同的项目中。然而，在资本预算中，这种**分摊成本**（allocated cost）只有当该成本是项目的增量成本时才会被视为项目的现金流出。

例 8.5　分摊成本

Voetmann 咨询公司决定把办公室的一角改造成图书馆，图书馆的维护每年将发生 100 000 美元的现金流出。同时，该公司还有一个资本预算项目的提案，预计可以带来相当于公司总体销售收入 5%的收入。该公司的一名高管西尔斯主张，新项目的提案应按比例承担公司图书馆的维护费用 5 000 美元（5%×100 000）。这是正确的资本预算吗？

答案是否定的。我们必须考虑的一个问题是：采纳项目提案与否决项目提案对于公司的总体现金流量而言存在何种差异？无论上述提案是否被公司接受，公司都要花费 100 000 美元用于图书馆的维护。既然无论该项目提案接受与否都不会影响图书馆维护的现金流出，那么在计算其净现值时就要忽略这笔现金流出。

8.2　Baldwin 公司：一个例子

接下来，我们考虑一个关于机器设备以及相关产品投资的例子。这个例子与 Baldwin 公司以及亮彩保龄球有关。

Baldwin 公司创立于 1965 年，成立之初的主要业务是生产足球，现在已发展成为网球、棒球、足球以及高尔夫球的领军制造商。1973 年，该公司引进了“高速高尔夫球”生产线，这是第一条生产高性能高尔夫球的生产线。Baldwin 公司管理层不会放过任何一个可能带来潜在现金流量的商业机会。2015 年，Baldwin 公司副总裁梅多斯发现了另外一个运动球类的细分市场，认为该市场发展前景广阔而且尚未被较大的制造商完全占领，那就是亮彩保龄球市场。他认为对大部分保龄球选手来说，保龄球的外观和样式比其质量更重要。他同时认为，Baldwin 公司拥有的成本优势以及高超的营销技巧将使得竞争对手难以利用这一机会。

因此，在 2016 年年底，Baldwin 公司调查了亮彩保龄球的市场潜力。Baldwin 公司向三个市场的消费者发出了调查问卷：费城、洛杉矶以及纽黑文。这三组问卷的调查结果明显好于预期，并且支持亮彩保龄球可以占据 10%～15%的市场份额这一结论。当然，公司的有些人对于调研成本颇有微词，因为其高达 250 000 美元。（我们将在稍后进行分析，这是一笔沉没成本而不应该包括在项目评估中。）

无论如何，Baldwin 公司现在正考虑投资一台机器生产这种保龄球。保龄球的生产线将设在该公司自有的一栋建筑内，该建筑位于洛杉矶附近。该闲置的建筑及其土地出售后税后可得 150 000 美元。

梅多斯正在和同事一起准备一份关于新产品提案的分析报告。他将他的假设总结如下：生产保龄球的设备成本为 100 000 美元，该机器在第 5 年年末估计的市场价值为 30 000 美元。在该机器 5 年的使用寿命内，预计每年的产量依次为 5 000 个、8 000 个、12 000 个、10 000 个以及 6 000 个。保龄球在第 1 年的价格为每个 20 美元。由于保龄球市场的竞争非常激烈，梅多斯认为，相比 5%的预期通货膨胀率，保龄球的价格每年只会上涨 2%。但生产保龄球所需的塑料价格正飞速上涨。正因为如此，生产成本的现金流出预计将每年增长 10%，而保龄球的生产成本在第 1 年为每个 10 美元。梅多斯很肯定的是，根据 Baldwin 公司的应纳税所得额，新增保龄球项目适用的企业所得税税率为 34%。

净营运资本（net working capital）被定义为流动资产与流动负债之差。与其他制造类公司一样，Baldwin 公司发现对于营运资本必须维持一定的投入。在产品生产和销售之前，公司要先购买原材料，这会增加其在存货上的投资。公司还要保持一定的现金作为缓冲，以应对不可预见的开支。同时，产品的赊销将产生应收账款。管理层认为，对于上述不同项目的初始（第 0 年）投资，留存 10 000 美元作为营运资本是必需的。之后每一年的净营运资本总额将是当年销售额的 10%。营运资本在项目的最初几年预计会持续上升，但是随着项目的终止则会降为 0。换句话说，营运资本投入在项目结束时将完全收回。

基于梅多斯的上述假设，可以得出表 8-1 至表 8-4 中的相关预测。在这些表中，所有的现金流量都假设发生在年末。因为这些表中包含非常丰富的信息，所以我们要弄明白这些表格之间有什么关系。表 8-1 显示了投资和收益的基本数据，表 8-2 和表 8-3 则展示了经营与折旧方面的一些辅助数据，有助于理解表 8-1 中的数字从何而来。我们的目标是获得预测的现金流量。表 8-1 中的数据都与现金流量的计算有关，计算结果如表 8-4 所示。

表 8-1　　Baldwin公司的现金流量表　　单位：千美元

	第0年	第1年	第2年	第3年	第4年	第5年
投资：						
(1) 保龄球生产设备	－$100.00					$21.76*
(2) 累计折旧		$20.00	$52.00	$71.20	$82.72	94.24
(3) 扣除折旧后的设备价值（年末）		80.00	48.00	28.80	17.28	5.76
(4) 机会成本（仓库）	－150.00					150.00
(5) 净营运资本（年末）	10.00	10.00	16.32	24.97	21.22	0
(6) 净营运资本的变动	－10.00		－6.32	－8.65	3.75	21.22
(7) 总的投资现金流量 [(1)+(4)+(6)]	－260.00		－6.32	－8.65	3.75	192.98
收入：						
(8) 销售收入		$100.00	$163.20	$249.72	$212.20	$129.90
(9) 营业成本		－50.00	－88.00	－145.20	－133.10	－87.84
(10) 折旧		－20.00	－32.00	－19.20	－11.52	－11.52
(11) 税前利润 [(8)+(9)+(10)]		30.00	43.20	85.32	67.58	30.54
(12) 所得税（34%）		－10.20	－14.69	－29.01	－22.98	－10.38
(13) 净利润		19.80	28.51	56.31	44.60	20.16

* 我们假设这项资本投资在第5年年末的市场价值为30 000美元。应纳税所得额为24 240美元（30 000－5 760）。该设备的税后残值为30 000－0.34×(30 000－5 760)＝21 760美元。

说明：所有的现金流量均发生在年末。同时，应该注意，为简便起见现金流量表经四舍五入保留了两位小数。使用电子表格（如微软的Excel）进行计算，将会发现微小的舍入误差。

项目分析

投资　项目的投资支出总结在表8-1的上半部分，它们由三部分组成：

1. 保龄球生产设备。Baldwin公司购买保龄球的生产设备将产生即时（第0年）的现金流出100 000美元。而在第5年时，该公司出售该设备将会有现金流入。这些现金流量如表8-1中第（1）行所示。正如该表注释中所指出的，此项资产出售时需要纳税。

2. 不能出售仓库的机会成本。如果Baldwin公司接受了保龄球这个项目，那么该项目就会占用公司的仓库和土地，而不能用于出售。所以，仓库和土地的预计售价应视为第0年的一项机会成本，列于表中第（4）行。在资本预算中，机会成本应作为现金流出来处理。然而值得注意的是，如果该项目被接受，管理者假设仓库在第5年将以150 000美元（税后）售出，这也应作为现金流入来处理。

3. 营运资本投资。项目所需的营运资本列于表中第（5）行。在前几年，随着项目的扩大，营运资本不断增加。然而，当项目结束时，我们能收回所有的营运资本，这是资本预算中的一般性假设。换句话说，最终所有的存货都可以售出，用于缓冲的现金账户可以全部清算，而所有的应收账款都能收回。最初几年增加的营运资本是由公司其他项目产生的资金提供的，因此增加的营运资本应视为现金流出。需要重申的是，只有当年增加的营运资本才会被看作该年的现金流出。如果营运资本保持不变，即便某一年的营运资本很高也不会产生现金流出。相反，营运资本在随后年份的减少则要看作现金流入。所有这类现金流列于表中第（6）行。我们稍后会更详细地讨论营运资本。

概括来说，在这个例子中有三类投资：保龄球生产设备（表8-1中第（1）行）、仓库的机会成本（第（4）行）以及净营运资本的变动（第（6）行）。上述三类投资支出的现金流总额如第（7）行所示。

市场调研成本 250 000 美元并没有包括在资本预算内。因为调研发生在过去，它应该被看作一种沉没成本。

销售收入和税收　表 8－1 的下半部分列出了利润的计算过程。虽然我们最终感兴趣的是现金流量而不是利润，但是需要通过计算利润来算出所得税。表 8－1 中第（8）行、第（9）行分别列出了销售收入和营业成本。这两行的预测数据是基于表 8－2 中第（4）列、第（6）列算出的销售收入和营业成本整理得到的。而收入和成本的估计则是基于 Baldwin 公司规划人员的假设做出的。换言之，上述估计高度依赖于这样一个前提假设，即产品价格预计每年上涨 2%，而成本预计每年增加 10%。

表 8－1 中第（10）行列出了 100 000 美元资本投资的折旧情况。这些数据是怎么得到的呢？美国公司的折旧计税所依据的是“修订的加速成本回收制度”（Modified Accelerated Cost Recovery System，MACRS）。根据 MACRS，每项资产都必须在规定的年限内折旧，表 8－3 显示了相关折旧规定。根据美国国内税收署的规定，Baldwin 公司应分 5 年对其资本投资进行折旧，所以表 8－3 的第 3 列[1]适用于这种情形。由于表 8－3 中列出的是资产成本折旧的百分比，把这些比例乘以 100 000 美元就可以得到每年的折旧。

表 8－1 中第（11）行计算出了税前利润，第（12）行列出了所得税，净利润则列于第（13）行中。

表 8－2　Baldwin 公司的销售收入与成本

(1) 年份	(2) 产量	(3) 价格	(4) 销售收入	(5) 单位成本	(6) 营业成本
1	5 000	$20.00	$100 000	$10.00	$ 50 000
2	8 000	20.40	163 000	11.00	88 000
3	12 000	20.81	249 720	12.10	145 200
4	10 000	21.22	212 200	13.31	133 100
5	6 000	21.65	129 900	14.64	87 840

说明：价格每年上涨 2%；成本每年增加 10%。

表 8－3　MACRS 规定的折旧率

年份	折旧年限分类					
	3 年	5 年	7 年	10 年	15 年	20 年
1	0.333 3	0.200 0	0.142 9	0.100 0	0.050 0	0.037 50
2	0.444 5	0.320 0	0.244 9	0.180 0	0.095 0	0.072 19
3	0.148 1	0.192 0	0.174 9	0.144 0	0.085 5	0.066 77
4	0.074 1	0.115 2	0.124 9	0.115 2	0.077 0	0.061 77
5		0.115 2	0.089 3	0.092 2	0.0693	0.057 13
6		0.057 6	0.089 2	0.073 7	0.062 3	0.052 85
7			0.089 3	0.065 5	0.059 0	0.048 88
8			0.044 6	0.065 5	0.059 0	0.045 22

① 原文为第 2 列，疑误。——译者注

续前表

年份	折旧年限分类					
	3年	5年	7年	10年	15年	20年
9				0.065 6	0.059 1	0.044 62
10				0.065 5	0.059 0	0.044 61
11				0.032 8	0.059 1	0.044 62
12					0.059 0	0.044 61
13					0.059 1	0.044 62
14					0.059 0	0.044 61
15					0.059 1	0.044 62
16					0.029 5	0.044 61
17						0.044 62
18						0.044 61
19						0.044 62
20						0.044 61
21						0.022 31

说明：折旧以资产成本的百分比来表示。该表格整理自美国国内税收署的出版物946《如何折旧财产》。在本章的后面将给出详细的折旧方法说明。请注意，表中列出的5年折旧实际上是按6年执行的，因为国内税收署假设公司资产的购买发生在年中。

残值 根据现行税法计算折旧时，不用考虑资产的预计使用年限以及未来价值。因此，一项资产的账面价值很可能与其实际的市场价值大不相同。例如，分析Baldwin公司打算为新项目购买的保龄球生产设备。该设备1年后的账面价值为100 000美元减去第1年20 000美元的折旧，也就是80 000美元。6年后，该设备的账面价值为零。

假设在项目结束时，Baldwin公司出售了该设备。在第5年年末，该设备的账面价值为5 760美元，然而根据Baldwin公司的经验，其市场价值可能约为30 000美元。倘若公司果真能按这个价格出售该设备，那么公司应该就其销售价格30 000美元与账面价值5 760美元的差额收入按照正常所得税税率纳税。在34%的税率下，应纳税额将是0.34×(30 000－5 760)＝8 241.60美元。所以，该设备的税后残值将是30 000－8 241.60＝21 758.40美元，这是公司的一笔现金流入。

在这个例子中必须考虑税收，因为资产的市场价值和账面价值之差就是超额折旧(excess depreciation)，在资产出售时必须“追回”这种超额折旧。在这个例子中，Baldwin公司对资产多折旧了30 000－5 760＝24 240美元。由于折旧过高，因此公司之前缴纳的税收太少了。

需要注意的是，上述税收并不是长期资本利得税。另外，什么是以及什么不是资本利得最终由税收当局决定，而具体规则可能十分复杂。在大多数情况下，本书会忽略资本利得税。

最后，如果资产的账面价值超过市场价值，那么这个差异将会减少税负。如果Baldwin公司以4 000美元的价格卖出该设备，那么资产的账面价值就比市场价值多了1 760美元。在这种情况下，节省的税额是0.34×1 760＝598.40美元。

现金流量 表8－4最终计算出了相关的现金流量。首先把表8－1中第（8）行、第（9）行、第（12）行复制到表8－4中第（1）行、第（2）行、第（3）行。经营性现金流量就是收入减去营业成本和所得税，列于表8－4中第（4）行。表8－4中第（5）行显示了总的投资现金流量，来自表 8-1 中第（7）行。经营性现金流量加上总的投资现金流量就是该项目的总现金流量，见表 8-4 中第（6）行。值得注意的是，此处算出的现金流量就是我们在第 2 章中计算的资产的现金流量。

表 8-4 **Baldwin 公司的增量现金流量** 单位：千美元

			第 0 年	第 1 年	第 2 年	第 3 年	第 4 年	第 5 年
(1) 销售收入（表 8-1 中第（8）行）				$ 100.00	$ 163.20	$ 249.72	$ 212.20	$ 129.90
(2) 营业成本（表 8-1 中第（9）行）				−50.00	−88.00	−145.20	−133.10	−87.84
(3) 所得税（表 8-1 中第（12）行）				−10.20	−14.69	−29.01	−22.98	−10.38
(4) 经营性现金流量((1)+(2)+(3))				39.80	60.51	75.51	56.12	31.68
(5) 总的投资现金流量（表 8-1 中第（7）行）			−$ 260.00		−6.32	−8.65	3.75	192.98
(6) 项目的总现金流量((4)+(5))			−260.00	39.80	54.19	66.86	59.87	224.66
净现值	4%	$ 123.641						
	10%	51.588						
	15%	5.472						
	15.67%	0						
	20%	−31.351						

净现值 Baldwin 公司保龄球项目的净现值可以根据表 8-4 中第（6）行的现金流量数据计算得出，这通常称为无杠杆自由现金流（unlevered free cash flow）。“无杠杆”一词是指现金流量与项目中可能用到的任何负债都无关。“自由”一词则是指这些现金流量可以分配给债权人和股东。从表 8-4 的底部可以看到，如果合适的折现率为 10%，那么项目的净现值为 51 588 美元；而如果合适的折现率为 20%，则项目的净现值为−31 351 美元。当折现率为 15.67%时，项目的净现值为 0。也就是说，该项目的内含报酬率为 15.67%。如果 Baldwin 公司的折现率大于 15.67%，那么公司就不能接受该项目，因为此时项目的净现值是负的。

用哪套账簿

应该注意的是，公司的管理层通常会有两套账簿，一套提供给美国国内税收署（称为税务账簿），另一套作为公司年报（称为股东账簿）。税务账簿依据的是美国国内税收署的相关规定，股东账簿遵循的则是会计准则，它由美国的会计管理机构——财务会计准则委员会（Financial Accounting Standards Board，FASB）制定。这两套规则在某些领域迥然不同。例如，市政债券收入在税务处理上可不计入收益，但 FASB 规定在会计上应将其确认为收益。这种税务差异几乎总是对公司有利，因为法规允许股东账簿上的利润高于税务账簿上的利润。也就是说，管理层向股东所报告的盈利并非全部都是需要纳税的。事实上，许多大公司一直向股东报告盈利，却向国内税收署报告亏损。

关于净营运资本的补充说明

净营运资本的投资是资本预算分析的一个重要部分。① 虽然我们在表 8-1 中第

① 除了流动负债只包括无息负债，我们对净营运资本的测度与之前通过会计报表得到的净营运资本类似。短期银行债务等有息负债被视为投资资本（详见第 12 章）。我们还关注了那些直接影响现金流量的净营运资本要素。

(5) 行、第 (6) 行明确地列出了净营运资本的数据，但学生可能还是会疑惑这些数据从何而来。以下情形将会增加净营运资本的投资：(1) 购买存货；(2) 在项目中保留一定的现金作为缓冲以备不时之需；(3) 发生了赊销，产生的是应收账款而不是现金收入。如果企业赊购而产生应付账款，则会降低净营运资本的投资。在净营运资本上的投资代表了一种现金流出，因为公司在其他地方产生的现金流被某一项目占用了。

为了解净营运资本的投资是如何由各组成部分构成的，我们重点关注项目第1年的情况。从表8-1可以看出，Baldwin公司的管理层预测第1年的销售收入将是100 000美元而营业成本为50 000美元。如果销售和成本都是现金交易，那么公司将会收到50 000美元（100 000－50 000）的现金。如前所述，这些现金流量都发生在第1年年末。

现在，假设你拥有更多的信息，该公司经理：

1. 预测销售收入中有9 000美元为赊销，这意味着第1年年末收到的现金只有91 000美元（100 000－9 000），这笔9 000美元的应收账款将在第2年年末收回。

2. 认为公司可以延迟支付50 000美元成本中的3 000美元，这意味着在第1年年末现金的支出额只有47 000美元（50 000－3 000）。Baldwin公司将会在第2年年末支付这笔3 000美元的应付账款。

3. 决定在第1年年末保留2 500美元的存货以避免出现缺货（即库存耗尽）。

4. 决定在第1年年末专门为该项目预留1 500美元现金以避免发生资金短缺。

因此，第1年年末的净营运资本为：

$9 000	－$3 000	＋$2 500	＋$1 500	＝$10 000
应收账款	应付账款	存货	现金	净营运资本

因为公司在其他地方产生的现金将有10 000美元用来满足净营运资本的需要，所以Baldwin公司的经理正确地把净营运资本的投资视为该项目的现金流出。随着该项目的扩大，净营运资本的需求也随之增加。各年之间的净营运资本变动反映了后续的现金流量情况，正如表8-1中第 (6) 行所示，前几年为负数。然而，在项目后期，净营运资本开始降低——最终变为0。这是因为应收账款最终全部收回，用于应对意外的项目现金也都返回公司，所有剩余的存货全部售出。这使得之前投入的现金在项目后几年释放出来，因此第 (6) 行中第4年和第5年的净营运资本变动变为正值。

通常，公司的工作表（如表8-1）将会把净营运资本视为一个整体。营运资本的各组成部分（如应收账款、存货等）一般不会出现在工作表中。然而，读者务必记住，工作表中的营运资本数据并不是凭空而来的。相反，它们是在详细预测营运资本各组成部分的基础上计算得出的，正如我们对第1年数据的说明一样。

关于折旧的补充说明

在Baldwin公司这个例子中我们对如何折旧做出了一些假设。那么，这些假设从何而来呢？目前，在计税时资产折旧是依据1986年颁布的《税收改革法案》(Tax Reform Act) 来操作的。该法案把可提取折旧的资产分为7类。

1. 折旧期为3年的资产包括某些特殊的短期资产。拖拉机机组和两岁以上的赛马就包括在这类极少的资产中。

2. 折旧期为5年的资产包括：(a) 轿车和卡车；(b) 计算机及外围设备，比如计算器、复印机与打字机等；(c) 用于研究目的的特定资产。

3. 折旧期为7年的资产包括办公家具、设备、图书以及单一用途的农业设备。这也是一个包罗甚广的类别，因为任何不包括在其他类别中的资产都属于这一类别。

4. 折旧期为10年的资产包括轮船、驳船、拖船以及与水路运输有关的类似设备。

5. 折旧期为15年的资产包括各种特殊资产，例如电话分线厂的设备、类似的用于语音和数据通信的设备，以及污水处理厂的设备。

6. 折旧期为20年的资产包括农场建筑、下水管道以及其他使用寿命很长的设备。

7. 不动产的折旧分为两大类：住宅与非住宅。住宅地产的成本应按照 $27\frac{1}{2}$ 年以上折旧，非住宅地产的折旧年限则应超过 $31\frac{1}{2}$ 年。

按照3年、5年以及7年折旧的资产类别是用双倍余额递减法进行折旧的，但在符合《税收改革法案》规定的特殊情况下可以转换为用直线折旧法进行折旧。按15年和20年折旧的资产类别则采用1.5倍余额递减法进行折旧，在符合规定的特殊情况下也可以转换为用直线折旧法进行折旧。所有的不动产都采用直线折旧法进行折旧。

所有的折旧计算都有一个半年的惯例，即假设所有资产都是从年中开始使用的。与此相一致的是，美国国内税收署规定资产被处置或报废的当年还可以计提半年的折旧。这种规定使得资产的折旧年限要比它所属分类规定的年限多一年，比如，按5年折旧的资产实际上有6个税收年度。

利息费用

可能让你疑惑的是，在 Baldwin 公司这个例子中忽略了利息支出。毕竟，许多项目都或多或少地涉及债务融资，尤其是购买保龄球的生产设备很有可能会提高企业的负债水平。事实证明，假设不进行债务融资在现实中是更为普遍的做法。公司在计算项目的现金流量时通常都假设项目资金全部来自权益融资，任何关于债务融资的调整都反映在折现率中，而不会涉及现金流量。在资本预算中如何对负债进行处理将在本书的后续部分（特别是在第12章）深入讨论。现在，我们只要知道债务融资的影响不属于目前的讨论范围就够了。

8.3 通货膨胀与资本预算

通货膨胀是经济生活中的一个重要事实，因此，在进行资本预算时必须加以考虑。资本预算既需要现金流量方面的数据，也需要利率数据。与利率类似，现金流量也可以分为名义现金流量和实际现金流量。**名义现金流量**（nominal cash flow）是指实际收到

（或支出）的现金。**实际现金流量**（real cash flow）则是指现金流量的购买力。就像大多数定义那样，可以用例子来更好地解释这些定义。

例8.6　名义现金流量与实际现金流量

Burrows出版社刚刚购买了著名的浪漫主义小说家巴巴拉·马斯克（Barbara Musk）下一本书的版权。该书尚未成文，预计4年后才能向读者发售。目前，平装的浪漫主义小说售价为10美元。该出版社认为，今后4年每年的通货膨胀水平将会是6%。因为浪漫主义小说备受欢迎，出版社预期小说的价格在未来4年将以每年比通货膨胀率高2个百分点的比率增长。Burrows出版社计划该小说在4年后以13.6美元（$1.08^4 \times 10$）的价格发售，预计销量为100 000本。

所以第4年预期的现金流量为1 360 000美元（$13.6 \times 100\,000$），这是一个名义现金流量。即出版社预期在4年后收到1 360 000美元。换句话说，名义现金流量是未来实际收到的现金流量。

4年后1 360 000美元的购买力是由1 360 000美元按每年6%进行折现后确定的：

$$\$1\,080\,000 = \frac{\$1\,360\,000}{1.06^4}$$

1 080 000美元这一数值就是实际现金流量，因为它代表了这笔钱的购买力。

例8.7　折　旧

EOBII出版社是Burrows出版社的竞争对手，该出版社最近购买了一台价值2 000 000美元的印刷机。这台印刷机采用直线折旧法分5年折旧，这意味着每年的折旧为400 000美元（2 000 000/5）。那么这400 000美元的数值是一个实际量还是名义量呢？

折旧是一个名义量，因为400 000美元是未来4年中的每一年在税前实际抵扣的数额。如果折旧被调整为真正的购买力，那么它就变成了实际量。因此，316 837美元（$400\,000/1.06^4$）是以实际量表示的第4年折旧额。

折现：名义的还是实际的

前面的例子说明，现金流量既可以表示为实际值，也可以表示为名义值。考虑到有这两种选择，那么在进行资本预算时应该如何表示利率和现金流量呢？

财务工作者正确地强调了在现金流量与折现率之间应该保持一致性的必要，即

名义现金流量必须以名义利率来折现。
实际现金流量必须以实际利率来折现。

只要保持上述一致性，那么无论选择哪种方法都是正确的。为了减少计算错误，我们通常建议在实务中应选择最简单的方法来进行计算。这种思想在以下两个例子中有所体现。

例8.8 实际折现与名义折现

Shields 电力公司预测某一项目的名义现金流量如下：

	年份		
	0	1	2
现金流量	-\$1 000	\$600	\$650

名义折现率为14%，通货膨胀率预计为5%。那么这个项目的价值是多少？

使用名义量来计算 计算净现值，可得：

$$\$26.47=-\$1\,000+\frac{\$600}{1.14}+\frac{\$650}{1.14^2}$$

所以这个该项目应被接受。

使用实际量来计算 计算净现值，可得：

	年份		
	0	1	2
现金流量	-\$1 000	\$571.43 $\left(=\frac{\$600}{1.05}\right)$	\$589.57 $\left(=\frac{\$650}{1.05^2}\right)$

正如之前章节介绍的，根据费雪方程式，实际折现率为8.571 43%（=1.14÷1.05−1）。

所以净现值可计算如下：

$$\$26.47=-\$1\,000+\frac{\$571.43}{1.085\,714\,3}+\frac{\$589.57}{1.085\,714\,3^2}$$

无论采用名义量还是实际量来计算，净现值都是相同的。这个例子说明，使用这两种不同的方法来计算净现值，结果并无二致。

既然如此，那么应使用何种计算方法呢？如前所述，应选择更简单的那种方法，因为方法越简单就越不容易算错。因为 Shields 电力公司的例子中一开始给出的就是名义现金流量，所以使用名义量计算会更简单。

例8.9 实际净现值与名义净现值

Altshuler 公司对一个资本预算项目做出了如下预测：

	年份		
	0	1	2
资本支出	\$1 210		
收入（以实际形式表示）		\$1 900	\$2 000
现金费用（以实际形式表示）		950	1 000
折旧（直线折旧法）		605	605

公司总裁戴维·阿特舒勒预计，未来两年每年的通货膨胀率将为10%。此外，他认为该项目的现金流量应以15.5%的名义折现率来折现。该公司的所得税税率为40%。

阿特舒勒预测了所有的名义现金流量，并得到了如下表格：

	年份		
	0	1	2
资本支出	－＄1 210		
收入		＄2 090（＝1 900×1.1）	＄2 420（＝2 000×1.1^2）
一费用		－1 045（＝950×1.1）	－1 210（＝1 000×1.1^2）
一折旧		－605（＝1 210/2）	－605
税前利润		＄440	＄605
一所得税（40%）		－176	－242
税后利润		＄264	＄363
＋折旧		＋605	＋605
现金流量		＄869	＄968

$$\text{NPV} = -\$1\,210 + \frac{\$869}{1.155} + \frac{\$968}{1.155^2}$$
$$= \$268$$

阿特舒勒的工作伙伴斯图尔特·韦斯则更喜欢用实际量来计算。他首先计算出实际利率为5%（＝1.155/1.10－1）。接下来，他得出了用实际量表示的以下表格：

	年份		
	0	1	2
资本支出	－＄1 210		
收入		＄1 900	＄2 000
一费用		－950	－1 000
一折旧		－550（＝605/1.1）	－500（＝605/1.1^2）
税前利润		＄400	＄500
一所得税（40%）		－160	－200
税后利润		＄240	＄300
＋折旧		＋550	＋500
现金流量		＄790	＄800

$$\text{NPV} = -\$1\,210 + \frac{\$790}{1.05} + \frac{\$800}{1.05^2}$$
$$= \$268$$

在向阿特舒勒解释他的计算过程时，韦斯指出：

1. 由于资本支出发生在第0期（现在），因此它的名义值与实际值是相等的。

2. 由于每年的折旧额605美元是一个名义量，因此可用10%的通货膨胀率将其折现转化为实际折旧额。

阿特舒勒和韦斯得到的净现值相等绝非偶然，这两种方法肯定会得出相同的净现值。

8.4 经营性现金流量的不同算法

在上一节中我们介绍了现金流量最一般的算法，它几乎适用于任何一种资本投资问题。在本节中，我们将介绍一些非常实用的替代算法。在此之前，需要说明的是，不管在实践中还是在有关公司财务的教材中，项目的经营性现金流量存在多种不同的常用定义。

我们将会看到，不同的经营性现金流量算法所衡量的都是同一个对象。如果使用得当，这些算法将得到同样的结果，而且这些算法并不存在优劣高下之分。遗憾的是，使用这些不同的定义有时会导致混乱。正因为如此，我们有必要研究这些不同的算法并进一步厘清这些算法之间的关系。

在下面的讨论中，请记住我们所说的现金流量是指现金流入减去现金流出，这是我们唯一关心的。不同的经营性现金流量的定义只是意味着，我们使用了不同的方法来处理销售收入、成本、折旧和税收，用以计算经营性现金流量。

对于一个特定的项目和年度，假设有以下估计：

销售收入＝＄1 500

成本＝＄700

折旧＝＄600

根据上述估计，请注意息税前利润为：

$$\begin{aligned}\text{息税前利润} &= \text{销售收入}-\text{成本}-\text{折旧}\\ &= \$1\,500-700-600\\ &= \$200\end{aligned}$$

重申一次，假设没有利息支出，所以应纳税额为：

$$\begin{aligned}\text{所得税} &= \text{息税前利润}\times t_C\\ &= \$200\times 0.34=\$68\end{aligned}$$

式中，t_C 代表所得税税率，为34%。

综合考虑上述结果，可以计算出项目的经营性现金流量（OCF）为：

$$\begin{aligned}\text{经营性现金流量} &= \text{息税前利润}+\text{折旧}-\text{所得税}\\ &= \$200+600-68=\$732\end{aligned}$$

事实证明，还有其他一些方法可用来计算经营性现金流量，下面进行介绍。

自下而上法

因为忽略了所有融资费用（如利息），所以在计算项目的经营性现金流量时，可将项目的净利润记为：

项目净利润＝息税前利润－所得税

$$=\$200-68$$
$$=\$132$$

如果在等式两边都加上折旧，会得出一个略有不同却很常见的经营性现金流量表达式：

$$\text{经营性现金流量}=\text{净利润}+\text{折旧} \qquad [8.1]$$
$$=\$132+600$$
$$=\$732$$

这就是自下而上法（bottom-up approach）。在这里，是从会计账簿的底线（净利润）出发，由净利润加上非现金支出，如折旧等。切记，经营性现金流量等于净利润加上折旧的定义方法，只有在计算净利润时未扣减利息费用的情况下才是正确的。

自上而下法

或许，计算经营性现金流量最显而易见的方法是：

$$\text{经营性现金流量}=\text{销售收入}-\text{成本}-\text{所得税} \qquad [8.2]$$
$$=\$1\,500-700-68=\$732$$

这就是自上而下法（up-bottom approach），它是经营性现金流量基本定义的第二种变化。在这里，我们是从利润表的顶端——销售收入出发向下计算净现金流量，用销售收入减去成本、税收以及其他费用。在这个过程中，我们不把任何非现金项目（如折旧）考虑在内。

税盾法

经营性现金流量基本定义的第三种变化是税盾法（tax shield approach）。这种方法对于下一节中将遇到的某些问题非常实用。在税盾法中，经营性现金流量的定义为：

$$\text{经营性现金流量}=(\text{销售收入}-\text{成本})\times(1-t_c)+\text{折旧}\times t_c \qquad [8.3]$$

式中，t_c 同样代表所得税税率。假设 $t_c=34\%$，那么可以算出经营性现金流量为：

$$\text{经营性现金流量}=(\$1\,500-700)\times0.66+600\times0.34$$
$$=\$528+204$$
$$=\$732$$

这正好与前面的计算结果一致。

这种方法将经营性现金流量视为由两个部分组成。第一个部分是不包含折旧费用的项目现金流量，此例中为528美元。

经营性现金流量的第二个部分是折旧乘以所得税税率，即**折旧税盾**（depreciation tax shield）。我们知道，折旧是非现金支出。折旧在税前扣除对于现金流量的唯一影响就是，它减少了企业所得税，这对企业是有利的。在当前税率为34%的情况下，每1

美元的折旧费用可节省 34 美分的税收支出。所以，在本例中，600 美元的折旧在税前扣除可节省 600×0.34＝204 美元的税款。

结 论

现在可以看到，所有这些方法都能得到相同的结果。你可能会疑惑，为什么大家不统一采用其中某一种方法。原因之一就是，不同的方法适用于不同的情形。遇到问题时，哪种方法最方便就用哪种方法。

8.5 折现现金流量分析的一些特殊情形

在本章的结尾，我们将介绍关于折现现金流量分析的三种特殊情形：第一种情形是公司参与竞标；第二种情形是在不同使用寿命的设备中做出选择；第三种情形是更换旧设备的决定。

我们还可以考虑许多其他特殊的情形，但这三种情形尤为重要，因为与之类似的问题非常普遍。此外，这三种情形还揭示了现金流量分析和折现现金流量估值的不同应用。

设定投标价

在前面，我们使用折现现金流量分析来评估新产品的项目提案。当我们必须通过竞标来获得一份订单时，就会出现一种稍有不同（却很常见）的情况。这种情况就是，谁出价最低谁就中标。

关于投标的过程有一个老笑话：报价最低的投标者就是犯错最大的那个人。这被称为赢家的诅咒。换句话说，如果你赢了，你有很大的概率出价过低。我们来看看如何设置投标价以避免赢家的诅咒。当我们必须为一件商品或一项服务设定价格时，以下所描述的步骤都是行之有效的。

为了说明如何设定投标价，假设我们所从事的业务是购买精简的卡车平台，然后将其改装成客户所需的规格进行出售。一名当地经销商就其未来 4 年内每年采购 5 辆特别改装的卡车提出了招标，共招标购买 20 辆卡车。

我们需要决定每辆卡车的投标价，分析的目标是确定能够盈利的最低报价。这样可以最大限度地使我们赢得获得合同，并防止出现赢家的诅咒。

假设我们能以每辆 10 000 美元的价格购买卡车平台，改装所需的设施能以每年 24 000 美元的价格租赁。改装工作所耗费的劳动力和材料成本约为每辆卡车 4 000 美元。因此，每年的总成本将为 94 000 美元（24 000 ＋5×(10 000＋4 000)）。

我们需要投资 60 000 美元购买新设备。该设备在未来 4 年内按照直线折旧法全额计提折旧，4 年后其市场价值约为 5 000 美元。我们还需要在原材料库存和其他营运资本项目上投资 40 000 美元。该项目的相关税率为 39%。如果投资的必要收益率为 20%，我们对每辆卡车的报价应该是多少？

我们从资本支出和净营运资本投资开始讨论。我们现在必须花费 60 000 美元购买新设备，其税后残值为 3 050 美元（5 000×(1－0.39)）。此外，我们目前还要投资 40 000 美元作为营运资本，将于 4 年后收回。

我们目前还不能确定经营性现金流量，因为不知道卡车的售价。因此，如果我们画一条时间轴，下表就是我们迄今为止所掌握的信息：

	年份				
	0	1	2	3	4
经营性现金流量		＋OCF	＋OCF	＋OCF	＋OCF
净营运资本的变动	－＄40 000				＋＄40 000①
资本支出	－60 000				3 050
总的现金流量	－＄100 000	＋OCF	＋OCF	＋OCF	＋OCF＋＄43 050

清楚这些之后，请注意关键的分析如下：该项目能够盈利的最低报价将使得折现率为 20％时净现值为零。在这个价格下，投资的收益率正好是 20％。

基于上述分析，我们首先需要确定当净现值等于零时经营性现金流量是多少。为此，我们计算了最后一年 43 050 美元的非经营性现金流量的现值，并从 100 000 美元的初始投资中减去该值：

$$\$100\ 000-\frac{43\ 050}{1.20^4}=\$100\ 000-20\ 761=\$79\ 239$$

一旦做完这点，时间轴就变成如下表所示：

	年份				
	0	1	2	3	4
总现金流量	－＄79 239	＋OCF	＋OCF	＋OCF	＋OCF

正如时间轴所示，经营性现金流量现在是一个未知的普通年金数额。20％的折现率对应的 4 年期年金现值系数为 2.588 73，所以可得：

$$\text{NPV}=0=-\$79\ 239+\text{OCF}\times 2.588\ 73$$

这意味着：

$$\text{OCF}=\$79\ 239/2.588\ 73=\$30\ 609$$

所以，每年需要的经营性现金流量为 30 609 美元。

还未完全结束。最后的问题是算出卡车在何种售价下能够产生 30 609 美元的经营性现金流量。最简单的方法就是，由于经营性现金流量可以写为净利润加上折旧（自下而上法），这里的折旧为 15 000 美元（60 000/4）。鉴于此，我们可以确定净利润需为：

经营性现金流量＝净利润＋折旧

＄30 609＝净利润＋＄15 000

净利润＝＄15 609

① 原书为－＄40 000，有误，应该为＋＄40 000。——译者注

由此，我们回溯至利润表，如果税后净利润为 15 609 美元，那么利润表应如下所示：

销售收入	?
成本	$94 000
折旧	15 000
所得税（39%）	?
净利润	15 609

请注意，我们可以求解出销售收入为：

$$净利润=(销售收入-成本-折旧)\times(1-t_C)$$
$$\$15\ 609=(销售收入-\$94\ 000-15\ 000)\times(1-0.39)$$
$$销售收入=\$15\ 609/0.61+94\ 000+15\ 000$$
$$=\$134\ 589$$

每年的销售收入需为 134 589 美元。因为合同要求每年销售 5 辆卡车，所以每辆卡车的售价应是 26 918 美元（134 589/5）。如果对结果进行四舍五入，那么看起来我们需要对每辆卡车设定的投标价大约为 27 000 美元。在这个价格下，如果我们得到合同，收益率将刚好超过 20%。

评估选择不同使用寿命的设备

假设一家公司必须在两台不同使用寿命的设备中做出选择。这两台设备的功能相同，但具有不同的营业成本和使用寿命。简单地运用净现值法则，会建议选择那台使用成本的现值更低的设备。然而，这种选择可能是错误的，因为成本较低的设备要比另一种设备更早被替换。

我们来考虑这样一个例子。Downtown 体育俱乐部必须在两台网球发球机中做出选择。发球机 A 的成本低于发球机 B，但是使用寿命较短。这两台发球机的税后现金流出为：

发球机	年份				
	0	1	2	3	4
A	$500	$120	$120	$120	
B	600	100	100	100	$100

发球机 A 的成本为 500 美元，可以使用 3 年。在这 3 年中，每年年末需要支付 120 美元的税后维护费用。发球机 B 的成本为 600 美元，可以使用 4 年。在这 4 年中，每年年末需要支付 100 美元的税后维护费用。为了简化分析，假设所有的成本都是实际形式的成本。由于假设两台发球机每年带来的收入是相同的，因此在分析中可以忽略。请注意，上表中所有的数字都是税后现金流出。

为了做出决策，计算出两台发球机使用成本的现值。假设折现率为 10%，可得：

$$发球机\text{ A}：\$798.42=\$500+\frac{\$120}{1.1}+\frac{\$120}{1.1^2}+\frac{\$120}{1.1^3}$$

$$发球机\text{ B}：\$916.99=\$600+\frac{\$100}{1.1}+\frac{\$100}{1.1^2}+\frac{\$100}{1.1^3}+\frac{\$100}{1.1^4}$$

发球机B现金流出的现值较高。如果单纯考虑这点，我们会选择发球机A，因为它的现值较低。然而，发球机B的使用寿命更长，所以它每年的实际使用成本也许更低。

那么在比较两种发球机时，要如何对使用寿命的差异进行适当调整呢？或许最简单的方法就是计算每台发球机的等值年成本（equivalent annual cost，EAC）。该方法是把总成本分摊到每一年中。

之前的等式显示，支付（500美元，120美元，120美元，120美元）等价于在第0期一次性支付798.42美元。现在，我们希望能将第0期一次性支付的798.42美元等价于一笔3年期年金。利用本书前几章的方法，可得：

$$\$798.42=C\times PVIFA_{10\%,3}$$

$PVIFA_{10\%,3}$ 是指每年1美元的3年期年金按照10%进行折现得出的年金系数，或者表示为 $(1-1/1.1^3)/0.10$。C 是未知的——它是每年的年金支付额，3年期年金支付总额现值应等于798.42美元。由于 $PVIFA_{10\%,3}$ 等于2.486 9，因而 C 等于321.06美元（798.42/2.486 9）。所以，支付（500美元，120美元，120美元，120美元）的现金流量等价于每年年末支付321.06美元的3年期年金。我们把321.06美元称为发球机A的等值年成本。

这种方法可以用下表进行概括：

	年份			
	0	1	2	3
发球机A的现金流出	\$500	\$120	\$120	\$120
发球机A的等值年成本		321.06	321.06	321.06

Downtown体育俱乐部应把（500美元，120美元，120美元，120美元）的现金流出和（0美元，321.06美元，321.06美元，321.06美元）的现金流出看成是等价的。或者可以说，购买该发球机在财务上就相当于执行每年支付321.06美元租用该发球机的租赁合同。

现在，我们来考虑发球机B。可以根据下式计算其等值年成本：

$$\$916.99=C\times PVIFA_{10\%,4}$$

由于 $PVIFA_{10\%,4}=3.169\,9$，因此 C 等于916.99/3.169 9，也就是289.28美元。

就像之前对发球机A的处理，发球机B的等值年成本如下表所示：

	年份				
	0	1	2	3	4
发球机B的现金流出	\$600	\$100	\$100	\$100	\$100
发球机B的等值年成本		289.28	289.28	289.28	289.28

只要比较两台发球机的等值年成本统计表，就很容易做出决策。你希望年租金为

321.06 美元还是 289.28 美元？可以说，问题的答案已经显而易见了。毋庸置疑，一个理性的人会选择更低的支付额。所以，发球机 B 是更优的选择。

最后要强调两点。第一，将网球发球机的成本表示为实际值并非偶然。如果成本用名义值来计算，仍将得出选择发球机 B 的结论，但其计算会复杂得多。一般情况下，在处理这类问题时总是将现金流量转换为实际值来计算。

第二，以上分析仅在预期两种发球机都能被替换的情况下成立。如果发球机不能被替换，那么分析方法就不同了。比如，设想唯一一家制造网球发球机的企业刚刚倒闭了，而且预计没有其他企业进入该领域。那么这种情况下，发球机 B 在第 4 年还会有现金流入，而发球机 A 则没有。此时，对这两个互斥项目的收入和成本简单地运用净现值法就可以了。

设备更换的一般决策

先前的分析聚焦于在发球机 A 与发球机 B 之间做出选择，两台都是新的设备。但更常见的情况是，公司必须决定何时将现有设备进行更换。这个决策其实是相当简单的。如果新设备每年的成本低于旧设备每年的成本，就应该更换旧设备。如同公司理财的其他问题，要阐明这种方法，一例胜千言。

例 8.10 更换决策

考虑 BIKE 公司的情况，BIKE 公司需要决定是否更换一台现有设备。目前，BIKE 公司无须支付所得税。该设备现在的更换成本为 9 000 美元，而且在未来 8 年每年年末需要支付 1 000 美元的维护费用。在第 8 年年末，该设备可以按 2 000 美元的价格卖出。

现有设备每年的维护费用在逐年递增，其残值则逐年下降，如下表所示：

年份	维护费用	残值
现在	$ 0	$4 000
1	1 000	2 500
2	2 000	1 500
3	3 000	1 000
4	4 000	0

该表显示，现有设备现在可以卖出 4 000 美元。如果一年后出售，售价就变为 2 500 美元，而且在这一年中还需花费 1 000 美元用于设备维护。为了便于计算，假设这笔维护费用是在年底支付。在完全报废前，这台设备还能再使用 4 年。换言之，在第 4 年年末设备的残值将为 0。如果 BIKE 公司面临的资金机会成本为 15%，那么现有设备应于何时更换为宜？

如前所述，我们的方法是比较更换设备与继续使用旧设备的年成本。新设备的年成本就是它的等值年成本，我们首先来计算该成本。

新设备的等值年成本 新设备成本的现值为：

$$PV_{costs}=\$9\,000+\$1\,000\times PVIFA_{5\%,8}-\frac{\$2\,000}{1.15^8}$$
$$=\$9\,000+\$1\,000\times 4.487\,3-\$2\,000\times 0.326\,9$$
$$=\$12\,833.5$$

请注意，残值2 000美元是一笔现金流入。在上述等式中将残值设为负值，是因为它抵消了设备成本。

新设备的等值年成本为：

$$\frac{PV}{\text{折现率为}15\%\text{的8年期年金现值系数}}=\frac{PV}{PVIFA_{15\%,8}}=\frac{\$12\,833}{4.487\,3}=\$2\,860$$

这个计算结果意味着，更换设备在财务上相当于以年租金2 860美元租用该设备。

旧设备的成本 该计算有点麻烦。如果BIKE公司保留旧设备一年，那么公司一年后必须支付1 000美元的维护费用。不过，这不是BIKE公司保留旧设备一年的唯一成本。BIKE公司如果保留旧设备一年后再出售，售价将是2 500美元，但是如果现在就卖掉旧设备则能获得4 000美元。这种售价的下降显然也应视为一项成本。

所以，保留旧设备一年的成本现值为：

$$\$4\,000+\frac{\$1\,000}{1.15}-\frac{\$2\,500}{1.15}=\$2\,696$$

也就是说，如果BIKE公司继续使用旧设备一年，现在就要放弃4 000美元的设备处置收入，而这4 000美元可视为一种机会成本。此外，公司一年后还要支付1 000美元的维护费用。最后，公司一年后将获得2 500美元的设备销售款。最后一项设为负值，是因为它抵消了其他两项成本。

尽管我们通常是用现值来表示现金流量，但此处如果用一年后的终值来表示现金流将会简化计算。终值为：

$$\$2\,696\times 1.15=\$3\,100$$

换句话说，继续使用旧设备一年的成本相当于在第1年年末支付3 100美元。①

做出比较 现在，让我们回顾一下现金流量。如果立即更换设备，就相当于从年末开始每年的费用为2 860美元。如果每8年更换一次设备，那么这笔每年的费用就是永久性的。这一现金流量可以表示为：

---

① 有一点需要注意，有可能旧设备的维护费用在第1年比较高，但之后就会下降。在这种情况下，立即更换可能言之过早。所以，需要考察一下旧设备在未来年度的成本。保留现有设备到第2年的成本为：

$$\text{第1年年末成本的现值}=\$2\,500+\frac{\$2\,000}{1.15}-\frac{\$1\,500}{1.15}=\$2\,935$$

其终值为3 375美元（2 935×1.15）。同样，继续使用旧设备在第3年、第4年的等值年成本也要比购买新设备的等值年成本大。所以，BIKE公司立即更换旧设备的决策仍然有效。

	第1年	第2年	第3年	第4年	…
立即更换设备的费用	\$2 860	\$2 860	\$2 860	\$2 860	…

如果一年后更换设备，那么最后一年使用旧设备的费用可视为在年末支付3 100美元。更换后，从第2年年末开始每年的费用变为2 860美元。如果每8年更换一次设备，那么这笔每年的费用也是永久性的。这一现金流量可以表示为：

	第1年	第2年	第3年	第4年	…
使用旧设备一年再更换的费用	\$3 100	\$2 860	\$2 860	\$2 860	…

可以说，如何选择已经显而易见了。任何人都会选择在年末支付2 860美元而不是3 100美元的成本。因此，BIKE公司应该立刻更换旧设备，以使第1年的费用最小化。

在更换决策上，还需要注意两点。第一，我们已分析保留旧设备以及更换新设备会产生相同收入的情况。因为收入并不受设备选择的影响，所以在分析中没有考虑收入。这种情况在现实中比比皆是。例如，更换总部的供暖系统或者空调系统的决策可能并不会影响公司收入。当然，有时使用新设备将会带来更多的收入。此时，上述方法稍做调整即可用于处理这类收入不同的情况。

第二，需要强调上述方法的重要性。上述方法可在企业中普遍采用，因为每一台设备最终都将面临更换的问题。

本章小结

本章探讨了资本预算的许多实践应用问题。

1. 资本预算必须以增量为基础，这意味着沉没成本可以忽略不计，机会成本与副效应则应予以考虑。

2. 在Baldwin公司的例子中，采用以下两个步骤来计算净现值：

a. 计算项目每一期中所有来源的净现金流量。

b. 利用上面算得的净现金流量计算净现值。

3. 处理通货膨胀必须保持一致性。一种方法是都采用名义值来表示现金流量与折现率，另一种方法则是都采用实际值来表示现金流量与折现率。从概念上说，这两种方法可以计算出同样的净现值，因此可选择更简单的那种方法。哪一种方法更简单则取决于资本预算问题的类型。

4. 有多种不同的方法可以计算经营性现金流量，它们衡量的都是同一对象。

5. 公司应使用等值年成本法来从两种使用寿命不同的设备中做出选择。

概念性思考题

1. **机会成本** 在资本预算的范畴中，什么是机会成本？

2. **增量现金流量** 在计算一项投资的净现值时，以下何种情况应视为增量现金流量？

a. 这项投资导致公司其他产品销售额的下降。

b. 当该项目被接受时才会发生的工厂建设与设备购买费用。

c. 过去3年中发生的与该项目有关的研发

成本。

d. 该投资每年的折旧费用。

e. 公司发放的股利。

f. 该项目结束时工厂和设备的转售收入。

g. 如果该项目被接受，将雇用的生产人员的薪水和医疗费用。

3. **折旧** 如果可以选择，公司更愿意使用MACRS进行折旧还是按照直线折旧法进行折旧？为什么？

4. **净营运资本** 在资本预算的例子中，我们假设公司可以收回所有投资在项目上的营运资本。请问这个假设合理吗？它在何时是不成立的？

5. **独立原则** 假设一位财务经理说：“我们公司采用的是独立原则。因为在评估过程中，我们将每个项目都看成是一个小型企业。在决策时，我们要考虑融资成本，因为它们从公司层面来说与项目评估有关。”请你批判性地评价这一观点。

6. **等值年成本** 请问在何种情况下等值年成本法适用于比较两个或两个以上的项目？为什么要使用这种方法？这种方法是否包含一些你认为比较麻烦的隐含假设？请予以解释。

7. **现金流量与折旧** “在进行项目评估时，我们只关心有关的税后增量现金流量。因为折旧是非现金费用，所以在项目评估中可以忽略它的影响。”请你批判性地评价这一观点。

8. **资本预算** 一个主要的大学教材出版商出版了一本财务学教材。该出版商正在考虑要不要出一个精简版本，即篇幅更短且价格更低的教材。请问该资本预算决策应将哪些因素考虑在内？

请阅读以下案例，并回答后面的三个思考题。2003年，保时捷推出了全新的SUV——卡宴(Cayenne)。第一代卡宴的标价超过40 000美元，它从静止加速到每小时62英里只需9.7秒。保时捷决定进入SUV市场，是因为其他高价位SUV取得了巨大成功，如梅赛德斯-奔驰的M级SUV多年来为奔驰带来了高额利润。卡宴无疑使SUV市场变得更加有趣，而保时捷随后又推出了卡宴Turbo S，该车型从静止加速到每小时62英里仅需3.8秒，最高时速为176英里。卡宴Turbo S 2016年的标价是多少呢？超过了157 000美元！

一些分析师对于保时捷进入豪华SUV市场持质疑态度，他们所担心的是保时捷不仅进入SUV市场较晚，而且推出卡宴可能会损害保时捷作为高性能汽车制造商的声誉。

9. **侵蚀效应** 在评估卡宴项目时，你会考虑该项目可能损害保时捷声誉的侵蚀效应吗？

10. **资本预算** 保时捷是最晚进入SUV市场的汽车制造商之一。为什么当其他公司决定（至少在最初阶段）不进入市场时，会有公司决定推出新产品进入该市场呢？

11. **资本预算** 在评估卡宴项目时，你认为保时捷需要假设SUV市场存在多高的利润率？随着市场竞争日趋激烈，保时捷是否有可能维持如此高的利润率？或者说，保时捷是否能够凭借它的品牌形象以及卡宴的优良性能来维持其利润率？

练习题

1～5题为基础题；6～19题为中级题；20～26题为提高题。

1. **计算项目净现值** Creole餐馆正在考虑购买一台价值33 000美元的蛋奶酥制造机。蛋奶酥制造机的经济寿命为6年，并将按直线折旧法全额计提折旧。该设备每年将生产2 400个蛋奶酥，每个成本为2美元而售价为7美元。假设折现率为14%，所得税税率为34%。请问餐馆应该购买这台设备吗？

2. **计算项目净现值** Freeman制造公司正在考虑一项新的投资，该投资的财务预测如下表所示，所得税税率为34%。假设所有的销售收入都是现金收入，所有的营业成本和所得税都以现金支付，而且所有的现金流量都发生在年末。在项目结束时，所有的净营运资本都能收回。

	第0年	第1年	第2年	第3年	第4年
投资	$31 000	—	—	—	—
销售收入	—	$14 200	$15 900	$15 700	$12 900
营业成本	—	2 100	2 100	2 100	2 100
折旧	—	7 750	7 750	7 750	7 750
净营运资本支出	450	175	250	275	?

a. 请计算该投资每年的增量净利润。

b. 请计算该投资每年的增量现金流量。

c. 假设合适的折现率为12%，请问该项目的净现值为多少？

3. **项目估价** 你的公司正在筹划购买一种价值为625 000美元的新型计算机订单输入系统。该系统将在5年使用期内按照直线折旧法全额计提折旧，5年后其价值将为60 000美元。由于使用该系统，你每年可以在税前节省235 000美元的订单处理成本，并且减少55 000美元的营运资本（这是一次性的减少）。如果所得税税率为35%，请问该项目的内含报酬率为多少？

4. **计算残值** 一个4年期项目的资产在计税时属于MACRS所规定的折旧期为5年的资产类别。该资产的购买成本为7 300 000美元，在项目结束时可以按1 640 000美元的价格售出。如果所得税税率为35%，请问该资产的税后残值为多少？

5. **计算净现值** Howell石油公司正在考虑一个新项目来补充其现有业务。该项目所需设备的购买成本为375万美元。市场营销部门预测，在未来4年中，这个项目的有关销售收入为每年210万美元，之后该市场将不复存在。该设备将在4年的经济寿命内按照直线折旧法全额计提折旧。预计与该项目有关的商品销售成本和营业费用将占销售收入的30%。同时，Howell公司还需要立即增加57.5万美元的净营运资本，所增加的净营运资本将在项目结束时尽数收回。公司的所得税税率为35%，必要收益率为14%。请问Howell公司应该投资该项目吗？

6. **削减成本的提案** Blue Line机械厂为了提高生产效率，正在考虑一个为期4年的项目。购买一台新压床设备需要485 000美元，预计每年能够节省179 000美元的税前成本。该压床设备属于MACRS规定的折旧期为5年的资产类别，而且在项目结束时残值为45 000美元。同时，该压床设备还需要15 000美元的备件库存初始投资，并且在之后的项目存续期间，每一年都需要在库存上额外投资4 000美元。如果该机械厂的所得税税率为35%，项目的必要收益率为9%，那么机械厂应该购买并安装该设备吗？

7. **比较互斥项目** Vandalay工业公司正在考虑购买一台用于生产乳胶的新机器。机器A将耗资2 900 000美元，可使用6年。用它生产乳胶的变动成本为其销售收入的35%，固定成本则是每年1 580 000美元。机器B将耗资4 450 000美元，可使用9年。用该机器生产乳胶的变动成本为其销售收入的30%，固定成本则是每年1 750 000美元。这两台机器都将带来每年1 150万美元的销售额。必要收益率为10%，税率为35%。这两台机器都采用直线折旧法进行折旧。如果Vandalay公司计划在机器磨损时永久地进行更换，请问该公司应该选择机器A还是机器B？

8. **通货膨胀下的资本预算** 考虑下面两个互斥项目的现金流量：

年份	项目A	项目B
0	−$67 000	−$74 000
1	34 000	34 000
2	37 000	45 000
3	23 000	29 000

项目A的现金流量为实际值，而项目B的现金流量为名义值。合适的名义折现率为11%，通货膨胀率为4%。请问你应该选择哪个项目？

9. **通货膨胀与公司价值** Sparkling饮用水公司预计可以永久性地每年销售650万瓶饮用水。今年，每瓶水的实际售价为1.03美元，实际成本为0.77美元。销售收入和成本均发生在年末。销售收入将以每年2%的实际增长率增长，实际成本则将以每年1.5%的实际增长率增长。实际的折现率为6%，公司的所得税税率为34%。请问Sparkling公司现在的价值是多少？

10. **等值年成本** SGS高尔夫学院正在评估不同的高尔夫练习设备。Dimple-Max设备将花费96 500美元，使用寿命为7年，而且每年还需花费

11 600 美元来运营。相关的折现率是 12%，并假设采用直线折旧法对该设备在使用年限内全额计提折旧。此外，假设该设备在项目结束时的残值为 10 500 美元，相关的所得税税率为 34%，所有的现金流量都发生在年末。请问该设备的等值年成本为多少？

11. **等值年成本** Zoysia 大学需要为其园林部门购买一些割草机。Zoysia 大学可以购买 5 台 EVF 割草机，每台成本为 8 700 美元，每年年末每台割草机还需花费 2 025 美元的维护费用。EVF 割草机将在第 4 年年末更换，届时该设备的价值为零。另一种方案是，Zoysia 大学购买 6 台 AEH 割草机来完成同样的工作。AEH 割草机将在 7 年后更换，每台成本为 7 500 美元，每年年末每台割草机还需花费 2 400 美元的维护费用。AEH 割草机在使用 7 年后可以按每台 800 美元的价格转售。Zoysia 大学在这项投资上的资金机会成本为 9%。由于该大学是非营利机构，因此无须纳税。可以预料，无论现在选择哪种割草机，以后还将继续购买同类产品。请问你会建议购买 5 台 EVF 割草机还是 6 台 AEH 割草机？

12. **计算项目净现值** Hailey 公司正在考虑购买一台具有 5 年经济寿命而价值为 655 000 美元的计算机。这台计算机将在 5 年内按照直线折旧法全额计提折旧，5 年后其市场价值将为 35 000 美元。该计算机可以取代 4 个办公室员工，而他们的年薪总额为 160 000 美元。同时，这台计算机还能立即减少公司所需的净营运资本 55 000 美元。不过一旦这台计算机被出售，这笔净营运资本将需要再次投入。该公司的所得税税率为 34%。如果合适的折现率为 10%，请问这台计算机值得购买吗？

13. **计算设备更换的净现值和内含报酬率** 一家公司正在考虑投资一台价值为 966 万美元的设备以替代现有设备。现有设备的账面价值为 252 万美元，而其市场价值为 437 万美元。新设备预计的使用寿命为 4 年，而旧设备同样还可以使用 4 年。如果该公司用新设备取代旧设备，预计在未来的 4 年中每年能节省 210 万美元的营业成本。这两款设备在 4 年后均无残值。如果该公司购买新设备，还需要投资 16 万美元作为净营运资本。投资的必要收益率为 10%，所得税税率为 40%。

a. 请问更换旧设备这项决策的净现值和内含报酬率为多少？

b. 不考虑货币时间价值，新设备在未来 4 年仅能节省 840 万美元，而成本却高达 966 万美元。请问更换旧设备的决策如何才能获得正的净现值？

14. **项目分析与通货膨胀** Mustang 公司一直在考虑购买一台价值 1 910 000 美元的新生产设备。该设备将在 7 年内采用直线折旧法全额计提折旧。预计 7 年后，该设备将没有转售价值。预计该设备第 1 年年末所带来的名义销售收入为 965 000 美元，销售收入将按 5%的通货膨胀率同步增长。第 1 年年末的名义生产成本为 425 000 美元，预计该生产成本将以每年 4%的速度增长。实际折现率为 7%，公司的所得税税率为 34%。Mustang 公司应该接受该项目吗？

15. **计算项目净现值** 随着休闲的冲浪印花衫日渐流行，两位 MBA 毕业生最近决定将这种休闲的冲浪概念扩展为“家庭的冲浪生活方式”。由于资金有限，他们决定主要生产冲浪印花桌子和落地灯，销售给那些有需要的家庭。他们预计这种落地灯第 1 年的销量为 9 500 台，而且未来 5 年销量将以每年 7%的比率增长。这些落地灯的生产需要投入 60 000 美元的净营运资本进行启动，净营运资本在项目结束时将完全收回。总固定成本为每年 265 000 美元，每盏落地灯的变动成本为 33 美元，售价为 67 美元。生产落地灯所需的设备将耗资 425 000 美元，该设备将在 5 年内采用直线折旧法计提折旧并且预计无残值。有效所得税税率为 34%，必要收益率为 15%。请问这个项目的净现值为多少？

16. **计算设备更换的净现值** Pilot Plus 钢笔公司正在决策何时更换其旧设备。旧设备目前的残值为 187 万美元，而其目前的账面价值为 114 万美元。如果不用于出售，旧设备在未来 5 年每年年末所需的维护费用为 780 000 美元，其每年的折旧费用为 228 000 美元。5 年后，旧设备的残值为 182 000 美元，而其账面价值为零。现在更换设备将耗资 437 万美元，而且在其 5 年的经济寿命内每年年末还需花费 275 200 美元的维护费用。5 年后，这台新设备的残值将为 624 000 美元。该设备将按照直线折旧法全额计提折旧。不管现在做何决策，Pilot Plus 公司以后都需要购买这台新设备。公司的所得税税率为 34%，合适的折现率为 12%。假设该公司的销售收入非常可观，使得折旧能够产生税盾作用。请问 Pilot Plus 公司应该现在还是 5 年后更换旧设备？

17. **计算等值年成本** Gold Star 工业公司正

在计划购买一台电脑。该公司已经把它的选择范围缩小到 SAL 5000 和 HAL 1000 这两款电脑。Gold Star 公司将需要 9 台 SAL，每台 SAL 的价格为 3 400 美元且每年需要 370 美元的维护费用。在这些电脑达到 8 年的使用期限之后，Gold Star 公司预计可以按每台 200 美元的价格将其卖出。另一种方案是，Gold Star 公司可以购买 7 台 HAL，每台 HAL 的价格为 4 100 美元且每年需要 345 美元的维护费用。每台 HAL 的经济寿命为 6 年，届时转售价值为 220 美元。Gold Star 公司将会永久性地继续购买现在选择的电脑。Gold Star 公司的所得税税率为 34%，假设维护费用发生在年末，采用直线折旧法全额计提折旧。如果合适的折现率为 11%，请问 Gold Star 公司应该购买哪一款电脑？

18. **等值年成本与通货膨胀**　Office Automation 公司必须在两种复印机之间做出选择：XX40 或者 RH45。XX40 的成本为 2 200 美元，可以使用 3 年。在支付其他相关费用后，该复印机每年还需花费的实际税后成本为 145 美元。RH45 的成本为 2 200 美元，可以使用 5 年。RH45 每年还需花费的实际税后成本为 195 美元。所有的现金流量都发生在年末。通货膨胀率预计为每年 5%，名义折现率为 12%。请问该公司应该选择哪一种复印机？

19. **项目分析与通货膨胀**　Earp Brothers 公司正在考虑投资一台设备用来生产电脑键盘。这台设备的价格为 990 000 美元，并有 5 年的经济寿命。该设备将按照直线折旧法全额计提折旧。该设备将每年生产 13 000 个键盘。第 1 年每个键盘的售价将是 87 美元，此后每年以 5%的比率增长。第 1 年每个键盘的生产成本是 29 美元，此后每年以 7%的比率增长。该项目每年的固定成本为 315 000 美元，并且需要立即投入 145 000 美元作为净营运资本。该公司的所得税税率为 34%。如果适当的折现率为 11%，请问这项投资的净现值为多少？

20. **计算所需的节约额**　一种推荐的可节约成本的设备其安装费用为 580 000 美元。该设备将被用于一个 5 年期项目，但是在税法上它应归为 MACRS 规定的按 3 年折旧的资产类别。所需的初始净营运资本投资为 40 000 美元，边际所得税税率为 35%，该项目的折现率为 12%。该设备预计第 5 年的残值为 45 000 美元。如果这个项目是有利可图的，那么我们所要求的税前成本节约数额是多少？

21. **计算投标价**　Guthrie 公司需要有人在未来 5 年内每年供应 175 000 箱机器螺钉以满足其生产需要，而你已经决定投标该合同。你将耗资 1 800 000 美元安装必要的设备来启动生产，该设备将在项目期限内按照直线折旧法全额计提折旧。你预计，5 年后这台设备的残值为 160 000 美元。你的固定生产成本为每年 265 000 美元，变动生产成本为每箱 13.25 美元。同时，你还需要一笔 175 000 美元的初始投资作为净营运资本。如果你的税率为 35%，而你要求的投资收益率为 13%，请问你提交的投标价应该是多少？

22. **计算投标价**　你的公司正试图投标一个未来 4 年每年销售 19 000 个语音识别（VR）电脑键盘的合同。由于技术的进步，4 年后这些键盘将会过时，可能不再有市场。生产所需的设备将耗资 490 万美元，并将按直线折旧法全额计提折旧。该生产项目需要投资 325 000 美元作为净营运资本，在项目结束时能全部收回。在生产项目结束时，该设备可以按 650 000 美元的价格出售。每年的固定成本为 1 250 000 美元，单位产品的变动成本为 135 美元。除了上述合同，你觉得在未来 4 年中公司还可以分别额外销售 8 700 件、10 400 件、11 700 件和 6 700 件产品到其他国家，售价为 285 美元，这个价格是固定的。所得税税率为 40%，必要收益率为 13%。此外，只有当项目净现值大于 500 000 美元时，公司总裁才会接受该项目。请问你为该合同设定的投标价应该为多少？

23. **更换决策**　假设我们正在考虑用一台新的计算机来替换旧的计算机。旧计算机的成本为 344 000 美元，而新计算机将耗资 371 000 美元。新设备将在 5 年的使用寿命内按照直线折旧法全额计提折旧，5 年后其价值将为 36 000 美元。

旧计算机正以每年 32 000 美元的速度进行折旧，它将在 3 年后完全报废。如果我们现在不进行更换，那么 2 年后仍要更换。我们现在可将旧计算机以 132 000 美元的价格出售，而 2 年后它可能只值 20 000 美元。新设备可以为我们每年节省 55 000 美元的营业成本。所得税税率为 38%，折现率为 11%。

a. 假设我们意识到，如果现在不更换计算机，仍将在 2 年后更换它。请问应该立即更换还是以后再更换？（提示：事实上，我们的决策是要么“投资”于旧计算机——不卖它，要么投资于新计算机。请注意，这两项投资的年限是不同的。）

b. 假设只考虑现在是否应该替换旧计算机，而不用关心 2 年后该怎么办。请问相关的现金流量是怎样的？是否应该更换计算机？（提示：如果更换计算机，请考虑公司税后现金流量的变动净额。）

24. **项目分析** Benson公司正在评估一栋三层建筑物的用途，它既可作为制造基地也可用于仓储，购买价格为2 160 000美元。该公司可继续以每年50 000美元的价格向现有租户出租该建筑物，现有租户已表示有兴趣继续租赁该建筑物至少15年。另外，该公司也可以修改现有的建筑结构以使其满足公司自身的制造和仓储需求。Benson公司的生产工程师认为，这栋建筑物改造后可用于运行两条新产品线中的一条。这两款可选产品的成本和收入数据如下：

	产品A	产品B
建筑物改造的初始现金支出	\$114 000	\$132 000
设备的初始现金支出	235 000	282 000
每年的税前现金收入（持续15年）	305 000	372 000
每年的税前现金支出（持续15年）	180 000	230 000

这栋建筑物无论是用于制造产品A还是产品B，都只能使用15年。15年后，不管对哪条产品线而言，该建筑都显得太小了。届时，Benson公司计划将建筑物出租给与现有租户类似的客户。为了能再次出租，Benson公司将需要把建筑物恢复到现在的布局。如果该建筑物是用来制造产品A，恢复建筑物的现金成本预计为65 000美元。而如果用于制造产品B，则此现金成本将会是78 000美元。在计税时，这些现金成本可在支出发生的当年于税前抵扣。

无论做何选择，Benson公司都会将原有的建筑物分30年全额计提折旧。该建筑物的改造以及所购买的任一种产品的生产设备预计都有15年的使用寿命，它们都将按照直线折旧法进行折旧。该公司的所得税税率为34%，对这项投资所要求的收益率为12%。

假设所有的现金流量都发生在年末。用于改造建筑物以及购买设备的初始费用发生于现在（第0年），而恢复建筑物布局的费用发生在第15年年末。请问你会向管理层建议将这栋建筑物做何用途？

25. **项目分析与通货膨胀** Sony国际公司拥有一个投资机会，就是生产新的立体声高清电视（HDTV）。今年1月1日所需的投资额为8 500万美元，公司将把这笔投资在未来4年中按照直线折旧法全额计提折旧。这项投资在项目完成后不再有转售价值。该公司的边际所得税税率为34%。产品的实际售价为每台515美元，而且该价格在项目期限内保持不变。第1年的实际人工成本为每小时19.25美元，并将以每年2%的实际增长率增长。第1年的实际能耗成本为每物理单位7.35美元，并将以每年3%的实际增长率增长。通货膨胀率为每年4%，收入的获得和成本的支付都发生在年末。请参考下表所示的生产计划：

	第1年	第2年	第3年	第4年
物理产量（台）	160 000	185 000	245 000	140 000
人工投入（小时）	2 150 000	2 470 000	2 950 000	1 950 000
能源投入（物理单位）	180 000	215 000	280 000	167 500

Sony公司的实际折现率为8%，请计算该项目的净现值。

26. **计算项目净现值** J. Smythe公司制造精品家具。该公司正在决策是否要生产新的红木餐桌家具套装。这套家具售价为6 700美元，内含8把椅子。该公司认为，在未来5年这套家具的销量每年将分别为2 150套、2 230套、2 560套、2 180套和1 740套。变动成本为销售收入的45%，每年的固定成本是310万美元。新餐桌套装项目要求库存量达到销售量的10%，在销售的前一年生产和储存。该公司认为，新餐桌的推出将导致公司生产的橡木餐桌套装销售量每年减少250套。橡木餐桌每套售价为4 900美元，其变动成本为销售收入的40%。橡木餐桌的库存量占销售量的比例同样为10%。该公司认为3年后它将停止橡木餐桌的销售。J. Smythe公司目前还存在过剩的生产能力。如果该公司现在购买所需的设备，将耗资1 190万美元。然而，产能过剩意味着该公司可以在不购买新设备的情况下生产新餐桌。该公司负责人表示，依目前产量来看产能过剩的情况只能维持2年。这意味着，如果该公司使用目前过剩的产能来生产新餐桌，那么2年后它仍须花费1 190万美元购买新设备以适应现有产品销量的增加。如果公司现在购买新设备，那么5年后该设备的市场价值为168万美元；而如果是在2年后购买新设备，那么5年后其市场价值为732万美元。根据MACRS的规定，该设备应按7年计提折旧。这家公司的所得税税率为38%，项目的必要收益率为14%。

a. J. Smythe公司应该启动新项目吗？

b. 你可以对该项目进行内含报酬率分析吗？你预计可以算出几个内含报酬率？

c. 你应如何解释该项目的获利指数？

EXCEL解题

经过大量的研究与开发后，Goodweek轮胎公司最近研发出一种新型轮胎SuperTread，该公司必须决定是否投资生产和销售这款新型轮胎。除了在普通的高速公路上使用，这款轮胎对于那些经常在潮湿天气下行驶以及越野驾驶的司机来说是相当令人满意的。迄今为止，这款轮胎的研究和开发费用总计约为1 000万美元。SuperTread轮胎将于今年开始投放市场，Goodweek公司预计这款轮胎共会在市场上销售4年。试销成本为500万美元，结果表明SuperTread轮胎市场前景喜人。

你作为Goodweek公司的一名财务分析师，公司CFO亚当·斯密要求你对SuperTread轮胎项目进行评估，并对是否继续投资提出建议。除了最初的投资将立即发生，假设所有的现金流量都将在年末发生。

Goodweek公司必须首先在设备上投资12 000万美元，用于生产SuperTread轮胎。该设备可以在4年后以5 100万美元的价格出售。Goodweek公司打算在两个截然不同的市场上销售SuperTread轮胎：

1. 原始设备制造商（OEM）市场。OEM市场主要由大型汽车公司（如通用汽车公司）构成，这些公司要为新汽车购买轮胎。在OEM市场上，SuperTread轮胎预计每个售价为36美元，生产每个轮胎的变动成本为18美元。

2. 替换市场。替换市场则包括汽车销售后消费者购买的所有轮胎。这个市场具有更高的利润率，Goodweek公司预计SuperTread轮胎每个售价为59美元，变动成本与在OEM市场中相同。

Goodweek公司打算每年以通货膨胀率加上1%的比率提高价格；变动成本也将以通货膨胀率加上1%的比率增加。此外，SuperTread轮胎项目第1年将产生2 500万美元的市场营销和一般管理费用，这一成本预计在随后几年中将按通货膨胀率同步增长。

Goodweek公司的所得税税率为40%，预计每年的通货膨胀率将保持在3.25%不变，该公司使用15.9%的折现率来评估新轮胎决策。

汽车行业分析师预计，汽车制造商今年将生产200万辆新车，此后的计划产量为每年增长2.5%。每辆新车需要4个轮胎（备胎尺寸较小，属于不同类别的轮胎）。Goodweek公司预计，SuperTread轮胎将占据OEM市场份额的11%。行业分析师估计，今年轮胎替换的市场规模将达到1 600万个，并将每年增长2%。Goodweek公司预计，SuperTread轮胎能够占据替换市场8%的市场份额。根据MACRS的规定，轮胎生产设备应按7年计提折旧。该项目要求立即投入1 100万美元作为初始营运资本，此后，每年的净营运资本需求为销售额的15%。

a. 该项目的获利指数是多少？

b. 该项目的内含报酬率是多少？

c. 该项目的净现值是多少？

d. 在OEM市场上售价为多少时，Goodweek公司是否接受SuperTread轮胎项目没有差别？假设替代市场上的售价不变。

e. 单位变动成本为多少时，Goodweek公司是否接受SuperTread轮胎项目没有差别？

章末案例

东海岸游艇公司的扩张

由于东海岸游艇公司已经满负荷生产，因此拉丽莎决定让丹来评估新建一个制造工厂的可行性。

这种扩张将会是公司的一项重大资本支出。该项目的初步分析已耗资120万美元，分析认为，建设新工厂需要立即投资5 500万美元，而且一年后还要追加3 000万美元的投资。该公司已获得了特殊的税收豁免，允许将其扩大投资的建筑物和设备根据MACRS的规定按20年计提折旧。

由于需要时间来建造新工厂，因此下一年可能会没有销售收入。2年后，该公司的非全年销售额将为1 800万美元。此后4年的销售额将分别为2 700万美元、3 500万美元、3 900万美元以及4 300万美元。由于新工厂落成后将比东海岸游艇公司现有的生产设施更有效率，预计变动成本将会是销售收入的60%，固定成本为每年250万美元。新工厂还需要将下一年销售收入的8%作为净营运资本。

丹意识到，新工厂的销售额能够持续下去直到遥远的将来。正因为如此，他认为5年之后，现金流量将持续以3%的比率无限期地增长。该公司的所得税税率为40%，必要收益率为11%。

拉丽莎想让丹分析新工厂的财务可行性，并计算获利指数、净现值以及内含报酬率。同时，她已指示丹无须考虑新工厂所需土地的价值，因为东海岸游艇公司已拥有这些土地，而且这些土地实际上有可能无限期地闲置下去。她要求丹在其报告中讨论一下这个问题。

Bethesda矿业公司

Bethesda矿业公司是一家中等规模的煤矿开采公司，该公司在俄亥俄州、宾夕法尼亚州、西弗吉尼亚州以及肯塔基州等地拥有20个煤矿，主要从事地下采矿和露天采矿业务。大部分开采的煤是按合同销售，多余的部分则在现货市场上销售。

煤矿开采行业，特别是像Bethesda公司从事的高硫黄煤的开采，一直是环境保护法规重点关注的对象。然而最近，煤炭需求的增加以及新的污染减排技术的出现导致市场对于高硫黄煤的需求增加。俄亥俄州中部电力公司已与Bethesda公司接触，并要求对方在未来4年向其供应发电所需的煤。Bethesda公司现有的矿井并没有足够的产能以保证合同的实施，所以该公司正在考虑开采一个位于俄亥俄州的露天矿，该矿井所在的5 000英亩土地是公司10年前耗资540万美元购买的。根据最近的评估，该公司认为如果现在出售这块土地，将会获得730万美元的税后收入。

露天采矿是一个把煤层上方的表层土壤移除并将暴露的煤取走的过程。以前，该公司只是简单地取走煤，采煤之后的土地无法再使用。现在，采矿法规的变化迫使公司需要复垦这块土地。也就是说，当采矿完成后，土地必须被恢复到接近其原始状态的程度。然后，该土地可以用于其他目的。由于目前处于满负荷运转状态，Bethesda公司需要购买额外的设备，其成本为4 300万美元，该设备将根据MACRS的规定按7年计提折旧。由于签订的合同为期只有4年，届时露天煤矿将被完全开采。该公司认为，到时新购设备可以按最初购买价的60%出售。然而，Bethesda公司计划4年后开采另外一个露天矿，而这台设备将会用于新煤矿的开采。

Bethesda公司根据合同要求将每年交货500 000吨煤，每吨的价格为60美元。该公司认为，未来4年每年的煤炭开采量将分别为750 000吨、810 000吨、830 000吨以及720 000吨。过剩的煤将会在现货市场出售，价格为平均每吨48美元。采煤的变动成本为每吨21美元，固定成本为每年370万美元。该矿井的开采将需要投入销售收入的5%作为净营运资本，而当年的净营运资本所对应的是下一年的销售收入。

Bethesda公司在采矿终止后将负责土地复垦，这项工作将发生在第5年。该公司会聘请一个外部的公司来恢复已开采的所有露天矿。预计复垦的成本为390万美元。在土地恢复后，Bethesda公司计划捐赠这块土地用于建造一个公园和休闲区，这是获得必不可少的采矿许可证的一个条件。这项工作将于第5年进行，其结果是公司有730万美元的慈善费用可以在税前扣除。Bethesda公司的所得税税率为38%，对新的露天矿项目要求的收益率为12%。假设任何年度的亏损都可以进行税收抵免。

该公司总裁已经跟你接触过，并要求你分析该项目。请计算这个新的露天矿项目的投资回收期、获利指数、净现值以及内含报酬率。请问Bethesda公司应该签订合同并开采露天矿吗？

第 9 章

风险分析与资本预算

开篇故事

2015年，由环球影业出品的《骇客交锋》（*Blackhat*）在影院上映。然而对这部电影的影评并不乐观，票房表现更加糟糕，观众们成群结队地离场，令这部影片成为2015年最大的票房输家。

我们不妨看看这些数字，环球影业在电影制作方面投入约9 000万美元，宣传和发行也花费数百万美元。然而基于电影的票房表现，环球影业在全球只赚回约2 000万美元，这是一笔巨大的亏损。事实上，4/10的影片在票房方面是亏本的，虽然DVD的销售可能会让最终的账面好看一些。当然，也有许多影片的市场表现还是相当不错的。同样在2015年，卢卡斯影业摄制的影片《星球大战：原力觉醒》（*Star Wars: The Force Awakens*）就以2 000万美元的制片成本在全球赚取约20.3亿美元的收益。

显然，环球影业未曾预料影片《骇客交锋》会亏损达7 000万美元，但这确实发生了。尽管资金不断地投入《骇客交锋》，但是项目并未达到公司的预期。本章将探讨这些情况是如何发生的，以及公司应如何分析和避免类似的情况。

9.1 决策树

NPV项目分析通常由一系列决策组成。本节介绍**决策树**（decision trees）法，用于识别NPV分析中的系列决策。

假设你是Solar电子公司的会计人员，工程小组近期开发了太阳能喷气发动机。喷气发动机可用于150人规模的商务机。营销人员建议Solar电子公司开发一些样机，对发动机进行试销。来自生产、销售、工程设计部门的员工代表组成了一个规划小组，该小组估计这个准备阶段将持续一年时间，费用约1亿美元。另外，该小组相信试销的成功概率为75%。

如果最初的试销成功，Solar电子公司接下来可以进行大规模生产。投资阶段将耗资1.5亿美元。在随后5年内组织生产与销售。初始现金流量规划如表9-1所示。

表9-1　Solar电子公司太阳能喷气发动机的现金流量预测　单位：百万美元

投资	第1年	第2年至第6年
收入		\$6 000
变动成本		−3 000
固定成本		−1 791
折旧		−300
税前利润		\$909
所得税（税率为34%）		−309
净利润		−\$600
现金流量		−\$900
初始投资成本	−\$1 500	

假定：(1) 在第2年至第6年内，投资按照直线折旧法计提折旧；(2) 税率为34%；(3) 公司在初始开发阶段未享受税收优惠。

如果 Solar 电子公司进行喷气发动机的投资和生产，按照 15%的折现率计算的净现值是：

$$\begin{aligned}NPV &= \$1\,500\,000\,000 + \sum_{T=1}^{5}\frac{\$900\,000\,000}{1.15^{T}}\\ &= \$1\,500\,000\,000 + \$900\,000\,000 \times PVIFA_{15\%,5}\\ &= \$1\,517\,000\,000\end{aligned}$$

注意净现值的计算是折算到时点 1，即投资 15 亿美元的时点。稍后我们会将该值折现到时点 0。

如果最初的试销不成功，则 Solar 电子公司所花费的 15 亿美元投资的净现值为−36.11 亿美元。这个数值同样是按照时点 1 折算的（为节省篇幅，此处不提供计算的原始数据）。

图 9－1 用决策树来展示喷气发动机的问题。如果 Solar 电子公司决定进行试销，试销成功的概率为 75%。如果试销成功，企业将面临第二个决策：是否将 15 亿美元投资于净现值为 15.17 亿美元的项目。如果试销不成功，则企业会面临不同的决策：是否将 15 亿美元投资于净现值为−36.11 亿美元的项目。

综上，Solar 电子公司所做的决策可归纳为如下两个：

1. 是否开发、试销太阳能喷气发动机。
2. 是否按照试销结果对大规模生产进行投资。

我们利用决策树进行逆向分析。首先分析第二阶段 15 亿美元的投资决策。如果试销成功，Solar 电子公司是否应该进行第二阶段的投资？答案显然是应该，因为净现值 15.17 亿美元大于 0。如果试销不成功，Solar 电子公司又是否应该进行第二阶段的投资呢？很明显，答案是不应该，因为投资的净现值小于 0（−36.11 亿美元）。

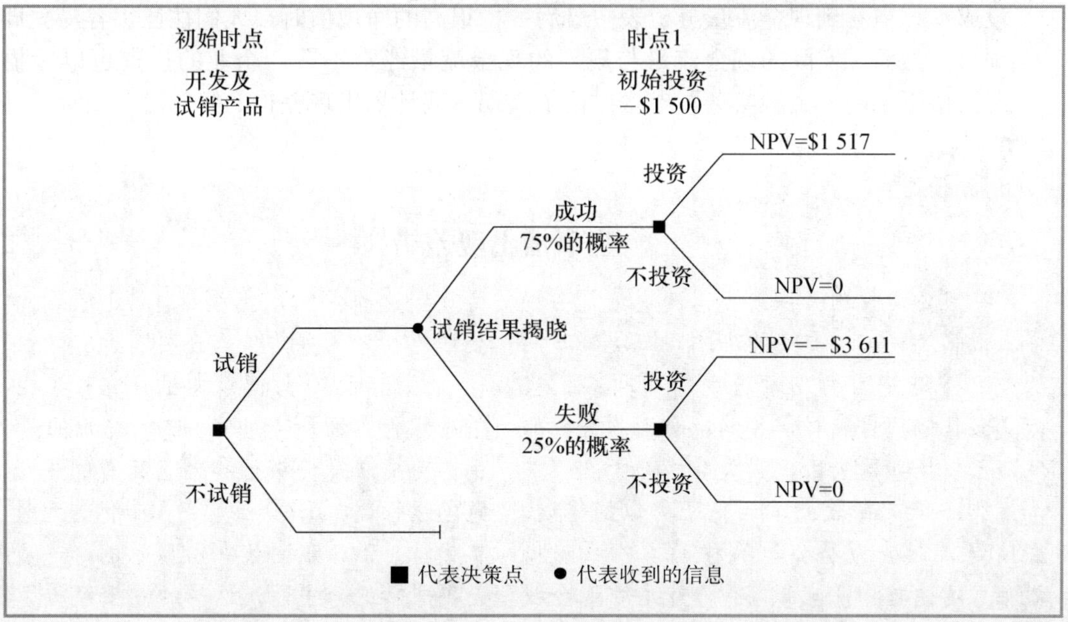

图 9－1　Solar 电子公司的决策树分析（单位：百万美元）

现在回到第一阶段，在此阶段的决策可归纳为：Solar电子公司现在是否应该投资10亿美元，以在一年后以75%的可能性获取15.17亿美元的收益。预期收益按时点1折算得到：

$$\begin{aligned}预期收益&=(成功概率\times 成功后收益)+(失败概率\times 失败后收益)\\&=(0.75\times \$1\,517\,000\,000)+(0.25\times \$0)\\&=\$1\,138\,000\,000\end{aligned}$$

试销决策在时点0的净现值为：

$$\begin{aligned}NPV&=-\$100\,000\,000+\frac{\$1\,138\,000\,000}{1.15}\\&=\$890\,000\,000\end{aligned}$$

由于NPV为正值，因此企业应该对太阳能发动机进行试销。

注意 我们在前面将试销决策及投资决策的折现率都设定为15%。由于初始的试销决策的风险可能高于投资决策，计算时采用更高的折现率可能更合理。

9.2 敏感性分析、情境分析与盈亏平衡分析

本书的一个要旨是：净现值法是一种先进的资本预算方法。事实上，由于净现值法计算现金流量而不计算利润，并对所有的现金流量合理地折现，很难发现其理论缺陷。然而，在我们同实务界的交流中，会常常听到“安全错觉”这样的说法。他们指出，资本预算提案的论证令人印象深刻。资本预算细致到对每一年的每1 000美元或每一月的每1美元现金流量进行规划，同时适当考虑机会成本和副效应，妥善规避沉没成本。当看到现金流量分析表中最后一栏很高的净现值时，人们往往很容易立即批准项目。然而，实际的现金流量与规划的现金流量经常不符，企业的投资也以亏损而告终。接下来的“金融实务”专栏讨论了近期一些计划出现差错的案例。

金融实务

当事情出现差错

一家公司收购另一家公司的决策是一种资本预算决策。与典型的资本预算决策不同的是，公司并购的成本较之高昂得多。当然，同其他项目一样，并购也会面临失败的危险。一旦并购失败，损失会相当大。

2015年，微软就承认犯了类似的错误。2014年，微软为给公司的移动操作系统提供独立的通信中心，以72亿美元的现金收购了移动电话制造商诺基亚。但遗憾的是，微软的这项并购并未获利。2015年7月，微软因这项并购账上核销了76亿美元，该金额比初始的并购价格还要高。

2015年10月德意志银行宣告了在并购信孚银行方面所产生的70亿美元的资产核销。为提高投资银行和自营交易的收益，德意志银行曾在1999年斥资101亿美元收购信孚银行。正如账面核销所显示的，这项并购是不成功的。当然，这样的亏损经历了数年才发生。2012年10月，开心农场（Farmville）游戏的创始者Zynga公司宣告核销因并

购 OMGPOP 公司产生的 9 000 万美元账面资产。尽管这笔亏损金额相对较小，但 Zynga 公司在 197 天前已经为 OMGPOP 投入了 18 亿美元。

美国历史上最大的并购案之一是 2001 年美国在线收购时代华纳。借力于“新经济”大潮，美国在线正处于快速增长的黄金时期。时代华纳是传统的通信公司，主营有线电视、音乐唱片和其他业务。但是美国在线与时代华纳的联姻并不顺利。两家公司的员工明争暗斗，导致生产效率降低，士气低落。2002 年美国在线会计违规事件曝光，并因其背负收购带来的成本而大肆举债。更糟糕的是，美国在线正在流失客户，开始面临经营亏损。虽然在并购中美国在线是并购方并一度占据主导地位，但最终因其损失惨重而不得不让时代华纳重回“自由身”。最终，2002 年时代华纳核销了 540 亿美元并购资产，创下史上最大核销资产纪录。

敏感性分析与情境分析

企业怎样才能充分挖掘净现值法的潜力呢？方法之一是进行**敏感性分析**（sensitivity analysis）（又称 what-if 分析或 BOP 分析[①]），即对净现值的计算随着前提条件的改变而变化。下面将通过上一节 Solar 电子公司太阳能喷气发动机的案例介绍净现值法。对项目的现金流预测见表 9-1。我们将逐步计算表中的收入、成本及税后现金流量。

收入 营销部估算太阳能喷气发动机的销售数量为：

喷气发动机销售数量＝市场份额×喷气发动机市场规模

3 000＝0.30×10 000

销售收入为：

销售收入＝喷气发动机销售数量×喷气发动机单价

＄6 000 000 000＝3 000×＄2 000 000

因此，对收入的估计取决于：

1. 市场份额。
2. 喷气发动机的市场规模。
3. 喷气发动机的销售价格。

成本 财务专家通常将成本分为两类：变动成本和固定成本。**变动成本**（variable costs）随产量变化而变化，在产量为零时，变动成本为零。直接人工成本及原材料成本通常是可变的。通常假定每单位产出的变动成本为常数，这意味着总变动成本与产量是成比例的。例如，如果直接人工成本是变动成本，并且每单位产出需耗费 10 美元的直接人工成本，那么 100 单位产出所需人工成本为 1 000 美元。

固定成本（fixed costs）在一定时期内不受产品或服务产出量增减变动的影响。固定成本通常衡量的是每单位时间的成本，如每月的租金、每年的薪金等。当然，固定成本并非永久固定，而是在某个既定的时期内固定不变。

工程设计部门估算出每台发动机的变动成本为 100 万美元，每年的固定成本为

① BOP 代表正常情况（best）、乐观情况（optimistic）与悲观情况（pessimistic）。

17.91 亿美元。成本分解为：

变动成本＝单位变动成本×喷气发动机销售数量

＄3 000 000 000＝＄1 000 000×3 000

税前总成本＝变动成本＋固定成本

＄4 791 000 000＝＄3 000 000 000＋＄1 791 000 000

以上对市场规模、市场份额、价格、变动成本、固定成本以及初始投资的估值见表 9－2 第 3 列。这些数值代表公司对不同参数的预期或最佳估计。为便于比较，企业的分析人员同时预测了乐观情况与悲观情况下的各变量取值，见表 9－2 的第 2 列和第 4 列。

表 9－2　　Solar 电子公司太阳能喷气发动机的不同情况预测　　金额单位：百万美元

变量	悲观情况	正常情况	乐观情况
市场规模/年	5 000	10 000	20 000
市场份额	20％	30％	50％
价格	＄1.9	＄2	＄2.2
变动成本/机器	1.2	1	0.8
固定成本/年	1 891	1 791	1 741
投资支出	1 900	1 500	1 000

在标准的敏感性分析中，假定其他变量处于正常预期值，计算某一变量在三种不同情况下可能估计出的净现值。这一过程如表 9－3 所示。例如，第 4 列是对最乐观的市场情况的估计，此时市场规模为 20 000 台/年，最终得出净现值为 81.54 亿美元。但在计算 81.54 亿美元的数值时，用到表 9－2 的预测值。注意表 9－3 第 3 列的每一行都是相同的数值 15.17 亿美元。这是由于在进行敏感性分析时，假设只有一个变量发生变动，而其他变量维持原有正常预期，而在第 3 列每一行的计算中，所有变量都取的是预期情况的数值。

表 9－3　　采用敏感性分析得出的 Solar 电子公司太阳能喷气发动机在时点 1 的净现值

单位：百万美元

变量	悲观情况	正常情况	乐观情况
市场规模	－＄1 802*	＄1 517	＄8 154
市场份额	－696*	1 517	5 492
价格	853	1 517	2 844
变动成本	189	1 517	2 844
固定成本	1 295	1 517	1 627
投资支出	1 208	1 517	1 903

* 假设企业的其他部门是盈利的，且该项目的亏损能够抵减其他部门的盈利，从而降低公司的税负水平。

说明：在进行敏感性分析时，假设只有一个变量发生变动，而其他变量维持原有正常预期。以悲观情况为例，在市场规模为 5 000 台/年，而其他变量为表 9－2 中正常情况的估计数值时，预测得到的净现值为－18.02 亿美元。

表 9－3 有如下诸多广泛的作用。首先，整体而言，该表可检验净现值法的可靠性。换言之，它减少了之前所说的“安全错觉”。假如净现值在正常情况下每个因素的计算结果为正，而在悲观情况下每个数值都为极低的负值、乐观情况下都为极高的正值，那么即便是一个因素的估计误差也会对最终估值产生极大影响，让人对净现值法产生怀疑。在这种情况下，保守的经理人可能会放弃净现值法。幸好表 9－3 的例子并未出

现这种情况，除了两处以外，其他情况下的净现值都为正值。查看此表的管理者可能会认为以净现值法估算太阳能喷气发动机项目是行之有效的。

其次，敏感性分析可以指出在哪些方面还需要收集更多的信息。例如，相比其他几个敏感性因素而言，投资因素的估计偏误对最终估值的影响很小，因为即使在悲观情况下投资，项目的净现值也能达到 12.08 亿美元，净现值为正且数值较大。相反，对市场份额的悲观估计得出的净现值为－6.96 亿美元，而对市场规模的悲观估计得出的净现值为－18.02 亿美元。由于对收入因素的估计偏误对估值的影响要远大于对成本因素的估计偏误，因而在分析中必须就影响收入的因素收集更多的信息。

敏感性分析法因其独特的优势而在实务中运用广泛。格雷厄姆（Graham）和哈维（Harvey）[①] 发现，392 家样本企业中有 50%以上采用敏感性分析法进行资本预算。这个应用比例相对较高，要知道在他们的样本中只有 75%的企业采用了净现值法。

然而，敏感性分析法也存在一些缺陷。例如，敏感性分析法会使经理人在不知不觉中增加“安全错觉”。假如所有因素在悲观情况下得出的净现值都为正值，经理人也许会想当然地认为项目绝不会亏损。这很可能是这些悲观预测仍带有乐观成分所致。为避免这一点，许多公司不再主观对待悲观预测和乐观预测，而是直接以低于正常预期估值的 20%作为悲观情况的估计值。但是，这种处理可能会使结果更糟，因为固定比例的变动忽略了某些变量较之其他变量更易预测的事实。

此外，敏感性分析孤立地考察每个变量，但事实上不同变量之间可能具有相关性。例如，如果低效率的经理人未能有效控制成本，则项目的变动成本、固定成本以及投资支出可能会同时增加，高于原先的预期值。如果太阳能喷气发动机的市场反响不好，则市场份额及价格会同时下跌。

为了尽可能避免上述缺陷引发的估计偏差，经理人在实务中大量采用一种特殊的敏感性分析法——**情境分析**（scenario analysis）法。在情境分析中，决策者需根据许多不同的情境做出估算，每种情境集合了各种可能出现的因素。下面以空难情境为例进行分析。空难事故很可能会影响公众的乘机需求，因而限制了对于新型引擎的需求量。即使空难事故中的飞机使用的不是太阳能喷气发动机，公众也可能会因此对所有创新的、有争议的技术产生排斥心理，最终导致 Solar 电子公司的市场份额可能会随之降低。在空难事故情境中，现金流的计算见表 9－4，得到 NPV（单位：百万美元）如下：

$$-\$2\,023=-\$1\,500-\$156\times PVIFA_{15\%,5}$$

在此类情况下，情境分析较之标准的敏感性分析能更好地阐明问题。

表 9－4　　**空难情境下的现金流预测***　　单位：百万美元

	第 1 年	第 2 年至第 6 年
收入		\$2 800
变动成本		－1 400
固定成本		－1 791
折旧		－300

① 参见 Jone Graham and Campbell Harvey，“The Theory and Practice of Corporate Finance：Evidence From the Field”，*Journal of Financial Economics*（May/June 2001）一文的图 2。

续前表

	第1年	第2年至第6年
税前利润		－$691
所得税（税率为34%）[†]		235
净利润		－$456
现金流量		－$156
初始投资成本	－$1 500	

* 假设：市场规模为7 000台（为正常情况的70%）；市场份额为20%（为正常情况的2/3）；对其他变量的预测沿用表9－2所计算的正常情况预期值。

† 亏损因可抵减公司其他部门收益而节税。

盈亏平衡分析

敏感性分析和情境分析说明分析不确定性的方法很多。下面，介绍另一种分析方法：**盈亏平衡分析**（break-even analysis）。顾名思义，这种方法确定达到盈亏平衡所需的销售收入。盈亏平衡分析法揭示了错误预测的严重性，与敏感性分析法相辅相成。我们用会计利润和现值计算盈亏平衡点。

会计利润 四种不同的销售情况的净利润预测如下：

销售量	净利润（百万美元）
0	－$1 380
1 000	－720
3 000	600
10 000	5 220

更详细的成本及收入计算见表9－5。

表9－5 **不同销售价格假设下的项目收入和成本** 单位：百万美元

第1年	第2年至第6年								净现值（时点1）
初始投资	年销售量	收入	变动成本	固定成本	折旧	税收[*]（$t=34\%$）	净利润	经营性现金流量	
$1 500	0	$0	$0	－$1 791	－$300	$711	－$1 380	－$1 080	－$5 120
1 500	1 000	2 000	－1 000	－1 791	－300	371	－720	－420	－2 908
1 500	3 000	6 000	－3 000	－1 791	－300	－309	600	900	1 517
1 500	10 000	20 000	－10 000	－1 791	－300	－2 689	5 220	5 220	17 004

* 在前两行中，项目发生亏损，可以抵减公司其他项目的收益，从而节约税收成本。

图9－2列明了四种销售假设下的收入、成本及利润。如图所示，销量为2 091台时，收入与成本相等，此时盈亏平衡，项目既没有盈利也没有亏损。只要销量超过2 091台，项目就会盈利。

计算盈亏平衡点并非难事。上例中，由于发动机的销售价格为200万美元/台，变动成本为100万美元/台①，因此每台发动机的税后差额为：

① 在前面，敏感性分析考察了销售价格与变动成本的乐观预测和悲观预测，但盈亏平衡分析仅采用正常预测情况下对这些变量的估计。

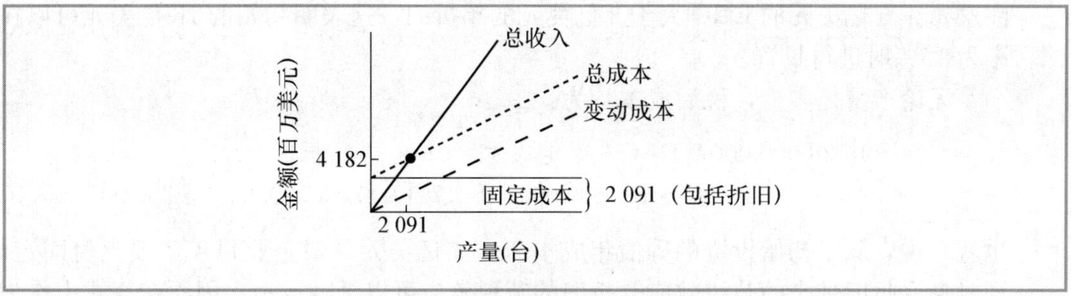

图 9-2 基于会计数据的盈亏平衡点

$$
\begin{aligned}
(\text{销售价格}-\text{变动成本})\times(1-t_C) &= (\$2\,000\,000-\$1\,000\,000)\times(1-0.34)\\
&= \$660\,000
\end{aligned}
$$

式中，t_C 是企业所得税，税率为 34%。上式的税后差额称为**边际贡献**（contribution margin），体现了每台发动机对税后利润的额外贡献。

固定成本为 17.91 亿美元，折旧为 3 亿美元，则税后总成本为：

$$
\begin{aligned}
(\text{固定成本}+\text{折旧})\times(1-t_C) &= (\$1\,791\,000\,000+\$300\,000\,000)\times(1-0.34)\\
&= \$1\,380\,000\,000
\end{aligned}
$$

即不管销量如何，公司都要发生 13.8 亿美元的成本。由于每台发动机的边际贡献为 66 万美元，销售量必须达到以下水平才能弥补上述成本：

会计利润盈亏平衡点：

$$
\frac{(\text{固定成本}+\text{折旧})\times(1-t_C)}{(\text{销售价格}-\text{变动成本})\times(1-t_C)}=\frac{\$1\,380\,000\,000}{\$660\,000}=2\,091\ (\text{台})
$$

因此，当公司销售 2 091 台机器时，在会计上实现了盈亏平衡。

财务盈亏平衡 贯穿本书的一个宗旨是，现值较之净利润更为有用。因此，必须计算现金流的现值。假定折现率为 15%，可以得到：

销售量	净现值（百万美元）
0	－\$5 120
1 000	－2 908
3 000	1 517
10 000	17 004

上表中的净现值取自表 9-5 最后一列。如表所示，当 Solar 电子公司生产 1 000 台发动机时净现值为负，而当产量为 3 000 台时净现值为正。很显然，净现值为零的产量介于 1 000～3 000 台之间。

寻找现值的盈亏平衡点也很简单。企业初始投资为 15 亿美元，将初始投资除以对应的年金系数（即折现率为 15%，期数为 5 年），将其平均分摊到 5 年内得到等值年成本：

$$
\text{EAC}=\frac{\text{初始投资}}{\text{PVIFA}_{15\%,5}}=\frac{\$1\,500\,000\,000}{3.352\,2}=\$447\,500\,000
$$

注意4.475亿美元的EAC大于3亿美元的年折旧，这表明初始的15亿美元可以在折现率为15%时进行投资。

无论产量是多少，税后成本均为：

$$
\begin{aligned}
\$1\,528\,000\,000 &= \text{EAC}+\text{固定成本}\times(1-t_C)-\text{折旧}\times t_C \\
&= \$447\,500\,000+\$1\,791\,000\,000\times 0.66-\$300\,000\,000\times 0.34
\end{aligned}
$$

也就是说，除了初始投资的等值年成本4.475亿美元外，企业每年还要支付固定成本，同时享受折旧带来的节税效应。折旧的节税效应可以抵减成本，因而在算式中作为成本的减项。由于每台发动机对税后利润的贡献是66万美元，抵消上述成本所需的销量是：

现值盈亏平衡点：

$$
\frac{\text{EAC}+\text{固定成本}\times(1-t_C)-\text{折旧}\times t_C}{(\text{销售价格}-\text{变动成本})\times(1-t_C)}=\frac{\$1\,528\,000\,000}{\$660\,000}=2\,315\text{（台）}
$$

因此，企业需销售2 315台发动机才能达到现值视角的盈亏平衡。

为什么会计盈亏平衡点并不同于财务盈亏平衡点呢？会计盈亏平衡的计算基础是扣除了折旧费用的会计利润。太阳能喷气发动机的折旧费用为3亿美元，如果Solar电子公司能销售2 091台产品，则将产生足够的收入来弥补3亿美元的折旧费用与其他成本。但在这一销售水平下，Solar电子公司的收益无法弥补15亿美元的初始投资带来的经济上的机会成本。如果我们考虑了15亿美元投资的机会成本，将其按15%的折现率折算，会得到等值年成本为4.475亿美元，而非之前计算得到的3亿美元成本。折旧低估了初始投资用于再投资产生的真实成本，因而忽略了初始投资的机会成本，仅从会计角度计算得到的盈亏平衡点进行决策可能会令项目亏本。

9.3 蒙特卡洛模拟

敏感性分析和情境分析试图回答的问题都是："假使……将会怎么样?"（What if）。然而，虽然两种分析法在实务中都得到广泛应用，但是每种方法都有其局限性。敏感性分析法每次只能改变一个变量的值。但实际上，很多变量可能是同时变化的。与之相比，情境分析针对特定的情境，例如通货膨胀、政府管制或竞争者数目发生变化。情境分析是相当实用的方法，但无法一一列举所有因素的变化。事实上，即使在一种经济情境下，项目也可能会出现多种变化。

蒙特卡洛模拟（Monte Carlo simulation）方法试图模拟现实世界中的不确定性。"蒙特卡洛"一词源于闻名世界的欧洲赌城，脱胎于赌博行业中决策者对输赢的分析策略。举一个简单的例子，假设一名赌徒在玩纸牌游戏21点，他手上已经拿了两张牌，点数总计16点。现在他将面临拿第三张牌还是不拿第三张牌这两种决策。正式的数学模型由于过于复杂在此并不适用。但是，他可以在赌场内玩几千手，在其前两张牌的点数合计是16时，有时拿第三张牌而有时不拿，然后比较两种策略下的赢（或输）以决定哪种策略更好。当然，在实际赌场中进行这样的测试，他可能会输掉很多钱，通过电脑来模拟两种策略的结果的成本较低。蒙特卡洛模拟在资本预算中的应用与之类似。

Backyard Barbeques Inc.（BBI）是一家生产木炭和煤气烤架的制造商，正雄心勃勃地开发一种新型的以氢气为燃料的烤架。对于这项计划，公司的财务总监爱德华·科米斯基德（Edward H. Comiskeyd）对简单的资本预算技术不满意，打算采用蒙特卡洛模拟法全面分析资本预算。财务顾问莱斯·毛尼（Les Mauney）担此重任，提出了一套专业的分析体系，通过五个步骤将蒙特卡洛方法流程化。

步骤1：构建基本模型 莱斯·毛尼将现金流分解为三部分：年收入、年成本和初始投资。其中，各年的收入为：

$$\text{烤架全部市场的销售数量} \times \text{BBI氢燃料烤架的市场份额} \times \text{氢燃料烤架的单价}$$

各年成本为：

固定制造成本＋变动制造成本＋开发市场成本＋销售费用

初始投资为：

专利成本＋市场测试成本＋生产设备成本

步骤2：确定模型中每个变量的概率分布 这是整个分析体系中最复杂的步骤。首先，我们分析收入数据，包括前面提到的市场规模、市场份额及销售价格数据。财务顾问首先模拟总体的市场规模，即整个行业的烤架销售量。据贸易刊物 *Outdoor Food*（*OF*）统计，去年烤架在美国的总销量为1 000万个，并预测明年销量将达到1 050万个。毛尼在 *OF* 提供的预测数据的基础上结合自身的判断，认为下一年整个行业销量的概率分布为：

概率	20%	60%	20%
下一年烤架行业销量	10 000 000	10 500 000	11 000 000

行业销售的概率分布很集中，说明这个烤架市场正处于缓慢、平稳的增长期。

毛尼意识到，比起估算整个市场的销售情况而言，对BBI的氢燃料烤架市场份额的估计要困难得多。在经过充分的分析论证之后，毛尼对下一年BBI的市场份额给出的预测如下：

概率	10%	20%	30%	25%	10%	5%
下一年BBI氢燃料烤架的市场份额	1%	2%	3%	4%	5%	8%

上述分析中，财务顾问假定行业销量具有对称的概率分布，但他认为项目的市场份额更可能是偏斜的概率分布。根据他的经验，氢燃料烤架有可能市场反响惊人，但发生的概率很小。

上述预测假设行业销量与项目的市场份额不相关。换言之，两个变量是相互独立的。毛尼认为，尽管经济繁荣会催生行业需求，而经济衰退会抑制需求，但项目的市场份额似乎与经济环境关联甚微。

接下来毛尼要确定的是氢燃料烤架单价的概率分布。公司的财务总监科米斯基德在了解竞争对手价格水平的基础上，建议毛尼将单价确定在200美元左右。但是毛尼认为价格的高低可能取决于烤架市场规模的大小。同其他行业一样，当市场需求旺盛时，就可以将价格定得高一点。

毛尼并未运用大量复杂的模型来估算烤架单价，而是采用了如下计算公式：

下一年氢燃料烤架的单价
= $190+$1×行业销量(按百万计)+/−$3

该公式中，烤架单价与行业的销量有关。此外，公式中还增加了随机项“+/−$3”，出现+3美元及−3美元的概率各为50%。例如，如果全行业的烤架销量为1 100万台，则每台烤架的单价可能是：

$190+11+3=$204（50%的概率）
$190+11−3=$198（50%的概率）

到目前为止，毛尼已建立了下一年收入的三个因素的概率分布。但是，他还需要对未来数年的数据进行类似的估算。借助从*OF*及其他刊物所获取的数据，毛尼预测第2年行业增长率的概率分布为：

概率	20%	60%	20%
第2年烤架行业销售增长率	1%	3%	5%

在下一年行业销售额及第2年销售增长率预测的基础上，可以估算第2年行业销售额的概率分布。对于未来其他年份的概率分布预测可采取类似的方法，这里不再赘述。与将销售额的第一个因素拓展到以后年份一样，毛尼也对市场份额及销售价格进行类似的分析。

目前我们仅针对收入的三个组成部分构建了概率模型，对成本及投资的组成部分同样需要构建概率模型，这里不再赘述。其中特别需要注意的是变量间的相关关系，因为低效率的管理可能导致成本的不同组成部分同时出现增长。

步骤3：计算机模拟结果 如前所述，模型中的下一年收入是三个因素的乘积。假设计算机随机抽样得到的销售数量为1 000万个，BBI氢燃料烤架的市场份额为2%，且具有+3美元的随机价格变动，则下一年每个烤架的销售价格为：

$190+10+3=$203

下一年氢燃料烤架的收益为对应的行业销量、市场份额及销售价格的乘积：

10 000 000×0.2×$203=$40 600 000

当然，这还不是最终结果。我们还需要计算未来每年的收入和每年的成本，同时还要考虑初始投资。这样，就可以得出项目在未来每年所产生的现金流量。

每个特定结果出现的可能性如何？在知道了每个因素的概率后就可以回答这个问题。因为烤架行业销量为1 000万个的概率为20%，市场份额为2%的概率为20%，销售价格的随机项为+3美元的概率为50%，这些因素共同决定的概率为：

0.02=0.20×0.20×0.50

当然，在同时考虑收入、成本及初始投资时所产生的结果的概率更低。

步骤3得出某个特定结果每年的现金流。我们感兴趣的是各种结果的现金流分布。蒙特卡洛模拟就是利用计算机不断随机抽样并给出概率分布，步骤4将对此进行介绍。

步骤 4：重复模拟　前三个步骤着力于生成一个事件结果，而蒙特卡洛模拟的核心是重复模拟。计算机能够产生成千上万甚至上百万个事件结果，所有的结果形成了未来每年现金流的概率分布。这是蒙特卡洛模拟的分析基础。

图 9－3 模拟了项目第 3 年的现金流分布，当然，其他各年的现金流分布同样可通过模拟得到。接下来，我们可以进入最后一个步骤。

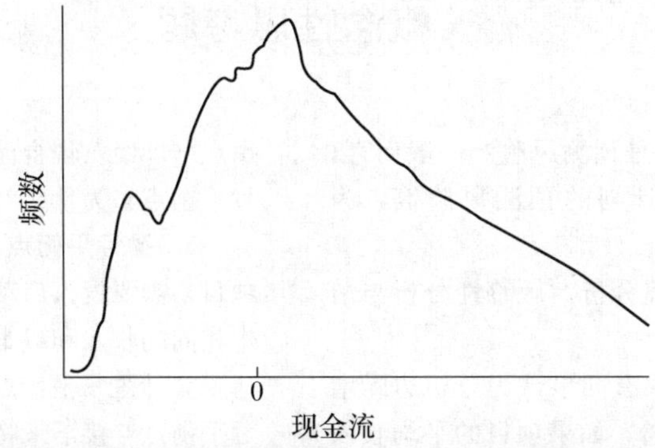

图 9－3　BBI 氢燃料烤架在第 3 年的现金流模拟分布图

说明：在蒙特卡洛模拟分析中，对特定模型的所有变量重复抽样将生成统计分布。

步骤 5：计算净现值　给定第 3 年的现金流分布（见图 9－3），可以得到当年的预期现金流。同理可得未来数年的预期现金流，最终将这些预期现金流按照恰当的折现率折现，即可得到净现值。

与敏感性分析法和情境分析法相比，蒙特卡洛模拟方法精准量化了不同变量的交互关系，是一种更为精细的分析方法。因此，至少从理论上讲，这种方法提供了更完整的分析，这就需要构建精确的模型以强化预测者对于项目的理解。

蒙特卡洛模拟方法至少在 20 世纪 40 年代就已出现，你或许认为它现在已经运用广泛。但令人惊讶的是，事实并非如此。对每个变量的分布及变量间的相关性建模是很困难的，并且计算机程序是没有经济意识的。这些致使管理人员在实务中对此大多持怀疑态度。因此，虽然蒙特卡洛模拟方法在某些情况下得以运用，但不太可能成为未来主流的分析方法。事实上，根据格雷厄姆和哈维①的研究，只有 15％的样本公司会采用资本预算模拟方法。

本章小结

本章讨论了许多实务中采用的资本预算方法。

1. 尽管净现值法从概念上讲是最好的资本预算方法，但因为在实践中为管理者提供一种“安全错觉”而备受争议。敏感性分析对净现值的计算随着前提条件的变化而改变，有助于决策者更好地把控项目风险。但遗憾的是，敏感性分析一次只能修订一个变量，而现实世界中许多变量是同时变化的。情境分析则在不同情境（例如，战争爆发或油

① 参见 Jone Graham and Campbell Harvey，“The Theory and Practice of Corporate Finance：Evidence From the Field”，*Journal of Financial Economics*（May/June 2001）一文的图 2。

价飞涨）下评估项目表现。此外，情境分析可以让管理者在项目濒临亏损前了解最差预期的情况。盈亏平衡分析法计算的是企业不盈不亏时的销量。虽然盈亏平衡分析法大多建立在会计利润的基础上，但本书认为建立在净现值基础上的盈亏平衡分析更为恰当。

2. 蒙特卡洛模拟分析始于对企业现金流的建模，考虑了不同变量间的交互关系及单个变量的时变性，在各个时期通过随机抽样得到不同的现金流分布，并以此计算净现值。

概念性思考题

1. **预测风险** 什么是预测风险？一般而言，新研发产品比削减成本计划的预测风险高，为什么？

2. **敏感性分析与情境分析** 敏感性分析与情境分析的本质区别是什么？

3. **边际现金流** 如果有同事认为分析边际增加值没有意义，说："听着，如果项目的平均收入无法弥补平均成本，那么项目将产生负的现金流，最终会导致破产！"你怎么回应？

4. **盈亏平衡点** 公司股东正在考虑一个新的项目，你更关心会计盈亏平衡点还是现金流盈亏平衡点（即经营现金流为零的平衡点），抑或财务盈亏平衡点？为什么？

5. **盈亏平衡点** 假设公司正在考虑一个新的项目，需要投入启动资金，项目会在寿命周期内产生相同的收入和成本。那么，项目的销量将会最先达到会计盈亏平衡点、现金盈亏平衡点还是财务盈亏平衡点？接下来将会达到哪个盈亏平衡点？最后呢？这个顺序总是如此吗？

6. **敏感性分析与盈亏平衡** 敏感性分析和盈亏平衡分析存在怎样的相互影响关系？

练习题

1～5题为基础题；6～13题为中级题；14题为提高题。

1. **敏感性分析和盈亏平衡点** 我们正在评估一个项目，该项目的成本为780 000美元，使用寿命为8年，没有残值。假设在项目整个使用寿命内采用直线折旧法。预计销量每年为92 000单位。每单位价格是37美元，单位变动成本是23美元，固定成本每年为875 000美元。税率为35%，要求的项目收益率为15%。

a. 计算会计盈亏平衡点。

b. 计算正常预期情况下的现金流和净现值。净现值对销量的敏感系数是多少？销量每减少500单位，净现值会发生什么变化？

c. 经营性现金流量对变动成本的敏感系数是多少？变动成本每降低1美元，经营性现金流量将如何变化？

2. **情境分析** 在第1题的分析中，假设对价格、销量、变动成本和固定成本的预测都精确到±10%以内。计算最好情形和最坏情形下的净现值。

3. **计算盈亏平衡点** 计算下列每种情形中未知变量的数值。不考虑税收。

会计盈亏平衡点	单价	单位变动成本	固定成本	折旧
117 500	$37	$27	$740 000	?
11 703	?	53	685 000	$725 000
7 583	132	?	160 000	143 000

4. **决策树** Ang电子公司开发出了一种新型高清DVD产品。如果高清DVD初始投资成功了，在产品推向市场时得到的收益现值为2 900万美元。如果高清DVD投资失败，相应收益的现值是850

万美元。产品在市场中成功的概率是55%。另外，Ang电子公司可以选择一年后再启动项目，并在启动前投入140万美元来对高清DVD进行试销。公司可以通过试销改善产品，这能将成功的概率提高到75%。假设折现率为11%，企业是否应该进行试销？

5. **财务盈亏平衡分析**　你正在考虑投资一家鲍鱼养殖公司，养殖的鲍鱼销售给当地的餐馆。使用如下信息：

鲍鱼单价	\$47.5
鲍鱼单位变动成本	\$13.14
年固定成本	\$625 000
年折旧	\$58 000
税率	35%

该公司适合的折现率为13%，设备的初始投资为40.6万美元，项目的经济寿命为7年。假设设备以直线折旧法折旧。

a. 项目的会计盈亏平衡点是多少？

b. 项目的财务盈亏平衡点是多少？

6. **盈亏平衡**　假设有一个项目，要求收益率为R，成本为1美元，项目周期为N年。该项目采用直线折旧法折旧，N年后提足折旧，没有残值，也没有净营运资本需求。

a. 在会计盈亏平衡的产出水平上，项目的内含报酬率是多少？投资回收期有多长？净现值是多少？

b. 在现金流盈亏平衡的产出水平上，项目的内含报酬率是多少？投资回收期有多长？净现值是多少？

c. 在财务盈亏平衡的产出水平上，项目的内含报酬率是多少？投资回收期有多长？净现值是多少？

7. **敏感性分析**　有一个为期4年的项目，初始固定资产投资为49.6万美元；采用直线折旧法折旧，无残值；产品单价为27美元；单位变动成本为19美元；固定成本为34.5万美元；销量为76 000单位；税率为34%。经营性现金流量对销量的敏感系数是多少？

8. **项目分析**　McGilla高尔夫球公司决定销售一种新款高尔夫球杆。球杆单价为700美元，单位变动成本为315美元。该公司投入15万美元进行市场调研，得出的结论是，在未来7年里每年销量可达到45 000根。市场调研还发现这项投入会令11 000根高价高尔夫球杆滞销，并使平价高尔夫球杆销量增至1万根。高价高尔夫球杆的单价为1 200美元，单位变动成本为640美元。平价高尔夫球杆的单价为390美元，单位变动成本为175元，每年的固定成本为590万美元。公司对新型高尔夫球杆的研发投入为100万美元。厂房与设备所需资金投入为1 295万美元，并按直线折旧法计提折旧。生产新的高尔夫球杆，需增加净营运资本190万美元，并在项目完工时收回。税率为40%，资本成本为14%。计算投资回收期、净现值以及内含报酬率。

9. **情境分析**　在第8题中，对销量、变动成本和固定成本的预测精度在±10%以内。那么，最好情形和最坏情形下的净现值各是多少？（提示：两种现有的高尔夫球杆的价格及变动成本是已知数，仅有销售收益或损失是不确定的。）

10. **盈亏平衡分析**　你的伙伴向你提出了一个确保快速盈利的方案，能帮助你还清助学贷款。他的想法是卖印有“我可以”（I get）字样的T恤。“你明白了吧？”他问，“你看这些保险杠贴纸和T恤衫似乎都在诉说，‘来杯牛奶’或是‘来冲浪吧’。‘我可以’，这很有趣！我们要做的就是用8 300美元购买二手丝网印刷机然后开始做生意！”假定没有固定成本，第一阶段产生的折旧为8 300美元。此外，税率为30%。

a. 如果每件T恤衫的成本为4.45美元，你可以卖到13美元，请问会计盈亏平衡点是多少？

b. 假设一年过去了，你已经销售了5 000件T恤衫！你会发现，美国奶农（Dairy Farmers of America）拥有广告语“来杯牛奶”的版权，并要求你在支付20 000美元后才可以继续经营。预计这股T恤衫热潮将持续3年，折现率为12%。

现在企业的财务盈亏平衡点是多少？

11. **决策树**　年轻的编剧卡尔·德雷珀已经完成了第一个剧本的创作。这个剧本既有极富戏剧性的情节，又有幽默诙谐的对白，他认为剧本可以拍成一部大片。他向镇上的每一个电影工作室推荐剧本，但毫无效果。最后，ACME工作室买下了剧本，并提出两种购买方案：直接支付50 000美元或按照影片利润的1%分成。ACME作为制片方将不得不做出两个决策：一是判断剧本的优劣；二是预测拍出的影片的好坏。首先，这个剧本有85%的概率成为糟糕的剧本。如果剧本不行，制片方接下来只会把剧本扔掉而不会投资拍摄。如果剧本不错，则会立刻投入拍摄。在影片开拍后，制片方会审查影片质量，影片有70%的概率成为一部烂片。此时制片方一般不会做宣传，而影片也无法将投资转化为利润。如果该影片是部佳作，制片方将大力宣传，同类型的影片产生的利润平均为1.05亿美元。卡尔拒绝了第一个50 000美元的支付方案，而选择了按利润的1%分成的方案。卡尔的决定是否正确？

12. **会计盈亏平衡** Samuelson公司购买了685 000美元的设备用于生产计算器。设备将按直线折旧法在5年的经济寿命内提足折旧，每年的产量为40 000台。每台计算器的变动生产成本为14.5美元，总固定成本为每年91.3万美元。该公司的所得税税率为30%。为在会计利润方面满足盈亏平衡，公司应该对每台计算器定价多少？

13. **情境分析** 假设你是网球拍制造商的财务分析师。该公司正在考虑在网球拍中使用石墨类材料。下表中的信息是其对新材料球拍的市场行情的预测。该公司预期将在未来5年出售此种球拍。项目所需的设备没有残值。项目要求的收益率为13%，税率为40%。你是否会推荐这个项目？

	悲观情况	正常情况	乐观情况
市场规模	78 000	95 000	108 000
市场份额	14%	17%	19%
单价	\$112	\$115	\$120
变动成本/年	\$38	\$36	\$34
固定成本/年	\$615 000	\$575 000	\$550 000
初始投资	\$1 550 000	\$1 450 000	\$1 350 000

14. **财务盈亏平衡** Cornchopper公司正在考虑购买新的收割机。公司请你估算收割机在盈亏平衡下的购买价格，即在项目净现值为零时的购买价格。你的分析基于以下事实：

新款收割机预计不会对收入产生影响，但会在10年内令税前经营费用降至9 000美元/年。

旧款收割机已经使用了5年，剩余经济寿命为10年。购买价格为67 000美元，并按直线折旧法计提折旧。

旧款收割机现在可以卖到21 000美元。

新款收割机将按直线折旧法在10年的经济寿命期内计提折旧。

企业所得税税率为34%。

该公司所要求的收益率为13%。

初始投资、旧款收割机的销售收益以及由此产生的税收效应即时发生。

所有其他现金流的变动发生在年底。

收割机在其经济寿命结束时市场价值为零。

EXCEL解题

Ulrich公司的CEO达利拉·西蒙斯正在研究一个销售手机用太阳能电池的新项目。达利拉·西蒙斯已经估算出了项目各要素的概率分布：

概率	10%	30%	40%	25%
行业需求（单位：百万美元）	\$80	\$95	\$108	\$124

概率	5%	20%	20%	25%	20%	10%
公司市场份额	1%	2%	3%	4%	10%	6%

概率	2%	70%	10%
初始成本（单位：百万美元）	\$60	\$65	\$72

概率	20%	65%	15%
单位变动成本（单位：美元）	\$24	\$26	\$29

概率	15%	25%	40%	20%
行业需求（单位：百万美元）	\$20	\$24	\$27	\$31

由于行业需求越大，产品单价越高，因而产品的单价取决于行业需求。西蒙斯将产品的单价

定为：

价格＝行业需求/2 000 000＋/－＄2

随机项＋/－＄2代表价格可能随着以下概率分布增加或减少的金额：

概率：	45％	55％
价格随机项：	－＄2	＄2

项目期限、税率、必要收益率为：

项目期限（年）：	6
税率：	34％
必要收益率：	14％

a. 为该项目创建至少500次的蒙特卡洛模拟。计算每次模拟的IRR。注意当项目的IRR过低时，Excel的IRR运算会返回一个错误值。例如，项目的初始现金流与经营性现金流量均为负的情况下IRR为多少？按此计算出来的IRR将低于－100％。当你发现IRR过低而只计算IRR一次不是什么问题，但当你运行500次甚至迭代更多次后将结果进行累加时，这将是一个问题。为避免该问题的出现，你应当创建条件语句测试经营性现金流量/初始投资的绝对值是否小于0.1。如果是这样的话，单元格将返回IRR的值为－99.99％；否则，单元格将对IRR进行计算。

b. 针对蒙特卡洛对不同范围的IRR的模拟来创建IRR的概率分布图。

c. 创建IRR的累积概率函数的分布图。

章末案例

Bunyan木材有限责任公司

Bunyan木材有限责任公司是一家木材商，砍伐林木并加工出售。公司在70年前由皮特·布尼安（Pete Bunyan）一手创立。现任CEO是创始人的孙女葆拉·布尼安（Paula Bunyan）。公司目前正在评估它在俄勒冈州拥有的7 500英亩森林项目，葆拉感兴趣的是公司何时执行伐木决策。这项任务交给了公司的财务总监史蒂夫·博尔斯（Steve Boles）。

公司按木材的“池塘价格”（pond value）进行销售。该价格是指加工木材的厂商为运送到自己工厂的原木材所支付的金额，该金额的报价单位为美元/千板英尺（MBF），报价高低与木材的等级高低有关。Bunyan木材公司需为其20年前种植的Douglas冷杉树林做评估。下表列出了当前三种不同等级木材的每千板英尺价格：

木材等级	每千板英尺价格
1级	＄715
2级	705
3级	693

史蒂夫认为，木材的价值将随着通货膨胀的加剧而增加。公司计划现在降低林木的种植密度，预期缩减林木数量将带来1 500美元/亩的现金回报。缩减森林的目的在于促进剩余树木的增长，树木成材一般需要20年。

公司当前需要对砍伐林木的时点做出决策。公司砍伐林木之后，会立即补种树苗，以使未来不断有林木可供砍伐。林木种植的时间越长，未来获得的收成会越好，并且木材的等级也会更高。史蒂夫制作了下表，对每亩不同等级木材的产量做出预测。

距离采伐的时间（年）	每亩产量（MBF）	木材等级		
		1级（％）	2级（％）	3级（％）
20	14.8	15	42	43
25	20.9	18	49	33
30	25.4	20	51	29
35	30.0	22	53	25

公司预计采伐中因瑕疵和损坏而无法投入加工环节的木材量占总量的5％。

在收获季节，公司会全面采伐林地，这能加快补植的树木的生长。所有的采伐、加工、补植及运输工作均由Bunyan木材公司雇用的分包商承担。预计伐木成本是160美元/千板英尺，修建道路系统的成本是65美元/千板英尺，销售准备和管理费用（不包含办公室日常开销的费用）为22美元/千板英尺。一旦采伐结束，公司将重新种植林地。重新种植的成本如下：

	每亩成本
挖掘机打桩	$170
火耕	295
场地准备	155
种植成本	305

所有成本预计都会按通货膨胀率增长。

假设所有的现金流都在采伐当年发生。例如，公司在20年后开始伐木，则在20年后开始收到现金流。一旦公司砍伐了林木，就会立即补种新的树苗，以便在可预见的未来有可供重复砍伐的林地。公司要求的名义收益率为10%，通货膨胀率预计为3.7%，税率为35%。

考虑到全面砍伐的举措在林业管理中颇具争议，为了消除负面影响以获得必要的许可，Bunyan木材公司同意在每次伐木时将部分收益捐赠给环保基金。如果现在采伐，则捐赠金额为150万美元。这笔捐赠款项将逐年按3.2%的增幅增长。那么，公司应该在什么时候砍伐？

第3篇

风险与回报

第 10 章

风险与收益：市场历史的启示

开篇故事

2015 年，标准普尔 500 指数和纳斯达克指数分别上涨 1.4%和 5.7%，股票市场整体表现非常糟糕。然而，Nymox 生物制药公司的投资者却因投资股票产生 720%的收益而欢欣鼓舞，智能手机 Voltari 公司的投资者的投资利得高达 658%。当然，并非所有的股票价值都在这一年得到了增长。Chesapeake Energy 公司的股票在 2015 年下跌 76%，Consol Energy 公司同样下跌 76%。

这些例子表明，2015 年股票市场既充满机遇，也遍布风险。作为一名股票投资者，当你进行投资时，期望的收益率应是多少？在本章中，我们将从 90 多年的美国股票市场历史中寻找答案。

10.1 收 益

收益值

假设 Video Concept 公司流通在外的股票有数千股，而你是其股东之一。再假设你在年初购买了该公司的股票，而现在到了年末，你想核算一下自己的投资收益情况。投资于股票的收益与投资于债券或其他投资品所获得的收益相似，主要包括两个部分。

一部分收益来自公司每年向股东发放的股利。作为 Video Concept 公司的股票持有者，你是公司的所有者之一。如果公司实现了盈利，一般会将部分利润分配给股东。因此，作为股东的你将在这一年里得到部分现金，这称为股利。现金是你投资收益的组成部分。除了股利，你的另一部分收益来自投资的资本利得，或资本损失（如果资本利得为负）。

例如，假如投资现金流如图 10-1 所示，并且你在年初以每股 37 美元的价格购买了 100 股股票。

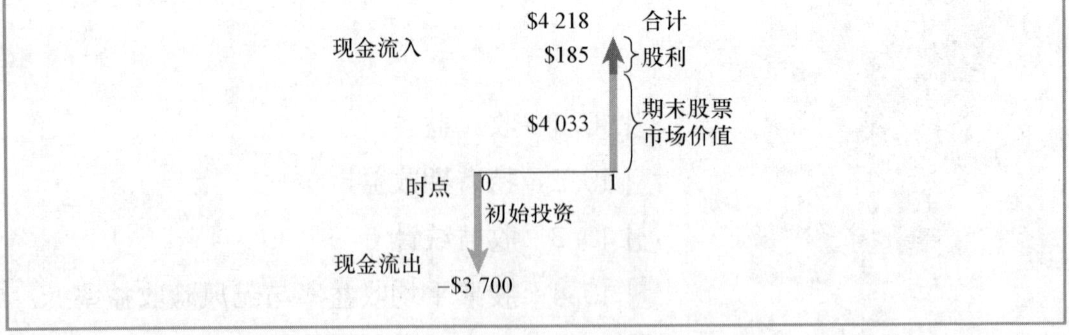

图 10-1 投资收益

总投资如下：

$$C_0 = \$37 \times 100 = \$3\,700$$

假设该股票在这一年每股分红 1.85 美元，那么，这一年的股利收益为：

股利＝＄1.85×100＝＄185

假如年末股价上涨到每股 40.33 美元，由于股价上涨而获得的资本利得为：

资本利得＝（＄40.33－37）×100＝＄333

资本利得及股利都是投资者持有 Video Concept 公司股票所要求的回报。如果 Video Concept 的股价下跌到每股 34.78 美元，则形成的资本损失为：

资本损失＝（＄34.78－37）×100＝－＄222

投资所获得的总收益值是股利收益与资本利得或资本损失的总和：

总收益值＝ 股利收益＋资本利得(或资本损失)　[10.1]

从现在开始，我们将以资本损失来表述负的资本利得，并且不对两者加以区分。在我们的案例中，总收益值为：

总收益值＝＄185＋333＝＄518

注意，如果你在年末售出股票，则得到的总现金流为初始投资加上总收益值。在上述案例中，你将获得：

出售股票所获得的总现金＝初始投资＋总收益值
＝＄3 700＋＄518
＝＄4 218

上述计算结果等同于出售股票所得与股利之和，我们可以对此进行检验：

出售股票所得现金＋股利收益＝＄40.33×100＋＄185
＝＄4 033＋185
＝＄4 218

然而，假如你在年末没有出售而是继续持有 Video Concept 公司的股票，是否应该将资本利得作为你的收益的一部分呢？这是否违背了之前我们所说的现金至上的现值法则？

第一个问题的答案显然是肯定的，第二个问题的答案绝对是否定的。资本利得如同股利一样是收益的组成部分，必须计入总收益。你决定继续持有这只股票还是出售以获取差价收益或损失都不会影响股票现金价值的实现。因为只要你愿意，你完全可以在年末卖掉股票并在随后立即买回来。这样，到年末，你收到的现金是 518 美元的资本利得和 3 700 美元的初始投资。当你购回这 100 股股票时，这部分的收益也不会消失。事实上，这与你继续持有股票的头寸是相同的（当然，这里假设出售股票时不存在税收及经纪佣金费用）。

收益率

以百分比形式衡量的收益率比收益值更能反映投资回报的情况，因为收益率适用于任何投资金额。我们需要回答的问题是：每投资 1 美元能获得的投资收益是多少？我们假定

t 为投资年份，P_t 为年初的股价，Div_{t+1} 为当年支付的股利，现金流情况见图 10-2。

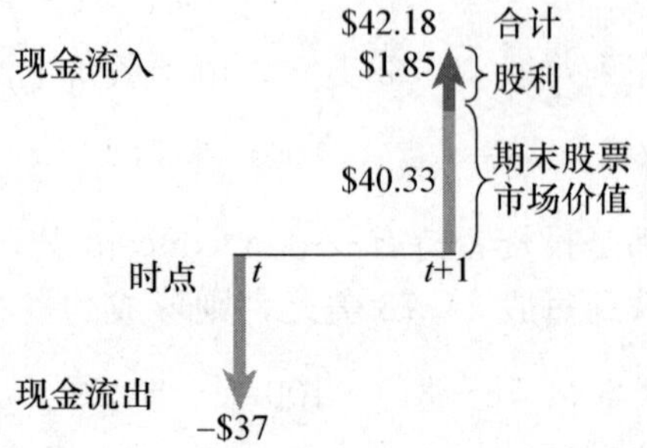

$$\text{收益率}=\frac{\text{期末支付的股利}+\text{期间内股票市场价值变化}}{\text{期初股票市场价值}}$$

$$1+\text{收益率}=\frac{\text{期末支付的股利}+\text{期末股票市场价值}}{\text{期初股票市场价值}}$$

图 10-2　收益率

在这一例子中，年初每股股价为 37 美元，每股股利为 1.85 美元。百分比股利收益亦称股利收益率（dividend yield）。

$$\begin{aligned}\text{股利收益率}&=\text{Div}_{t+1}/P_t \\ &=\$1.85/\$37 \\ &=0.05\text{ 或 }5\%\end{aligned} \qquad [10.2]$$

资本利得（capital gain）（或资本损失）可以用股票价格的变化值除以年初股票价格表示。假定 P_{t+1} 是年末股票价格，资本利得为：

$$\begin{aligned}\text{资本利得}&=(P_{t+1}-P_t)/P_t \\ &=(\$40.33-37)/\$37 \\ &=\$3.33/\$37 \\ &=0.09\text{ 或 }9\%\end{aligned} \qquad [10.3]$$

综上，Video Concept 公司股票的总投资收益率 R_{t+1} 为：

$$\begin{aligned}R_{t+1}&=\frac{\text{Div}_{t+1}}{P_t}+\frac{(P_{t+1}-P_t)}{P_t} \\ &=5\%+9\% \\ &=14\%\end{aligned} \qquad [10.4]$$

下面提到的收益率是指百分比收益。

这里再举一个更具体的例子。家居装饰零售商家得宝公司（Home Depot）在 2015 年年初股票价格为每股 104.97 美元。公司在 2015 年支付的每股股利为 2.36 美元，年末股价为每股 132.25 美元。那么，股票的投资收益率是 28.24%。当然，也可能会出现收益为负的情况。例如，石油天然气公司埃克森美孚在 2015 年年初股票价格为每股 92.45 美元，其间支付的每股股利为 2.88 美元，年末股价下跌到每股 77.95 美元。该股票在当年的投资损失达到 12.57%。

例 10.1　计算收益率

假设某家公司的股价在年初是每股 25 美元，年末为每股 35 美元，当年支付每股股利 2 美元。这一年的股利收益率、资本利得及总收益率是多少？现金流情况如图 10－3 所示。

$$R_1=\frac{\text{Div}_1}{P_0}+\frac{P_1-P_0}{P_0}$$
$$=\frac{\$2}{\$25}+\frac{\$35-25}{\$25}=\frac{\$12}{\$25}$$
$$=8\%+40\%=48\%$$

因此，股利收益率、资本利得收益率及总收益率分别是 8%，40%和 48%。

假设你投资了 5 000 美元，那么能够获得的总收益值为 5 000×48%＝2 400 美元。如果你知道了总收益值，就不必通过细数买了多少股票来分析 5 000 美元的投资所获得的收益。你直接使用总收益值即可。

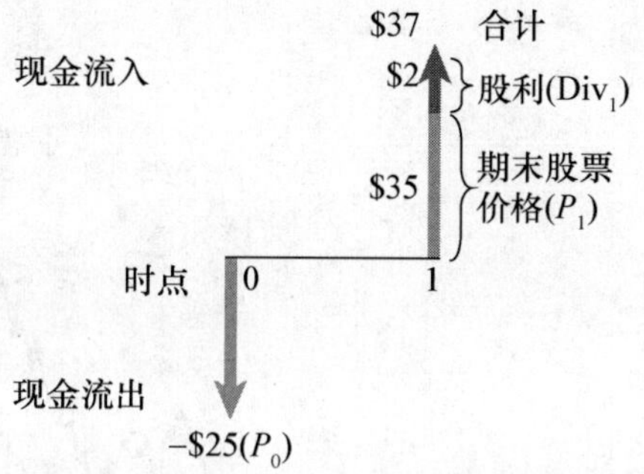

图 10－3　一个投资案例的现金流

10.2　持有期收益

伊博森和辛克菲尔德[①]曾对股票、债券、国债的收益率进行系统研究，其研究成果受到了广泛关注。他们为如下五种重要的美国金融工具计算了各年的历史收益率。

1. 大公司普通股。这是基于标准普尔综合指数构建的普通股股票组合。目前，标准普尔指数包括美国市值最大的 500 只股票。

2. 小公司普通股。这是在纽约证券交易所上市的股票按市场价值（即股票的价格乘以流通在外股数）排序进入后 1/5 的普通股股票的组合。

3. 长期公司债券。这是到期期限为 20 年的高质量公司债券的组合。

4. 美国长期政府债券。这主要以到期期限为 20 年的美国政府债券为基础。

5. 美国短期国债。这是指到期期限为 1 个月的国债。

假设收益无须进行税收或交易成本方面的调整。除了计算金融工具的年收益率，还需计算历年消费者价格指数的变动，这是衡量通货膨胀的基本方法。各年的实际收益率

① Roger Ibbotson and Rex Sinquefield, *Journal of business*, vol. 49 (1).

要从原始收益率中扣除每年的通货膨胀率。

在密切关注不同投资组合的收益率之前，我们用图形展示了 1926—2015 年 90 年间美国资本市场可获得的收益和风险。图 10-4 反映了 1926 年年初投资 1 美元的价值增长情况。请注意，纵轴是取对数后的价格，各间隔度量的是等量的百分比变化。图形表明，如果将 1 美元投资于大公司股票组合并将获得的股利再投资，投资额在 2015 年年末将增至 5 384.08 美元。增长幅度最大的是小公司股票组合。如果在 1926 年将 1 美元投资于小公司股票组合，投资额将增至 26 434.82 美元。然而，如果仔细观察图 10-4，不难发现，小公司股票的收益率变动特别大，尤其是在早期。与普通股相比，长期政府债券的价格非常稳定。图 10-5 至图 10-7 都以收益率为纵轴，反映了大公司股票、小公司股票、长期政府债券和短期国债历年的总收益率。图 10-8 反映了历年的通货膨胀率。

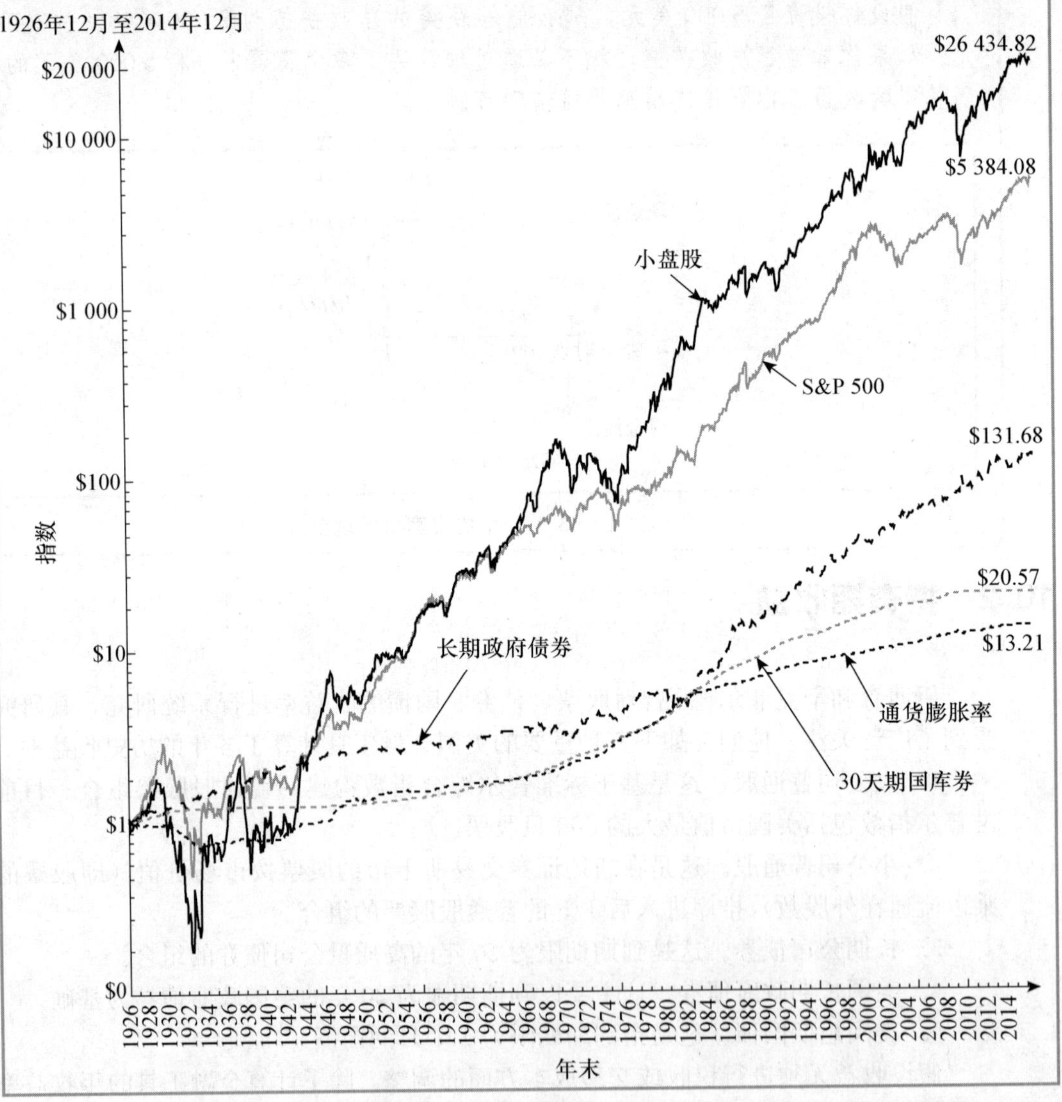

图 10-4　投资美国资本市场的财富指数（1925 年年末为 1 美元）

资料来源：Morningstar，2016.

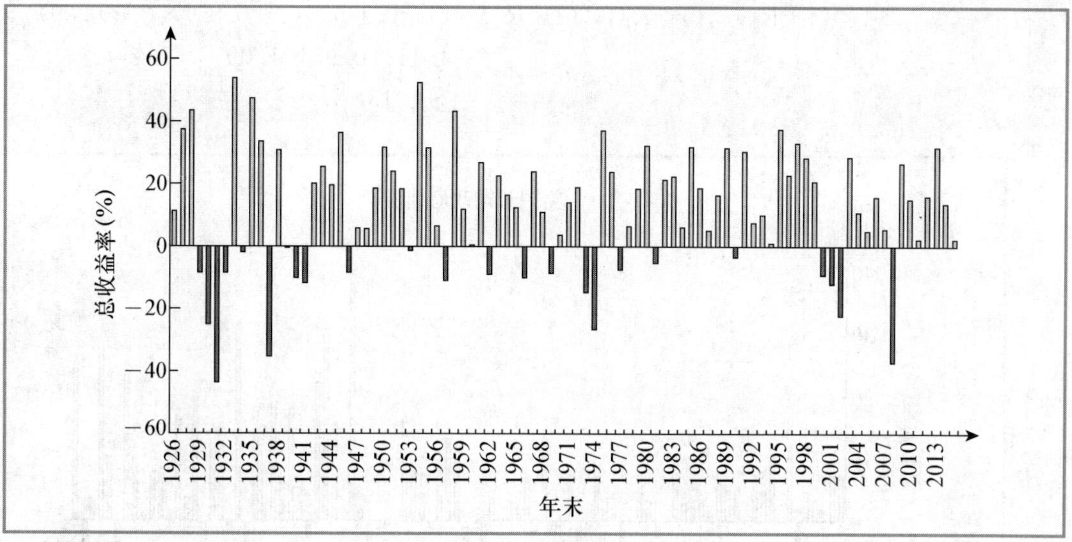

图 10－5　大公司股票历年总收益率

资料来源：Morningstar，2016.

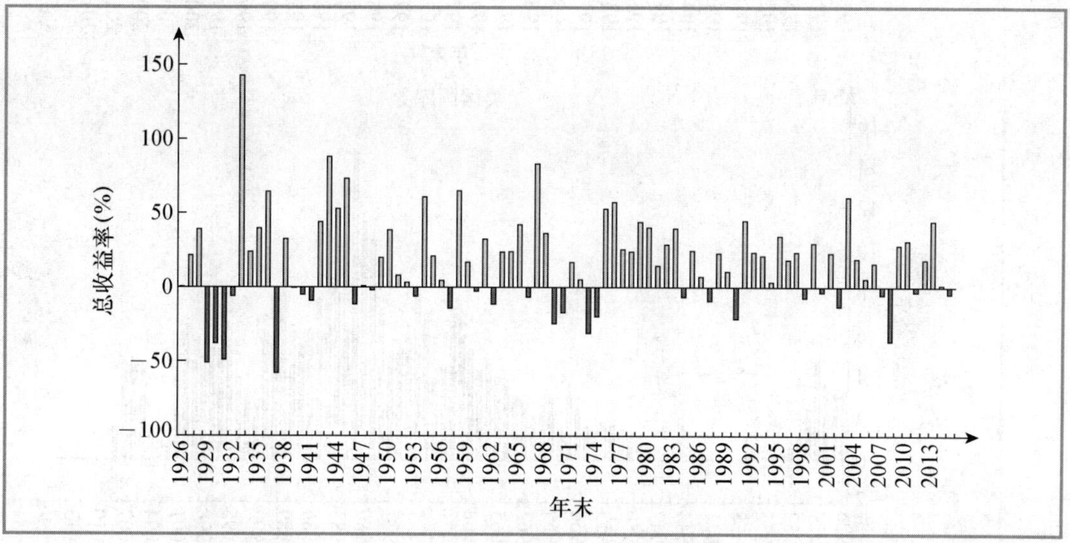

图 10－6　小公司股票历年总收益率

资料来源：Morningstar，2016.

图 10－4 显示的是 1926—2015 年股票市场投资 1 美元的价值增长情况。换言之，它反映了一直留在股市的 1 美元投资且每年都将以前年度分发的股利再投资于更多其他股票的投资价值。如果 R_t 是 t 年的收益率（以小数表示），T 年年末的投资价值是每年收益率加 1 后相乘：

$$(1+R_1)\times(1+R_2)\times\cdots\times(1+R_t)\times\cdots\times(1+R_T)$$

比如，如果 3 年间的收益率分别为 11%，−5%，9%，则期初 1 美元的投资会在第 3 年年末获得收益：

$$\$1\times(1+R_1)\times(1+R_2)\times(1+R_3)=(1+0.11)\times(1-0.05)\times(1+0.09)$$
$$=1.11\times0.95\times1.09$$
$$=\$1.15$$

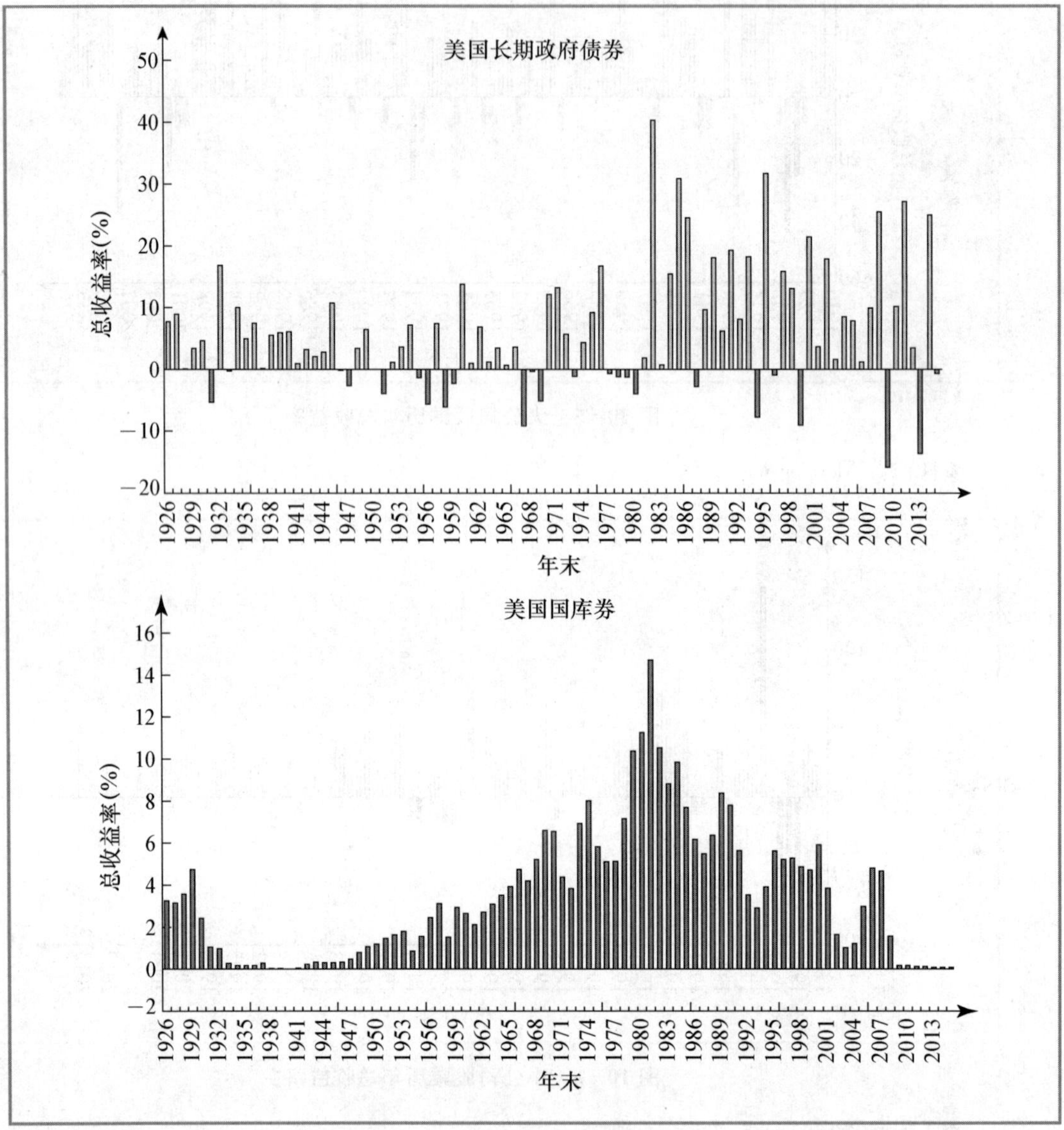

图 10-7　债券历年总收益率

资料来源：Morningstar，2016.

注意这里的 0.15 或 15%是总收益率，包括将第 1 年的股利在随后的两年时间里再投资于股票市场，以及将第 2 年收到的股利投资于以后年度获得的收益。15%是三年的**持有期收益率**（holding period return）。表 10-1 列示了 1926—2015 年间投资的年收益率。通过表 10-1，你可以确定任意年份组合的持有期收益。

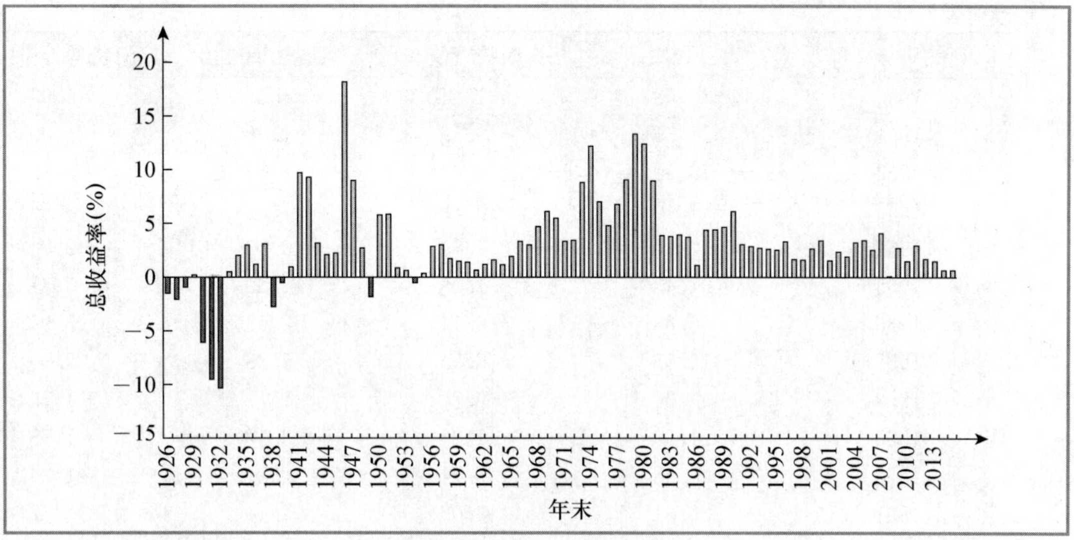

图10-8　历年通货膨胀率

资料来源：作者根据Morningstar（2016）计算获得。

表10-1　1926—2015年历年总收益率

年份	大公司股票	长期政府债券	美国短期国债	消费者价格指数
1926	11.14%	7.90%	3.30%	−1.12%
1927	37.13	10.36	3.15	−2.26
1928	43.31	−1.37	4.05	−1.16
1929	−8.91	5.23	4.47	0.58
1930	−25.26	5.80	2.27	−6.40
1931	−43.86	−8.04	1.15	−9.32
1932	−8.85	14.11	0.88	−10.27
1933	52.88	0.31	0.52	0.76
1934	−2.34	12.98	0.27	1.52
1935	47.22	5.88	0.17	2.99
1936	32.80	8.22	0.17	1.45
1937	−35.26	−0.13	0.27	2.86
1938	33.20	6.26	0.06	−2.78
1939	−0.91	5.71	0.04	0.00
1940	−10.08	10.34	0.04	0.71
1941	−11.77	−8.66	0.14	9.93
1942	21.07	2.67	0.34	9.03
1943	25.76	2.50	0.38	2.96
1944	19.69	2.88	0.38	2.30
1945	36.46	5.17	0.38	2.25
1946	−8.18	4.07	0.38	18.13
1947	5.24	−1.15	0.62	8.84
1948	5.10	2.10	1.06	2.99
1949	18.06	7.02	1.12	−2.07

续前表

年份	大公司股票	长期政府债券	美国短期国债	消费者价格指数
1950	30.58	−1.44	1.22	5.93
1951	24.55	−3.53	1.56	6.00
1952	18.50	1.82	1.75	0.75
1953	−1.10	−0.88	1.87	0.75
1954	52.40	7.89	0.93	−0.74
1955	31.43	−1.03	1.80	0.37
1956	6.63	−3.14	2.66	2.99
1957	−10.85	5.25	3.28	2.90
1958	43.34	−6.70	1.71	1.76
1959	11.90	−1.35	3.48	1.73
1960	0.48	7.74	2.81	1.36
1961	26.81	3.02	2.40	0.67
1962	−8.78	4.63	2.82	1.33
1963	22.69	1.37	3.23	1.64
1964	16.36	4.43	3.62	0.97
1965	12.36	1.40	4.06	1.92
1966	−10.10	−1.61	4.94	3.46
1967	23.94	−6.38	4.39	3.04
1968	11.00	5.33	5.49	4.72
1969	−8.47	−7.45	6.90	6.20
1970	3.94	12.24	6.50	5.57
1971	14.30	12.67	4.36	3.27
1972	18.99	9.15	4.23	3.41
1973	−14.69	−12.66	7.29	8.71
1974	−26.47	−3.28	7.99	12.34
1975	37.23	4.67	5.87	6.94
1976	23.93	18.34	5.07	4.86
1977	−7.16	2.31	5.45	6.70
1978	6.57	−2.07	7.64	9.02
1979	18.61	−2.76	10.56	13.29
1980	32.50	−5.91	12.10	12.52
1981	−4.92	0.16	14.60	8.92
1982	21.55	49.99	10.94	3.83
1983	22.56	−2.11	8.99	3.79
1984	6.27	16.53	9.90	3.95
1985	31.73	39.03	7.71	3.80
1986	18.67	32.51	6.09	1.10
1987	5.25	−8.09	5.88	4.43
1988	16.61	8.71	6.94	4.42
1989	31.69	22.15	8.44	4.65
1990	−3.10	5.44	7.69	6.11

续前表

年份	大公司股票	长期政府债券	美国短期国债	消费者价格指数
1991	30.46	20.04	5.43	3.06
1992	7.62	8.09	3.48	2.90
1993	10.08	22.32	3.03	2.75
1994	1.32	−11.46	4.39	2.67
1995	37.58	37.28	5.61	2.54
1996	22.96	−2.59	5.14	3.32
1997	33.36	17.70	5.19	1.70
1998	28.58	19.22	4.86	1.61
1999	21.04	−12.76	4.80	2.68
2000	−9.10	22.16	5.98	3.39
2001	−11.89	5.30	3.33	1.55
2002	−22.10	14.08	1.61	2.38
2003	28.68	1.62	1.03	1.88
2004	10.88	10.34	1.43	3.26
2005	4.91	10.35	3.30	3.42
2006	15.79	0.28	4.97	2.54
2007	5.49	10.85	4.52	4.08
2008	−37.00	19.24	1.24	0.09
2009	26.46	−9.49	0.15	2.72
2010	15.06	7.73	0.14	1.50
2011	2.11	35.75	0.06	2.96
2012	16.00	1.80	0.08	1.74
2013	32.39	−14.69	0.05	1.50
2014	13.70	12.90	0.03	0.80
2015	1.48	−2.15	0.04	0.70

资料来源：Global Financial Data（www. globalfinancialdata. com）copyright 2016，www. stlouisfed. org，bls. gov.

10.3　收益统计

关于资本市场收益率的历史数据纷繁复杂，需要进行处理才能使用。在使用历史数据时，必须找到一些便于描述数据的管理办法，将详细的历史数据浓缩成简明的图表。

这里有两个重要的数值能总结历史收益情况。第一个数值自然是平均收益率，是对过去股票市场年收益率的最佳描述。换言之，什么能最佳地估计投资者在 1926—2015 年之间特定年份实现的收益率？答案是平均收益率。

图 10 - 9 是股票市场年收益率的直方图。该图反映了数值的**频率分布**（frequency distribution）。图形的纵轴反映的是样本观察值在横轴的组距范围内出现的频数。

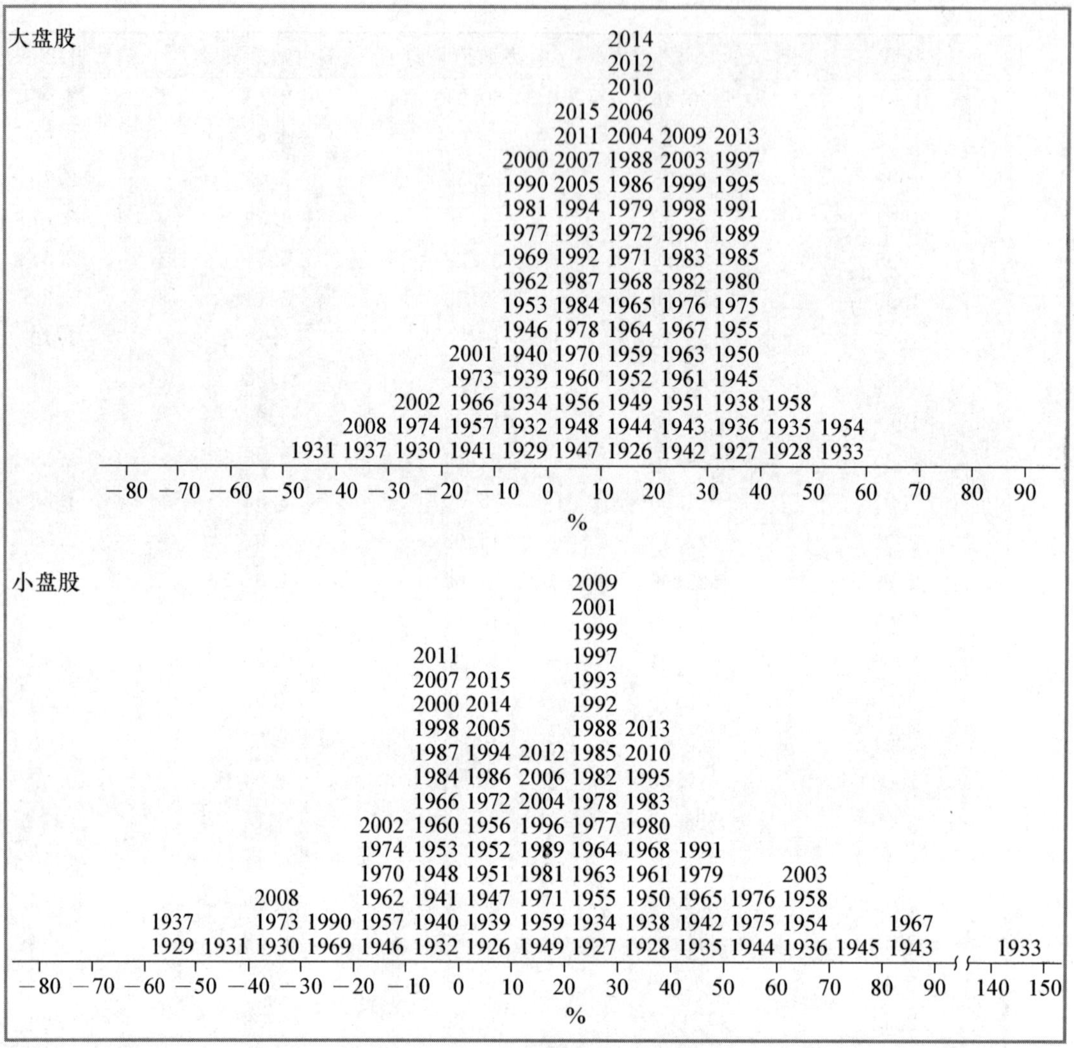

图 10-9　1926—2015 年普通股收益率频数直方图

资料来源：作者根据 Morningstar（2016）计算获得。

已知图 10-9 中的频率分布，我们可以计算分布的**平均数**（average）或**均值**（mean），通过将所有的收益率累加后除以观测值总个数 T 获得（本例包含 90 年的收益数据，相应的观测值个数为 90）。在 R 的上方加一条横线代表 R 的均值，常用的均值计算公式如下：

$$均值=\bar{R}=\frac{R_1+\cdots+R_T}{T} \tag{10.5}$$

大公司股票在 1926—2015 年的收益率均值为 11.8%。

例 10.2　计算平均收益率

假设普通股在 4 年间的收益率分别是 0.137 0，0.358 0，0.451 4 和 −0.088 8，则 4 年的平均收益率为：

$$\bar{R}=\frac{0.1370+0.3580+0.4514-0.0888}{4}=0.2144 或 21.44\%$$

10.4　股票平均收益率与无风险收益率

现在我们已经计算出股票市场的平均收益率，如果将其与其他证券的平均收益率进行比较，结果将更有意义。股市收益率的高波动性与政府债券市场收益率的低波动性形成鲜明对照。债券市场很少出现股票市场那样反复无常的价格走势。

政府通过向公众发行债券来募集资金。正如本章前面所讨论的那样，债券有各种形式，我们将要研究的债券是短期国债（又称短期国库券）。典型的短期国债是在一年内到期的纯贴现债券，由政府每周拍卖发行。由于政府可以通过多征税的方式来偿还国债，这使得国债几乎不存在违约风险。因而，在较短时期（一年）内，我们可将国债收益率称为无风险收益率。

对短期国债的无风险收益率与股票极具风险的收益率进行比较十分有趣。风险收益率与无风险收益率之差为风险资产的超额收益率（excess return on the risky asset）。超额收益是因承受股票的风险而获得的额外收益，所以也称为股票风险溢价（risk premium）。

表 10 - 2 统计了 1926—2015 年的平均股票收益率、债券收益率、短期国债收益率以及通货膨胀率。利用表 10 - 2，我们可以计算得到超额收益率。在整个期间内大公司股票的平均超额收益率为 8.4%（=11.9%−3.5%）。

表 10 - 2　　1926—2015 年总平均收益率

类别	平均收益率	标准差	分布图
小公司股票	16.5%	32.0%	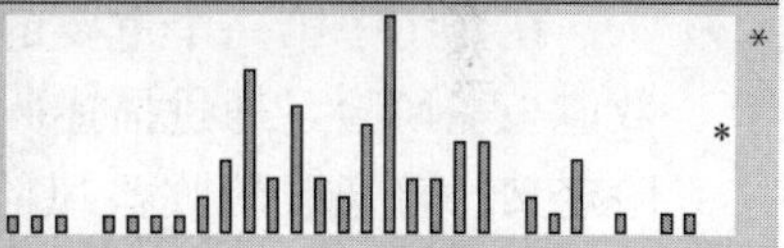
大公司股票	11.9	20.0	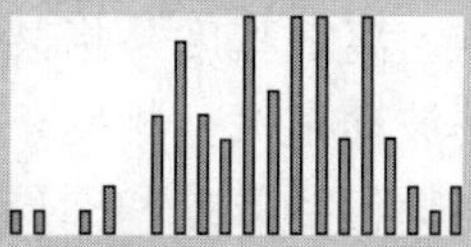
长期公司债券	6.3	8.4	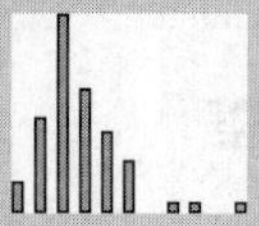
长期政府债券	6.0	10.0	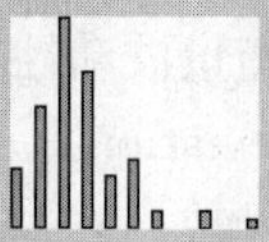
中期政府债券	5.3	5.7	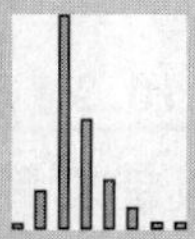
美国短期国债	3.5	3.1	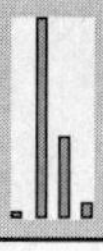

续前表

类别	平均收益率	标准差	分布图
通货膨胀率	3.0	4.1	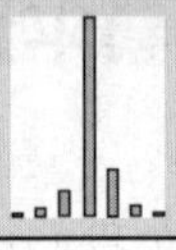

∗1933年小公司股票总收益率为142.9%。

资料来源：作者根据Morningstar（2016）计算获得。

由上述数据可知，股票市场的长期收益率显著高于无风险收益率。在此期间投资股票的投资者比仅投资短期国债的投资者能多获取超额收益。

超额收益从何而来？超额收益的存在是否意味着短期国债无法带给投资者回报，投资于短期国债而非股票的投资者欠缺财务常识？要完整地回答这些问题，必须了解现代财务的核心理论。第11章将对此做全面讲解。这里通过各种投资方式的收益波动可以部分地做出解答。如表10-1所示，在许多年份中出现了短期国债的投资收益率高于大公司股票的收益率的情形。同时，我们也注意到，股票收益率时常为负，而短期国债很少出现负的收益率。这使我们关注收益波动性的衡量，并以此引入对风险的讨论。

首先请看表10-2。短期国债收益率的标准差远远低于普通股收益率的标准差，这说明国债的风险要小于普通股的风险。为了弄清普通股存在的投资风险，我们接下来介绍风险的度量方法。

10.5 风险统计

在介绍了第一个重要的收益数据——平均收益率之后，我们在本节重点探讨第二个数值——风险，通过描述收益的分布特征来衡量收益的风险。目前并没有形成统一的风险定义。普通股的收益风险可以通过收益频率分布图（见图10-9）的离散程度来反映。离散程度是指某一特定的收益率偏离平均收益率的程度。如果分布很离散，则收益率波动很大。相反，如果收益率的分布很集中，那么收益率的不确定性较低。风险度量指标包括方差和标准差。

方　差

衡量波动性及离散程度的常用指标是**方差**（variance）及其平方根即**标准差**（standard deviation）。我们用Var和σ^2来代表方差，用SD和σ来代表标准差。当然，σ是希腊字母。

例10.3　波动率

假设股票在4年间的收益率（小数形式）分别为0.137 0，0.358 0，0.451 4和−0.088 8。样本方差为：

$$\text{Var}=\frac{1}{T-1}[(R_1-\overline{R})^2+(R_2-\overline{R})^2+(R_3-\overline{R})^2+(R_4-\overline{R})^2] \qquad [10.6]$$

$$0.0582=\frac{1}{3}[(0.1370-0.2144)^2+(0.3580-0.2144)^2+(0.4514-0.2144)^2+(-0.0888-0.2144)^2]$$

$$SD=\sqrt{0.0582}=0.2413 \text{ 或 } 24.13\%$$

要计算标准差，首先要对 T 个收益率取均值得到 $\bar{R}$，其次计算各收益率与 $\bar{R}$ 的差值并求平方和，最后除以收益率个数减去 1，即除以（$T-1$）。标准差是方差的算术平方根。

利用前面介绍的 1926—2015 年这 90 年间美国大公司的股票收益率，可以计算出大公司股票的标准差为 20%。标准差是衡量样本离散程度的标准统计方法，也是最常用的度量风险的方法。正态分布有助于对标准差的解释。

标准差在共同基金中应用广泛。例如，Fidelity Magellan 基金是美国最大的共同基金公司之一，它的波动情况如何？为获取该公司收益波动性数据，我们进入网站 www.morningstar.com 并输入代码 FMAGX，点击“评级与风险”（Ratings & Risk）链接，得到以下信息：

MPT Statistics FMAGX

3-Year | 5-Year | 10-Year | 15-Year

3-Year Trailing	Index	R-Squared	Beta	Alpha	Treynor Ratio	Currency
vs. Best-Fit Index						
FMAGX	Russell 3000 Growth TR USD	96.99	1.02	-0.47	—	USD
vs. Standard Index						
FMAGX	S&P 500 TR USD	93.46	1.06	0.42	12.14	USD
Category: LG	S&P 500 TR USD	85.86	1.03	-0.92	10.69	USD

03/31/2016

Volatility Measures FMAGX

3-Year | 5-Year | 10-Year | 15-Year

3-Year Trailing	Standard Deviation	Return	Sharpe Ratio	Sortino Ratio	Bear Market Percentile Rank
FMAGX	12.44	12.92	1.04	1.96	—
S&P 500 TR USD	11.36	11.82	1.04	1.93	—
Category: LG	12.71	11.07	0.89	1.61	—

03/31/2016

资料来源：Morningstar，2016.

在过去 3 年中，Fidelity Magellan 基金收益率的标准差是 12.44%。与股票收益率的标准差均值 50%相比，Fidelity Magellan 基金的标准差似乎偏低。但是该基金是相对分散的投资组合，低收益率标准差是多样化投资的结果，我们将在稍后讨论这一点。收益率均值代表了市场收益率的平均水平，从中可见，在过去3年中 Fidelity Magellan 基金的投资者每年收益率为12.92%。在图中的波动率指标部分，你将看到夏普比率（Sharpe ratio）。夏普比率是资产风险溢价与标准差的比值。由于标准差是对资产风险水平的度量，夏普比率考察的是某一风险水平下的收益率。在过去3年中，Fidelity Magellan 基金的夏普比率是1.04。Fidelity Magellan 基金的贝塔系数是1.06。我们将在第11章着重讨论贝塔系数。

正态分布及其对标准差的含义

如图10-10所示，足够大的样本所形成的**正态分布**（normal distribution）是一条钟形曲线，该分布是以均值为中心的对称分布，没有偏斜，比实际绘制的年收益率分布图形（见图10-9）看起来更平滑。当然，如果能获取股票市场1 000年的收益率，我们就能够填充图10-9中的价格跳跃和急剧变化，从而形成一条更平滑的曲线。

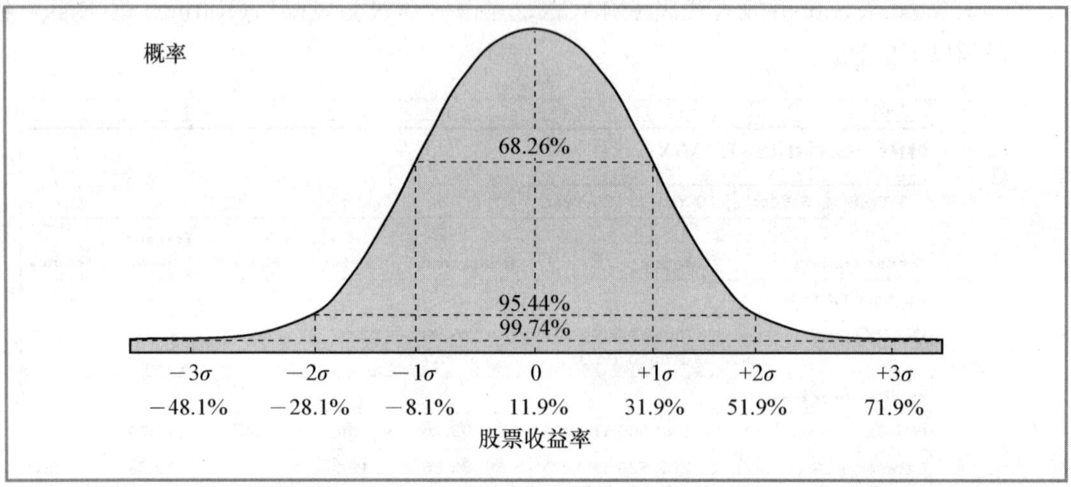

图10-10　正态分布图

说明：在上述正态分布的案例中，收益率落在均值的一个标准差之内的概率为68.26%，此时收益率在−8.1%～31.9%之间的概率为68.26%。

95.44%的收益率落在均值的两个标准差之内，即收益率在−28.1%～51.9%之间的概率为95.44%。

最后，99.74%的收益率落在均值的三个标准差之内，此时收益率介于−48.1%～71.9%之间的概率为99.74%。

正态分布是经典统计方法的核心，标准差往往决定了正态分布的幅度。在正态分布中，收益率在一定范围内高于或低于某个平均值的概率仅取决于标准差。例如，收益率在均值的一个标准差之内的概率为0.68（或2/3），收益率在均值的两个标准差之内的概率为0.95。

1926—2015年，大公司股票收益率的标准差为20.0%，对此可以这样解释：如果股票收益率是正态分布的，则年收益率有2/3的概率落在收益率均值11.9%的一个标准差内，即收益率在−8.1%～31.9%之间（计算方法为−8.1%＝11.9%−20.0%，31.9%＝11.9%＋20.0%）。收益率落在均值两个标准差内的概率是0.95，即年收益率在−28.1%～51.9%之间的概率为95%。

10.6 美国股票风险溢价：基于历史与国际视角

到目前为止，本章已经研究了美国 1926—2015 年的股票市场，从中可见，美国股票市场历史上的风险溢价水平是相当高的。当然，在任何时候采用历史数据来预测未来，都可能存在问题：历史无法代表未来的演化轨迹。美国投资者因这段时期的市场行情而获取了高收益，这对他们来说或许是幸运的。但反观更早时期的美国股票市场，投资者面临的又是另一番情景。1802—1926 年，美国股票的风险溢价水平要小很多。采用始于 1802 年的美国收益率数据，得出的历史股票风险溢价为 5.2%。①

我们还没有分析其他主要国家。实际上，全球有超过一半的股票在美国之外的国家流通。如表 10-3 所示，2015 年全球股票市场市值为 65.3 万亿美元，其中美国股票市场市值仅占 38%。感谢迪姆松（Dimson）、马什（Marsh）和斯汤顿（Staunton）为我们提供了其他国家的早期数据，使我们能近距离地观察各国的股票风险溢价。表 10-4 和图 10-11 列示了 1900—2010 年 17 个国家的股票风险溢价水平。由数据可知，美国的历史股票风险溢价为 7.2%（这与我们之前估计的数值不同，因为检验的区间不同），在全球排名第七。全球整体的平均风险溢价为 6.9%。由此可见，美国投资者在股市的收益不错，但与很多其他国家相比，表现并不是特别突出。根据夏普比率，表现最佳的国家有美国、澳大利亚、法国和南非，表现最差的国家包括比利时、挪威和丹麦。德国、日本和意大利的情况比较特殊，因为这几个国家的股票收益率与风险都是最高的（尽管发生过两次世界大战）。

表 10-3　　2015 年全球股票市场市值

国家	市值（万亿美元）	占比
美国	$25.1	38%
东亚和环太平洋地区（不包括日本）	16.7	26
中国	8.2	13
欧洲	6.3	10
日本	4.9	7
加拿大	1.6	2
中东和南非	1.3	2
拉丁美洲和加勒比地区	1.3	2
总计	$65.3	100%

资料来源：www.worldbank.org.

表 10-4　　1900—2010 年 17 个国家的年股票风险溢价与夏普比率

国家	历史股票风险溢价（%）(1)	标准差（%）(2)	夏普比率 (1)/(2)
丹麦	4.6%	20.5%	0.22

① 杰里米·西格尔（Jeremy J. Seigel）计算得到 1802—2008 年美国股票风险溢价为 5.2%（在这段时期的普通股平均收益率为 9.5%，短期国债的平均收益率为 4.3%，两者相减得出股票风险溢价为 5.2%）。数据来源于 J. Seigel, *Stocks for the Long Run*, 4th ed.（New York：McGraw-Hill，2008）。

续前表

国家	历史股票风险溢价（%） (1)	标准差（%） (2)	夏普比率 (1)/(2)
瑞士	5.1	18.9	0.27
爱尔兰	5.3	21.5	0.25
西班牙	5.4	21.9	0.25
比利时	5.5	24.7	0.22
加拿大	5.6	17.2	0.33
挪威	5.9	26.5	0.22
英国	6.0	19.9	0.30
荷兰	6.5	22.8	0.29
瑞典	6.6	22.1	0.30
美国	7.2	19.8	0.36
南非	8.3	22.1	0.37
澳大利亚	8.3	17.6	0.47
法国	8.7	24.5	0.36
日本	9.0	27.7	0.32
德国*	9.8	31.8	0.31
意大利	9.8	32.0	0.31

＊德国 1922—1923 年的数据缺失。

资料来源：Elroy Dimson，Paul Marsh，and Michael Staunton，"The Worldwide Equity Premium：A Smaller Puzzle，" in *Handbook of the Equity Risk Premium*，Rajnish Mehra，ed.（Elsevier，2007）. 作者对数据进行了更新。

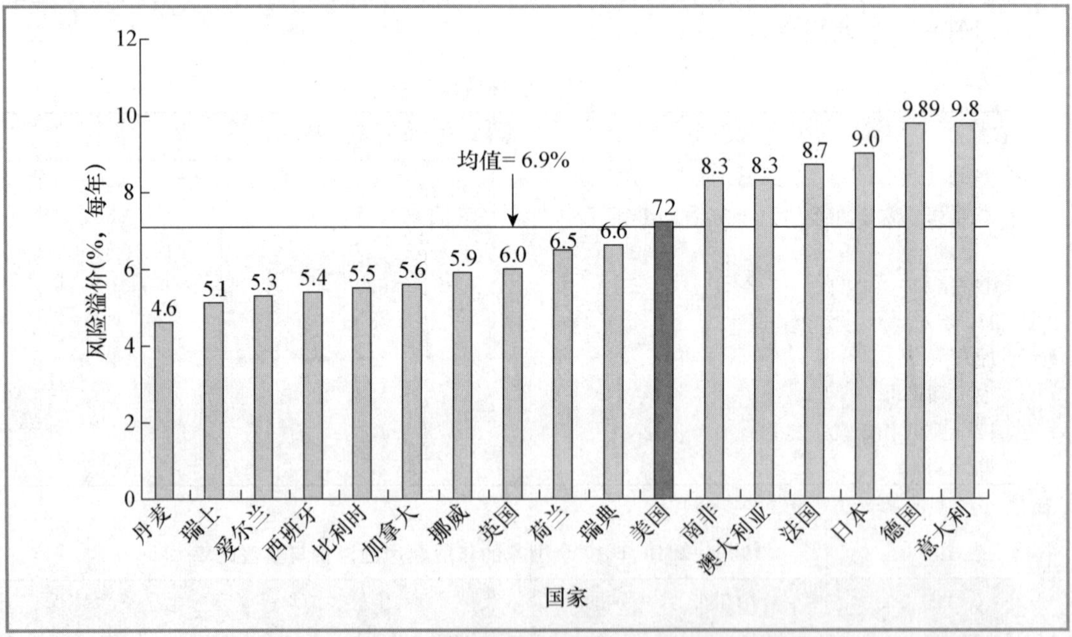

图 10－11　1900—2010 年 17 个国家的股票市场风险溢价

资料来源：Elroy Dimson，Paul Marsh，and Michael Staunton，"The Worldwide Equity Premium：A Smaller Puzzle，" in *Handbook of the Equity Risk Premium*，Rajnish Mehra，ed.（Elsevier，2007）. 作者对数据进行了更新。

那么，如何很好地估计美国股市未来风险溢价的趋势？遗憾的是，没有人能够准确了解投资者的未来预期。假若以史为鉴，根据 1900—2010 年的平均股市收益率数据，美国股市的预期风险溢价可能仍为 7.2%。我们也应该注意到，在同时期全球股票风险溢价平均为 6.9%。但从另一方面来看，根据更近时期（1926—2015 年）的数据估计得到的美国股票风险溢价会较高，而根据 1802 年起较为早期的数据估算得到的风险溢价会较低。

7.2%的历史风险溢价的置信水平究竟有多高，标准误差（SE）有助于回答这个问题。标准误差是风险溢价的标准差，公式如下：

$$SE = SD(\bar{R}) = \frac{SD(R)}{\sqrt{观测值的个数}} \qquad [10.7]$$

假设收益率是正态分布，且每年的收益独立于其他年份，那么，实际平均收益率位于历史均值的两个标准差范围内的概率是 95.4%。

具体而言，实际股票风险溢价的 95.4%的置信区间是历史平均收益率±(2×SE)。1900—2010 年，美国股市的历史股票风险溢价为 7.2%，标准差为 19.8%。因此，在 95.4%的情况下，实际股票风险溢价介于 3.4%～11%之间：

$$7.2 \pm 2\left(\frac{19.8}{\sqrt{110}}\right) = 7.2 \pm 2\left(\frac{19.8}{10.5}\right) = 7.2 \pm 3.8$$

换言之，在 95.4%的置信水平下，由美国的历史数据估算出的股票风险溢价在 3.4%～11%的范围内。

伊沃·韦尔奇（Ivo Welch）采用了一种不同的方法，他询问了 226 位金融经济学家关于美国股市未来风险溢价的看法，反馈的结果的中位数为 7%。①

毫无疑问，基于美国股票风险溢价 7%左右的历史数据，我们不难估算未来的风险溢价，然而如果我们有充分的理由相信，过去并不能完全代表未来，更合理的做法可能是将美国未来的股票风险溢价估算得略微偏高或者偏低。② 当然，估算时最基本的要求是，对未来股票风险溢价的估算要建立在未来风险环境及投资者风险厌恶程度的基础上。

10.7 平均收益率的补充说明

到目前为止，本章详细讨论了简单平均收益率。事实上，平均收益率还有另外一种计算方法，但两种计算方法的差异易使概念混淆，所以本节将分别介绍这两种方法及其各自的适用范围。

---

① I. Welch, "Views of Financial Economists on the Equity Risk Premium and Other Issues," *Journal of Business*, 73 (2000), pp. 501-537.

② Elroy Dimson, Paul Marsh, and Mike Staunton, "The Worldwide Equity Premium: A Smaller Puzzle," from *Handbook of the Equity Risk Premium*, R. Mehra, ed. 该文认为，对全球股票市场风险溢价的最佳估计应为 5%，这在很大程度上是因为一些非经常性的因素影响了全球的股票收益率。2008—2009 年的全球金融危机对股票市场产生了重大负面影响，使股票风险溢价水平高于历史水平。

算术平均数与几何平均数

举一个简单的例子，假设你以100美元的价格购买了某只股票，但遗憾的是，在购买后第1年，股价下跌为50美元。你选择继续持有这只股票，直到第2年股价回升至100美元（期间没有派发股利）。

这项投资的平均收益率是多少？直观来看，你的平均收益率恰好为零，因为以100美元买入的股票在持有的最后阶段价格依旧是100美元。但如果逐年计算收益率就会发现，第1年股票价格减半，而第2年股票价格翻番，计算得到这两年的收益率分别为−50％和100％。因此，过去两年的平均收益率为（−50％＋100％）/2＝25％！

平均收益率究竟是0％还是25％？其实，两种计算方法都是正确的，不同的方法回答不同的问题。0％称为**几何平均收益率**（geometric average return），而25％称为**算术平均收益率**（arithmetic average return）。几何平均收益率回答的问题是：你在特定期间内平均复合收益率是多少？算术平均收益率回答的问题是：你在特定期间内平均每年的收益率是多少？

请注意，在前面的章节中，我们计算的平均收益率均为算术平均收益率，因此我们已经知道如何计算算术平均收益率。接下来我们要做的是：（1）学习如何计算几何平均收益率；（2）了解几何平均收益率和算术平均收益率的适用范围。

计算几何平均收益率

首先，我们介绍几何平均收益率的计算方法，假设在过去4年中，一项投资的年收益率分别为10％，12％，3％和−9％。4年的几何平均收益率为 $(1.10\times1.12\times1.03\times0.91)^{\frac{1}{4}}-1=0.0366$ 或3.66％。算术平均收益率为 $(0.10+0.12+0.03-0.09)/4=0.04$ 或4.0％。

一般而言，如果有 T 年的收益率，则在 T 年内几何平均收益率的计算公式如下：

$$几何平均收益率=[(1+R_1)\times(1+R_2)\times\cdots\times(1+R_T)]^{\frac{1}{T}}-1 \qquad [10.8]$$

几何平均收益率的计算步骤为：

1. 分别获取 T 年的年收益率 R_1，R_2，…，R_T，将各收益率数字转换为小数数值后分别加1。
2. 将第1步得到的各年数字相乘。
3. 对第2步相乘的结果取 $1/T$ 次方。
4. 最后，将第3步得出的结果减去1。这个结果就是几何平均收益率。

例10.4 计算几何平均收益率

请计算标准普尔500指数公司股票在5年内的几何平均收益率，各年收益率见下表。

首先，将收益率转换为小数数值后分别加1，并计算它们的乘积：

标准普尔 500 指数公司收益率	乘积
13.75%	1.137 5
35.70	×1.357 0
45.08	×1.450 8
−8.80	×0.912 0
−25.13	×0.748 7
	1.5 291

请注意，如果在第 1 年年初以 1 美元购买股票，5 年后股票价值为 1.529 1。几何平均收益率的计算如下：

$$几何平均收益率=1.529\,1^{\frac{1}{5}}-1$$
$$=0.088\,7 或 8.87\%$$

因此，例子中的股票几何平均收益率约为 8.87%。如果使用财务计算器，分别输入现值、终值和时间间隔参数：1 美元、1.529 1 美元和 5 年。然后，求解未知的收益率，得到的结果与上式计算结果一致。

也许你会发现，迄今我们例子中出现的几何平均收益率似乎总小于算术平均收益率。事实证明，这绝非巧合，几何平均收益率总是小于算术平均收益率（只要不是所有的收益率完全相同，此时两种平均收益率相等）。为了说明这一点，表 10-5 列示了表 10-2 中的算术平均收益率及其标准差，同时列出了几何平均收益率。

表 10-5　　1926—2015 年的几何平均收益率与算术平均收益率

类别	几何平均收益率	算术平均收益率	标准差
小公司股票	12.0%	16.5%	32.0%
大公司股票	10.0	11.9	20.0
长期公司债券	6.0	6.3	8.4
长期政府债券	5.6	6.0	10.0
中期政府债券	5.2	5.3	5.7
美国短期国债	3.4	3.5	3.1
通货膨胀率	2.9	3.0	4.1

资料来源：作者根据 Morningstar（2016）计算获得。

如表 10-5 所示，无论是哪种证券，其几何平均收益率均小于算术平均收益率，但这两种收益率的差异在不同证券间各不相同。这是因为价格波动越大的证券，几何平均收益率与算术平均收益率的差异越大。我们可以大概估算一下，假设所有的数字以小数数值而非百分比数值表示，几何平均收益率约等于算术平均收益率减去其方差的 1/2。例如，大公司股票的算术平均收益率为 11.9，标准差为 0.2，即方差为 0.04。近似的几何平均收益率为 $11.9-\sqrt{4}=9.9$，该数值与几何平均收益率的实际值非常接近。

例 10.5 几何平均收益率的进一步分析

请回顾图 10-4，该图反映的是 1 美元的投资持有 90 年后的价值。使用小公司股票的价值数据来验证表 10-5 中的几何平均收益率。

如图 10-4 所示，在 90 年的时间里，小公司股票价格从 1 美元上升至 26 434.82 美元。几何平均收益率为：

$$几何平均收益率 = 26\,434.82^{1/90} - 1 = 0.120 \text{ 或 } 12.0\%$$

回到表 10-5 中，小公司股票的几何平均收益率确实为 12.0%。请继续计算其他证券的几何平均收益率，并与表 10-5 的相关数值进行对照。

采用算术平均收益率还是几何平均收益率

仔细看看历史数据，就不难理解几何平均收益率与算术平均收益率之间的差异。二者略有不同的地方在于，几何平均收益率告诉你实际获得的以复利计算的年均收益率，适用于度量过去的绩效。算术平均收益率则告诉你在某个特定年份的获利，适用于度量预期未来的年收益率。你可以根据需要选择计算不同的收益率。

对未来收益进行预测分析是一个棘手的问题，分析师和理财规划师对此都有许多困惑。问题是：如果我们同时估算了投资的算术平均收益率和几何平均收益率，对于一个较长期间而言，算术平均收益率可能偏高，而对于一个较短期间来说，几何平均收益率可能又偏低了。①

本章小结

1. 本章讨论了各种证券资产的收益率。总体的结论是：尽管股票存在较高的风险，但在 20 世纪的绝大部分时间里，股票的市场表现要好于债券。

2. 本章介绍的统计方法为接下来的三章做了铺垫。其中，标准差和方差衡量的是单一证券及证券组合的收益率的波动率。下面的章节会告诉我们，如果投资者的资产组合中仅包含单一证券，那么标准差和方差是衡量单个证券风险的合适指标。

3. 本章介绍了算术平均收益率和几何平均收益率的含义及计算方法。

概念性思考题

1. **投资选择** Nymox Pharmaceutical 公司股票在 2015 年上涨近 720%，为什么并非所有投资者

---

① 该结论来自马歇尔·布卢姆（Marshall Blume）（“Unbiased Estimates of Long-Run Expected Rates of Return,” *Journal of the American Statistical Association*, September 1974, pp. 634-638）。他提出，长期收益率的估计值可采用算术平均年收益率与几何平均年收益率的加权平均值。如果从另一个角度来思考对未来特定期间某项投资收益的估计，可以联想到统计课堂上提到的算术平均值是一个“样本”均值的概念。因此，它为实际的均值提供了无偏估计。在使用算术平均值来估计未来收益率时，我们必须确保历史收益率与预测的未来收益率使用相同的时间间隔。例如，我们可以使用每一年的收益率来估计下一年的收益率。当考察的是两年持有期间的收益率时，算术平均值将可以用于预测未来两年的收益率。我们也必须相信历史收益率与未来收益率的分布是相同的。

都持有该股票？

2. **投资选择** Chesapeake Energy 公司股票在 2015 年下跌了 76%，为什么仍有投资者持有该股票？这些投资者为什么不在股价大幅下跌之前进行抛售？

3. **风险与收益** 历史告诉我们，在很长一段时期里股票的市场表现总是好于债券。然而，投资者长期仅持有债券的现象一点也不罕见。为什么投资者会非理性？

4. **股票与赌博** 批判性地看待以下观点：炒股票如同赌博。投机性的投资不会增加社会财富，只能让人产生赌博的快感。

5. **通货膨胀效应** 请观察表 10-1 和图 10-7，1926—2015 年国债利率的峰值出现在哪个时点？你认为国债利率如此高的原因是什么？通货膨胀与国债利率之间有何关系？

6. **风险溢价** 在投资之前风险溢价可能为负吗？在投资之后风险溢价可能为负吗？请解释原因。

7. **收益率** 两年前，General Materials 和 Standard Fixtures 这两家公司股票价格相同。第 1 年，General Materials 的股价上涨了 10%，而 Standard Fixtures 的股价下跌了 10%。第 2 年，General Materials 的股价下跌了 10%，而 Standard Fixtures 的股价上涨了 10%。那么，这两只股票今天是否价格相同呢？请解释原因。

8. **收益率** 两年前，Lake Minerals 和 Small Town Furniture 这两家公司股票价格相同，在过去两年的平均年收益率都是 10%。Lake Minerals 的股价每年上涨 10%。Small Town Furniture 的股价在第 1 年上涨了 25%，第 2 年下跌 5%。这两只股票今天是否价格相同呢？

9. **算术平均收益率与几何平均收益率** 算术平均收益率与几何平均收益率的区别是什么？假设你投资某只股票长达 10 年，哪种收益率对你而言更有意义，算术平均收益率还是几何平均收益率？

10. **历史收益率** 本章所介绍的历史收益率未经过通货膨胀及税收调整。如果考虑通货膨胀，对风险溢价的估计会发生什么变化？如果考虑税收，收益率会发生什么变化？收益波动率会发生什么变化？

练习题

1～12 题为基础题；13～17 题为中级题；18～20 题为提高题。

1. **计算收益率** 假设你在一年前购买了 1 030 美元的附息债券，债券票面利率为 7.5%。现在的销售价格为 970 美元。

a. 假设债券票面价值为 1 000 美元，则在过去的一年中这项投资的总收益是多少？

b. 在过去的一年中这项投资的名义收益率是多少？

c. 如果去年通货膨胀率是 3%，这项投资的实际收益率是多少？

2. **名义收益率与实际收益率** 1926—2015 年，对大公司股票而言，实际的和名义的算术平均年收益率分别为多少？

3. **债券收益率** 历史上的长期政府债券及长期公司债券的实际收益率为多少？

4. **计算收益率及波动率** 请根据以下收益率数据，计算股票 X 和股票 Y 的平均收益率、方差和标准差。

年份	收益率	
	股票 X	股票 Y
1	23%	34%
2	6	12
3	14	17
4	−16	−23
5	19	17

5. **风险溢价** 根据本章正文表 10-1 中 1973—1978 年的数据，回答以下问题：

a. 请计算这段时期内大公司股票和短期国债的算术平均收益率。

b. 请计算这段时期内大公司股票和短期国债的收益率标准差。

c. 请计算并比较这段时期内每一年的大公司股票和短期国债的风险溢价。在此期间这两种资产的算术平均风险溢价是多少？风险溢价的标准差是多少？

6. **计算收益率及波动率** 已知 Yasmin 公司

的股票在过去5年收益率依次为：19%，−13%，7%，25%及16%。

a. Yasmin股票在5年期间的算术平均收益率是多少？

b. 在此期间，Yasmin股票收益率的方差及标准差是多少？

7. **计算实际收益率和风险溢价** 第6题中，假设在这段时期内通货膨胀率的均值为2.6%，短期国债的平均收益率为3.25%。

a. Yasmin股票的平均实际收益率是多少？

b. Yasmin股票的平均名义风险溢价是多少？

8. **计算实际收益率** 在第6题的基础上，计算该期间实际的无风险收益率平均为多少？实际的平均风险溢价为多少？

9. **持有期收益率** 某只股票在过去5年收益率分别为−16.43%，15.81%，26.34%，5.98%和18.43%。股票的持有期收益率是多少？

10. **计算收益率** 一年前你以385.27美元的价格购买了零息债券。当前市场利率为4.8%。如果在购买时债券还有20年到期，则去年这项投资的总收益率是多少？假设债券的面值为1 000美元，半年付息一次。

11. **收益率分布** 如表10-2所示，长期公司债券在68%概率下的预期收益率区间是多少？在95%概率下的收益率区间是多少？

12. **Blume公式** 一项寿命为30年的资产的算术平均收益率为11.2%，几何平均收益率为9.7%。运用Blume公式，你对未来5年、10年和20年的年收益率的最佳估计是多少？

13. **计算收益率和波动率** 假设你在5年前投资了某股票，已知其中4年的股票收益率分别为15%，9%，−18%和11%。股票在5年间的平均收益率为10.35%，缺失年度的股票收益率是多少？股票收益率的标准差是多少？

14. **算术平均收益率和几何平均收益率** 某股票的年末价格和股利如下：

年份	价格	股利
1	$53.18	—
2	57.85	$0.95
3	64.89	1.15
4	59.21	1.40
5	67.83	1.65
6	74.25	1.85

这只股票的算术平均收益率和几何平均收益率分别是多少？

15. **计算收益率** 根据正文表10-1中1973—1980年的数据，回答如下问题：

a. 计算这段时期短期国债的平均收益率及年均通货膨胀率（消费者价格指数）。

b. 计算这段时期短期国债收益率的标准差和通货膨胀率的标准差。

c. 逐年计算短期国债的实际收益率，并计算实际收益率的均值。

d. 许多人认为短期国债是无风险的。从上面计算结果中，我们可以得出短期国债有潜在风险的结论吗？

16. **计算投资收益率** 一年前，你以1 015美元的价格购买了Mastadon Manufacturing公司票面利率为5.9%的附息债券。该债券采用年付息方式，剩余到期期限为8年，票面面值为1 000美元。假设你今天决定出售债券，债券要求的收益率是5.1%。如果去年的通货膨胀率是2.9%，则这项投资的实际收益率是多少？

17. **运用收益率分布** 假设长期政府债券的收益率服从正态分布。基于历史数据估算债券收益率在某一年份低于−4%的近似概率。在95%概率下的预期收益率范围是多少？在99%概率下的预期收益率范围是多少？

18. **运用收益率分布** 假设小公司股票的收益率服从正态分布，则在某一年份股价翻番的概率有多大？股价翻两番的概率有多大？

19. **分布** 在前一问题中，收益率低于−100%的概率是多少？收益率分布的含义是什么？

20. **运用概率分布** 假设长期公司债券和短期国债的收益率服从正态分布。根据历史数据，通过在Excel中采用NORMDIST函数，回答下列问题：

a. 在任意给定年份，长期公司债券的收益率大于10%及小于0%的概率是多少？

b. 在任意给定年份，短期国债的收益率大于10%及小于0%的概率是多少？

c. 1979年，长期公司债券的收益率为−4.18%，该低收益率在未来重现的可能性有多大？当年短期国债的收益率为10.56%，该高收益率在未来重现的可能性有多大？

网络资源

1. **市场风险溢价**　如果你想了解当前市场的风险溢价情况，可以通过互联网获取数据并计算得到。首先登录 money. cnn. com 网站获取当前的利率。最短期限利率意味着什么？该期限对应的利率为多少？利用表 10－5 的大公司股票收益率数据，计算得到的当前市场风险溢价是多少？计算风险溢价的前提假设是什么？

2. **历史利率**　登录圣路易斯联邦储备委员会网站：www. stls. frb. org，输入“Treasury”进行搜索，你会看到一个关于不同债券种类的历年利率的链接列表。根据 10 年期国债固定期限利率的链接，你可以得到 10 年期国债各月利率。根据每月的利率计算 2014 年和 2015 年 10 年期国债的年均利率，将结果与表 10－2 中的长期政府债券和美国国债的收益率进行比较，会得到什么结果？你预期这种关系始终存在吗？为什么？

EXCEL 解题

正如我们所看到的，1926—2015 年间，小公司的股票收益和风险都是最高的，而美国短期国债的收益与风险最低。当然我们希望你的股票持有时间为 90 年，然而实际上你的投资期限很可能没有那么长。在更短的投资期间内测算风险和收益率的方法之一是采用滚动收益率和标准差。假设你获得了一系列年收益率，用于计算一个 3 年滚动平均收益率。你在第 3 年的时候将采用前 3 年的收益率来计算第一个滚动平均收益率。第二个滚动平均收益率将采用第 2 年、第 3 年、第 4 年的收益率进行计算，以此类推。

a. 用大公司以及短期国债的年收益率计算 5 年滚动平均收益率和 10 年滚动平均收益率。

b. 有多少投资期限 5 年期内短期国债收益率是好于大公司股票收益率的？多少投资期限 10 年期内短期国债收益率是好于大公司股票收益率的？

c. 有多少投资期限 5 年期内短期国债标准差是高于大公司股票标准差的？多少投资期限 10 年期内短期国债标准差是高于大公司股票标准差的？

d. 为大公司股票和短期国债绘制 5 年滚动平均收益率和 10 年滚动平均收益率。

e. 你从上述结果中得出了什么结论？

章末案例

在东海岸游艇公司的工作（第一部分）

最近，你在毕业求职时得到了来自东海岸游艇公司的就业机会。你认为该公司的航海业务不错，于是欣然接受了这份工作。工作的第一天，刚办理完就业手续，财务部的丹・欧文便过来找你谈公司的 401（k）计划。

401（k）计划是一项关于退休金的计划，很多公司都在提供。作为一种递延纳税的储蓄工具，401（k）计划会从当前的税前收入中扣除一部分存入退休金账户，所以这部分收入目前不用纳税。举个例子，假设你每年的工资是 50 000 美元。如果你将其中的 3 000 美元投入 401（k）计划，则最终的计税收入为 47 000 美元。对于投入 401（k）计划的资金所产生的所有资本利得或收入都无须缴纳税款，但你退休后从账户中领取退休金时要缴纳税款。公司也为员工提供 5%的匹配金额，即公司会根据员工自己投入到退休金账户的金额而在 401（k）计划中投入相应的数额，该数额不超过员工薪酬的 5%，但是员工必须先缴纳自己的部分收入才能获得公司的匹配金额。

401（k）计划的资金有多种投资选择，常见的投资对象是共同基金。一份共同基金由许多资产组合而成。你在购买共同基金份额时，实际上获得的是基金资产的部分所有权。基金收益率是该基金所包含的资产收益率的加权平均值减去相关费用率。数额最大的费用通常是基金经理收取的管理费。管理费是基金经理的薪酬，基金经理是基金的投资决策人。

东海岸游艇公司聘请 Bledsoe 金融服务公司管理其 401（k）计划。下面讨论的是员工可以选择的投资类型。

公司股票 401（k）计划的投资选择之一是购买东海岸游艇公司的股票。该公司目前为私有，但据公司的所有者拉丽莎·沃伦称，公司预计会在未来三四年内公开上市。在此之前，每年的股价由董事会讨论后确定。

Bledsoe 标准普尔 500 指数基金 这项共同基金以标准普尔 500 指数为标的。该基金的股票权重与标准普尔 500 指数完全一致，其收益率大致等同于标准普尔 500 指数的收益率减去相关费用率。指数基金购买的是标的指数的成分股，基金经理不必分析个股并做出投资决策，因此基金的费用通常较低。Bledsoe 标准普尔 500 指数基金每年收取的费用为资产价值的 0.15%。

Bledsoe 小盘股基金 这项基金主要投资于小市值股票，因而基金收益的波动率更大。该基金将 10% 的资产投资于美国以外的公司。基金费用率为 1.70%。

Bledsoe 大公司股票基金 这项基金主要投资于美国的大市值股票。这项基金由埃文·布莱索（Evan Bledsoe）管理并在过去 8 年中有 6 年的业绩表现超过市场平均收益率。基金的费用率为 1.50%。

Bledsoe 债券基金 这项基金投资于在美国注册的公司发行的长期公司债券。该基金仅投资于信用评级为投资级的债券，费用率为 1.40%。

Bledsoe 货币基金 这项基金投资于短期的高信用等级的债务工具，其中包括短期国债。货币基金的收益仅略高于短期国债的收益。由于信用等级较高、投资期限较短，货币基金收益为负的风险极小。该基金费用率为 0.60%。

1. 相比公司股票，共同基金具有哪些优势？

2. 假设你将工资的 5% 投入 401（k）计划，公司使用 5% 的配额投资相等金额。你从配额中获得的实际年收益率为多少？关于配额计划，你有什么结论？

3. 假设你认为至少应将一部分资金投资于美国的大公司股票。相比 Bledsoe 标准普尔 500 指数基金，Bledsoe 大公司股票基金的优势和劣势在哪里？

4. 在所有 401（k）计划投资的共同基金中，Bledsoe 小盘股基金的收益率最不稳定。为什么你想投资小盘股基金？如果仔细比较各种共同基金的费用，你会发现小盘股基金的费用是最高的。这是否会影响你投资小盘股基金？

5. 通常用夏普比率来衡量风险调整后的业绩表现。夏普比率的计算公式是将资产的风险溢价除以标准差。下面列出了过去 10 年来各基金的收益率及标准差，请计算每只基金的夏普比率。假设公司股票的预期收益率和标准差分别为 15% 和 65%，请计算股票的夏普比率。夏普比率是否适用于这些资产？什么情况下应该采用夏普比率？假设无风险收益率为 2.76%。

6. 你会选择什么样的投资组合？为什么？请仔细解释你的想法。

	10 年平均收益率	标准差
Bledsoe 标准普尔 500 指数基金	10.15%	23.85%
Bledsoe 小盘股基金	14.83	29.62
Bledsoe 大公司股票基金	11.08	26.73
Bledsoe 债券基金	8.15	10.34

第 11 章

收益与风险：资本资产定价模型

- 11.1　单个证券
- 11.2　预期收益率、方差与协方差
- 11.3　投资组合的收益率与风险
- 11.4　有效集
- 11.5　无风险借贷
- 11.6　公告、非预期收益与预期收益
- 11.7　风险：系统性与非系统性
- 11.8　多元化与投资组合的风险
- 11.9　市场均衡
- 11.10　风险与预期收益率之间的关系（资本资产定价模型）

开篇故事

2016年年初，林木宝公司（Lumber Liquidators）、领英公司（LinkedIn）以及普信公司（T. Rowe Price）都发布了重大公告。无一例外，这些公告发布后公司股价都出现了变化。

硬木地板零售商林木宝公司宣布，对于存在安全性问题的强化木地板，它已同意向加利福尼亚州支付250万美元作为和解费。当天，该公司股价上涨了大约16%。对于领英来说，作为一家与就业相关的社交媒体公司，其盈利高于分析师预期，每股收益为0.12美元，超过了预期的盈亏平衡每股收益。尽管如此，该公司股价仍然下跌了大约44%。著名的共同基金公司普信则宣布其2015年第四季度盈利减少了4%，但该公司股价却上涨了3.7%。

领英公司的公告似乎是好消息，但是它的股价却下跌了。林木宝公司和普信公司的公告看上去是坏消息，但它们的股价却上涨了。那么，好消息何时才真的是好消息？回答这个问题最根本的是要理解风险和收益。本章将对此进行详细探讨。

11.1 单个证券

在第11章的第一部分，我们将讨论单个证券的特征，特别是以下方面：

1. 预期收益率。预期收益率是指个人预期股票在未来一段时期里将会获得的收益率。当然，因为这仅仅是一种预期，所以实际收益率可能会更高或更低。个人的预期收益率可能是证券过去所获得的每一期收益率的均值。另外，它也可能是在对企业前景、某些电脑模型或者特定（或内幕）消息进行详细分析的基础上产生的。

2. 方差与标准差。有许多方法可用来评估一种证券收益率的波动性。其中一种最常用的方法就是方差，它以一种证券的收益率与其预期收益率离差的平方来衡量。标准差是方差的平方根。

3. 协方差与相关系数。各种证券的收益率是彼此相关的。协方差是用来衡量两种证券相互关系的统计指标。此外，这种关系也用这两种证券的相关系数来反映。协方差和相关系数是理解贝塔系数的重要基础。

11.2 预期收益率、方差与协方差

预期收益率与方差

假设财务分析师认为下一年度经济会出现四种状况：萧条、衰退、正常和繁荣，每种状况发生的概率各不相同。Supertech公司的收益率 R_A 预期与经济状况紧密相关，而Slowpoke公司的收益率 R_B 并非如此。预期收益率具体如下：

经济状况	经济状况的概率	Supertech公司的收益率 R_A	Slowpoke公司的收益率 R_B
萧条	0.10	−30%	0%

续前表

经济状况	经济状况的概率	Supertech 公司的收益率 R_A	Slowpoke 公司的收益率 R_B
衰退	0.20	−10	5
正常	0.50	20	20
繁荣	0.20	50	−5

方差的计算可以分为四个步骤。① 此外，若要计算标准差，则需再增加一个步骤（计算结果如表 11－1 所示）。具体步骤如下：

表 11－1　方差与标准差的计算

(1) 经济状况	(2) 经济状况的概率	(3) 收益率	(4) 相对于预期收益率的离差	(5) 离差的平方值	(6) 乘积 (2)×(5)
Supertech 公司（预期收益率＝0.15）					
		R_A	$R_A-\mathrm{E}(R_A)$	$(R_A-\mathrm{E}(R_A))^2$	
萧条	0.10	−0.30	−0.45	0.202 5	0.020 25
衰退	0.20	−0.10	−0.25	0.062 5	0.012 50
正常	0.50	0.20	0.05	0.002 5	0.001 25
繁荣	0.20	0.50	0.35	0.122 5	0.024 50
				$\mathrm{Var}(R_A)=\sigma_A^2=$	0.058 50
Slowpoke 公司（预期收益率＝0.10）					
		R_B	$R_B-\mathrm{E}(R_B)$	$(R_B-\mathrm{E}(R_B))^2$	
萧条	0.10	0.00	−0.10	0.010 0	0.001 00
衰退	0.20	0.05	−0.05	0.002 5	0.000 50
正常	0.50	0.20	0.10	0.010 0	0.005 00
繁荣	0.20	−0.05	−0.15	0.022 5	0.004 50
				$\mathrm{Var}(R_B)=\sigma_B^2=$	0.011 00

1. 计算预期收益率 $\mathrm{E}(R_A)$ 和 $\mathrm{E}(R_B)$，也就是将每一个可能的收益率乘以其发生概率，然后加总。

Supertech 公司：

$$0.10\times(-0.30)+0.20\times(-0.10)+0.50\times0.20+0.20\times0.50=0.15=15\%=\mathrm{E}(R_A)$$

Slowpoke 公司：

$$0.10\times0.00+0.20\times0.05+0.50\times0.20+0.20\times(-0.50)=0.10=10\%=\mathrm{E}(R_B)$$

2. 如表 11－1 中第 4 列所示，接下来计算两家公司每一个可能的收益率相对于预期收益率的离差。

3. 下一步，将第 4 列的离差进行平方，如表 11－1 中第 5 列所示。

4. 最后，将每一个平方后的离差乘以其发生概率，然后加总。如表 11－1 所示，得出 Supertech 公司的方差为 0.058 5，Slowpoke 公司的方差为 0.011 0。

5. 一如以往，为了获得标准差，我们只要将方差开平方：

① 请注意，在本章中我们使用了一种不同的方法计算方差：在第 10 章中，我们是通过样本的历史收益率估计总体方差；在本章中，我们是从一个已知分布中计算总体方差。

Supertech公司：

$$\sqrt{0.0585}=0.242=24.2\%=\mathrm{SD}(R_A)=\sigma_A$$

Slowpoke公司：

$$\sqrt{0.0110}=0.105=10.5\%=\mathrm{SD}(R_B)=\sigma_B$$

协方差和相关系数

方差和标准差衡量了单只股票的变动性。现在，我们希望测度一只股票的收益和另一只股票的收益之间的关系。下面引入**协方差**（covariance）和**相关系数**（correlation）的概念。

协方差和相关系数用来衡量两个随机变量之间是如何相关的。我们通过延伸之前讨论的Supertech公司和Slowpoke公司的例子来阐述这两个概念。

例11.1 计算协方差和相关系数

我们已经确定了Supertech公司和Slowpoke公司的预期收益率和标准差。Supertech公司和Slowpoke公司的预期收益率分别为0.15和0.10，标准差分别为0.242和0.105。此外，我们还计算了每家企业每一个可能收益率相对于预期收益率的离差。利用这些数据，协方差可以通过两个步骤来计算，计算相关系数则需要三个步骤。

1. 对于每一种经济状况，将Supertech公司相对于预期收益率的离差与Slowpoke公司相对于预期收益率的离差相乘。例如，Supertech公司在萧条期的收益为−0.30，它相对于预期收益率的离差为−0.45（=−0.30−0.15）。Slowpoke公司在萧条期的收益率为0.00，它相对于预期收益率的离差为−0.10(=0.00−0.10)。将这两个离差相乘得到0.0450［=(−0.045)×(−0.10)］。实际的计算结果如表11-2中第（5）列①所示。这个过程可以用数学公式表示为：

$$(R_A-\mathrm{E}(R_A))\times(R_B-\mathrm{E}(R_B)) \qquad [11.1]$$

式中，R_A 和 R_B 分别为Supertech公司和Slowpoke公司的收益率；$\mathrm{E}(R_A)$ 和 $\mathrm{E}(R_B)$ 分别为这两种证券的预期收益率。

表11-2 计算协方差与相关系数

(1) 经济状况	(2) 经济状况的概率	(3) 相对于预期收益率的离差 Supertech公司	(4) Slowpoke公司	(5) 离差的乘积	(6) 乘积 (2)×(5)
萧条	0.10	−0.45	−0.10	0.0450	0.00450
衰退	0.20	−0.25	−0.05	0.0125	0.00250
正常	0.50	0.05	0.10	0.0050	0.00250
繁荣	0.20	0.35	−0.15	−0.0525	−0.01050
				$\mathrm{Cov}(R_A, R_B)=\sigma_{A,B}=$	−0.001

① 原文为“最后一栏”，有误。——译者注

2. 一旦获得了这两种证券离差的乘积，再将每一个乘积分别乘以其发生概率然后加总，即可得到协方差。

请注意，将 Supertech 公司和 Slowpoke 公司之间的协方差表示为 $\mathrm{Cov}(R_A, R_B)$ 或者 $\sigma_{A,B}$。式［11.1］阐述了协方差的本质。假设当 Slowpoke 公司的收益率高于其平均值时，Supertech 公司的收益率一般也高于其平均值；而当 Slowpoke 公司的收益率低于其平均值时，Supertech 公司的收益率一般也低于其平均值。这表明这两种证券的收益率存在正向的依赖性或者说正相关关系。值得注意的是，当两个收益率都高于其平均值时，式［11.1］的计算结果为正。此外，当两个收益率都低于其平均值时，式［11.1］的计算结果仍然为正。因此，这两个收益率之间的正相关关系将产生正的协方差。

相反，假设当 Slowpoke 公司的收益率低于其平均值时，Supertech 公司的收益率一般高于其平均值；而当 Slowpoke 公司的收益率高于其平均值时，Supertech 公司的收益率则一般低于其平均值。这表明这两种证券的收益率存在负向的依赖性或者说负相关关系。值得注意的是，只要一个收益率高于其平均值，另一个收益率就低于其平均值，那么式［11.1］的计算结果都将会是负的。因此，这两个收益率之间的负相关关系将产生负的协方差。

最后，假设这两个收益率之间没有任何关系。在这种情况下可知，无论 Supertech 公司的收益率是高于还是低于其预期收益率，都不能告诉我们关于 Slowpoke 公司收益率的任何信息。那么，在协方差的公式中，离差将不会存在正的或负的趋势。平均而言，它们倾向于彼此抵消和平衡，使得协方差为零。

当然，即使这两种证券的收益率彼此不相关，在现实中协方差公式算得的结果也不会正好等于零。这主要源于样本误差，随机性使得计算结果或者为正或者为负。但是，对于历史时间足够长的样本，如果两种证券的收益率彼此无关，我们应该预期其协方差接近于零。

协方差计算似乎捕捉到了我们正在寻找的东西。如果这两个收益率彼此正相关，那么它们将有一个正的协方差；如果它们彼此负相关，那么协方差将会是负的。最后，也是非常重要的，如果它们不相关，那么协方差应该为零。

我们算得的协方差为－0.001。像这样的负数意味着当一种股票的收益率低于其平均值时，另一种股票的收益率有可能高于其平均值，反之亦然。然而，协方差数字的大小很难解释。与方差的计算类似，协方差也是以离差的平方为单位的。除非能正确地使用，否则我们不知道计算它来做什么。

我们可以通过计算相关系数来解决这个问题。

3. 为了计算相关系数，将协方差除以这两种证券的标准差之积。例如，我们可计算得到：

$$\rho_{A,B}=\mathrm{Corr}(R_A,R_B)=\frac{\mathrm{Cov}(R_A,R_B)}{\sigma_A\times\sigma_B} \qquad [11.2]$$

$$=\frac{-0.001}{0.242\times0.105}$$

$$=-0.039$$

式中，σ_A 和 σ_B 分别为 Supertech 公司和 Slowpoke 公司的标准差。请注意，我们使用 $\text{Corr}(R_A, R_B)$ 或 $\rho_{A,B}$ 来代表 Supertech 公司与 Slowpoke 公司的相关系数。这两个变量的顺序并不重要，即 A 与 B 的相关系数等于 B 与 A 的相关系数。更正式地说，$\text{Corr}(R_A, R_B)=\text{Corr}(R_B, R_A)$，或者 $\rho_{A,B}=\rho_{A,B}$。协方差亦然。

由于标准差总是为正，两个变量之间相关系数的符号肯定与这两个变量之间协方差的符号是一样的。如果相关系数为正，那么我们说这两个变量正相关；如果相关系数为负，那么我们说它们负相关；如果相关系数为零，那么我们说它们不相关。进一步地，可以证明相关系数总是在+1和−1之间，这是由于有一个协方差除以两个标准差乘积的标准化过程。

我们能够比较不同的两对证券之间的相关系数。例如，事实证明通用汽车与福特的相关系数要远远高于通用汽车与 IBM 的相关系数。因此，我们可以认为第一对证券要比第二对证券更加相关。

图 11-1 显示了两种资产 A 和 B 之间相关系数的三种基准情况。该图展示了这两种资产收益率的相关系数分别为+1，−1和0，意味着完全正相关、完全负相关和不相关三种情况。图中分别绘制了两种证券在不同时间内各自的收益率情况。

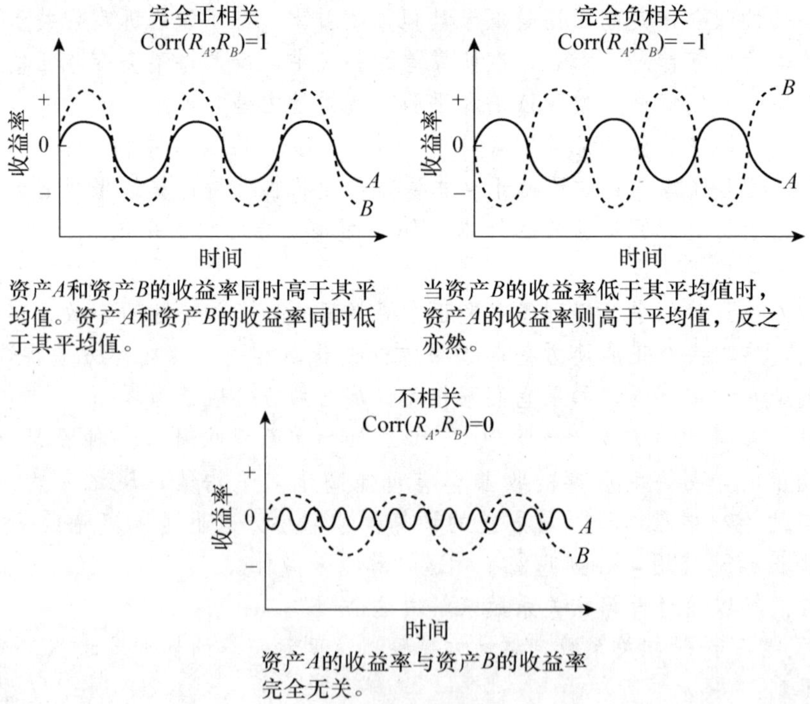

图 11-1　三种相关系数示例

11.3　投资组合的收益率与风险

假设一位投资者已经估计出单个证券的预期收益率与标准差以及这些证券之间的相关系数。那么，这位投资者应该如何选择最佳的证券混合方式或者说**投资组合**（portfolio）呢？显然，这位投资者希望拥有一个高预期收益率、低标准差的投资组合。因此，需要考虑：

1. 单个证券的预期收益率与这些证券组成的投资组合的预期收益率之间的关系。

2. 单个证券标准差之间的关系、这些证券的相关系数以及这些证券组成的投资组合的标准差。

为了分析以上两种关系，我们将继续沿用 Supertech 公司和 Slowpoke 公司的例子。相关的计算如下。

投资组合的预期收益率

投资组合预期收益率的计算公式非常简单：

投资组合的预期收益率等于构成投资组合的所有单个证券预期收益率的加权平均值。

Supertech 公司和 Slowpoke 公司例子中的相关数据

项目	符号	数值
Supertech 公司的预期收益率	$E(R_{Super})$	0.15＝15%
Slowpoke 公司的预期收益率	$E(R_{Slow})$	0.10＝10%
Supertech 公司的方差	σ^2_{Super}	0.058 5
Slowpoke 公司的方差	σ^2_{Slow}	0.011 0
Supertech 公司的标准差	σ_{Super}	0.242＝24.2%
Slowpoke 公司的标准差	σ_{Slow}	0.105＝10.5%
Supertech 公司与 Slowpoke 公司的协方差	$\sigma_{Super,Slow}$	−0.001
Supertech 公司与 Slowpoke 公司的相关系数	$\rho_{Super,Slow}$	−0.039

例 11.2　投资组合的预期收益率

考虑 Supertech 公司和 Slowpoke 公司。从上面的表格可发现，这两种证券的预期收益率分别为 15%和 10%。

这两种证券构成的投资组合的预期收益率可以表示为：

$$\text{投资组合的预期收益率} = X_{Super}(15\%) + X_{Slow}(10\%) = R_\rho$$

式中，X_{Super} 是指 Supertech 公司在投资组合中的占比；X_{Slow} 是指 Slowpoke 公司在投资组合中的占比。如果投资者拥有 100 美元，60 美元投资于 Supertech 公司，而 40 美元投资于 Slowpoke 公司，那么这个投资组合的预期收益率可以表示为：

投资组合的预期收益率＝0.6×15%＋0.4×10%＝13%

在代数上，可以表示为：

$$投资组合的预期收益率 = X_A E(R_A) + X_B E(R_B) = E(R_P) \quad [11.3]$$

式中，X_A 和 X_B 分别是总的投资组合中资产 A 和资产 B 的占比。（因为投资者仅仅投资了两种证券，所以 $X_A + X_B$ 一定等于1或者100%。）$E(R_A)$ 和 $E(R_B)$ 分别是这两种证券的预期收益率。

现在，我们来考虑两只股票，每一只股票的预期收益率为10%。那么无论持有这两只股票的比例是多少，由这两只股票构成的投资组合的预期收益率也必然为10%。此时这一结果似乎是显而易见的，但是它在后续的分析中将变得非常重要。该结果意味着，你不会因为投资于许多证券而减少甚至消除（dissipate）预期收益率。相反，你的投资组合的预期收益率就是构成投资组合的各项资产的预期收益率的加权平均值。

投资组合的方差和标准差

方差 由两种证券 A 和证券 B 组成的投资组合的方差计算公式如下：

$$\text{Var}(组合) = X_A^2 \sigma_A^2 + 2X_A X_B \sigma_{A,B} + X_B^2 \sigma_B^2 \quad [11.4]$$

请注意，在上式的右边共有三项（除了投资比例 X_A 与 X_B）。第一项包含证券 A 的方差（σ_A^2），第二项包含这两种证券的协方差（$\sigma_{A,B}$），而第三项包含证券 B 的方差（σ_B^2）。（正如本章之前所阐述的，$\sigma_{A,B} = \sigma_{B,A}$。也就是说，在表示两种证券的协方差时，变量的顺序是无关紧要的。）

这个公式表明了重要的一点，即一个投资组合的方差取决于单个证券的方差以及这两种证券之间的协方差。证券的方差衡量的是单个证券收益率的波动性，协方差则衡量了两种证券之间的关系。在某个证券的方差给定的情况下，两种证券的相关系数或者协方差为正会增加整个投资组合的方差。两种证券的相关系数或者协方差为负则会降低整个投资组合的方差。这个重要的结果似乎与常识相符。如果在你所持有的两种证券中，当其中一种证券上涨时另一种则下跌，反之亦然，那么这两种证券就是相互抵消的。此时你就实现了在金融中所谓的“对冲”（hedge），而你的整个投资组合的风险将会较低。然而，如果你的两种证券同涨同跌，那么你根本没有实现任何对冲。因此，你的整个投资组合的风险将会较高。

证券 Supertech 和 Slowpoke 的方差的计算公式为：

$$\text{Var}(组合) = X_{\text{Super}}^2 \sigma_{\text{Super}}^2 + 2X_{\text{Super}} X_{\text{Slow}} \sigma_{\text{Super,Slow}} + X_{\text{Slow}}^2 \sigma_{\text{Slow}}^2$$

考虑先前的假设，某人拥有100美元，60美元投资于 Supertech 公司，40美元投资于 Slowpoke 公司，$X_{\text{Super}} = 0.6$，$X_{\text{Slow}} = 0.4$。根据这个假设以及之前表格中的相关数据，该投资组合的方差为：

$$0.0223 = 0.36 \times 0.0585 + 2 \times [0.6 \times 0.4 \times (-0.001)] + 0.16 \times 0.0110$$

投资组合的标准差 现在，我们能够确定投资组合的标准差，也就是：

$$\sigma_P = \text{SD}(\text{组合}) = \sqrt{\text{Var}(\text{组合})} \quad [11.5]$$
$$= \sqrt{0.0223} = 0.1493 = 14.93\%$$

投资组合标准差的解释与单个证券标准差的解释是一样的。我们之前已算出投资组合的预期收益率是 13%，那么 −1.93% 的收益率是低于该平均值一个标准差（13%−14.93%），而 27.93% 的收益率是高于该平均值一个标准差（13%+14.93%）。如果投资组合的收益率呈正态分布，那么收益率出现在 −1.93% 和 27.93% 之间的概率将为 68%。①

投资组合的多元化效应 比较投资组合的标准差与单个证券的标准差具有重要的意义。单个证券标准差的加权平均值为：

$$\text{标准差的加权平均值} = X_{\text{Super}}\sigma_{\text{Super}} + X_{\text{Slow}}\sigma_{\text{Slow}} \quad [11.6]$$
$$0.187 = 0.6 \times 0.242 + 0.4 \times 0.105$$

本章最重要的内容之一就是式［11.5］和式［11.6］的区别。在我们的例子中，投资组合的标准差低于单个证券标准差的加权平均值。

我们先前指出，投资组合的预期收益率是单个证券预期收益率的加权平均值。由此可见，对于投资组合的标准差，我们得到了一个不同于投资组合预期收益率的结果。

一般认为，我们得出投资组合的标准差小于单个证券标准差的加权平均值是由于多元化的缘故。例如，Supertech 公司和 Slowpoke 公司这两种证券具有微弱的负相关关系（$\rho = -0.039$）。如果 Slowpoke 公司的收益高于平均值，则 Supertech 公司的收益有可能略低于平均值。类似地，如果 Slowpoke 公司的收益低于平均值，则 Supertech 公司的收益有可能略高于平均值。因此，由这两种证券组成的投资组合的标准差就会小于这两种证券标准差的加权平均值。

上面的例子是负相关的。显然，如果两种证券正相关，那么这种多元化所产生的好处就会减少。两种证券的正向相关系数达到多高时，多元化产生的所有好处会消失呢？

为了回答这个问题，将式［11.4］改写为相关系数而非协方差的形式。首先，请注意协方差可以改写为：

$$\sigma_{\text{Super,Slow}} = \rho_{\text{Super,Slow}}\sigma_{\text{Super}}\sigma_{\text{Slow}} \quad [11.7]$$

上述公式表明，两种证券之间的协方差等于这两种证券之间的相关系数乘以每一种证券的标准差。换句话说，协方差包含：（1）两种资产之间的相关系数；（2）用标准差衡量的这两种证券各自的波动性。

根据本章先前的计算结果，得到这两种证券的相关系数是 −0.039。因此，投资组合的方差可以表示为：

$$\text{投资组合的方差} = X^2_{\text{Super}}\sigma^2_{\text{Super}} + 2X_{\text{Super}}X_{\text{Slow}}\rho_{\text{Super,Slow}}\sigma_{\text{Super}}\sigma_{\text{Slow}} + X^2_{\text{Slow}}\sigma^2_{\text{Slow}} \quad [11.8]$$

① 因为 Supertech 公司和 Slowpoke 公司都只有四种可能的收益，所以这两种证券的收益都不属于正态分布。因此，在我们的例子中，这个概率会有一些不同。

$$0.0223=0.36\times 0.0585+2\times 0.6\times 0.4\times(-0.039)\times 0.242\times 0.105+0.16\times 0.0110$$

等式右边的中间那一项被写成了相关系数 ρ，而不是协方差。

假设 $\rho_{\text{Super,Slow}}=1$，即相关系数可能的最大值。假设这个例子中所有的其他参数都相同。那么投资组合的方差为：

$$\begin{aligned}\text{投资组合的方差}&=0.035\\&=0.36\times 0.0585+2\times(0.6\times 0.4\times 1\times 0.242\times 0.105)\\&\quad+0.16\times 0.0110\end{aligned}$$

则标准差为：

$$\text{投资组合的标准差}=\sqrt{0.035}=0.187=18.7\%$$

请注意，上式与式［11.6］的结果是相等的。也就是说，当 $\rho=1$ 时，投资组合的标准差等于单个证券标准差的加权平均值。查看式［11.8］可发现，只要相关系数小于1，那么投资组合的方差以及标准差都会下降。由此可得出如下结论：

只要 $\rho<1$，由两种证券构成的投资组合的标准差就会小于这两种证券标准差的加权平均值。

换句话说，只要不是完全相关（$\rho<1$），这种多元化效应就会存在。因此，Supertech公司与Slowpoke公司的例子只是一个特例。我们使用了一个负相关的例子来说明投资组合的多元化效应，也可以用一个正相关的例子来说明多元化效应——只要它不是完全正相关。

扩展到多种资产 上述理解还可以拓展到多种资产的情况。也就是说，只要这些证券两两之间的相关系数小于1，那么由许多种资产构成的投资组合的标准差就会低于单个证券标准差的加权平均值。

现在来考虑表11－3，它显示了最近10年标准普尔500指数的标准差（基于年收益率计算得到）以及该指数中一些成分股的标准差。请注意，表格中所有的单个证券都要比指数具有更高的标准差。通常来说，一种指数中大部分单个证券的标准差都将高于该指数本身的标准差，虽然也有一些证券的标准差会低于指数的标准差。

表11－3　2006—2015年标准普尔500指数及其部分成分股的标准差

资产	标准差
标准普尔500指数	15.09%
IBM	17.99
迪士尼	22.58
微软	24.59
英国石油公司	28.98
谷歌	30.49
苹果	33.02
亚马逊	38.48
美国银行	50.02
福特	58.63

11.4 有效集

两种资产的情形

图 11－2 绘制了 Supertech 公司和 Slowpoke 公司预期收益率与标准差的结果。在该图中，一个点标记为 Slowpoke 公司，另一个点标记为 Supertech 公司。每个点代表了单个证券的预期收益率与标准差。如图所示，Supertech 公司拥有较高的预期收益率和较高的标准差。

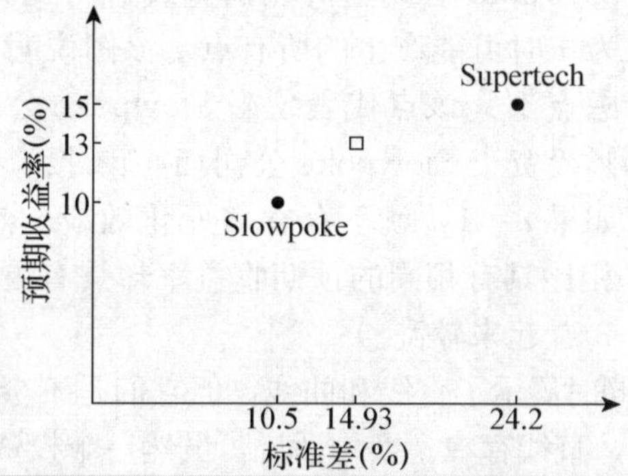

图 11－2 Supertech 公司、Slowpoke 公司以及 60％投资于 Supertech 公司而 40％投资于 Slowpoke 公司所构成的投资组合的预期收益率和标准差

图中的方框"□"代表 60％投资于 Supertech 公司而 40％投资于 Slowpoke 公司的投资组合。我们之前已经计算过这个投资组合的预期收益率和标准差。

60％投资于 Supertech 公司而 40％投资于 Slowpoke 公司的选择，仅仅是可以创建的无数种投资组合中的一种。图 11－3 的曲线描绘了这无数种投资组合所形成的投资组合集。

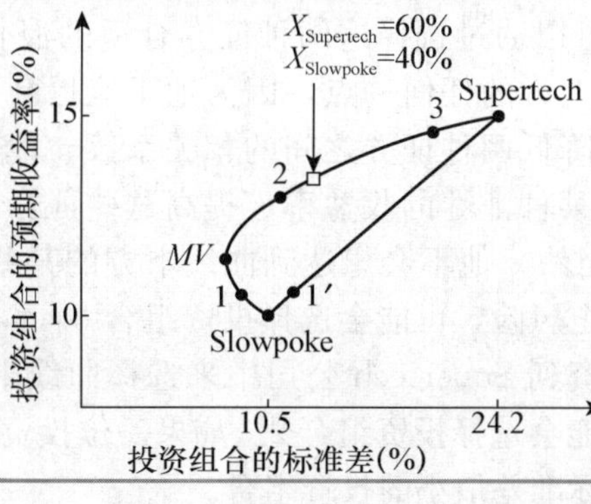

图 11－3 持有 Slowpoke 公司与 Supertech 公司股票所构成的投资组合集（这两种股票之间的相关系数为－0.039）

说明：投资组合 1：90％投资于 Slowpoke 公司，而 10％投资于 Supertech 公司（ρ＝－0.039）。

投资组合 2：50％投资于 Slowpoke 公司，而 50％投资于 Supertech 公司（ρ＝－0.039）。

投资组合 3：10％投资于 Slowpoke 公司，而 90％投资于 Supertech 公司（ρ＝－0.039）。

投资组合 1′：90％投资于 Slowpoke 公司，而 10％投资于 Supertech 公司（ρ＝1）。

点 *MV* 表示最小方差投资组合。这是一个使得方差最小的投资组合。根据定义，这个投资组合肯定也具有最小的标准差。

考虑投资组合1。这是一个90%投资于Slowpoke公司而10%投资于Supertech公司的投资组合。由于Slowpoke公司占据了大部分权重，因此在图中该投资组合似乎会靠近Slowpoke公司这一点。投资组合2在曲线上的位置更高，这是因为50%投资于Slowpoke公司而另外50%投资于Superpoke公司。投资组合3则接近Supertech公司的那一点，因为这个投资组合90%投资于Supertech公司而10%投资于Slowpoke公司。

关于图11-3，有一些需要注意的要点：

1. 我们认为，只要两种证券的相关系数小于1，投资组合的多元化效应就会产生。Supertech公司和Slowpoke公司的相关系数为-0.039。这种多元化效应可以通过与连接Supertech公司和Slowpoke公司这两点的直线进行比较予以说明。这条直线代表了这两种证券相关系数为1时可能产生的所有点。该图说明了多元化效应，因为曲线总是位于直线的左侧。考虑点1′。该点代表了当Slowpoke公司与Supertech公司的相关系数正好等于1时，90%投资于Slowpoke公司而10%投资于Supertech公司所构成的投资组合。我们认为，如果$\rho=1$，就不存在多元化效应。然而，多元化效应适用于该曲线，因为点1与点1′相比具有相同的预期收益率却具有更低的标准差。（点2′和点3′已被省略，以免图11-3看起来较乱。）

虽然图11-3中同时展示了直线和曲线，但它们是不会同时存在的。要么$\rho=-0.039$，曲线存在；要么$\rho=1$，直线存在。换句话说，虽然一个投资者可以在$\rho=-0.039$的曲线上选择不同的点，但是他不能在曲线上的点和直线上的点之间进行选择。

2. 点MV代表最小方差投资组合。这是一个使得方差最小的投资组合。根据定义，这个投资组合肯定也具有最小的标准差。（最小方差投资组合是文献中的标准术语，我们将使用该术语。使用最小标准差投资组合实际上会更好，因为图11-3中横轴测度的是标准差而非方差。）

3. 一位投资者在考虑投资于一项由Slowpoke公司与Supertech公司所构成的投资组合时，将面临图11-3中所示的**机会集**（opportunity set）或**可行集**（feasible set）。也就是说，他可以通过选择这两种证券合适的混合比例来达到曲线上的任何一点。他不能达到曲线上方的任何一点，因为他不能提高某种证券的收益率、降低这些证券的标准差，或是降低两种证券之间的相关系数。他也不能达到曲线下方的任何一点，因为他不能降低某种证券的收益率、提高这些证券的标准差，或是提高两种证券之间的相关系数。（当然，他不会想达到曲线下方的某些点，即便他真的能这么做。）

如果他能承受一定风险，可能会选择投资组合3。（事实上，他甚至可以通过将所有的钱孤注一掷地投资到Supertech公司中来选择曲线末端的那个点。）如果他的风险承受能力较低，则可能会选择投资组合2。如果一位投资者希望风险尽可能低，将会选择点MV，即方差或标准差最小的投资组合。

4. 请注意，Slowpoke公司这一点与点MV之间的这段曲线是向后弯曲的。这说明，在一部分可行集上，随着预期收益率的提高，标准差实际上却在降低。学生们往往会问："为什么增加风险较高的证券的比例，如Supertech公司的股票，会导致投资组合的风险降低呢?"

这一令人惊讶的结果源于投资组合的多元化效应。这两种证券的收益率彼此之间是负相关的，当一种证券的收益率呈上升趋势时，另一种证券的收益率则在下降，反之亦然。所以，相比仅仅由 Slowpoke 公司股票构成的投资组合而言，增加少量的 Supertech 公司股票可以发挥对冲的作用。投资组合的风险降低了，意味着曲线会向后弯曲。实际上，如果 $\rho \leqslant 0$，那么曲线总是向后弯曲的。而如果 $\rho > 0$，则曲线可能会也可能不会向后弯曲。当然，曲线向后弯曲仅仅构成曲线中的某一段。随着投资者持续增加 Supertech 公司股票在投资组合中的占比，这种证券较高的标准差最终会导致整个投资组合标准差的提高。

5. 没有投资者愿意持有一个预期收益率低于最小方差投资组合的投资组合。例如，没有投资者愿意选择投资组合 1。该投资组合比最小方差投资组合具有更低的预期收益率，却有更高的标准差。我们说该投资组合（比如投资组合 1）劣于最小方差投资组合。虽然 Slowpoke 至 Supertech 两点之间的整段曲线被称为可行集，但是投资者只会考虑 *MV* 至 Supertech 两点之间的部分曲线。所以，*MV* 至 Supertech 两点之间的曲线被称为**有效集**（efficient set）或者**有效边界**（efficient frontier）。

图 11－3 展示了当 $\rho = -0.039$ 时的机会集。图 11－4 值得深入考察，该图显示了不同相关系数下的不同曲线。如图所示，相关系数越小，曲线越弯曲。这表明随着 ρ 的降低，多元化效应在增强。当 $\rho = -1$ 时，弯曲程度最大，这是完全负相关的情况。虽然这种 $\rho = -1$ 的极端情况似乎会激发学生的强烈兴趣，但它几乎没有任何实践意义。大多数证券两两之间都是正相关的。高度负相关对于普通的证券如股票和债券而言，是很罕见的，更别说是完全负相关。

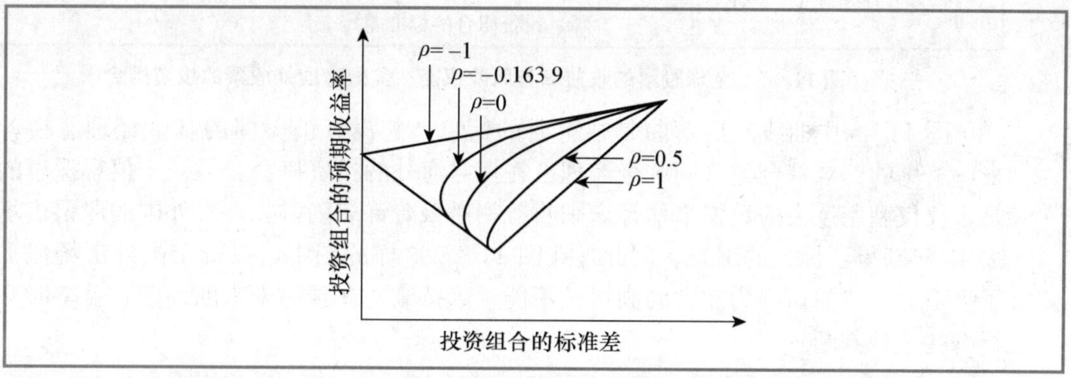

图 11－4　持有 Slowpoke 公司与 Supertech 公司股票所构成的机会集

说明：每一条曲线代表了不同的相关系数。相关系数越小，曲线越弯曲。

请注意，一对证券之间只有一个相关系数。我们之前提到，Slowpoke 公司与 Supertech 公司之间的相关系数为－0.039。因此，图 11－3 中代表这一相关系数的曲线才是正确的，而图 11－4 中的其他曲线仅仅是假设的情况。

我们考察图 11－4 并不仅仅是因为求知欲，而是有效集在现实世界中可以很容易地计算出来。如前所述，收益、标准差以及相关系数等数据通常是从过去的观察资料中获取的，虽然也可以通过主观推断来确定这些参数的值。一旦这些参数确定，可以任意选择一种软件包来生成有效集。然而，在有效集内选择哪一个偏好的投资组合取决于你自己。就像其他重要的决策，比如选择哪个工作、买哪套房子或哪辆汽车以及分配多少时间在这门课程上，没有哪种计算机程序能够选择投资者所偏好的投资组合。

有效集可以由两个本身就是投资组合的单种资产构成。例如，图 11－5 中的两种资产是美国股票的多元化投资组合以及国外股票的多元化投资组合。预期收益率、标准差以及相关系数都是根据最近的数据计算得到的，在分析中不涉及主观设想。美国股票投资组合的标准差大约为0.17，其风险要低于国外股票投资组合，后者的标准差约为0.22。然而，将较小比例的国外股票投资组合与美国股票投资组合进行组合实际上降低了风险，这可以从曲线向后弯曲的特征看出来。换言之，两种不同的投资组合组合在一起所带来的多元化好处，远远超过了在原来持有的投资组合中引入较高风险的股票组合所带来的风险。当投资基金中大约80%为美国股票而20%为国外股票时，就产生了最小方差投资组合。在这一点上继续增加国外股票的比例就会加大整个投资组合的风险。

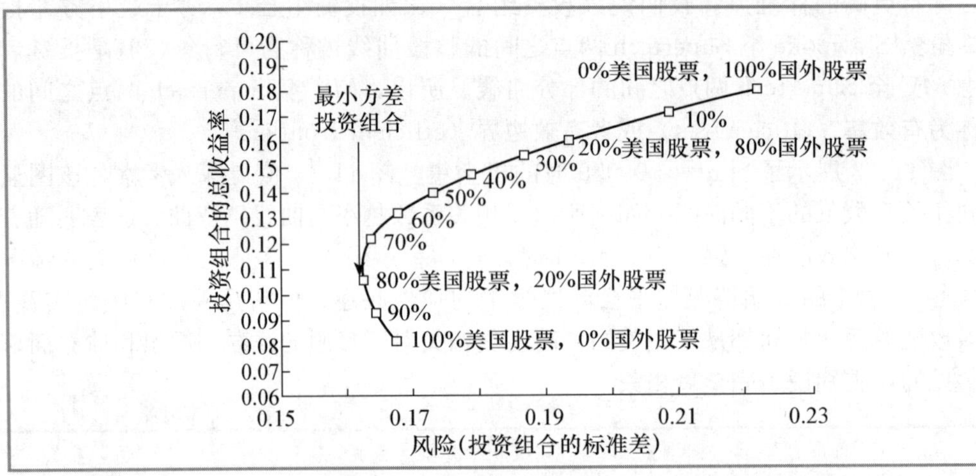

图11-5　全球股票的收益率与风险权衡：美国与国外股票的投资组合

图11-5中曲线向后弯曲是很重要的信息，它没有被美国的基金经理忽视。近年来，美国的养老基金与共同基金经理已在探寻海外的投资机会。另一个值得深思的问题是，仅仅利用过去的数据来估计未来收益率潜藏着许多陷阱。许多外国的股票市场在过去40年获得了惊人的增长。因此，在图11-5这样的图中，投资于国外市场似乎充满了吸引力。然而，因为超常的高增长不能永远持续，在预测未来的预期收益率时必须进行一些主观判断。

多种证券的有效集

先前的讨论只涉及两种证券。我们发现用一条简单的曲线就可以勾勒出所有可能的投资组合。由于投资者通常持有两种以上的证券，因此应该看看当持有两种以上证券时，那幅图会是怎样的。图11-6的阴影部分代表了在考虑多种证券时的机会集或可行集。阴影部分代表了一个投资组合所有可能的预期收益率与标准差的组合。例如，在100种证券的总体中，点1可能代表一个投资组合，比如说包含40种证券。点2可能代表一个包含80种证券的组合。点3可能代表一个包含另外80种证券的组合，或者同样的80种证券但比例不同的组合，又或者其他一些组合。显然，这些组合几乎是无穷的。然而，请注意所有可能的组合将会落在一个有限的区域内。没有哪一种证券或者投资组合能够落在阴影区域外面。也就是说，没有人能够选择一个预期收益率超过给定阴影区域的投资组合。此外，也没有人能够选择一个标准差低于给定阴影区域的投资组合。或许更让人惊讶的是，没有人能够选择一个预期收益率低于给定曲线的投资组合。换句话说，资本市场实际上防止了自我毁灭的投资者承担确定无疑的损失。①

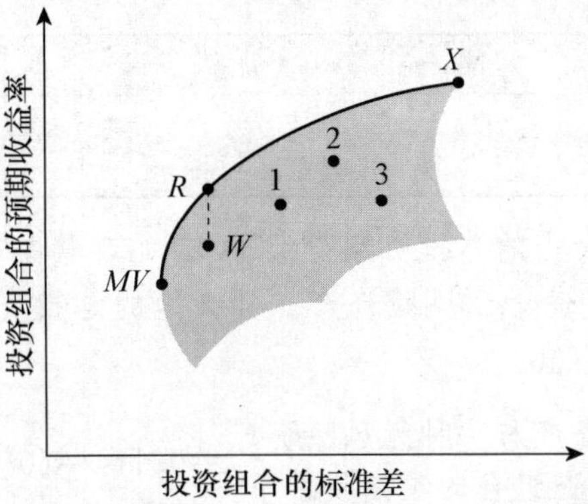

图 11-6 由多种证券构成的投资组合的可行集

图 11-6 与之前的图不同。当只涉及两种证券时，所有的组合位于一条曲线上。相反，许多种证券的组合则会覆盖一片完整的区域。然而，请注意投资者只希望投资组合位于 *MV* 与 *X* 两点之间的上方边界。这一边界就是我们在图 11-6 中用粗线表示的曲线，称为有效集。位于有效集下方的任何一点比有效集上对应的那点具有更低的预期收益率和同样的标准差。例如，考虑有效集上的点 *R* 及其正下方的点 *W*。如果点 *W* 所包含的风险就是你所希望的，那么你应该选择点 *R* 以获得更高的预期收益率。

图 11-6 与图 11-3 非常类似。图 11-3 中的有效集是从点 *MV* 到点 Supertech，它包含 Supertech 和 Slowpoke 公司股票的各种组合。而图 11-6 中的有效集是从点 *MV* 到点 *X*，它包含许多种证券的各种组合。图 11-6 中出现了整个阴影部分而图 11-3 没有，这并不是一个重要的区别，因为投资者无论如何都不会选择图 11-6 中有效集下方的任何一点。

我们之前曾提到，在现实中两种证券的有效集可以很容易地计算出来。当加入更多的证券时，这项工作会变得愈发困难，因为计算量将迅速增大。因此，当证券超过一定数量时，手工计算是不切实际的。许多软件包允许计算大小适中的投资组合的有效集。据说，这些软件包卖得很好，所以上面的讨论在实践中似乎很重要。

11.5 无风险借贷

图 11-6 假设所有有效集上的证券都是存在风险的。此外，投资者也可以将有风险的投资与低风险或无风险（risk-free）证券进行组合，比如投资于美国的国库券。下面举例说明。

① 当然，有些傻瓜要想浪费钱也是可以做到的。例如，他可以毫无目的地频繁交易，佣金不仅抵消而且会超过投资组合的正的预期收益。

例 11.3　无风险贷款与投资组合风险

巴格韦尔女士正在考虑投资 Merville 公司的普通股。此外，她可以按无风险利率进行借款或贷款。相关的参数为：

	Merville 公司普通股	无风险资产
预期收益率	14%	10%
标准差	0.20	0

假设巴格韦尔女士的总投资额为 1 000 美元，其中 350 美元投资于 Merville 公司的股票，650 美元投资于无风险资产。那么她的总投资的预期收益率就是这两种资产收益率的加权平均值：

$$\text{一种风险资产与一种无风险资产构成的投资组合的预期收益率}=0.114=(0.35\times 0.14)+(0.65\times 0.10)$$

因为投资组合的预期收益率为风险资产（Merville 公司的股票）的预期收益率与无风险资产收益率的加权平均值，所以其计算方法与我们计算两种风险资产相类似。也就是说，式［11.3］适用于此处。

根据式［11.4］，投资组合的方差计算公式可以表示为：

$$X^2_{\text{Merville}}\sigma^2_{\text{Merville}}+2X_{\text{Merville}}X_{\text{Risk-free}}\sigma_{\text{Merville, Risk-free}}+X^2_{\text{Risk-free}}\sigma^2_{\text{Risk-free}}$$

然而，根据定义，无风险资产没有波动性。因此，$\sigma_{\text{Merville, Risk-free}}$ 和 $\sigma^2_{\text{Risk-free}}$ 都等于零，上述等式可以简化为：

$$\text{一种风险资产与一种无风险资产构成的投资组合的方差}=X^2_{\text{Merville}}\sigma^2_{\text{Merville}} \qquad [11.9]$$

$$=0.35^2\times 0.20^2$$

$$=0.0049$$

投资组合的标准差为：

$$\text{一种风险资产与一种无风险资产构成的投资组合的标准差}=X_{\text{Merville}}\sigma_{\text{Merville}} \qquad [11.10]$$

$$=0.35\times 0.20$$

$$=0.07$$

一种风险资产与一种无风险资产的风险与预期收益率的关系如图 11－7 所示。巴格韦尔女士按照 35%和 65%的比例来配置两种资产，这可以表示在无风险利率和完全投资于 Merville 公司的股票这两点所形成的一条直线上。要注意的是，与两种风险资产情形不同的是，这里的机会集是一条直线而非曲线。

此外，也可以假设巴格韦尔女士以无风险利率借款 200 美元。这些钱加上她原本拥有的初始资本 1 000 美元，共 1 200 美元被用于投资 Merville 公司的股票。她的预期收益率为：

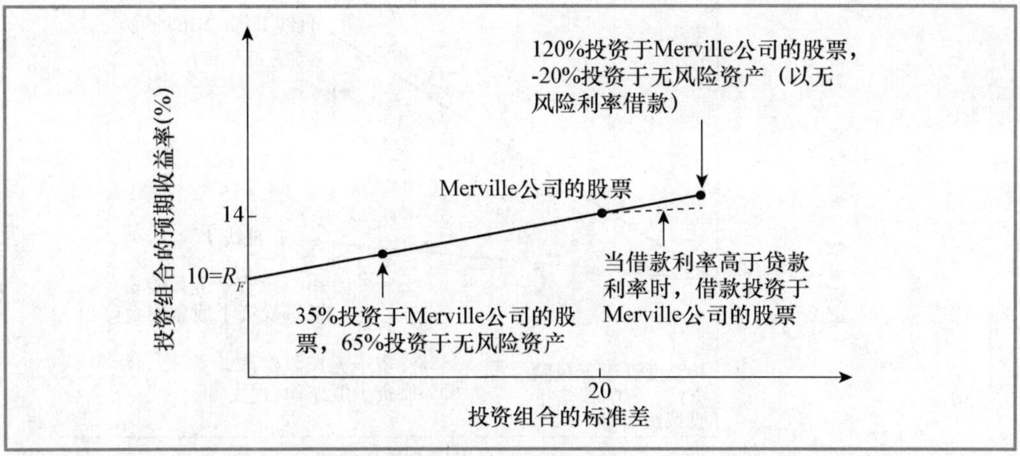

图 11-7　一种风险资产和一种无风险资产构成的投资组合的预期收益率与风险之间的关系

$$\text{借款投资于风险资产构成的投资组合的预期收益率} = 0.148 = 1.20\times0.14+(-0.2\times0.10)$$

在这里，她通过借入相当于初始投资 20%的资金，投资了 1 000 美元初始投资的 120%。请注意，14.8%的预期收益率要高于 Merville 公司股票 14%的预期收益率。这是因为她以 10%的利率借款，投资于预期收益率高于 10%的证券。

标准差为：

借款投资于风险资产构成的投资组合的标准差＝0.24＝1.20×0.2

标准差 0.24 要高于投资于 Merville 公司股票的标准差 0.20，这是因为借款会提高投资的波动性。这项投资也显示在图 11-7 中。

到目前为止，我们假设巴格韦尔女士能够按照她贷款的利率来取得借款。[1] 现在，让我们考虑借款利率高于贷款利率的情况。图 11-7 中的虚线说明了在这种借款情况下的机会集。虚线位于实线下方，这是因为较高的借款利率降低了投资的预期收益率。

最优投资组合

上一节关注的是一种风险资产与一种无风险资产构成的投资组合。事实上，投资者可能会把无风险资产与风险资产投资组合进行组合。图 11-8 中对此进行了说明。

① 令人惊讶的是，这似乎是一个合理的假设，因为为数众多的投资者在购买股票时能够从经纪公司那里借钱（即保证金交易）。在这里，借款利率非常接近于无风险利率，尤其是对于大投资而言。

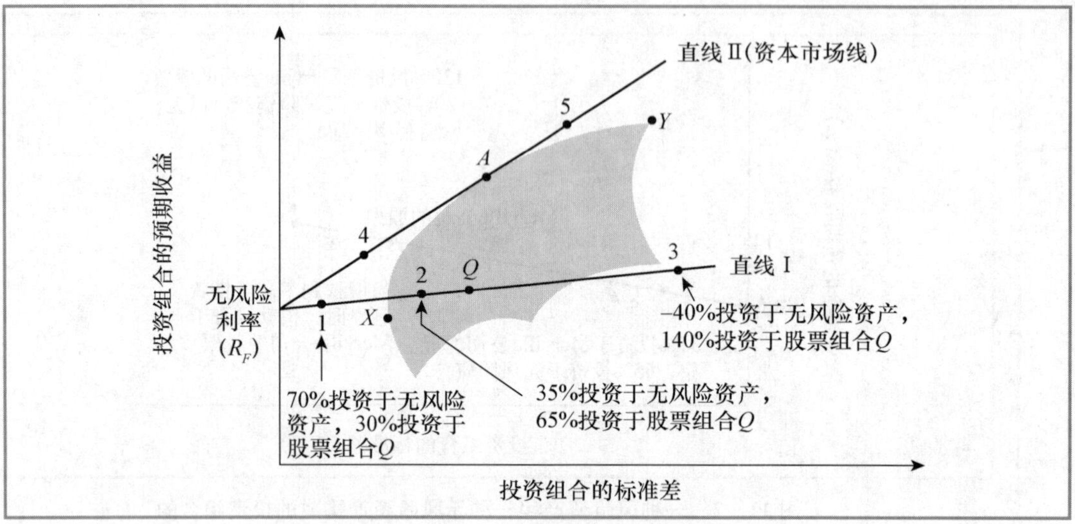

图 11-8　风险证券与无风险资产构成的投资组合的预期收益率与标准差之间的关系

说明：投资组合 Q 由 30%的美国电话电报公司、45%的通用电气以及 25%的 IBM 股票构成。

考虑点 Q，它代表了一种证券投资组合。点 Q 位于风险资产可行集的内部。假设该点代表 30%的美国电话电报公司（AT&T）、45%的通用电气以及 25%的 IBM 股票构成的投资组合。个人投资者将投资 Q 与对无风险资产的投资组合起来可以产生一条从点 R_F 至点 Q 的直线，我们将其称为直线Ⅰ。例如，这条直线上的点 1 代表了 70%的无风险资产与 30%的股票组合 Q 所构成的一个投资组合。一位拥有 100 美元的投资者选择点 1 作为他的投资组合，那么会把 70 美元投资于无风险资产，把 30 美元投资于股票组合 Q。这可以重新表述为 70 美元投资于无风险资产，9 美元（0.3×30）投资于美国电话电报公司股票，13.5 美元（0.45×30）投资于通用电气股票，以及 7.5 美元（0.25×30）投资于 IBM 股票。点 2 也代表一个无风险资产与股票组合 Q 构成的投资组合，该组合对股票组合 Q 的投资会多一些（65%）。

点 3 是通过借款投资于股票组合 Q 产生的。例如，一个自有 100 美元的投资者可以向银行或者经纪人借款 40 美元从而将 140 美元投资于股票组合 Q。这可以表述为借款 40 美元并拿出自有的 100 美元从而将 42 美元（0.3×140）投资于美国电话电报公司股票、63 美元（0.45×140）投资于通用电气股票以及 35 美元（0.25×140）投资于 IBM 股票。

上述投资可以概括如下：

	点 Q	点 1（贷款＄70）	点 3（借款＄40）
美国电话电报公司	＄30	＄9	＄42
通用电气	45	13.50	63
IBM	25	7.50	35
无风险资产	0	70	−40
总投资	＄100	＄100	＄100

尽管任何投资者都可以达到直线Ⅰ上的任意一点，但是这条线上所有的点都不是最优的。为了说明这一点，考虑直线Ⅱ，这是一条从点 R_F 出发通过点 A 的直线。点 A 代表一个风险证券投资组合，直线Ⅱ代表无风险资产与投资组合 A 所构成的各种投资

组合，而点 R_F 和点 A 之间的点则代表部分资金投资于无风险资产而其余资金投资于投资组合 A 所构成的投资组合。点 A 之后的点是通过无风险利率借款来购买超过投资者原有资金所能购买的投资组合 A 而形成的。

如图所示，直线Ⅱ与风险证券的有效集相切。无论个人投资者能够获得直线Ⅰ上的哪个点，他都能在直线Ⅱ上获得一个具有相同标准差但预期收益率更高的点。事实上，由于直线Ⅱ与风险资产的有效集相切，因此它为投资者提供了最优的投资机会。换句话说，直线Ⅱ可被视为所有资产的有效集，包括风险资产和无风险资产。一位风险厌恶程度较高的投资者可能会选择点 R_F 和点 A 之间的一个点，比如点 4。一位风险厌恶程度较低的投资者则可能选择一个接近于点 A 甚至点 A 右侧的点。例如，点 5 对应的就是个人投资者通过借款来增加其对投资组合 A 的投资。

该图说明了重要的一点。在无风险借贷下，任何投资者持有的风险资产投资组合总是点 A。如果不考虑投资者的风险承受能力，那么他既不会选择风险资产有效集（曲线 XAY）上的其他任何一点，也不会选择可行区域内部的任何一点。当然，如果投资者具有较高的风险厌恶程度，那么他会选择将投资组合 A 与无风险资产进行组合。而如果投资者具有较低的风险厌恶程度，那么他会借入无风险资产而将更多的资金投资于投资组合 A。

这个结果构建了金融经济学家所称的**分离原则**（separation principle）。也就是说，投资者的投资决策由两个单独的步骤组成：

1. 在估计了单个证券的预期收益率和方差以及各对证券的协方差之后，投资者可以计算出风险资产的有效集，如图 11-8 中的曲线 XAY 所示。然后，他可以确定点 A，即无风险利率与风险资产有效集（曲线 XAY）的切点。点 A 表示投资者将持有的风险资产投资组合，这一点纯粹是根据他对收益率、方差和协方差的估计来确定的。在这一步骤中，不涉及投资者的个人特征，如风险厌恶程度等。

2. 现在，投资者必须决定如何将他的风险资产投资组合（点 A）与无风险资产进行组合。他可以将一些资金投资于无风险资产，一些投资于投资组合 A。在这种情况下，他最终是在点 R_F 和点 A 之间的直线上选取某一点。或者，他可能以无风险利率借款再加上他的自有资金一起投资于投资组合 A。在这种情况下，投资者最终是在直线Ⅱ上点 A 的右侧选择某一点。投资者所选择的无风险资产的位置，也就是他希望位于这条直线上的哪一点，是由他的内在特征如风险承受能力决定的。

11.6　公告、非预期收益与预期收益

既然知道了如何构造投资组合并评估其收益，现在我们就可以开始更仔细地描述单个证券相关的风险和收益。到目前为止，我们是通过观察一个投资组合的实际收益率 R 与预期收益率 $E(R)$ 的差异来测量投资组合的波动性的。下面，我们来看看为什么会存在这些偏差。

预期收益和非预期收益

为了具体地说明，我们考虑一家名为 Flyers 的公司的股票收益率。请问影响该公

司下一年股票收益率的因素是什么？

金融市场上交易的任何股票的收益率都由两部分组成。第一部分是正常的或者预期的股票收益率，它是市场中股东预测或预期的收益。这部分收益取决于股东所拥有的与这只股票有关的信息，并基于市场目前对重要因素将如何影响下一年股票表现的理解。

第二部分是不确定的或者说有风险的。这部分收益来自当年披露的非预期信息。所有可能的这类信息不胜枚举，但此处可以举一些例子：

- 关于 Flyers 公司研发方面的信息。
- 政府公布国内生产总值（GDP）数据。
- 最新的军备控制会谈结果。
- Flyers 公司销售数据高于预期的消息。
- 突然的、非预期的降息。

基于上述讨论，Flyers 公司股票下一年的收益率为：

总收益率＝预期收益率＋非预期收益率

$$R=\mathrm{E}(R)+U \qquad [11.11]$$

式中，R 代表下一年的实际总收益率；$\mathrm{E}(R)$ 代表预期收益率；U 代表非预期收益率。这个式子的含义是，实际收益率 R 不同于预期收益率 $\mathrm{E}(R)$，因为一年中总会发生意外事件。在任意给定的一年中，非预期收益率将为正或者为负，但是这段时间总体来看，U 的平均值将为零。这意味着，平均而言，实际收益率会等于预期收益率。

公告与消息

当我们谈论消息对收益率的影响时，要小心谨慎。例如，假设 Flyers 公司的业务是这样的，当 GDP 快速增长时公司繁荣发展，而当 GDP 不景气时公司同样业绩低迷。在这种情况下，在估计所持有的 Flyers 公司股票今年的预期收益率时，股东会或多或少地考虑今年的 GDP 可能会怎样。

当政府真正公布今年的 GDP 数据时，Flyers 公司的股票价值将发生什么变化？显然，答案取决于所公布的数据。更重要的是，这种影响取决于公布的数据中有多少新信息。

在年初时，市场参与者对于当年的 GDP 会有一些想法或者预测。在某种程度上，股东已经对 GDP 做出了预测，而这个预测已经部分反映到股票的预期收益率 $\mathrm{E}(R)$ 中。另一方面，如果公布的 GDP 数据出人意料，其效应就会成为 U 的一部分，即收益率的非预期部分。例如，假设市场中的股东预测今年的 GDP 将会增长 0.5%。如果今年真正公布的数字正好是 0.5%，与预测相同，那么投资者实际上一无所获，该公告没有新的信息含量，因此对股票价格不会产生影响。这就像是证实了一件你一直怀疑的事情，它没有揭示任何新的信息。

对于一项公告称不上是消息有一种常见的说法，即市场已经对公告进行了“折现”。在这里使用的折现与在计算现值时所使用的折现含义不同，但本质上是一样的。当我们对未来的一美元进行折现时，是指它现在的价值更低，因为货币是有时间价值的。当我们对公告或者消息进行折现时，是指它对市场具有较小的影响，因为市场已经洞悉了消息中的大部分内容。

回到 Flyers 公司这个例子，假设政府宣布当年的 GDP 实际增长 1.5%。现在，股东获悉了一些新的消息，即实际增长要比他们先前的预测高出 1 个百分点。在这个例子中，实际结果和预测结果之间存在 1 个百分点的差异，这种差异有时被称为变化（innovation）或者意外（surprise）。

预测与现实之间的区别解释了为什么一些消息看上去是好消息但实际上是坏消息(反之亦然)。例如在开篇故事中，我们比较了林木宝公司、领英公司以及普信公司。对于林木宝公司而言，自从它被曝光从供应商处进口的强化木地板甲醛含量超过加利福尼亚州标准后，就被卷入了负面宣传。林木宝公司所支付的 250 万美元和解费在某种程度上是低于预期的。此外，尽管和解协议中包含林木宝公司未来应对其产品进行更多监控的规定，但林木宝公司并未承认它存在不当行为。对于领英公司而言，尽管其营业收入和盈利都超出了预期，但该公司公布的下一季度预计收入要低于上一季度收入。在普信公司的例子中，成本攀升导致该公司的盈利有所降低。然而，普信公司管理的资产规模却增加了 2%，这意味着该公司将具有更高的未来潜在盈利。

概言之，一项公告可被分为两个部分，即预料到的或者预期到的部分与意外或者变化：

$$\text{公告}=\text{预期部分}+\text{意外} \tag{11.12}$$

任何公告中的预期部分就是市场用来形成股票预期收益率 E(R) 的那部分信息，而意外则是会影响股票非预期收益率 U 的信息。因此，当我们谈到消息时，是指公告中的意外部分，而不是市场已经预期且已经“折现”的那部分消息。

11.7 风险：系统性与非系统性

收益率的非预期部分是由意外带来的，这对任何投资来说都是真正的风险。毕竟，如果我们总是能够收到正好与我们预期相同的消息，那么投资就是完全可预测的，从定义上说，那就是无风险的。换句话说，一项资产的风险来自意外——意外事件。

风险有各种不同的来源，彼此之间存在重要差异。回想一下我们之前列出的一系列消息。这些消息中有一些是专门针对 Flyers 公司的，有一些则更为宏观。哪些消息对 Flyers 公司来说是比较重要的呢?

利率或 GDP 的公布显然对几乎所有公司而言都是很重要的，然而关于 Flyers 公司研发或销售等方面的消息，才是特别针对 Flyers 公司的。我们将对这两类事件进行区分，因为正如我们将看到的，它们具有截然不同的含义。

系统性风险和非系统性风险

第一类意外是影响大部分资产的意外消息，我们将其称为**系统性风险**（systematic risk）。系统性风险会影响大部分资产，但对每一种资产的影响程度大小不一。因为系统性风险在整个市场范围内都会产生影响，所以有时也称为市场风险（market risks）或相关风险（correlated risks）。

第二类意外是**非系统性风险**（unsystematic risk）。非系统性风险影响的是单项资产或者一小部分资产。因为这些风险对单个公司或资产来说是特有的，所以有时也称为特有风险（unique risk）或者资产特定风险（asset-specific risk）。我们将交替使用这些术语。

正如我们所看到的，总体经济环境（比如GDP、利率或者通货膨胀）的不确定性，都是系统性风险的例子。这些因素几乎对所有公司都会产生一定程度的影响。例如，非预期或者意外的通货膨胀加剧会影响工资和公司购买物资的成本，也会影响公司所拥有资产的价值，而且会影响公司销售其产品的价格。这些使所有公司都会受到的影响从本质上讲就是系统性风险。

相反，一家石油公司罢工的消息将主要影响该公司，或许还有少数其他公司（如该公司的主要竞争对手和供应商）。然而，该消息不可能显著影响世界石油市场，或者影响非石油行业公司的业务，所以这是一个非系统性事件。

收益率的系统性部分与非系统性部分

系统性风险与非系统性风险的区别其实并不像我们所划分的那么精确。即使是关于一家公司最细微、最特殊的一条消息，也会在经济中引起连锁反应。这就是事实，因为每一个企业——不管规模多么小——都是经济的一部分。这就像是一个故事所描述的，一匹马丢了一个马钉导致最终失去整个王国。然而，这有点过于讲究细枝末节了。一些风险显然要远比其他风险更具普遍性，我们很快会看到关于这方面的一些证据。

不同类型风险之间的区别使得我们可以把Flyers公司股票收益率的非预期收益率U划分为两个部分。之前，我们已经把实际收益率划分为预期收益率和非预期收益率两部分：

$$R=\mathrm{E}(R)+U$$

现在，我们认识到Flyers公司股票的非预期收益率U还可以分解为系统性和非系统性两个组成部分，所以

$$R=\mathrm{E}(R)+\text{系统性部分}+\text{非系统性部分} \qquad [11.13]$$

为了理解为什么区分系统性风险和非系统性风险非常重要，我们需要回到投资组合的风险这个话题。

11.8 多元化与投资组合的风险

我们之前已知道，原则上，投资组合的风险与构成投资组合的那些资产的风险迥然不同。现在，我们更仔细地审视单项资产的风险与由多种不同资产构成的投资组合的风险，再次考察市场历史来了解美国资本市场中的实际投资发生了什么。

多元化效应：资本市场历史的另一个经验

在前面，我们看到由 500 家大公司普通股构成的投资组合年收益率的标准差从历史上看大约为 20%。那么，这意味着这组 500 只股票中的一只典型股票的年收益率标准差大约就是 20%吗？就像你现在所怀疑的那样，答案是否定的。这是一个极其重要的发现。

为了检验投资组合规模与投资组合风险之间的关系，表 11－4 说明了随机选择不同数量的纽约证券交易所证券构成等权重投资组合的典型年均标准差。

表 11－4　投资组合年收益率的标准差

(1) 投资组合中的 股票数量	(2) 投资组合年收益率的 平均标准差	(3) 投资组合标准差与 单只股票标准差的比率
1	49.24%	1.00
2	37.36	0.76
4	29.69	0.60
6	26.64	0.54
8	24.98	0.51
10	23.93	0.49
20	21.68	0.44
30	20.87	0.42
40	20.46	0.42
50	20.20	0.41
100	19.69	0.40
200	19.42	0.39
300	19.34	0.39
400	19.29	0.39
500	19.27	0.39
1 000	19.21	0.39

资料来源：摘自 M. Statman，"How Many Stocks Make a Diversified Portfolio?" *Journal of Financial and Quantitative Analysis* 22 (September 1987)，pp. 353－63 一文的表 1 以及 E. J. Elton and M. J. Gruber，"Risk Reduction and Portfolio Size：An Analytic Solution，" *Journal of Business* 50 (October 1977)，pp. 415－37。

在表 11－4 的第（2）列中，我们可以看到由一种证券构成的"投资组合"的标准差约为 49%。这就意味着，如果你随机选择纽约证券交易所的一只股票并把你所有的钱都投进去，你的收益率标准差大概是每年 49%这样一个较大的数。如果你随机选择两只股票并把你的资金平均投入这两只股票，那么你的收益率标准差平均约为 37%，依此类推。

在表 11－4 中特别要注意的一点是，随着投资组合中证券数量的增加，标准差逐渐下降。当我们随机选择 100 只股票时，投资组合的标准差已经下降了大约 60%，即从 49%下降到了 20%。当投资组合中包含 500 只股票时，标准差变为 19.27%，这与我们在第 10 章中看到的大规模普通股投资组合 20%的标准差相仿。之所以存在细微差别，是因为所考察的投资组合中包含的证券以及所考察的时期并不是完全相同的。

多元化原理

图 11－9 阐述了我们所讨论的重点。我们给出了收益率标准差与投资组合中股票数量的关系。请注意，在图 11－9 中，随着加入的股票数量越来越多，多元化在降低风险方面的作用逐渐减小。当拥有 10 种证券时，大部分的多元化效应已经实现；当证券数量达到 30 种或更多时，增加证券数量几乎不会再带来多元化的好处。

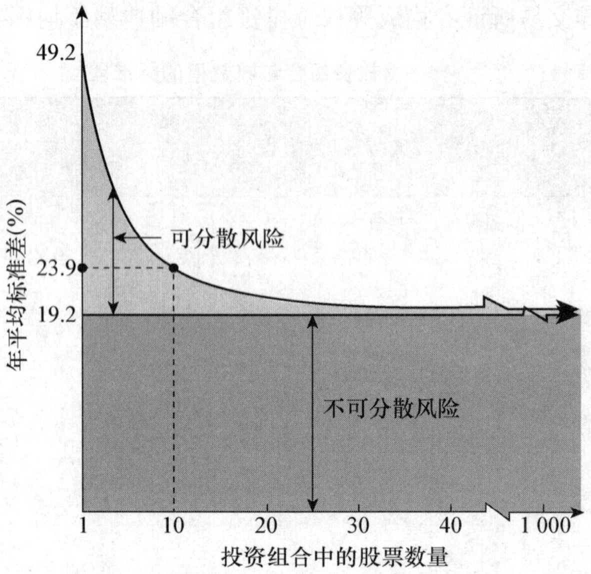

图 11－9　投资组合多元化

图 11－9 说明了关键的两点。第一，一些与单个资产有关的风险可以通过构建投资组合的方式消除。在不同资产之间分散投资的过程（从而构成投资组合）称为多元化（diversification）。**多元化原理**（principle of diversification）告诉我们，将投资分散在不同的资产之间将消除部分风险。图 11－9 中的浅灰部分称为可分散风险（diversifiable risk），它是指通过多元化可以消除的那部分风险。

第二点也同样重要。有一部分风险不能被多元化消除。在图 11－9 中，这部分风险称为不可分散风险（nondiversifiable risk）。总体来看，这两点是从资本市场历史中获得的另一个重要经验：多元化降低了风险，但是只能降低到一定程度。换句话说，一些风险是可分散的，一些风险则是不可分散的。

下面用最近的一个例子来说明多元化的影响。道琼斯工业平均指数（Dow Jones Industrial Average，DJIA）是一个由 30 家大型著名公司股票构成的备受关注的市场指数，该指数在 2015 年下跌了大约 2%。正如我们在之前章节中所看到的，这种下跌表明由大盘股构建的投资组合经历了不利的一年。当年最大的赢家是麦当劳公司股票（上涨了 33%）和耐克公司股票（上涨了 32%）。但是，这 30 只股票并非全部都在上涨：输家包括沃尔玛公司股票（下跌了 26%）和美国运通公司股票（下跌了 24%）。这再次证明了一个显而易见的道理：多元化避免了极端结果的出现，包括好的和坏的结果。

多元化与非系统性风险

从我们对投资组合风险的讨论中可知，一些与单个资产有关的风险是能够被分散的，一些风险则不能。我们还有一个重要的问题尚待解决：为什么会这样？答案隐藏在我们之前对于系统性风险和非系统性风险的区分中。

这里有一个重要的发现：如果只持有一只股票，那么投资价值将会因为公司特定事件而波动。另一方面，如果持有一个大的投资组合，该投资组合中的一些股票因为积极的公司特定事件而价值上升，另一些股票则因为消极的公司特定事件而价值下降。然而，这些事件对于投资组合总体价值的净影响将相对较小，因为这些影响会彼此相互抵消。

现在，我们明白了为什么与个别资产相关的波动性可以通过多元化来消除。当把资产组合成投资组合时，那些特定的或者说非系统性的事件——包括积极的和消极的事件，会随着我们持有超过一定数量的资产而“冲销掉”。

这是一个值得再次强调的要点：

> 非系统性风险基本上可以通过多元化来消除，所以一个拥有许多种资产的投资组合几乎不存在非系统性风险。

事实上，可分散风险和非系统性风险这两个术语通常是可以互换使用的。

多元化与系统性风险

我们已经知道非系统性风险可以通过多元化来消除。那么系统性风险又是怎样的呢？它是否也能通过多元化来消除呢？答案是不能，因为根据定义，一种系统性风险在一定程度上几乎影响了所有资产。因此，无论我们在投资组合中加入多少种资产，系统性风险都是不能消除的。所以，系统性风险与不可分散风险这两个术语显然也是可以互换使用的。

因为我们已经介绍了这么多不同的术语，在继续讨论之前总结一下之前的讨论是很有帮助的。我们知道，投资的总风险可以由收益率的标准差来衡量，可以表示为：

总风险＝系统性风险＋非系统性风险　　[11.14]

系统性风险也被称为不可分散风险或者市场风险。非系统性风险也被称为可分散风险、特有风险或者资产特定风险。对于一个高度分散的投资组合来说，非系统性风险是可以忽略不计的。对于这种投资组合，所有的风险从根本上说都是系统性风险。

11.9 市场均衡

市场均衡组合的定义

金融学家通常会想象一个所有投资者对于预期收益、方差以及协方差拥有相同估计的世界。尽管事实上这是不可能的，但可以认为这是一种有用的简化假设，即假设世界上所有投资者有类似的信息来源。该假设称为**同质预期**（homogeneous expectations）。①

如果所有的投资者具有同质预期，那么图11-8对于所有投资者来说都是一样的。也就是说，所有投资者都将描绘出相同的风险资产有效集，因为他们所使用的信息是相同的。该风险资产的有效集用曲线 *XAY* 来表示。因为每个投资者的无风险利率是相同的，所有的投资者都将认为应该持有点 *A* 所代表的风险资产投资组合。

点 *A* 具有十分重要的意义，因为所有投资者都会购买该点所代表的风险证券。那些风险厌恶程度较高的投资者可能会将点 *A* 与无风险资产投资组合起来，比如选择点4。其他风险厌恶程度较低的投资者则可能会通过借款来投资比如选择点5。因为这是一个非常重要的结论，所以我们重申：

在一个具有同质预期的世界中，所有投资者将持有点 *A* 所代表的风险资产投资组合。

如果所有投资者都选择相同的风险资产投资组合，就有可能确定这个投资组合是怎样的。常识告诉我们，这个投资组合就是市场上目前所有证券按市场价值加权的投资组合。它就是**市场组合**（market portfolio）。根据我们对多元化的讨论，市场组合可以通过高度多元化来消除非系统性风险。

在实践中，金融学家利用广泛基础指数（如标准普尔500指数）作为市场组合的替代。当然，所有的投资者并不会持有相同的投资组合。然而，我们知道为数众多的投资者会持有多元化的投资组合，特别是共同基金或者养老基金。广泛基础指数是许多投资者持有的高度多元化投资组合的一种很好的替代。

当投资者持有市场组合时风险的定义

上一节指出，许多投资者持有类似于广泛基础指数的多元化投资组合。这个结果能使我们更加准确地研究某种证券在多元化投资组合背景下的风险。

研究者已经发现，在一个大的投资组合中，证券的贝塔系数（beta）是衡量一种证券风险的最佳指标。我们举例来说明贝塔系数。

例11.4 贝塔系数

Jelco公司与证券市场的收益率如下：

阶段	经济状况	市场收益率（%）	Jelco公司股票收益率（%）
Ⅰ	牛市	15	25
Ⅱ	牛市	15	15
Ⅲ	熊市	−5	−5
Ⅳ	熊市	−5	−15

市场的收益率只有两种可能的结果（15%和−5%），但Jelco公司的股票收益率却有四种可能的结果。在给定市场收益率的情况下，考虑一种证券的预期收益率是有

① 同质预期假设是指所有投资者对于收益、方差以及协方差拥有相同的信念，它并不是说所有投资者具有相同的风险厌恶程度。

帮助的。假设每种经济状况出现的概率相同，我们可以得到：

经济状况	市场收益率（%）	Jelco 公司股票预期收益率（%）
牛市	15%	20%=25%×0.50+15%×0.50
熊市	−5%	−10%=−5%×0.50+(−15%)×0.50

Jelco 公司会对市场变动做出反应，因为它的预期收益率在牛市状况下要比在熊市状况下更高。现在，我们来具体地计算该证券是如何对市场变动做出反应的。市场收益率在牛市状况下要比在熊市状况下高出 20 个百分点［15%−(−5%)］。然而，Jelco 公司股票的预期收益率在牛市状况下要比在熊市状况下高出 30 个百分点［20%−(−10%)］。因此，Jelco 公司的反应系数为 1.5(=30%/20%)。

图 11－10 中显示了这种关系。Jelco 公司和市场在每一种经济状况下的收益率被标示为四个点。此外，我们还标示了在两种可能的市场收益率情况下该证券的预期收益率。我们用"*X*"来标示这两个点，并通过一条称为证券**特征线**（characteristic line）的直线将它们连接起来。这条直线的斜率为 1.5，也就是之前计算出来的那个数字。这个反应系数 1.5 就是 Jelco 公司股票的贝塔系数。

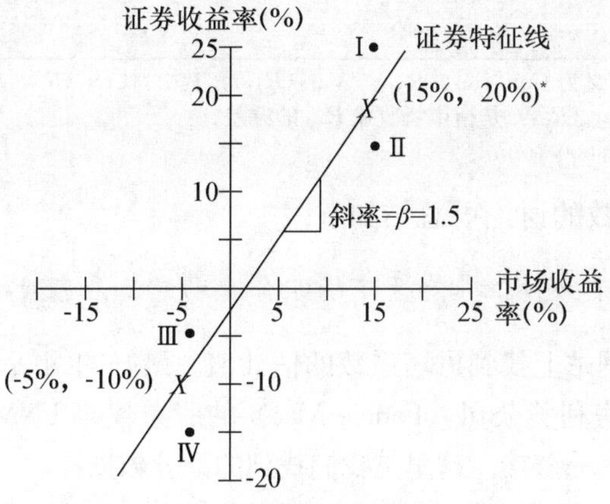

图 11－10　Jelco 公司股票与市场组合的表现

*（15%，20%）是指市场收益率为 15%而证券收益率为 20%的点。

说明：用"*X*"标示的两个点代表在每一种可能的市场组合结果下 Jelco 公司股票的预期收益率。Jelco 公司股票的预期收益率与市场收益率是正相关的。因为直线的斜率为 1.5，我们说 Jelco 公司股票的贝塔系数为 1.5。贝塔系数衡量了一种证券对于市场变动的反应程度。

通过图 11－10 来理解贝塔系数是非常直观的。该图告诉我们，Jelco 公司股票的收益率相比市场收益率放大了 1.5 倍。如果市场向好，那么 Jelco 公司股票的表现预计会更好。而当市场表现糟糕时，Jelco 公司股票的表现预计会更差。现在假设一位投资者拥有一个相当于市场组合的投资组合，他正在考虑把 Jelco 公司股票加入他的投资组合。由于 Jelco 公司股票的放大因子（magnification factor）是 1.5，他将认为这只股票会增大整个投资组合的风险。（我们很快将说明市场上一般证券的贝塔系数为 1。）Jelco 公司股票对一个大的多元化投资组合带来的风险要高于一般的证券，因为 Jelco 公司股票对于市场变动的反应更大。

可以通过考察贝塔系数为负的证券进一步加深理解。我们可以将这些证券视为对冲或保险策略。当市场表现较差时，这类证券的表现预计会较好，反之亦然。正因如此，在一个大的多元化投资组合中加入贝塔系数为负的证券实际上可以降低投资组合的风险。①

表11-5列示了一些证券贝塔系数的实证估计值。如表中所示，一些证券对市场的反应要比其他证券更剧烈。例如，好事达保险公司股票的贝塔系数为1.08。这意味着，市场每变动1%，该公司股票预计就会同方向变动1.08%。与之相反，宝洁公司股票的贝塔系数只有0.66。这意味着，市场每变动1%，宝洁公司股票的贝塔系数就会同方向变动0.66%。

表11-5　　部分公司股票的贝塔系数估计

公司	贝塔系数
美国电力	0.22
通用磨坊	0.63
宝洁	0.66
脸书	0.73
辉瑞	1.02
好事达保险	1.08
花旗	1.64
亚马逊	1.65

说明：贝塔系数的定义为Cov（R_j，R_M）/Var（R_M），其中，Cov（R_j，R_M）是指单个证券的收益R_j与市场收益R_M的协方差，Var（R_M）是指市场收益R_M的方差。

资料来源：finance. yahoo. com.

我们对贝塔系数的讨论可总结如下：

贝塔系数衡量了一种证券对于市场组合变动的反应程度。

你可以在很多网站上找到贝塔系数的估计值。最好的网站之一就是finance. yahoo. com。登录该网站并输入房利美公司（Fannie Mae）的股票代码FNMA，然后找到“关键统计数据”（Key Statistics）的链接。这里是我们找到的部分数据：

股价历史	
贝塔系数	4.94
最近52周的变动	−41.18%

利润表	
收入（最近12个月）	$23 180 000 000
每股收入（最近12个月）	$4.02
季度收入增长率（同比）	49.30%
毛利（最近12个月）	N/A
息税折旧摊销前利润（最近12个月）	N/A
普通股的净利润（最近12个月）	$−262 000 000
稀释的每股收益（最近12个月）	−$0.05
季度净利润增长率（同比）	88.00%

① 遗憾的是，实证证据表明，几乎不存在贝塔系数为负的股票。

资产负债表	
总现金（最近一季度）	$82 830 000 000
每股总现金（最近一季度）	$14.43
总负债（最近一季度）	$3 200 000 000 000
总负债/权益（最近一季度）	$78 790.22
流动比率（最近一季度）	23.28
每股账面价值（最近一季度）	－$23.05

现金流量表	
经营性现金流量（最近 12 个月）	－$6 670 000 000
杠杆自由现金流（最近 12 个月）	N/A

查出房利美公司股票的贝塔系数为 4.94，这意味着该公司股票要比一般的股票多承担 494%的系统性风险。或许你预计像房利美这样的住房抵押贷款公司风险很高，因为它的风险取决于住房抵押贷款的风险。当看到表中的数据时，我们同意这一看法。房利美公司的经营性现金流量为负值，该公司的负债为 3.2 万亿美元，而负债/权益比为 78 790。它的权益账面价值为负，这是亏损累计的结果。房利美公司未来能否成功将取决于房地产市场的状况以及该公司管理其庞大债务负担的能力。总之，房利美公司似乎是一只高贝塔系数的股票。想了解更多关于贝塔系数的内容，请查看“金融实务”专栏。

贝塔系数的计算公式

到目前为止，我们的讨论强调了贝塔系数背后的直观含义。贝塔系数的实际定义为：

$$\beta_i=\frac{\mathrm{Cov}(R_i,R_M)}{\sigma^2(R_M)} \tag{11.15}$$

式中，$\mathrm{Cov}(R_i, R_M)$ 表示资产 i 的收益率和市场组合收益率之间的协方差；$\sigma^2(R_M)$ 表示市场组合的方差。这个公式所强调的理念是，单个证券的风险并不取决于自身收益率的方差（或标准差），而只取决于其收益率与市场收益率的协方差。

贝塔系数一个有用的特性就是，所有证券贝塔系数的加权平均值为 1，其中加权比例为每种证券的市场价值与市场组合价值之比。也就是说：

$$\sum_{i=1}^{N} X_i\beta_i=1 \tag{11.16}$$

式中，X_i 表示证券 i 的市场价值占整个市场组合价值的比例；N 表示市场中证券的数量。

你会发现，式［11.16］直观易懂。如果你根据所有证券的市场价值进行加权，由此产生的投资组合就是市场组合。根据定义，市场组合的贝塔系数为 1。也就是说，证券市场每变动 1%，市场组合肯定也会变动 1%——这是根据定义得到的。

金融实务

贝塔，贝塔，谁得到了贝塔

根据截至目前所学的内容，你会发现贝塔系数非常重要。那么你可能想知道，所有公布的贝塔系数是用相同的方法计算出来的吗？阅读以下内容可以获得这个问题的部分答案。

我们曾对贝塔系数做了一些测试，发现了一些有趣的结果。价值线公司投资调查报告是公开交易公司众所周知的信息来源之一。然而，随着在线投资的爆炸式发展，网上可用的投资信息数量也相应地增加。我们决定对价值线公司与雅虎财经（finance. yahoo. com）、谷歌（finance. google. com）以及CNN财经（money. cnn. com）提供的贝塔系数进行比较。我们的发现值得引起关注。

考虑盖尔斯公司（Guess），这是一家服装公司。价值线公司报告这家公司的贝塔系数为1.15，数值颇为普通。但是网上报告的这家公司的贝塔系数为0.5，这是一个低得多的数值。盖尔斯公司不是唯一一只贝塔系数存在差异的股票。事实上，我们观察到，对于大部分科技公司，价值线公司报告的贝塔系数都要显著低于网上版本的贝塔系数。例如，欧特克公司（Autodesk）网上报告的贝塔系数为2.07，而价值线公司报告的贝塔系数为1.3。类似地，超微半导体公司（Advanced Micro Devices）网上报告的贝塔系数为1.91，而价值线公司报告的贝塔系数为1.45。非高科技公司的情况又如何呢？美国信安金融集团（Principal Financial Group）网上报告的贝塔系数为1.85，而价值线公司报告的贝塔系数为1.3。

我们还发现了一些关于贝塔系数不寻常的甚至令人难以置信的估计。美国南方公司（Southern）是一家电力公司，其网上报告的贝塔系数很低，为0.03（价值线公司报告的值为0.6）。芬塔公司（Ventas）是一家护理与医疗房地产公司，其网上报告的贝塔系数为−0.12，而价值线公司报告的值为0.8。或许网上报告的最荒谬的数字是关于Cardia Bioplastics公司和Vensen Pharma公司的，这两家公司估计的贝塔系数分别为9 767和−3 249。（注意负号！）而价值线公司没有报告这两家公司的贝塔系数。请你想象一下应该如何解释贝塔系数为−3 249？

从上述例子中可以获得一些经验。首先，并非所有的贝塔系数都是用相同的方法计算出来的。有些贝塔系数是用周收益率计算的，有些则是用日收益率计算的。有些贝塔系数的计算使用了60个月的股票收益率，有些计算则考虑了更长期或者更短期的收益率数据。有些贝塔系数是通过比较该股票与标准普尔500指数计算得到的，另一些则可能使用了其他指数作为替代。最后，一些调查公司（包括价值线公司）会对原始的贝塔系数进行调整以反映信息而不仅仅是股价波动。

第二个经验或许更加微妙，它来自Cardia Bioplastics公司和Vensen Pharma公司的贝塔系数。我们感兴趣的是股票未来的贝塔系数会是多少，但是贝塔系数的估计必须使用历史数据。在任何时候，用过去来预测未来都会存在估计无效的危险。在我们的例子中，Cardia Bioplastics公司的贝塔系数为9 767，而Vensen Pharma公司的贝塔系数为−3 249，这都是不太可能的。这些估计值几乎可以肯定是错误的。这个例子的寓意是，对于任何金融工具，贝塔系数并不是一个毫无问题的黑箱。

小测验

过去曾把这些问题放到有关公司理财的考试中：

1. 哪一类投资者会理性地将一种证券收益率的方差（或标准差）视为衡量这种证券风险的合适指标？

2. 哪一类投资者会理性地将一种证券收益率的贝塔系数视为衡量这种证券风险的合适指标？

一个令人满意的回答可能如下：

> 一个理性的、风险厌恶型的投资者会将其投资组合的方差（或标准差）视为衡量这个投资组合风险的合适指标。如果是出于某种原因，投资者只能持有一种证券，那么这种证券收益率的方差就变成是投资组合的方差。因此，证券收益率的方差这时就是衡量证券风险的合适指标。
>
> 如果一个投资者持有一个多元化的投资组合，他仍然会将其投资组合的方差（或标准差）视为衡量投资组合风险的合适指标。然而，此时他所感兴趣的不再是每一种证券收益的方差。相反，他感兴趣的将是单个证券对整个投资组合的方差产生的贡献。

在同质预期的假设下，所有的个人投资者都会持有市场组合。因此，我们是以单个证券对于市场组合的方差所做的贡献来衡量风险的。这种贡献经适当标准化后，就是证券的贝塔系数。尽管没有几个投资者会持有与市场组合完全相同的投资组合，但许多投资者会持有合理的多元化投资组合。这些多元化投资组合与市场组合非常类似，以至于证券的贝塔系数可能是衡量该证券风险的合理指标。

11.10 风险与预期收益率之间的关系（资本资产定价模型）

一种司空见惯的观点是，资产的预期收益率应该与其风险正相关。也就是说，只有当一项资产的预期收益率可以弥补其风险时，投资者才会持有这项风险资产。在本节中，我们将估计单个证券的预期收益率。

单个证券的预期收益率

单个证券的预期收益率是多少呢？我们从直觉入手，单个证券的预期收益率可以表示为 $\mathrm{E}(R_i)=R_F+$风险溢价。换句话说，任何单个证券（或投资组合）的预期收益率是无风险利率和一些对系统性风险的补偿的总和。我们已经指出，在一个大的多元化投资组合中，贝塔系数是衡量一种证券的风险的合适指标。由于大多数投资者都会选择多元化，因此一种证券的预期收益率应该与它的贝塔系数正相关。图 11 - 11 说明了这一点。

实际上，金融学家可以更加精确地研究预期收益率与贝塔系数之间的关系。他们认为，在合理的情况下，预期收益率与贝塔系数之间的关系可以用下面的公式来表述：

资本资产定价模型：

$$\mathrm{E}(R)=R_F+\beta\times[\mathrm{E}(R_M)-R_F] \qquad [11.17]$$

某个证券的预期收益率＝无风险利率＋证券的贝塔系数×风险溢价

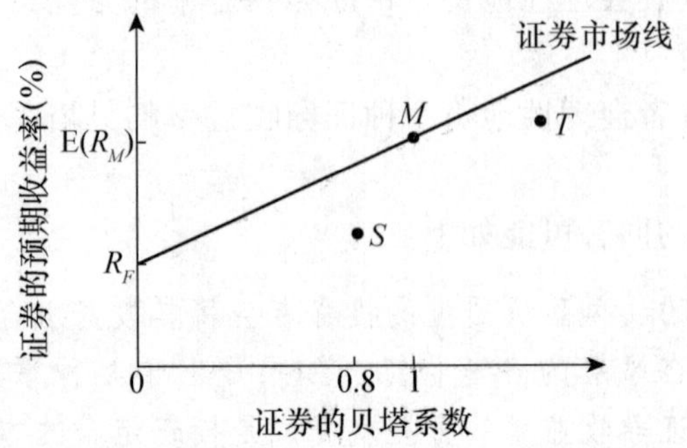

图 11-11　单个证券的预期收益率与贝塔系数之间的关系

说明：证券市场线是资本资产定价模型的图形化描述。
贝塔系数为0的股票的预期收益率等于无风险利率。
贝塔系数为1的股票的预期收益率等于市场的预期收益率。

这个公式称为**资本资产定价模型**（capital asset pricing model，CAPM），它意味着一种证券的预期收益率与该证券的贝塔系数线性相关。因为从长期来看，市场的平均收益率要比无风险利率更高，所以市场风险溢价 $E(R_M)-R_F$ 通常是正的。因此，这个公式意味着一种证券的预期收益率与其贝塔系数是正相关的。这个公式可以通过假设一些特殊的情形来进行阐释：

● 假设 $\beta=0$，此时 $E(R)=R_F$，也就是说，该证券的预期收益率等于无风险利率。由于贝塔系数为0的证券没有风险，因此它的预期收益率应该等于无风险利率。

● 假设 $\beta=1$，式［11.17］就简化为 $E(R)=E(R_M)$。这就是说，该证券的预期收益率等于市场的预期收益率。这是合理的，因为市场组合的贝塔系数也是1。

式［11.17］可以用图 11-11 中一条向上倾斜的直线表示。请注意当贝塔系数等于1时，该直线从点 R_F 出发升至点 $E(R_M)$。这条直线通常称为**证券市场线**（security market line，SML）。

与所有的直线一样，证券市场线也有斜率和截距。无风险利率 R_F 就是截距。因为证券的贝塔系数是横轴，所以 $E(R_M)-R_F$ 是斜率。只要市场的预期收益率比无风险利率大，证券市场线就将始终是向上倾斜的。因为市场组合是一种风险资产，从理论上说，它的预期收益率要高于无风险利率。之前章节的实证证据表明，1900—2010年市场组合（例如美国大型公司股票）的年平均收益率要比无风险利率高7.2%。

例 11.5　资本资产定价模型

Aardvark 公司股票的贝塔系数为1.5，而 Zebra 公司股票的贝塔系数为0.7。假设无风险利率为3%，并假设市场预期收益率与无风险利率之差为8%。那么这两只股票的预期收益率为：

Aardvark 公司股票的预期收益率：
15.0%＝3%＋1.5×8%
Zebra 公司股票的预期收益率：
8.6%＝3%＋0.7×8%

此外，关于资本资产定价模型还有三点内容应该提及：

1. 线性。曲线向上倾斜背后的含义是显而易见的。因为贝塔系数是衡量风险的合适指标，所以高贝塔系数的证券的预期收益率应该高于低贝塔系数的证券。然而，图 11－11 和式［11.17］不仅表明曲线向上倾斜，还表明预期收益率与贝塔系数的关系同一条直线相对应。

很容易说明图 11－11 中的线是直线。要明白这一点，考虑证券 S，其贝塔系数为 0.8。该证券用图中证券市场线下方的一点来表示。任何投资者都可以通过购买一个由 20％的无风险资产和 80％的贝塔系数为 1 的证券构成的投资组合来复制与证券 S 相同的贝塔系数。然而，这个自制的投资组合将会位于证券市场线上。换句话说，这个投资组合要优于证券 S，因为该投资组合与证券 S 相比具有更高的预期收益率，以及相同的贝塔系数。

现在考虑证券 T，其贝塔系数大于 1。在图 11－11 中，该证券同样是位于证券市场线下方。任何投资者都可以通过借款投资于一个贝塔系数为 1 的证券来复制与证券 T 相同的贝塔系数。这个投资组合也必定位于证券市场线上，因此要优于证券 T。

因为没有人愿意持有证券 S 或证券 T，所以它们的股价会下降。这种价格调整会提高这两种证券的预期收益率。该价格调整会持续下去，直到这两种证券位于证券市场线上。上述例子考虑了两种定价过高的股票与直线型证券市场线的关系。位于证券市场线上方的股票定价过低，它们的价格必定会上升，直到它们的预期收益率位于证券市场线上。如果证券市场线本身是弯曲的，那么很多股票都会被错误定价。在达到均衡时，只有当价格变化使得证券市场线成为直线时，投资者才会持有证券。也就是说，证券市场线实现了线性特征。

2. 投资组合与证券。之前对于资本资产定价模型的讨论考虑的是单个证券。那么图 11－11 和式［11.17］中的关系对于投资组合也成立吗？

答案是肯定的。为了说明这一点，考虑等额投资于两种证券 Aardvark 和 Zebra 所构成的投资组合。该投资组合的预期收益为：

投资组合的预期收益率：

$$11.8\% = 0.5 \times 15.0\% + 0.5 \times 8.6\%$$

投资组合的贝塔系数就是这两种证券贝塔系数的加权平均值。因此，可得：

投资组合的贝塔系数：

$$1.1 = 0.5 \times 1.5 + 0.5 \times 0.7$$

在资本资产定价模型下，投资组合的预期收益率为：

$$11.8\% = 3\% + 1.1 \times 8\%$$

因为式［11.17］中的预期收益率与上述等式中的预期收益率相同，所以这个例子表明，资本资产定价模型对于投资组合以及单个证券都是成立的。

3. 可能产生的混淆。学生经常会混淆图 11－11 中的证券市场线与图 11－8 中的直线Ⅱ。实际上，这两条线是截然不同的。直线Ⅱ描述的是由风险资产和无风险资产构成的投资组合的有效集，直线上的每一个点都代表了一个完整的投资组合。点 A 是完全由风险资产组成的投资组合，该直线上的其他点则表示由投资组合 A 和无风险资产组成的投资组合。图 11-8 中的坐标轴分别为投资组合的预期收益率和投资组合的标准差，单个证券不在直线Ⅱ上。

图 11-11 中的证券市场线表明了预期收益率和贝塔系数之间的关系。图 11-11 与图 11-8 至少有两方面的差异。第一，图 11-11 中的横轴是贝塔系数，而图 11-8 的横轴是标准差。第二，图 11-11 中的证券市场线对于所有的单个证券以及所有可能的投资组合都是成立的，而图 11-8 中的直线 Ⅱ 只对有效的投资组合成立。

我们之前已指出，在同质预期的假设下，图 11-8 中的点 A 就是市场组合。在这种情况下，直线Ⅱ被称为**资本市场线**（capital market line，CML）。

本章小结

本章阐述了现代投资组合理论的基本原理，基本观点如下。

1. 本章揭示了如何计算单只股票的预期收益率和方差，以及各对证券之间的协方差与相关系数。给定这些统计量，一个由两种证券 A 和 B 构成的投资组合的预期收益率和方差可以写为：

投资组合的预期收益率

$$=X_A \mathrm{E}(R_A)+X_B \mathrm{E}(R_B)$$

投资组合的方差

$$=X_A^2\sigma_A^2+2X_AX_B\sigma_{A,B}+X_B^2\sigma_B^2$$

2. 符号 X 代表某种证券在一个投资组合中的占比。通过改变 X，能够找出投资组合的有效集。将两种资产构成投资组合情形中的有效集绘制成一条曲线，其弯曲的程度反映了投资组合的多元化效应：两种证券的相关系数越小，则弯曲程度越大。在多种资产构成投资组合的情形中，有效集具有大体相同的形状。

3. 一个多元化的投资组合只能够消除一部分而非全部与单个证券有关的风险。究其原因在于，单项资产的部分风险是非系统性的，这意味着从根本上说非系统性风险是某项资产所特有的。在一个高度多元化的投资组合中，这些非系统性的风险是可以消除的。而系统性风险，或者说市场风险，则是不可消除的。

4. 风险资产的有效集可以与无风险借贷进行组合。在这种情况下，一位理性的投资者将总是会选择持有图 11-8 中点 A 所代表的风险证券投资组合。然后，他可以通过无风险利率借贷的方式来达到图中直线Ⅱ上任何一个期望达到的点。

5. 一种证券对于一个大的高度多元化投资组合的风险贡献程度和该证券收益率与市场收益率的协方差是成比例的。这种贡献经标准化处理后，称为贝塔系数。一种证券的贝塔系数可被理解为该证券收益率对于市场收益率的反应程度。

6. 资本资产定价模型是指：

$$\mathrm{E}(R)=R_F+\beta[\mathrm{E}(R_M)-R_F]$$

换句话说，一种证券的预期收益率与该证券的贝塔系数是正（线性）相关的。

概念性思考题

1. **可分散风险和不可分散风险** 从广义上讲，为什么有些风险是可分散的？为什么有些风险是不可分散的？这与“投资者可以控制投资组合中的非系统性风险，但不可以控制系统性风险”的说法相符吗？

2. **信息和市场收益率** 假设政府宣布，基于一项刚刚完成的调查，明年的经济增长率可能是 2%，相比而言今年经济增长率是 5%。请问这一信息公布之后，证券价格是会上涨、下跌还是保持不变？市场预期明年的经济增长率为 2%是否会产生影响？请说明理由。

3. **系统性风险和非系统性风险** 请将下列事

件归类为系统性风险或非系统性风险。每个事件的分类界限明确吗？

a. 短期利率非预期上涨。

b. 银行上调一家公司的短期借款利率。

c. 石油价格非预期下跌。

d. 一艘油轮破损，造成大量石油泄漏。

e. 一家制造商在一起涉及数百万美元的产品责任诉讼中败诉。

f. 高等法院的判决显著扩大了对消费者造成伤害的产品生产者的责任。

4. **系统性风险和非系统性风险**　请说明下列事件是否会影响股市的整体价格，以及它们是否会影响 Big Widget 公司的股票价格。

a. 政府宣布上个月通货膨胀率超预期上涨了 2%。

b. Big Widget 公司刚发布的季度盈余总体上与分析师的预期一致。

c. 政府报告显示去年的经济增长率是 3%，这与大多数经济学家的预测基本上一致。

d. Big Widget 公司的一位董事在空难中不幸罹难。

e. 国会同意修改税法，这将提高企业的最高边际税率。这项法案在过去 6 个月内一直处于讨论中。

5. **投资组合的预期收益率**　如果一个投资组合中每项资产都具有正的预期收益率，那么该投资组合的预期收益率会比组合中每一项资产的预期收益率高吗？它会比投资组合中每一项资产的收益率低吗？如果你对其中一问的回答是肯定的，请给出一个具体例子来支持你的回答。

6. **多元化**　判断对错：投资组合中单项资产的方差是决定一个高度多元化投资组合的预期收益率的最重要特征。请说明理由。

7. **投资组合的风险**　如果一个投资组合中每项资产都有正的预期收益率，那么投资组合的标准差会比投资组合中每项资产的标准差低吗？投资组合的贝塔系数会比投资组合中每项资产的贝塔系数低吗？

8. **贝塔系数与资本资产定价模型**　一项风险资产的贝塔系数可能为 0 吗？请说明理由。根据资本资产定价模型，这类资产的预期收益率是多少？一项风险资产的贝塔系数可能为负值吗？资本资产定价模型预测这类资产的预期收益率是多少？请解释你的答案。

9. **公司裁员**　近年来，当公司宣布大规模裁员计划时，公司股价往往会出现明显波动。评论家指出，这类事件会促使公司裁减老雇员，华尔街对此持鼓励态度。你是否赞同这种观点？

10. **盈余与股票收益率**　正如本章中许多例子所表明的那样，公司的盈余公告往往伴随着或导致股票价格的修正。对此，有两个问题值得考虑。第一，盈余公告关注的是往期业绩。如果市场根据公司的未来预期估计股票价值，那么为什么这些总结公司过去业绩的数据会对股价产生影响呢？第二，这些公告涉及的是会计盈余。回顾第 2 章的内容，这些会计盈余几乎与现金流无关，为什么会影响股价呢？

11. **协方差**　请简要解释在一个高度多元化的投资组合中，为什么一种证券与其余证券的协方差能比这种证券本身的方差更准确地度量该证券的风险。

12. **贝塔系数**　请考虑一位优秀投资经理的以下观点："Mid South Electric 公司股票在过去 3 年内都是以接近 12 美元的价格交易。由于 Mid South Electric 公司的股价波动很小，因此该股票的贝塔系数较小。另外，Fech Flyer 公司的股价最高达到 150 美元，最低为现在的 75 美元。由于 Fech Flyer 公司的股价波动较大，因此该股票的贝塔系数较大。"你赞同上述分析吗？请说明理由。

13. **风险**　一位经纪人建议你不要投资石油行业的股票，因为它们的标准差很大。对于像你这样的风险厌恶者来说，这位经纪人的建议是合理的吗？为什么？

14. **证券选择**　如下说法是否正确：一项风险资产的预期回报不可能比无风险利率低，因为在均衡状态下没有哪个风险厌恶型投资者会愿意持有风险资产？请说明理由。

概念性思考题

1～9 为基础题；10～18 为中级题；19～24 为提高题。

1. **确定投资组合的权重**　对于一个拥有 125 股股票 A 且每股售价为 38 美元以及 175 股股票 B

且每股售价为26美元的投资组合，请问该投资组合中每种股票的权重是多少？

2. **投资组合的预期收益率** 你拥有一个投资组合，20%投资于股票X，35%投资于股票Y，45%投资于股票Z。这三只股票的预期收益率分别是9.2%，11.8%以及14.3%。那么这个投资组合的预期收益率是多少？

3. **收益率和标准差** 考虑如下信息：

经济状况	经济状况发生的概率	经济状况发生时的收益率		
		股票A	股票B	股票C
繁荣	0.15	0.26	0.40	0.38
良好	0.45	0.10	0.18	0.15
较差	0.35	0.02	−0.19	−0.03
萧条	0.05	−0.08	−0.32	−0.06

a. 你的投资组合向股票A和股票C各投资35%，向股票B投资30%。请问该投资组合的预期收益率是多少？

b. 请问这个投资组合的方差是多少？标准差又是多少？

4. **计算投资组合的贝塔系数** 你拥有一个投资组合，15%投资于股票Q，20%投资于股票R，30%投资于股票S，35%投资于股票T。这四种股票的贝塔系数分别为0.74，1.27，1.09以及1.38。请问这个投资组合的贝塔系数是多少？

5. **计算投资组合的贝塔系数** 你拥有一个投资组合，等额地投资于一项无风险资产和两只股票。如果其中一只股票的贝塔系数为1.17，而整个投资组合的风险等于市场风险，请问你的投资组合中另外一只股票的贝塔系数应为多少？

6. **运用资本资产定价模型** 一只股票的预期收益率为11.5%，贝塔系数为1.09，市场的预期收益率为10.8%。请问无风险利率是多少？

7. **投资组合的收益率** 请利用前面章节中关于资本市场历史的信息，计算等额投资于大公司股票和长期政府债券构成的投资组合的收益率。请问等额投资于小公司股票和短期国库券构成的投资组合的收益率又是多少？

8. **运用证券市场线** 资产W的预期收益率为10.9%，贝塔系数为1.20。如果无风险利率为2.4%，请完成下列由风险资产W和无风险资产组成的投资组合的表格，并画图说明该投资组合的预期收益率与投资组合的贝塔系数之间的关系。图中那条直线的斜率是多少？

投资组合中W所占比重	投资组合的预期收益率	投资组合的贝塔系数
0%		
25		
50		
75		
100		
125		
150		

9. **风险收益率** 股票Y的贝塔系数为1.20，预期收益率为14.1%。股票Z的贝塔系数为0.78，预期收益率为9.5%。如果无风险利率为4.3%，市场风险溢价为7.6%，那么这些股票的定价是否合理？

10. **运用资本资产定价模型** 一只股票的贝塔系数为1.17，预期收益率为12%。目前无风险资产的收益率为2.3%。

a. 如果一个投资组合等额投资于这两项资产，那么其预期收益率是多少？

b. 如果由这两项资产构成的投资组合的贝塔系数为0.5，那么该投资组合的权重是怎样的？

c. 如果由这两项资产构成的投资组合的预期收益率为10%，那么该投资组合的贝塔系数为多少？

d. 如果由这两项资产构成的投资组合的贝塔系数为2.34，那么该投资组合的权重是怎样的？你如何理解在这种情况下这两项资产的权重？请说明理由。

11. **资本资产定价模型** 利用资本资产定价模型，请证明两项资产的风险溢价之比等于它们的贝塔系数之比。

12. **投资组合的收益率与标准差** 请考虑下列三只股票的信息：

经济状况	经济状况发生的概率	经济状况发生时的收益率		
		股票A	股票B	股票C
繁荣	0.25	0.22	0.33	0.50
正常	0.60	0.14	0.15	0.02
萧条	0.15	−0.03	−0.18	−0.45

a. 如果你的投资组合向股票A和股票B各投资25%，向股票C投资50%，那么该投资组合的预期收益率是多少？方差是多少？标准差又是多少？

b. 如果预期的国库券利率为3.70%，那么该投资组合预期的风险溢价是多少？

c. 如果预期通货膨胀率是 3.10%，那么该投资组合近似的以及准确的实际收益率是多少？该投资组合近似的以及准确的实际风险溢价又是多少？

13. **分析投资组合** 你想要构造一个与市场风险相同的投资组合，你的投资总额为 1 000 000 美元。根据给定的这些信息，请填写下表中的空白部分：

资产	投资额	贝塔系数
股票 A	$ 215 000	0.83
股票 B	$ 360 000	1.19
股票 C		1.30
无风险资产		

14. **协方差和相关系数** 根据如下信息，请计算下列每只股票的预期收益率和标准差。请问这两只股票收益率之间的协方差和相关系数是多少？

经济状况	经济状况发生的概率	股票 J 的收益率	股票 K 的收益率
熊市	0.15	−0.130	0.019
正常	0.60	0.098	0.118
牛市	0.25	0.343	0.032

15. **投资组合的标准差** 假设股票 A 和股票 B 的预期收益率和标准差分别是 $E(R_A)=0.10$，$E(R_B)=0.14$，$\sigma_A=0.36$，$\sigma_B=0.61$。

a. 请计算由 40%的股票 A 和 60%的股票 B 组成的投资组合的预期收益率和标准差，已知股票 A 和股票 B 收益率之间的相关系数为 0.5。

b. 请计算由 40%的股票 A 和 60%的股票 B 组成的投资组合的标准差，已知股票 A 和股票 B 收益率之间的相关系数为−0.5。

c. 请问股票 A 和股票 B 收益率之间的相关系数如何影响该投资组合的标准差？

16. **相关系数和贝塔系数** 下表提供了三家企业的证券、市场组合以及无风险利率的相关数据：

证券	预期收益率	标准差	相关系数*	贝塔系数
企业 A	0.11	0.36	(ⅰ)	0.85
企业 B	0.14	(ⅱ)	0.38	1.35
企业 C	0.13	0.42	0.57	(ⅲ)
市场组合	0.12	0.19	(ⅳ)	(ⅴ)
无风险利率	0.03	(ⅵ)	(ⅶ)	(ⅷ)

*与市场组合的相关系数。

a. 请填写上表中的缺失值。

b. 根据资本资产定价模型，请问公司 A 股票的定价合理吗？公司 B 的股票呢？公司 C 的股票呢？如果这些股票的定价不合理，对于一个持有高度多元化投资组合的投资者来说，你的投资建议是什么？

17. **证券市场线** 市场组合的预期收益率是 11%，标准差是 19%，无风险利率是 3.2%。

a. 请问一个标准差为 27%的高度多元化投资组合的预期收益率是多少？

b. 请问一个预期收益率为 15%的高度多元化投资组合的标准差是多少？

18. **贝塔系数和资本资产定价模型** 一个投资组合由无风险资产和市场组合构成，其预期收益率为 7%，标准差为 12%。无风险利率为 2.7%，市场组合的预期收益率为 11%。假设资本资产定价模型适用。如果一种证券与市场组合的相关系数为 0.55，标准差为 50%，那么这种证券的预期收益率是多少？

19. **系统性风险和非系统性风险** 下表列出了股票Ⅰ和股票Ⅱ的相关信息：

经济状况	经济状况发生的概率	经济状况发生时的收益率	
		股票Ⅰ	股票Ⅱ
衰退	0.20	0.06	−0.35
正常	0.50	0.20	0.13
非理性繁荣	0.30	0.08	0.33

市场风险溢价是 7.5%，无风险利率是 3%。请问哪一只股票的系统性风险最大？哪一只股票的非系统性风险最大？哪一只股票更具风险性？请说明理由。

20. **证券市场线** 假设你观测到如下情况：

证券	贝塔系数	预期收益率
Pete 公司	1.15	0.118 5
Repete 公司	0.85	0.094 1

假设这些证券定价是合理的。根据资本资产定价模型，请问市场的预期收益率是多少？无风险利率又是多少？

21. **协方差和投资组合的标准差** 市场上有三种证券，下表显示了它们的收益率情况。

经济状况	发生的概率	证券1的收益率	证券2的收益率	证券3的收益率
1	0.15	0.20	0.20	0.05
2	0.35	0.15	0.10	0.10
3	0.35	0.10	0.15	0.15
4	0.15	0.05	0.05	0.20

a. 请问每一种证券的预期收益率和标准差是多少？

b. 请问这三种证券中两两之间的协方差和相关系数是多少？

c. 若一个投资组合将一半资金投资于证券1，另一半投资于证券2，那么这个投资组合的预期收益率和标准差是多少？

d. 若一个投资组合将一半资金投资于证券1，另一半投资于证券3，那么这个投资组合的预期收益率和标准差是多少？

e. 若一个投资组合将一半资金投资于证券2，另一半投资于证券3，那么这个投资组合的预期收益率和标准差是多少？

f. 你对问题a，c，d以及e的回答对多元化投资而言意味着什么？

22. **证券市场线** 假设你观测到如下情况：

经济状况	经济状况发生的概率	经济状况发生时的收益率	
		股票A	股票B
萧条	0.20	−0.08	−0.07
正常	0.60	0.12	0.12
繁荣	0.20	0.46	0.32

a. 请计算每只股票的预期收益率。

b. 假定资本资产定价模型有效，如果股票A的贝塔系数比股票B的贝塔系数大0.43，那么预期的市场风险溢价是多少？

23. **标准差和贝塔系数** 市场上有两只股票：股票A和股票B。股票A现在的价格为每股67美元，如果经济衰退，股票A明年的价格为每股40美元；如果经济正常，股票A明年的价格为每股76美元；如果经济扩张，股票A明年的价格为每股89美元。经济衰退、正常、扩张的概率分别为0.1，0.65和0.25。股票A不支付股利，它与市场组合的相关系数为0.73。股票B的标准差为63%，它与市场组合的相关系数为0.35，与股票A的相关系数为0.50。市场组合的标准差为20%，无风险利率为4%，市场风险溢价为7.5%。假设资本资产定价模型有效。

a. 如果你是一个典型的风险厌恶型投资者，并拥有一个高度多元化的投资组合，那么你会更偏好选择哪一只股票？为什么？

b. 请问一个由70%的股票A和30%的股票B构成的投资组合的预期收益率和标准差是多少？

c. 问题b中的投资组合的贝塔系数是多少？

24. **最小方差投资组合** 假设股票A和股票B具有下列特征：

股票	预期收益率（%）	标准差（%）
A	13	34
B	11	58

这两只股票收益率之间的协方差为0.01。

a. 假设一位投资者持有的投资组合中仅包含股票A和股票B。请计算投资组合的权重X_A和X_B，使得他的投资组合的方差最小化（提示：请记住这两只股票的权重之和必然等于1）。

b. 请问最小方差投资组合的预期收益率是多少？

c. 如果这两只股票收益率之间的协方差是−0.15，那么使得方差最小化的股票权重是多少？

d. 问题c中的投资组合的方差和标准差各是多少？

网络资源

1. **预期收益率** 你希望运用资本资产定价模型算出Honeywell公司的预期收益率。首先，你需要知道市场风险溢价。请登录money.cnn.com并找到3个月国库券的当前利率，然后使用第10章中的历史市场风险溢价作为市场风险溢价。接下来，请登录finance.yahoo.com，输入Honeywell公司的股票代码“HON”，并找到该公司的贝塔系数。请问运用资本资产定价模型计算的Honeywell公司股票预期收益率是多少？你获得这一数值是建立在何种假设之上？

2. **投资组合的贝塔系数** 你已决定等权重地投资于一个由美国运通、宝洁、家得宝以及杜邦等公司股票构成的投资组合，你需要计算这一投资组合的贝塔系数。请登录 finance. yahoo. com 并找出上述每一家公司的贝塔系数。请问该投资组合的贝塔系数是多少？

3. **贝塔系数**　哪些公司目前拥有最高的与最低的贝塔系数？请登录 finance. yahoo. com 并找到“Stock Screener”链接。请输入 0 作为最大的贝塔系数并检索。请问有多少只股票目前的贝塔系数小于或者等于 0？最低的贝塔系数是多少？请返回“股票筛选”链接，输入 3 作为最小的贝塔系数并检索。请问有多少只股票的贝塔系数大于 3？最高的贝塔系数是多少？

4. **证券市场线**　请登录 finance. yahoo. com 并输入美国国际纸业公司的股票代码“IP”。点击“Key Statistics”链接以获得这家公司的贝塔系数。接下来，请找出根据市场分析师预测得到的该股票未来 12 个月的预测（或“目标”）股价。请使用当前股价和平均的目标股价，计算这只股票的预期收益率。请别忘记在计算中将下一年度的预期股利包括在内。现在，请登录 money. cnn. com 并找到 3 个月国库券的当前利率。根据这一信息，请使用风险收益率来计算市场的预期收益率。这一数值是合理的吗？为什么？

EXCEL 解题

资本资产定价模型是金融学中研究最为深入的模型之一。在实践中，人们通常使用资本资产定价模型的一种变体——市场模型来估算贝塔系数。为了推导出市场模型，我们首先从资本资产定价模型入手：

$$E(R_i)=R_F+\beta\times[E(R_M)-R_F]$$

由于资本资产定价模型是一个等式，因此我们可以在等式两边同时减去无风险利率，从而得到：

$$E(R_i)-R_F=\beta\times[E(R_M)-R_F]$$

这是一个确定性等式，也就是说，它是准确无误的。不过在回归中，我们也意识到会存在一些不确定性误差。我们需要通过在上述等式中添加代表误差的 ε 来对其进行修正：

$$E(R_i)-R_F=\beta\times[E(R_M)-R_F]+\varepsilon$$

最后，考虑对上述等式进行回归。由于在该等式中并没有截距项，因此其截距为零。不过，在对该等式进行回归估计时，我们可以添加一个截距项 α：

$$E(R_i)-R_F=\alpha_i+\beta\times[E(R_M)-R_F]+\varepsilon$$

上述等式通常被称为市场模型，但它并不是唯一一个以市场模型命名的等式，这也造成了许多混淆。式中的截距项就是著名的“詹森阿尔法”，它代表了超额收益率。如果资本资产定价模型是精确成立的，那么该截距项应该为零。如果你从证券市场线的角度来考虑 α，那么当 α 为正时，股票将位于证券市场线的上方；而当 α 为负时，股票将位于证券市场线的下方。

（1）你想用市场模型来估计一只股票和一只共同基金。首先，请登录 finance. yahoo. com 并下载一只股票、一只共同基金以及标准普尔 500 指数过去 61 个月的调整价格。接下来，请登录 www. stlouisfed. org 来访问圣路易斯联邦储备委员会网站，你从中应该可以找到 FRED®数据库（联邦储备经济数据库），找到 1 个月固定期限国债利率数据并下载，该数据可作为无风险利率的替代指标。在使用该利率时，你应该了解它是年利率。由于我们使用的是股票月度收益率数据，因此你需要对 1 个月期限的国库券利率进行调整。对于你选择的股票和共同基金，可以使用市场模型估算贝塔系数和阿尔法值。当估计回归模型时，每做一次回归，你都应该找到写着“残差”的框并选中此框。因为这样你就可以保存残差项，并将回归结果保存在一张新的工作表中。

a. 每个回归的阿尔法值和贝塔系数是否都显著不为零？

b. 你如何解释该股票和共同基金的阿尔法值和贝塔系数？

c. 在这两个回归估计中，哪一个具有更高的 R 平方？这符合你的预期吗？为什么？

（2）在（1）中，你使用 Excel 返回每个回归的残差，即回归模型中的 ε。如果你回想起统计学基础知识，残差是每个观测值到回归线之间的距离。在这个例子中，上述残差就是月度收益率中不能由市场模型回归解释的那部分。该残差还可以用来计算评估比率，它等于阿尔法值除以残差的标准差。

a. 你认为评估比率是用来衡量什么的？

b. 请计算该股票和共同基金的评估比率。哪一个的评估比率更好？

c. 通常，评估比率可用于评价共同基金经理的绩效。你认为为什么评估比率更经常被用于评价属于投资组合的共同基金，而不是单只股票呢？

章末案例

在东海岸游艇公司的工作（第二部分）

你与丹·欧文讨论401（K）计划时，他提到Bledsoe金融服务公司的代表莎拉·布朗（Sarah Brown）今天正在访问东海岸游艇公司。你觉得应该去见见莎拉，所以丹为你在当天的晚些时候安排了一次会面。

你和莎拉坐下来后，讨论了公司的401（k）账户各种可行的投资选择。你向莎拉提到，你在接受新工作之前研究过东海岸游艇公司。你对管理层领导公司的能力很有信心。对公司的分析使你相信，公司正在不断增长而且未来将获得更大的市场份额。同时，你觉得应该支持你的雇主。基于这些考虑，再加上你是一位保守的投资者，你倾向于将401（k）账户的资金100%投资于东海岸游艇公司。

假设无风险利率等于历史平均的无风险利率（见第10章）。债券基金与大盘股基金之间的相关系数为0.16。（注：电子表格作图以及“Solver”函数可能有助于你回答下列问题。）

1. 考虑到多元化效应，莎拉对于你将401（k）账户资金100%投资于东海岸游艇公司股票的建议会做何回应？

2. 在听到莎拉对于你将401（k）账户资金全部投资于东海岸游艇公司股票的回应后，她使你相信这可能并不是最佳的选择。你是一位保守的投资者，你告诉莎拉，100%投资于债券基金可能会是最佳的选择。是这样吗？

3. 请使用Bledsoe大盘股基金以及Bledsoe债券基金的收益率数据，绘制可行投资组合的机会集。

4. 在考察机会集之后，你注意到投资于一个由债券基金和大盘股基金构成的投资组合与投资于债券基金具有完全相同的标准差。这个投资组合将拥有更高的预期收益率。请问该投资组合的权重以及预期收益率是怎样的？

5. 在考察机会集时，请注意存在一个投资组合具有最低的标准差，即最小方差投资组合。请问这个投资组合的权重、预期收益率以及标准差是多少？为什么最小方差投资组合很重要？

6. 在夏普比率中往往会用到风险调整的绩效指标。夏普比率是以一项资产的风险溢价除以其标准差计算得到的。在机会集上，具有最高的夏普比率的投资组合称为夏普最优投资组合。请问夏普最优投资组合的组合权重、预期收益率以及标准差是多少？该投资组合的夏普比率与债券基金以及大盘股基金的夏普比率相比孰大孰小？你发现夏普最优投资组合和资本资产定价模型的关系了吗？那是什么关系呢？

第 12 章

风险、资本成本与估值

开篇故事

总部设在德国的BASF公司是一家大型跨国公司，公司员工遍及世界五大洲，总人数超过11万人。BASF公司涉足农业、石油和天然气、化工、塑料等多个行业。为了提升公司价值，BASF公司启动了BASF 2020计划。这是一个与各项组织职能有关的综合计划，致力于鼓励全体员工以创业者的思维方式行事。该战略计划的主要财务目标是让公司赚取的收益等于其加权平均资本成本加上一定的溢价。那么，究竟什么是加权平均资本成本？

加权平均资本成本是公司必须赚取的最低收益率，用以回报股东、债权人和优先股股东等投资者。例如，2011年BASF公司的加权平均资本成本为11%，在资本成本之上赚取了25.5亿美元的溢价收益。2012—2015年，该公司的加权平均资本成本维持在11%的水平上。本章将介绍资本成本的计算方法及其对公司及投资者的意义。我们将了解什么时候使用企业的资本成本，更重要的是了解什么时候不使用资本成本。

本章聚焦于确定风险项目现金流量的折现率。由于项目通常借助权益、债务及其他来源进行融资，我们需要估算各项融资的成本，以确定适当的折现率。首先讨论权益资本成本，对权益资本成本的分析建立在贝塔系数和资本资产定价模型的基础上。本章将深入讨论贝塔系数的计算方法、经验法则及影响因素。接下来讨论债务资本成本和优先股资本成本。这些成本是加权平均资本成本的构成要素，加权平均资本成本用于现金流折现。本章将通过Eastman化学公司这一真实案例，介绍加权平均资本成本的计算方法。最后，本章将介绍发行成本。

12.1 权益资本成本

如果一家企业现金富余，则会面临两种选择：第一，立即发放现金股利。第二，将其用于投资项目，并用项目的未来现金流发放股利。股东会偏好哪种选择呢？如果股东可以将股利再投资于金融资产（股票或债券），且投资风险与项目的经营风险相同，则股东会选择预期收益率最高的投资方式。换言之，只有在项目的预期收益高于有同样风险的资产的收益时，决策者才会选择投资。图12-1阐述了这一投资思路。前面的讨论可归纳为一个简单的资本预算法则：

项目的折现率应为具有同样风险水平的金融资产的预期收益率。

对于折现率，称谓各异。例如，折现率被称为项目的必要收益率（required return）。这个名称很恰当，说明采纳项目的前提是项目收益率高于投资者要求的收益率。折现率还有另一个形象的名称，叫作资本成本（cost of capital），这意味着项目必须获得足够的资金支付给资本的提供者，这里指的是股东。本书将交替使用折现率、必要收益率和资本成本。

现在试想一下，如果企业所有的项目风险均相同，则折现率等同于企业总体的资本成本。如果企业全部依靠股权融资，则折现率等于企业的权益资本成本。

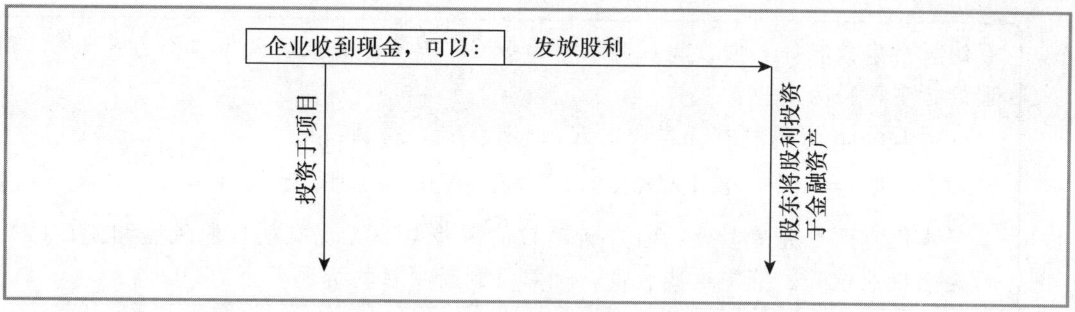

图 12－1　企业有多余现金时的选择

说明：只有在项目的预期收益率不低于风险相当的金融资产的预期收益率时，股东才会希望企业投资于该项目。

12.2　用资本资产定价模型估算权益资本成本

上节定义了权益资本成本，本节将介绍权益资本成本的估算方法。这里的一个问题是，股东并没有明确他们的必要收益率是多少，那该如何去估算呢？所幸资本资产定价模型为我们提供了一个必要收益率的计算公式。根据资本资产定价模型，股票的预期收益率可以表示为：

$$R_S = R_F + \beta \times (R_M - R_F) \qquad [12.1]$$

式中，R_F 是无风险利率；$R_M - R_F$ 是市场投资组合的预期收益率与无风险利率之差，称为预期超额市场收益率或市场风险溢价。为简化符号，这里去掉了预期收益率 R_S 上面的横线，但请记住在 CAPM 中提及的 R_S 就是预期收益率。

由式 [12.1] 可见，股票的预期收益率建立在以贝塔系数度量的股票风险的基础上。股票的预期收益率是根据股票的风险水平所要求的收益率，可以视作权益资本成本。

虽然关于 CAMP 在资本预算中的应用在学术界争议颇多，但是这种方法在实践中的应用极为普遍。一项研究发现①，几乎 3/4 的美国企业在估值中使用资本资产定价模型，业内以及许多其他教材已经广泛采用该方法。

我们现在已经有了估算企业权益资本成本的工具。为此，需要知道的参数有三个：

1. 无风险利率，R_F。
2. 市场风险溢价，$R_M - R_F$。
3. 股票的贝塔系数，β。

例 12.1　权益资本成本

Quatram 公司是一家大学教材出版商，其股票的贝塔系数为 1.3。该公司没有负债，全部采用权益融资。Quatram 公司正在着手准备扩张现有规模的资本预算项目。由于新项目与公司现有项目的风险相同，新项目的平均贝塔系数假定与现有项

① 参见 John R. Graham and Campbell R. Harvey，"The Theory and Practice of Corporate Finance: Evidence from the Field," *Journal of Financial Economics*（2001）一文的表 3。该表显示，73.49%的样本公司采用 CAPM 进行资本预算。

目的贝塔系数相等。假设无风险利率为5%，新项目的市场风险溢价为8.4%，则合理的折现率应为多少？

对Quatram的权益资本成本R_S进行估计，得到：

$$R_S = 5\% + (8.4\% \times 1.3) = 5\% + 10.92\% = 15.92\%$$

本例有两个关键假设：(1) 新项目的风险与公司现有项目的风险相同；(2) 公司是全权益融资。给定这些假设，计算得到新项目的折现率为15.92%。

例12.2 项目评估与贝塔系数

假设Alpha Air Freight公司是全权益企业，贝塔系数为1.21。进一步假设市场风险溢价为9.5%，无风险利率为5%。我们可以通过式［12.1］计算Alpha Air Freight公司股票的预期收益率为：

$$5\% + (1.21 \times 9.5\%) = 16.495\%$$

这是股东对于资本市场上贝塔系数为1.21的股票的预期收益率，是对Alpha Air Freight公司股票的预期收益率。

进一步假设公司正在评估如下非互斥项目：

项目	项目的贝塔系数	下一年的预期现金流量	项目的内含报酬率	项目的净现值（折现率为16.495%）	接受或拒绝
A	1.21	$140	40%	$20.2	接受
B	1.21	120	20	3.0	接受
C	1.21	110	10	−5.6	拒绝

以上各项目的初始投资额均为100美元，且风险水平都与公司整体风险水平相当。权益资本成本为16.495%，因而全权益融资的公司维持16.495%的项目折现率。项目A和项目B具有正的净现值，而项目C的净现值为负。因此，公司只接受了项目A和项目B。结果如图12-2所示。

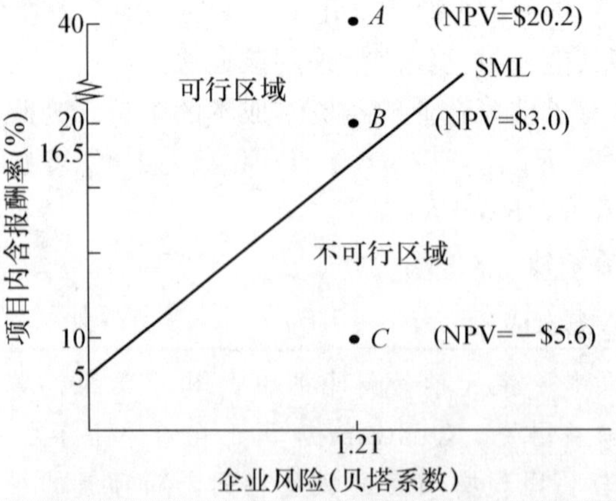

图12-2 运用证券市场线估计风险项目经过风险调整后的折现率

说明：对角线表示的是权益资本成本和企业贝塔系数之间的关系。全权益企业应接受内含报酬率大于权益资本成本的项目，而放弃内含报酬率小于权益资本成本的项目（假设所有项目的风险与企业的风险相同）。

前述两个例子对无风险利率、市场风险溢价以及公司的贝塔系数进行了假定。在实践中，如何对这些参数进行估计？我们接下来将对这些参数进行讨论。

无风险利率

尽管没有任何一种债券完全不存在违约风险，但美国的短期国债和长期国债非常接近这种理想情形。美国国债从未发生过违约。

然而，正如我们在第 8 章中所学的，不同债券的利率构成了一个完整的利率期限结构，国债的收益率是其到期期限的函数。但哪一个期限的收益率对应的是无风险利率呢？遗憾的是，对这个问题并不存在无懈可击的答案。CAPM 是一个分期模型，模型显示，短期利率比较接近无风险利率。实务中较常使用的是 1 年期国债利率，下面将以 1 年期国债利率作为无风险利率。[①] 在实务当中，公司经常使用美国短期国债利率，这与某个特定的项目或投资期限相匹配。我们将在适当的时候采用该方法，特别是针对历时长久的投资。

市场风险溢价

方法 1：使用历史数据　第 10 章的大部分内容主要是介绍历史收益率和市场风险溢价的计算。该章估计得到的市场风险溢价为 7%，虽然这只是一个估计值。接下来，我们需要无风险利率数据，目前 1 年期国债的收益率为 0.7%。

举一个简单的例子，假设有一家全权益公司，其贝塔系数为 1.5，则资本成本为：

$$0.7\%+1.5\times7\%=11.2\%$$

方法 2：使用股利折价模型　在本章前面的部分，我们所引用的一项研究表明，大多数企业在进行资本预算时使用的是 CAPM。那么，CAPM 是否像我们之前所做的那样，必须根据过去的收益率计算风险溢价？答案是否定的。估算风险溢价还有另一种方法，就是前面章节提到的股利折价模型。

第 6 章指出，股票的价格等于未来股利的现值。该章进一步指出，如果公司的股利预期以恒定的增长率 g 增长，则股票的价格 P 为：

$$P=\frac{\text{Div}}{R-g}$$

式中，Div 是下一年支付的每股股利；R 是折现率；g 是恒定的股利年增长率。对上式

---

① 这里可能存在的一个问题是，项目的寿命周期往往很长，因而根据整个寿命周期预期得到的 1 年期国债利率比当前的 1 年期国债利率更为准确。那么，应该如何估计该 1 年期预期利率？首先约定项目在整个寿命周期的利率为当前的 1 年期国债利率，接下来通过期限结构估计 1 年期预期利率。表 10-2 显示，1926—2015 年，20 年期国债的平均收益率为 6.0%，而 1 年期国债的平均收益率为 3.5%。因此，长短期限利差为 6%－3.5%＝2.5%。出现这种正的期限利差并不奇怪，因为正如我们所知道的，利率期限结构曲线通常是向上倾斜的。近日，20 年期国债的收益率达到 2.5%左右。这个收益率反映了 1 年期国债在未来 20 年的平均利率及其期限利差。因此，1 年期国债在未来 20 年的平均利率为 2.5%－2.5%＝0.0%。另外，CAPM 建议用于投资的国债的期限应与投资的期限相匹配。但遗憾的是，鲜有投资者对投资期限有一致的认同。

重新整理可得：

$$R=\frac{\text{Div}}{P}+g$$

用文字表述，即股票的年收益率是下一年的股利收益率（Div/P）与股利年增长率之和。

该公式不仅能够估算个股收益率，而且可用于估计整个市场的收益率。公式右边的第一项很容易估计，当前许多纸质媒介与互联网媒介就提供了关于资本市场的股利收益率的计算结果。例如，标准普尔 500 指数成分股的股利收益率约为 2.2%。我们在预测中将以 2.2%作为股利收益率的估计值。

接下来，需要估计市场中各公司的每股股利增长率。投资银行里的证券分析师、基金管理公司以及独立的研究机构，都会对个股、行业和大市进行跟踪与分析。他们的工作内容包括对股票分红与盈余进行预测，并推荐优质股票。例如，来自价值线公司投资调查报告的数据显示，行业综合指数在 5 年内的股利年增长率约为 6%。如果股利收益率为 2.2%，预期市场收益率则为 2.2%+6%=8.2%。1 年期国债的收益率为 0.7%，市场风险溢价为 8.2%−0.7%=7.5%。可见，运用方法 2 得到的市场风险溢价略高于方法 1 中 7%的计算结果。

对于贝塔系数为 1.5 的企业，资本成本为：

$$0.7\%+1.5\times 7.5\%=11.95\%$$

当然，价值线公司提供的数据只是预测的来源之一。实际的情况是，企业更多地依靠预测经验或自己对增长的主观判断。

尽管如此，由于历史收益率是精确度量的数值，基本不存在主观判断，历史风险溢价水平是对历史的客观估计，学者们更偏好采用历史的市场风险溢价估值。相比之下，运用 DDM 估计未来股利增长率更加主观。但 DDM 的主观性缺陷并没有招致太多的批评。DDM 的支持者指出，长期来看，收益率应当只来源于当前的股利收益率及未来的股利增长率，认为长期股票收益率超过这两部分之和的观点纯粹是自欺欺人。① “从萝卜中榨不出血来”，说的就是这个理。

12.3 估计贝塔系数

在上节中，假设公司的贝塔系数已知。但在实务中，贝塔系数是需要估计的。我们在前面指出，证券的贝塔系数是个股收益率与市场组合收益率的标准协方差。对于证券 i，贝塔系数的计算公式如下：

$$\text{证券 } i \text{ 的贝塔系数}=\frac{\text{Cov}(R_i,R_M)}{\text{Var}(R_M)}=\frac{\sigma_{i,M}}{\sigma_M^2} \qquad [12.2]$$

① 具体可参阅如下文献：Jay Ritter, “The Biggest Mistakes We Teach,” *Journal of Financial Research* (Summer 2002); Eugene Fama and Kenneth French, “The Equity Premium,” *Journal of Finance* (2002); R. Jagannathan, E. R. McGrattan, and A. Scherbina, “The Declining U. S. Equity Premium,” *Federal Reserve Bank of Minneapolis Quarterly Review* (2000).

可见，贝塔系数是证券收益率与市场收益率的协方差除以市场收益率的方差。有关协方差和方差的计算前面已介绍，因此贝塔系数的计算不涉及新的内容。

估计公司的贝塔系数

估计公司贝塔系数的基本方法为：

$$\frac{\mathrm{Cov}(R_i, R_M)}{\mathrm{Var}(R_M)}$$

使用的观测值 $t=1, 2, \cdots, T$。

问题

1. 贝塔系数会随着时间的推移发生变化。
2. 样本规模可能不充足。
3. 贝塔系数会随着财务杠杆和商业风险的变化而变化。

应对措施

1. 问题 1 与问题 2 可以通过运用更加复杂的统计方法技术来应对。
2. 问题 3 可以通过对商业及财务风险进行相应的调整而得到一定程度的解决。
3. 参考同行业中可比较公司的贝塔均值。

现实世界的贝塔系数

了解现实世界中的公司如何确定贝塔系数是有益的。图 12-3 显示了四家大公司的月收益率与标准普尔 500 指数的关系。借助标准的回归方法将各数据点拟合为一条直线，得到一条证券特征线。尽管图中没有显示特征线截距（通常称为 α），但可以通过回归估计得到。

图 12-3 囊括了各公司 5 年的收益率数据，图中每一个点对应着一个月度收益率数据。尽管这带有一定的主观性，但实际中就是这样做的。从事实际工作的人都知道，所用的观测值过少会影响贝塔系数的准确性。但反之，由于随着时间的推移，企业可能改变其所从事的行业，若数据相隔时间太久也不合适。

我们在第 11 章曾指出，由所有股票组成的指数的平均贝塔系数为 1。当然，这并不意味着指数中的子集也是如此。例如，图 12-3 的四种证券中，有两种证券的贝塔系数高于 1，另外两种证券的贝塔系数低于 1。贝塔系数衡量在一个由多元的、分散投资的证券所构成的组合中单个证券的风险，因而以上研究结果表明，强生的风险相对较低，而闪迪的风险相对较高。

贝塔系数的稳定性

以上我们谈到，如果企业改变所在的行业，贝塔系数可能随之改变。一个有趣的问题是，如果企业不改变行业，贝塔系数会保持不变吗？

以微软公司为例，其所从事的行业几十年保持不变。图 12-4 显示了微软公司连续

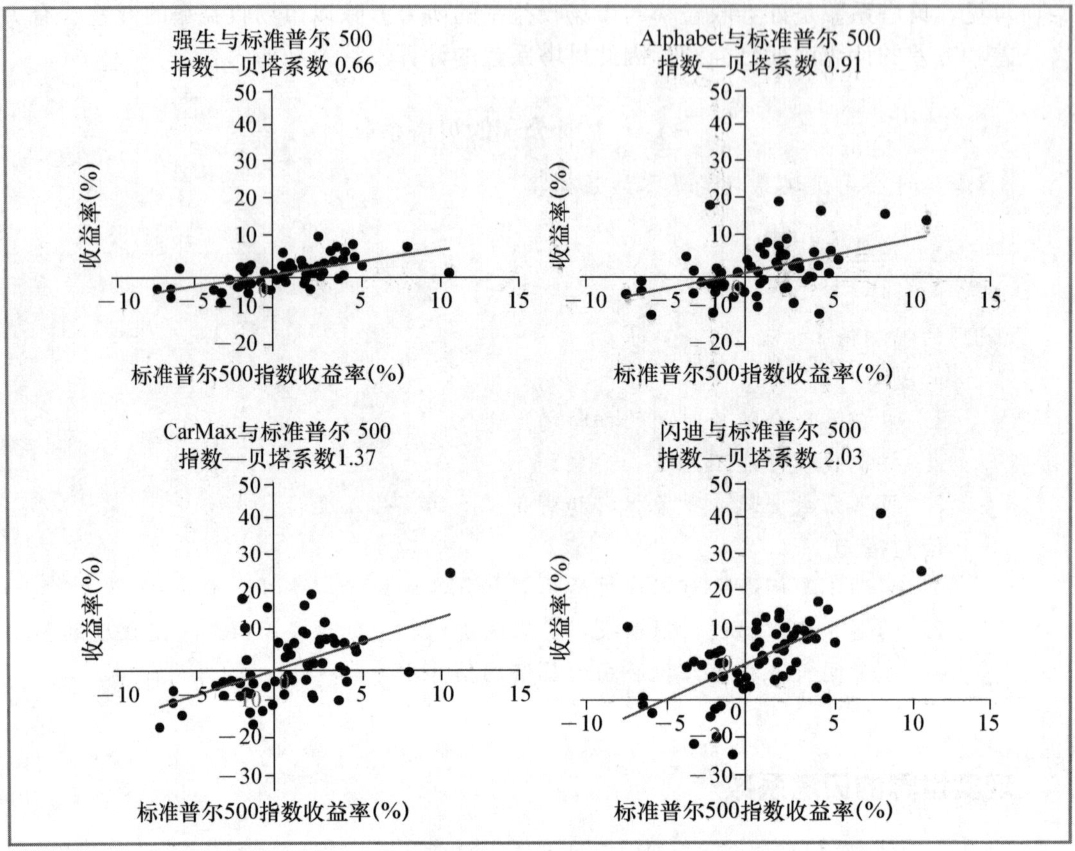

图 12-3　2011—2015 年 4 只股票与标准普尔 500 指数的月收益率图

四个 5 年的收益率与标准普尔 500 指数的收益率。从图中可以看出，微软公司的贝塔系数在不同期间是不同的。但这种变动也可能只是随机变动而已。[①] 因此，就图 12-4 所反映的 20 年来说，微软公司的贝塔系数几乎保持不变。尽管我们只分析了微软公司一个实例，但多数分析者认为，一般情况下，当企业不改变行业时，其贝塔系数保持稳定。

然而，这并不意味着，如果企业不改变行业，贝塔系数就永远不变。产品系列的变化、技术的变迁或者市场的变化都有可能影响贝塔系数。另外，我们在下节还会看到，财务杠杆（即资本结构中的负债）的提高也会使企业的贝塔系数增大。

行业贝塔系数的运用

根据企业自身历史数据来估算贝塔系数是一种常用的方法，但有人提出，运用整个行业的贝塔系数可以更好地估算企业的贝塔系数。我们看一下表 12-1，这里列举了软件行业的一些著名企业，这些企业的平均贝塔系数为 0.93。假设自动数据处理公司（Automatic Data Processing）的一名财务主管要估算企业的贝塔系数，由于该行业的贝塔系数波动较大，这个主管可能对 0.84 这个估计值不太满意，而在估计贝塔系

① 准确地说，四个期间的贝塔系数在统计上无显著差异。

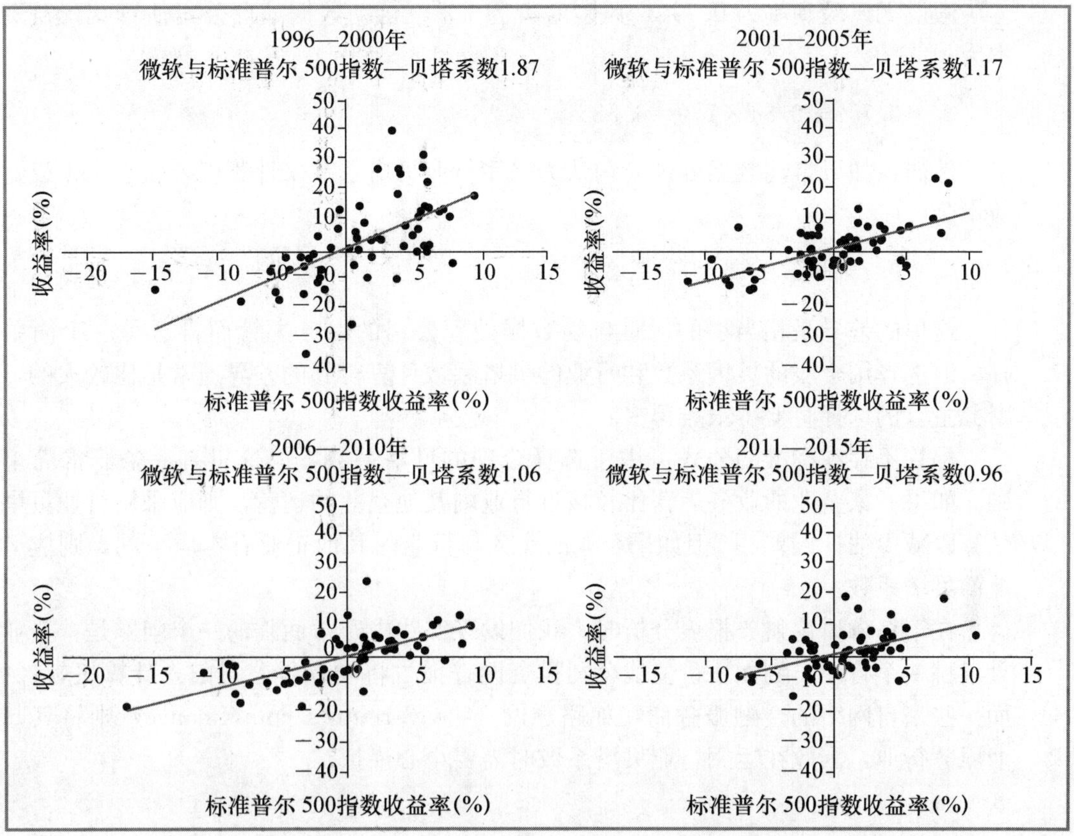

图 12-4　四个 5 年期间 AMR 公司与标准普尔 500 指数的月收益率图

数时，证券组合的估计误差大大低于单一证券的估计误差，因此，该财务主管以行业的平均贝塔系数 0.93 作为该企业的贝塔系数的估计值。①

表 12-1　计算机软件企业的贝塔系数

企业	贝塔系数
微软	1.04
苹果	1.36
自动数据处理	0.84
甲骨文	1.03
计算机科学（Computer Sciences）	0.71
CA	0.60
费哲金融（Fiserv）	0.78
埃森哲（Accenture）	0.93
赛门铁克（Symantec）	1.01
沛齐（Paychex）	0.98
等权重组合	0.93

① 实际上，对平均贝塔系数的估计理应包括对财务杠杆的调整，尽管只有在杠杆显著变化的情况下调整前后的估值才有差异。后面将对财务杠杆调整贝塔系数进行讨论。

假设无风险利率为0.7%，风险溢价为7%，自动数据处理公司估算其权益资本成本为：

0.7%+0.84×7%=6.58%

然而，如果自动数据处理公司认为采用行业贝塔系数来计算误差较小，则权益资本成本为：

0.7%+0.93×7%=7.2%

这里的差异是相当小的，对自动数据处理公司的财务主管而言这是一个简单的抉择。但选择用个股的贝塔系数和行业的贝塔系数计算得到的差异通常是比较大的，这时财务主管的选择将变得艰难得多。

尽管不存在标准的公式可用于选择合理的贝塔系数，但这里有一条非常简单的准则。如果一家企业的业务运营比较接近行业内其他企业的运营，则应采用行业贝塔系数估算以减少估计误差。[①] 但如果企业的业务与行业内其他企业有本质不同，则应运用企业的贝塔系数。

在第3章讨论财务报表分析时，我们发现实践中经常面临的一个问题是：企业究竟处于哪一个行业？例如，价值线公司投资调查报告将埃森哲公司归入计算机软件行业，而一些来自网络的金融服务商，如路透网（www.reuters.com/finance）则将其归入商业服务行业，因此在运用行业贝塔系数时需要小心谨慎。

12.4 贝塔系数的影响因素

12.3节介绍的回归分析方法并未告诉我们贝塔系数是由哪些因素决定的。一只股票的贝塔系数不是凭空产生的，而是由其企业的特征决定的。下面我们讨论三个影响因素：收入的周期性、经营杠杆和财务杠杆。

收入的周期性

有些企业的收入具有明显的周期性，在商业扩张阶段创下辉煌业绩，而在收缩阶段业绩萎靡不振。经验证据表明，高科技企业、零售企业和汽车企业均会随着商业周期起伏，公用事业、铁路企业、食品企业和航空企业则没有明显的商业周期。由于贝塔系数反映个股收益率与市场收益率的相关程度，因此周期性强的股票贝塔系数较高。

需要指出的是，收入的周期性并不等同于收入的波动性。比如一个电影制片公司难以预估所拍影片好坏的可能性，所以收入的波动性很大。但是，电影制片公司的收入取决于影片质量而非商业周期，所以它的周期性并不强。也就是说，股票的标准差大并不意味着贝塔系数就大，这一点之前就已经强调过。

① 后面会指出，当企业与所在行业的债务水平不同时，必须做出调整。在这里没有调整是因为软件行业的企业很少负债。

经营杠杆

第 9 章将成本划分为固定成本和变动成本，并指出固定成本不随产量变动，变动成本则随产量的增加而增加。企业往往面临固定成本和变动成本之间的权衡。例如，企业在建造工厂的过程中会产生高额的固定成本。企业也可以将生产外包给供应商，这样能够降低固定成本，但会引发较高的变动成本。固定成本往往会放大收入周期性的影响。即使在企业经营不景气、产品滞销的时候，固定成本也是必须负担的，这样很可能导致企业大幅亏损。以固定成本替代变动成本，降低额外的销售产生的边际成本，给企业留下了较大的利润空间。

固定成本较高且变动成本较低的企业通常被认为具有较高的**经营杠杆**（operating leverage）。相反，固定成本较低且变动成本较高的企业具有较低的经营杠杆。经营杠杆放大了企业收入周期性对贝塔系数的影响。也就是说，如果企业的收入周期性给定，生产过程中以固定成本替代变动成本，则企业的贝塔系数会提高。

财务杠杆与贝塔系数

顾名思义，经营杠杆与财务杠杆是类似的概念。经营杠杆反映的是企业生产经营中的固定成本，财务杠杆则体现了企业对债务融资的依赖程度。杠杆企业是指资本结构中拥有负债的企业，杠杆企业不论其销售情况如何都要支付利息，所以财务杠杆反映了企业的财务固定成本。

经营杠杆的增加会导致贝塔系数增大，财务杠杆的增加（即负债的增加）同样会使贝塔系数增大。假如一家企业在其资本结构中既有负债又有权益。再假定某人拥有企业全部的负债和权益，即拥有整个企业，那么，这个由负债和权益构成的组合的贝塔系数是多少呢？

与其他证券组合一样，该组合的贝塔系数等于组合中各项资产的贝塔系数的加权平均。以 B 表示企业债务的市场价值，以 S 表示企业权益的市场价值，可以得到：

$$\beta_{组合}=\beta_{资产}=\frac{S}{B+S}\times\beta_{权益}+\frac{B}{B+S}\times\beta_{负债} \qquad [12.3]$$

式中，$\beta_{权益}$是杠杆企业的权益贝塔系数。我们可以发现，式中负债的贝塔系数（即 $\beta_{负债}$）被乘以负债在资本结构中的百分比，即负债/(负债＋权益)。同样，权益的贝塔系数也被乘以权益在资本结构中的百分比。该资产组合同时包括企业的负债和权益，组合的价值完全依赖于企业的资产，所以组合的贝塔系数就是**资产的贝塔系数**（asset beta）。对于全部以权益融资的企业，资产的贝塔系数可以看作普通股的贝塔系数。

实际上，负债的贝塔系数很小，通常假设为零。若假设负债的贝塔系数为零，则有：

$$\beta_{资产}=\frac{S}{B+S}\times\beta_{权益} \qquad [12.4]$$

对于杠杆企业，权益在资本结构中的占比一定小于 1，所以 $\beta_{资产}<\beta_{权益}$。将上式重新整理，可以得到：

$$\beta_{权益}=\beta_{资产}\left(1+\frac{B}{S}\right)$$

对于杠杆企业，权益的贝塔系数一定大于资产的贝塔系数（假设资产的贝塔系数大于零）。[①] 在其他条件都相同的情况下，杠杆企业的权益贝塔系数一定大于全权益企业的权益贝塔系数。

回归分析中估计的是资产的贝塔系数还是权益的贝塔系数呢？12.3 节以及现实世界中都是采用将股票收益率作为自变量的回归方法，因此，回归估计得到的是权益贝塔系数。这里我们需要运用式［12.4］将权益的贝塔系数转换为资产的贝塔系数。（当然，对于全权益企业而言，这两个贝塔系数是相同的。）

例 12.3　资产的贝塔系数与权益的贝塔系数

Rapid Cedars 公司是一家林木公司，目前全部通过权益融资，贝塔系数为 0.8。资本结构中的负债与权益之比为 1∶2。由于公司的行业未发生变化，资产的贝塔系数仍然维持在 0.8。假设负债的贝塔系数为 0，权益的贝塔系数为：

$$\beta_{权益}=\beta_{资产}\left(1+\frac{B}{S}\right)$$

$$1.2=0.8\times(1+1/2)$$

如果负债与权益之比为 1∶1，则权益的贝塔系数为：

$$1.6=0.8\times(1+1)$$

当然，只要公司所处行业没有发生变动，其资产的贝塔系数始终为 0.8。杠杆效应会提高权益的贝塔系数。

12.5　股利折价模型

在 12.2 节中，我们介绍了用 CAPM 计算资本成本的方法。在 CAPM 的各输入变量中，需要估计市场风险溢价。计算市场风险溢价的方法之一是运用 DDM，先对市场整体的预期收益率进行预测，然后在此基础上估计风险溢价水平。下面直接用 DDM 计算个股的预期收益率。

根据在 12.2 节中对 DDM 的讨论可得到以下计算公式：

$$R=\frac{\text{Div}}{P}+g$$

式中，P 为每股价格；Div 为下一年收到的每股股利；R 为折现率；g 为每股股利的永续年增长率。上式表明，股票折现率等于股利收益率（Div/P）与股利增长率之和。因

① 在课税的情况下，企业的资产贝塔系数与权益贝塔系数之间的关系为：

$$\beta_{权益}=\beta_{资产}\left[1+(1-t_c)\frac{B}{S}\right]$$

在这一表达式中，t_c 为企业所得税税率，后面将详细讨论税收效应。

此，要运用DDM计算个股的预期收益率，必须同时估计出股利收益率与股利增长率。

对股利收益率的预测相对简单。证券分析师会定期对个股下一年派发的股利进行预测。我们也可以假定下一年派发的股利为本年度股利乘以（$1+g$），接下来会介绍股利增长率 g 的估计方法。公开上市股票的每股价格通常可以通过金融报刊或网络获取。

对股利增长率的估计方法有如下三种。第一种是，根据历史数据计算得到过去的股利增长率。对一些企业而言，过去的股利增长率也许是一个很有用的指标，但用于估计未来的股利增长率显然不够合理。第二种是，在第6章中我们曾指出股利增长率可以表示为：

$$g=\text{留存收益比率}\times \text{ROE}$$

留存收益比率是留存收益与利润之比，ROE是净资产收益率，它是本期净利润除以上期股东权益的会计账面价值得到的百分比。估算留存收益比率和净资产收益率所需变量可从利润表和资产负债表上获取。第三种是，证券分析师通常会对上市公司未来的增长情况进行预测分析。但一般而言，分析师会对公司未来5年的利润增长给出预测，而DDM要求估算出更长期间的股利增长率。

以第三种方法为例，公司未来5年的利润增长预测数据可从财经网站如finance. yahoo. com获取，该网站最近公布的数据显示，Eastman化学公司未来5年的利润年增长率为6.35%，股利收益率为1.84%，这意味着该公司的预期收益率（即资本成本）为1.84%+6.35%=8.14%。

以上介绍的是如何使用DDM来估计企业的资本成本。与CAPM相比，这种方法的准确性如何？我们接下来讨论这个问题。

DDM与CAPM的比较

股利折价模型与资本资产定价模型都是估算资本成本的模型，本质上是相同的。尽管如此，学术界还是更倾向于使用CAPM。最近的一项研究显示①，约3/4的企业采用CAPM估算权益资本成本，约1/6的企业采用DDM。为什么大家倾向于CAPM呢？CAPM主要有两大优点：一是明确了风险调整；二是可以应用于不支付股利的公司或者股利增长率很难估计的公司。DDM的主要优势在于模型简单。遗憾的是，DDM只适用于股利支付比较稳定的公司。

据我们所知，目前尚无对DDM与CAPM的系统比较。与CAPM相比，DDM似乎表现出更多的度量偏差。偏差主要来自DDM对单家企业的股利增长率 g 的估算，尽管有三种途径可以估算 g，但这些方法不可避免地都会产生度量偏差。

12.6 部门及项目的资本成本

本章前面几节都假定项目的潜在风险等于企业的风险。那么，如果项目风险显著异

① 参见John R. Graham and Campbell R. Harvey, "The Theory and Practice of Corporate Finance: Evidence from the Field," *Journal of Financial Economics* (2001) 一文的表3。

于企业风险，应该如何估计项目的折现率呢？答案是每个项目的折现率应与其自身的风险相匹配。例如，假设我们采用 CAPM 来确定折现率。① 如果一个项目的贝塔系数不同于企业的贝塔系数，应该以与项目风险相称的贝塔系数对其进行折现。这一点很重要，尽管企业层面频繁使用的是企业的折现率（corporate discount rate）。（如前所述，必要收益率与资本成本是同义词。）除非企业所有项目的风险都相同，否则对所有项目使用同一折现率是错误的。

上面讨论了区别对待不同项目的折现率问题，同样的原则也适用于企业内的不同部门。如果一家企业由许多部门组成，每个部门分属不同的行业，则不能对各部门使用相同的折现率。

例 12.4 项目风险

D. D. Ronnelley 公司（DDR）是一家出版企业，正在考虑投资一个计算机软件的项目。请注意，计算机软件公司往往有较高的贝塔系数。因而，该公司认为软件项目的风险高于其他项目的风险，拟采用与该项目风险相匹配的折现率。比如，它可能采用上市软件公司投资组合的贝塔系数均值。相反，如果 DDR 公司各项目以相同的折现率折现，难免会出现预测偏差。企业会因此接受过多的高风险项目（如软件开发业务），而拒绝过多的低风险项目（如图书杂志业务），具体如图 12-5 所示。

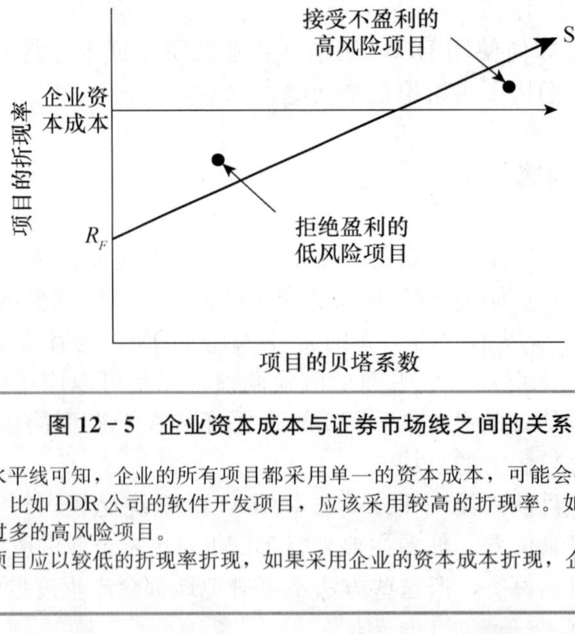

图 12-5 企业资本成本与证券市场线之间的关系

说明：由图中的水平线可知，企业的所有项目都采用单一的资本成本，可能会导致错误的资本预算决策。对于风险较高的项目，比如 DDR 公司的软件开发项目，应该采用较高的折现率。如果采用的是企业的资本成本，企业很可能接受过多的高风险项目。

相反，低风险的项目应以较低的折现率折现，如果采用企业的资本成本折现，企业很可能拒绝过多的低风险项目。

DDR 公司的例子表明，应当选取与项目现金流量的风险相匹配的折现率。然而，实务工作者要注意以下三点。首先，必须为企业选择合适的行业。这看似容易，但问题在于企业往往拥有多条业务线。比如 DDR 公司考虑投资电影制片项目而不是软件项目，则要先寻找行业内龙头企业的贝塔系数。行业内前六大工作室包括华纳兄弟（Warner Brothers）、哥伦比亚电影公司（Columbia）、21 世纪福克斯（Fox）、环球影

① 为简单起见，我们只在此考虑 CAMP。如果采用 DDM 估算资本成本，处理方法也是类似的。

业、派拉蒙影业公司（Paramount）以及迪士尼电影公司，而前五家分别由时代华纳、索尼、新闻集团（News Corporation）、康卡斯特以及维亚康姆（Viacom）公司所有。这些母公司的业务相当多元化，电影制片收入只占总收入的很小部分。而第六家工作室的母公司是迪士尼公司，其业务也是非常多元化的，包括电视、广播、主题公园和游轮等。正因为公司业务多元化，从这六家母公司入手难以获取一个纯电影制片业公司的贝塔系数。分析人士常常谈到识别单一经营（pure play，即企业经营范围限定在特定业务上，并与你的企业正在着手的项目类似）。在某些情况下，单一经营的例子更容易出现。

其次，即使行业中的所有企业执行的都是单一经营战略，新项目的贝塔系数也可能大于已有企业的贝塔系数。这是因为新的项目可能还会受到宏观经济变动的影响。例如，在经济衰退期，一个刚刚起步的计算机投资项目可能会失败，而 IBM、微软、甲骨文等计算机巨头仍屹立不倒。相反，在经济扩张期，新创企业的增长可能快于老牌企业。

幸运的是，对此只需做一个小调整。为了体现额外风险，新创项目的贝塔系数应在行业贝塔系数的基础上调高一些。这种调整很特殊，无公式可循，却是现今实务界的普遍做法。

最后，对于行业中很少出现的项目来说，存在一个问题。以电视购物企业为例。如今我们能对这个行业的贝塔系数做出较好的估计，因为该行业已有不少企业的股票公开交易。但是，若在 20 世纪 80 年代，任何对于其贝塔系数的估计都值得怀疑，因为那时人们还不清楚电视购物究竟是属于电视业还是零售业，抑或是一个全新的行业。

在行业的贝塔系数不适用时，如何确定贝塔系数呢？一种方法就是利用本章前面提到的贝塔系数的三个影响因素：收入的周期性、经营杠杆和财务杠杆。将项目这三个因素的数值与其他可比公司的相应数值进行比较，可以得到项目贝塔系数的大体数值。

12.7 固定收益证券的资本成本

在本节中，我们考察债务资本成本和优先股资本成本，首先来看债务资本成本。

债务资本成本

权益资本成本总是难以估计，往往要进行大量的数据采集工作，而结果却经常存在度量误差。幸运的是，估计债务资本成本要容易得多；债务资本成本反映的是资金借贷的成本。企业可以通过查找公开交易债券的收益率，或与商业银行家及投资银行家攀谈来获取这方面的信息。

两年前，Ritter 制造公司发行了 100 万美元票面利率为 7%的债券。当时债券按面值发行，但近两年利率上升导致折价出售。目前债券的收益率是 8%。为了融资扩张，Ritter 制造公司考虑再发行另一只规模很大的债券。新债务的资本成本是多少？

新债务的资本成本应在 8%左右。如果上一只债券按 8%的收益率出售，则新发行债券的收益率不会低于 8%。7%的票面利率仅仅是历史数据，通常称为债务的嵌入成本（embedded cost），与目前的决策不相关。

另一种情形是，或许企业是首次发行债券。此时，投资银行通常会告知公司管理者发行债券的预期收益率是多少。该收益率可用作债务资本成本的估计值。① 公司还可能从商业银行贷款，那么其预计支付的贷款利率即为债务资本成本。

这里还需要进一步讨论的是，上面对资本成本的计算都忽略了税收效应，这显然与事实相悖。根据美国税法，企业支付的利息是税前扣除的。假设有两家公司：无杠杆公司和杠杆公司，两家公司的区别仅在于有无债务。前者没有债务，后者有100美元利率为10%的债务。

无杠杆公司		杠杆公司	
收入	$180	收入	$180
费用	−70	费用	−70
税前利润	110	息税前利润	110
所得税（40%）	−44	利息支出（利率为10%，贷款额为$100）	−10
税后利润	$66	税前利润	100
		所得税（40%）	−40
		税后利润	$60

杠杆公司每年要支付10美元的利息，其税后利润比无杠杆公司只少6美元（66−60）。这是为什么呢？原因在于利息支出可以税前扣除。也就是说，虽然杠杆公司的税前利润比无杠杆公司少10美元（110−100），但杠杆公司缴纳的税收比无杠杆公司少4美元（44−40）。

杠杆公司借入的100美元债务令其税后利润减少了6美元，因此，税后债务资本成本为6%。一般而言，税后债务资本成本的计算公式为：

$$\text{税后债务资本成本}=(1-\text{税率})\times\text{借款利率}$$

$$6\%=(1-0.40)\times 10\%$$

为什么债务资本成本要经过税收调整，而权益资本成本无须调整？这是因为企业可以在税前扣除利息支出，却不能在税前扣除股利。

优先股资本成本

优先股这个叫法其实并不恰当，因为优先股与普通股差别较大，而与债券更为相似。优先股要永久支付固定的股利，这与债券的利息支出非常相似，差别在于几乎所有债券都有明确的到期期限。相反，普通股的股利通常是随着时间的推移而改变的。

假如Polytech公司发行的优先股股价为每股17.16美元，每年支付每股股利1.5美元。由于优先股永久支付股利，这里可以用永续模型定价：

$$PV=C/R$$

① 这里需要注意的是，由于债券存在违约风险，当前的市场收益率将高于债权人的预期收益率。投资级债券违约的概率可以忽略不计，预期收益率可以作为债务资本成本。然而，非投资级债券存在一定的违约概率，需要在预期收益率的基础上进行调整。

式中，PV 为现值或价格；C 为每年收到的现金流；R 为收益率。对公式进行整理，得到：

$$R=C/\mathrm{PV}$$

对于这只优先股，收益率为 8.7%(=1.5/17.16)。该收益率同时也是优先股的成本。

为什么这里没有对优先股成本进行像债务成本一样的税收调整？这是因为优先股支付的股利不可抵税。

12.8 加权平均资本成本

12.1 节与 12.2 节介绍了全权益融资项目的折现率的估计方法。在本节中，我们将讨论项目采用负债和权益融资时折现率的调整。

假定某企业运用债务和权益融资来进行投资。如果企业按 R_B 的利率借入债务，按 R_S 的成本取得权益，那么总体或者平均的资本成本是多少？按前面所述，权益资本成本是 R_S，债务资本成本是借款利率 R_B，R_B 可以从债券的到期收益率中观测到。如果企业既有债务又有权益，则资本成本是二者的加权平均，计算如下：

$$\frac{S}{S+B}\times R_S+\frac{B}{S+B}\times R_B$$

式中的权重分别是权益占总价值的比重：

$$\frac{S}{S+B}$$

以及负债占总价值的比重：

$$\frac{B}{S+B}$$

显然，若企业无负债（即一个全权益企业），其平均资本成本就等于权益资本成本 R_S。若企业负债特别多而权益几乎没有（即一个全负债的企业），其平均资本成本就等于债务资本成本 R_B。

当然，正如前面所提及的，对公司来说，利息是可以抵税的。税后的债务资本成本为：

$$\text{债务资本成本(税后)}=R_B\times(1-t_C)$$

式中，t_C 为企业所得税税率。

综合这些结果，得到企业税后平均资本成本为①：

$$\text{平均资本成本}=\left(\frac{S}{S+B}\right)\times R_S+\left(\frac{B}{S+B}\right)\times R_B\times(1-t_C) \qquad [12.5]$$

① 为简化起见，式 [12.5] 并没有考虑优先股融资的情况。如果企业采用了优先股融资，则公式为：

$$\text{平均资本成本}=\frac{S}{S+B+P}\times R_S+\frac{B}{S+B+P}\times R_B\times(1-t_C)+\frac{P}{S+B+P}\times R_P$$

式中，P 为公司资本结构中优先股的占比；R_P 为优先股资本成本。

平均资本成本是权益资本成本和债务资本成本的加权平均，通常称为**加权平均资本成本**（weighted average cost of capital，R_{WACC}），以后我们将使用这个术语。

例 12.5　加权平均资本成本

某企业债务的市场价值为 4 000 万美元，股票的市场价值为 6 000 万美元（流通在外的股票数量是 300 万股，每股股价为 20 美元）。企业新借入的债务按 5%计息，贝塔系数为 1.41，企业所得税税率是 34%（假定证券市场线成立，且市场的风险溢价是 9.5%，略高于以往的股票风险溢价水平，短期国债利率为 1%）。该企业的 R_{WACC} 是多少？

使用式［12.5］计算 R_{WACC}，我们必须知道：(1) 债务的税后资本成本，$R_B\times(1-t_C)$；(2) 权益资本成本，R_S；(3) 债务和权益的比重。这三项计算如下：

1. 由5%的税前债务资本成本可以推算税后资本成本是 3.3%[=5%×(1−0.34)]。
2. 运用证券市场线计算权益资本成本：

$$R_S=R_F+\beta\times(R_M-R_F)=1\%+1.41\times9.5\%=14.4\%$$

3. 债务和权益的比重按二者的市场价值计算。企业的市场价值为 1 亿美元(0.4+0.6)，所以债务和权益的比重分别为 60%和 40%。

权益资本成本 R_S 是 14.4%，税后债务资本成本 $R_B\times(1-t_C)$ 是 3.3%。债务价值 4 000 万美元，权益价值 6 000 万美元，因此

$$\begin{aligned}R_{\mathrm{WACC}}&=\frac{S}{B+S}\times R_S+\frac{B}{B+S}\times R_B\times(1-t_C)\\&=\left(\frac{60}{100}\times14.4\%\right)+\left(\frac{40}{100}\times3.3\%\right)\\&=9.96\%\end{aligned}$$

以上计算过程如下表所示：

(1) 融资构成	(2) 市场价值	(3) 权重	(4) 税后资本成本	(5) 加权平均资本成本
债务	$40 000 000	0.40	5%×(1−0.34)=3.3%	1.32%
权益	60 000 000	0.60	1%+1.41×9.5%=14.4%	8.64%
	$100 000 000	1.00		9.96%

上例中所用的权重是按市场价值计算的，市场价值权重比账面价值权重更合适，因为证券的市场价值更接近于证券出售所能得到的实际金额。事实上，考虑一个“目标市场权重”是很有用的，所谓目标市场权重，是指预计会在企业或项目寿命周期内占主导地位的权重。

12.9　用加权平均资本成本进行估值

这里我们将使用 R_{WACC} 对项目以及企业整体进行估值。我们将 R_{WACC} 理解为支撑当前的企业价值而需从现有资产中获得的整体收益率水平。R_{WACC} 反映了企业现有资产的风险和资本结构，因此可以成为企业或代表企业缩影的项目的折现率。

项目估值与 R_{WACC}

在给项目估值时，我们首先要确定合适的折现率，并对现金流进行折现以获得 NPV。

假设企业当前的负债/权益比与目标的负债/权益比均为 0.6，债务资本成本为 5.15%，权益资本成本为 10%，企业所得税税率为 34%。企业的加权平均资本成本为多少？

计算的第一步是将负债/权益比转换为负债/价值比。B/S 为 0.6 意味着 6 份负债对应 10 份权益。由于企业价值等于负债加权益，负债/价值比等于 6/(6+10)=0.375。类似地，权益/价值比为 10/(6+10)=0.625。R_{WACC} 则为：

$$R_{WACC}=\left(\frac{S}{S+B}\right)\times R_S+\left(\frac{B}{S+B}\right)\times R_B\times(1-t_C)$$
$$=0.625\times10\%+0.375\times5.15\%\times0.66=7.52\%$$

假设企业正在考虑花费 6 000 万美元启动一个仓库改造项目，该项目预期在未来 6 年每年能产生 1 200 万美元的成本节约。根据 NPV 的计算公式，将未来 6 年的预期现金流按 R_{WACC} 进行折现，可以得到（单位：百万美元）：

$$\mathrm{NPV}=-\$60+\frac{\$12}{(1+R_{\mathrm{WACC}})}+\cdots+\frac{\$12}{(1+R_{\mathrm{WACC}})^6}$$
$$=-\$60+\$12\times\frac{\left[1-\left(\frac{1}{1.0752}\right)^6\right]}{0.0752}$$
$$=-\$60+\$12\times4.69$$
$$=-\$3.72$$

企业是否应该启动仓库改造项目呢？按照企业的 R_{WACC} 计算得到的 NPV 为负值，这意味着将资金投资于与该企业同等风险水平的金融市场项目能获得更高的收益。所以答案是很明确的，企业应当拒绝该项目。

当然，我们假设项目风险与企业风险相同，项目完整地代表了企业的全部业务。

企业价值与 R_{WACC}

企业估值所运用的方法与单个的资本项目（如仓库改造项目）相同，只不过估算企业价值时会限定投资期（horizon），而这将使计算更加复杂。具体来说，我们将采用企业的加权平均资本成本作为折现率，构建折现现金流模型来预测企业投资期内全部的净现金流（有时也称为可分配现金流、自由现金流，或企业的总现金流），以及企业的永续期价值。

$$\mathrm{PV}_0=\frac{\mathrm{CF}_1}{1+R_{\mathrm{WACC}}}+\frac{\mathrm{CF}_2}{(1+R_{\mathrm{WACC}})^2}+\frac{\mathrm{CF}_3}{(1+R_{\mathrm{WACC}})^3}+\cdots+\frac{\mathrm{CF}_T+\mathrm{TV}_T}{(1+R_{\mathrm{WACC}})^T}$$

与股利增长的股利折价模型类似，终值[①]的计算是建立在 T 期之后的现金流以一个

---

① 终值的时点通常被称为投资期。假定在我们选定的投资期之后，现金流以不变的增长率永续增长。对终值的计算并不会违背企业持续经营的假设，反而简化了现金流的计算过程。

不变的永续增长率在增长的假设基础之上的，即

$$TV_T=\frac{CF_{T+1}}{R_{WACC}-g_{CF}}=\frac{CF_T(1+g_{CF})}{R_{WACC}-g_{CF}}$$

CF 是净现金流，等于息税前利润减去税收、资本支出以及净营运资本的增加值，同时加回折旧额。① g_{CF} 是现金流在 T 期之后的增长率，R_{WACC} 是加权平均资本成本。

Good Food 是一家总部位于美国巴斯托的公众公司，目前是全球领先的食品服务零售商，在 100 个国家开设了 1 万家餐馆。Good Food 公司的服务菜单以汉堡包和炸薯条为主。公司负债的市场价值为 40 亿美元，普通股的市场价值为 20 亿美元。该公司对应的税率为 20%。Good Food 公司估算其债务资本成本为 5%，权益资本成本为 10%。加权平均资本成本等于：

资产的构成	市场价值	权重	资本成本	加权平均
负债	40 亿美元	2/3	5%×(1−0.2)＝4%	2/3 × 4%
权益	20 亿美元	1/3	10%	1/3 × 10%
	60 亿美元			6%＝加权平均资本成本

Good Food 公司正在考虑通过并购来获得成长，Good Food 公司的投资银行已对 Happy Meals 公司产生了收购意向。Happy Meals 目前是一家非上市公司，没有流通在外的普通股可用于公众交易，但与 Good Food 公司的产品结构相同，在许多市场都与 Good Food 公司构成了直接竞争。Happy Meals 公司开设了 4 000 家餐馆，大多位于北美洲与欧洲。Happy Meals 公司未偿付负债的市场价值与账面价值均为 13.188 亿美元。② Happy Meals 公司已发行的股票为 1 250 万股。由于 Happy Meals 公司并非一家上市公司，我们无法获取股票市场价格来进行估值。Happy Meals 公司预期息税前利润在未来 6 年将以每年 10%的增长率增长。折旧额为息税前利润的 8%。在 5 年之后现金流预期将以 2%的永续增长率增长。

如果 Good Food 公司收购了 Happy Meals 公司，Good Food 公司的分析师预测由 Happy Meals 公司带来的净现金流将为（单位为万美元，数据仅保留一位小数）：

年份	1	2	3	4	5
息税前利润	$15 000	$16 500	$18 150	$19 970	$21 960
一税（20%）	3 000	3 300	3 630	3 990	4 390
＝税后利润	12 000	13 200	14 520	15 970	17 570
＋折旧	1 200	1 320	1 450	1 600	1 760
一资本支出	3 600	3 960	4 360	4 790	5 270
一净营运资本的增加值	−3 600	3 960	4 360	4 790	−5 270
＝净现金流	$−6 000	$6 600	$7 260	$ 7 990	$8 780

首先计算 Happy Meals 公司的永续期价值（terminal value）为：

$$TV_5=\frac{\$8\ 780\times1.02}{0.06-0.02}=\$224\ 010$$

① 此处现金流的界定与第 8 章计算资本投资 NPV 所用的现金流是相同的。

② 分析师偶尔提及的企业净负债等于负债的市场价值减去超额现金。这里的 Good Food 公司与 Happy Meals 公司均没有超额现金。

其次计算 Happy Meals 公司的现金流折现值为：

$$PV_0=\frac{\$6\ 000}{1.06}+\frac{\$6\ 600}{1.06^2}+\frac{\$7\ 260}{1.06^3}+\frac{\$7\ 990}{1.06^4}+\frac{\$8\ 780}{1.06^5}+\frac{\$224\ 010}{1.06^5}$$
$$=\$197\ 910$$

Happy Meals 公司从第 1 年到第 5 年的净现金流的现值为 30 520 万美元，永续期价值的现值为：

$$\$224\ 010\times\left(\frac{1}{1.06}\right)^5=\$167\ 390$$

公司的总价值为：

$$\$30\ 520+1\ 67\ 390=\$197\ 910$$

权益的价值是在总价值的基础上减去负债的价值，即 66 030 万美元（197 910－131 880）。每股权益的价值为权益的价值除以流通在外股票数，即 52.83 美元（66 030/1 250）。Good Food 公司认为支付价格在 52.83 美元/股以下时（当然价格越低越好），Happy Meals 公司将是一个非常有吸引力的并购对象。

在对 Happy Meals 公司进行估值时，有一点很重要，那就是我们假设对 Good Food 公司而言，Happy Meals 公司是单一业务的公司。只有当 Happy Meals 公司与 Good Food 公司的商业风险相同且负债/权益比也相同时，我们所采用的加权平均资本成本的计算方法才是适用的。

上面的计算假设在第 5 年（也就是投资期）之后进入永续增长状态。正如我们在第 3 章和第 7 章所指出的，公司整体常按乘数法进行估值。对公司整体估值最常用的乘数是公司价值除以 EBITDA（EV/EBITDA 比率）。例如，Good Food 公司的分析师在估算 Happy Meals 公司的永续期价值时采用的是 EV/EITDA 比率而不是一个永续增长率。为了解乘数法的估值步骤，我们假设食品服务业的可比公司 EV/EITDA 比率为 10。Happy Meals 公司在第 5 年的 EBITDA 等于息税前利润＋折旧，或 23 720 万美元（21 960＋1 760）。按 EV/EBITDA 比率为 10 计算，Happy Meals 公司在第 5 年的价值为 237 200 万美元。当 Happy Meals 公司采用 EV/EBITDA 比率估算永续期价值，其现值为：

$$PV_0=\frac{\$6\ 000}{1.06}+\frac{\$6\ 600}{1.06^2}+\frac{\$7\ 260}{1.06^3}+\frac{\$7\ 990}{1.06^4}+\frac{\$8\ 780}{1.06^5}+\frac{\$237\ 220}{1.06^5}$$
$$=\$207\ 760$$

Happy Meals 公司的权益价值为：

全公司的折现值－负债＝$ 207 760－131 880＝$ 75 880

由于 Happy Meals 公司的在外流通股票数为 1 250 万股，每股权益价值为：

$ 75 880/1 250＝$ 60.7

我们目前有两种方法来估计 Happy Meals 公司的每股权益价值。这两种估计结果的差异源于永续期价值的计算方法不同。永续期采用不变的现金流折现方法计算得到的每股权益价值为 52.83 美元，而采用可比公司的 EV/EBITDA 比率计算得到的价值为 60.7 美元。正如第 7 章所提及的，没有哪一种估计方法是完美的。如果可比公司与

Happy Meals公司完全一致，则EV/EBITDA比率估值法就是最优的。但遗憾的是，没有两家公司是完全相同的。另一方面，如果我们非常确信永续期的时点以及该期间现金流的增长率，也许不变增长模型是最优的。实践中两种方法都会被采用。

金融实务

得克萨斯州式的资本成本

前面介绍了加权平均资本成本在企业实务中的运用，政府也会出于征税目的运用加权平均资本成本对财产价值进行评估。财产估值非常棘手。家庭财产的价值往往建立在其售卖价值之上，这并不难估计，难的是如何对石油、天然气这类资产进行估值。对于得克萨斯州公共会计审计署（Texas Comptroller of Public Accounts）而言，答案是估计未来现金流的现值。正如你目前所了解的，资本成本与资金的用途有关，与资金来源无关。因此，得克萨斯州公共会计审计署在计算石油公司的加权平均资本成本时，会根据公司的特定因素对行业平均水平的加权平均资本成本进行相应的调整。下表是石油公司加权平均资本成本的计算过程。

公司名称	总资本	总权益	可转换优先股	长期负债	权益占资本比重	可转换优先股占资本比重	长期负债占资本比重	贝塔系数	税后权益资本成本（%）	税前权益资本成本（%）	可转换优先股资本成本（%）	债务资本成本（%）	税前WACC（%）
Anadarko	\$56 886 500 000	\$41 794 500 000	\$0	\$15 092 000 000	73.47	0.000	26.53	1.45	11.67	17.95	0.00	4.49	14.38
Apache	\$34 840 561 582	\$23 595 561 582	\$0	\$11 245 000 000	67.72	0.000	32.28	1.30	10.77	16.57	0.00	4.60	12.70
Cabot	\$19 867 170 271	\$18 115 170 271	\$0	\$1 752 000 000	91.18	0.000	8.82	1.05	9.27	14.26	0.00	4.49	13.40
Chesapeake	\$24 306 366 514	\$12 981 366 534	\$171 000 000	\$11 154 000 000	53.41	0.704	45.89	1.30	10.77	16.57	5.58	4.92	11.15
雪佛龙	\$234 887 003 281	\$210 859 003 281	\$0	\$24 028 000 000	89.77	0.000	10.23	1.10	9.57	14.72	0.00	2.71	13.49
康菲	\$107 420 217 217	\$85 037 217 217	\$0	\$22 383 000 000	79.16	0.000	20.84	1.05	9.27	14.26	0.00	3.73	12.07
Devon	\$34 864 890 000	\$25 034 890 000	\$0	\$9 830 000 000	71.81	0.000	28.19	1.20	10.17	15.65	0.00	4.26	12.44
EOG	\$56 384 861 484	\$50 481 507 484	\$0	\$5 903 354 000	89.53	0.000	10.47	1.30	10.77	16.57	0.00	2.67	15.11
埃克森美孚	\$400 035 450 000	\$388 382 450 000	\$0	\$11 653 000 000	97.09	0.000	2.91	0.95	8.67	13.34	0.00	3.45	13.05
Hess	\$27 019 337 042	\$21 100 337 042	\$0	\$5 919 000 000	78.09	0.000	21.91	1.40	11.37	17.49	0.00	4.73	14.70
Marathon	\$24 418 750 000	\$19 095 750 000	\$0	\$5 323 000 000	78.20	0.000	21.80	1.40	11.37	17.49	0.00	4.11	14.58
Murphy	\$11 503 513 397	\$8 967 275 397	\$0	\$2 536 238 000	77.95	0.000	22.05	1.30	10.77	16.57	0.00	5.31	14.09
Newfield	\$6 616 350 927	\$3 724 350 927	\$0	\$2 892 000 000	56.29	0.000	43.71	1.50	17.97	18.42	0.00	6.21	13.08
Noble	\$23 400 409 622	\$17 297 409 622	\$0	\$6 103 000 000	73.92	0.000	26.08	1.20	10.17	15.65	0.00	4.29	12.68
Occidental	\$68 956 576 906	\$62 118 576 906	\$0	\$6 838 000 000	90.08	0.000	9.92	1.20	10.17	15.65	0.00	3.26	14.42
Pioneer	\$24 843 650 000	\$22 178 650 000	\$0	\$2 665 000 000	89.27	0.000	10.73	1.40	11.37	17.49	0.00	4.35	16.08
Range	\$12 086 176 061	\$9 013 176 061	\$0	\$3 073 000 000	74.57	0.000	25.43	1.15	9.87	15.18	0.00	5.21	12.65
Southwestern	\$12 139 702 901	\$9 673 702 901	\$0	\$2 466 000 000	79.69	0.000	20.31	1.05	9.27	14.26	0.00	4.34	12.25
总计	\$1 180 447 487 125	\$1 029 450 895 125	\$171 000 000	\$150 855 592 000	1 411.21	0.704	388.08	22.30	187.26	288.09	5.58	77.12	242.31
项目数					18	1	18	18	18	18	1	18	18
均值					78.40	0.70	21.56	1.24	10.40	16.01	5.58	4.28	13.46
标准差					11.76	0.166	11.68	0.16	0.95	1.46	1.32	0.89	1.25

由上表可知，各公司的加权平均资本成本数值相近。Chesapeake公司的加权平均资本成本最低，为11.15%；Pioneer公司的最高，为16.08%；其他公司大多处于12%～14%的范围。行业的加权平均资本成本为13.46%，标准差为1.25%。得克萨斯州公共会计审计署进行计算时，在行业加权平均资本成本上增加了一个2%的调整因子，并加上特定风险调整项。得克萨斯州公共会计审计署计算的石油公司在2015年的加权平均资本成本区间为11.9%～26.72%，该计算结果未加上特定风险调整项。

请注意，得克萨斯州公共会计审计署所计算的这些数字是税前的而非税后的。换句话说，州政府在计算中没有考虑利息抵税效应，原因在于州政府会根据每家公司的所得税来逐一调整其资本成本。

12.10　Eastman 化学公司的资本成本估计

上一节举例说明了资本成本的计算，同时在“金融实务”专栏演示了部分石油公司资本成本的计算。本节将针对一家真实的特定公司——Eastman 化学公司计算其资本成本。Eastman 化学公司是一家国际领先的化工企业，主要生产用于盛装软饮料的塑料容器以及其他用途的塑料等。公司成立于 1993 年，是从当时的母公司 Eastman Kodak 中独立出来的。

Eastman 化学公司的权益资本成本　计算的第一步是登录 finance. yahoo. com，输入代码“EMN”。2015 年 3 月的相关数据如下。

Eastman Chemical Co. (EMN) - NYSE ★ **Watchlist**

71.41 ↑2.48(3.60%) Mar 11, 4:02PM EST

After Hours : **71.41** 0.00 (0.00%) Mar 11, 4:13PM EST

Prev Close:	68.93	Day's Range:	69.43 - 71.54
Open:	69.71	52wk Range:	56.03 - 83.90
Bid:	71.27 x 100	Volume:	1,700,064
Ask:	71.47 x 200	Avg Vol (3m):	1,410,910
1y Target Est:	75.80	Market Cap:	10.55B
Beta:	1.44315	P/E (ttm):	12.62
Earnings Date:	Apr 28 - May 2 (Est.)	EPS (ttm):	5.66
		Div & Yield:	1.84 (2.62%)

Trading Information	
Stock Price History	
Beta:	1.44
52-Week Change[3]:	3.13%
S&P500 52-Week Change[3]:	-2.83%
52-Week High (Jun 26, 2015)[3]:	83.90
52-Week Low (Jan 29, 2016)[3]:	56.03
50-Day Moving Average[3]:	63.69
200-Day Moving Average[3]:	67.64

Eastman 化学公司的权益市值等于股价乘以流通在外股票数，为 105.5 亿美元。

假设市场风险溢价为 7%，无风险利率为 0.7%。finance. yahoo. com 提供的 Eastman 化学公司贝塔系数为 1.44。

运用 CAPM 来估算 Eastman 化学公司的权益资本成本为①：

$$R_S = 0.007 + 1.44 \times 0.07 = 0.1078 \text{ 或 } 10.78\%$$

Eastman 化学公司的债务资本成本　Eastman 化学公司发行了 5 种长期债券，在计算债务资本成本时，我们将对这 5 只债券的资本成本进行加权平均。登录 http://finra-market. moringstrar. com/BondCenter/Default. jsp，获取这些债券的报价。请注意，我们未必能够获取一家公司所有流通在外债券在某个交易日的到期收益率。在之前关于债

① 当然，也可以采用经过杠杆调整后的化工行业的平均贝塔系数。有人指出，采用行业平均贝塔系数能够消除单个公司贝塔系数的估计偏差，因而更准确。

券的讨论中，我们已经知道债券市场的流动性不如股票市场，甚至有时连续数天都没有债券交易。登录 www. sec. gov，从最近一期的 10Q（或 10K）报表中获取相关债券的账面价值。基本信息如下：

票面利率（%）	到期时间	账面价值（面值，百万美元）	价格（占面值的百分比）	到期收益率（%）
2.40	2017年	$999	100.523%	1.96
6.30	2018年	167	104.916	2.40
5.50	2019年	250	110.208	2.61
2.70	2020年	799	100.400	2.59
4.50	2021年	250	104.706	3.38
3.60	2022年	900	100.938	3.43
7.25	2024年	244	121.567	3.85
7.625	2024年	54	124.277	3.85
3.80	2025年	796	98.858	3.95
7.60	2027年	222	118.781	3.92
4.80	2043年	497	91.445	5.41
4.65	2044年	877	89.162	5.40

为了计算加权平均债务资本成本，将各债券价值占总值之比乘以该券的到期收益率，并对其进行累加后得到加权平均债务资本成本。为了便于比较，在计算债券价值时分别考察了债券的账面价值和市场价值。计算结果如下：

票面利率（%）	账面价值（百万美元）	占比（%）	市场价值（百万美元）	占比（%）	到期收益率（%）	账面价值权重（%）	市场价值权重（%）
2.40%	$999	16.50	$1 004.22	16.52	1.96%	0.32%	0.32%
6.30	167	2.76	175.21	2.88	2.40	0.07	0.07
5.50	250	4.13	275.52	4.53	2.61	0.11	0.12
2.70	799	13.20	802.20	13.20	2.59	0.34	0.34
4.50	250	4.13	261.77	4.31	3.38	0.14	0.15
3.60	900	14.86	908.44	14.95	3.43	0.51	0.51
7.25	244	4.03	296.62	4.88	3.85	0.16	0.19
7.625	54	0.89	67.11	1.10	3.85	0.03	0.04
3.80	796	13.15	786.91	12.95	3.95	0.52	0.51
7.60	222	3.67	263.69	4.34	3.92	0.14	0.17
4.80	497	8.21	454.48	7.48	5.41	0.44	0.40
4.65	877	14.48	781.95	12.86	5.40	0.78	0.69
总计	$6 055	100.00	$6 078.13	100.00		3.57%	3.52%

正如计算结果所示，按债券的账面价值计算得到的 Eastman 化学公司债务资本成本为 3.57%，按市场价值计算得到的数值为 3.52%。对 Eastman 化学公司而言，是用债券的市场价值还是账面价值进行计算没有太大差异。原因很简单，债券的账面价值与市场价值差异很小，并且这种情况很常见，因而公司经常以债券的账面价值来计算债务资本成本。但考虑到市场价值能更好地反映当前价值，我们在这里还是采用债券的市场价值作为计算基础。

Eastman 化学公司的加权平均资本成本　现在来估算 Eastman 化学公司的加权平均资本成本。首先，需要计算资本结构的权重。Eastman 化学公司的债券和权益的市场价值分别为 60.78 亿美元及 105.5 亿美元。该公司的总价值为 166.28 亿美元，这意味着债务及权益占比分别为 \$60.78/166.28=0.366 和 \$105.5/166.28=0.634。假设税率为 35%，则 Eastman 化学公司的加权平均资本成本为：

$$R_{\text{WACC}}=0.366\times0.0352\times(1-0.35)+0.634\times0.1078=0.0768 \text{ 或 } 7.68\%$$

12.11 发行成本与加权平均资本成本

前面对加权平均资本成本的讨论显然没有考虑发行成本。既然项目通过发行股票和债券来筹资，公司必然会承担相应的成本，这种成本一般称为发行成本（flotation costs）。

发行成本的存在使得企业的加权平均资本成本需在原数值上调增。但这不是最佳的处理方法，因为投资必要收益率只取决于投资的风险，而与筹资来源无关。当然，这并不意味着发行成本不应包含在内。既然发行成本因项目实施而产生，这些成本会引起相关现金流量的变化。接下来，我们在分析项目资本成本时将考虑发行成本。

基本方法

我们先举一个简单的例子。Spatt 公司是一家全权益公司，权益资本成本为 20%。由于 Spatt 公司全部通过权益融资，其加权平均资本成本和权益资本成本是相同的。Spatt 公司拟斥资 1 亿美元扩张经营，并通过发售新股来筹集项目资金。

经过与投资银行探讨，Spatt 公司认为新股发行成本约为发行金额的 10%，这意味着 Spatt 公司的股票发行能够筹集到的资金只有发行额的 90%。如果考虑发行成本，则扩张的成本是多少呢?

Spatt 公司需要发行超过 1 亿美元的股票，以便扣除发行成本后能够筹集到 1 亿美元的资金。发行金额的计算如下：

$$\$100\,000\,000=(1-0.10)\times\text{发行金额}$$

$$\text{发行金额}=\frac{\$100\,000\,000}{0.90}=\$111\,110\,000$$

因而，Spatt 公司的发行成本为 1 111 万美元，在考虑发行成本的情况下，实际的扩张成本约为 1.11 亿美元。

如果企业同时使用债务和股权融资，计算会稍微复杂一些。例如，假设 Spatt 公司的目标资本结构为权益占比 60%，债务占比 40%。权益的发行成本仍然为 10%，但债务的发行成本稍低，为 5%。

前面提到，当债务资本成本与权益资本成本不同时，应以目标资本结构权重计算得到加权平均资本成本。这里也是一样。要计算整体或加权平均发行成本 f_o，需要分别将股票发行成本 f_S 乘以权益价值占比 S/V，将债务发行成本 f_B 乘以债务价值占比

B/V，然后将二者相加：

$$\begin{aligned} f_o &= (S/V)\times f_S+(B/V)\times f_B \\ &= 60\%\times 0.10+40\%\times 0.05 \\ &= 8\% \end{aligned} \qquad [12.6]$$

因而，加权平均发行成本是 8%。这说明，对于为新项目筹集每 1 美元资金，企业实际需筹集 1/(1−0.08)=1.087 美元。本例中，若忽略发行成本，项目成本为 1 亿美元。若考虑发行成本，则项目的实际成本为 $1/(1-f_o)=1/0.92=1.087$ 亿美元。

在计算发行成本时，企业必须特别注意资本结构权重的正确使用。企业应使用目标资本结构权重，即便企业全部使用债务融资或者权益融资来为项目融资。事实上，企业采用债务还是权益来对特定项目进行融资并非直接相关。例如，如果有家企业目标负债/权益比为 1，此刻企业对某个项目全部采用债务融资，但其为了维持目标负债/权益比，会在未来增发权益。因此，企业在计算发行成本时应始终使用目标资本结构权重。

例 12.6　计算加权平均发行成本

Weinstein 公司的目标资本结构是权益占 80%，债务占 20%。权益发行成本为发行金额的 20%；债务发行成本为发行金额的 6%。如果 Weinstein 公司需要投入 6 500 万美元建造一家新制造厂，包含发行成本的实际成本是多少？

首先计算加权平均发行成本 f_o：

$$\begin{aligned} f_o &= (S/V)\times f_S+(B/V)\times f_B \\ &= 80\%\times 0.20+20\%\times 0.06 \\ &= 0.172 \text{ 或 } 17.2\% \end{aligned}$$

加权平均发行成本为 17.2%。若不包含发行成本，项目成本为 6 500 万美元。若包含发行成本，项目成本为 $6\,500/(1-f_o)=6\,500/0.828=7\,850$ 万美元，可见发行成本是相当高的。

发行成本与净现值

那么，如何将发行成本纳入净现值分析呢？假设 Tripleday 印刷公司当前的目标负债/权益比为 100%，拟投资 50 万美元在堪萨斯州建造一家新的印刷厂。新厂预计每年产生 73 150 美元的税后现金流，税率为 34%。企业有两种筹资途径：

1. 新发行 50 万美元的普通股：新股发行成本为发行收入的 10%，必要收益率为 20%。

2. 新发行 50 万美元的 30 年期债券：新债发行成本为发行额的 2%，票面利率为 10%。

那么，新印刷厂的净现值为多少？

首先，考虑到印刷服务是该公司的核心业务，我们采用公司的加权平均资本成本 R_{WACC} 来对新印刷厂进行估值：

$$R_{\text{WACC}}=(S/V)\times R_S+(B/V)\times R_B\times(1-t_C)$$
$$=0.50\times 20\%+0.5\times 10\%\times(1-0.34)=0.133\text{ 或 }13.3\%$$

由于每年的现金流都为 73 150 美元，按 13.3%的折现率折现得到现金流现值为：

$$\text{PV}=\frac{\$73\,150}{0.133}=\$550\,000$$

如果不考虑发行成本，则净现值为：

$$\text{NPV}=\$550\,000-\$500\,000=\$50\,000$$

可见，在不考虑发行成本的情况下，项目产生的净现值大于零，所以项目是可行的。

考虑现有的融资方式，Tripleday 印刷公司的加权平均发行成本为多少？由于公司必须新发行证券，发行成本是相关的。由已知条件可得，Tripleday 印刷公司的债务发行成本为 2%，权益发行成本为 10%，且负债价值与权益价值相等，则加权平均发行成本 f_o 为：

$$f_o=(S/V)\times f_S+(B/V)\times f_B$$
$$=0.50\times 10\%+0.50\times 2\%$$
$$=0.06\text{ 或 }6\%$$

请记住这样一个事实：Tripleday 印刷公司全部采用债务融资或权益融资都是无关紧要的。由于 Tripleday 印刷公司投建新厂房的资金需求为 500 000 美元，包括发行成本在内的实际成本为 $500\,000/(1-f_o)=500\,000/0.94=531\,915$ 美元。前面计算得到的现金流现值为 55 000 美元，项目净现值为 $550\,000-531\,915=18\,085$ 美元，可见该项目仍不失为一个不错的投资选择。当然，该净现值低于没有考虑发行成本的净现值。

内部权益与发行成本

我们对于发行成本的讨论所隐含的假设是，企业总是有为新项目融资的需求。现实的情况是，大多数公司极少通过外部权益融资。相反，它们通过内部产生的现金流填补资本支出中的权益融资缺口。只有债务资本必须从外部筹集。

通过内部权益融资的计算方法同前，只是权益资本不再通过外部筹集，因而权益的发行成本为零。在 Tripleday 印刷公司的例子中，加权平均发行成本为：

$$f_o=(S/V)\times f_S+(B/V)\times f_B$$
$$=0.50\times 0\%+0.50\times 2\%$$
$$=0.01\text{ 或 }1\%$$

可以看到，采用内部权益融资与采用外部权益融资得到的计算结果差别很大，这是因为外部权益融资的发行成本相对较高。

本章小结

前面章节讨论资本预算时都假设项目产生无风险的现金流。在这种情况下，采用无风险利率作为折现率显然是合适的。当然，来自现实世界的资本预算项目产生的现金流往往是有风险的，本章在此前提下讨论折现率。

1. 当公司的现金比较充裕时，可以选择发放股利或者进行资本投资。由于股东通常将股利再投资于高风险的金融资产，因此资本预算项目的预期收益率至少等于风险相似的金融资产的预期收益率。

2. 资产的期望收益率取决于贝塔系数。本章讨论了股票贝塔系数的计算方法，对历史收益率数据进行回归分析。

3. 贝塔系数和协方差衡量了单一资产对于市场变化的反应程度。相关系数和贝塔系数是两个不同的概念。贝塔系数是回归直线的斜率，而相关系数是回归直线与真实情况的拟合程度。

4. 假设项目的贝塔系数与公司的贝塔系数相同，对于无杠杆企业，项目的折现率等于：

$$R_F+\beta\times(R_M-R_F)$$

式中，R_M 是市场投资组合的预期收益率；R_F 是无风险利率。换言之，项目的折现率等于 CAPM 估计的证券的预期收益率。

5. 公司层面的贝塔系数受许多因素的影响，其中最重要的因素包括：

- 收入的周期性；
- 经营杠杆；
- 财务杠杆。

6. 如果项目的贝塔系数不同于公司的贝塔系数，则对折现率的估算应当建立在项目贝塔系数的基础上。通常的做法是以项目所在行业的平均贝塔系数作为项目贝塔系数的估计值。

7. 在某些情况下，不能用项目所在行业的平均贝塔系数来估计该项目的贝塔系数。例如，在新项目无法归类到当前行业的情况下，可以采用定性分析方法，根据项目收入的周期性及经营杠杆来估计项目的贝塔系数。

8. 如果公司通过债务融资，则其折现率是加权平均资本成本。加权平均资本成本的计算离不开对适用于该项目的权益资本成本和债务资本成本的估计。如果项目风险与公司风险接近，可以使用证券市场线估计权益资本成本。从理论上讲，股利增长模型也可以用于估算折现率，尽管它实际上不够准确。

9. 新项目往往通过发行债券和权益进行融资。发行权益产生的融资成本一般称作发行成本，在分析净现值时需将其考虑在内。

概念性思考题

1. **项目风险** 如果你可以按照6%的利率融入项目所需资金，是否可以认为该项目的资本成本是6%？

2. **加权平均资本成本与税收** 为什么在计算债务资本成本时采用税后数据，在计算权益资本成本却不需要？

3. **运用证券市场线估计权益资本成本** 如果你使用股票的贝塔系数和证券市场线来计算项目的折现率，其中隐含的假设条件是什么？

4. **运用证券市场线估计权益资本成本** 运用证券市场线方法估算权益资本成本的优点是什么？缺点是什么？采用该方法需要哪些特定信息？这些变量都是可观测的还是需要估计的？你可以通过哪些方法来获得这些估计值？

5. **估计债务资本成本** 你如何为企业确定一个适当的债务资本成本？私募企业债券与公募债券的债务资本成本是否有差异？如果公司发行的债券全部为机构投资者所持有，则债务资本成本该如何计算？

6. **资本成本** 假设 Bedlam Products 公司的总裁汤姆·奥贝德拉姆聘用了你，并让你负责确定公司的债务资本成本和权益资本成本。

a. 股票当前价格为50元/股，每股股利为5美元左右。汤姆认为："今年通过股权融资的成本是5美元/股，因此权益资本成本是10%(＝5/50)。"这个结论错在哪里？

b. 根据最新一期财务报表，Bedlam 公司的总负债为800万美元，来年的利息支出总计100万美元。汤姆解释道："我们借款800万美元，为此支付100万美元的利息。债务资本成本显然是100/800＝12.5%。"这个结论错在哪里？

c. 汤姆分析后建议公司多使用股权融资，因为"债务资本成本为12.5%，而权益资本成本仅为10%，因此权益融资更便宜"。如果不考虑其他问题，你如何看待权益资本成本低于债务资本成本的结论？

7. **公司风险与项目风险** Superior Oil公司是一家大型天然气生产商，Dow Chemical公司则是使用天然气的大客户，这两家公司都考虑在休斯敦附近投资天然气井，二者都是全权益融资公司。两家公司正在寻找相同的项目，并对各自的投资现金流进行分析，包括分析现在的现金流出和未来的现金流入。对两家公司而言，投资项目均不采用债务融资，产生的现金流也是相同的。最终估计得出：在折现率为18%时，项目的净现值为100万美元；折现率为22%时，净现值为−110万美元。Dow公司的贝塔系数为1.25，而Superior公司的贝塔系数为0.75。预期的市场风险溢价为8%，无风险债券收益率为12%。那么，其中哪一家公司应该接受该项投资？还是两家都可以进行投资？请解释原因。

8. **部门资本成本** 在什么情况下公司不同的经营部门适用不同的资本成本？如果以公司的加权平均资本成本作为各部门的最低预期收益率，高风险的部门还是低风险的部门应该得到更多的投资项目？为什么？如果试图为各部门确定各自的合理资本成本，你可能会遇到什么问题？你可以使用哪两种方法粗略地估计各部门的资本成本？

9. **杠杆** 假设某家杠杆企业的项目风险与企业整体风险等同，项目的折现率是高于还是低于依据证券市场线计算得出的预期收益率？为什么？

10. **贝塔系数** 影响股票的贝塔系数的因素有哪些？请对每个影响因素进行定义和描述。

练习题

1～9题为基础题；10～14题为中级题；15～16题为提高题。

1. **计算债务资本成本** Suspect公司在7年前发行了一期票面利率为5.8%、半年付息一次的30年期公司债券。该债券目前按面值的104%出售。企业所得税税率为35%。

a. 税前债务资本成本是多少？

b. 税后债务资本成本是多少？

c. 税前债务资本成本和税后债务资本成本哪个更切合实际？为什么？

2. **计算加权平均资本成本** Johansen公司的目标资本结构为75%的普通股和25%的债务。权益资本成本为12.1%，债务资本成本为6.3%，相关税率为35%。Mullineaux公司的加权平均资本成本是多少？

3. **税收与加权平均资本成本** Appraisal公司的目标负债/权益比为0.45。权益资本成本为13%，债务资本成本为7%，税率为35%。Appraisal公司的加权资本成本为多少？

4. 账面价值与市场价值 Ten Pins制造公司发行了640万股普通股，当前股价是59美元，账面价值为每股4美元。公司还发行了两次债券。第一次发行的债券面值为6 000万美元，票面利率为6.5%，按面值的108.3%出售，8年后到期。第二次发行的债券面值为5 000万美元，票面利率为6.8%，按面值的108.9%出售，27年后到期。

a. 按照账面价值计算得到的Ten Pins公司的资本结构比例是多少？

b. 按照市场价值计算得到的Ten Pins公司的资本结构比例是多少？

c. 账面价值和市场价值计算出的资本结构哪个更合理？为什么？

5. **计算加权平均资本成本** 在第4题中，假设该公司股票的贝塔系数为1.2，无风险利率为3.1%，市场风险溢价为7%。假设总体的债务资本成本是两只发行在外债券的资本成本的加权平均值。这两只债券都是每半年付息一次。税率为35%。公司的加权平均资本成本为多少？

6. **加权平均资本成本** Matroyshka公司的目标负债/权益比为0.45，其加权平均资本成本为9.6%，税率为35%。

a. 如果Matroyshka公司的权益资本成本为12.4%，则其税前债务资本成本是多少？

b. 如果反过来，已知税后债务资本成本为6.4%，则其权益资本成本是多少？

7. **计算加权平均资本成本** 请根据Cleen Power公司的如下信息计算其加权平均资本成本。假设该企业所得税税率为35%。

债券：7 000张票面利率为6%、面值为1 000美元、20年到期的债券，按面值的105%出售；该债券每半年付息一次。

普通股：180 000股流通在外的股票，每股售价为 58 美元；贝塔系数为 1.10。

市场：市场风险溢价为 6.5%，无风险利率为 4.3%。

8. **证券市场线与加权平均资本成本**　一家全权益企业正考虑如下投资项目：

项目	贝塔系数	内含报酬率（%）
W	0.75	9.4
X	0.90	10.1
Y	1.15	11.9
Z	1.45	14.6

短期国债利率为 3.5%，而市场上的预期收益率是 11%。

a. 哪些项目会产生超过企业资本成本 11%的预期收益率？

b. 哪些项目是可行的？

c. 如果将企业的资本成本作为各项目的资本成本，哪个项目会产生决策失误？

9. **计算发行成本**　假设你的公司需要 2 500 万美元的资金建设新的装配生产线。你的目标负债/权益比为 0.65。股票发行成本是 7%，但债务发行成本只有 3%。由于债务发行成本较低，需要的资金相对较少，你的上级决定通过债务融资。

a. 你认为该项目全部借助债务融资的合理性在哪里？

b. 假设全部通过权益筹集外部资金，则公司的加权平均发行成本是多少？

c. 在考虑发行成本后，建设新的装配线的实际成本是多少？在这种情况下，全部通过债务融资会产生什么影响？

10. **加权平均资本成本与净现值**　Och 公司正打算启动一个项目，能在第 1 年年底节省 350 万美元的税后现金流，该数值将以每年 3%的增长率永续增长。公司的目标负债/权益比为 0.55，权益资本成本为 12.4%，税后债务资本成本为 4.9%。这项节约成本的项目的风险高于公司以往项目的风险。管理者运用了一种主观的方法，在这些高风险项目的资本成本之上增加了一个 2%的调整数。Och 公司在什么情况下应该接受这个项目？

11. **优先股与加权平均资本成本**　Saunders 投资银行的筹资渠道如下，公司的加权平均资本成本是多少？

债券：90 000 张票面利率为 6%、当前报价为 106.4 美元的债券；该债券还有 20 年到期。280 000 张报价为 15.8 美元的零息债券，30 年后到期。两种债券面值均为 1 000 美元。

优先股股票：150 000 股优先股股票，股利为 4%，当前价格为每股 84 美元，面值为 1 000 美元，半年支付股利一次。

普通股股票：2 600 000 股普通股股票；当前价格为每股 68 美元，股票的贝塔系数为 1.15。

市场：企业所得税税率为 40%，市场风险溢价为 7%，无风险利率为 3.2%。

12. **发行成本**　Goodbye 公司最近通过新发行证券来为其新电视节目筹资。该项目耗资 2 400 万美元，公司为此支付了 142 万美元的发行成本。此外，股票发行成本为筹资金额的 7%，而债券发行成本为筹资金额的 3%。如果 Goodbye 公司按目标资本结构比例发行新证券，则其目标负债/权益比为多少？

13. **计算权益资本成本**　Floyd 工业公司股票的贝塔系数是 1.25。公司刚刚发放了每股 0.95 美元的股利，股利预期每年增长 4.5%。市场的预期收益率为 11%，短期国债收益率为 4.3%。Floyd 公司最近的股价为 64 美元/股。

a. 运用 DDM 方法计算权益资本成本。

b. 运用 SML 方法计算权益资本成本。

c. 你认为问题 a 和问题 b 的计算结果为什么会有差异？

14. **公司价值**　Happy Times 公司希望在东南部拓展派对商店。为了能在该地迅速打开市场，公司意欲购买非公众公司 Joe's Party Supply。Happy Times 公司当前未偿债务市值为 11 500 万美元，到期收益率为 6%。公司总市值为 35 000 万美元，权益的必要收益率为 11%。Joe's 公司当前未偿债务市值为 28 600 万美元。Joe's 公司下一年的 EBIT 预计为 11 800 万美元，EBIT 预期在未来 5 年内以每年 10%的增长率增长，并在永续期增长放缓至 3%。净营运资本、资本支出以及折旧占 EBIT 的比重分别为 9%，15%，8%。Joe's 公司流通在外股票数为 185 万股。所有公司的税率均为 38%。

a. 基于上述估计，Happy Times 公司愿意为 Joe's 公司支付的每股价格最高为多少？

b. 在审查了你的分析之后，Happy Times 公司的 CEO 不太乐意使用现金流的永续增长率进行估计。相反，她认为永续期应当使用 EV/EBITDA 比率估计。如果合理的 EV/EBITDA 比率为 8，你估计此项并购可能支付的最高股价为多少？

15. **发行成本与净现值**　Photochronograph 公

司生产摄影器材。该公司当前的目标负债/权益比为 0.45。公司拟斥资 4 500 万美元引入一套新的生产设备。该设备预计将在每年产生 590 万美元的税后永续现金流。公司拟全部采用外部融资。融资方案有三个：

（1）新发行普通股：普通股发行成本为筹资金额的 8%。公司新权益的必要收益率为 13%。

（2）新发行 20 年期债券：债券发行成本为 4%。如果公司以 7%的债券票面利率发行这些债券，将会按面值出售。

（3）增加使用应付账款融资：该项融资是公司日常业务的一部分，没有发行成本，公司将其资本成本设定为公司的加权平均资本成本。应付账款与长期债务存在的目标比率为 0.20（假设税前和税后的应付账款成本之间没有任何区别）。

新设备的净现值是多少？假设企业所得税税率为 35%。

16. **项目评估**　本题贯穿了本章与前面章节的知识点，是一个综合性的项目评估问题。假设你是 Defense 电子公司（DEI）的财务顾问，这是一家大型上市公司，在雷达探测系统（RDS）方面处于行业领先地位。该公司目前正寻求在海外设立一家制造厂，生产新型雷达探测系统，该项目将持续 5 年。公司在 3 年前以 750 万美元的价格购置了土地，打算用作处理有毒化学废弃物的垃圾场。但是，公司实际上另建了一套管道系统用以安全地处置化学废弃物。这块土地在上周经评估价值为 710 万美元，预期 5 年后的税后价值将达到 740 万美元，但公司拟保留土地以便用于未来的项目。公司现在希望在这块土地上兴建新的生产厂房，厂房与设备将耗资 4 500 万美元。DEI 证券的市场数据如下：

债券：280 000 张流通在外的票面利率为 6.4%、25 年后到期、按照面值的 103%出售的债券；每张债券的面值为 1 000 美元，每半年付息一次。

普通股：流通在外的股票为 9 800 000 股，售价为每股 73 美元；贝塔系数为 1.2。

优先股：流通在外的优先股为 450 000 股，股利支付率为 5.1%，售价为每股 87 美元。

市场：预期市场风险溢价为 7.5%，无风险利率为 3.2%。

DEI 聘请 G. M. Wharton 公司作为证券发行的主承销商。Wharton 公司针对 DEI 的普通股发行、优先股发行以及新债发行分别收取了 6.5%，4.5%及 3%的价差。这其中已经包含全部的直接与间接发行成本。Wharton 公司建议 DEI 通过发行普通股股份来筹集建厂资金。DEI 的税率是 35%。该项目需要 140 万美元的初始净营运资本来启动。假设 Wharton 公司全部通过外部融资渠道来筹集新项目的权益资金。

a. 考虑所有的不利影响，计算项目在初始时点 0 的现金流。

b. 由于新的项目是在海外设立工厂，其风险高于 DEI 的常规项目。考虑到这一点，管理层在其资本成本之上增加了一个 2%的调整数。请为 DEI 的项目计算合理的折现率。

c. 该制造厂有长达 8 年的税期，DEI 采用直线法折旧。在项目期末（即第 5 年年末），厂房与设备的清算价值为 850 万美元。请问厂房与设备的税后残值是多少？

d. 该公司每年将产生固定费用 810 万美元。项目每年生产 18 000 套雷达探测系统，每套售价为 12 900 美元；变动生产成本为 11 250 美元/套。请问该项目每年的经营性现金流量是多少？

e. DEI 的审计长对于公司的投资对会计报表中净利润的影响颇感兴趣。请问你可以告诉她，这个项目达到会计盈亏平衡点时雷达探测系统的销量是多少吗？

f. 最后，DEI 的总裁希望你将所有的计算、假设和其他相关分析整合成一篇报告呈给财务总监，他想了解雷达探测项目的 IRR 和 NPV。你将会报告哪些内容？

EXCEL 解题

你将为汽车配件零售商 AutoZone（AZO）估算加权平均资本成本。完成以下步骤，构建可更新的电子表格。

a. 输入股票代码符号，创建网页的超链接，从中你将找到计算权益资本成本所需的全部信息。使用 CAPM 时市场风险溢价设定为 7%。

b. 创建导入 FINRA 债券报价网页和 SEC EDGAR 数据库的超链接，寻找该公司债券的相关信息。创建表格计算公司的债务资本成本。假设税率是35%。

c. 最后，计算负债和权益的市场价值权重。AutoZone的加权平均资本成本是多少？

章末案例

Swan汽车公司的资本成本

最近，你被Swan汽车公司（SMI）聘用，负责财务方面的事务。SMI由乔·斯旺（Joe Swan）于8年前创立。乔发明了一种降低电池生产成本的方法，即提高电池的储能密度，该电池将赋予汽车充一次电行驶700英里的动力。SMI为乔·斯旺及其家族所有，去年销售额达9 700万美元。

SMI主要在线上向客户销售汽车，尽管其拥有的供应商数量十分有限。客户可以任意定制并支付购买价格的20%作为购买订金。汽车通常会在客户下单后的45天内按订单生产。迄今，SMI的增长靠公司的利润来支撑。在拥有充裕的资本之后，公司决定扩大生产。SMI很少对资本预算进行正式分析，乔刚学习了资本预算技术并向你寻求帮助。开始时这家公司从未核算过其资本成本，乔希望你能进行这方面的分析。由于SMI未公开上市，确定其权益资本成本十分困难。乔希望你从单一业务的角度来估计SMI的资本成本，他选择将特斯拉公司作为可比对象。估算步骤如下：

1. 大部分上市公司被要求披露10Q和10K报表，分别向美国证券交易委员会详细汇报其上一季度或上一年的财务经营情况。这些文件可以从美国证券交易委员会的网站 www. sec. gov 获取。登录美国证券交易委员会的网站，在“搜索上市公司文件”（Search for Company Filings）搜索框内输入“TSLA”，可搜索到特斯拉公司提交给美国证券交易委员会的文件。找到最近一期的10Q和10K报表并下载。查看资产负债表并找出负债和权益的账面价值。如果细看报表，会看到“长期负债”（Long-Term Debt）或“长期负债和利率风险管理”（Long-Term Debt and Interest Rate Risk Management）项目，上面有关于特斯拉公司长期负债的详细信息。

2. 要估计特斯拉公司的权益资本成本，请登录 finance. yahoo. com，并输入股票代码“TSLA”，从搜索出的各个链接中寻找如下信息：特斯拉公司最近的股价是多少？权益的市场价值或者说市值是多少？流通在外的股票数量是多少？股票的贝塔系数是多少？现在回到 finance. yahoo. com，并点击“债券”（Bond）链接。3个月到期的国债收益率是多少？以7%作为市场风险溢价，运用CAPM估算的特斯拉公司权益资本成本是多少？

3. 登录 www. reuters. com，找出同行业的竞争公司名单。找到这些竞争对手的贝塔系数，然后计算出行业的平均贝塔系数。以行业的平均贝塔系数估算特斯拉公司的权益资本成本是多少。在这个例子中，你采用特斯拉公司的贝塔系数或行业的平均贝塔系数有影响吗？

4. 你现在需要计算特斯拉公司的债务资本成本。登录 http://finra-market. moringstrar. com/BondCenter/Default. jsp，输入特斯拉公司的名称，找出特斯拉公司发行的每一只债券的到期收益率。以账面价值加权和以市场价值加权得到的特斯拉公司债务加权资本成本分别是多少？在这个例子中，这两种不同加权方式的计算结果有无差异？

5. 现在你已经掌握了用于计算特斯拉公司的加权平均资本成本所必需的信息。假设特斯拉公司的边际税率为35%，请分别使用账面价值权重和市场价值权重计算特斯拉的加权平均资本成本。哪种计算结果更相关？

6. 你将特斯拉公司作为一个代表性公司来估计SMI的资本成本。在这种情况下，这种方法可能导致哪些潜在的问题？你可能会建议做出什么改进？

第 4 篇

资本结构与股利政策

第13章

有效资本市场与行为学挑战

开篇故事

事实证明，21世纪刚开始的十年是股票市场历史上最有趣的时期之一。经历了20世纪90年代后期的惊人涨幅之后，纳斯达克在2000年市值狂跌40%，之后在2001年又下滑了30%。美国ISDEX网络股指数从1996年1月的100点飙升到2000年2月的1 100点，收益率达1 000%！然后，该指数就像自由落体一样在2000年5月跌到600点。在这十年的后期，股票市场几乎完全是一个大反转。从2008年1月至2009年3月，标准普尔500指数损失了大约57%的市值。当然，此后直到2011年2月，在一段大概700天的时间里，标准普尔500指数翻了一番。此次标准普尔500指数企稳回升并翻一番是该指数继1936年仅用500天就翻一番以来速度最快的一次。

纳斯达克在20世纪90年代后期的表现，尤其是互联网股票的涨跌，被许多人称作股市历史上最大的"泡沫"之一。他们认为，在投资者恍然醒悟之前股价已经膨胀到经济学上认为的很荒谬的水平，这导致了此后的泡沫破裂和股价暴跌。围绕20世纪90年代后期股票市场是否真的存在泡沫的辩论引发了激烈争议。同样，2008年股市崩溃以及随后2009年和2010年年初市场反弹背后的原因也正成为热议的话题。在本章中，我们将讨论这些针锋相对的观点，展示双方的一些证据，考察这些观点对于财务经理的影响。

13.1 有效资本市场的描述

如果资本市场是有效的，那么公司管理者就不能通过愚弄投资者来创造价值，市场价值可以反映公司潜在的内在价值。理解有效资本市场概念的关键在于理解市场价值与信息之间的关系。

所谓有效资本市场，是指股票价格充分反映了所有可用信息的资本市场。为了说明有效资本市场是如何运作的，假设FCC公司试图开发一种新相机，该相机自动对焦系统的速度是现有相机的两倍。FCC公司认为，这项研究具有正的净现值。

现在来考虑FCC公司的股票。是什么决定了投资者愿意以一个特定的价格持有FCC公司的股票？一个重要因素可能在于，FCC公司将成为第一家开发新型自动对焦系统的公司。在一个有效市场中，如果这个可能性增大，我们预计FCC公司的股票价格会上涨。

假设FCC公司雇用了一位著名的科学家开发新型自动对焦系统。在一个有效市场中，宣布这个消息对FCC公司的股价会有什么影响呢？如果这位著名科学家得到的报酬能够完全反映他对公司的贡献，股票价格未必会发生变化。相反，假设聘用该科学家是一项净现值为正的交易。在这种情况下，FCC公司的股票价格将会上涨，因为该公司支付给科学家的薪酬低于他对公司的实际价值。

FCC公司的股票价格将在何时出现上涨呢？假设聘任公告发布在周三早上的报纸中。那么在一个有效市场中，FCC公司的股票价格将会立即根据这一新消息做出调整。投资者不可能在周三下午购买该公司股票而在周四获利。如果是这样就意味着，股票市场花了一天时间才认识到FCC公司的新闻稿有何含义。有效市场假说预期，FCC公司周三下午的股票价格就已经反映了周三早上报纸发布聘任公告所包含的信息。

有效市场假说（efficient market hypothesis，EMH）对投资者和公司而言具有重要的含义。

- 因为信息能够立即反映在价格中，投资者应该只能预期获得正常的收益率。掌握已经发布的信息并不会使投资者从中受益，因为在投资者交易之前股价就已经做出了调整。
- 公司应该预期它们出售的证券只能获得公允价值。公允的意思是，公司发行证券所收到的价格等于其现值。因此，在有效资本市场中，通过愚弄投资者来获得有价值的融资机会是不可能的。

图 13－1 展示了几种可能的股票价格调整。实线表示在一个有效市场中股价变动的路径。在这种情况下，股价会根据新信息立即做出调整，此后价格保持不变。点线描述了一种延迟反应。在这里，市场花了 30 天时间来充分消化信息。最后，虚线说明了一种过度反应以及随后向真实价格回归的修正。虚线和点线显示的是无效市场中股价变动可能的路径。如果股票价格需要多日才能做出调整，那么投资者适时买卖股票即可获得交易利润。①

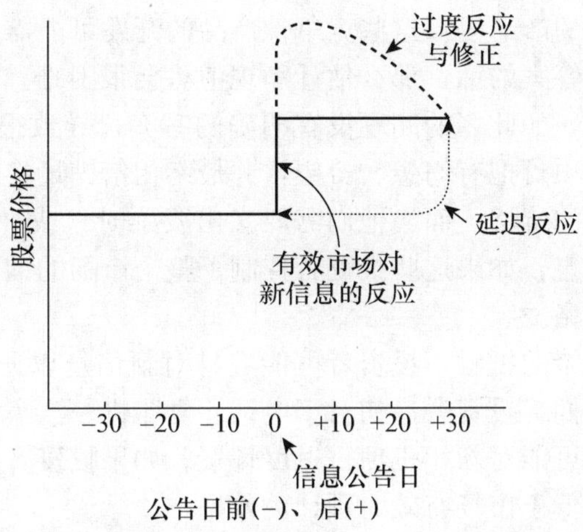

图 13－1　有效市场和无效市场中股价对于新信息的反应

说明：有效市场反应：价格对新信息立即做出调整并完全反映；随后不会有上涨或下降的趋势。
延迟反应：价格对新信息做出缓慢的调整；30 天后价格才完全反映了新信息。
过度反应：价格对新信息做出过度的调整；价格出现了泡沫。

市场有效性的基础

图 13－1 显示了有效市场的结果。但是，导致市场有效的条件是什么？安德鲁·施莱弗（Andrei Shleifer）认为有三个条件，其中任何一个都会导致市场的有效性：（1）理性；（2）独立的理性偏差；（3）套利。② 下面我们来讨论这些条件。

---

① 现在，你应该会理解下面这个简短故事了。一名学生与他的财务学教授走过大厅时，同时看到了地上有一张 20 美元的钞票。当该学生想弯下腰把它捡起来时，教授满脸失望地摇了摇头，耐心地对学生说："别麻烦了，如果 20 美元真的在那里，别人早把它捡走了。"

② Andrei Shleifer, *Inefficient Markets: An Introduction to Behavioral Finance* (Oxford: Oxford University Press, 2000).

理性　假设所有投资者都是理性的。当新信息在市场上发布后，所有投资者都将会以理性的方式调整他们对股票价格的估计。在我们的例子中，投资者将会利用FCC公司在报纸上发布的信息，并结合该公司现有的信息，来确定FCC公司新项目的净现值。如果报纸上发布的信息意味着该项目的净现值为1 000万美元，而该公司股票为200万股，那么投资者将算出净现值为每股5美元。如果FCC公司股票原来的价格是40美元，那么现在没有人会以这个价格进行交易。任何有兴趣卖出该股票的人将至少以45美元（40+5）的价格出售。而任何有兴趣购买该股票的人现在将愿意支付45美元。换句话说，股价将上涨5美元。而且价格将会立即上涨，因为理性的投资者没有理由等到以新的价格交易时才进行交易。

当然，众所周知，我们的家人、朋友甚至是我们自己有时都会表现得不那么理性。因此，要求所有投资者都是理性的或许过于苛刻。但是，如果以下情况成立，那么市场仍将是有效的。

独立的理性偏差　假设FCC公司在报纸上发布的信息不是那么清晰明了。新型相机可能会销售多少台？以什么价格销售？每台相机可能的成本是多少？其他相机公司能开发出具有竞争性的产品吗？这些竞争性产品的开发可能需要多久？如果这些以及其他问题不能轻易获得答案的话，那么估计净现值将会很困难。

现在想象一下，如此多的问题没有明确的答案，导致很多投资者都缺乏深思熟虑。一些投资者对于新项目抱有幻想、希望，并最终相信销量将远高于理性的预测。他们将会为股票支付过高的价格。而当他们需要卖出股票时（或许是为现在的消费筹资），也会以较高的价格出售。如果这些投资者控制了整个市场的话，股价的上涨可能会超过市场有效时预计的价格。

然而，由于情绪的抵触，投资者可能容易对新信息以悲观的态度做出反应。毕竟，商业史学家告诉我们，投资者最初对于电话、复印机、汽车以及电影的获利都持怀疑态度。当然，他们也可能对新相机项目过度怀疑。如果投资者主要是这种类型的话，那么股价的上涨可能会低于市场有效时预计的价格。

但是，假如非理性乐观的投资者与非理性悲观的投资者数量相当，那么价格的上涨很可能会与市场有效时预计的价格一致，尽管大多数投资者可归类为非完全理性的。因此，市场有效性无须要求投资者是理性的，而只要非理性可以相互抵消即可。

然而，假设非理性在任何时候都能抵消可能是不切实际的。也许在某些时候，大多数投资者都被过度乐观的情绪淹没，而在其他时候，则都陷入了极度悲观的情绪中。尽管如此，还有一种假设将使得市场有效。

套利　假设世界上有两种人：非理性的业余投资者和理性的专业投资者。业余投资者会被自己的情绪左右，有时会非理性地认为股价被低估，而其他时候又会持相反的看法。如果不同业余投资者之间的情绪不能相互抵消，这些业余投资者往往自己就会推动股价高于或低于有效的价格。

现在，让我们引入专业投资者。假设专业投资者有条不紊、理性地从事股票投资。他们彻底地研究公司、客观地评估信息并冷静地估计股票价格，然后采取相应的行动。如果股价被低估，他们就买入股票。如果股价被高估，他们就卖出股票。而且，他们可能会比那些业余投资者更有信心。当知道所交易的股票被错误定价时，业余投资者可能只会拿一笔小钱去冒险，而专业投资者则可能会冒险投入大量资金。此外，他们愿意重新安排整个投资组合以追逐利润。如果发现通用汽车公司的股价被低估了，他们就可能卖出所拥有的福特公司股票而去购买通用汽车公司股票。套利是此时映入我们脑海的一个词，因为套利是指从同时买卖不同的但可以相互替代的证券中获利。如果专业投资者的套利可以控制业余投资者的投机行为，那么市场仍将是有效的。

13.2　不同类型的效率

在前面的讨论中，我们假设市场会立即对所有可用的信息做出反应。在现实中，某些信息对股票价格的影响可能比其他信息更迅速。为了掌握股价对信息不同的反应速度，研究者将信息划分为不同的类型。最常见的分类体系是三类：过去价格的信息、公开可用的信息以及所有信息。接下来，我们将考察这三类信息对于股票价格的影响。

弱式有效市场

假设有一个交易策略建议在股票连涨三天后买进股票、连跌三天后卖出股票。这个策略所使用的信息仅仅是基于过去的价格，它不涉及任何其他信息，比如净利润、预测、合并公告或是货币供应量等。如果一个资本市场能够完全包含过去的股价信息，那么这个资本市场就被称为是弱式有效的，或者说满足了**弱式效率**（weak form efficiency）。因此，如果弱式效率成立，那么上述交易策略将不能获利。

弱式效率是我们预期一个金融市场所能表现出来的最弱的一种效率类型，因为历史的价格信息是最容易获取的一类股票信息。如果简单地通过找出股票价格的变动规律就可以获得额外的利润，那么每个人都会这么做，而任何利润都会在你争我夺中消失。

从图 13－2 中可以看到这种竞争的效应。假设股票价格呈现出周期性模式，如图中波浪形曲线所示。精明的投资者会在低点买入，迫使股价上涨。相反，他们会在高点卖出，迫使股价下跌。通过竞争，周期性规律将会消除，只剩下随机的波动。

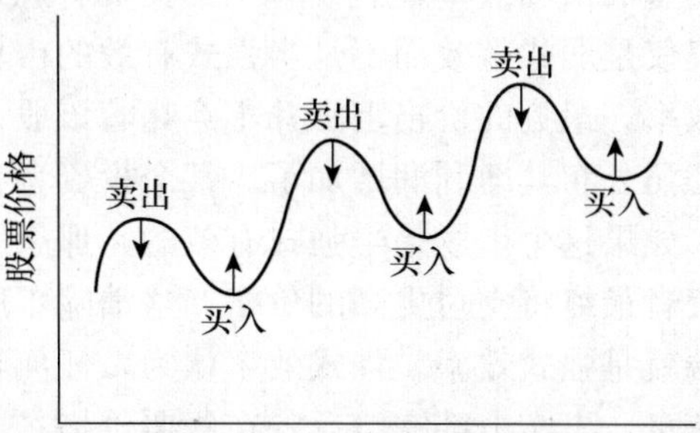

图 13－2　投资者行为趋势消除了股票价格的周期性模式

说明：如果股票价格遵循周期性模式，那么这种模式在有效市场中将会很快消失。随着投资者在一个周期的波谷买入和波峰卖出，股票价格将会呈现随机游走的模式。

半强式有效市场和强式有效市场

如果说弱式效率是有一定争议的，那么更富争议性的当属两种更强的效率类型，即**半强式效率**（semistrong form efficiency）和**强式效率**（strong form efficiency）。如果价格反映（包含）所有公开可用的信息，包括公布的会计报表以及历史价格信息，那么市场就是半强式有效的。而如果价格反映了所有信息，包括公开信息和私有信息，那么市场就是强式有效的。

历史价格的信息集是公开可用的信息集的子集，而公开可用的信息相应地则是所有信息集的子集，如图13-3所示。因此，强式效率就意味着半强式效率成立，半强式效率则意味着弱式效率成立。半强式效率与弱式效率的区别在于，半强式效率要求市场上的股票价格不仅能有效地反映历史的价格信息，还能反映所有可用的公开信息。

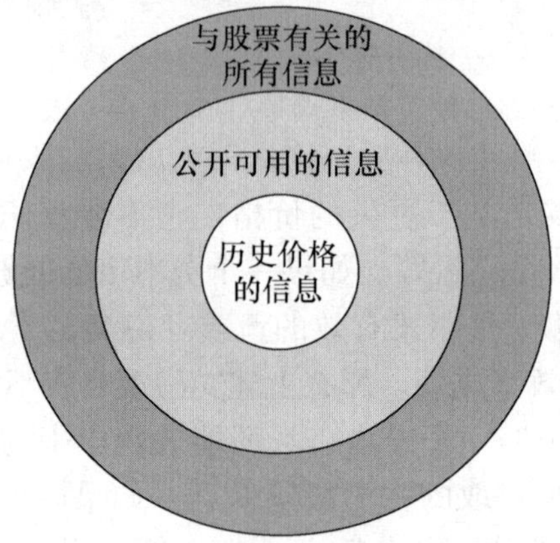

图13-3　三种不同类型信息集的关系

说明：历史价格的信息集是所有公开可用的信息集的子集，后者相应地则是股票所有信息集的子集。如果今天的价格只反映了历史价格的信息，那么该市场是弱式有效的。如果今天的价格反映了所有公开可用的信息，那么该市场是半强式有效的。如果今天的价格反映了所有信息，包括公开信息和私有信息，那么该市场是强式有效的。

半强式效率意味着弱式效率成立，而强式效率则意味着半强式效率成立。

为了说明不同类型的市场效率，假设有一个投资者总是在某种股票价格上涨后卖出股票。那么在一个仅仅是弱式有效而不是半强式有效的市场中，这种策略将仍然不能获利。因为根据弱式效率，最近的价格上涨并不意味着该股票的价值被高估了。

现在考虑一家公司公布其净利润增加了。某个投资者在听到这个消息后可能会考虑投资该股票。然而，如果这个市场是半强式有效的，那么股价应该会在消息公布后立即上涨。因此，该投资者最终将支付更高的价格，这消除了所有获利的机会。

市场效率的极端就是强式效率。强式效率认为，任何与股票价值有关的以及至少有一个投资者知晓的信息，事实上都完全反映在股票价格之中了。一个强式效率的忠实信徒将认为，一个知晓某家采矿业公司是否发现了金矿的内部人也不能从内幕信息中获利。这样一个强式有效市场假说的信徒可能会认为，一旦内部人企图利用他的信息来进行交易，市场就会认识到发生了什么事情，在他能够买到任何股票之前价格已经飙升。或者，强式效率的信徒会认为，市场上没有任何秘密可言，只要金矿被发现，秘密就泄露出去了。

预期市场是弱式有效的一个原因在于，投资者很廉价也很容易地就可以找出股价的变动规律。任何一个能够使用计算机编程以及略懂一点统计学知识的人都可以去探索这些规律。理所当然地，如果真的存在这些规律，大家都将试图找到和利用它们，而这个过程会导致这些规律消失。

然而，半强式效率意味着投资者要比弱式效率中的投资者更有经验。投资者必须精通经济学和统计学，并且对各行各业和公司的特质都了然于胸。此外，掌握和使用这些技能是需要天赋、能力和时间的。用经济学家的话来说，这些努力是有成本的，能够获得成功的并不多。

至于强式效率，它远远比半强式效率更有效。我们很难相信市场会如此有效，以至于拥有有价值的内幕信息的人都不能从中获利。实证证据都倾向于不支持这种形式的市场效率。

关于有效市场假说的一些常见误解

在财务学中，没有什么观点能与有效市场假说一样如此备受关注，但并非所有的关注都是令人喜欢的。某种程度上说，这是因为许多批评都是建立在对该假说所指出的或未指出的观点的误解之上的。我们接下来将阐述三种误解。

投掷飞镖效率 当市场效率这个概念首次出现在流行的财经报纸上并引发争辩时，它的特征往往被描述如下："……向金融版投掷飞镖将产生一个投资组合，该组合预计与任何专业的证券分析师所管理的投资组合一样好"[①②]，这种说法基本上是正确的，但并非完全正确。

所有的有效市场假说真正想说明的是，在平均意义上，管理者将无法取得超常的或者说超额的收益率。超额收益率的定义是相对于某个基准预期收益率而言的，比如第 11 章中根据证券市场线确定的收益率。投资者仍然必须决定他希望投资组合的风险有多大。此外，一个随机的投掷飞镖者最后可能会把所有的飞镖都投掷在一两只经营基因工程的高风险股票中。但是你真的想把所有的股票投资都集中在这两只股票上吗？

无法理解这一点往往会导致对市场效率的困惑。例如，有时人们错误地认为，市场效率意味着无论你做什么都是无关紧要的，因为市场的效率会保护粗心的人。然而，有人曾经评论说："有效市场可以保护羊不被狼吃掉，但没有什么能够保护羊不被它们自己吃掉。"

效率的真正含义是，当一家公司出售其股票时，该公司所得到的价格是一个公允价格，从某种意义上说，它反映了在考虑所有可用信息的情况下股票的价值。股东无须担心他们花了过高的价格购买那些低股利或是具有其他特征的股票，因为市场已经把这些都考虑在价格中了。然而，投资者仍需担心其他事情，例如他们所面临的风险水平以及

---

① B. G. Malkiel, *A Random Walk Down Wall Street*, 10th ed. (New York: Norton, 2011).

② 一些较早的文章经常把"挪飞镖的猴子"作为有效市场的参照物。随着政府扩大在证券市场上的参与，参照物经常换成"挪飞镖的国会议员"。

投资分散化程度。

价格波动 大多数公众会对市场效率持怀疑态度，因为股票价格在日复一日地波动。然而，每天的价格波动与市场效率并不矛盾，因为有效市场中的股票通过价格变化来对新信息做出调整。每一天都有海量的新信息涌入股票市场，事实上，在不断变化的世界中，如果每天的股价没有变动，那可能表明市场是无效率的。

股东的漠不关心 如果在任意给定的一天只有一小部分已发行股票交易转手，很多外行人会怀疑市场价格的有效性。然而，某一天的股票交易者数量一般都远远少于关注该股票的人数。这是事实，因为一个人只有当他对股票价格的评估与市场价格的差异大到足以承担经纪佣金和其他交易费用时，才会交易股票。进一步地，即便关注股票的交易者要少于外部的股东人数，但只要许多感兴趣的交易者利用公开可用的信息进行交易，那么股票就可以有效率地定价。这就是说，即使很多股东从不关注股票，也没有考虑在短期内进行交易，该股票的价格也能反映公开的信息。

13.3 实证研究的证据

关于有效资本市场假说的证据广泛存在，相关研究覆盖了弱式效率、半强式效率和强式效率这几种类型。对于第一类，我们将研究股票价格的变动是不是随机的。对于第二类，我们将进行事件研究和共同基金的表现研究。而对于第三类，我们将考察公司内部人士的表现。

弱式有效市场

弱式效率意味着股票过去的价格变动与其未来的价格变动无关，第11章的内容让我们可以检验这种效率的含义。在那一章中，我们讨论过两种不同股票收益率之间的相关性。例如，通用汽车公司股票收益率与福特公司股票收益率的相关系数可能相对较高，因为这两家公司属于同一行业。相反，通用汽车公司股票收益率与欧洲快餐连锁公司股票收益率的相关系数可能就会比较低。

金融学家经常说到**序列相关系数**（serial correlation），它只涉及一种证券。这种相关系数是指一种证券当前收益率与同一种证券随后期间收益率的相关系数。某只股票的序列相关系数为正，表明股价具有延续的趋势。也就是说，今天的股票收益率高于平均水平，有可能未来的股票收益率也会高于平均水平。类似地，今天的股票收益率低于平均水平，有可能未来的股票收益率也会低于平均水平。

某只股票的序列相关系数为负值，表明这只股票具有反转的趋势。即今天的股票收益率高于平均水平，那么未来的股票收益率有可能会低于平均水平。类似地，今天的股票收益率低于平均水平，那么未来的股票收益率有可能会高于平均水平。显著为正以及显著为负的序列相关系数都表明了市场的无效率，因为无论是哪种情况，现在的收益率都可以用于预测未来的收益率。

股票收益率的序列相关系数接近于零，则与弱式效率的预期一致。因此，如果一只股票目前的收益率高于平均值，那么其随后的收益率低于平均值与高于平均值的概率是相同的。类似地，如果一只股票目前的收益率低于平均值，那么其随后的收益率高于平均值与低于平均值的概率也是相同的。

表 13 - 1 列示了 8 家美国大公司股票每日股价的序列相关系数。这些系数表明了昨天的收益率与今天的收益率是否有关。可以看到，其中 3 家公司的序列相关系数是负值，这意味着今天的收益率高于平均值，那么明天的收益率更有可能低于平均值。相反，其余 5 家公司的序列相关系数略为正值，这意味着今天的收益率高于平均值，那么明天的收益率更有可能高于平均值。

表 13 - 1　　2011—2015 年部分公司股价的序列相关系数

公司	序列相关系数
苹果	0.018 3
快扣	−0.043 2
通用电气	0.003 2
固特异	0.011 7
辉瑞	−0.045 1
莱德物流	0.020 6
Sirius XM	−0.043 4
瑞士越洋钻探	0.031 6

说明：固特异公司的序列相关系数为 0.011 7，稍大于 0，这意味着今天的收益率为正，那么明天的收益率更有可能为正。快扣公司的序列相关系数是负值，这意味着今天的收益率为负，那么明天的收益率更有可能为正。然而，这些系数相对于估计误差和交易成本而言显得太小，这种结果通常被认为支持了市场是弱势有效的。

但是，因为从理论上说相关系数是在 −1～1 之间变动的，上表中报告的系数是非常小的。事实上，这些系数相对于估计误差和交易成本而言都显得太小了，以至于我们通常认为这与弱式效率是一致的。

弱式有效市场假说也通过很多其他方式证实了。我们对于这些文献的观点是，总体而言，相关证据与弱势效率是一致的。

这样的结果引发了一个有趣的思考：如果价格变动果真是随机的，那么为什么还会有这么多人相信股价变动遵循某种规律呢？心理学家和统计学家的研究都表明，大多数人根本不知道什么是随机性。例如，图 13 - 4 中的上图是由计算机使用随机数生成的。然而，我们发现，人们在观察图表时都会找到一些规律。不同的人会找到不同的规律，并预测出不同的未来价格走势。根据我们的经验，看图者对他们所找到的规律都相当自信。

接下来，我们看看盖璞公司股票价格的实际变动情况（见图 13 - 4 中的下图）。这幅图对于某些人来说看上去肯定不是随机的，即表明弱势效率不成立。然而，统计检验表明，它的变动确实就像是一个纯粹的随机序列。因此，我们认为，那些声称从股价数据中找出规律的人很有可能是产生了错觉。

半强式有效市场

半强式有效市场假说意味着价格可以反映所有公开可用的信息。我们介绍两种检验半强式有效市场的方法。

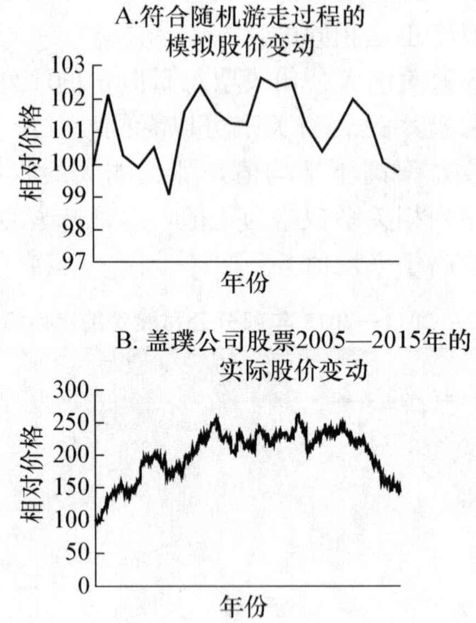

图 13－4　模拟的和实际的股票价格变动

说明：根据定义，模拟随机游走过程的股票价格变动是随机的，但人们经常能看出一些规律。人们可能也会看出盖璞公司的股价变动规律。然而，图中盖璞公司股价的规律与那些模拟的随机序列非常相似。

事件研究法　一只给定的股票在某一天的超常收益率（abnormal return，AR）可以用该股票的实际收益率（R）减去同一天的市场收益率 R_m 计算得到，其中市场收益率可以用一个像标准普尔综合指数这样的广泛基础指数（broad-base index）来衡量。计算公式如下：

$$AR=R-R_m$$

下面的说明将有助于我们理解半强式效率的检验：

在时点 $t-1$ 发布的信息→AR_{t-1}
在时点 t 发布的信息→AR_t
在时点 $t+1$ 发布的信息→AR_{t+1}

箭头表明任何一个时期的超常收益率只与该时期发布的信息有关。

根据有效市场假说，一只股票在时点 t 的超常收益率 AR_t 应该反映同一时点 t 发布的信息。任何之前发布的信息都不会影响这一时点的超常收益率，因为其所有的影响应该已经反映在之前的股票价格中了。换句话说，有效市场应该已经把以前的信息反映在价格中了。因为一只股票今天的收益率不可能取决于市场尚不知晓的信息，那些只有在未来才知道的信息不可能影响今天的股票收益率。所以，箭头所指的方向表示任何一个时期的信息只会影响当期的超常收益率。事件研究（event study）是检验箭头是否像所显示的那样或者说信息的发布是否影响其他时点的收益率的一种统计研究方法。

除了超常收益率，这些研究还会提到累计超常收益率（cumulative abnormal returns，CAR）。举一个例子，考虑一家公司在发布公司公告的－1，0，1 天其超常收益率分别为 1%，－3%以及 6%。那么日期－1，0，1 的累计超常收益率就分别为

1%，−2%［=1%+(−3%)］以及 4%［=1%+(−3%)+6%］。

举例而言，考虑瑟奇亚克（Szewczyk）、特塞特西克斯（Tsetsekos）和赞特奥特(Zantout)[①] 关于股利停发的研究。图 13-5 描绘了宣布股利停发的样本公司的累计超常收益率。因为股利停发通常被认为是一个坏消息，我们预期公告日附近的超常收益率应为负值。事实也证明了这一点，公告前一天（−1 天）和公告当天（第 0 天）的累计超常收益率都在下跌。[②] 然而请注意，公告日之后累计超常收益率几乎没有变动。这意味着，坏消息在公告当天就已经完全反映在股票价格之中了，这个结果与市场的有效性是一致的。

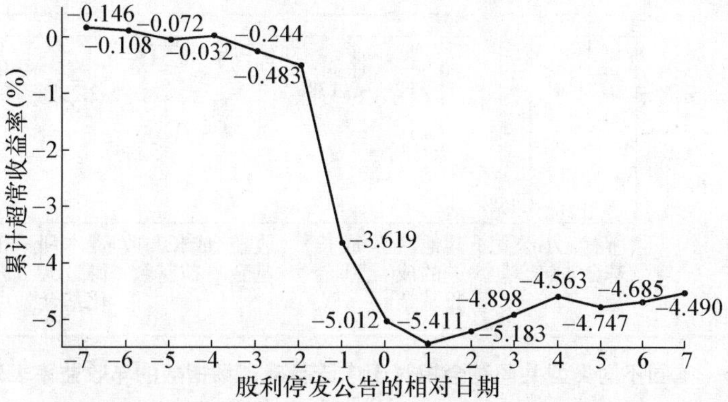

图 13-5　公司宣布股利停发消息期间的累计超常收益率

说明：累计超常收益率在宣布股利停发的公告前以及公告当天都是下跌的。累计超常收益率在公布日之后就几乎不再变动。这种规律与市场有效性是一致的。

资料来源：S. H. Szewczyk，George P. Tsetsekos，and Zaher Z. Zantout，"Do Dividend Omissions Signal Future Earnings or Past Earnings?" *Journal of Investing* (Spring 1997).

多年来这种方法已应用于诸多事件的研究中。股利、盈利、合并、资本支出以及新股发行等事件的公告就是这一研究领域大量文献中的一些例子。早期的事件研究通常支持市场是半强式（因而也是弱式）有效的观点。然而，许多最近的研究却提供了市场并没有立即反映所有相关信息的证据。一些人由此得出结论认为，市场并不是有效的。考虑到这些研究存在统计上和方法上的问题，另一些人则认为这个结论值得商榷。这个问题将在本章的后续部分详细探讨。

共同基金的记录　如果市场是半强式有效的，那么无论共同基金经理依据何种公

---

① Samuel H. Szewczyk，George P. Tsetsekos，and Zaher Z. Zantout，"Do Dividend Omissions Signal Future Earnings or Past Earnings?" *Journal of Investing* (Spring 1997).

② 聪明的读者可能想知道，为什么−1 天的超常收益率与第 0 天一样是负的。想知道原因，首先请注意学术研究中使用的公告日通常是消息在《华尔街日报》上发布的日期。然后考虑一家公司在周二中午通过新闻稿宣布股利停发的消息，该公司的股价应该在周二就会下跌。这个公告会出现在《华尔街日报》周三的报道中，因为周二版的《华尔街日报》已经印好了。对这家公司而言，股价在《华尔街日报》发布公告的前一天就下跌了。

另一种情况是，设想另一家公司在周二晚上 8 点通过新闻稿宣布股利停发的消息。由于此时股市已经收盘了，该公司的股价将在周三下跌。因为《华尔街日报》将在周三报道这个公告，股价就是在《华尔街日报》发布公告的当天下跌。

因为公司可能是在交易时点或交易时点之后发布公告，因此股价应该在相对于《华尔街日报》发布日期的前一天（−1 天）和当天（第 0 天）下跌。

开可用的信息来筛选股票，他们的平均收益率应该与市场上投资者整体的平均收益率是一样的。因此，我们可以通过比较这些专业投资者与市场指数的表现来检验市场的效率。

考虑图13－6，该图展示了各种类型的共同基金相对于股票市场整体的表现。图的最左边表明，经过合适的风险调整后，研究中涉及的所有基金整体而言表现不佳，年收益率比市场平均水平低2.13%。因此，共同基金并没有跑赢市场，证据表明其业绩表现反而不如市场。共同基金表现不佳的结论对于许多类型的基金都是成立的。在这项研究中，收益率的计算扣除了费用、支出以及佣金，所以如果把这些成本加回的话，基金的收益率会高一些。然而，该研究表明，并没有证据显示基金整体而言跑赢了市场。

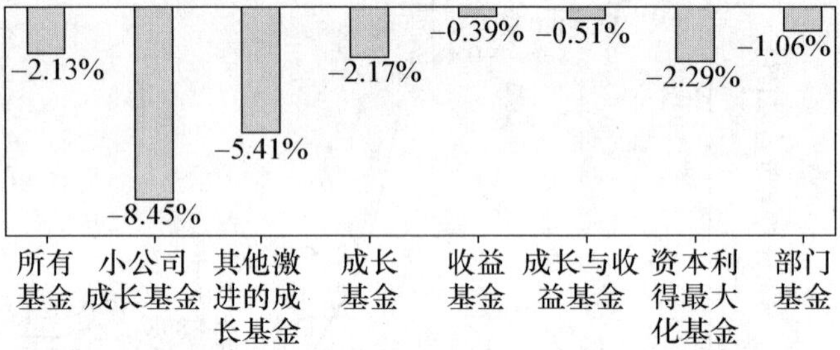

图13－6 美国不同类型共同基金相对于广泛基础市场指数的年收益率表现*（1963—1998年）

*相对于市场模型的表现。

说明：平均而言，共同基金似乎没有跑赢市场。

资料来源：来自Lubos Pastor and Robert F. Stambaugh, "Mutual Fund Performance and Seemingly Unrelated Assets," *Journal of Financial Economics*, 63（2002）一文的表2。

某位教授告诉成功的投资者，他们在股票市场上取得成功并不一定是因为聪明而只是幸运而已。也许没有什么比这更让这些成功的投资者愤怒的。然而，图13－6仅仅代表了一项研究，关于共同基金还有许多文献。其中的绝大多数证据都表明，平均而言共同基金并没有打败广泛基础市场指数。

大体而言，共同基金经理依靠的是公开可用的信息。因此，他们没有战胜市场指数的结果与市场半强式有效和弱式有效是一致的。

然而，这一证据并不意味着共同基金对个人投资者而言是糟糕的投资。尽管这些基金未能获得比一些市场指数更好的收益率，但它们使得投资者可以购买由大量股票构成的投资组合（常用的词是"充分多元化的投资组合"）。它们可能也很擅长提供各种各样的服务，比如保管和记录所有的股票。

强式有效市场

即便是有效市场假说最坚定的拥护者，也不会惊讶于发现市场没有达到强式有效。毕竟，如果一个人掌握了其他人所没有的信息，那么他很可能会从中获利。

一些关于强式效率的研究考察了内幕交易。公司的内部人士可以获得一些他人无法获得的信息。但是如果强式有效市场假说成立，那么他们就不能利用这些信息进行交易并获利。一个政府机构——美国证券交易委员会要求公司的内部人士披露他们可能从事的任何本公司股票交易。通过检验这些交易记录，我们可以看出他们是否获得了超常收益率。大量的研究都支持了这种观点，即这些交易具有超常收益率。因此，强式有效市场假说似乎并没有得到证据的支持。

13.4　行为理论对市场有效性的挑战

在 13.1 节中，我们介绍了施莱弗教授提出的三个条件，满足其中任何一个条件都可以导致市场有效。在那一节中，我们提出了许多理由来解释在现实中很可能至少有一个条件是成立的。然而，对此肯定会有意见分歧。学术界的很多人（包括施莱弗教授）认为，在现实中这三个条件很可能都不成立。这种观点基于所谓的行为金融（behavioral finance）。让我们从行为的视角来考察这三个条件。

理性　人们真的是理性的吗？并不总是。只要前往大西洋城或拉斯韦加斯去看看那些赌博的人你就知道了，他们有时赌注还很大。赌场的盈利意味着赌徒的预期收益率为负。由于赌博有风险而且预期收益率为负，它永远不可能位于我们第 11 章中提到的有效边界上。此外，在轮盘赌中连续出现多次黑色时，赌徒通常会认为黑色还会继续出现，因此他们会赌黑色。但这种策略是错误的，因为轮盘并没有记忆。

当然，对财务学而言，赌博只是一个次要问题。那么我们在金融市场中也会看到非理性吗？答案很可能是肯定的。许多投资者并没有达到他们应该达到的多元化投资程度。而另一些人频繁交易，导致要支付很多佣金和税收。事实上，通过卖出表现差的股票并持有表现好的股票可以实现税负的优化处理。尽管有些投资者心里想实现投资的税负最小化，但是他们中有很多人的做法却正好相反。许多投资者更有可能会卖出表现好的股票而非表现差的股票，而这是一种导致高税负的策略。行为学的观点认为，并非所有投资者都是非理性的，一些或者很多投资者是非理性的。

独立的理性偏差　理性偏差通常是随机的，因此可能在整个投资者群体中相互抵消吗？恰恰相反，心理学家一直主张，人们偏离理性是与一些基本原则一致的。虽然并非所有这些原则都可以应用到金融和市场有效性中，但至少有两个似乎是适用的。

第一个原则称为代表性（representativeness），它可以用上述赌博的例子来解释。相信之前开出一连串黑色而将继续开黑的赌徒是错误的，因为转到黑色的概率只有约 50%。有这种行为的赌徒表现出了代表性的心理特性，也即他们根据不充分的数据得出结论。换言之，赌徒相信他观察到的小样本要比总体更具有代表性。

这与金融有什么关系呢？也许市场就是被代表性主导而导致了泡沫。人们看到了市场的一部分，例如，网络股拥有短期内高收益增长的历史，就推断这种增长会永远持续。当这种增长不可避免地陷入停滞时，股价只能下跌。

第二个原则就是保守性（conservatism），它意味着人们根据新信息来调整他们的信念的速度过于迟缓。假设你从儿时开始的志向就是成为一名牙医，或许是因为你出生于一个牙医世家，或许是你喜欢这份职业的安定以及相对较高的收入，又或许牙齿总是让你着迷。现在的情况是，你可以期待一个长期而卓有成效的牙医职业生涯。然而，假设有一种新药问世可以预防蛀牙。这种新药将会明显减少甚至是消除人们对牙医的需求。你需要多久来消化这个消息呢？如果你很眷恋牙医这份工作，你可能会很缓慢地调整你的信念。家人和朋友可能会劝你换掉大学牙科预科的课程，但你可能在心理上还没有准备好这样做。相反，你可能会坚持你的看法，认为牙医行业的未来是乐观的。

或许这和金融是有关系的。例如，很多研究报告指出，价格对于盈余公告中包含的信息会做出缓慢调整。是否可能因为保守性，投资者面对新信息时才缓慢调整自己的信念？下一节将会更深入地讨论这个问题。

套利 在13.1节中，我们提到了专业投资者，当他们知道股票被错误定价时，会买入那些价格被低估的股票而卖出正确定价（甚至是价格被高估）的替代性股票。这可能会消除感性的业余投资者所导致的任何错误定价问题。

然而，这类交易可能比乍看之下更有风险。假设专业投资者普遍认为麦当劳的股价被低估了，那么他们将会买进该股票而卖掉他们持有的比如汉堡王和温迪餐厅(Wendy's)的股票。然而，如果业余投资者持有相反的头寸，那么只有当业余投资者持有的头寸相对小于专业投资者持有的头寸时，股价才会调整到正确的水平。而在现实世界中业余投资者众多，一些专业投资者为了拉平价格，将不得不持有大量的头寸，或许甚至还会大量参与股票卖空。大量购买一只股票并大量卖空另一只股票的风险非常大，即使这两只股票属于同一行业。此时，关于麦当劳股票的非预期的坏消息以及关于其他两只股票的非预期的好消息都会导致专业投资者损失惨重。

此外，如果业余投资者现在对麦当劳股票错误定价了，那什么才能防止该股票在未来被进一步错误地定价呢？这种未来错误定价的风险，即便在没有出现任何新信息的情况下，也可能会导致专业投资者削减他们套利的头寸。举一个例子，假设有一个精明的专业投资者认为1998年网络股价格被高估了。如果他当时赌股价会下跌，那么短期内他会出现亏损，因为股价一直涨到2000年3月。不过，他最终是会赚钱的，因为之后股价就开始下跌了。然而，短期风险可能会减少套利策略的规模。

总之，这里提出的观点表明，13.1节中介绍的有效资本市场假说的理论基础在现实中可能是不成立的。也就是说，投资者可能是非理性的，不同投资者之间的非理性可能是相互关联而非相互抵消的，而套利策略由于涉及的风险太大以至于不能保证市场效率。

13.5 实证证据对市场有效性的挑战

13.2节介绍了支持市场有效性的实证证据。现在我们来展示一些挑战这个假说的证据。有效市场理论的支持者通常将这类结果称为异象（anomalies）。

1. 套利的局限。1907年，荷兰皇家石油公司和壳牌运输公司合并，所有后续的现金流按照60%和40%的比例在这两家公司之间分配。然而，这两家公司都会继续公开交易。你可能会认为荷兰皇家石油公司的市场价值将一直是壳牌公司的1.5倍(60/40)。也就是说，如果荷兰皇家石油公司的股价被高估了，理性的投资者会购买壳牌公司而不是荷兰皇家石油公司的股票。而如果荷兰皇家石油公司的股价被低估了，那么投资者就会购买荷兰皇家石油公司的股票。此外，套利者则会更进一步，购买股价被低估的证券而卖空股价被高估的证券。

然而，图13-7显示，荷兰皇家石油公司和壳牌公司的股票在1962—2005年很少按照上述比价进行交易（两家公司在 2005 后不再分开交易）。为什么会发生这种偏差？正如上一节所述，行为金融表明套利是有局限的，即投资者买入价格被低估的资产并卖出价格被高估的资产并不能确保获利。比价的偏离实际上在短期内可能会增加，这意味着套利者会承受损失。约翰·凯恩斯的名言正好适用于这里："在市场回归理性之前，你很可能已经破产了。"因此，对风险的考虑可能迫使套利者持有过少的头寸，以至于无法使股价回归到比价。下面的"金融实务"专栏讨论了最近发生的另外一个关于两只股票相对价格错误定价的例子。

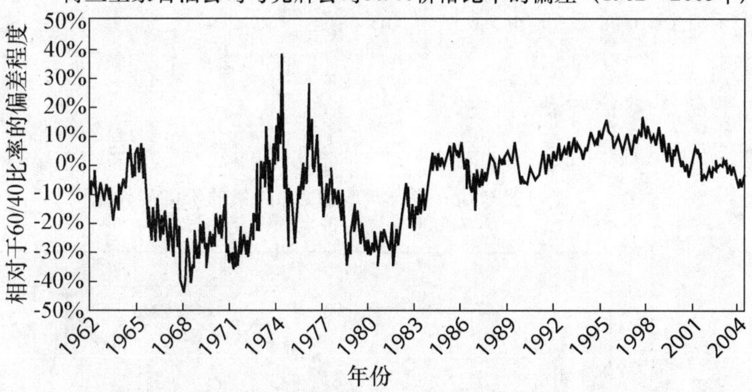

图 13-7　荷兰皇家石油公司市场价值与壳牌公司市场价值的比率相对于比价的偏离

说明：显然，套利无法让荷兰皇家石油公司市场价值与壳牌公司市场价值的比率保持在比价的水平上。
资料来源：作者计算。

金融实务

股票市场的投资者会加减法吗

2000 年 3 月 2 日，3Com 公司，一家盈利的计算机网络产品和服务提供商，通过首次公开发行股票（IPO）向公众出售了它的一家子公司 5%的股票。当时，这家子公司名叫 Palm（现在已被惠普公司收购）。

3Com 计划稍后将 Palm 其余的股份分配给 3Com 的股东。根据该计划，如果你拥有 3Com 的 1 股股票，那么你将获得 Palm 的 1.5 股股票。所以，在 3Com 通过首次公开发行股票出售了 Palm 的部分股票后，投资者可以直接购买 Palm 的股票，或是通过购买 3Com 的股票并等待一段时间，间接地购买 Palm 的股票。

这个例子最有趣的地方就在于 Palm 上市之后几天所发生的事情。如果你拥有 1 股 3Com 的股票，最终你将有权获得 1.5 股的 Palm 股票。因此，每股 3Com 股票的价值应该至少是每股 Palm 股票价值的 1.5 倍。我们说，至少那是因为 3Com 的其他部分都是盈利的。因此，每股 3Com 股票的价值本来应该远远超过每股 Palm 股票价值的 1.5 倍。但你可能已经猜到了，事情并不是这样。

在 Palm 上市的前一天，3Com 股票的售价为每股 104.13 美元。在第一个交易日后，Palm 股票的收盘价为每股 95.06 美元。95.06 美元乘以 1.5 的结果为 142.59 美元，这是我们预计的 3Com 股票的最低价格。但是，Palm 股票以每股 95.06 美元收盘的当天，3Com 股票的收盘价为每股 81.81 美元，比按 Palm 股价推算的价格少了不止60美元。这就更奇怪了！

3Com的股价为每股81.81美元而Palm的股价为每股95.06美元，这意味着市场对3Com其余业务的估值为（每股）81.81－142.59＝－60.78美元。鉴于3Com当时已发行的股票数量，这意味着市场对于3Com的其余业务给出了一个约为－220亿美元的估值。当然，股票价格不可能为负。那么，这意味着Palm的股价相对于3Com的股价来说太高了。

为了从这种错误定价中获利，投资者应该买入3Com股票并卖出Palm股票。这样进行交易是显而易见的。在一个有效运作的市场中，套利交易者会迫使价格非常迅速地调整，事实是怎样的呢？

正如你在下图中看到的那样，市场对3Com和Palm是如此估价的，从2000年3月2日直到2000年5月8日大约两个月的时间里，3Com中非Palm的部分价值为负。因此，定价错误会被市场力量纠正，但并不是马上，这与套利存在局限性是一致的。

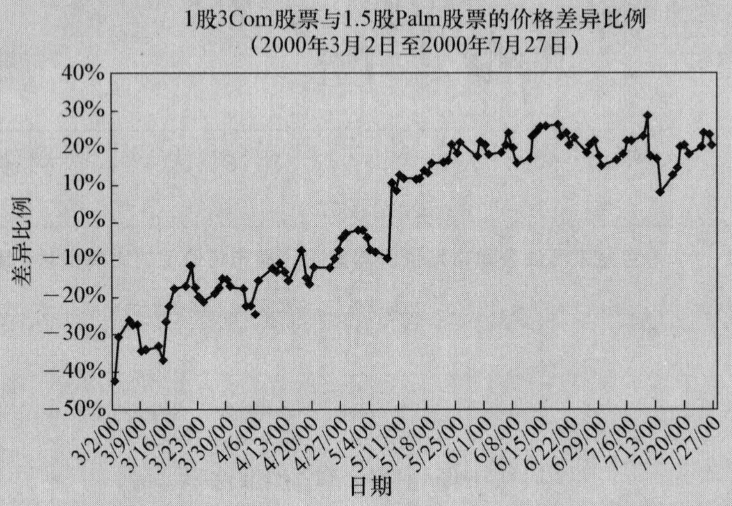

2. 未预期盈余（earnings surprises）。常识表明，当报告的盈余高于预期时股价会上涨，反之股价应该会下跌。然而，市场有效意味着股价会对公告立即做出调整，而行为金融却预测了另一种规律。陈（Chan）、杰格蒂什（Jegadeesh）和拉格尼沙克（Lakonishok）根据未预期盈余对公司进行了排序，其中未预期盈余是指当前季度盈利与上年同期盈利的差异除以季度盈利的标准差。① 他们构建了一个由未预期盈余极高并为正的公司组成的投资组合以及另一个由未预期盈余极低并为负的公司组成的投资组合。图13-8显示了购买这两个投资组合的收益率。如图所示，价格对于盈余公告做出了缓慢的调整，在接下来的6个月和1年中，未预期盈余为正的投资组合市场表现都要优于未预期盈余为负的投资组合。其他许多研究也得到了类似的结果。

为什么股价会缓慢调整呢？行为金融认为，投资者在这里表现出保守性，他们根据公告所包含的信息缓慢地做出调整。

① Louis K. C. Chan, Narasimhan Jegadeesh, and Josef Lakonishok, "Momentum Strategies," *Journal of Finance* (December 1996).

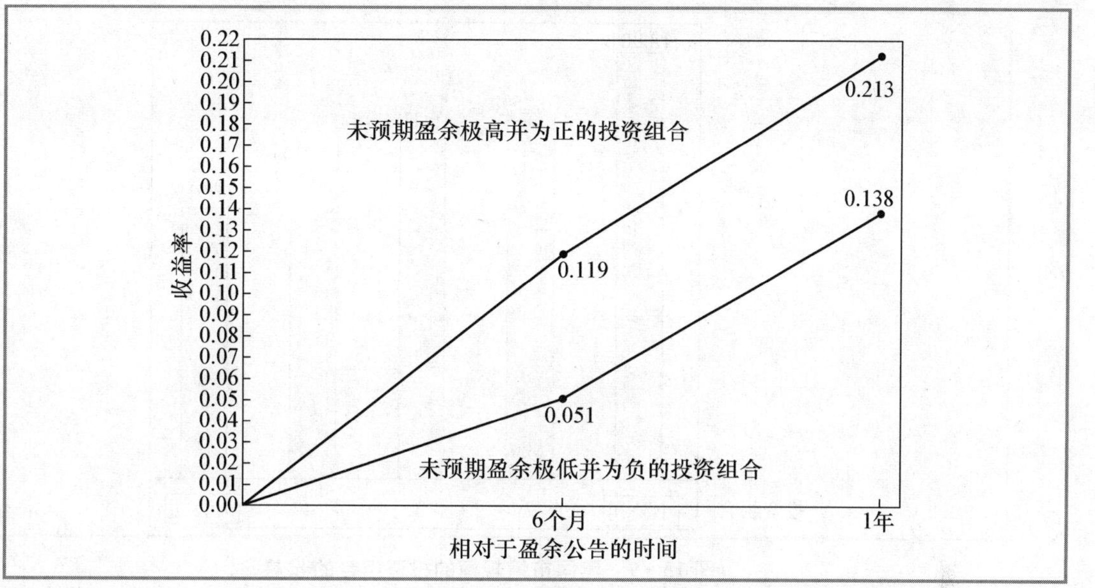

图 13-8 两种投票投资组合的收益率

说明：该图比较了购买未预期盈余（当前季度盈利与上年同期盈利的差异除以季度盈利的标准差）极高并为正的股票与购买未预期盈余极低并为负的股票这两种投资策略的收益率。该图显示股价对于盈余公告的信息做出了缓慢的调整。

资料来源：改编自 L. K. C. Chan，N. Jegadeesh，and J. Lakonishok，"Momentum Strategies，" *Journal of Finance*（December 1996）一文的表 3。

3. 规模。1981 年，两篇重要文献提供的证据表明，在 20 世纪的大部分时间里，在美国小市值股票的收益率要高于大市值股票的收益率。① 这两项研究此后在不同时期和不同国家得到了重现。例如，图 13-9 显示了 1963—1995 年根据规模排序的 5 种美国股票投资组合的平均年收益率。如图 13-9 所示，小公司股票的平均年收益率要比大公司股票高得多。虽然市场表现的差异大部分是补偿小公司股票的额外风险，但研究者通常认为并不是所有的收益率差异都可以用风险差异来解释。此外，唐纳德 · 凯姆（Donald Keim）还提供了一个证据，即上述市场表现的差异大部分发生在 1 月。②

4. 价值股和成长股。很多文献都认为账面市值比（book-value-to-stock-price ratios）较高以及盈利市价比（earnings-to-price ratios）较高的股票（通常称为价值股）市场表现要优于该比率较低的股票（成长股）。例如，法马（Fama）和弗伦奇（French）研究发现，在 13 个主要的国际股票市场中有 12 个，股票市场的高账面市值比股票的平均收益率要高于低账面市值比股票的平均收益率。③ 图 13-10 列示了 5 个大型股票市场中这两类公司的收益率。在这 5 个股票市场中，价值股的市场表现都要优于成长股。

---

① 请参阅 R. W. Banz，"The Relationship between Return and Market Value of Common Stocks，" *Journal of Financial Economics*（March 1981），以及 M. R. Reinganum，"Misspecification of Capital Asset Pricing：Empirical Anomalies Based on Earnings Yields and Market Values，" *Journal of Financial Economics*（March 1981）。

② D. B. Keim，"Size-Related Anomalies and Stock Return Seasonality：Further Empirical Evidence，" *Journal of Financial Economics*（June 1983）.

③ 摘自 Eugene F. Fama and Kenneth R. French，"Value versus Growth：The International Evidence，" *Journal of Finance* 53（December 1998）一文的表 3。

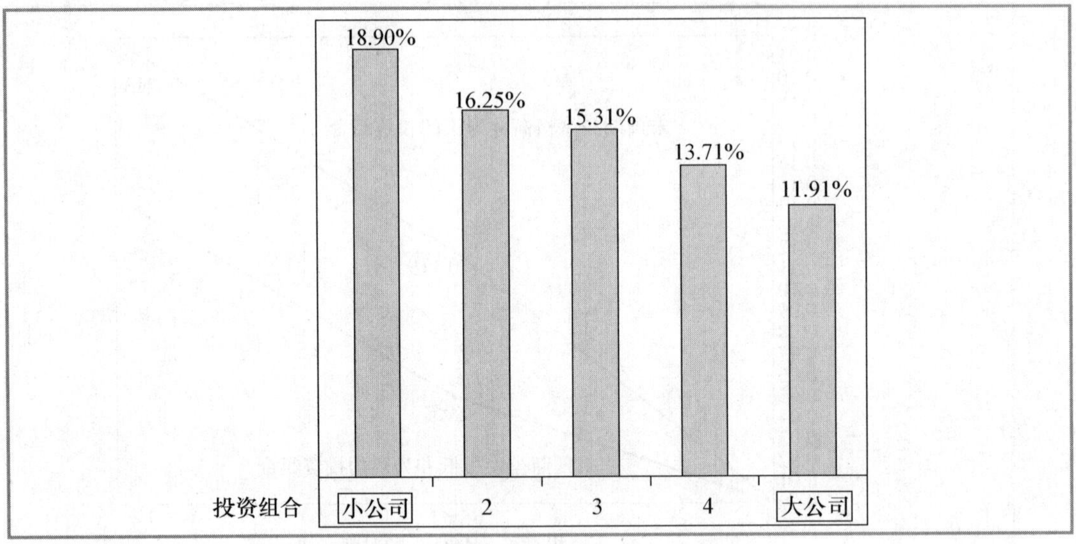

图 13-9　不同市值规模的投资组合的收益率

说明：从历史上看，小市值股票的平均收益率要高于大市值股票的平均收益率。
资料来源：Tim Loughran, "Book-to-Market across Firm Size, Exchange and Seasonality," *Journal of Financial and Quantitative Analysis* 32 (1997).

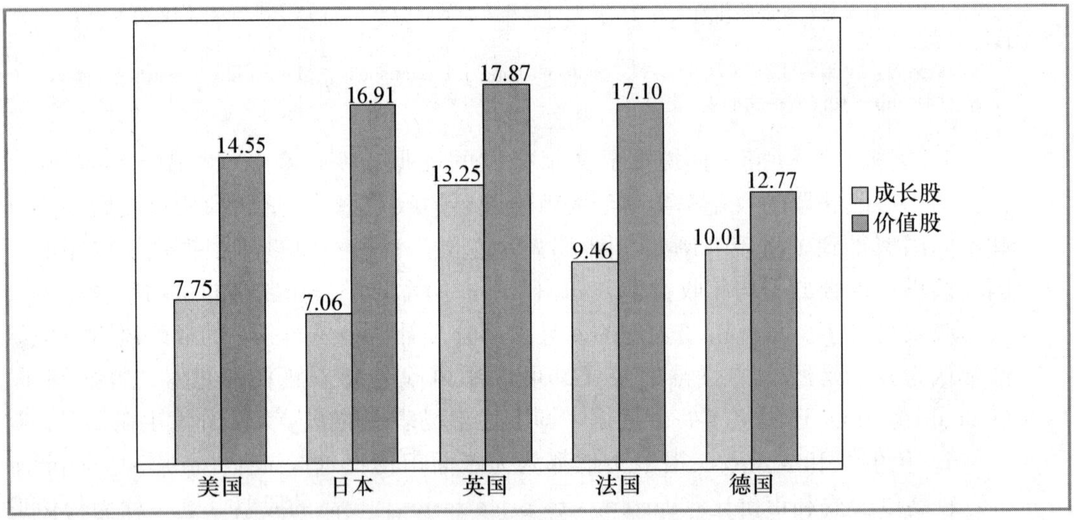

图 13-10　部分国家成长股与价值股的年收益率*（%）

*这里的收益率是指超过美国短期国债的收益率。
说明：在不同国家中，高账面市值比股票（通常称为价值型股票）的市场表现都要优于低账面市值比股票（成长型股票）。
资料来源：Eugene F. Fama and Kenneth R. French, "Value versus Growth: The International Evidence," *Journal of Finance* 53 (December 1998).

由于收益率差别如此之大并且个股的上述比率也可以轻易地获得，这些结果或许构成了不支持市场有效性的强有力证据。然而，许多文献认为不寻常的收益率是源于商业数据库的偏差或者风险的差异，并非真的是市场无效率造成的。[①] 由于这场争论围绕着

① 例如，请参阅 S. P. Kothari, J. Shanken, and R. G. Sloan, "Another Look at the Cross Section of Expected Stock Returns," *Journal of Finance* (March 1995)，以及 E. F. Fama and K. R. French, "Multifactor Explanations of Asset Pricing Anomalies," *Journal of Finance* 51 (March 1996)。

一些晦涩难解的统计问题展开，我们对此不做深究。然而，可以肯定地说，现在还没有足够的证据证明任何结论。与金融学和经济学中的许多其他问题一样，这尚需进一步研究。

5. 崩盘与泡沫。1987 年 10 月 19 日的股市大崩盘令人极为费解。在一个几乎没有公布任何令人吃惊的新消息的周末之后，市场于周一暴跌了 20%～25%。这种无缘无故的大跌与市场有效性是不一致的。因为 1929 年的股市崩盘至今仍是一个谜，更近的 1987 年崩盘是否能够很快得到解释也值得怀疑。一位杰出历史学家最近的评论用在此处颇为恰当：当被问到 1789 年法国大革命的影响时，他回答说，现在说这个为时尚早。

或许这两次股票市场大崩盘与投机市场的**泡沫理论**（bubble theory）是一致的。也就是说，有时证券价格远远高于它们的真实价值，但价格最终会回落到原有的水平，从而导致投资者损失惨重。例如，考虑 20 世纪 90 年代后期网络股的行为。图 13 - 11 显示了 1996—2002 年的网络股指数值。从 1996 年 1 月至 2000 年 3 月达到最高点，该指数涨幅超过 10 倍，直到 2002 年回落到接近原来的水平。作为对比，该图也同时列示了标准普尔 500 指数的价格变动。尽管该指数在同一时期也存在上涨和下跌，但相对于网络股而言，价格变动相当温和。①

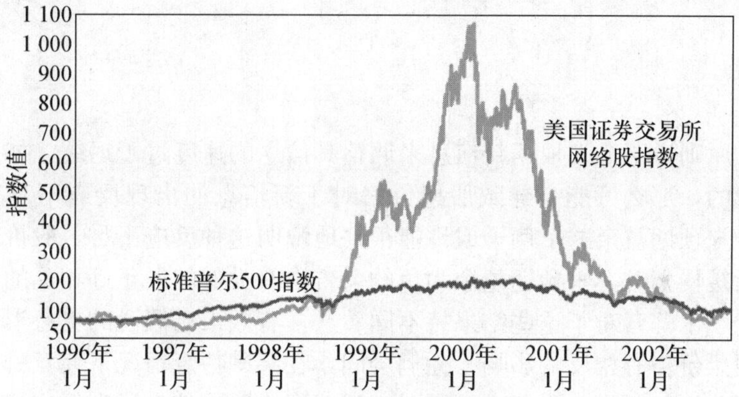

图 13 - 11 网络股指数值

说明：从 1996 年年初至达到最高点的 2002 年 3 月，网络股指数涨幅超过 10 倍，2002 年回落到接近原来的水平。

许多评论家将网络股的涨跌描述为泡沫。这么做对吗？遗憾的是，“泡沫”一词并没有确切的定义。一些学者认为，图中股价的变动与投资者理性是一致的。他们说，股价最初会上涨是因为互联网似乎很快就能在国际商务中占据重要一席。价格下跌，则是因为此后的证据表明这种情况并没有那么快发生。然而，其他学者则认为，最初的乐观想法并没有得到事实的支持。相反，股价上涨原因无他，只是因为“非理性繁荣”。

13.6 关于差异的评论

公平地说，关于有效资本市场的争论至今仍悬而未决。而金融学者将自己划分成了

① 最近，很多人提出标准普尔 500 指数存在泡沫。从 2002 年 10 月至 2007 年 10 月，该指数上涨了不止一倍。但是从 2007 年 11 月至 2009 年 3 月，这一指数又大跌了超过 50%。

三大阵营，有些人支持有效市场理论，有些人相信行为金融，而其他人（或许是大多数人）深信任何一方都未赢得争论的胜利。这种状况肯定不同于 20 年前，当时市场有效性并未遭遇挑战。此外，这里的争论或许是金融学中最具争议性的领域了。

正因为存在争议，所以我们的教材，或者说任何一本教材，似乎都不能轻易地解决观点的分歧。但是，我们可以通过把之前提到的代表性和保守性这两个心理原则与股票收益率相联系，阐明这两大阵营的观点有何不同。

代表性

这个原则意味着人们会过分看重小样本的结果，就像是赌徒认为轮盘连续几次都转到黑色，那么在下一轮中黑色就会比红色更有可能出现。金融学家认为，代表性会导致股票收益率的过度反应（overreaction）。我们在前面提到，金融泡沫很可能是对新消息的过度反应。20 世纪 90 年代后期，网络公司在短期内表现出了很高的收入增长率，致使许多人相信这种增长会永远持续下去，此时，股价上涨得过高。最终，当投资者意识到网络公司的这种增长无法持续时，股价暴跌。

保守性

这个原则说明个人根据新信息来调整其信念的速度过于迟缓。如果市场是由这类投资者构成的，那么可能会导致股票价格对于新信息的出现反应不足（underreact）。例如，关于未预期盈余这个例子或许能很好地说明这种反应不足。股价在未预期盈余为正的公告后缓慢上升，未预期盈余为负的公告也有类似的但正好相反的反应。

两个学术阵营对于这些结果持不同看法。有效市场假说的支持者强调，代表性和保守性对股票价格有相反的影响。他们会问，在某种特定情况下究竟哪一种原则应该占主导地位呢？换句话说，为什么投资者应该对网络股的信息过度反应但是对未预期盈余反应不足呢？法马回顾了关于异象的学术研究，发现约有一半文献显示了过度反应，而另一半文献则显示了反应不足。[①] 他得出结论认为，该证据与市场有效性假说是一致的，异象只是偶然事件。此外，他认为行为金融必须能够更好地明确哪类信息会带来过度反应而哪类信息则会导致反应不足，否则人们不应该放弃市场有效性假说转而支持行为金融。

行为金融的支持者看待这些问题则有所不同。首先，他们指出市场有效的三个理论基础在现实世界中似乎并不成立，这正是 13.4 节中讨论过的。其次，异象实在是太多了，其中有许多已经在样本外被反复验证。这种观点反驳了异象是偶然事件的说法。最后，虽然这一领域依然没有明确为什么在某种特定情况下过度反应抑或反应不足应该占主导地位，但是在短期内已然取得了许多进展。

那么最重要的是什么呢？必须重申的是，有效市场假说并不意味着市场价格事前或事后来看是完全正确的。显然，由于一些事件（即金融危机）的发生，大多数股票价格

---

① Eugene F. Fama, "Market Efficiency, Long-Term Returns and Behavioral Finance," *Journal of Financial Economics* 49 (September 1998).

在2008年都被高估了。这种情况并不一定与有效市场相悖。在极度波动的市场中，市场价格事后看来可能是非常“错误”的。我们总结认为，市场在大多数时间都是非常有效的，但并非总是有效；事后来看或许存在泡沫。问题在于，这些泡沫是否表明市场价格并不能很好地估计内在价值呢？

13.7　对于公司理财的含义

到目前为止，本章已经考察了关于有效市场的理论观点以及实证证据。我们现在提出这样一个问题：市场效率与公司财务经理有关系吗？答案是肯定的。下面我们考虑市场效率对于财务经理的四个含义。

会计选择、财务选择与市场有效性

实践中，公司财务报告的会计政策具有很大的灵活性。例如，公司可以选择后进先出法或者先进先出法来估计存货价值；可以采用完工百分比法或者全部完工法来处理建设项目；也可以使用直线折旧法或者加速折旧法来折旧实物资产。

管理者无疑希望股价高一点而不是低一点。那么管理者应该利用会计选择的灵活性来尽可能报告尽可能高的利润吗？未必，如果市场是有效的。也就是说，如果以下两个条件成立，会计选择应该不会影响股票价格。第一，在年报中必须提供充分的信息使得财务分析师能够计算在可选会计方法下的盈利。对于许多会计选择而言似乎是这样的，虽然未必是全部。第二，市场必须是半强式有效的。换言之，市场必须合适地利用所有这些会计信息来确定股票的市场价格。

当然，会计选择是否影响股票价格终究是一个实证问题。已有大量的学术文献致力于这个问题，证据并没有表明管理者能够通过会计实务来抬高股票价格。换句话说，市场似乎足够有效而能看穿不同的会计选择。

在这里有一点需要注意。我们的讨论明确地假设“财务分析师能够计算在可选会计方法下的盈利”。然而，近年来诸如安然、世通、环球电讯（Global Crossing）以及施乐这些公司报告了欺诈性的数字。因为不清楚这些公司所报告的数字是如何得出的，财务分析师无法计算其他可能的盈利数字。所以，这些股票的价格最初上涨到远远超过其真实价值就不足为奇了。是的，管理者可以通过这种方式来抬高股价——只要他们情愿一旦被抓就要受罚。

投资者还希望从一个有效市场中看到什么呢？我们来考虑股票分拆和股票股利。目前，Amarillo公司流通在外的股票数量为100万股而且报告了1 000万美元的盈利。为了提振股价，公司CFO格林女士向董事会建议，Amarillo公司按1∶2的比例进行股票分拆。也就是说，一个在分拆前有100股股票的股东，在分拆后将会有200股股票。这位CFO认为，每个投资者在股票分拆后都会觉得自己变得更富有了，因为他拥有更多的股票。

然而，这种想法与市场有效性是背道而驰的。一个理性的投资者知道，他在股票分拆前后拥有同样比例的公司股份。例如，一个在分拆前拥有100股股票的投资者拥有

1/10 000（＝100/1 000 000）的 Amarillo 公司股票。他的盈余份额将是 1 000 美元（10 000 000/10 000）。而他在分拆后将拥有 200 股股票，现在流通在外的股票则会有 200 万股。因此，他仍将拥有公司股份的 1/10 000。他的盈余份额还是 1 000 美元，因为股票分拆并不会影响整个公司的盈利。

择机决策

假设一家公司的管理者正在考虑发行股票的时机，这个决策通常被称为择机（timing）决策。如果管理者认为他们的股票价格被高估了，那么可能会立即发行股票。此时，他们为现有股东创造了价值，因为他们出售股票的价格高于其真实价值。相反，如果管理者认为他们的股票价格被低估了，那么更有可能选择等待，希望股票价格最终会上升到其真实（内在）价值。

然而，如果市场是有效的，那么证券价格既不会被高估也不会被低估。因为有效性意味着股票是按其真实价值出售的，此时择机决策变得无足轻重。图 13－12 显示了发行新股可能出现的三种股票价格调整。

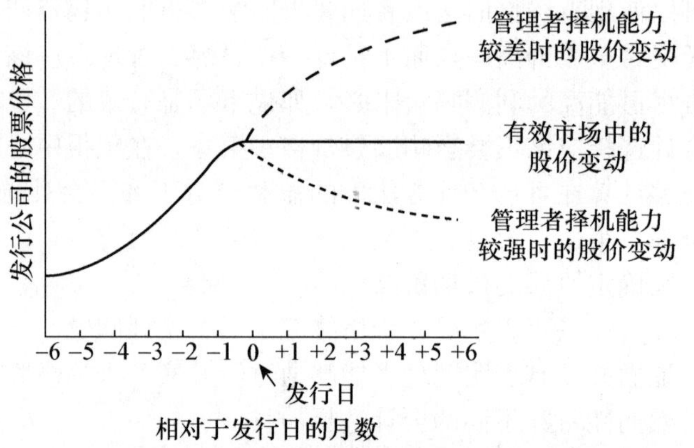

图 13－12 发行新股后的三种股票价格调整

说明：研究表明，更有可能是在股价上涨后发行新股。这个结果不能推断出市场有效性。相反，市场有效性意味着，在发行股票之后，发行公司的股价平均而言既不会上涨也不会下跌（相对于股票市场指数）。

当然，市场有效性归根结底也是一个实证问题。令人惊讶的是，最近的研究对市场有效性提出了质疑。里特（Ritter）提供的证据显示，IPO 公司在发行之后的 5 年中，其股票年收益率要比具有类似账面市值比而没有发行股票的公司大约低 2%。① 而股权再融资（SEO）公司在发行之后的 5 年中，其股票年收益率要比可比的未增发公司低 3%～4%。公司的第一次公开发行称为 IPO，所有之后的发行则叫作 SEO。图 13－13 上半部分显示了 IPO 公司与其控制组的平均年收益率，下半部分则显示了 SEO 公司与其控制组的平均年收益率。

---

① Jay Ritter, "Investment Banking and Security Issuance," *Handbook of the Economics of Finance*, ed. George Constantinides, Milton Harris, and Rene Stulz (North Holland: Amsterdam, 2003).

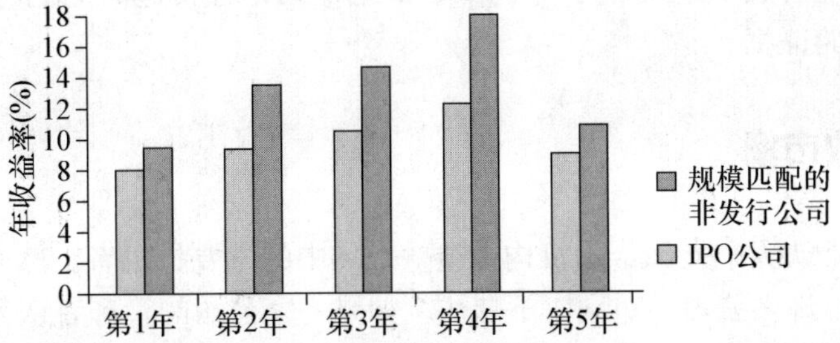

1970—2000 年 7 042 个 IPO 公司及其匹配的非发行公司在发行之后 5 年中的平均原始收益率。第 1 年的收益率不包含发行当天的收益率。

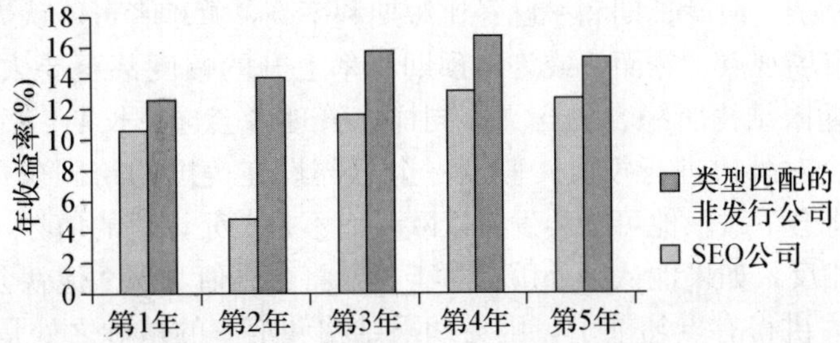

1970—2000 年 7 502 个 SEO 公司及其匹配的非发行公司在发行之后 5 年中的平均原始收益率。第 1 年的收益率不包含发行当天的收益率。平均而言，IPO 公司的市场表现不如它们的对照组，在发行之后 5 年中的收益率每年要低 2%。SEO 公司的市场表现每年要低 3%～4%。

图 13 - 13　IPO 与 SEO 之后几年的收益率

资料来源：Jay Ritter，"Investment Banking and Security Issuance，" *Handbook of the Economics of Finance*，ed. George Constantinides，Milton Harris，and Rene Stulz（North Holland：Amsterdam，2003）.

里特论文中提供的证据表明，当公司股价被高估时，公司管理者会增发新股。换句话说，管理者似乎成功地实现了市场择机。该证据也显示，管理者对于 IPO 的择机没有那么成功，因为新股上市之后的收益率与其控制组的收益率较为接近。

公司管理者在证券价格被高估时增发新股的能力是否表明市场并不是半强式有效或强式有效的呢？答案实际上比乍看之下要复杂一些。一方面，管理者可能拥有其他人所没有的特殊信息，表明市场只是非强式有效的。另一方面，如果市场真的是半强式有效的，那么一旦宣布增发的消息，股价将会立即下跌并且调整到位。即理性的投资者会意识到新股的发行，是因为公司管理者掌握了股价被高估的特殊信息。确实，许多实证研究都报告了公告日股价下跌的结果。然而，图 13 - 13 显示在随后几年中股价进一步下跌，这表明市场并不是半强式有效的。

如果公司能够选择普通股发行的时机，或许它们也能够选择股票回购的时机。在这里，若股票价值被低估公司将愿意回购股票。伊肯伯里（Ikenberry）、拉考尼肖科（Lakonishok）和韦尔马伦（Vermaelen）发现，回购股票的公司在股票回购之后的两年中获得了异常高的收益率，这表明择机在这里是有效的。①

情况总是如此，实证研究最后也尚无定论。然而，我们的观点是，已有证据强有力

① D. Ikenberry，J. Lakonishok，and T. Vermaelen，"Market Underreaction to Open Market Share Repurchases，" *Journal of Financial Economics*（October-November 1995）.

地表明，管理者成功地实施了择机。如果这个结论经得起时间的考验，它将成为不支持市场有效性的证据。

投机与有效市场

我们通常认为个人和金融机构是金融市场中的主要投机者。然而，实业公司也会进行投机。例如，许多公司会对利率下赌注。如果一家公司的管理者认为利率可能会上升，那么他们就有动机去借款，因为负债的现值会随着利率的上升而下降。此外，这些管理者将有动机借入长期借款而不是短期借款，从而在一个较长时期内锁定低利率。这种想法还可以变得更加复杂。假设长期利率已经比短期利率高，管理者可能认为这种差异反映了利率将会上升的市场观点。然而，或许他预期利率上升的幅度甚至要大于市场的预期，正如向上倾斜的期限结构所隐含的含义。同样，管理者会选择长期借款而不是短期借款。

公司还会对外币进行投机。假设一个总部设在美国的跨国公司的CFO认为，欧元相对于美元将会下跌。他可能会发行以欧元而不是美元计价的债券，因为他预计国外的负债会降低。相反，如果他认为外币相对于美元将会升值，那么他就会在国内发行债券。

我们或许讲得有点超前了，因为期限结构和汇率的精妙之处是其他章节而非本章的内容。然而，一个重点的问题是：市场有效性与上述行为有关系吗？答案是显而易见的。如果市场是有效的，管理者就不应该浪费时间企图预测利率以及外汇的变动，因为他们的预测可能并不比碰运气强多少。而且，他们还将付出宝贵的管理时间。然而，这并不是说公司应该以随机的方式轻率地选择债券的到期时间或者计量单位。公司必须谨慎地选择这些参数。但是，这种选择必须基于其他的理由，而不是试图战胜市场。例如，一家拥有一个5年项目的公司可能决定发行5年期债券。一家公司可能会发行以日元计价的债券，因为它预期会大规模开拓日本市场。

同样的思维也适用于收购。许多公司收购其他公司是因为它们认为这些目标公司的价格被低估了。遗憾的是，实证证据显示，市场是如此有效以至于这类投机行为无利可图。而且，收购方从来都不是按当前的市场价格出价，竞标公司必须支付高于市场价的溢价来诱导目标公司的大多数股东出售他们的股份。然而，这并不是说公司不能收购。相反，如果收购是有利可图的，也即合并存在协同效应，我们就应该考虑收购。改善市场营销、节约生产、更换无效的管理层者甚至减少税负都是典型的协同效应，这些协同效应与被收购公司价格被低估是迥然不同的概念。

有一点需要提醒注意。我们之前提到的实证证据表明，公司会利用股价被高估的时机选择增发新股。这是有道理的，因为管理者有可能比市场更了解他们自己的公司。不过，尽管管理者可能拥有大量关于他们自己公司的特别信息，但他们不太可能拥有关于利率、外汇以及其他公司的特别信息。这些市场中有太多参与者，他们中有很多人把所有时间都花在预测上。管理者通常将大部分时间用于经营他们的公司，只花少量时间来研究金融市场。

市场价格中的信息

前面的章节认为预测未来的市场价格是相当困难的。然而，任何资产当前和过去的价格是已知的，并且大有用处。例如，考虑比彻（Becher）对于银行并购的研究。[①] 比彻发现，当首次发布并购公告时，被并购银行的股价平均上涨了大约 23%。这并不奇怪，因为公司通常是以高于当前股票价格的溢价被并购的。然而，同一研究还显示，在发布同样的并购公告时，并购银行的股价平均下跌了几乎 5%。这一强有力的证据表明，银行并购并不会获益，而且可能甚至损害了并购公司。导致这种结果的原因尚不明确，不过或许是并购者为并购出价过高。无论何种原因，其含义是明确的，即一家银行在并购另一家银行之前应该深思熟虑。

此外，假设你是一家公司的 CFO，在公司发布并购公告后股价下跌远超 5%。市场正告诉你，此项并购对你的公司而言非常不利。你应该郑重考虑取消这次并购，即便在公告发布之前你认为该并购是个好主意。

当然，并购只是公司事项中的一类。管理者应该关注股票价格对于公司任何公告的反应，无论它是关于新的投资、资产剥离、资产重组还是其他事项。

这不是公司可以利用市场价格信息的唯一方式。假设你是一家公司董事会的成员，该公司自聘用了新的 CEO 后股价急剧下跌。此外，竞争对手的股价在同一时间却在上涨。虽然可能存在情有可原的因素，但这也可以视为该 CEO 工作欠佳的证据，也许他应该被解雇。如果这看起来有点苛刻的话，那么请考虑沃纳（Warner）、沃茨（Watts）和沃鲁克（Wruck）的研究，他们发现管理者变更与之前的股票表现存在强烈的负相关关系。[②] 图 13－14 显示，在高层管理者被迫离职的前 3 年，股价平均下跌了大约 40%（相对于市场波动）。

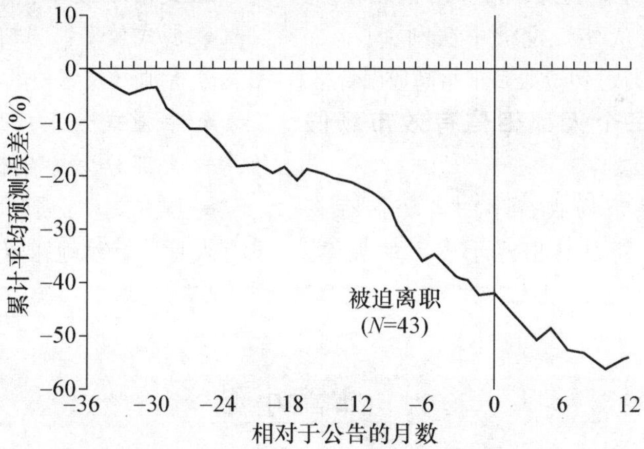

图 13－14　管理者被迫离职前的股票表现

说明：在高层管理者被迫离职的前 3 年，股价平均下跌了超过 40%（经过市场表现调整后）。

资料来源：改编自 Jerold B. Warner，Ross L. Watts，and Karen H. Wruck，"Stock Prices and Top Management Changes，" *Journal of Financial Economics* 20 (1988) 一文的图 1。

如果管理者因为股价表现不佳而被解雇，那么或许他们也应该因为股价增长而获得奖励。霍尔（Hall）和利布曼（Liebman）是这么陈述的：

---

① David A. Becher，"The Valuation Effects of Bank Mergers，" *Journal of Corporate Finance* 6 (2000).

② Jerold B. Warner，Ross L. Watts，and Karen H. Wruck，"Stock Prices and Top Management Changes，" *Journal of Financial Economics* 20 (1988).

> 我们主要的实证发现是，CEO的薪酬往往因为公司价值的典型变化而发生数百万美元的变化。例如，如果公司股票年收益率位于30%的分位数上（−7.0%），CEO总薪酬的中位数大约为100万美元；而如果公司股票年收益率位于70%的分位数上（20.5%），这一数值大约为500万美元。因此，相对于略低于平均的表现，达到略高于平均的表现可以获得大约400万美元的差异薪酬。①

市场有效性意味着股票价格可以反映所有可用的信息。我们建议在公司决策中尽可能多地使用这一信息。而且，至少从高管解聘以及高管薪酬来看，现实世界中公司确实会关注市场价格。以下总结了一些关于有效市场争论的关键问题。

有效市场假说：总结

有效市场假说没有说：

- 价格是非外因引起的。
- 投资者太愚蠢了，不能进入市场。
- 所有股票有相同的预期收益率。
- 投资者应该投掷飞镖来选择股票。
- 股票价格没有上涨的趋势。

有效市场假说要说的是：

- 价格反映了潜在的价值。
- 管理者不能选择股票和债券的销售时机。
- 管理者不能从外汇投机中获利。
- 管理者不能通过伪造账目来抬高股票价格。

为什么不是每个人都相信有效市场假说呢？

- 人们对股票市场收益率的走势图存在错觉、幻想以及只能总结出浮于表面的规律。
- 真相不令人感兴趣。
- 有一些不支持市场有效性的证据：
  - 同一家公司财务意义上相同但类别不同的两种股票按不同的价格出售。
  - 未预期盈余。
  - 小市值股票与大市值股票。
  - 价值股与成长股。
  - 崩盘和泡沫。

三类市场效率：

- 弱式效率：当前价格反映了过去的价格；图表分析师（技术分析）是无用的。
- 半强式效率：股价反映了所有的公开信息；大部分财务分析都是无用的。
- 强式效率：股价反映了所有可知的信息；没有人可以持续地赚取较多的利润。

本章小结

1. 一个有效的金融市场可以处理投资者可用的信息并将其反映到股票的价格中。市场有效性有两个基本含义。第一，在任何给定的时期中，一只股票的超常收益取决于这段时期市场所收到的信息或新闻。第二，投资者使用与市场相同的信息不可能期望获得超常收益。换句话说，玩弄市场是注定要失败的。

2. 市场使用了何种信息来决定价格？弱式有效市场假说认为市场使用了过去的历史价格，因而市场关于这些过去的价格是有效的。这意味着，使用过去的股票价格变动规律来选择股票并不会优于随机选择股票。

3. 半强式效率认为市场使用了所有公开可用的信息来确定价格。

① Brian J. Hall and Jeffrey B. Liebman, "Are CEOs Really Paid Like Bureaucrats?" *Quarterly Journal of Economics* (August 1998), p. 654.

4. 强式效率认为市场使用了任何人所知的关于股票的全部信息，包括内幕信息。

5. 不同金融市场的大量证据支持了弱式效率和半强式效率，但不支持强式效率。

6. 行为金融认为市场并不是有效的，其支持者认为：

a. 投资者不是理性的。

b. 不同投资者的理性偏差是类似的。

c. 套利代价高昂，不能消除市场的非有效性。

7. 行为学者指出了许多实证研究来证明他们的观点，包括那些表明了小规模公司股票的市场表现优于大规模公司股票、价值股的市场表现优于成长股以及股价对于未预期盈余调整缓慢的研究。

8. 市场有效性对于公司理财的四个含义是：

a. 管理者不能通过伪造账目来愚弄市场。

b. 公司不能成功地选择债券和股票的发行时机。

c. 管理者不能从外汇和其他金融工具的投机中获利。

d. 管理者可以从关注市场价格中获益良多。

概念性思考题

1. **企业价值**　一家企业在进行融资决策时应该遵循什么规则？企业如何才能创造出有价值的融资机会？

2. **有效市场假说**　请定义三类市场效率。

3. **有效市场假说**　以下关于有效市场假说的说法哪些是正确的？

a. 它意味着完美的预测能力。

b. 它意味着价格反映了所有可用的信息。

c. 它意味着一个非理性的市场。

d. 它意味着价格不会波动。

e. 它是投资者之间激烈竞争导致的。

4. **市场有效性的含义**　请解释为什么一个有效市场的特点是在该市场中投资的净现值为零。

5. **半强式效率**　如果一个市场是半强式有效的，那么它是否也是弱式有效的？请解释。

6. **有效市场假说**　有效市场假说对于那些买卖股票试图“战胜市场”的投资者而言有何含义？

7. **股票与赌博**　请批判性评价以下说法：炒股就像是赌博。这种投机性投资除了让人们从这种形式的赌博中获得乐趣，毫无社会价值。

8. **有效市场假说**　财经媒体经常提到一些著名投资者和选股专家，他们在过去20年从其投资中获得了巨大的回报。这些特定投资者所获得的成功是否说明了有效市场假说的无效？请说明理由。

9. **有效市场假说**　对于以下每一种情形，请讨论交易处于如下条件的公司的股票是否存在有利可图的机会：(1) 市场并不是弱式有效的；(2) 市场是弱式有效的但不是半强式有效的；(3) 市场是半强式有效的但不是强式有效的；(4) 市场是强式有效的。

a. 股票价格在过去30天每天都稳步上涨。

b. 一家公司3天前公布了财务报表，你认为其中公司存货和成本控制的报告存在一些异常，这导致该公司真实的流动性被低估了。

c. 你观察到一家公司的高层管理者在上周从公开市场上购买了大量的该公司股票。

请根据以下信息来回答接下来的两个思考题：

技术分析在投资实践中备受争议。技术分析涉及一系列技术，这些技术都用于尝试预测某一特定股票或是市场的走向。技术分析关注两种主要类型的信息：历史股价和投资者情绪。一位技术分析师会认为，这两种信息集提供了关于特定股票或是整个市场未来走向的信息。

10. **技术分析**　请问一位技术分析师会如何看待市场有效性？

11. **投机者情绪**　有时用于预测市场变动的一种技术分析工具是投资者情绪指数。美国个人投资者协会（American Association of Individual Investors，AAII）基于对其会员的调查发布了一个投资者情绪指数。在下面的表格中，你将会看到投资者在4周内看涨、看跌或保持中性的比例。

周	看涨（%）	看跌（%）	中性（%）
1	37	25	38
2	52	14	34
3	29	35	36
4	43	26	31

投资者情绪指数想要捕捉什么？它在技术分析

中可能有什么用处？

12. **专业投资者的表现** 在20世纪90年代的中后期，专业投资者的表现异常差劲——90%的股票型共同基金市场表现都不如被动型指数基金。请问这与市场有效性问题有何关联？

13. **有效市场** 大约100年前，公司不编制年报。即使拥有某家公司的股票，你也不可能看到该公司的资产负债表和利润表。假设市场是半强式有效的，这意味着与现在相比那时市场的有效性如何？

14. **有效市场假说** Aerotech是一家航天技术研究企业，今天上午该企业宣布已经聘请了世界上最博学高产的空间研究员。在今天之前，Aerotech股票的售价为每股100美元。假设在接下来一周之内不会收到其他信息并且股票市场整体保持平稳。

a. 你预计Aerotech公司的股票会发生什么变化？

b. 请考虑以下情形：

i. 股价在公告日跳涨至每股118美元，随后几天又升至每股123美元，然后跌回到每股116美元。

ii. 股价跳涨至每股116美元并维持在该水平上。

iii. 股价在随后一周内逐渐攀升至每股116美元。

请问哪一种（些）情形表明了市场有效性？哪一种（些）没有？为什么？

15. **有效市场假说** 当56岁的Gulf & Western公司的创始人死于心脏病时，股价立即从18.00美元跳涨至20.25美元，即上涨了12.5%。这是一个市场非有效的证据，因为有效市场将会预期到他的去世并且在此之前就会调整股价。假设没有收到其他信息而且股市总体保持平稳。那么上述关于市场有效性的说法是正确的还是错误的？请说明理由。

16. **有效市场假说** 今天，有如下公告发布："在今天早些时候，司法部就Universal Product Care公司（UPC）一案做出了一项决定。UPC公司被发现在招聘过程中犯有歧视罪，在未来5年中，UPC公司必须向一个代表UPC公司政策受害者的基金每年支付200万美元。"假设市场是有效的，请问投资者在公告发布后是否不应该购买UPC公司的股票，因为诉讼会导致异常低的收益率？请说明理由。

17. **市场有效假说** Durkin投资代理机构是过去两年国内最好的选股公司。在出名之前，Durkin的时事通讯只有200位订阅者。那些订阅者的市场表现一直优于市场，经过风险和交易成本调整后赚得了明显较高的收益率。订阅量已经暴涨到10 000份。现在，每当Durkin推荐一只股票，股价会立即上涨几个百分点。目前，订阅者购买被推荐的股票只能赚取正常的收益率，因为在任何人能够根据该信息采取行动之前股价已经上涨了。请简要解释这种现象。请问Durkin选股的能力与市场有效性一致吗？

18. **有效市场假说** 假设市场是半强式有效的。如果基于以下信息进行交易，你能够预期获得超额收益率吗？

a. 你的经纪人关于某只股票实现了创纪录的盈利的信息。

b. 关于并购一家公司的谣言。

c. 昨天发布的关于新产品测试成功的公告。

19. **有效市场假说** 设想有一个影响你公司净利润的特定的宏观经济变量是序列正相关的。假设市场是有效的，请问你会预期你的股票价格变动也是序列相关的吗？为什么？

20. **有效市场假说** 假设市场是有效的。在某个交易日，American Golf公司宣布它失去了一份大型高尔夫球项目的合同，在此之前这份合同被普遍认为是万无一失的。如果市场是有效的，假如没有公布其他消息，请问股票价格对此信息应该做何反应？

21. **市场有效性的证据** 一些人认为，有效市场假说不能解释1987年的市场崩盘和20世纪90年代后期网络股超高的市盈率。对于这两个现象，请问目前还有其他假说能解释吗？

练习题

1～3题为基础题。

1. **累计超常收益率** 达美、美国联合以及美国航空公司分别于7月18日、2月12日和10月7日宣布购买飞机。给定以下信息，请将这些股票作为一组计算累计超常收益率。请画出结果并解释。所有股票的贝塔系数都是1.0，而且没有宣布其他信息。

达美航空公司			美国联合航空公司			美国航空公司		
日期	市场收益率①	公司收益率	日期	市场收益率	公司收益率	日期	市场收益率	公司收益率
7 月 12 日	−0.3	−0.5	2 月 8 日	−0.9	−1.1	10 月 1 日	0.5	0.3
7 月 13 日	0	0.2	2 月 9 日	−1.0	−1.1	10 月 2 日	0.4	0.6
7 月 16 日	0.5	0.7	2 月 10 日	0.4	0.2	10 月 3 日	1.1	1.1
7 月 17 日	−0.5	−0.3	2 月 11 日	0.6	0.8	10 月 6 日	0.1	−0.3
7 月 18 日	−2.2	1.1	2 月 12 日	−0.3	−0.1	10 月 7 日	−2.2	−0.3
7 月 19 日	−0.9	−0.7	2 月 15 日	1.1	1.2	10 月 8 日	0.5	0.5
7 月 20 日	−1.0	−1.1	2 月 16 日	0.5	0.5	10 月 9 日	−0.3	−0.2
7 月 23 日	0.7	0.5	2 月 17 日	−0.3	−0.2	10 月 10 日	0.3	0.1
7 月 24 日	0.2	0.1	2 月 18 日	0.3	0.2	10 月 13 日	0	−0.1

2. **累计超常收益率**　下图显示了 386 石油勘探公司在 1950—1980 年间宣布发现石油时的累计超常收益率。图中 0 月是指公告当月，假设没有收到其他信息而且股票市场整体保持平稳。那么该图与市场有效性是一致的吗？为什么？

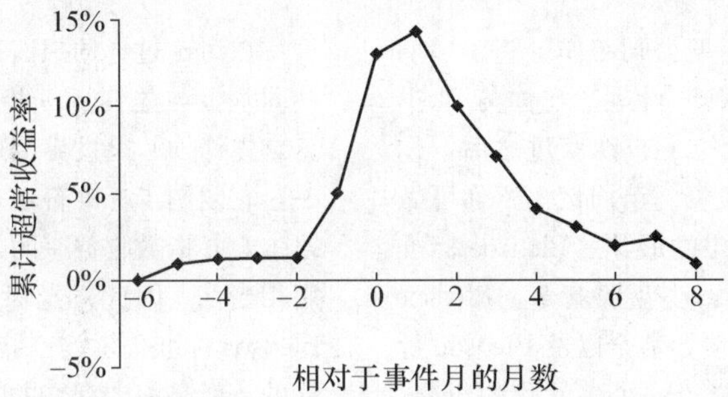

3. **累计超常收益率**　下图展示了 4 个累计超常收益率的研究结果。请说明每一项研究的结果是支持、拒绝还是无法判断半强式有效市场假说。在每一幅图中，时点 0 表示事件日。

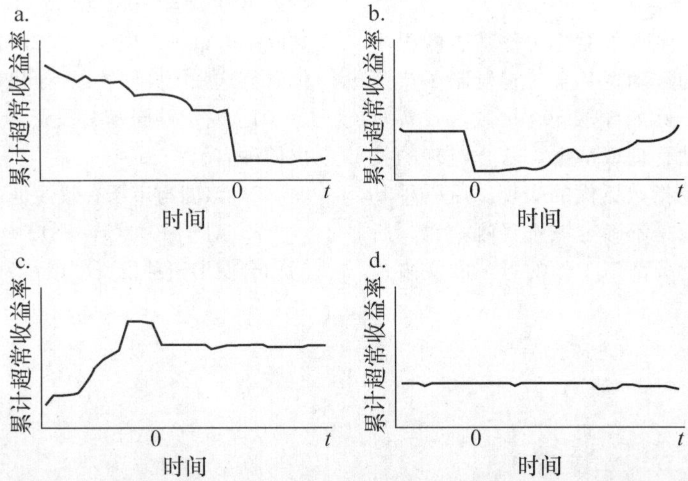

① 应该是百分数，但是原文中没有加入百分号。——译者注

网络资源

1. **累计超常收益率** 2015年3月22日，林木宝公司宣布同意向加利福尼亚州支付250万美元，作为解决该公司进口的强化木地板甲醛超标的和解费。除和解费，该公司还同意确保其产品遵守加州空气资源委员会规定的甲醛水平。投资者对此消息欢呼雀跃，股价在当天上涨了16%。请登录finance.yahoo.com，并找到这家公司在2015年3月22日前后各15天的历史股价，计算其相对于标准普尔500指数的累计超常收益率。在这段时间里，交易量的表现如何？

章末案例

你在东海岸游艇公司的401（k）账户

你现在已经在东海岸游艇公司工作了一个星期并决定加入该公司的401（k）计划。在你与Bledsoe金融服务公司的代表沙拉·布朗谈过之后，你仍然不确定应该选择哪项投资。请回忆一下你可做的选择包括东海岸游艇公司的股票、Bledsoe标准普尔500指数基金、Bledsoe小盘股基金、Bledsoe大公司股票基金、Bledsoe债券基金以及Bledsoe货币基金。你已决定应该投资于一个多元化的组合，即70%投资于股票、25%投资于债券以及5%投资于货币基金。你同时决定将你的股票投资集中于大盘股，但是你正在盘算是选择标准普尔500指数基金还是大公司股票基金。

深思熟虑之后，你明白了这两种基金的根本区别。一种是纯粹的被动型基金，它复制了广泛关注的大盘指数——标准普尔500指数，收费较低。另一种则是主动管理型基金，基金经理的技术将带来相对于市场指数更优的表现。后一种基金的收费较高。你只是不确定该选择哪一种，所以你咨询了在公司财务部门工作的丹·欧文来提供建议。

在讨论过你的想法之后，丹给了你一些股票型共同基金与先锋500指数基金市场表现的比较信息。先锋500是世界上最大的股票指数共同基金之一，它复制了标准普尔500指数，其收益率与标准普尔500指数收益率的差异可以忽略不计，而且费用相当低。因此，先锋500与401（k）计划中的Bledsoe标准普尔500指数基金在本质上是完全相同的，但是前者存在的时间要长得多，所以你可以研究该基金过去20年的收益率记录。下图总结了丹的意见，即展示了过去10年股票型共同基金市场表现优于先锋500指数基金的比例。[1] 例如，从1977年1月至1986年12月，接近70%的股票型共同基金市场表现优于先锋500指数基金。丹建议你研究这张图并回答以下问题：

1. 对于共同基金投资者，你能从这张图中得出何种启示？

2. 该图与市场有效性是否一致？请说明理由。

3. 对于401（k）账户中股票投资的部分，请问你会做出何种投资决策？为什么？

---

① 请注意，这幅图并不是假定的。它反映了先锋500指数基金相对于一个数量巨大的多元化股票型共同基金的实际表现。剔除了专项基金，如国际基金。所有收益率都扣除了管理费用，但不包括可能存在的销售费用（即众所周知的“佣金”）。结果显示，主动管理型基金的市场表现被夸大了。

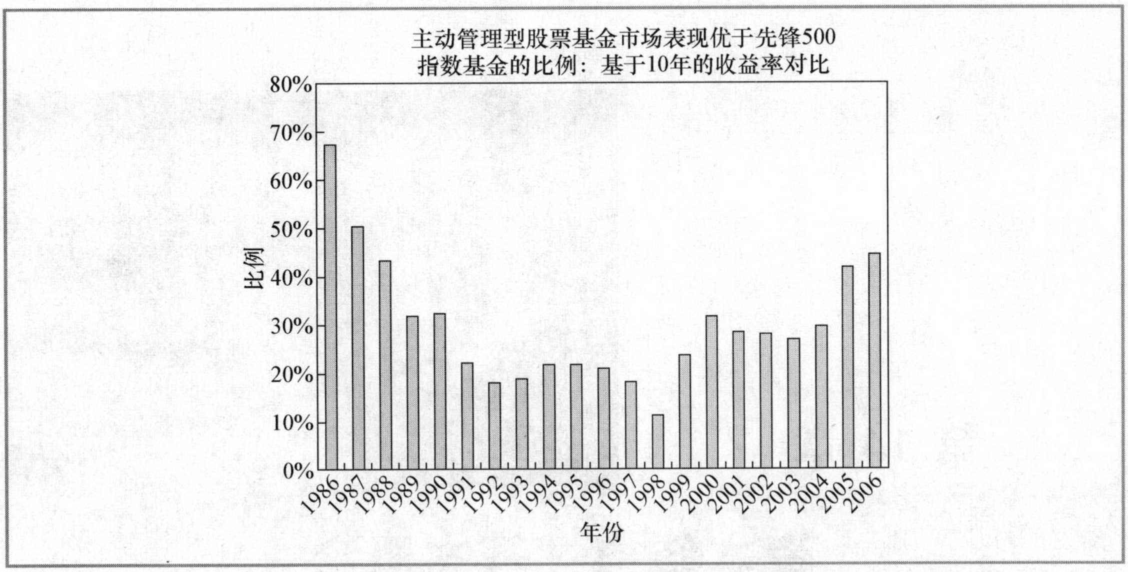

资料来源：作者计算，使用的数据来自美国证券价格研究中心（CRSP）数据库中的 Survivor Bias-Free 美国共同基金数据库。

第14章

资本结构：基本概念

开篇故事

苹果、高通（Qualcomm）和大都会人寿（MetLife）三家公司的共同之处是什么？2015 年，这三家公司都宣称将采取改变资产负债表的财务行动。例如，苹果宣告发行 165 亿美元的债券来回购公司的股票。数字通信公司高通按从 1.4%到 4.8%不等的利率发行了 100 亿美元的债券，以筹集资金回购公司股票。高通公司的情况比较特殊，其发行债券时，资产负债表中长期负债为零。保险公司大都会人寿同样宣告发行 15 亿美元的债券来回购公司的优先股。为什么这些公司均决定以债务替换权益？本章将对此进行探讨。

14.1　资本结构与圆饼理论

企业应如何选择负债/权益比？我们称资本结构问题的研究方法为**圆饼模型**（pie model）。如果你想了解名称的缘由，可以细看图 14－1。该圆饼的大小体现了企业不同筹资方式的价值之和，即负债和所有者权益。我们定义公司的价值 V 为负债和所有者权益之和：

$$V=B+S \tag{14.1}$$

式中，B 为负债的市场价值；S 为所有者权益的市场价值。图 14－1 显示了两种在股票和债券之间切分圆饼的可能方式：40%的股票与 60%的债券、60%的股票与 40%的债券。如果管理层的目标是使企业价值最大化，那么企业应选择使圆饼（也就是企业总价值）最大的负债/权益比。

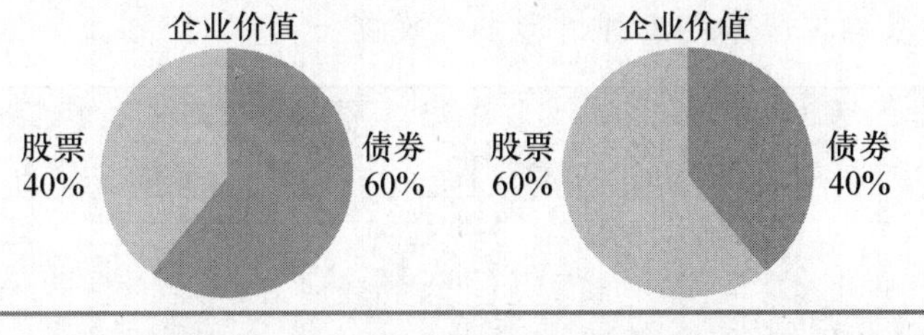

图 14－1　资本结构的两个圆饼模型

这里提出两个重要问题：

1. 为什么企业的股东关注整个企业价值的最大化？根据定义，企业的价值是负债和所有者权益之和，为什么股东并不青睐仅仅满足股东利益最大化的战略？

2. 满足股东利益最大化的负债/权益比是多少？

让我们依次来研究这两个问题。

14.2　企业价值最大化与股东利益最大化

下面的例子解释了财务经理应为股东选择使企业价值最大化的资本结构的原因。

例 14.1 债务与企业价值

假设 J. J. Sprint 公司的市场价值为 1 000 美元，目前没有债务，而有 100 股股票，每股价格为 10 美元。类似 J. J. Sprint 这样没有任何债务的公司被称为无杠杆公司（unlevered company）。进一步假设 J. J. Sprint 公司计划借入 500 美元用于发放额外的现金股利，每股股利为 5 美元。举债之后，J. J. Sprint 成为杠杆公司。公司的投资将不因该财务行为而改变。在按计划重新调整资本结构之后，企业的价值将是多少？

管理层认为资本结构的调整只会产生如下三种可能的结果：(1) 资本结构调整后的企业价值高于原来的 1 000 美元价值；(2) 调整后的企业价值等于 1 000 美元；(3) 调整后的企业价值小于 1 000 美元。与投资银行的财务顾问讨论之后，管理层相信不管哪种结果都不会使企业价值的改变超过 250 美元。因此，他们将三种结果的企业价值设定为 1 250 美元、1 000 美元和 750 美元。原资本结构和新资本结构的情况如下表所示。

	无债务的价值（原资本结构）	有债务且扣除股利支付后的价值（新资本结构）		
		情形 1	情形 2	情形 3
债务	\$0	\$500	\$500	\$500
权益	1 000	750	500	250
企业价值	\$1 000	\$1 250	\$1 000	\$750

请注意，在有债务的三种情形下，权益的价值都不足 1 000 美元。原因有二：第一，上表的权益价值是扣除现金股利支付之后的数值，由于现金股利是发放给股东的，在一定程度上体现了公司对股本的清偿，使得股东在股利支付之后拥有的公司价值减少；第二，如果公司未来清算，股东只能在所有债权人都得到清偿之后才能得到偿还。债权人往往享有优先权，因而债务会降低权益的价值。

当然，资本结构的调整会产生无数可能的结果，上表仅列举了较为典型的三种结果。接下来确定股东在三种情形中的收益。

	资本结构调整后的股东收益		
	情形 1	情形 2	情形 3
资本利得	－\$250	－\$500	－\$750
股利	500	500	500
股东的净收益或净损失	\$250	\$0	－\$250

没人可以提前预知哪种情形会出现。然而，假设管理者认为情形 1 最可能出现，此时股东净收益为 250 美元，资本结构必定会被重新调整。即使股票价格下跌了 750 美元，变为 250 美元，股东仍可获得 500 美元的股利，净收益为 250 美元（－250＋500）。同时，企业价值将增加 250 美元（1 250－1 000）。

换一种假设，如果管理者认为情形 3 最可能发生，则股东会有 250 美元的净损失，资本结构不会被调整。股票价格下跌了 750 美元，仅为 250 美元。股东获得 500 美元的股利，净损失是－250 美元（－750＋500）。同时，企业价值变化为－250 美元（750－1 000）。

如果管理者认为情形 2 最有可能发生，资本结构的调整将不影响股东的收益，因为此时股东的净收益为零。同时，公司的价值维持不变。

该例解释了管理层寻求企业价值最大化目标的动因所在，换言之，它回答了 14.1 节提出的第一个问题。在这个例子中我们发现：

管理层应选择使企业价值最大化的资本结构，此时对企业的股东最有利。①

很显然 J. J. Sprint 公司在情形（1）中应当借入 500 美元。然而这个例子并未告诉我们哪种情形最有可能发生，因而我们不知道 J. J. Sprint 公司的资本结构中是否应该引入负债。换言之，它没有回答 14.1 节提出的第二个问题，但在下一节我们会进行讨论。

14.3　财务杠杆与企业价值：一个例子

杠杆与股东报酬

上节指出，使企业价值最大化的资本结构同时会使股东财富最大化。本节将确定最优的资本结构。我们首先介绍资本结构对股东报酬的影响，并特别借助了一个详细的案例来研究。我们鼓励读者仔细地研究并掌握它，这将有利于最优资本结构的确定。

Trans Am 公司当前的资本结构中没有负债，但打算举债用于回购部分股票。公司当前及计划的资本结构如表 14－1 所示。Trans Am 公司的资产为 8 000 美元，这是一家全权益企业，发行了 400 股股票，市场价值为 20 美元/股。计划发行 4 000 美元的债务，剩余 4 000 美元为权益，利率为 10%。

表 14－1　　Trans Am 公司的财务结构

	当前的资本结构	计划的资本结构
资产	$8 000	$8 000
债务	$0	$4 000
权益（市场价值与账面价值）	$8 000	$4 000
利率（%）	10	10
每股市场价值	$20	$20
发行股票数	400	200

说明：当前的资本结构无债务，而计划的资本结构含债务。

在当前全权益的资本结构下，经济环境对每股收益的影响如表 14－2 所示。首先来看一下表 14－2 的中间栏，预期利润为 1 200 美元。资产为 8 000 美元，ROA 为 15%（＝1 200/8 000）。全权益企业的总资产等于权益，ROE 也为 15%，EPS 为 3 美元（1 200/400）。在经济衰退期和经济扩张期时，EPS 分别为 1 美元和 5 美元。

① 在债务很可能违约的情形下，结论未必成立。关于违约的问题将在下一章展开讨论。

表 14-2　　Trans Am 公司当前的资本结构（无债务）

	经济衰退	正常预期	经济扩张
ROA（%）	5	15	25
利润	$400	$1 200	$2 000
ROE（%）	5	15	25
EPS	$1.00	$3.00	$5.00

有财务杠杆的情况如表 14-3 所示。表 14-2 及表 14-3 显示，ROA 在三种经济环境中完全相同，这是由于计算 ROA 时用的是息前利润（EBI）。债务价值是 4 000 美元，利息相应地为 400 美元（0.10×4 000）。因此，在中间栏的息后利润为 800 美元（1 200－400）。权益价值为 4 000 美元，ROE 相应地为 20%（＝800/4 000），EPS 为 4 美元（800/200）。在经济衰退期和经济扩张期，EPS 分别为 0 美元和 8 美元。

表 14-3　　Trans Am 公司计划的资本结构（债务＝4 000 美元）

	经济衰退	正常预期	经济扩张
ROA（%）	5	15	25
EBI	$400	$1 200	$2 000
利息	－400	－400	－400
息后利润	$0	$800	$1 600
ROE＝息后利润/权益(%)	0	20	40
EPS	$0	$4.00	$8.00

表 14-2 和表 14-3 表明财务杠杆的影响取决于公司的 EBI。若 EBI 为 1 200 美元，计划资本结构下的 ROE 较高。若 EBI 等于 400 美元，当前资本结构下的 ROE 较高。

图 14-2 描述了这个观点。实线是没有债务的情形。这条线经过原点，说明 EBI 为 0 时，EPS 也为 0。EPS 随着 EBI 的增加而增加。

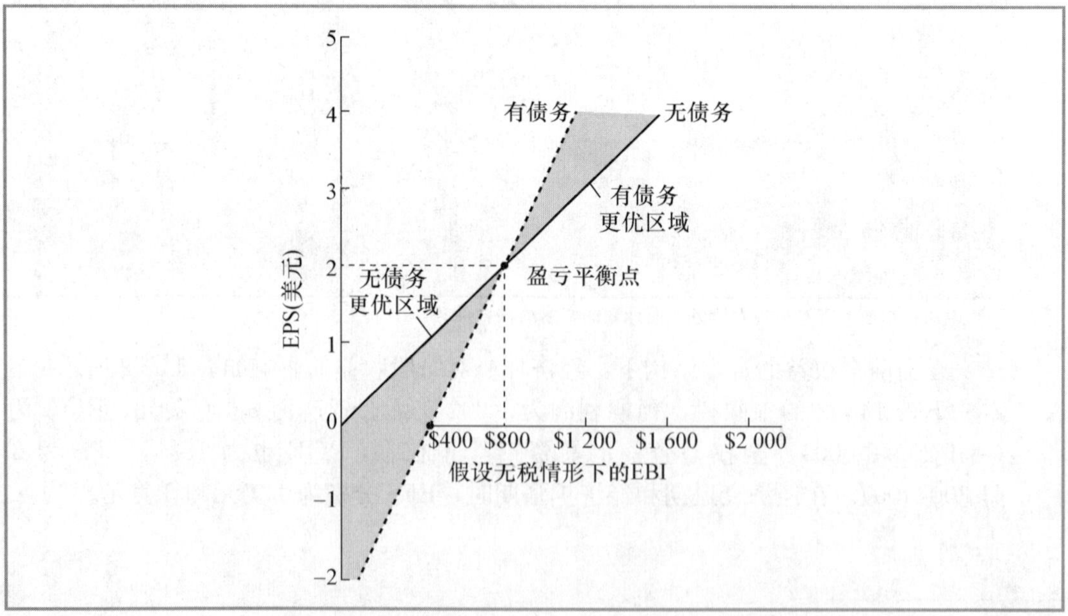

图 14-2　财务杠杆：Trans Am 公司的 EPS 和 EBI

虚线是债务为 4 000 美元的情形。由于无论公司是否盈利，都必须支付 400 美元的利息，在 EBI 为 0 时，EPS 小于 0。

现在考察这两条线的斜率。虚线（有债务）的斜率大于实线，这是因为有债务的企业流通在外的股票数通常少于无债务的企业。因此，对杠杆企业而言，由于利润增量分配给了更少的股票，EBI 的增加将导致 EPS 更大幅度的增加。

由于虚线的截距较小而斜率较大，实线与虚线必然相交。盈亏平衡点处于 EBI 为 800 美元的位置。若 EBI 为 800 美元，则杠杆企业和无杠杆企业的 EPS 均为 2 美元。鉴于 800 美元是盈亏平衡点，利润大于 800 美元时，杠杆企业的 EPS 更高，而利润小于 800 美元时，无杠杆企业的 EPS 更高。

对债务和权益的选择

表 14－2 和表 14－3 及图 14－2 的重要性在于它们揭示了财务杠杆对 EPS 的影响。建议读者仔细揣摩这些图表，掌握图表中每个数值的计算。到现在为止，我们还没有抓住问题的核心，即还未说明 Trans Am 公司到底应该采用什么形式的资本结构。

到现在为止，许多学生会认为财务杠杆是有益的，因为杠杆企业的预期 EPS 为 4 美元，而无杠杆企业的 EPS 仅为 3 美元。然而，不能忽视的一点是，财务杠杆是有风险的。在经济衰退期，无杠杆企业的 EPS 较高（1 美元，高于杠杆企业的 EPS 0 美元），因此，风险厌恶的投资者也许更青睐全权益企业，而风险中性（或不那么厌恶风险）的投资者也许偏爱有财务杠杆的企业。答案似乎含混不清，那么，究竟哪一种资本结构更佳呢？

莫迪利亚尼（Modigliani）和米勒（Miller）（MM/M&M）提出了一个具有说服力的论点，即企业无法通过改变资本结构来影响流通在外证券的总价值。也就是说，在不同的资本结构下，企业价值总是相同的。对企业的股东而言，资本结构无所谓优劣。这个极其消极的结论就是著名的 **MM 定理Ⅰ**（MM Proposition Ⅰ）[①]。

MM 定理Ⅰ的论据来自对一个简单的策略 A 与一个两部分的策略 B 的比较。表 14－4 阐明了 Trans Am 公司股东的两种策略。现在我们先考察第一个策略。

策略 A：买入 100 股杠杆企业的股票 表 14－4 中策略 A 的第一行是杠杆企业在不同经济条件下的 EPS，第二行是每 100 股股票在不同经济状况下的收益。第三行则表明这 100 股股票的成本为 2 000 美元。

表 14－4 Trans Am 公司股东的收益与成本
（计划的资本结构与当前自制杠杆的资本结构）

	经济衰退	正常预期	经济扩张
策略 A：买入杠杆企业 100 股股票			
杠杆企业的 EPS（表 14－3 中的最后一行）	$0	$4	$8

① F. Modigliani and M. Miller, "The Cost of Capital, Corporation Finance and the Theory of Investment," *American Economic Review* (June 1958).

续前表

	经济衰退	正常预期	经济扩张
每100股的利润	0	400	800
初始成本=100股×＄20/股=＄2 000			
策略B：自制杠杆			
每200股的利润（当前无负债的资本结构）	＄1×200=200	＄3×200=600	＄5×200=1 000
利息（本金＄2 000，利率10%）	−200	−200	−200
净利润	＄0	＄400	＄800
初始成本=购买股票成本200股×＄20/股−借入资金＄2 000=＄2 000			

说明：投资者在以下两种情况的初始投资与收益均相同：(1) 买入杠杆企业的股票；(2) 买入无杠杆企业的股票并以个人账户借入资金。因此，企业在资本结构中增加负债不会对投资者的利益产生任何影响。

接下来考察第二个策略，它由两部分组成。

策略B：自制杠杆

1. 从银行或者经纪人处借入2 000美元，当然，后者的可能性要大一些。经纪人的借贷是以保证金的形式进行的。

2. 用借入资金加上自有投资2 000美元（总计4 000美元）买入200股当前无杠杆企业的股票，股票价格为20美元/股。

策略B为自制杠杆策略，表14－4的下半部分是自制杠杆（homemade leverage）策略的收益情况。首先，中间栏显示了正常经济状况下，无杠杆企业的200股股票预期将产生600美元的利润。假定以10%的利率借入2 000美元，则利息支出为200美元(0.10× 2 000)。因此，净利润预期为400美元。类似地，在经济衰退期或经济扩张期的净利润分别为0美元和800美元。

现在，我们来比较两种不同策略下的净利润和初始成本。从表14－4的上半部分来看，在三种经济状况下策略A分别形成了0美元、400美元和800美元的利润。而从下半部分看，策略B在各种状态下产生的净收益与A相同。

这个结论非常重要：策略A与策略B的成本和收益相同。因此，可以推断：Trans Am公司的资本结构调整对股东无影响。换言之，如果投资者无法从企业的财务杠杆中获利，那么其也难以从自制杠杆中获益。

如表14－1所示，无杠杆企业的权益价值为8 000美元，由于杠杆企业的权益是4 000美元，负债为4 000美元，杠杆企业的价值同样为8 000美元。现在假定杠杆企业的价值实际上高于无杠杆企业的价值。此时，策略A的成本将高于策略B。在这种情况下，投资者将更乐意用自己的账户借款并投资于无杠杆企业的股票，这与他投资无杠杆企业的股票得到的净利润相同，而成本更低。对投资者而言，这样的策略并不唯一。如果杠杆企业的价值较高，理性的投资者不会对其进行投资。但凡对杠杆企业的股票有需求的投资者都可通过借款筹资买入无杠杆企业的股票，这样可以使投资收益维持不变而花费成本更低。于是，杠杆企业的价值下跌，无杠杆企业的价值上升，直至二者相等而达到均衡。这时策略A和策略B对投资者而言无差异。

这个例子引出了MM定理的基本结论，即"MM定理Ⅰ"。重新表述该定理如下：

MM定理Ⅰ（无税世界）：杠杆企业的价值与无杠杆企业的价值相同。

学界普遍认为这条定理开启了现代财务管理之路。在MM之前，财务杠杆对企业价值的影响艰涩复杂。MM 提出了一个简单的结论：如果杠杆企业定价过高，理性投资者将用自己的账户借款并投资于无杠杆企业的股票。这种替代的方法称为自制杠杆。如果投资者个人借贷的期限与企业相同，就能够复制出企业的财务杠杆的效应。

Tran Am 公司的例子表明，财务杠杆不会影响公司的价值。先前我们曾指出股东的财富与公司的价值直接相关，该例却表明资本结构的变化不影响股东财富。

一个关键假设

MM 的结论隐含着一个关键的假设：个人借款的成本与企业借款的成本相同。如果个人只能按较高的利率借款，毫无疑问企业可以通过借贷提升企业价值。

个人与企业的借款成本相等这个假设是否合理？如果个人投资者打算通过借入资金来购买股票，他可以通过向经纪公司存入保证金来借款。这时，经纪公司按购买价格的相应比例借给个人投资者资金。例如，个人可用 6 000 美元的自有资金及向经纪公司借得的 4 000 美元购买 10 000 美元的股票。如果第二天股票的价值跌到 9 000 美元，那么个人投资者账户中的财富净值或权益将为 5 000 美元（9 000－4 000）。[①]

经纪公司担心股票价格的突然下跌将导致投资者账户中的权益为负，这意味着经纪公司可能无法全数收回给这些投资者的贷款。为防止该情况的发生，交易所规则要求个人在股票价格下跌时，应存入额外的现金（补充保证金）。对经纪公司而言，投资者违约的风险很低[②]，理由如下：（1）具备成熟的风险管理措施，即补充保证金账户；（2）经纪公司可以持有的股票作为抵押品。特别地，如果保证金没有及时存入，则经纪公司可以卖掉股票以保资金安全。因此，经纪人通常索取的利率较低，许多情况甚至仅略高于无风险利率。

与之相反，企业在借款时多半以非流动资产（如厂房与设备）作为抵押。贷款者的成本是相当大的，包括初始的谈判成本、持续的监督履约的成本以及财务困境的调停成本等。因此，很难说个人借款利率必定高于企业。

14.4　MM 定理 Ⅱ（无税世界）

股东的风险随杠杆的增加而增加

在 Trans Am 公司的一次会议上，一名主管表示：“只要存在财务杠杆，不管是企业杠杆还是个人自制杠杆，都将有益于投资者。毕竟投资者的期望收益率会随着杠杆的增加而增加。”他进一步指出，正如表 14－2 和表 14－3 所示，无杠杆企业的预期收益率为 15%，而杠杆企业的预期收益率为 20%。

然而，另一位主管回应说：“未必如此。尽管预期收益率随杠杆的增加而增加，但风险也随之增大。”这点可以从表 14－2 和表 14－3 看出来。随着 EBI 从 400 美元上升

---

① 此处没有考虑借款一天产生的利息。

② 如果本书在 1987 年 10 月 19 日之前出版，则一旦股价一天内下跌超过 20%，则经纪人是“几乎无风险”而不是“低风险”的。

到 2 000 美元，无杠杆企业的 EPS 也从 1 美元增加到 5 美元，杠杆企业的 EPS 从 0 美元增加到 8 美元。此外，杠杆企业的 ROE 变化幅度也较大。杠杆企业 EPS 和 ROE 的变化幅度更大，说明股东承担的风险更高。也就是说，在经济扩张期，杠杆企业的投资收益高于无杠杆企业；而在经济衰退期，杠杆企业的投资收益低于无杠杆企业。

图 14-2 给出了同样的观点。杠杆企业的斜率大于无杠杆企业的斜率。在企业经营好时，杠杆企业的股东获益较大。而在企业经营差时，杠杆企业的股东获益较差。这说明财务杠杆会带来更大的风险。由于斜率反映的是 ROE 的变化对企业绩效（息前利润）的变化的敏感程度，斜率体现了股东承受的风险。

定理Ⅱ：股东的预期收益率随财务杠杆的增加而增加

由于杠杆企业风险更大，为了对投资者进行补偿，预期收益率应当更高。在本例中，市场对无杠杆企业要求的预期收益率是 15%，而对杠杆企业要求的预期收益率则为 20%。

这使我们进一步发展了 **MM 定理Ⅱ**（MM Proposition Ⅱ）。MM 认为，权益的预期收益率与财务杠杆正相关，因为权益持有人的风险随财务杠杆的增加而增加。

为阐明这一点，不妨回顾一下企业的加权平均资本成本，R_{WACC} 的公式为①：

$$R_{WACC}=\frac{S}{S+B}\times R_S+\frac{B}{S+B}\times R_B \qquad [14.2]$$

式中，R_B 为债务资本成本；R_S 为权益或股票的预期收益率，也称权益资本成本或权益的预期收益率；R_{WACC} 为企业的加权平均资本成本；B 为企业债务或债券的价值；S 为企业股票或权益的价值。

式 [14.2] 相当直观。它表明企业的加权平均资本成本是债务资本成本和权益资本成本的加权平均。债务资本成本的权重是负债在资本结构中的比重，权益资本成本的权重是权益在资本结构中的比重。运用式 [14.2] 计算杠杆企业和无杠杆企业的 R_{WACC}，计算过程及结果见表 14-5。

表 14-5 Trans Am 公司资本成本的计算

	$R_{WACC}=\frac{S}{S+B}\times R_S+\frac{B}{S+B}\times R_B$
无杠杆企业：	$15\%=\frac{\$8\,000}{\$8\,000}\times 15\%^{*}+\frac{0}{\$8\,000}\times 10\%^{\dagger}$
杠杆企业：	$15\%=\frac{\$4\,000}{\$8\,000}\times 20\%^{**}+\frac{\$4\,000}{\$8\,000}\times 10\%^{\dagger}$

* 从表 14-2 的“正常预期”栏可见，无杠杆企业预期的息后利润是 1 200 美元。从表 14-1 可见，无杠杆企业的权益是 8 000 美元。因此，无杠杆企业的 R_S 为：

$$\frac{\text{预期息后利润}}{\text{权益}}=\frac{\$1\,200}{\$8\,000}=0.15 \text{ 或 } 15\%$$

** 从表 14-3 的“正常预期”栏可见，无杠杆企业预期的息后利润为 800 美元。从表 14-1 可知，杠杆企业的权益是 4 000 美元。因此，杠杆企业的 R_S 为：

$$\frac{\text{预期息后利润}}{\text{权益}}=\frac{\$800}{\$4\,000}=0.20 \text{ 或 } 20\%$$

† 10%是债务资本成本。

① 这里没有考虑税收的影响，债务资本成本是 R_B，而不是第 12 章中的 $R_B\times(1-t_C)$。

MM 定理Ⅰ的隐含假设是，不管资本结构如何，企业的 R_{WACC} 均是恒定不变的。[①] 表 14-5 显示，不论有无财务杠杆，Trans Am 公司的 R_{WACC} 都是 15%。

现在我们定义 R_0 为全权益企业的资本成本。Trans Am 公司的 R_0 计算如下：

$$R_0=\frac{\text{杠杆企业的预期利润}}{\text{杠杆企业的权益}}=\frac{\$1\,200}{\$8\,000}=0.15\text{ 或 }15\%$$

从表 14-5 可以看到，Trans Am 公司的 R_{WACC} 等于 R_0。事实上，在没有税收的世界里，R_{WACC} 一定总是等于 R_0。

定理Ⅱ定义了有杠杆时权益的预期收益率 R_S。设 $R_{WACC}=R_0$，对式［14.2］进行重新整理，得到：

MM 定理Ⅱ（无税世界）：

$$R_S=R_0+\frac{B}{S}(R_0-R_B) \qquad [14.3]$$

式［14.3］表明，权益的预期收益率是企业的负债/权益比的线性函数。由公式可见，如果 R_0 大于债务资本成本 R_B，则权益资本成本将随负债/权益比的增加而增加。一般而言，R_0 应大于 R_B。因为即使无杠杆企业也有风险，其预期收益率应高于无风险债务的收益率。当 Trans Am 公司有财务杠杆时，式［14.3］成立：

$$0.20=0.15+\frac{\$4\,000}{\$4\,000}\times(0.15-0.10)$$

图 14-3 将式［14.3］图形化了。如图所示，权益资本成本 R_S 和负债/权益比 B/S 呈现出线性相关的关系。式［14.3］和图 14-3 描述了杠杆对权益资本成本的影响。随着企业负债/权益比的增加，每一美元的权益（单位权益）都配比了更多的负债。这就增加了权益的风险，从而提高了权益的预期收益率 R_S。

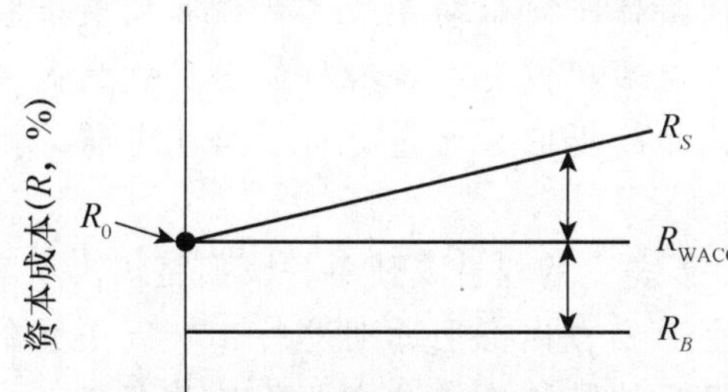

图 14-3　权益资本成本、债务资本成本与加权平均资本成本：无税世界的 MM 定理Ⅱ

说明：$R_S=R_0+\frac{B}{S}(R_0-R_B)$

式中，R_S 为权益资本成本；R_B 为债务资本成本；R_0 为全权益企业的资本成本。R_{WACC} 为企业的加权平均资本成本；在无税世界中，杠杆企业的 R_{WACC} 等于 R_0。R_0 在图中是一个点，而 R_S，R_B，R_{WACC} 则是一条直线。权益资本成本 R_S 与企业的负债/权益比正相关。企业的加权平均资本成本 R_{WACC} 与负债/权益比不相关。

① 该结论在无税的世界里成立，但在有税的情况下不成立，这点将在本章的后面部分阐释（见图 14-6）。

正如我们先前提到的，图 14－3 同样表明 R_{WACC} 不受财务杠杆影响（认识到这一点很重要：全权益企业的资本成本 R_0 在图中是一个点，而 R_{WACC} 是整条直线）。

例 14.2 MM 定理Ⅰ和 MM 定理Ⅱ

Luteran Motors 为一家全权益企业，预计每年实现永续利润 1 000 万美元。企业将所有利润作为股利予以发放，因此这 1 000 万美元可视为股东的预期现金流。流通在外的股票有 1 000 万股，预期派发的现金股利为 1 美元/股。该企业的资本成本为 10%。此外，企业将斥资 400 万美元建设新工厂。预期工厂每年可产生额外现金流 100 万美元。这些数据可描述如下：

当前公司	新工厂
现金流：＄10 000 000 流通在外股票数：10 000 000 股	初始支出：＄4 000 000 额外的现金流：＄1 000 000

项目的净现值为：

$$-\$4\ 000\ 000+\$1\ 000\ 000/0.1=\$6\ 000\ 000$$

假设项目折现率与整个企业的折现率相同。在市场接受该项目之前，以市场价值为度量基础的资产负债表如下：

Luteran Motors 的资产负债表（全权益）	
原有资产：＄10 000 000/0.1＝＄100 000 000	权益：＄100 000 000（10 000 000 股股票）

将每年 1 000 万美元的现金流以 10%折现得到企业价值为 1 亿美元。考虑流通在外的股票数为 1 000 万股，股票价格为 10 美元/股。

基于市值的资产负债表是有用的财务分析工具。使用者一开始难免会忽视它，在这里我们建议要对其加以研究。基于市值的资产负债表的格式与会计人员使用的资产负债表是相同的：资产列示在左边，负债和所有者权益则列于右边，且左右两边的价值必然相等。但两种报表中各科目的会计数值是有差异的。会计人员基于历史成本（初始购买价扣除折旧）对会计科目给出估值，财务人员则从市场价值的角度估值。

企业将发行 400 万美元的权益或债务。我们将依次考察权益融资和债务融资效应。

股票融资 某企业公告称将于近期发行 400 万美元的权益筹建新厂。由于新厂的净现值大于零，发行的股票价格及企业价值均将增加。按照有效市场理论，价值的增值会很快在市场价格中体现出来。股价将在公告日出现上涨，而不是在新厂开建首日或是未来的股票发行时点。基于市值的资产负债表变为：

Luteran Motors 的资产负债表（股票发行公告日）			
原有资产：	＄100 000 000	权益：	＄106 000 000 （10 000 000 股股票）
厂房的净现值：－＄4 000 000＋＄1 000 000/0.1＝	6 000 000		
总资产	＄106 000 000		

在基于市值的资产负债表中包含厂房的净现值。由于新股还未发行，流通在外的股票数仍为 1 000 万股。投建新厂的消息出来之后，股票价格涨为 10.6 美元/股 (106 000 000/10 000 000)。

随后不久，价值 400 万美元的股票发行上市。股票价格为 10.6 美元/股，发行量为 377 358 股 (4 000 000/10.6)。假定资金在投入建厂之前暂存放在银行。基于市值的资产负债表如下：

Luteran Motors 的资产负债表（项目投建之前股票发行时点）			
原有资产：	$ 100 000 000	权益：	$ 110 000 000 (10 377 358 股股票)
厂房的净现值：	6 000 000		
股票发行募集资金（目前暂存入银行）：	4 000 000		
总资产	$ 110 000 000		

本次新股发行了 377 358 股，当前流通在外股票数总计 10 377 358 股。股票价格为 10.6 美元/股 (110 000 000/10 377 358)。请注意，这里的股价没有发生变化。这与有效资本市场假说相一致，说明股价的变动应当仅由新的信息引起。

融资所得资金只是暂时存放在银行。新股发行后不久，企业就从中支付给厂房的承包商 400 万美元。为便于对现金流折现，这里假设厂房在现金流出时点建设完成。资产负债表为：

Luteran Motors 的资产负债表（项目建设完成时点）			
原有资产：	$ 100 000 000	权益：	$ 110 000 000 (10 377 358 股股票)
厂房的净现值：$ 1 000 000/0.1＝	10 000 000		
总资产	$ 110 000 000		

上表显示，总资产数值维持原值，但资产结构发生了变化。银行存款已经全部取出支付给承包商。工厂每年产生 100 万美元的现金流，折合净现值 1 000 万美元，作为资产的一部分列在表中。400 万美元的厂房建设成本已从企业流出，不再代表未来成本，从而不再减少厂房价值。按照有效资本市场假说，股票价格仍为 10.6 美元/股。

企业每年预期产生现金流 1 100 万美元，其中，1 000 万美元来自原有资产，而剩下的 100 万美元产生于新的厂房资产。股东的预期收益率为：

$$R_S=\frac{\$\,11\,000\,000}{\$\,110\,000\,000}=0.10 \text{ 或 } 10\%$$

由于是全权益企业，有 $R_0=R_S=0.10$。

债务融资　假设企业发布公告称，不久将以 6% 的利率借入 400 万美元建设新厂房。每年产生的利息为 240 000 美元 (4 000 000×6%)。厂房的净现值为正，因而股价将迅速上涨。可以得到：

Luteran Motors 的资产负债表（项目投建之前债务发行公告日）			
原有资产：	$100 000 000	权益：	$106 000 000 （10 000 000 股股票）
厂房的净现值：$-\$4\,000\,000+\$1\,000\,000/0.1=$	6 000 000		
总资产	$106 000 000		

通过债务融资形成的企业价值与权益融资相同，因为：(1) 建设的厂房是相同的；(2) MM 定理证明了通过债务融资或者权益融资对企业价值没有任何影响。

企业在某时点发行了 400 万美元的债务。与前面一样，资金仍然暂时存放银行。基于市值的资产负债表如下：

Luteran Motors 的资产负债表（项目投建之前债务发行时点）			
原有资产：	$100 000 000	负债：	$4 000 000
厂房的净现值：	6 000 000	权益：	$106 000 000 （10 000 000 股股票）
发行债务筹集的资金（目前暂存入银行）：	4 000 000		
总资产	$110 000 000	负债与权益之和	$110 000 000

负债出现在资产负债表的右半部分。股票价格仍为 10.6 美元/股，与我们的有效资本市场假说一致。

最后，承包商收到 400 万美元后开始建厂房。基于市值的资产负债表为：

Luteran Motors 的资产负债表（项目建设完成时点）			
原有资产：	$100 000 000	负债：	$4 000 000
厂房的净现值：	10 000 000	权益：	$106 000 000 （10 000 000 股股票）
总资产	$110 000 000	负债与权益之和	$110 000 000

该表唯一的变化是银行存款已经全部支付给承包商。股东期望每年的息后现金流为：

$$\underset{\substack{\text{原有资产}\\\text{的现金流}}}{\$10\,000\,000}+\underset{\substack{\text{新资产的}\\\text{现金流}}}{\$1\,000\,000}-\underset{\substack{\text{利息}\\\$4\,000\,000\times 6\%}}{\$240\,000}$$

$$=\$10\,760\,000$$

股东期望获得的收益率为：

$$\frac{\$10\,760\,000}{\$106\,000\,000}=10.15\%$$

杠杆企业的股东获得的收益率为 10.15%，高于无杠杆企业股东 10% 的收益率。这个结果是比较合理的，我们在前面也提到过，杠杆企业的权益有较大的风险。事实上，通过 MM 定理Ⅱ预测得到的收益率正是 10.15%。把数值代入式[14.3]：

$$R_S = R_0 + \frac{B}{S}(R_0 - R_B)$$

得到：

$$10.15\% = 10\% + \frac{\$4\,000\,000}{\$106\,000\,000} \times (10\% - 6\%)$$

本例的意义在于：第一，引入了基于市值的资产负债表这一概念，这在本书其他地方仍不失为一种有用的财务工具，比如，其可用于计算新股发行的每股价格。第二，本例从三方面阐释了 MM 定理：

1. 本例与 MM 定理Ⅰ一致，因为无论采用权益融资还是债务融资，公司的价值均为 1.1 亿美元。

2. 股票价格往往比企业价值更易引起学生兴趣。我们证明了无论采用权益融资还是债务融资，每股股票价格总是 10.6 美元。

3. 本例与 MM 定理Ⅱ一致。正如式［14.3］所示，股东的预期收益率从 10%上升为 10.15%。这是由于杠杆企业的股东比无杠杆企业的股东承担的风险更高。

MM：一个说明

MM 定理表明，管理层无法通过重新调整资本结构来影响企业价值。这个观点最初在 20 世纪 50 年代末提出时被认为是革命性的，MM 提出的理论及论证方法倍受赞誉。①

MM 认为，尽管负债看似比权益成本更低，但以负债替代权益却无法降低企业总体的资本成本。原因在于，当企业增加负债时，同时也会增加权益的风险。随着风险的增加，权益资本成本也随之增加，与使用更多低成本负债的影响两相抵消，因此财务杠杆对企业价值及总资本成本无影响。

MM 以食品做了有趣的类比。假设某个牛奶场的农场主面临两种选择：要么销售全脂奶，要么销售提炼后的奶油和低脂奶的组合产品。虽然奶油的售价更高，但低脂奶的售价偏低，总体来看，销售该组合产品的利润不见得高。如果全脂奶的收益低于奶油-低脂奶组合产品，套利者将会购买全脂奶，然后自己提炼出奶油和低脂奶并分别销售。套利者之间的相互竞争将使全脂奶价格上涨，直到两种销售策略获得的收益相等。因而可以说，牛奶的价值与牛奶销售方式无关。

食品的类比也在本章前面出现过，那就是将企业价值比作圆饼。MM 认为无论股东和债权人对圆饼如何分割，圆饼的大小都不会改变。MM 提出了资本结构无关的理念，并认为资本结构是在历史中偶然形成的。该理论暗示了这样一点，企业的负债/权益比可以为任意值，该值的变动只受管理层决策的影响，具有一定的变动性和随意性。管理者决定负担的债务数量和发行股票的数量就形成了负债/权益比的数值。

① 米勒和莫迪利亚尼两人都部分因其在资本结构方面的杰出成就而获得诺贝尔经济学奖。

尽管学者醉心于意义深远的理论，但学生可能对理论在现实世界的应用更感兴趣。现实世界中，管理者会遵从MM理论而忽视资本结构决策吗？遗憾的是，现实与理论恰恰相反，某些特定行业的公司，比如银行，都不约而同地选择了高负债/权益比。而其他行业的公司，如制药公司，则一致选择了低负债/权益比。事实上，几乎每个行业都有各自所固有的负债/权益比。这样看来，公司并不会轻率、随意地选择财务杠杆水平。正因为如此，金融经济学家（包括MM）也承认现实世界的情况与理论相去甚远。

虽然许多学生认为，个人只能以高于公司借款利率的利率融资，但本章前面的论述否定了这种观点。但当我们回顾理论脱离实际之处，就会发现[①]：

1. MM理论忽视了税收。
2. MM理论没有考虑破产成本和其他代理成本。

下节将探讨有税世界的资本结构问题。破产成本和其他代理成本则在下一章体现。MM定理在无税世界中的主要结论见下面的专栏。

无税世界的MM定理总结

假设

- 无税收。
- 无交易成本。
- 个人和企业的借贷利率相等。

结论

定理Ⅰ：$V_L = V_U$（杠杆企业的价值等于无杠杆企业的价值）

定理Ⅱ：$R_S = R_0 + \frac{B}{S}(R_0 - R_B)$

推论

定理Ⅰ：个人可以通过自制杠杆来复制或消除企业财务杠杆的效应。

定理Ⅱ：由于权益的风险随杠杆的增加而增加，权益资本成本也随之增加。

14.5 税

基本观点

本章的前面部分表明，在无税的世界，企业价值与负债无关。然而，存在公司税的情况下，企业价值与负债正相关。这个基本观点呈现于图14-4中。如图所示，左边的圆饼图代表的是全权益企业，股东和美国国内税收署都拥有对企业的所有权。对全权益企业而言，企业价值其实是股东拥有的部分，被税蚕食的部分构成了企业的成本。

左边的圆饼图代表的是杠杆企业，股东、债权人和税务当局都拥有企业的所有权。对杠杆企业而言，企业价值是负债的价值与权益的价值的总和。在两种资本结构之间，财务经理将无疑会选择价值更高的资本结构。假设两个圆饼的总面积相同[②]，则纳税最

① 正如他们在论文中提到的那样，MM也意识到了这些缺陷的存在。

② 在早期的MM定理中，两个圆饼的面积是相同的。

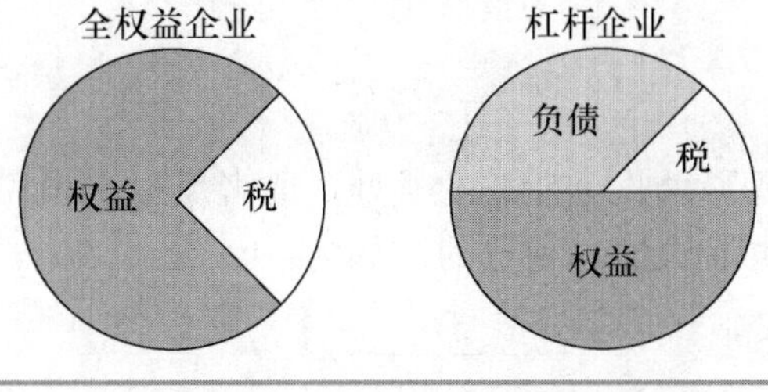

图 14-4　考虑公司税的资本结构圆饼图

说明：杠杆企业比全权益企业纳税少。因此，杠杆企业的负债与权益之和大于无杠杆企业的权益。

少的资本结构价值最大。当然，管理者所选择的资本结构最不利于税务当局。

由上可见，受美国税法的微妙影响，代表杠杆企业的圆饼的税负部分会更小。最终，管理者会选择高杠杆的资本结构。

例 14.3　税收与现金流

Water Products 公司的所得税税率 t_c 为 35%，预期每年的 EBIT 为 1 000 000 美元。全部税后利润都用于发放股利。

企业拟考虑两类可供选择的资本结构。在方案Ⅰ中，Water Products 公司的资本结构不含负债。在方案Ⅱ中，公司的负债为 400 万美元，债务资本成本 R_B 为 10%。

Water Products 公司财务总监的计算结果如下：

	方案Ⅰ	方案Ⅱ
EBIT	\$1 000 000	\$1 000 000
利息（R_BB）	0	400 000
税前利润（$EBIT-R_BB$）	\$1 000 000	\$600 000
所得税（$t_C=0.35$）	350 000	210 000
税后利润[$(EBIT-R_BB)\times(1-t_C)$]	\$650 000	\$390 000
股东和债权人的总现金流［$EBIT\times(1-t_C)+t_CR_BB$］	\$650 000	\$790 000

本例中，最有用的财务数据是税后利润、股东和债权人的总现金流。在本例中，股利等于税后利润，股利是股东获得的现金流，而债权人获得的现金流是利息。如表所示，在方案Ⅱ中，公司的所有者（股东和债权人）获得的现金流较多，与方案Ⅰ的现金流差异为 140 000 美元（790 000－650 000）。理解该差异并不难，美国国内税收署在方案Ⅱ下收到的税（210 000 美元）少于方案Ⅰ（350 000 美元），正好相差 140 000 美元（350 000－210 000）。

这是因为美国国内税收署对利息的处理不同于分配给股东的利润。[①] 利息完全免税，但税前利润则需按 35%的税率纳税。

① 方案Ⅰ中股东获得的税后利润多于方案Ⅱ中的税后利润，前者为 65 万美元，后者为 39 万美元。似乎股东在无杠杆企业获益更大，这的确令人困惑。请注意，这里方案Ⅰ流通在外股票数多于方案Ⅱ，一个全面的模型将显示，杠杆企业的每股收益更高。

税盾的现值

前面的讨论体现了税收对债务的益处，或者反过来说税收对权益的损害。现在我们来评估这些影响产生的价值。利息的数额为：

$$\text{利息} = \underbrace{R_B}_{\text{利率}} \times \underbrace{B}_{\text{借款金额}}$$

Water Products 公司的利息为 400 000 美元（10%×4 000 000），且所有利息皆可抵税。也就是说，无论 Water Products 公司在没有债务情况下的应税利润是多少，在当前有负债的情况下，应税利润都会比在无负债情况下低 400 000 美元。

由于本例中企业所得税税率为 35%，利息使税负减少了 140 000 美元（35%×400 000）。该数值与先前计算的数值一致。

企业所得税的减少为：

$$\underbrace{t_C}_{\text{企业所得税税率}} \times \underbrace{R_B \times B}_{\text{利息}} \qquad [14.4]$$

上式说明，不论无杠杆企业每年的税负是多少，负债额为 B 的企业每年均可以节税 $t_C R_B B$。我们称式［14.4］为债务税盾（tax shield from debt），该值为每年产生的节税额。

只要企业处于正的税率等级，我们就能假设式［14.4］的现金流风险与债务利息风险等同。因此，可以按照债务资本成本 R_B 来折现。假设现金流是永续的，则税盾的现值为：

$$\frac{t_C R_B B}{R_S} = t_C B$$

杠杆企业的价值

在计算了债务税盾现值之后，接下来要估计杠杆企业的价值。无杠杆企业每年产生的税后现金流为：

$$\text{EBIT} \times (1 - t_C)$$

式中，EBIT 为息税前利润。无杠杆企业的价值是 $\text{EBIT} \times (1-t_C)$ 的现值，即

$$V_U = \frac{\text{EBIT} \times (1 - t_C)}{R_0}$$

式中，V_U 为无杠杆企业的现值；$\text{EBIT} \times (1-t_C)$ 为企业税后现金流；t_C 为企业所得税税率；R_0 为全权益企业的资本成本，用于对税后现金流折现。

如前所述，财务杠杆会借助税盾效应增加企业价值，永续债务的税盾为 $t_C B$。因此，仅在无杠杆企业的价值基础上加上税盾价值即为杠杆企业的价值。对上式做代数替换可得到：

MM 定理Ⅰ（有税世界）：

$$V_L = \frac{\text{EBIT} \times (1 - t_C)}{R_0} + \frac{t_C R_B B}{R_S} = V_U + t_C B \qquad [14.5]$$

式［14.5］是考虑企业税收情况的 MM 定理Ⅰ。公式的第一项为没有债务税盾的企业现金流，即等于 V_U——全权益企业的价值。杠杆企业的价值是全权益企业的价值与 $t_C B$（税率与负债价值的乘积）之和。$t_C B$ 是永续现金流的税盾现值。由于税盾随负债增长，企业用负债置换权益，会增加总的现金流和企业价值。

例 14.4　考虑公司税的 MM 定理

Divided Airlines 公司目前是一家无杠杆企业。公司预期永续产生息税前利润 153.85 美元。企业所得税税率是 35%，税后利润相应为 100 美元。税后的全部利润用于发放股利。

公司拟重新调整资本结构，增加 200 美元的债务。债务资本成本为 10%。对于同行业的无杠杆企业，其权益资本成本为 20%，Divided Airlines 公司的新价值将是多少？

Divided Airlines 公司的价值等于：

$$V_L = \frac{\text{EBIT} \times (1 - t_C)}{R_0} + t_C B$$

$$= \frac{\$100}{0.20} + (0.35 \times \$200)$$

$$= \$500 + 70 = \$570$$

杠杆企业的价值是 570 美元，高于无杠杆企业的价值（500 美元）。由于 $V_L = B + S$，杠杆企业的权益价值 S 为 370 美元（570－200）。Divided Airlines 公司的价值与财务杠杆的函数关系如图 14－5 所示。

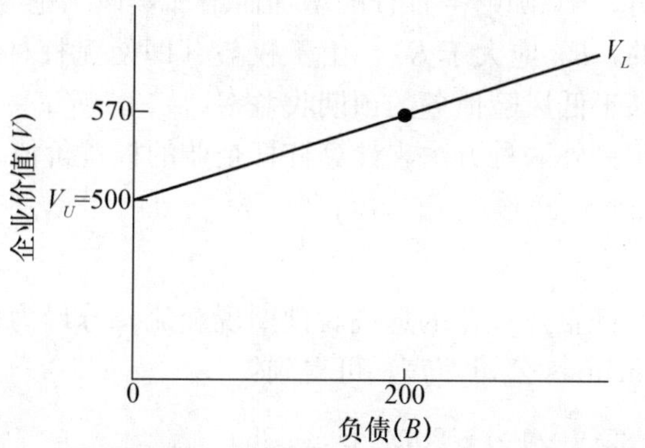

图 14－5　财务杠杆对企业价值的影响：在 Divided Airlines 公司案例中考虑公司税的 MM 定理

说明：$V_L = V_U + t_C B = \$500 + (0.35 \times \$200) = \$570$

负债将减少企业税负，因此企业价值与负债正相关。

考虑公司税的预期收益率和财务杠杆

无税世界的 MM 定理Ⅱ指出，股东的预期收益率与财务杠杆之间存在正相关关系。这是因为权益的风险随财务杠杆的增加而增加。该结论在有税世界同样成立。有税世界的公式为：

MM 定理Ⅱ（有税世界）：

$$R_S=R_0+\frac{B}{S}(1-t_C)\times(R_0-R_B) \qquad [14.6]$$

将该式用于 Divided Airlines 公司，得到：

$$R_S=0.2351=0.20+\frac{200}{370}\times(1-0.35)\times(0.20-0.10)$$

该计算的图解如图 14－6 所示。

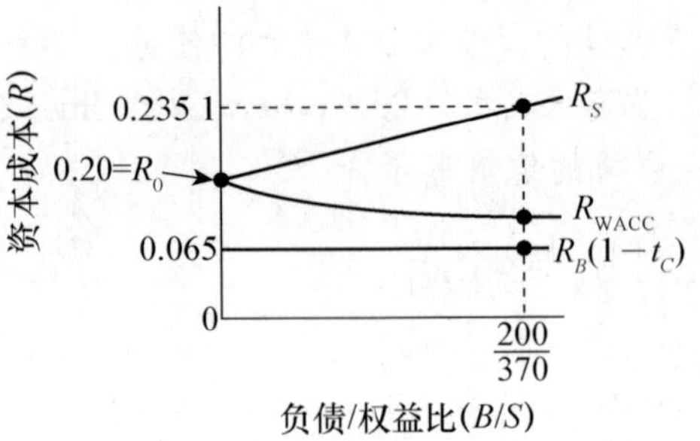

图 14－6　债务资本成本与权益资本成本的财务杠杆效应

说明：$R_S=R_0+\frac{B}{S}(1-t_C)\times(R_0-R_B)=0.20+\left(0.65\times0.10\times\frac{200}{370}\right)=0.2351$

财务杠杆增加了企业权益的风险。作为补偿，权益资本成本随企业风险的增加而提高。

请注意，在图中 R_0 是一个点，而 R_S，$R_B(1-t_C)$，R_{WACC} 则是一条直线。

当 $R_0>R_B$ 时，R_S 随财务杠杆的增加而增加，该结论与无税世界的结论完全相同。正如前面所指出的，R_0 应大于 R_B。由于权益（即使无杠杆企业的权益）具有风险性，其预期收益率将高于低风险债务的预期收益率。

现在让我们用另外一种方法来计算杠杆企业的权益价值，计算公式如下：

$$S=\frac{(\text{EBIT}-R_BB)\times(1-t_C)}{R_S}$$

分子为来自杠杆企业权益的息税后预期现金流，分母为该现金流的折现率。

对 Divided Airlines 公司而言，可得到：

$$\frac{(\$153.85-0.1\times\$200)(1-0.35)}{0.2351}=\$370$$

如果忽略取整误差，该结果与我们先前得到的结果一致。

加权平均资本成本 R_{WACC} 与公司税

在第 12 章，定义有税世界的加权平均资本成本为（注意：$V_L=S+B$）：

$$R_{WACC}=\frac{S}{V_L}\times R_S+\frac{B}{V_L}\times R_B\times(1-t_C)$$

请注意，考虑到利息具有抵税效应，公式将债务资本成本 R_B 乘上了 $(1-t_C)$，而股利不能抵税，权益资本成本 R_S 不乘该项。在无税世界，财务杠杆不影响 R_{WACC}。该结论可参见前面的图 14－3。由于债务相对于权益而言具有税收优惠，R_{WACC} 在有税世界将随财务杠杆的增加而降低，该结论参见图 14－6。

对 Divided Airlines 公司而言，R_{WACC} 等于：

$$R_{\text{WACC}}=\left(\frac{370}{570}\times 0.235\,1\right)+\left(\frac{200}{570}\times 0.10\times 0.65\right)=0.175\,4 \text{ 或 } 17.54\%$$

借助财务杠杆，Divided Airlines 公司将 R_{WACC} 从没有负债时的 0.20 降至 0.175 4。该结果直观上是令人满意的，说明企业降低 R_{WACC} 会导致价值增加。运用加权平均资本成本方法，可以确定 Divided Airlines 公司的价值为 570 美元：

$$V_L=\frac{\text{EBIT}\times(1-t_C)}{R_{\text{WACC}}}=\frac{\$100}{0.175\,4}=\$570$$

考虑公司税的股票价格与财务杠杆

此时，恐怕读者已对这些结果深信不疑，至少慑于权威而不敢提出质疑。然而，有时大家也会思考我们所提问题的正确性。你们也许会问："为什么我们要以企业价值最大化为经营目标?""如果管理者为股东利益服务，为什么他们不以股票价格最大化作为经营目标呢?"如果这些问题曾困扰过你，想必你会渴望正确的答案。

答案有两方面：首先，本章 14.1 节已指出，使企业价值最大化的资本结构同时会使股东利益最大化。但是，这种一般性的解释难以完全令人信服。我们接下来以基于市值的资产负债表为基础，计算 Divided Airlines 公司在以债务替代权益前后的股票价格。首先来看一下在全权益结构下基于市值的资产负债表：

Divided Airlines 公司的资产负债表（全权益企业）			
固定资产 $\frac{\$153.95}{0.20}\times(1-0.35)=$	\$500	权益	\$500 （100 股股票）

假设流通在外的股票有 100 股，每股价值 5 美元（500/100）。

进一步，假设公司公告称，将要发行 200 美元债务用于回购 200 美元的股票。由前述讨论可知，企业价值将因债务税盾的存在而增加。如果资本市场对证券的定价是有效的，则企业将立刻实现价值增值。即企业价值增值发生在公告日，而不是在资本结构发生变化的时点。基于市值的资产负债表如下：

Divided Airlines 公司的资产负债表（债务发行公告日）			
固定资产	\$500	权益	\$570 （100 股股票）
税盾现值 $t_CB=35\%\times\$200=$	70		
总资产	\$570		

在公告日，企业债务尚未发行，因此，资产负债表的右半部分只包含权益。此时的

每股价值为570/100=5.70美元，股东价值增加了70美元。这是由于企业改进了财务政策，而股东正是企业的所有者。

含税盾的资产负债表具有一定的复杂性。不像固定资产是有形可触知的，税盾无形的特性总是令人难以捉摸。这里请记住，资产是可以产生价值的项目。税盾是有价值的，这是因为它减少了未来因纳税而产生的现金流出。虽然税盾并非如固定资产一般可观察，但这只是一个哲学范畴的问题，不影响财务分析。

在某时刻企业采取了用债务替代权益的财务决策，发行了200美元的债务并用于回购股票。那么，回购的股票数量是多少呢？由于当前股价为5.70美元/股，公司回购的股票数量为200/5.70=35.09股。于是，流通在外的股票数还剩64.91股（100−35.09）。基于市值的资产负债表为：

Divided Airlines公司的资产负债表（债务替换权益后）			
固定资产	\$500	权益	\$370 (100−35.09=64.91股股票)
税盾现值	70	债务	200
总资产	\$570	债务与权益之和	\$570

上表显示，当前股价为5.70美元（370/64.91）。可见在债务替代权益后股票价格没有发生变化。正如前面所提到的，股价只在发行公告日发生变动。由于在债务替代权益后股东每股市场价格与之前相等，他们对以债务替代权益的财务决策并不在意。

本例的意义有两点。首先，本例说明，债务筹资会引起企业价值增值，进而进一步提升股票价格。事实上，股东获得的税盾总计为70美元。其次，进一步介绍了基于市值的资产负债表的应用。

关于有税世界的MM定理的主要结论见下面的专栏。

有税世界的MM定理总结

假设

- 公司的息后利润的税率为 t_C。
- 无交易成本。
- 个人和企业的借贷利率相等。

结论

定理Ⅰ：$V_L=V_U+t_CB$（企业有永续的债务）

定理Ⅱ：$R_S=R_0+\frac{B}{S}(1-t_C)\times(R_0-R_B)$

推论

定理Ⅰ：由于企业支付的利息可于税前扣除而支付的股利不可扣除，财务杠杆可以降低税负。

定理Ⅱ：由于权益风险随财务杠杆增加，权益资本成本也随之增加。

本章小结

1. 我们首先讨论了资本结构决策，证明了特定的资本结构不仅可使企业价值最大化，而且能使股东利益最大化。

2. 在无税世界，著名的 MM 定理Ⅰ证明了企业价值不受负债/权益比影响。换言之，在无税世界里企业的资本结构是无关紧要的。MM 通过证明自制杠杆可以抵消企业高或低的负债/权益比来得出他们的结论。该结论建立在个人借贷利率与企业借贷利率相同的假设基础上，该假设具有一定的合理性。

3. 在无税世界中，MM 定理Ⅱ表述为：

$$R_S = R_0 + \frac{B}{S}(R_0 - R_B)$$

上式显示，权益的预期收益率（也称权益资本成本或权益的必要收益率）与企业的财务杠杆相关。这点易于理解，如图 14-2 所示，权益风险会随财务杠杆而上升。

4. 虽然 MM 的上述研究成果非常成功，但其无法圆满地解释资本结构在现实世界的情况。MM 认为，资本结构决策无关紧要，但在现实世界中，资本结构的重要性不言而喻。将理论应用到现实中，就需要考虑有公司税的情形。

5. 在有公司税但无破产成本的世界中，企业价值是财务杠杆的增函数，企业价值的公式为：

$$V_L = V_U + t_C B$$

杠杆企业权益的预期收益率可表示为：

$$R_S = R_0 + \frac{B}{S}(1 - t_C) \times (R_0 - R_B)$$

由上式可见，企业价值与财务杠杆正相关，因而企业采用几近 100%债务的资本结构利于价值的最大化。而实务中，企业通常选择适度的债务水平，下一章将对本章的结论进行修正。

概念性思考题

1. **MM 假设**　在无税的假设下，MM 定理隐含了三个假设。这些假设在现实世界中是合理的吗？请加以解释。

2. **MM 定理**　在无税、无交易成本、无财务困境成本的前提下，如果企业发行股票来回购一部分债务，那么企业股价会因为风险降低而上涨。判断这个说法是否正确，并解释你的判断。

3. **MM 定理**　在无税、无交易成本、无财务困境成本的前提下，适当借款不会提高投资者的预期收益率。请判断这个说法是否正确，并加以解释。

4. **MM 定理**　为什么税收的存在会使杠杆企业比无杠杆企业价值更高？假设两家企业的其他情况相同。

5. **经营风险与财务风险**　请解释什么是经营风险和财务风险。假设 A 企业的经营风险比 B 企业大，那么 A 企业的权益资本成本是否更大？请加以解释。

6. **MM 定理**　你如何回答下述提问？

问：如果企业增加债务融资额，权益风险是否会随之增加？

答：是的，这是 MM 定理Ⅱ的精髓。

问：如果一家企业增加负债，那么其违约的概率会增加，因此也会增加企业债务风险，这种说法对吗？

答：对。

问：换句话说，增加负债会同时提高权益风险和债务风险，这种说法对吗？

答：可以这样说。

问：假定企业只采用债务融资和权益资本融资，且这两种融资方式的风险都会随着负债的增加而增加，那么，增加负债会增加企业整体风险，因此降低企业整体价值，这种说法对吗？

答：??

7. **最优资本结构**　是否存在特定的负债/权益比使企业价值最大化？请加以解释。

8. **财务杠杆**　为什么将债务融资称作财务杠杆？

9. **自制杠杆**　什么是自制财务杠杆？

10. **目标资本结构**　在资本结构方面，财务管理的基本目标是什么？

练习题

1～13 题为基础题；14～21 题为中级题；22～26 题为提高题。

1. **EBIT 与杠杆** Beckett 公司没有尚未偿还的债务，市场总价值为 250 000 美元。如果经济形势正常，EBIT 总额预计为 13 000 美元；如果处于经济扩张期，EBIT 预期将在此基础上增加 35%；如果处于经济衰退期，EBIT 预期将在此基础上降低 40%。Beckett 公司正在考虑以 6%的利率发行 80 000 美元债务。发行债务筹集的资金将用于回购股票，当前流通在外股票数为 4 000 股。假设不考虑税收。

a. 在未发行债务时，计算每种经济形势下的每股收益。同时当经济形势由扩张转为衰退时，计算 EPS 变动的百分比。

b. 假设 Beckett 公司的资本结构发生了改变，重新计算问题 a，你会发现什么问题？

2. **EBIT、税收与杠杆** 假设 Beckett 公司的企业所得税税率为 35%，重新计算第 1 题中的问题 a 和问题 b。

3. **ROE 与杠杆** 假设在第 1 题中，Beckett 公司的市场价值与账面价值比为 1.0。

a. 在未发行任何债务时，计算三种经济形势下的 ROE。同样，计算当经济形势由扩张变为衰退时 ROE 变动的百分比，假设没有税收。

b. 假设 Beckett 公司按计划发行债务，改变了资本结构，重新计算问题 a。

c. 假设公司税率为 35%，重新计算问题 a 和问题 b。

4. **盈亏平衡时的 EBIT** Hale 公司正在比较两种资本结构，一种是全权益资本结构（方案Ⅰ），另一种是有杠杆的资本结构（方案Ⅱ）。在方案Ⅰ下，Hale 公司将发行 145 000 股普通股；在方案Ⅱ下，Hale 公司将发行 90 000 股普通股和 3 047 000 美元债务。债务的利率为 8%，假设无税。

a. 如果 EBIT 为 400 000 美元，哪种资本结构下的 EPS 较高？

b. 如果 EBIT 为 700 000 美元，哪种资本结构下的 EPS 较高？

c. 盈亏平衡时的 EBIT 是多少？

5. **MM 定理与股票价值** 在第 4 题中，利用 MM 定理Ⅰ来计算方案Ⅰ和方案Ⅱ下的每股权益价格，并计算企业价值。

6. **盈亏平衡时的 EBIT 与杠杆** Coldstream 公司正在比较两种不同的资本结构。方案Ⅰ包含 3 700 股普通股和 13 700 美元债务。方案Ⅱ包含 3 100 股普通股和 30 140 美元债务。债务的利率为 7%。

a. 假设 EBIT 为 7 600 美元，不考虑税收，把上述两种方案与全权益资本结构方案相比较。全权益资本结构下，公司流通在外的普通股为 4 200 股。那么在这三种方案中，哪种方案的 EPS 最高？哪种最低？

b. 在问题 a 中，与全权益资本结构相比，每种资本结构下盈亏平衡时的 EBIT 是多少？一种结构下的 EBIT 是否比另一种高？为什么？

c. 不考虑税收，计算在方案Ⅰ和方案Ⅱ下，EPS 何时相等？

d. 假设企业所得税税率为 40%，重新计算问题 a、问题 b 和问题 c。盈亏平衡点处的 EBIT 是否发生了变化？请加以解释。

7. **杠杆与股票价值** 在第 6 题中，不考虑税收，在方案Ⅰ和方案Ⅱ下每股权益的价格是多少？你的回答证明了什么原则？

8. **自制财务杠杆与 WACC** ABC 公司和 XYZ 公司除了资本结构不同，其他方面均相同。ABC 公司为全权益融资，发行的股票总额为 650 000 美元。XYZ 公司发行了股票和永久性债务，股票价值为 325 000 美元，债务的利率为 8%。两家公司预期 EBIT 均为 70 000 美元。不考虑税收。

a. 理查德持有 XYZ 公司股票价值为 20 000 美元，那么他的预期收益率是多少？

b. 理查德如何通过投资 ABC 公司股票和自制杠杆来获得相同的现金流和收益率？

c. ABC 公司的权益资本成本是多少？XYZ 公司的权益资本成本又是多少？

d. ABC 公司的 WACC 是多少？XYZ 公司的 WACC 是多少？你得出了什么结论？

9. **MM 定理** Silence 公司没有债务，加权平均资本成本是 8.6%。如果当前权益资本的价值为 5 130 万美元，假设无税。那么该公司的 EBIT 是多少？

10. **MM 定理和税收**　在第 10 题中，假设企业所得税税率为 35%，此时该公司的 EBIT 是多少？WACC 是多少？请加以解释。

11. **计算 WACC**　Weston 实业公司的负债/权益比为 1.4，WACC 为 8.3%，债务资本成本为 5.7%，企业所得税税率为 35%。

a. Weston 公司的权益资本成本是多少？

b. Weston 公司在无杠杆情况下权益资本成本是多少？

c. 如果负债/权益比为 2，那么 Weston 公司的权益资本成本是多少？如果负债/权益比为 1，权益资本成本是多少？如果为 0 呢？

12. **MM 定理与税**　Cede 公司预期 EBIT 每年达到 81 400 美元，企业可按照 7%的利率借款。Cede 公司当前无负债，权益资本成本为 14%。如果企业所得税税率为 35%，企业价值是多少？如果公司借款 145 000 美元，并利用这笔资金来回购其股份，那么企业价值又为多少？

13. **MM 定理 Ⅰ**　Levered 公司与 Unlevered 公司除了资本结构，其他方面都完全相同。两家公司都预期每年会实现 275 000 美元的息前利润，且均会派发全部利润作为股利。Levered 公司永久债务的市场价值为 310 000 美元，债务资本成本为 8%，该公司流通在外的股票为 19 000 股，每股价值为 68 美元。Unlevered 公司没有债务，流通在外的股票为 24 000 股，当前价格为每股 66 美元。假设两家公司均无税。那么购买 Levered 公司的股票是否好于购买 Unlevered 公司的股票？

14. **MM 定理**　Tool 制造公司预计将永续产生 48 700 美元的 EBIT，税率为 35%。公司流通在外的债务为 90 000 美元，利率为 6.5%，且无杠杆的资本成本为 11%。那么根据有税世界的 MM 定理Ⅰ，企业价值是多少？如果 Tool 公司的目标是企业价值最大化，则当前的负债/权益比是否需进行调整？请加以解释。

15. **企业价值**　Full Moon 公司预计每年产生永续的 EBIT 为 27 750 美元，公司目前没有债务，权益资本成本为 12.8%。税率为 35%。

a. 公司目前的价值是多少？

b. 假设公司能以 7.1%的利率借款。如果按公司无杠杆价值的 50%来进行债务筹资，企业价值为多少？如果按公司无杠杆价值的 100%来进行债务筹资，企业价值又将为多少？

c. 如果公司按有杠杆价值的 50%来进行债务融资，企业价值为多少？如果公司按有杠杆价值的 100%来进行债务融资，企业价值又将为多少？

16. **有税世界的 MM 定理 Ⅰ**　Maxwell 公司仅通过权益进行融资，公司正考虑借入一笔价值为 640 000 美元的贷款。这笔贷款将在接下来 2 年内等额偿还，利率为 7%。企业所得税税率为 35%。根据有税世界的 MM 定理Ⅰ，在借款后，什么会使得公司的价值增加？

17. **无税世界的 MM 定理 Ⅰ**　Alpha 公司和 Beta 公司除了资本结构，其他方面都相同。Alpha 公司是一家全权益企业，流通在外的股票有 19 000 股，目前价格为 23 美元/股。Beta 公司是杠杆企业，债务的市场价值为 85 000 美元，债务资本成本为 7%。两家公司预期每年实现的永续息税前利润为 71 000 美元，且均不支付所得税。假设投资者可以按 7%的利率借款。

a. Alpha 公司的价值是多少？

b. Beta 公司的价值是多少？

c. Beta 公司权益的市场价值是多少？

d. 如果各购买两家公司权益的 20%，需支付多少成本？

e. 假设每家公司都能达到盈利预期，那么问题 d 中的下一年，每种头寸的收益额是多少？

f. 构造一个投资策略，使得投资者购买 20%的 Alpha 公司股票的成本及收益率都与购买 20%的 Beta 公司股票相同。

g. Alpha 公司的权益风险是否比 Beta 公司的权益风险大？请加以解释。

18. **资本成本**　Hatter 公司权益的市场价值为 710 万美元，债务的市场价值为 320 万美元，每年债务资本成本为 7.5%。一年期短期国库券的收益率为 4%，市场组合在明年的预期收益率为 11%。Acetate 公司的权益贝塔系数为 1.10，假设不考虑税收。

a. Acetate 公司的负债/权益比是多少？

b. 公司的加权平均资本成本是多少？

c. 另一家全权益企业除资本结构不同，其他情况都相同，那么其资本成本是多少？

19. **自制财务杠杆**　Veblen 公司的资本结构无杠杆，Knight 公司有杠杆，除此之外其他情况都相同。Knight 公司的债券以 6%的利率按票面价值出售。两家公司的财务信息如下表所示。所有利润都是永续的，两家公司均不纳税，且均将所有利润作为股利即刻派发给普通股股东。

	Veblen	Knight
预期营业利润	$ 370 000	$ 370 000
年终债券利息	—	$ 90 000
股票市场价值	$ 2 650 000	$ 1 550 000
债券市场价值	—	$ 1 500 000

a. 投资者可以按6%的利率借款，拟购买Knight公司5%的股票。他能否通过借款来购买Veblen公司5%的股票以提高收益额？注意这两项投资策略的初始净成本相同。

b. 考虑问题a中的两种投资策略，投资者会如何选择？两种投资策略何时无差异？

20. **MM定理** Martin公司打算通过发行公司债券来回购其部分普通股。其结果是公司的负债/权益比有望从20%上升到35%。公司目前流通在外的债务价值为496万美元，债务的利率为每年8%。公司预期每年永续产生EBIT 292万美元，且不缴纳所得税。

a. Garnett公司公布股票回购计划前后，企业的市场价值分别是多少？

b. 公布股票回购计划前，权益的预期收益率是多少？

c. 对于另外一家全权益资本的企业，在其他情况都相同的条件下，权益的预期收益率是多少？

d. Garnett公司公布股票回购计划后，权益的预期收益率是多少？

21. **股票价值与杠杆** Green制造公司计划发行160万美元的永续债券来回购普通股。债券将平价出售，票面利率为6%。Green公司目前是一家全权益企业，发行了26万股普通股，价值总额为770万美元。发行债券后，Green公司将新的资本结构一直维持下去。Green公司目前每年产生税前利润186万美元，预计该盈利水平可保持下去，企业所得税税率为40%。

a. 在债券发行公告前，权益的预期收益率是多少？

b. 请编制Green公司债券发行公告前的基于市值的资产负债表，公司权益的每股价格是多少？

c. 请编制Green公司债券发行公告日的基于市值的资产负债表。

d. 在股票回购公告发布时点，Green公司每股股价会发生什么变化？

e. 发行债券后，Green公司可以回购多少股票？剩余的普通股还有多少？

f. 资本结构改变后，请重新编制公司的市场价值资产负债表。

g. 资本结构改变后，权益的预期收益率是多少？

22. **加权平均资本成本** 如果只存在企业所得税，证明：

$$R_{\text{WACC}}=R_0\times[1-t_C(B/V)]$$

23. **权益资本成本和杠杆** 假设只存在企业所得税，证明权益资本成本 R_S 可按照本章中有税世界的MM定理Ⅱ来推导。

24. **经营风险与财务风险** 假设一家企业的债务无风险，那么债务的资本成本等于无风险利率 R_f。定义 β_A 是这家企业的资产贝塔系数，代表了企业的系统性风险。定义 β_S 为企业的权益贝塔系数。利用资本资产定价模型和MM定理Ⅱ来证明：

$$\beta_S=\beta_A\times(1+B/S)$$

这里的 B/S 是负债/权益比。假设税率为0。

25. **股东风险** 假设一家企业的经营活动可以密切反映整体经济状况，则这家企业的资产贝塔系数为1.0。如果这家公司的负债/权益比分别为0，1，5以及20，利用第24题的结论来计算权益贝塔系数。该结论表明资产结构与股东风险之间的什么关系？股东预期收益率是如何受到影响的？请加以解释。

26. **无杠杆权益资本成本** 资本成本方程为：

$$R_{\text{WACC}}=\frac{S}{B+S}R_S+\frac{B}{B+S}R_B$$

请证明杠杆企业的权益资本成本为：

$$R_S=R_0+\frac{B}{S}(R_0-R_B)$$

网络资源

1. **资本结构** 登录www.reuters.com网站，输入股票代码“AMGN”，查找Amgen生物公司的财务数据，包括长期负债/权益比、总负债/权益比。请比较 Amgen 与生物行业、标准普尔 500 指数的相关财务数据。查找公用事业公司 Edison International（股票代码 EIX），这是 Southern California Edison 的母公司。比较 Amgen 公司和 Edison International 公司的资本结构，你认为两家公司的差异可能是由什么引起的？

2. **资本结构** 登录 finance.yahoo.com，找到 "Stock Screener" 链接。查找负债/权益比大于 2 的公司数、大于 5 的公司数以及大于 10 的公司数。其中，哪家公司的负债/权益比最高？这个最大值是多少？查找负债/权益比为负的公司数。最低的负债/权益比是多少？如果一家企业的负债/权益比为负，说明了什么？

章末案例

Stephenson 地产公司的资本结构调整

Stephenson 地产公司成立于 25 年前，由现任 CEO 罗伯特·斯蒂芬森（Robert Stephenson）一手创立。该公司主营地产买卖，购买土地及楼宇并将其出租。在过去的 18 年里，公司每年都实现了盈利，股东对公司的管理层还是比较满意的。在成立 Stephenson 地产公司之前，罗伯特是一家经营不善的羊驼养殖农场的创始人兼 CEO。这段破产经历令他对债务融资深恶痛绝。因此，在后来经营地产公司的过程中，他完全采用了股权融资，目前在外流通普通股达 160 亿股。当前股价为 41.50 美元/股。

Stephenson 地产公司正在评估一项计划，即以 9 500 万美元在美国东南部收购大片土地，并将土地租给佃农。这项计划预计将使每年税前利润增加 2 020 万美元。该项目由公司新任 CEO 金·韦安德（Kim Weyand）全权负责。金得出当前资本成本为 10.5%。她认为，如果公司在资本结构中增加负债，就可以提升公司价值。因此，金正在评估是否应该完全用负债来为此项目融资。参考投资银行顾问的意见，她认为公司应以 7%的票面利率平价发行债券。根据判断，她相信最佳资本结构应包括 70%的权益和 30%的负债。如果该公司的负债超过 30%，则财务困境的概率和相关的成本将大幅上升，相应地，会降低公司的债券评级，同时会提高发行债券的票面利率。Stephenson 地产公司所在州和联邦企业所得税税率均为 40%。

1. 如果 Stephenson 地产公司希望实现总市值最大化的目标，你认为在购置土地时应采用债务融资还是权益融资？请加以解释。

2. 请编制 Stephenson 地产公司公告购置土地前的基于市值的资产负债表。

3. 假设 Stephenson 地产公司决定通过发行股票融资。

a. 项目的净现值是多少？

b. 请编制 Stephenson 地产公司公告采用权益融资后的基于市值的资产负债表。此时股票价格将为多少？Stephenson 地产公司需要发行多少股票以融得资金？

c. 请编制 Stephenson 地产公司权益发行后且购置土地前的基于市值的资产负债表。Stephenson 地产公司流通在外普通股股数是多少？此时股票价格是多少？

d. 请编制 Stephenson 地产公司购置土地之后的基于市值的资产负债表。

4. 假设 Stephenson 地产公司决定通过发行债券来融资。

a. 如果 Stephenson 地产公司通过债务融资，则其市场价值为多少？

b. 请编制 Stephenson 地产公司发行债务及购置土地之后的基于市值的资产负债表。此时股票价格是多少？

5. 哪种融资方案利于 Stephenson 地产公司每股股票价格的最大化？

第 15 章

资本结构：债务运用的限制

开篇故事

2015 年，凯撒娱乐（Caesars Entertainment）集团旗下最大的赌场俱乐部——凯撒娱乐运营公司申请美国《联邦破产改革法案》第 11 章破产保护。该公司有 18 项房地产和赌场包含在破产程序之内，但是在集团旗下其他公司内的 38 项房地产并不包含在破产程序之内。在申请破产之际，该公司列报的负债为 184 亿美元，资产约为 124 亿美元。凯撒集团每周消耗的现金约为 150 万美元。

仍是 2015 年，随着燃油价格的下跌，石油和天然气公司出现资金链断裂，该行业中有 42 家公司申请破产，总负债额为 178.5 亿美元。这些负债在有担保和无担保债权人中均匀分布。最大的破产公司是萨姆森资源公司（Samson Resources），列报的负债为 43 亿美元。该公司在 2011 年以 71 亿美元价格被收购，但是利息支付和天然气价格的下跌导致公司从被收购到破产申请之间出现 45 亿美元的损失。

如同这些案例所揭示的，公司使用财务杠杆存在一个限制：过度使用杠杆会产生破产风险。在本章，我们将探讨破产的相关成本以及公司如何避免破产。

15.1　财务困境的成本

影响企业可能使用的债务额度的一个限制因素来自破产成本（bankruptcy costs）。随着负债/权益比提高，企业无法按承诺偿付债权人的可能性也随之增加。当破产发生时，企业资产的所有权最终从股东转移到债权人。

理论上，当企业资产的价值等于债务时，企业就破产了。当破产发生时，股东权益价值为零，股东把企业的控制权移交给债权人。倘若如此，债权人获得价值等于债务的资产。在完美世界里，所有权的转移没有成本，债权人不会有损失。

当然，这只是对破产理想化的观点，在现实世界里是不可能发生的。具有讽刺意味的是，破产很昂贵。正如下面所要讨论的，破产相关的成本最终可能足以抵消杠杆带来的税收节约好处。

直接破产成本

当企业资产价值等于债务价值时，企业净资产就没有价值；从这种意义上讲，企业在经济上破产了。然而，资产正式转移到债权人是一个法律过程，而非经济过程。破产存在法律和管理成本，而且如人们所说的，破产对于律师如同鲜血对于鲨鱼。

为让你对破产的相关成本有个印象，考虑金融巨头雷曼兄弟（Lehman Brothers）的破产案。雷曼兄弟于 2008 年 9 月申请破产。3 年半之后，雷曼从破产边缘挣扎过来，成为一家清算公司，主要任务是偿还其债权人债务和投资者投资。到那个时候，律师、顾问、会计师和其他专业人士从中赚取了超过 22 亿美元的费用。安然公司的破产费用金额高居第二，相关的费用高达 10 亿美元。相比之下，世通公司和通用汽车公司破产案的费用仅为 6 亿美元。

由于破产需要花费相关成本，债权人无法收回其借出去的全部款项。企业的一部分资产在走完破产的法律程序后会“蒸发掉”，用于支付在这一过程中发生的法律和管理费用。我们称这些成本为**直接破产成本**（direct bankruptcy costs）。

这些直接破产成本是债务融资的阻碍因素。如果企业走向破产，那么企业的一部分资产突然就消失掉。消失掉的金额相当于破产“税”。所以，企业面临某种权衡：举债可以节约公司税收，但是举债越多，企业出现破产和不得不支付破产税的可能性越大。

间接破产成本

因为申请破产费用高昂，所以企业不得不耗费一些资源来避免破产。当企业面临偿还债务义务的重大困难时，我们说企业正面临财务困境。一些财务困难企业最终走向破产，但是多数没有破产，因为它们能恢复过来并生存下去。

一家处于财务困境中的企业避免引起破产申请的成本称为**间接破产成本**（indirect bankruptcy costs）。我们用**财务困境成本**（financial distress costs）一词来泛指破产和避免破产申请的直接成本和间接成本。

卡特勒（Cutler）和萨默斯（Summers）考察了引起广泛关注的Texaco公司破产案。① 1984年1月，Pennzoil公司达成一项收购Getty Oil公司3/7股权的捆绑协议。然而，不到一周以后，Texaco公司以更高的每股价格收购了Getty Oil公司全部股份。随后Pennzoil公司起诉Getty Oil公司违约。因为Texaco公司先前保证Getty Oil公司免于诉讼，所以Texaco公司要承担赔偿责任。

1985年11月，得克萨斯州法院裁决支付给Pennzoil公司120亿美元的赔偿金。尽管这个数额后来有所下调，仍导致Texaco公司申请破产。卡特勒和萨默斯识别出诉讼过程中的九大重要事件。他们发现Texaco公司的市场价值（股价乘以流通在外股票数）在这些事件中累计下跌了41亿美元，而Pennzoil公司仅仅上涨了6.82亿美元。因此，Pennzoil公司只获得了Texaco公司损失的1/6，两家企业合计净损失将近35亿美元。

如何解释这一净损失呢？卡特勒和萨默斯认为这可能归因于Texaco公司和Pennzoil公司间的诉讼和随后的破产成本。他们认为，直接破产成本仅是这些成本的很小一部分，Texaco公司的税后律师费大概是1.65亿美元。Pennzoil公司的律师费比较难估计，因为Pennzoil公司的首席律师乔·贾梅尔（Joe Jamail）公开宣称没有发生任何律师费用。然而，通过巧妙的统计分析，他们估计他的律师费大概为2亿美元。所以，应该到其他地方去查找这么大一笔费用开支。

财务困境的间接成本或许就是这笔巨额损失的“肇事者”。Texaco公司在法庭上的一份书面陈述讲道，诉讼发生后，公司的一些供应商要求现金支付，其他供应商停止或者取消了原油的运输，部分银行限制了Texaco公司在外汇市场使用期货合约。书面陈述强调这些限制降低了Texaco公司的运营能力，导致其财务状况恶化。这些间接成本能解释Texaco公司市值下跌和Pennzoil公司市值上涨的35亿美元差额吗？遗憾的是，尽管这里很明显是间接破产成本起主要作用，但是没有一种简单的方法对它们恰当量化估算。

---

① David M. Cutler and Lawrence H. Summers, “The Costs of Conflict Resolution and Financial Distress: Evidence from the Texaco-Pennzoil Litigation,” *Rand Journal of Economics* (Summer 1988).

代理成本

只要企业存在债务，股东和债权人的利益冲突就会产生。正因为如此，股东都追求采取自利策略。尤其在存在财务困境时利益冲突会进一步加剧，给公司增加了**代理成本**(agency costs)。我们描述三类股东侵害债权人的自利策略。这些策略的代价高昂，因为它们降低了整个企业的市场价值。

自利投资策略 1：敢冒高风险的诱因 濒临破产的企业常常愿意冒高风险，因为它们知道使用的是他人的钱。为说明这一点，假设一家杠杆企业正在考虑两个互斥的项目：一个低风险项目及一个高风险项目。未来有繁荣和衰退两种可能的结果，发生的概率各半。公司的处境极其困难，假定出现衰退，若采纳某一项目公司会濒临破产，而采纳另一项目公司笃定会破产。若选择低风险项目，整个公司的现金流量预计如下：

	若采纳低风险项目，整个企业的价值					
	概率	企业的价值	=	股票	+	债券
衰退	0.5	$100	=	$0	+	$100
繁荣	0.5	200	=	100	+	100

如果发生衰退，企业价值是 100 美元；如果出现繁荣，企业价值将是 200 美元。企业的预期价值是 150 美元（0.5×100+0.5×200）。

企业承诺支付债权人 100 美元。股东获得总收益与支付给债权人金额之间的差额。换句话说，债权人对收益有优先索取权而股东只有剩余索取权。

现假设用另一个高风险的项目替代低风险项目。收益和发生概率如下：

	若采纳高风险项目，整个企业的价值					
	概率	企业的价值	=	股票	+	债券
衰退	0.5	$50	=	$0	+	$50
繁荣	0.5	240	=	140	+	100

企业预期价值是 145 美元（0.5×50+0.5×240），低于采纳低风险项目下企业的预期价值。因此，如果企业 100%采用权益融资，企业将采纳低风险项目。然而，注意采纳高风险项目下股票预期价值是 70 美元（0.5×0+0.5×140），而采纳低风险项目下股票预期价值才是 50 美元（0.5×0+0.5×100）。在当前企业有杠杆的状态下，股东将采纳高风险项目，尽管高风险项目的净现值较低。

关键在于，相对于低风险项目，高风险项目在繁荣期增加了企业价值而在衰退期减少了企业价值。繁荣期价值的增长为股东所获取，因为不管是否采纳项目，债权人都将获得全额偿付（他们将收到 100 美元）。相反，在衰退期债权人损失掉下跌的部分价值，因为采纳低风险项目时他们获得全额偿付，而采纳高风险项目时他们只获得 50 美元。在衰退期，无论选择低风险项目抑或高风险项目，股东都将一无所获。因此，金融学家认为股东通过选择高风险项目掠夺债权人的价值。

一个可能是编造的故事证明了这个观点。在联邦快递公司成立的前几年里，公司财务濒临崩溃。创始人弗雷德里克·史密斯（Frederick Smith）在绝望中取走公司

20 000 美元资金来到拉斯韦加斯。他在赌桌前赌赢了，获得了足以使公司生存下来的资本。但若他失败了，当公司破产时，银行仅可获得比 20 000 美元还少的资金。

自利投资策略 2：倾向投资不足的诱因 破产可能性极大的公司的股东经常发现，新的投资以牺牲股东的利益为代价来帮助债权人。最简单的案例也许是一个濒临破产的房地产所有者。如果他自己拿出 100 000 美元翻新建筑物，建筑物的价值能增加 150 000 美元。虽然该投资的净现值大于 0，但如果价值的增加并不能阻止破产，他将拒绝此投资。“为什么，”他问，“难道我应该用自己的资金来增加一幢不久将被银行收回的建筑物的价值吗?”

通过以下简单例子来阐述该论点。假设一家企业年底应支付本金和利息共 4 000 美元。如果经济衰退发生，企业的现金流量只有 2 400 美元，那么企业就将陷入破产境地。企业的现金流量列示在表 15－1 的左半侧。在衰退期，企业可通过筹集新权益投资于一个新项目来避免破产。项目耗资 1 000 美元且无论何种情况均可带来 1 700 美元的收益，这表明项目净现值为正。显然在一个全权益融资的企业，项目可能被采纳。

表 15－1　投资不足的诱因

	没有项目的企业		有项目的企业	
	繁荣	衰退	繁荣	衰退
企业现金流量	\$5 000	\$2 400	\$6 700	\$4 100
债权人的权益	4 000	2 400	4 000	4 000
股东的权益	\$1 000	\$0	\$2 700	\$100

说明：项目具有正的净现值。然而，绝大部分的净现值都被债权人获取。代表股东利益的理性管理者会拒绝采纳项目。

然而，项目损害了杠杆企业股东的利益。为理解这一点，假设老股东自己捐助 1 000 美元[①]，没有项目的股东收益预期值是 500 美元（0.5×1 000＋0.5×0），有项目的预期值是 1400 美元（0.5×2 700＋0.5×100）。股东收益仅增长了 900 美元（1 400－500），而成本却是 1 000 美元。

关键是股东贡献了 1 000 美元的全部投资，却要与债权人一起共享收益。如果出现繁荣，股东获得全部收益。相反，在衰退期，债权人获得项目的大部分现金流量。

自利投资策略 1 的讨论与自利投资策略 2 极其相似。在两种情形下，杠杆企业的投资策略不同于无杠杆企业的投资策略。因此，财务杠杆导致投资政策扭曲。无杠杆企业总是选择净现值为正的项目，而杠杆企业则可能偏离该政策。

自利投资策略 3：撇脂 另一个策略是在财务困境时期支付额外股利或其他分配，留下少许给债权人。这被称为“撇脂”（milking the property），一个源自房地产的术语。策略 2 和策略 3 非常相似。在策略 2 中，公司选择不增加新权益。策略 3 则更进一步，因为股东权益实际上通过股利被收回。

自利投资策略总结 只有存在财务困境或者企业破产时，才会发生上述扭曲行为。这些扭曲的行为不会影响像通用电气这样一家多元化经营的一流企业，因为破产对它而

① 如果 1 000 美元是从新股东处筹集的，将得出相同的定性结论。不过，我们必须决定发行多少新股，这会使计算变得困难得多。

言不存在现实可能性。换句话说，通用电气公司的债务实际上是无风险的，这与其所采纳的项目无关。对国家公用事业委员会保护的受管制公司而言，可得到相同的结论。然而，对处于高风险行业的小企业而言，比如计算机企业，可能受到这些扭曲行为的影响较大。计算机行业的投资机会往往比现有资产多，同时也面临激烈的竞争以及未来收益的不确定性。因为这些扭曲行为与财务困境相关，所以我们将其纳入财务困境的间接成本。对面临这些扭曲行为影响的企业，债务融资很难获得或者获得的代价很高，因而这些企业的杠杆比例比较低。

谁来承担自利投资策略的成本呢？我们认为最终是由股东承担。理性的债权人知道，当财务危机迫近时，他们不可能指望从股东那里得到帮助。相反，股东很可能选择减少债券价值的投资策略。相应，债权人通过要求提高债券利率来保护自己。因为股东必须支付这些高利率，他们最终要负担自利投资策略的成本。股东和债权人之间的关系非常类似于 20 世纪 30 年代的好朋友兼电影明星——埃罗尔·弗林（Erroll Flynn）同戴维·尼文（David Niven）之间的关系。据报道，尼文曾说关于弗林的好事情是你确切地知道你与他处于什么境况。每当你需要他的帮助时，他总是让你失望。

15.2　能够降低债务成本吗

美国参议员的口头禅是："这里 10 亿，那里 10 亿，累计起来数目很快就变得相当可观了。"① 以上我们提到的财务困境的每一项成本本身都是相当大的，它们的总和完全能严重影响债务融资。因此，管理者具有降低这些成本的动机。我们现在就转而讨论一些降低债务成本的方法。不过，在一开始就应指出，以下方法至多能降低债务成本，但不能完全消除这些成本。

保护性条款

我们在前面的章节讨论过，贷款协议和债券契约经常包括保护性条款。这些条款能降低破产成本，并最终提高企业的价值。因此，股东很可能喜欢所有合理的条款。为理解这点，考虑三种股东降低破产成本的选择。

1. 不发行债务。因为债务享有税收抵减，这是一种代价很高的避免冲突的方式。

2. 发行无限制性条款和保护性条款的债务。在这种情况下，债权人将要求较高的利率以补偿他们的债务未受保护的状况。

3. 在贷款协议中写入保护性条款和限制性条款。若条款清楚地写明：债权人可以受到保护而不会给股东增加巨额成本，他们将乐意接受较低的利率。

因此，即使债券条款减少了灵活性，也能增加企业价值。它们成为协调股东与债权人冲突成本最低的办法。表 15－2 列示了典型的债券条款及其应用。

① 最早引用的人通常被认为是参议员埃弗里特·德克森（Everett Dirksen），不过他是否真的说过此话已无从得知。

表 15-2　　贷款条款

条款种类	股东行为或者企业形势	条款的理由
财务报表指标 1. 营运资本需求 2. 利息保障倍数 3. 最小净值	企业接近财务困境，股东可能要求企业进行高风险投资	股东在破产前损失价值；破产时债权人利益受损较股东（有限责任）大得多；投资的扭曲导致风险增大，债权人利益受损
资产处置的限制 1. 限制股利 2. 限制资产出售 3. 担保和抵押	股东试图将企业资产转移给自己	限制股东转移资产的能力和投资不足的情况
转换资产的限制	股东试图增大企业的风险	企业风险增加有利于股东；债权人因投资扭曲导致的风险增加而受损
稀释 1. 限制租赁 2. 限制进一步借款	股东可能试图发行同等条件或者更有优先权的新债务	限制稀释现有债权人的权益

债务合并

破产成本如此之高的一个原因就是不同的债权人（和他们的律师）之间相互竞争。这个问题可以通过债权人和股东之间的适当安排得到缓解。例如，可能有一个或最多几个贷款者能承担全部债务。假如财务困境发生，在这种安排下谈判成本最小。此外，债权人也可购买股票。在这种方式下，股东和债权人不会相互对立，因为他们不是相互独立的实体。这在日本似乎是一种解决办法，日本的大银行一般在向其贷款的公司中持有相当大的股票份额。在日本，负债/权益比远高于美国。

15.3 税收和财务困境成本的综合影响

MM 认为，在有公司税的情形下，企业的价值随着杠杆的增加而上升。由于这暗指所有企业都应选择最高水平的债务，该理论并未预见在现实世界中企业的行为。其他学者提出，破产成本和相关成本会降低杠杆企业的价值。

图 15-1 描述了税收和财务困境成本的综合影响。图上方的斜线代表无破产成本世界里的企业价值。∩形曲线代表含这些成本的企业价值。当公司由全权益结构转向少量债务结构时，∩形曲线也随之上升。这里，由于陷入财务困境的概率很小，财务困境成本的现值最小。然而，随着企业举借的债务越来越多，这些成本的现值以一个递增的比率上升。在某一点，由额外债务额引发的这些成本现值的增加等于税盾现值的增加。这是企业价值最大化的债务水平，在图 15-1 中用 B^* 表示。换言之，B^* 是最优的债务量。超过这一点，破产成本增长快于税盾价值的增长，意味着企业价值因财务杠杆的进一步增加而减少。在图 15-1 下方，加权平均资本成本随着资本结构中债务的不断增加而下降。当达到 B^* 后，加权平均资本成本开始上升。债务的最优水平也导致最低加权平均资本成本。

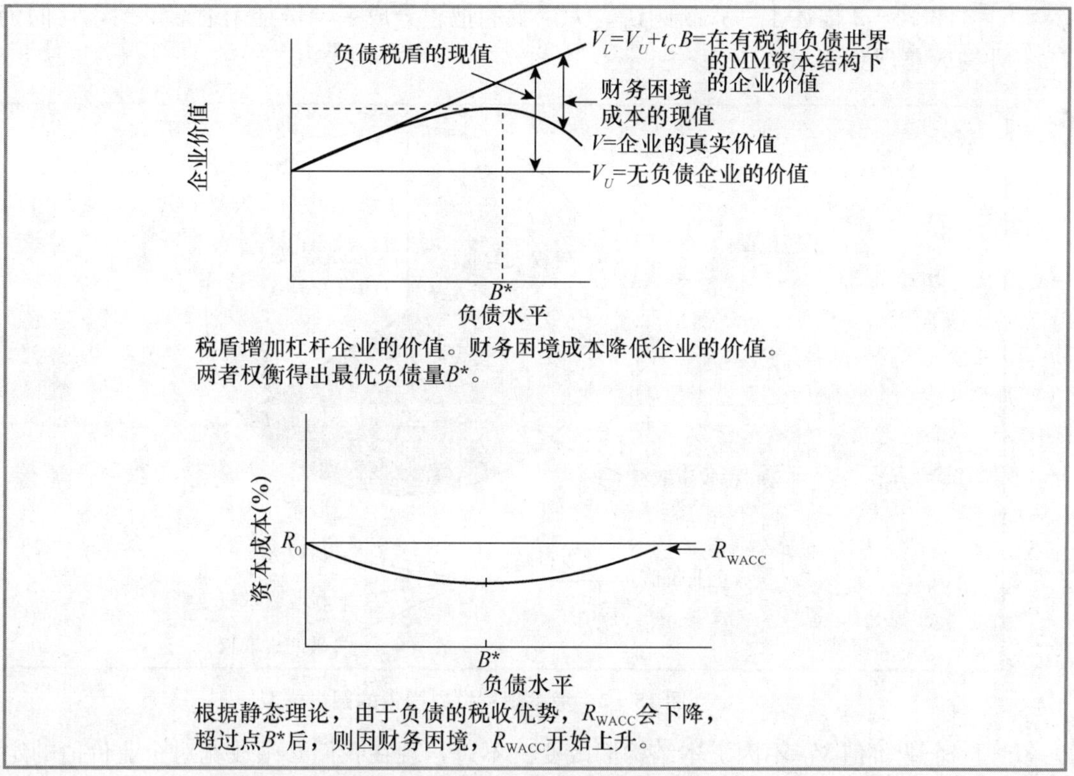

图 15－1　债务的最优量和企业价值

我们的讨论表明，企业资本结构决策必须权衡债务的税收好处和财务困境成本。事实上，这一方法常称为资本结构的权衡（trade-off）或者静态权衡（static trade-off）理论。这意味着，对于任何企业都存在最优债务量。这一债务量成为企业的目标债务水平。在现实金融世界里，这一最优量常被称为企业的借债能力（debt capacity）。因为财务困境成本无法精确衡量，因此，目前仍然没有一个精确确定企业最优债务水平的公式。然而，本章的最后提供了在现实世界选择负债/权益比的若干经验法则。这使人想起凯恩斯的一句名言：虽然大多数历史学者会赞同伊丽莎白女王一世（Queen Elizabeth Ⅰ）较维多利亚女王（Queen Victoria）而言既是一个更好的统治者也是一个更不快乐的女人，但没有人能够用一个精确、严密的公式来表达这一说法。

再提圆饼理论

MM 理论的批评者经常指责，当增加诸如税收和破产成本之类的现实世界因素后，MM 理论就不再成立。然而，这是对 MM 理论实际价值的盲目评论。圆饼理论为我们提供了一个思考这些问题及资本结构角色较有建设性的方式。

税收仅仅是对企业现金流量的另一种索取权。设 G（指政府和税收）代表政府对企业征收的税收价值。破产成本也是另一种对现金流量的索取权，用 L（支付给律师）标示其价值。圆饼理论认为所有这些权利只能从企业的现金流量（CF）中获得，在代数上，有

CF＝支付给股东＋支付给债权人＋支付给政府＋支付给律师
　　＋支付给企业所有其他权利人的现金流量

图 15-2 描述了一张新圆饼。无论我们把它分成多少份且无论谁得到，它们仍须合计构成总现金流量。

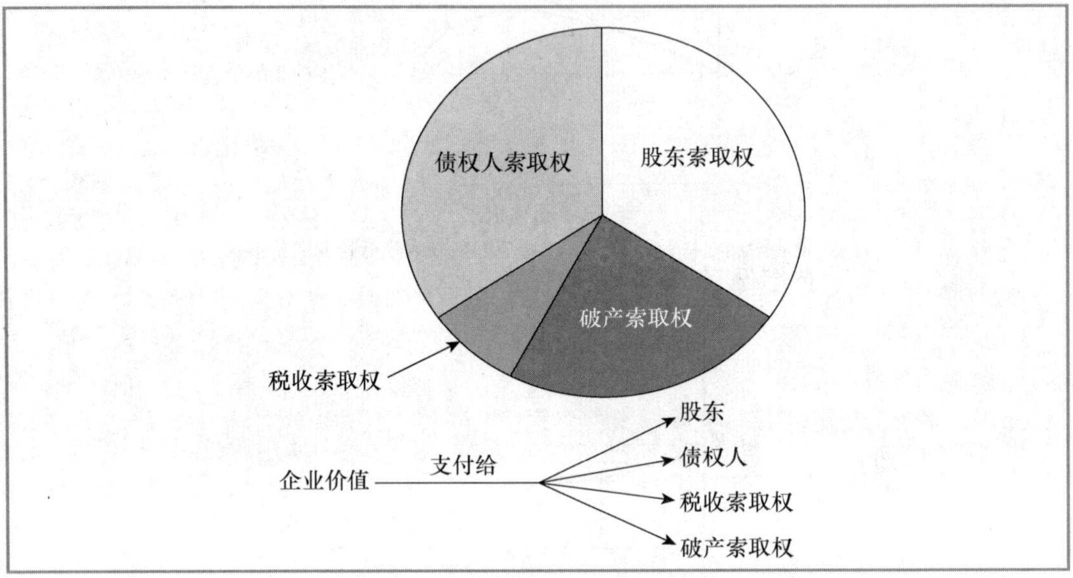

图 15-2　考虑现实世界因素的圆饼模型

企业价值 V_T 不因资本结构而改变。不过，现在我们必须放宽对企业价值的定义：

$$V_T=S+B+G+L$$

前面我们曾把公司的价值写成：

$$S+B$$

当时我们忽略了税收和破产成本。

到目前为止，我们还未开始详尽地研究公司对现金流量的财务索取权的清单。举一个特别的例子，阅读本书的每个人对通用汽车公司的现金流量都有一份经济权利。毕竟，如果在一次事故中受伤，你就可能起诉通用汽车公司。无论输赢，通用汽车公司都将花费资源来处理此事。如果你认为这个例子是牵强且不重要的，那么问问你自己，通用汽车公司也许愿意向这个国家的每一位男性、女性和孩子支付金钱，以使他们承诺无论发生什么事，也绝不会起诉通用汽车公司。法律不允许这样的支付，但并不意味着所有这些潜在权利的价值不存在，我们估计其会达到数十亿美元。而且对通用汽车公司或其他任何公司而言，圆饼图中应有一小块标识为 LS 的圆饼，代表"潜在的诉讼案件"。

这正是 MM 直觉和理论的本质：V 等于 $V(\text{CF})$ 并取决于企业的总现金流量。资本结构仅仅是将它切成若干份。

然而，在诸如股东和债权人一方的索取权与政府和潜在诉讼当事人另一方的索取权之间存在重要区别。第一组索取权是**市场交易索取权**（marketed claims），第二组是**不可交易索取权**（nonmarketed claims）。在两者之间，一个区别是市场交易索取权可在金融市场上买卖，而不可交易索取权却不能。

当我们谈到企业价值时，一般仅指市场交易索取权的价值 V_M，而不是不可交易索取权的价值 V_N。我们曾指出总价值

$$V_T=S+B+G+L=V_M+V_N$$

这是不变的。但正如我们看到的，市场交易索取权的价值 V_M 大体上随资本结构的变化而变化。

根据圆饼理论，V_M 的任何增加必定意味着 V_N 的等额减少。理性财务经理会选择最大化市场交易索取权 V_M 价值的资本结构。同样，理性经理会使不可交易索取权 V_N 的价值最小化。在前面的例子中存在税收和破产成本，但也包括其他诸如 LS 索取权之类的所有不可交易索取权。

15.4 信　号

前面章节指出，公司杠杆决策需要权衡税收带来的好处和财务困境成本。这个思想可描绘在图 15－1 中。当债务水平低时，债务的边际税收好处超过财务困境成本；当债务水平高时则相反。当边际税收好处等于边际成本时，企业的资本结构最优。

让我们进一步探讨这个观点。公司的盈利能力与它的债务水平之间是什么关系？一家预期盈利水平低的企业可能采用低债务水平，这时只有很少的利息可以在这家企业的税前利润中扣除。过多的债务会提高企业预期的财务困境成本。一家更成功的企业很可能采用更多的债务。这样企业能运用额外的利息从更高的利润中抵扣，从而节约更多的税收。而且财务越安全，企业会发现额外负债所带来的破产风险的增加越小。换言之，当盈利预期上升时，理性企业会通过债务筹资（同时伴随着利息的支付）。

投资者对增加债务有什么反应？理性投资者很可能推断，债务水平更高的企业，其价值更高。因此，当企业发行债务来回购股东权益时，这些投资者可能竞相出高价购买企业股票。我们说投资者把债务视为企业价值的一种信号（signal）。

现在我们来讨论管理者愚弄公众的动机。考虑一家最优债务水平的企业。也就是说，债务的边际税收好处恰好等于债务的边际成本。然而，假若企业的管理者渴望提高企业当前的股价，或许是因为他知道企业的许多股东想不久后出售他们的股票。这个管理者可能会提高债务水平以使投资者认为企业的价值比现实更高。如果该策略奏效，投资者会推高股票价格。

这意味着企业可以通过承担额外的债务来愚弄投资者。现在让我们问一个大问题。额外债务有益处而没有成本是否意味着所有的企业都应尽可能多地负债？遗憾的是，答案是这些额外的负债也会带来成本。想象一下一家企业发行额外的债务只是为了愚弄公众。在某些时候，市场迟早会认识到企业价值毕竟没那么高。到那时，股价必然会下跌至低于市场预期未增加发行债务时的价格。为什么？因为企业的债务水平现在高于最优水平。也就是说，债务的边际税收好处低于债务的边际成本。因此，如果当前股东计划卖掉一半的股票并保留另一半的股票，债务增加有助于他们即刻出售一半股票，但是可能会损害他们另一半股票的价值。

需要特别注意的是，我们早前谈到，在管理者不试图愚弄投资者的世界里，高价值企业会比低价值企业发行更多的债务。事实证明，即使管理者试图愚弄投资者，高价值企业也会比低价值企业发行更多的债务。也就是说，当所有企业都提高债务水平（其中一些企业是想愚弄投资者）时，额外债务的成本阻挡了低价值企业比高价值企业发行更多的债务。因此，投资者依然将债务水平视为企业价值的一个信号。换言之，投资者仍然把债务发行公告视作企业的正面信号。

上述是简化的关于债务信号的例子，有人会认为这过于简化。例如，或许一些企业的股东想立刻出售他们绝大部分股票，其他企业的股东现在只是想出售少许股票。这里不可能分辨出债务最多的企业价值最高，还是那些股东想趁早卖掉股票的企业价值最高。虽然还存在其他反对意见，但信号理论被实证证据证明是最有效的。而且，幸运的是，实证证据倾向于支持该理论。

例如，考察关于**转换发行**（exchange offers）的证据。企业经常通过转换发行来改变其债务水平。转换发行有两种类型：第一种类型的转换发行允许股东将他们的股权换成债权，从而提高杠杆水平。第二种类型的转换发行允许债权人将他们的债权换成股权，从而降低杠杆水平。图 15－3 表明，股票价格与通过转换发行改变企业债权股权比例的关系。图中的实线表示，当公告将增加杠杆的转换发行时，股票价格显著上升（这个时点指的是图中的时点 0）。相反，图中的虚线表示，当公告将减少杠杆的转换发行时，股票价格显著下跌。市场从一家企业债务的增加推断其变得更好，导致股价上涨。相反，市场从一家企业债务的减少推断其在变差，导致股价下跌。因此，我们说，管理层在改变企业杠杆的同时，也在传递某些信号。

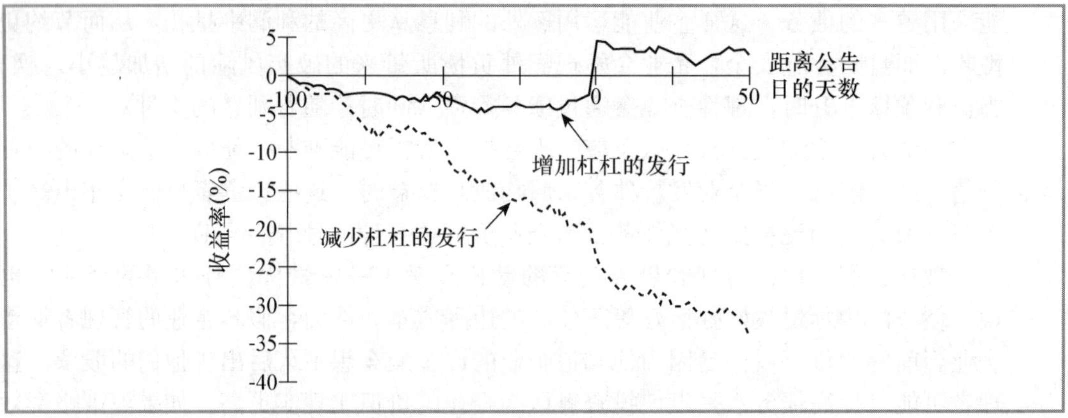

图 15－3 转换发行公告日的股票收益率

说明：转换发行改变企业的权益负债率。该图表明转换发行增加杠杆的企业股价上升。相反，转换发行降低杠杆的企业股价下跌。

资料来源：K. Shah, "The Nature of Information Conveyed by Pure Capital Structure Changes," *Journal of Financial Economics* 36 (August 1994).

15.5 优序融资理论

权衡理论长期以来在公司理财领域占据了主导地位，不过优序融资理论（pecking-order theory）也颇受关注。为理解该理论，让我们将自己置于一个公司财务经理的位置，所在公司需要筹集新的资本。管理者面临发行债务还是发行股票的选择。以前我们根据税收益处、财务困境成本和代理成本来做决策。然而，到目前为止我们还忽略了一个因素：择时。

设想管理者这么说：

> 我只在一种情况下发行股票，那就是当股票价值被高估时。如果所在企业的股票当前价格为每股 50 美元，但是我认为它实际值 60 美元，我不会发行股票。此时发行股票，相当于给予新股东馈赠，因为他们只需为价值 60 美元的股票支付 50 美元。更重要的是，现有的股东会感到沮丧，因为企业只收到 50 美元现金却失去价值 60 美元的资产。所以当我确信股票价值被低估时，会选择发行债券。债券，尤其是那些很少或者几乎没违约风险的债券能被准确定价。它们的价值主要由市场利率决定，而市场利率众所皆知。但是，假定我们的股票按每股 70 美元出售，此时我将乐意发行股票。如果我能让一些人按 70 美元的价格购买实际价值只有 60 美元的股票，将为现有股东创造 10 美元的财富。

尽管这让你觉得有点讽刺，但现实情况确实如此。在美国实施内幕交易和披露准则前，很多管理者被怀疑在权益发行前吹嘘企业的前景。而且，即使在今天，管理者似乎也更愿意在股价上涨而非在股价下跌时发行权益。所以，择时或许是权益发行的一个重要动机，甚至可能比在权衡模型中的那些动机更重要。毕竟，在上面的例子里，企业通过恰当择时发行权益能即刻赚取 10 美元。减少 10 美元的代理成本和破产成本也许需要很多年才能实现。

让本例起作用的关键在于信息不对称：管理者比外部投资者知道更多关于企业前景的信息。如果管理者对企业真实价值的估计不如一个普通的投资者准确，那么管理者任何择时发行权益的尝试都会失败。这一信息不对称假设是相当可信的。由于管理者每天都在企业，因此他们应该比外部投资者知道更多关于企业的信息（需要提醒注意的是，有些管理者对企业的持续乐观会导致判断失误）。

本例的讨论尚未结束，我们必须同时考虑投资者的行为。想象一下一位投资者会这么说：

> 我要谨慎投资，因为这花的是我辛苦赚来的血汗钱。但是，即使我投入所有时间研究股票，也不可能了解管理者所知道的。毕竟，我每天还得工作。所以，我只需密切注意管理者的行为。如果一家企业发行股票，企业很可能在此之前被高估。如果一家企业发行债券，它则很可能被低估。

当我们同时关注发行方和投资者时，这就好比某种扑克牌游戏，游戏的一方试图通过智取击败另一方。在这个扑克牌游戏里，发行方有两种策略。第一种方法相对直接，就是当股价被低估时以发行债券来替代权益。第二种方法要狡诈得多，当股价被高估时也发行债券。毕竟，如果企业发行权益，投资者会推断股价被高估，因此不会购买股票，除非股价回落到发行权益没有额外收益的水平。事实上，只有股价被高估最多的企业才有动机发行权益。假设一家股价被适度高估的企业发行权益，投资者会推断这家企业股价被高估最多，这将导致股价的下跌会超过应有的幅度。因此，最后会导致没有企业发行权益。

所有企业都应发行债务的结论显然过于极端。它的极端如同：(1) 在没有税收的情形下，MM 的结论是企业对资本结构漠不关心；(2) 在有公司税但没有财务困境成本的情形下，MM 的结论是所有企业都应百分之百债务融资。或许我们在财务领域对极端模型都有着强烈的嗜好！

但是，就像通过整合财务困境成本和公司税可以修正MM的结论一样，我们可以修正纯优序融资理论。纯优序融资理论假设择时是财务经理唯一的考虑。在现实中，管理者还必须考虑税收、财务困境成本和代理成本。因此，一家企业举借债务直至某一程度。如果超过这一程度，财务困境成为现实可能时，企业可以发行权益来替代。

优序融资规则

上述讨论阐述了优序融资理论背后的基本思想。这一理论对财务经理有什么实践意义呢？该理论对现实世界提供了如下两条规则。

规则1：采用内部融资 出于解释说明的目的，我们通过比较权益和无风险债务将问题高度简化。管理者无法利用特有信息来判断这类债务是否错误定价，因为无风险债务价格只能由市场利率来确定。然而，在现实中，公司债务是存在违约可能的。所以，当管理者认为股价被高估时，他们有发行权益的倾向；当管理者认为债务被高估时，他们也有发行债务的倾向。

什么时候管理者会认为他们的债务被高估呢？其情形很可能与他们认为其权益被高估时相同。例如，如果公众认为企业前景乐观但管理者前瞻性地预见到未来的困境，这些管理者将认为他们的债务以及权益都被高估。也就是说，公众或许把债务视为几乎无风险，而管理者却察觉到很高的违约概率。

因此，同他们对权益的定价一样，投资者可能对债务的定价充满质疑。管理者消除质疑的方法就是通过留存收益来为项目融资。如果你从一开始就避免求助于投资者的话，也就不用担心投资者的质疑了。因此，优序融资理论的第一条规则是：

采用内部融资。

规则2：优先发行最低风险的证券 虽然投资者担心债务和权益都被错误定价，但是投资者更害怕权益被错误定价。对比股东权益，公司债务的风险仍然相对较低，因为只要企业不陷入财务困境，投资者就可以获取固定的收益。所以，优序融资理论意味着，如果不得不外部融资，发行债务排在发行权益前面。只有当企业的借债能力饱和时，才考虑权益融资。

当然，债务有很多种。例如，可转换债券的风险比普通债券高。优序融资理论意味着企业必须先发行普通债券，然后才是可转换债券。因此，优序融资理论的第二条规则是：

优先发行最低风险的证券。

推　论

优序融资理论有很多推论，这些推论与权衡理论不相一致。

1. 不存在目标财务杠杆。根据权衡模型，任何企业都会权衡债务的好处，比如税盾、债务资本成本、财务困境成本。当债务的边际收入等于债务的边际成本时，财务杠杆达到最优水平。

与之形成鲜明对照的是，优序融资理论认为不存在财务杠杆的目标值。相反，每家公司应该基于其融资需求来选择杠杆比例。企业首先通过留存收益来为项目筹措资金。这会降低资本结构中债务的比重，因为企业是盈利的，内部融资的项目能同时提高权益的账面价值和市场价值。不够的资金通过债务融资，这无疑会提高债务水平。然而，在某一点上企业的借债能力可能饱和，此时必须通过发行权益来融资。因此，杠杆比例由项目的偶然事件决定。企业不追求目标负债/权益比。

2. 盈利企业举债更少。盈利的企业内部产生现金，意味着其外部融资需求较少。因为企业需要外部融资时才考虑债务，盈利企业也就较少依赖债务。权衡理论没有这一含义。盈利水平高的企业有较多的现金流量，举债能力更强。这些企业会利用这一举债能力来获取杠杆的税盾和其他好处。

3. 企业喜欢财务宽松。优序融资理论的基础是企业以合理成本融资很困难。当管理者试图发行更多权益时，多疑的投资者会认为股价被高估，进而导致股价下滑。而这种情况发生在债务发行上的可能性较小，因而管理者优先考虑债务融资。这样，在产生潜在的财务困境成本之前，企业只能发行尽可能多的债务。

提前备有现金岂非更容易？这就是财务宽松（financial slack）背后的观点。因为企业知道未来需要为盈利项目筹措资金，于是从今天开始积累现金。这样，一旦有项目需要融资，它们也不用被迫到资本市场融资。然而，企业自身积累的现金数额是有限的。因为在前面章节曾提到，过多的自由现金流会诱使管理者挥霍浪费。

15.6 企业如何确定资本结构

资本结构理论是财务领域中最优美又最深奥难解的理论之一。金融学家应当（且必须）激励自己在该领域做出贡献。然而，该理论的实际应用不能令人完全满意。我们对净现值的研究已经得到了对项目评估的准确公式。相比之下，不管在权衡模型还是在优序融资理论下，关于资本结构的处理方式都是模糊的。没有确切的公式可用于评价最优负债/权益比。正因为这样，我们转而看看源自真实世界的证据。

在制定资本结构政策时，以下经验规则值得借鉴。

1. 大多数公司的负债/权益比都较低。在现实世界里，到底使用多少的债务？图 15－4 显示了 37 个国家样本企业的负债/权益比，即负债账面价值与企业市场价值的比率。该比率范围从韩国的 50%以上到澳大利亚的不足 10%。美国公司的负债/权益比在最低值中排名第四。

这些比率是高还是低呢？如同早前讨论的，学者通常把减少公司税负看作公司使用债务的主要动机。所以，我们可能认为现实世界里的公司会发行足量的债务以大幅抵减或者全面抵减公司税收。实证证据表明，事实并非如此。例如，2015 年美国企业所得税大概为 4 000 亿美元。美国多数大型上市公司都要缴纳一些企业所得税，但有些公司并没有缴纳。[①] 所以，很明显公司并没有发行债务到充分利用税盾的水平。[②] 显然，公

---

① 举个例子，2014 年，美国《财富》500 强中只有 15 家公司并未缴纳企业所得税（*The Fiscal Times*，April 9，2015）。

② 读者如想进一步了解，请见：John Graham，“How Big Are the Tax Benefits of Debt?” *Journal of Finance* (2000).

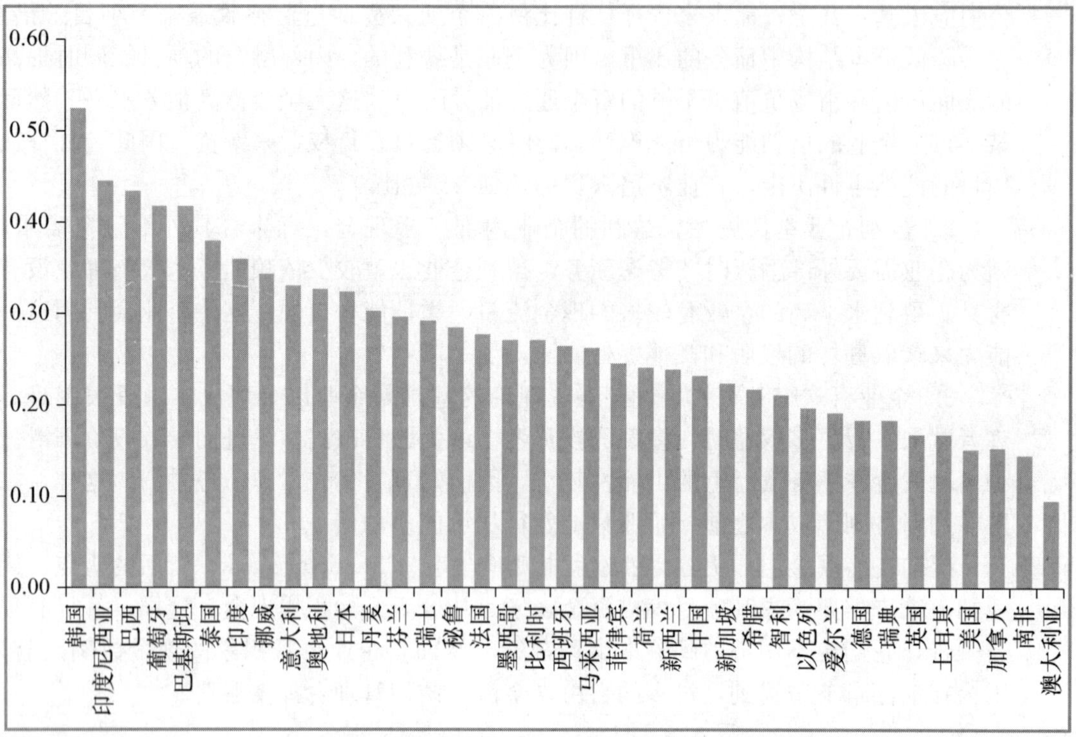

图 15-4　1991—2006 年 37 个国家样本企业杠杆率中位数

说明：杠杆率被定义为负债账面价值与企业市场价值的比率。

资料来源：Joseph P. H. Fan，Sheridan Titman，and Garry Twite，"An International Comparison of Capital Structure and Debt Maturity Choices，" *Journal of Financial and Quantitative Analysis*，Vol. 47，No. 1，February 2012，pp. 23-56.

司发行债务的数量存在限度，或许是受本章早前讨论的财务困境成本影响。

2. 很多企业没有债务。有学者考察了 1962—2009 年间美国大型上市公司的资本结构，发现 10.2%的样本企业平均而言没有负债，22%的企业负债率低于 5%。① 还有学者研究了七国集团（美国、英国、加拿大、法国、德国、意大利和日本）的零负债企业。他们的发现与研究美国企业的发现相似，即大约 10%的七国集团企业在 11 年间没有使用负债。两项研究都发现零负债行为是显著的，且没有随着时间推移而减少的倾向。②

即使企业具有现金结余、缴纳高额税收和支付高额股利时，零负债行为也明显。一般而言，这些企业的高管持股比例较高。而且，相比杠杆企业，全权益企业的家族持股比例更高。显然，管理人员和公司治理特征与零负债行为相关，而财务困境看起来并不是一个主要因素。

所以，故事就此产生。全权益企业的管理者比类似的杠杆企业更少多元化。正因为

① Lla Strebulaev and Boazhong Yang，"The Mystery of Zero Leverage Firms，" *The Journal of Financial Economic*，2013，V. 18，p. 1-23；Anup Agrawal and Nandu Nagarajan，"Corporate Capital Structure，Agency Costs，and Ownership Control：the Cost of All Equity Firms，" *Journal of Finance* 45（September 1990）.

② Wolfgang Bessler，Wolfganf Drobetz，Rebekka Haller，and Iwan Meir，"The International Zero Leverage Phenomenon，" *Journal of Corporate Finance*，December 2015，V. 23，p. 196-221. 此外，他们发现，在拥有资本市场导向的金融体系、普通法法系、对债权人高度保护的国家，有更多的零负债行为；在拥有银行导向的金融体系、民法法系、对债权人保护力度不高的国家，有更少的零负债行为。

如此，较高的财务杠杆意味着更大的风险，这是全权益企业的管理者所不愿意接受的。

3. 不同行业的资本结构存在差异。长期以来，不同行业之间债务比例存在显著差异。正如在表 15-3 中可以看出的，在有大量未来投资机会的高增长行业，如制药行业和电子行业，负债水平趋于降低。这是千真万确的，即使当外部融资需求很大时也是如此。而诸如建筑等有大量有形资产投资的行业，倾向于使用高杠杆。

表 15-3　　美国非金融行业的资本结构比率

	债务占权益市场价值和债务之和的百分比（行业中位数，%）
高杠杆	
广播和电视	59.60
航空运输	45.89
酒店	45.55
建筑	42.31
天然气输配	33.11
低杠杆	
电子设备	10.58
计算机	9.53
教育服务	8.93
制药	8.79
生物制品	8.05

说明：债务等于短期债务加上长期债务。数值是 5 年行业平均值的中位数。
资料来源：Ibbotson 2011 Cost of Capital Yearbook（Chicago：Morningstar，2011）.

为给出行业效应更具体的例子，我们利用来自 www.reuters.com 的比率考察强生公司和爱迪生公司（Consolidated Edison，ED）的资本结构信息。强生公司的资本结构如下（注意，在这个网站，杠杆比率按百分比表示）：

	公司	行业	部门
速动比率（最近一季度）	1.88	2.03	2.23
流动比率（最近一季度）	2.17	2.82	3.04
长期负债/权益比（最近一季度）	18.07	5.91	8.50
总负债/权益比（最近一季度）	27.91	8.91	11.78
利息保障倍数（最近 12 个月）	50.62	164.30	147.85

对于每 1 美元的权益而言，强生公司有 0.180 7 美元的长期债务和 0.279 1 美元的总债务。把这个结果与爱迪生公司对比：

	公司	行业	部门
速动比率（最近一季度）	0.74	1.01	1.81
流动比率（最近一季度）	0.81	1.10	1.96
长期负债/权益比（最近一季度）	91.99	121.02	97.72
总负债/权益比（最近一季度）	109.36	141.86	108.95
利息保障倍数（最近 12 个月）	4.09	6.77	10.49

对每 1 美元的权益而言，爱迪生公司有 0.919 9 美元的长期债务和 1.093 6 美元的

总债务。我们对比行业和所在部门的平均值，会再次发现明显的差异。对每1美元的权益，制药行业平均只有0.059 1美元的长期债务和0.089 1美元的总债务。相比之下，对每1美元的权益，电气设备业平均有1.210 2美元的长期债务和1.418 6美元的总债务。因此，我们看到资本结构的选择是一项管理决策，但显然受到行业特征影响。

4. 多数公司使用目标负债/权益比。格雷厄姆和哈维调查了392位财务总监，询问企业是否使用目标负债/权益比，结果如图15-5所示。[①] 如图所示，绝大多数企业都使用目标比率，尽管各公司对目标比率的恪守程度不同。只有19%的企业没有目标比率。研究结果还表明，大公司比小公司更可能设定目标比率。财务总监并没有具体说明是采取灵活目标比率还是固定目标比率。然而，在研究的其他部分，调查对象表明，他们基本上并不反对会因企业股价变动而对资本结构进行调整，这说明目标比率具有一定的灵活性。

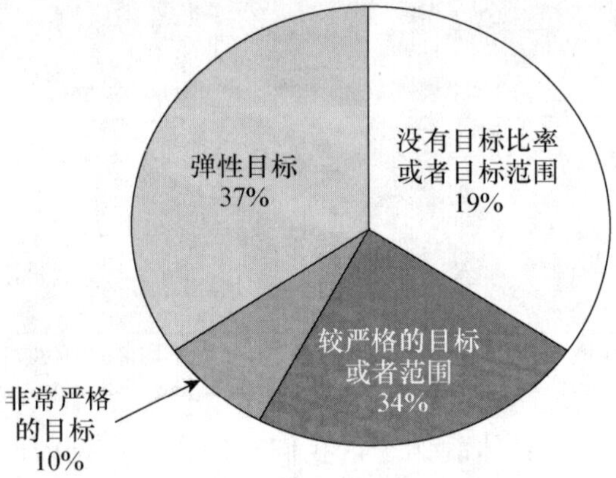

图15-5 关于使用目标负债/权益比的调查结果

说明：该圆饼图显示了受调查的392位财务总监关于目标负债/权益比使用情况的调查结果。

资料来源：John R. Graham and Campbell R. Harvey, "The Theory and Practice of Corporate Finance: Evidence from the Field," *Journal of Financial Economics* (May/June 2001).

5. 企业的资本结构会随时间发生显著变化。虽然格雷厄姆和哈维发现多数企业使用目标杠杆率，但近期的文献表明企业的资本结构会随着时间的推移而发生显著的变化。[②] 例如，图15-6显示了通用汽车、IBM和柯达自1926年以来的杠杆率。该图既描绘了账面杠杆率（负债账面价值除以总资产账面价值），也描绘了市场杠杆率（负债账面价值除以负债账面价值和普通股市场价值之和）。不管采用哪种度量方法，三家公司的杠杆率都发生了显著的变化。企业杠杆率随着时间推移发生巨大的变化，说明企业投资机会和融资需求的变动是资本结构重要的决定因素，对财务宽松（即企业有值得投资的项目时能够举债）具有重要意义。[③]

① John Graham, and Campbell Harvey, "The Theory and Practice of Corporate Finance," *Journal of Financial Economics* (May/June 2001).

② Harry DeAngelo and Richard Roll, "How Stable Are Corporate Capital Structures?" *Journal of Finance* (2015).

③ 也请见 Harry DeAngelo, Linda DeAngelo, and Toni M. Whited, "Capital Structure Dynamics and Transitory Debt," *Journal of Financial Economics* 99 (2011).

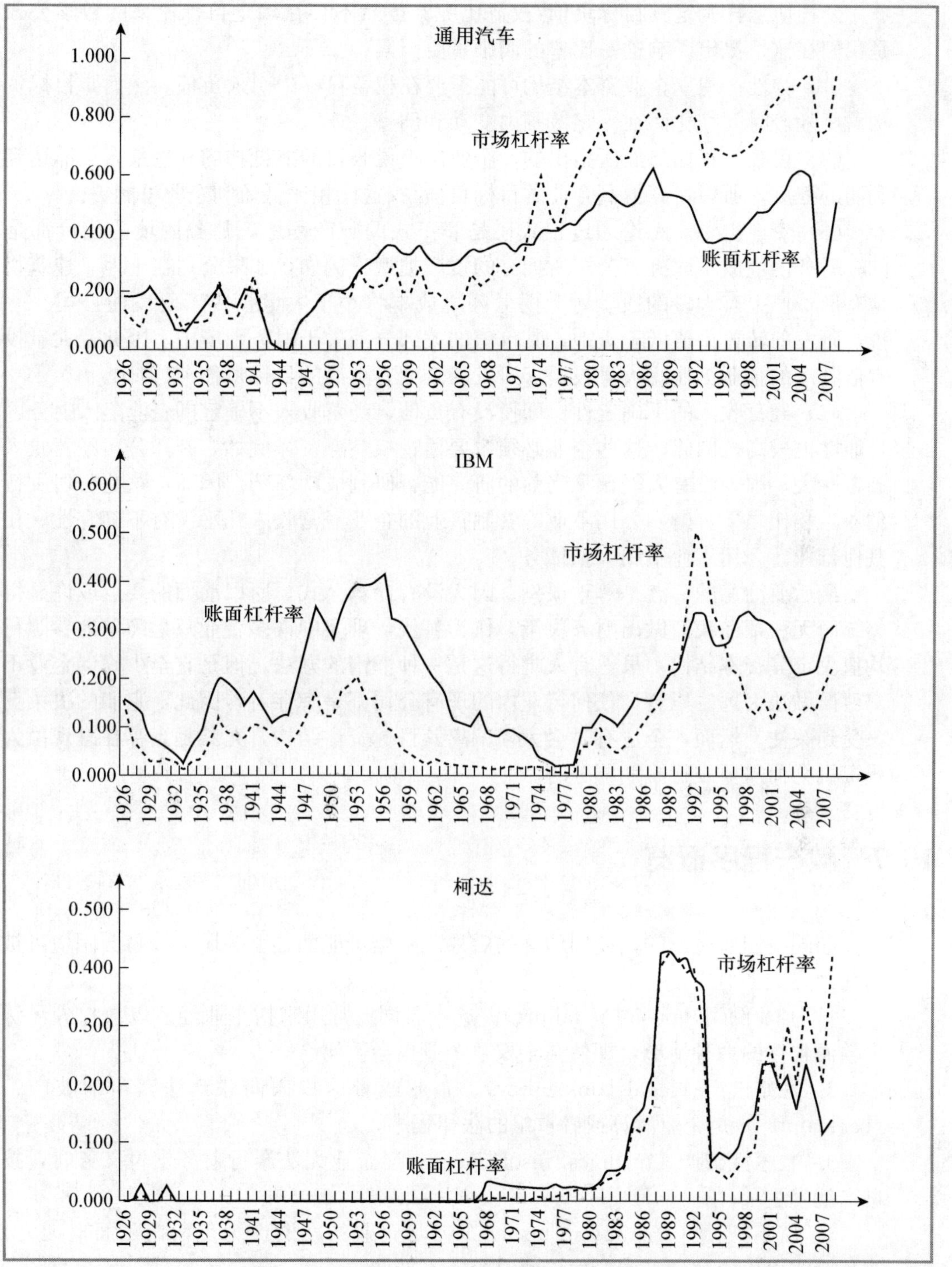

图 15-6　通用汽车、IBM 和柯达杠杆率变化趋势

说明：账面杠杆率是负债账面价值除以总资产账面价值，市场杠杆率是负债账面价值除以负债账面价值和普通股市场价值之和。

资料来源：Harry DeAngelo and Richard Roll, “How Stable Are Corporate Capital Structures?” *Journal of Finance* (2015) 一文的图 1。

公司应怎样确定其目标负债/权益比呢？虽然不存在确定目标比率的数学公式，但是我们在这里提出影响这一比率的四个重要因素：

（1）弹性。建立企业资本结构可能需要在权益目标中引入负债。然而，目标资本结构需要随着时间变化而在一定范围内变动和调整。

（2）税收。正如前面所指出的，企业出于税收目的能抵扣的利息最多只能达到息前利润的程度。所以，高盈利企业的目标负债/权益比相比低盈利企业可能更高。

（3）资产类型。无论通过正式还是非正式的破产程序，财务困境的代价都是高昂的。财务困境成本取决于公司所拥有的资产类型。例如，如果公司在土地、建筑物和其他有形资产上有大量的投资，其财务困境成本将小于大量投资于研发的公司。一般来说，研发的转售价值低于土地，其价值的大部分消失于财务困境中。因此，大量投资于有形资产的企业可能比大量投资于研发的企业有更高的目标负债/权益比。

（4）经营收入的不确定性。即使没有负债，经营收入不确定的企业陷入财务困境的可能性也较高。因此，这些企业必须主要通过权益融资。例如，制药公司经营收入的不确定性大，因为没有人能预见当前的研究能否研制成功新药。因而，这些公司发行少量债务。相比之下，诸如公用事业等管制行业的企业经营收入几乎没有不确定性。相对于其他行业，公用事业使用大量债务。

最后要注意的一点是尊重惯例。因为没有计算公式，所以前面的要点或许显得过于笼统而无法帮助我们做出财务决策。作为替代，现实中许多企业只是简单地参照行业平均值决定其资本结构。虽然有人觉得这是一种懒惰的办法，但是它至少确保企业不会偏离习惯做法太远。毕竟，任何行业内的现有公司都是幸存者，因此，它们的决策至少应该受到关注。然而，企业有时会大幅偏离其目标资本结构，尤其是当存在净现值为正的投资机会而需要发行短期债务时。

15.7 破产程序概览

如同我们所讨论的，使用债务的后果之一是可能面临财务困境。财务困境可被定义为几种方式：

1. 企业倒闭（business failure）。这一名词通常用来指企业经营以债权人无法收回借款而告终的一种情形，即使是全权益企业也会倒闭。

2. 法定破产（legal bankruptcy）。企业或者债权人向联邦法庭申请破产。**破产**（bankruptcy）是企业清算或者重组的法律程序。

3. 技术性破产（technical insolvency）。当企业无法履行财务支付义务时，技术性破产就发生了。

4. 资不抵债（accounting insolvency）。企业的净资产为负，在账面上无力偿付。当负债账面价值超过资产账面价值时会资不抵债。

现在我们简要讨论一些词汇以及与破产和财务困境更相关的一些问题。

清算和重组

无力或不愿意向债权人依约支付所要求支付款项的企业有两种基本方法：清算或重

组。**清算**（liquidation）意味着作为永续经营的公司终止，涉及出售企业的资产。出售所得扣除交易成本后，按已确定的优先顺序分给债权人。**重组**（reorganization）指公司选择维持永续经营，常常涉及发行新股以置换原有证券。清算和重组都是破产诉讼的结果。发生哪一种取决于企业是更值得"生存还是死亡"。

破产清算　1978 年《联邦破产改革法案》（Federal Bankruptcy Reform Act of 1978）第 7 章讨论的是"直接"的清算。一般应遵循以下程序：

1. 向联邦法院提交申请。这可能是由公司提出自愿清算的申请，也可能是由公司的债权人提交强制清算的申请。

2. 由债权人所选举的破产受托人接管债务人公司的资产。破产受托人将对公司的资产进行清算。

3. 清算资产在扣除破产管理成本后，在债权人之间进行分配。

4. 如果扣除给债权人款项和费用后还有剩余资金，则分配给股东。

清算所得的分配要根据以下的优先权顺序进行：

1. 与破产相关的管理费用。
2. 提出强制破产申请之后且在指定破产受托人之前产生的其他费用。
3. 工资、薪金及佣金。
4. 支付给员工退休福利计划。
5. 消费者求偿权。
6. 政府税收求偿权。
7. 支付给无担保债权人。
8. 支付给优先股股东。
9. 支付给普通股股东。

清算中的优先法则即**绝对优先权原则**（absolute priority rule，APR）。越高等级的索取权，获得偿付的可能性越高。出于简便，我们忽略存在于这些类别中的各种各样的限制和资格。

这份清单的两个限制条件存在先后顺序。第一项涉及担保债权人。这类债权人有权从担保资产的出售所得中获赔，但是没列在这份清单中。不过，如果担保的财产被清偿后所能提供的现金不足以偿还应付的金额，则担保债权人可以联合无担保债权人瓜分剩余的清算价值。与此相反，假如担保财产的清偿所得多于担保债权，则剩余资金要被用以偿付无担保债权人和其他债权人。绝对优先权原则的第二个限制条件是，破产事件中究竟哪一方分配了多少资产、如何分配实质上取决于破产过程中的谈判，这将导致绝对优先权原则经常得不到遵循。

破产重组　公司重组可根据《联邦破产改革法案》第 11 章进行。第 11 章的一般目的是通过某些偿还债权人的条款来对公司进行重组。该过程的一系列典型事件如下：

1. 公司提出自愿重组的申请，或者由债权人提出强制重组申请。

2. 联邦法官要么批准要么否决申请。一旦申请获批，则会确定债权人和股东提交索取权证明的时间。

3. 在绝大多数场合，公司（债务人所有）继续经营。

4. 公司（在有些情况下，债权人）提交重组计划。

5. 对债权人和股东进行等级分类。假如该等级的绝大多数债权人或股东同意接受重组计划，则该等级的所有债权人就接受该计划。

6. 法庭在债权人接受重组计划后批准实施。

7. 以现金、财产和证券方式将款项支付给债权人和股东。该重组计划可能包括发行新证券。

8. 企业根据重组计划条款运行一段时期。

公司也许希望老股东继续参与企业经营。不用说，这可能招致无担保债权人的抗议。在一些情况下，破产程序中需要法庭借助“强制性批准”（cram-down）权力。在某些情境下，尽管债权人投票否决，最终仍然被迫接受破产计划，因此描述为“强制性批准”显然更为恰当。

预先包装的破产（prepackaged bankruptcies）是一种相对常见的现象。此时公司首先保证由多数债权人提出的破产计划获得批准，然后再申请破产。最后，公司进入破产程序并几乎迅速地重生。

例如，2015年8月13日，海底钻探企业美国离岸公司（Hercules Offshore）申请预先包装的破产。根据交易条款，包括纽约资本管理公司全球顾问（York Capital Management Global Advisors）、鲍厄里GP（Bowery GP）、嘉沃投资（Carval Investors）和中桥合伙公司（Centerbridge Credit Partners LP）在内的贷款方同意，当公司摆脱破产困境时，将12亿美元的未偿还债务兑换成97%的公司权益。在破产程序中，该公司又筹集了4.5亿美元的营运资金，使其从破产中走了出来。85天之后，该公司摆脱了破产。

2005年，美国国会通过了美国破产法近25年内的最大改革——2005年《破产滥用预防及消费者保护法案》（Bankruptcy Abuse Prevention and Consumer Protection Act of 2005, BAPCPA）。多数变革主要针对的是个体债务人，但是公司也受到影响。在BAPCPA之前，破产公司具有向破产法院提交重组计划的专权。这种专权被认为是一些企业长久地停留在破产中的原因之一。根据新法律，在18个月后，债权人可以提交自己的计划，以供法院审议。这项变革会加速破产进程，同时也会导致更多的预先包装。

BAPCPA制定的一项颇具争议的变革与所谓的关键员工保留计划（KERP）有关。听起来很奇怪，破产公司需要和往常一样给高管们发放奖金，即使这些高管和最初导致公司破产的是同一伙人。这种奖金是为了防止有价值的员工跳槽到更为成功的企业中，但是批评人士认为这种奖金通常会被滥用。新法律仅在关键员工已经拿到另一家公司的职位邀请时，才允许执行关键员工保留计划。

最近，破产法第363节经常出现在新闻报道中。在传统的《联邦破产改革法案》第11章中，破产计划应当在破产计划书中向债权人和股东披露。该计划须经过利益相关方的投票表决。破产法第363节更像一场拍卖。最初的投标人被称为掩护马，投标破产企业的全部或部分资产。然后其他投标人也被邀请进来，决定公司资产的最高出价。破产法第363节的主要优势是速度。因为传统破产要求利益相关方的批准，该程序占用几年的时间都不罕见，而根据破产法第363节的破产通常要快很多。例如，2009年中期，得益于破产法第363节的出台，通用汽车和克莱斯勒加速破产进程至不足45天。

财务经理和破产过程

这看起来有些奇怪，不过破产的权利确实非常具有价值。这里有若干理由支持这一观点。首先，从经营角度来看，如果企业申请破产，则债权人立刻处于“延缓”状态，通常意味着停止对债权人的偿付，债权人不得不等到破产程序出结果才知道他们是否以及能得到多少偿付。这让企业有时间评估各种选择，且避免了通常被债权人和其他人称作“跑步进入司法阶段”的现象。

此外，一些破产申请实际是意图改善企业竞争地位的战略行动；企业即使在那个时点并非无力偿付也会申请破产。其中最著名的案例是大陆航空公司。1983 年，随着对航空业管制的放松，大陆航空公司发现自己要与新建立的人工成本低得多的航空公司竞争。大陆航空公司虽然不是无力偿付，但是依然根据《联邦破产改革法案》第 11 章申请重组。

大陆航空公司争辩，基于预测的数据，公司在未来将无力偿付，所以有必要进行重组。通过申请破产，大陆航空公司可以终止现有工人的合同，解雇大量工人，并大幅削减留下工人的工资。换句话说，至少从批判的角度来看，大陆航空公司本质上是利用破产程序作为降低人工成本的一种工具。国会随后修改破产法律以保证公司更难通过破产程序来终止劳动合同，尽管这并非不可能。大陆航空公司与美国联合航空公司在 2010 年合并。

其他类似的著名战略性破产案例时有发生。例如，Manville 公司（即后来的 Johns-Manville）和道康宁公司（Dow Corning）分别由于石棉和硅胶丰胸制剂相关诉讼带来的预期未来损失而申请破产。事实上，在 2015 年之前，至少有 100 家公司因为石棉诉讼而根据《联邦破产改革法案》第 11 章申请破产。例如，2001 年，一家著名的化工和塑料公司 W. R. Grace 在诉讼中败诉并申请破产。6 年后，也就是 2007 年 11 月，公司与破产法庭达成一项重组计划。据报道，公司的破产相关费用从 2006 年第三季度的 1 200 万美元增长至 2007 年第三季度的 2 130 万美元。所有企业涉及石棉破产诉讼相关的总成本估计累计超过 20 000 亿美元。其他著名的公司包括 Congoleum，Federal Mogul，以及 Halliburton 的两家子公司都因为石棉噩梦而申请破产。

避免破产的协议

当企业出现债务违约时，可以避免申请破产。因为破产过程耗时长且代价高昂，设计出一个避免申请破产的“和解”方案通常能满足各方利益。债权人可以与违约公司的管理层一起工作很长时间，可以而且常常做出重组的自愿安排或者重新计划公司债务。这可能涉及推迟偿还日期的展期（extension）或者削减支付额的妥协（composition）。

本章小结

1. 我们在上一章提到，根据相关理论，企业在有公司税情形下应该采取 100% 债务的资本结构。由于现实世界的企业通常举借适宜的债务，因此理论肯定遗漏了某些因素。我们在本章阐明，财务困境成本导致企业限制其债务的发行。这些成本有两种类型：直接成本和间接成本。直接成本的例子包括破产过程中律师和会计师的费用。我们提到的间接成本的四个例子包括：

- 经营业务的能力受损。
- 采纳风险项目。
- 投资不足。
- 破产前向股东分发资金。

2. 因为上述成本巨大并最终由股东承担，所以企业有降低成本的动机。我们建议使用两种降低成本的技巧：

- 保护性条款。
- 债务合并。

3. 因为财务困境成本只能减少而不能消除，所以企业融资不能全部采用债务形式。图 15－1 描述了债务与企业价值的关系。在图中，企业选择使企业价值最大化的负债/权益比。

4. 信号理论认为，盈利企业可能提高财务杠杆，因为额外的利息支付可以抵扣其一定的税前利润。理性股东推测更高债务水平的企业价值更高。因此，投资者将债务视为企业价值的一个信号。

5. 优序融资理论暗示，管理者偏好内部融资胜于外部融资。如果外部融资确有需要，管理者倾向选择风险最低的证券，比如债务。企业可能保持财务宽松以避免外部融资。

6. 负债/权益比存在行业差异。我们讨论了三个决定目标负债/权益比的因素：

a. 税收。高应税利润的企业比低应税利润的企业更多依赖债务。

b. 资产类型。在诸如研发等无形资产上投资大的企业，其债务较低。在有形资产上投资大的企业，其债务较高。

c. 经营收入的不确定性。经营收入不确定性高的企业主要依赖权益融资。

7. 最后，我们简要回顾了破产程序及其财务要素。

概念性思考题

1. **破产成本**　什么是破产的直接成本和间接成本？简要解释每一类成本。

2. **股东动机**　你是否同意如下观点：一家企业的股东永远不会让企业投资净现值为负的项目。为什么？

3. **资本结构决策**　由于过去几年的重大损失，某企业有 20 亿美元的递延税收损失。这意味着企业未来可以有 20 亿美元的利润免征企业所得税。证券分析师估计企业需要很多年才能产生 20 亿美元的利润。企业在其资本结构中有一定量的负债。企业的 CEO 正在决定是发行债务还是发行权益来筹措资金以满足即将启动的项目。你会推荐采用哪种融资方法？为什么？

4. **债务成本**　股东降低债务成本可以采取什么步骤？

5. **MM 和破产成本**　在有公司税的情况下，财务困境成本和代理成本的存在如何影响 MM 理论？

6. **观测到的资本结构**　参考表 15－3 给出的资本结构数据。你注意到各行业的平均负债/权益比是多少？某些行业的杠杆程度是否比其他行业更高？有什么可能的理由解释这一点？企业的经营成果和纳税历史能起一定作用吗？它们未来的盈利预期呢？请解释。

7. **破产和企业伦理**　正文中曾提及，一些企业由于事实上或者可能产生诉讼相关损失而提起破产申请。这是对破产程序的合理运用吗？

8. **破产和企业伦理**　企业有时会利用破产申请威胁强迫债权人重新谈判条款。评论家认为在这种情况下，企业是把破产法律当成“一把剑而非一面盾牌”。这是一个符合企业伦理的策略吗？

9. **破产和企业伦理**　正文中曾提及，大陆航空公司在一定程度上将破产申请作为降低人工成本的手段。关于这一动机是否符合企业伦理或者是否正当，争论十分激烈。请给出正反两方面的论点。

练习题

1～5 题为基础题；6～7 题为中级题；8～9 题为提高题。

1. **企业价值**　Connor 公司每年的 EBIT 是 46 万美元，并有望永续下去。公司没有杠杆的权益资本成本是 13.2%，企业所得税税率是 35%。公司还有市场价值为 95 万美元的流通在外永续债券。

a. 公司的价值是多少？

b. 公司财务总监向公司董事长报告公司的价值是 240 万美元。财务总监正确吗？

2. **代理成本** 汤姆·斯科特是 Scott 制造公司的所有者、董事长兼销售经理。正因为如此，公司的利润由汤姆·斯科特的工作量所驱动。如果他每周工作 40 小时，公司每年的 EBIT 会是 475 000 美元；如果他每周工作 50 小时，公司每年的 EBIT 会是 580 000 美元。公司当前价值 320 万美元。公司需要 140 万美元的现金，可以通过发行权益或者发行利率为 8% 的债务注入。假设没有企业所得税。

a. 在每种情境下，汤姆的现金流量是多少？

b. 在何种融资方式下，汤姆可能会更努力工作？

c. 在每种融资方式下，会产生什么特定的新成本？

3. **资本结构与增长** Edwards 建筑公司当前流通在外负债的市场价值是 31 万美元，成本为 6%。公司预计的永续 EBIT 为 18 600 美元。假设没有税收。

a. 公司权益的价值是多少？负债/价值比是多少？

b. 如果公司增长率为 2%，公司权益价值和负债/价值比是多少？

c. 如果公司增长率为 4%，公司权益价值和负债/价值比是多少？

4. **不可交易索取权** Hornqvist 公司发行的债务账面价值为 265 万美元。如果百分之百通过权益融资，企业的价值是 1 140 万美元。公司流通在外股票数是 195 000 股，每股股价为 47 美元。企业所得税税率为 35%。由于预期的破产成本，公司价值会下降多少？

5. **资本结构和不可交易索取权** 假设上一题中的公司董事长宣称公司必须增加其资本结构中的债务数量，因为债务利息支付具有税收优势。他认为这一行动将增加公司的价值。你将有何反应？

6. **财务困境成本** Steinberg 公司和 Dietrich 公司其他方面都相同，除了 Dietrich 公司杠杆更高。两家公司经营都超过一年。公司的经济学家认为来年经济持续繁荣的概率为 80%，衰退的概率为 20%。如果繁荣持续，每个公司都会实现 290 万美元的 EBIT。如果衰退发生，每个公司只实现 95 万美元的 EBIT。Steinberg 公司年底需要偿付 82.5 万美元的债务。Dietrich 公司年底需要偿付 130 万美元的债务。两家公司都没有税收。假设折现率为 14%。

a. Steinberg 公司权益和债务的当前市场价值是多少？Dietrich 公司的呢？

b. Steinberg 公司的 CEO 近期宣称 Steinberg 公司的价值比 Dietrich 公司高，因为公司债务较少，所以破产风险较小。你是否同意这个观点？

7. **财务困境** Mid States 公司是一家地区连锁商店。它会持续经营超过一年。第 2 年繁荣的概率是 60%，衰退的概率是 40%。如果第 2 年繁荣，预计公司总现金流量为 6 400 万美元；如果衰退，则是 3 900 万美元。公司年底需要偿付 4 800 万美元债务。公司流通在外债务的市场价值是 4 100 万美元。公司没有税收。

a. 如果发生衰退，债权人预期能获得多少收益？

b. 公司债务承诺的收益率是多少？

c. 公司债务预期的收益率是多少？

8. **个人所得税、破产成本和企业价值** 当考虑利息收入的个人所得税和破产成本时，在权益分红税收为零的条件下，杠杆企业价值的一般表达式为：

$$V_L = V_U + \{1 - [(1-t_C)/(1-t_B)]\} \times B - C(B)$$

式中，V_L 为杠杆企业的价值；V_U 为无杠杆企业的价值；B 为企业债务的价值；t_C 为企业所得税税率；t_B 为利息收入的个人所得税税率；$C(B)$ 为财务困境成本的现值。

a. 在无税模型中，MM 对 t_C，t_B，$C(B)$ 作何假设？这些假设对企业最优的负债/权益比意味着什么？

b. 在有税模型中，MM 对 t_C，t_B，$C(B)$ 作何假设？这些假设对企业最优的负债/权益比意味着什么？

c. 考虑一家确能利用利息抵减公司税的全权益企业。假设企业所得税税率是 34%，对利息收入征收的个人所得税税率是 28%，没有财务困境成本。如果发行 120 万美元债券并利用发行所得回购权益，那么企业价值会发生什么变化？

d. 考虑另外一家由于前几年巨额递延税收损失而不用缴纳公司税的全权益企业。利息收入的个人所得税税率是28%，且没有财务困境成本。如果企业增加1美元的永久债务而非增加1美元的权益，那么企业价值会发生什么变化？

9. **个人所得税、破产成本和企业价值** Overnight Publishing Company（OPC）有170万美元的超额现金。企业打算用这笔钱偿付所有流通在外的债务或者回购权益。企业的债务由一家机构持有，愿意按170万美元卖给OPC。机构不会向OPC索取任何交易成本。一旦OPC成为全权益企业，会永远维持无杠杆状态。如果OPC没有偿还债务，公司将会用这170万美元从公开市场回购公司的一些股票。回购股票也没有交易成本。不管资本结构如何，公司每年永续产生息税前利润79.5万美元。每年年底将所有利润作为股利对外支付。OPC的企业所得税税率是35%，无杠杆企业的必要收益率为14%。利息收入的个人所得税税率为25%，权益分配没有税收。假设不存在破产成本。

a. 如果选择偿还所有债务，成为一家无杠杆企业，OPC的价值是多少？

b. 如果决定回购股票而非偿还债务，OPC的价值是多少？（提示：利用前一题带有利息收入个人所得税的杠杆企业价值方程式。）

c. 假设预期破产成本的现值是42.5万美元。这对OPC的决策有什么影响？

章末案例

Dugan餐馆的资本预算

萨姆·杜根（Sam Dugon）是一家地区性公司Dugan餐馆的CEO和创始人。他正在考虑开设几家新餐馆。公司的财务总监莎莉·桑顿（Sally Thornton）负责资本预算分析。她考察了公司扩展的潜力并断定新餐馆的成功主要取决于第二年和未来若干年的经济形势。Dugan餐馆目前流通在外有一只账面价值为1 030万美元1年内到期的债券。该债券的相关协议禁止再发行额外的债券。这一限制意味着扩张只能靠权益融资，成本是370万美元。莎莉总结了分析结果，如下表所示。该表显示了在来年每种经济形势下，公司扩张或者不扩张的价值。

经济增长	概率	不扩张	扩张
低	0.30	$7 900 000	$9 500 000
中	0.50	13 000 000	18 300 000
高	0.20	17 000 000	21 800 000

1. 在扩张或者不扩张条件下，公司一年后的预期价值是多少？扩张或者不扩张对股东会更好吗？为什么？

2. 在扩张或者不扩张条件下，公司一年后债务的预期价值是多少？

3. 从现在开始一年后，扩张预期能创造多少价值？多少属于股东？多少属于债权人？

4. 如果公司宣布不扩张，你认为债券价格会发生什么变化？如果扩张，债券价格会发生什么变化？

5. 如果公司选择不扩张，这对公司未来举债需求有什么影响？如果选择扩张，对公司未来举债需求有什么影响？

6. 由于债券契约约束，扩张不得不靠权益融资。如果扩张靠手头现金而非新权益，这将怎样影响你的回答？

第 16 章

股利与其他支付

开篇故事

不管你怎么看，2015年都是公司发放股利最慷慨的一年。这一年，标准普尔500指数成分公司中417家公司创纪录地发放了3 830亿美元股利，比2013年的3 120亿美元和2014年的3 500亿美元都要高。发放股利金额较大的公司包括：苹果公司114亿美元，美国电话电报公司102亿美元，通用电气公司93亿美元。

16.1 股利的不同种类

术语股利一般是指从利润中分配给股东的现金。如果分配的来源不是当期利润或累积的留存收益，则通常用分配（distribution）而不用股利一词。人们普遍把利润的分配称作股利，而把资本的分配称作清算性股利。不过，通常公司向股东的任何直接分配都可看作股利的一部分。

最常见的股利形式是现金股利。公众公司通常一年发放四次**常规现金股利**（regular cash dividends）。有时，公司会同时发放常规现金股利和特殊现金股利。发放现金股利将减少公司资产负债表上的现金和留存收益，不过清算性股利除外（此时实缴股本将减少）。

另外一种是以股票形式发放的股利，即**股票股利**（stock dividend）。股票股利对于企业来说，没有现金流出企业，因此它不是真正意义的股利，而只是增加流通在外的股票数量，同时降低股票的每股价值。股票股利一般以比率的形式来表示，例如，对于2%的股票股利，股东现时持有的每50股股票将能得到1股新股。

当公司宣布**股票拆细**（stock split）时，同样会增加流通在外的股票数量。由于拆细后每股拥有的现金流量相应减少，股票价格也将下降。例如，如果一家股价为每股90美元的公司其管理层宣布按1∶3进行股票拆细，则每股旧股票能换取3股新股票，拆细后其股价将相应地下调至30美元左右。除了股票拆细比例通常很大，股票拆细与股票股利非常相似。

16.2 发放现金股利的标准程序

是否发放股利的决策权掌握在公司董事会的手中。股利只发放给在某一天登记在册的股东。如果公司宣布了发放股利，这就会成为公司一项不可撤销的负债。股利的多少既可以用每股支付的现金额（每股股利）表示，也可用市价的百分比（股利收益率）表示，还可用每股收益的百分比（股利支付率）表示。

股利的发放机制按时间顺序用图16-1说明如下：

1. 股利宣布日：1月15日为股利宣布日，董事会通过决议，定于2月16日向1月30日登记在册的所有股东每股发放1元的股利。

2. 股权登记日：公司编制一份在1月30日这一天确信属于公司股东的所有投资者名单。确信一词是非常重要的，因为如果1月30日以后公司才收到投资者的购入股票通知书，则投资者将无权获得本期股利。

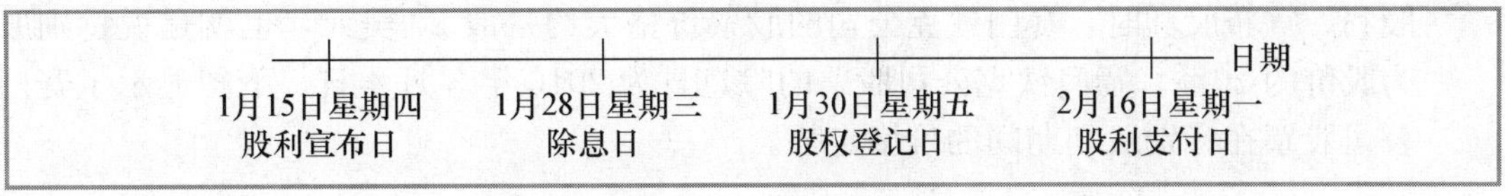

图 16-1 股利发放的程序

说明：1. 股利宣布日：董事会宣布发放股利的日期。
2. 股权登记日：宣布的股利只分配给在这一天拥有公司股票的股东。
3. 除息日：在这一天，股票将不再含有股利，卖者仍可享受股利。根据 NYSE 规则，除息日通常在股权登记日的前两个交易日。
4. 股利支付日：股利支票邮寄给登记在册股东的日期。

3. 除息日：如果经纪公司的效率高，则 1 月 29 日的所有交易在 1 月 30 日就能通知公司；如果经纪公司的效率低，则同一天的交易需等到 2 月 2 日才能通知公司，这样对于股东来说就很不公平。为了防止出现这种问题，只要投资者在股权登记日的前三个交易日购买股票，所有的经纪公司都会赋予购买者取得股利的权利。股权登记日的前两天，此例中即 1 月 28 日（星期三），称作除息日。在除息日之前的股票交易都是含息的。

4. 股利支付日：在这一天（本例为 2 月 16 日），股利支票将邮寄给股东。

显然，除息日是十分重要的。因为在除息日之前买入股票的投资者将获得本期股利，而在除息日或除息日之后买入股票的投资者将不能获得本期股利。假设没有其他事件发生，股票价格在除息日会下跌。值得注意的是，股票价格下跌说明市场是有效的，而不是无效的，因为这证明了市场将股票价值与现金股利联系在一起。在既无税收又无交易成本的理想世界里，股票价格下跌额应等于股利额，本例中为（见图 16-2）：

除息日之前	股票价格＝$\$(P+1)$
除息日或除息日之后	股票价格＝$\$P$

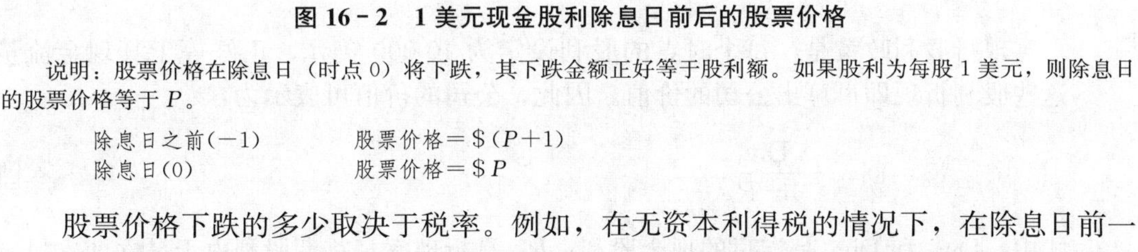

图 16-2 1 美元现金股利除息日前后的股票价格

说明：股票价格在除息日（时点 0）将下跌，其下跌金额正好等于股利额。如果股利为每股 1 美元，则除息日的股票价格等于 P。

除息日之前(−1)	股票价格＝$\$(P+1)$
除息日(0)	股票价格＝$\$P$

股票价格下跌的多少取决于税率。例如，在无资本利得税的情况下，在除息日前一天，投资者面临两种选择：（1）立即买入股票，并为即将获得的股利缴纳税款；（2）第二天再买入股票，这样会丧失获取股利的权利。如果所有投资者都属于 15%的税收等级，季度股利额为 1 美元，则股票价格在除息日将下跌 0.85 美元。如果股票价格在除息日下跌 0.85 美元，则股票买入者在两种情况下获得的报酬相同。

以赛门铁克公司（股票代码为 SYMC）为例，我们来看看股票价格在除息日下跌的实际情况。2016 年 3 月，赛门铁克公司宣布发放总额 27 亿美元、每股 4 美元的特别股利。宣布股利时，赛门铁克公司的股票价格大约每股 20 美元，也就是说特别股利约为股价的 20%。赛门铁克公司股票的除息日为 2016 年 3 月 4 日。下图显示了赛门铁克公司股票在特别股利期间的价格走势。

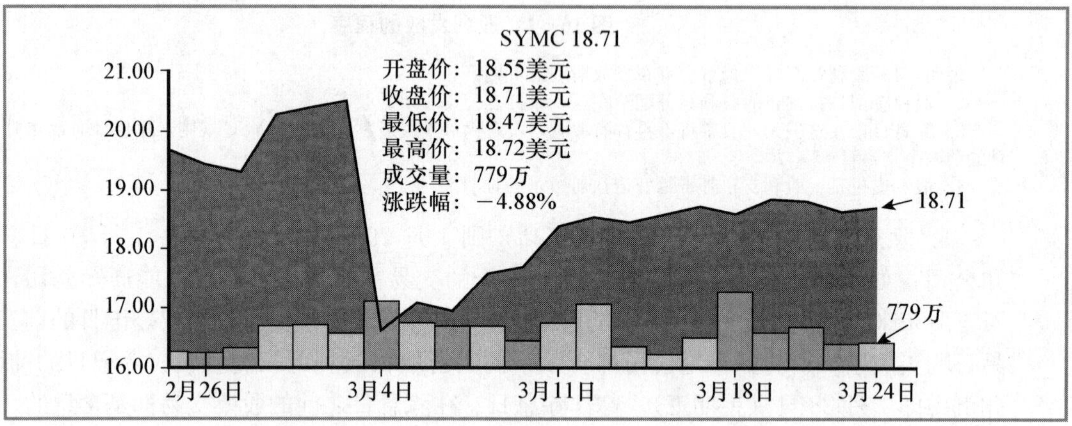

赛门铁克公司股票 3 月 3 日收盘价为 20.52 美元，3 月 4 日开盘价为 16.73 美元，下跌了 3.79 美元。考虑到股利的所得税税率为 15%，实际下跌金额比预期下跌金额稍低。

16.3 基准案例：股利政策无关论的解释

股利政策争论的焦点是股利政策无关论。Bristol 公司的案例可证明这一点。Bristol 公司是一家已开业 10 年的全权益公司。现任财务经理在时点 0 知道公司将在一年后（时点 1）解散。在时点 0，经理能够非常准确地预测现金流量。经理了解到公司将会马上收到一笔 10 000 美元的现金流量，此外在下一年度还会收到 10 000 美元的现金流量。Bristol 公司没有其他的正净现值项目。

现行股利政策：股利等于现金流量

现行股利政策是，每个时点的股利设定为 10 000 美元，正好等于其现金流量。对这些股利折现即可算出公司的价值。因此，公司的价值可表示为：

$$V_0 = \mathrm{Div}_0 + \frac{\mathrm{Div}_1}{1+R_S} \qquad [16.1]$$

式中，Div_0 和 Div_1 是支付的现金股利；R_S 是折现率。首期股利由于是立即支付，因而无须折现。

假设 $R_S=10\%$，则公司的价值为：

$$\$19\,090.91 = \$10\,000 + \frac{\$10\,000}{1.1}$$

如果流通在外的股票数量为 1 000 股，则每股的价值为：

$$\$19.09=\$10+\frac{\$10}{1.1}$$

为简化起见，我们假设除息日与股利支付日为同一天。股利支付后，股票价格将立即下跌至 9.09 美元（19.09－10）。Bristol 公司董事会的某些董事对现行股利政策有所不满，请你帮助分析以下备选股利政策。

备选股利政策：首期股利大于现金流量

另外一种分配方案是公司立即按每股 11 美元、总额 11 000 美元发放股利。由于现金流量只有 10 000 美元，短缺的 1 000 美元必须通过其他途径来筹集。最简单的方法是在时点 0 发行 1 000 美元的股票或债券。假设采取发行股票方式，并且新股东期望在时点 1 收到足够的现金流量使其在时点 0 的投资能获得 10%的收益率。新股东在时点 1 要求得到 1 100 美元的现金流量，这样留给老股东的只剩下 8 900 美元。老股东获得的股利如下：

	时点 0	时点 1
老股东的股利总额	\$11 000	\$8 900
每股股利	11	8.9

这样，每股股利的现值为：

$$\$19.09=\$11+\frac{\$8.9}{1.1}$$

学生经常认为这对他们确定新股的发行价会有所启发。由于新股东没有资格享受即期股利，他们将只愿意支付每股 8.09 美元（8.9/1.1）的价格，因而总共需要发行 123.6 股（1 000/8.09）新股。

无差别股利政策

我们注意到上述例子中现行政策和备选政策两种情况下计算的价值是相等的。由此可得出令人惊讶的结论：股利政策的变化不会影响股票的价值。然而，仔细思考后会发现这一结论十分合理。新股东在时点 0 付出一笔资金，然后在时点 1 以适当的收益率收回，也就是说，他们在从事一项净现值为零的投资。从图 16－3 可以看出，老股东在时点 0 收到一笔额外的资金，但在时点 1 必须支付给新股东本金和适当的报酬。由于老股东必须还回本金和适当的报酬，因而在时点 0 发行新股决策既不会提高也不会降低老股东的持有价值。实际上，老股东只是给予了新股东一个净现值为零的投资机会。在时点 0 的股利增加必将导致在时点 1 的股利减少，所以老股东的持有价值保持不变。

以上解释建立在 MM 开创性工作的基础上。我们的论述是以数字形式进行的，而 MM 的论文是采用普通代数形式论证了投资者对股利政策毫不在乎。

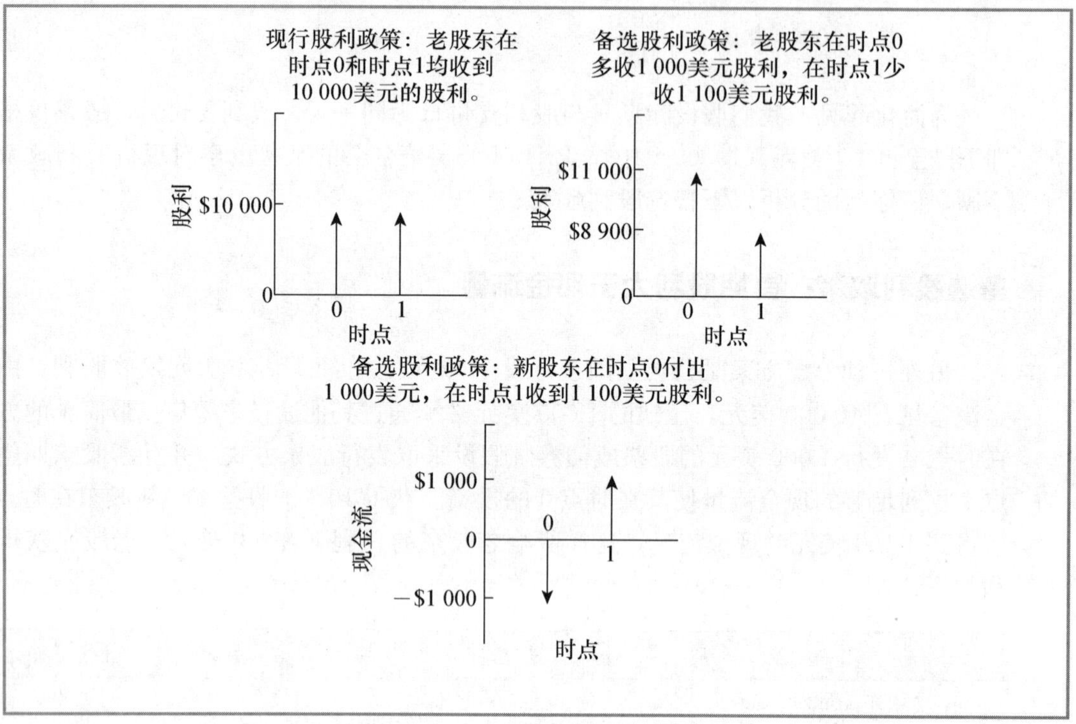

图 16-3　现行和备选股利政策

自制股利

上例中为了说明不同投资者对股利政策的态度，我们使用了现值方程式。另外一种更直观、更有吸引力的解释可避免使用现金流量折现数学公式。

假设个人投资者X希望在时点0和时点1都能取得每股10美元的股利。那么，当她得知公司管理层将采纳备选股利政策（在两个时点的股利分别为11美元和8.9美元）时，她是否会很失望呢？未必如此，因为她可以将在时点0收到的暂时不需要的1美元进行再投资，然后在时点1获得1.1美元。这样，她在时点0能获得所期望的10美元（11－1）现金流量，在时点1同样能获得10美元（8.9＋1.1）现金流量。

与此相反，假设投资者Z希望在时点0取得11美元现金流量，在时点1取得8.9美元现金流量，但是公司管理层决定在时点0和时点1均发放10美元股利。此时，他可以在时点0卖出股票从而得到所期望的现金流量，即在时点0卖出价值1美元的股票，这样在时点0的现金流量变为11美元（10＋1）。由于在时点0卖出了1美元的股票，这将使时点1的股利减少1.1美元，从而使得时点1的净现金流量为8.9美元（10－1.1）。

以上解释了投资者是如何进行**自制股利**（homemade dividends）的。本例中，公司的股利政策效果被潜在的不满意股东通过自制股利抵消。我们用图16-4来阐释自制股利过程。图中点A表示公司在时点0和时点1的现金流量为每股10美元，该点同时也代表最初的股利政策。然而，如我们所知，公司也可选择在时点0发放每股11美元、在时点1发放每股8.9美元的股利政策，图中用点B表示。类似地，图中斜线上的任意一点代表公司或者通过发行新股，或者通过回购原有股票实现的股利支付额。

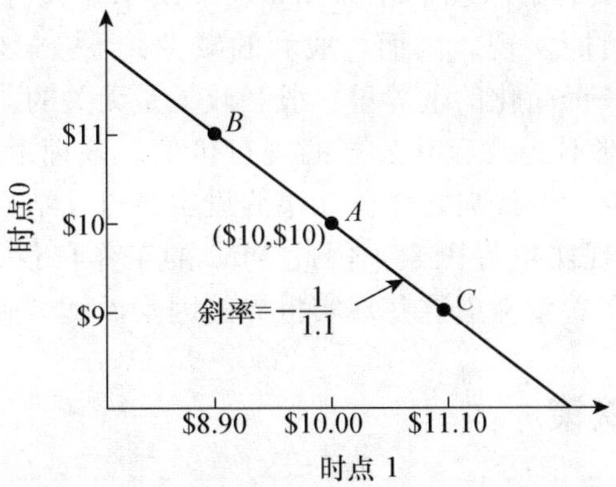

图 16-4　自制股利：时点 0 股利与时点 1 股利的权衡

说明：此图说明了：（1）经理如何改变股利政策；（2）个人投资者如何抵消公司的股利政策效果。

经理改变股利政策：图中点 A，公司将所有的现金流量都发放给股东。公司可以通过发行新股支付额外股利，从而达到图中点 B；公司也可用其现金回购原有股票以达到图中点 C。

个人投资者抵消公司的股利政策效果：假设公司采用图中点 B 的股利政策：在时点 0 发放 11 美元股利，在时点 1 发放 8.9 美元股利。投资者可将其中 1 美元股利按 10%的报酬率进行再投资，从而使其达到图中点 A。假设公司采用图中点 A 的股利政策，投资者在时点 0 卖出 1 美元的股票，从而使其达到图中点 B。总之，无论公司采用何种股利政策，投资者都可以抵消掉其效果。

图 16-4 中斜线不仅代表了公司经理的所有可能选择，也代表了股东的所有可能选择。例如，如果股东收到的股利为 11 美元和 8.9 美元，他或者通过将其中部分股利再投资向图中右下部分移动，或者通过出售部分股票向图中左上部分移动。

图 16-4 揭示的规律可总结如下：

1. 通过改变股利政策，经理可以达到图中斜线上任意一点的股利支付额；

2. 在时点 0 要么将多余的股利再投资，要么出售部分股票，任何投资者均能得到图中斜线上任意一点的现金股利。

由于公司和投资者均只能沿着图中斜线移动，因此，本模型中股利政策是无关的。公司经理做出的任何股利政策变化，投资者可通过股利再投资或出售部分股票而使其失效，最终得到斜线上他所期望的股利额。

小测试

可通过以下两句话来测试你对股利政策的理解程度：

1. 股利是相关的；

2. 股利政策是无关的。

第一句话来自常识。很明显，如果其他时间的股利水平维持不变，投资者在某一时点必定更喜欢高股利而不是低股利。换句话说，如果在某一时间的每股股利提高，而其他时间的每股股利保持不变，股票价格将上涨。这可通过提高生产效率、增加节税额或强化产品营销之类的管理决策来实现。实际上，你可以回忆一下，我们在第 6 章就阐述了公司权益的价值等于其未来所有股利的现值。

一旦我们意识到股利政策不可能在提高某一时间每股股利的同时保持其他所有时间的每股股利不变，则第二句话就容易理解了。更确切地说，股利政策只是某一时间的股利与另一时间股利的权衡。正如图16-4所示，只有时点1的股利减少时，时点0的股利增加才有可能实现。因而，股利的减少并不会影响所有股利的现值。

因此，在这样一个简化的世界里，股利政策是无关的。也就是说，公司经理无论提高或降低现期股利都不能改变其公司的现行价值。该理论非常有影响，MM的论文也因此被称作现代理财学的经典之作。如果假设少一点，结论则更接近真实世界。我们想讨论MM所忽略的现实世界因素，因此MM的工作仅仅是本章股利政策讨论的第一步。接下来，本章将着重考虑这些现实世界的因素。

股利政策与投资决策

上面的讨论表明通过发行新股来增加股利既无益也无害于股东，同样，通过回购股票来减少股利对股东既无益也无害。

那么，减少资本性支出以提高股利会怎样呢？前面几章曾述及公司应该接受所有净现值大于零的项目，否则将会降低公司的价值。因此，我们认为：

> 公司任何时候都不应放弃净现值大于零的项目，以提高股利（或用于发放首次股利）。

MM间接地提到了这一观点。他们在股利无关论中隐含的一个假设是："公司的投资决策事前已经确定，不会因股利政策的变化而改变。"

16.4 股票回购

公司可能会用现金去回购自己的股票而代替发放现金股利。近年来，股票回购已成为公司向股东分配利润的一种重要形式。图16-5收集了美国工业公司2004—2014年间净利润、股利和回购的数量变化。从图中可以看到，2008年之前，回购金额都超过了股利金额，2008年和2009年，股利金额超过了回购金额，但2009年之后这一趋势又发生了逆转。从图中还可发现，回购和股利都存在"黏性"现象，2008年公司净利润为负数，但股利和回购水平变化不大。更通俗地说，净利润的波动幅度大于股利和回购的波动幅度。

股票回购通常采用以下三种方法之一进行：第一，公开市场回购（open market purchase）。这种情况下，公司就像普通投资者一样按照公司股票当前市场价格购买自己的股票。在这种公开市场回购中，公司无须披露其购买身份，因此，股票卖方根本无法判断其股票是回售给公司还是其他投资者。

第二，要约回购（tender offer）。这种情况下，公司向所有股东宣布将以某一价格回购一定数量的股票。例如，假设Arts and Crafts公司（A&C）流通在外的股票数为100万股，每股股价为50美元，公司发出要约将以每股60美元的价格回购30万股。A&C公司将回购价格定为高于50美元是为了吸引股东卖出他们的股票。实际上，如果要约价格足够高，股东打算卖出的股票数量会多于30万股。极端情况下，所有流通在外的股票都接受要约，此时A&C公司将按10∶3的比例回购股票。相反，如果股东

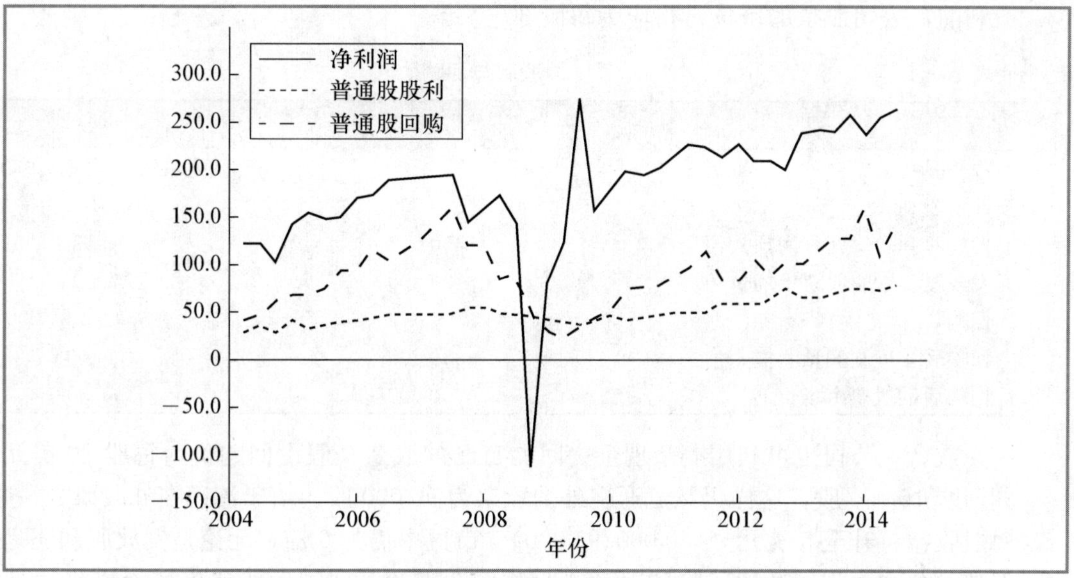

图 16－5　美国工业企业的净利润、股利和回购

资料来源：S&P Dow Jones Indices，S&P.

接受要约的股票不够多，则可能取消回购。要约回购的一种方式是荷兰式拍卖（Dutch auction）。此时，公司不设定固定的回购价格，而是宣布回购价格范围和计划回购数量，而后股东进行投标，说明愿意以某一特定价格水平出售股票的数量，公司再根据计划回购量确定最低回购价格。

第三，目标回购（targeted repurchase）。这种情况下，公司向特定股东回购一定数量的股票。例如，国际生物公司（International Biotechnology）在 4 月以每股 38 美元的价格购买了 P-R 公司约 10%的流通在外股票，同时向美国证券交易委员会报告准备最终收购 P-R 公司。5 月，P-R 公司以每股 48 美元的价格回购了国际生物公司持有的公司股票，该价格高于同期市场价格，但这一要约不面向其他股东。

公司之所以采用目标回购的方式，可能是出于以下原因：向个别大股东回购股票的价格通常低于要约回购价格，法律费用也较低。更常见的是，某一股东对回购公司构成麻烦，通过目标回购保护其他股东的利益，另外，回购大股东的股票还可以避免对管理层不利的收购兼并。

现在，我们首先来考虑一个完美资本市场的理想世界中股票回购的例子，然后再考虑实际生活中股票回购的决定因素。

股利与回购：概念框架

假设电话工业公司（Telephonic Industries）拥有 300 000 美元（每股 3 美元）的剩余现金，目前正准备将这笔资金立即作为额外股利发放给股东。公司预计发放股利后，年度利润总额为 450 000 美元，即每股收益 4.5 美元（流通在外的股票数量为 100 000 股）。同类公司的市盈率为 6 倍，因此，该公司发放股利后，其股票的市场价格为每股 27 美元（4.5×6）。有关数据参见表 16－1 的上半部分。由于每股股利为 3 美元，发放股利前，公司股票的市场价格应为每股30美元。

表16-1 股利与回购

	总额	每股
额外股利		（流通在外股票100 000股）
计划股利	\$300 000	\$3.00
发放股利后年度利润预测值	450 000	4.50
发放股利后的股票市场价值	2 700 000	27.00
回购		（流通在外股票90 000股）
回购后年度利润预测值	\$450 000	\$5.00
回购后的股票市场价值	2 700 000	30.00

或者，公司也可利用剩余现金去回购自己的股票。假设回购价为每股30美元，公司回购10 000股，这样仍然流通在外的股票为90 000股。由于流通在外股票数量减少，每股收益将升至5美元（450 000/90 000）。市盈率仍为6倍，无论是发放股利还是回购股票，公司面临的经营风险和财务风险相同，因此，回购后股票市场价格将达到每股30美元（5×6）。有关数据参见表16-1的下半部分。

如果不考虑佣金、税收和其他不完全因素，股东对是发放股利还是回购股票并不在意。在公司发放股利的情况下，每位股东将拥有每股价值27美元的股票和3美元的股利，总价值为30美元。这一结果与公司回购股票情况下出售股票的股东收到的价款、继续持有股票的股东的股票价值完全相同。

本例重点阐释了在完美市场里，对于公司来说发放股利与回购股票没有差别。这一结论与MM提出的另外两个命题非常相似，即负债融资与股权融资无差别、股利与资本利得无差别。

你可能经常在通俗财经出版物上看到由于EPS的提高，股票回购协议是有利的文章。上例中股票回购与股利相比，电话工业公司的EPS确实提高了：从4.5美元提高到5美元，这主要是由于股票回购后，股票数量减少了，EPS公式中的分母变小的缘故。

然而，财经出版物常过于强调股票回购协议中的EPS数字。根据我们刚刚讨论过的无关观点，EPS的提高并未带来好处。在完美资本市场中，当用剩余现金回购股票时，发放股利和回购股票两种策略下股东的总价值是完全相同的。

股利与回购：现实世界的考量

图16-5显示，股票回购近年来增长较快。事实上，许多发放股利的公司同时也回购股票。这表明股票回购并不总是股利的替代而是股利的补充。例如，近年来，美国工业企业中仅仅发放股利或仅仅回购股票的公司数与同时发放股利和回购股票的公司数几乎相当。为什么这些公司选择回购股票而不是发放股利呢？常见的理由有以下五个：

1. 弹性 公司通常将股利视为对股东的承诺，轻易不愿意减少现有股利。而股票回购则不会被视作类似的承诺。因此，当公司的现金流量长期稳定增长时，公司可能会提高其股利；相反，当公司现金流量的增长只是暂时性的，公司通常会回购其股票。

2. 管理层激励　作为整体报酬的一部分，管理层经常被授予一定的股票期权。我们再回到表 16-1 中的电话工业公司，其股票市场价格为 30 美元，公司正在考虑是发放股利还是回购股票。我们进一步假设，电话工业公司两年前授予其 CEO 拉法·泰勒（Ralph Taylor）1 000 股股票期权，当时股票价格仅为 20 美元。也就是说，泰勒先生可以在期权授予日至到期日之间的任何时候按 20 美元的价格购买 1 000 股股票，他行权的利得取决于股价超过 20 美元多少。正如我们前面所知，发放股利后股票价格将下降到 27 美元，而回购时股票价格维持 30 美元不变。股票回购后股票价格与行权价格之差为 10 美元（30－20），而发放股利后差额仅为 7 美元（27－20），CEO 显然更喜欢股票回购。与发放股利相比，股票回购后的股票价格通常较高，因此，回购股票时期权的价值更高。

3. 对冲稀释　股票期权行权后将增加流通在外股票数量，从而会稀释股票。为此，公司常常回购其股票以对冲稀释，尽管很难证明这是回购的有效理由。如表 16-1 所示，与股利相比，回购既不好也不坏。该结论的前提是事前执行了股票期权。

4. 价值被低估　很多公司回购其股票是因为它们认为回购是最好的投资，当管理层认为股价暂时被低估时尤其可能发生回购。

某些公司在股价被低估时回购其股票并不意味着公司管理层一定是正确的，这只有在实证研究后才能做出判断。宣布股票回购后股票市场的短期反应经常是积极的。也有实证研究表明，回购股票的公司股价长期市场表现要好于没有回购股票的公司。

5. 税收　股利和股票回购的税收问题将在下一节深入探讨，这里只想强调一点：回购股票的税收要比股利有利。

16.5　个人税收、发行成本与股利

16.3 节阐述了在没有税收、没有交易成本和没有风险情况下如何确定股利水平，并得出结论：股利政策是无关的。虽然该模型有助于我们了解股利政策的基本原理，但它忽略了很多现实世界因素。现在我们来讨论这些因素，首先研究税收对公司股利的影响。

在美国，对现金股利和资本利得都要征收最高达 39.6%的税（截至 2016 年）。股利一旦分配即纳税，而资本利得税则递延到卖出股票时才缴纳，因此股利的税率要高于资本利得的实际税率。本节就分析税收对股利的影响。为使讨论简化，我们将公司分成两种类型：拥有充足现金支付股利的公司和没有充足现金支付股利的公司。

没有充足现金支付股利的公司

首先考虑没有充足现金并且业主只有一人的公司。如果这种公司决定发放 100 美元的股利，则必须筹集资金。为此，它可选择发行股票或债券。为简化起见，我们假设业主发行股票给自己，自己提供现金给公司。这一交易如图 16-6 中左图所示。如果没有税收，当发行股票时，100 美元现金流入企业，然后立即作为股利发放出去。这样，发放股利后业主既没有受益也没有受损。这一结果与 MM 的理论一致。

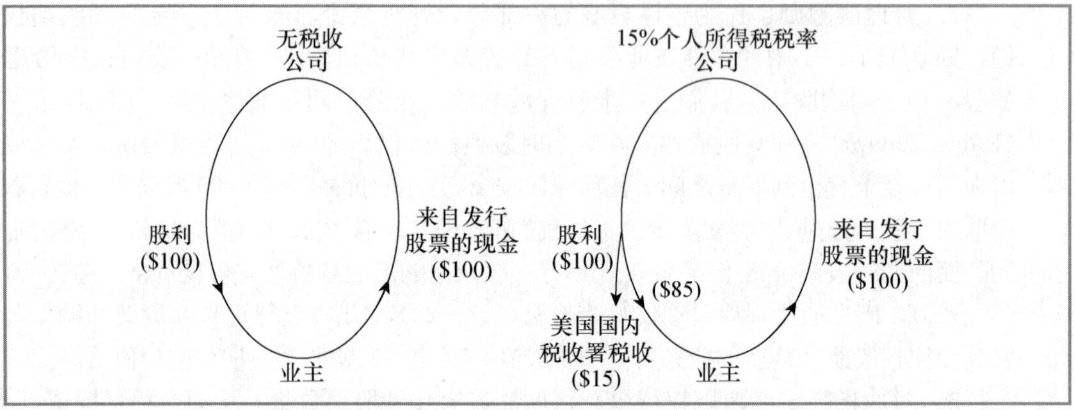

图 16-6　发行股票以发放股利

说明：在没有税收的情况下，业主收到的100美元股利实际上是他在购买股票时交给企业的100美元。这一交易过程称为“漂洗”（wash）。也就是说，它没有产生任何经济影响。在有税收的情况下，业主仍然收到100美元股利，但是他必须缴纳15美元税收给国内税收署。因此，当企业发行股票来发放股利时，业主受损，国内税收署受益。

接下来，我们假设股利要按15%的个人所得税税率纳税。发行股票时，企业仍然能收到100美元现金，但是，100美元股利却不能全部流回给业主。相反，由于股利要征税，业主仅能得到85美元税后净股利，因而业主损失了15美元。

尽管上述例子是人为构造和不真实的，但是在更为复杂的情形下也能得到类似的结论。因此，金融学家普遍认为，在有个人所得税的情况下不应通过发行股票来发放股利。

股票的直接发行成本会加剧这一影响。发行新股筹集资金时必须向投资银行支付费用。因而，企业发行新股筹集的净现金流入量小于发行资本。由于降低股利可以减少新股的发行规模，因此有人赞同低股利政策。

当然，上述不要通过发行新股来发放股利的建议在现实世界里或许应做一定的修正。当一家公司多年来都有稳定、大额的现金流量时，通常会采取常规股利政策。如果某一年的现金流量骤减，是否应该发行新股来保持股利的连续性呢？按照上面的观点不应增发新股，但许多经理都出于现实理由而发行新股。这主要是由于股东偏爱稳定的股利政策。所以，经理虽然非常清楚税收的负面效应，但仍不得不发行新股以维持稳定的股利政策。

拥有充足现金支付股利的公司

以上讨论表明，在有个人所得税的情况下，最好不要通过发行新股来发放股利。那么，股利的税收不利效应是否意味着更为激进的股利政策：“在有个人所得税的情况下，永远不要发放股利？”

对于拥有大量现金的公司来说，这一规则不太适用。为了证明这一点，假设一家公司在投资了所有净现值大于零的项目和预留了最低限度的现金余额后仍有100万美元现金。此时，公司有以下几种除股利之外的方案可以选择：

1. 加大资本预算项目的投资。由于所有净现值大于零的项目公司都已经投资了，如果再投资，则只能投资于净现值小于零的项目。这明显与公司理财原理不符。

尽管我们不赞同这一策略，但学者研究发现很多经理都选择投资净现值小于零的项目而不发放股利。由于管理层的声誉、工资和津贴往往与公司的规模有关，因此他们宁愿将现金继续留在公司，这虽然对管理层自身有利，但损害了股东利益。关于这一点，我们在前面章节中讨论过，在本章后面还将做进一步的深入探讨。

2. 收购其他公司。为了避免发放股利，公司可能利用剩余现金去收购其他公司。这种策略具有能获取盈利资产的优点，然而收购过程会花费巨额成本。此外，收购价必然会高于市场价，溢价20%～80%是常有的事。由于这个原因，许多研究者认为兼并对收购方来说并不总是有利可图的，即使公司是因正常的商业目的去收购。因此，公司如果仅仅是为避免发放股利而去收购其他公司是很难成功的。

3. 购买金融资产。公司到底是投资购买金融资产还是发放股利，其决策相当复杂。这取决于公司所得税税率、投资者的边际税率以及税收优惠政策。实际生活中，大多数公司偏爱投资金融性资产，很少公司会保留现金，因为根据美国《国内收入法典》第532条，公司"不合理的累积盈余"是要受到处罚的。总之，购买金融资产、投资于净现值为负的项目、收购其他公司都不应该成为持有充足现金的公司不发放股利的理由。

4. 回购股票。上节中，我们认为在没有税收和交易成本的世界中，投资者对股票回购和股利发放是无所谓的。然而，在现行税法下，股东通常还是更偏爱股票回购。

例如，假设一个投资者每100股股票可以收到1美元股利，所得税税率为15%，则投资者收到100美元的股利就要缴纳15美元的税款。如果回购100美元现有股票，卖出股票的股东只需缴纳较少的税款。这主要是因为只有出售股票的利得才需征税，如果股票的购买成本为60美元，卖出价为100美元，则出售利得仅为40美元，资本利得税额为6美元（15%×40），远低于15美元。需要注意的是，股票回购和股利的税率都为15%时，股票回购缴纳的税款仍低于股利发放缴纳的税款。

上述四种方案中，最好的应为股票回购。"金融实务"专栏对最近的回购活动进行了深入分析。

金融实务

股票回购：永无止境

2015年是股利较好的一年，更是股票回购很多的一年。这一年，标准普尔500指数成分公司共回购了5 722亿美元，比2014年的5 533亿美元增加了约3.4%。当然，这两年比2007年的5 891亿美元要低。尽管这样，过去几年以来，股票回购金额还是非常大，美国公司的股票回购甚至超过了其股票发行。也就是说，美国公司的权益净融资是负的。

有些公司甚至实施过多次股票回购。例如，埃克森美孚公司2015年回购了40亿美元股票，与其2005—2014年回购的2 100亿美元股票相比，只是个小数字。微软公司2015年回购了132.9亿美元股票，2005—2014年回购了大约1 250亿美元股票。微软还另有210亿美元的股票回购授权。更有意思的股票回购是汽车地带公司（AutoZone），该公司1998—2015年回购了大约1 311亿美元股票，约是其目前流通在外股票数的4.5倍。

有时，股票回购会用于其他目的。例如，2005年1月，消费品巨头宝洁公司宣布以540亿美元收购剃须刀制造商吉列公司，收购款全部以宝洁公司股票支付。这一点非常重要，因为如果采用现金支付，被收购公司的股东必须纳税；如果采用股票支付，则无须纳税。这个交易的设计巧妙之处是，宝洁公司同时宣布将回购其中的180亿～220亿美元的股票。这样，宝洁公司实质上支付了60%的股票和40%的现金，但交易设计得看起来好像是支付了100%的股票给吉列公司股东。

有时，股票回购占公司权益的比例很大。例如，2015年晚期，耐克公司宣布回购价值120亿美元股票，其中80亿美元回购在2016年完成。数额虽然不像其他公司那么大，但占该公司流通在外股票数量的11%。稍早几个月，著名的国际快餐连锁集团温迪宣布回购14亿美元股票，大约占该公司股份的30%。

公司股票回购后的股票怎么处理呢？可以有多种做法。大多数公司会保留股票并用于员工股票期权计划。当员工执行员工股票期权计划时，就产生了新股票，从而会增加流通在外的股票数量。使用股票回购，公司则不需要发行任何新股。公司也可以保留回购的股票作为库存股票（treasury stock）。最后，公司还可能完全核销回购的股票，这样就减少了流通在外的股票数量。

税收问题小结

本节认为，由于个人所得税的影响，公司将倾向于减少股利的发放。例如，它们可以加大资本性支出、回购股票、收购其他公司或购买金融资产。然而，出于财务上的考虑和法律上的限制，理性的公司都会在某些时候发放一定的股利。换句话而言，我们认为拥有大量现金流量的公司发放股利仅仅是因为它们的资金已经没有更好的用途。

很难解释公司为什么选择发放股利而不是回购股票。回购股票节约的税收是显著的，害怕美国证券交易委员会或国内税收署的审查其实是夸大其词了。在这个问题上，学术界有两种观点。一些学者认为公司只是放慢了利用回购好处的步伐，由于这一观念已深入人心，用股票回购取代股利发放的趋势必将继续。甚至有人预测，未来股利将变得像过去的股票回购一样不重要。相反，另一些学者认为公司一直有很多理由支持发放股利，或许法律上的考虑特别是来自国内税收署的因素影响巨大。发放股利也可能还有其他捉摸不透的好处。下一节，我们就来讨论发放股利的潜在好处。

16.6 偏好高股利政策的现实因素

前面几节已经指出，收到股利的投资者必须纳税。由于股利的税率高于资本利得的实际税率，财务经理想方设法地降低股利。在分析增加资本支出项目、收购其他公司和囤积资金所面临的问题后，我们发现股票回购具有很多好处，例如节约税收。本节将讨论在股利需要缴纳个人所得税的情况下，为什么公司仍然要向其股东发放高额股利。

喜爱现期收入

事实表明，大多数投资者都喜爱现期收入（current income）。典型的例子是退休人员和其他靠固定收入生活的人，如人尽皆知的孤寡人群。这些投资者在股利提高时哄抬股价，在股利降低时打压股价。

MM指出，这种观点与他们的模型无关。喜爱高额现期现金流量但却持有低股利股票的投资者可以很容易地卖掉股票，从而获得其所需要的资金。因此，在无交易成本的市场里，现期股利高的股利政策并不有益于股东。

但是，现实生活中现期股利是有关的，因为出售低股利股票将发生佣金和其他交易费用，而投资高股利股票不会发生这些直接现金费用。此外，出售股票要耗费股东的时间，这些都促使投资者去购买高股利的证券。

然而，正确地看待这一问题，须记住共同基金之类的金融中介机构能够以极低的成本替个人投资者完成这些再包装交易。这些中介机构买进低股利的股票，然后通过一定的措施实现利得，再以较高的支付率发放给它们的投资者。

行为金融

出售无股利证券需要发生交易成本并不能解释投资者为什么偏爱股利。还有其他原因可以解释高股利吗？前面章节中介绍的行为金融学说认为，行为金融对有效资本市场提出了重大挑战。同样，行为金融也为高股利提供了另一种解释。

这里，我们介绍一个心理学上十分重要的概念——自我控制（self-control），虽然目前它在财务领域还没有引起任何重视。我们不可能为了弄清自我控制的概念而去完整地学习心理学，因此，仅以减肥为例来加以说明。假设大学生马丁过完圣诞节后，体重比他预期的稍微增加了几磅。几乎每个人都认为节食和锻炼是减肥的两个手段。但马丁如何将其付诸实施呢？（我们重点讨论锻炼，节食的原理完全相同。）其中一个办法（我们称之为经济学家方法）是尽量做出理性决策。马丁每天都要权衡锻炼的收益与成本，或许大多数情况下，他都会选择锻炼，因为减肥对他来说非常重要。然而，当他忙于应付考试时，他的理性决策是不锻炼，因为没有时间。遇到社交活动时同样如此，当有聚会或其他社交活动时，马丁理性的决策也是不锻炼。

初看起来，这是合理的。问题是他每天都必须做出选择，而大多数时间里人们都缺乏自我控制。他可能会告诉自己，在某一天他没有时间去锻炼，实际上只是他开始发现锻炼太枯燥了，并不是真的没有时间。不久，借口不锻炼的天数越来越多，结果体重反而增加了。

这些与股利有什么关系呢？投资者也必须应对自我控制问题。假设一个退休者打算一年从其储蓄、社保金和养老金中拿出20 000美元来消费，他既可以购买一年足可以分配20 000美元的高股利收益率的股票，也可以购买不发放股利的股票，然后每年出售20 000美元的股票来消费。两种方法财务结果相同，不过第二种方法灵活得多。如果缺乏自我控制，他就可能股票卖得太多，留给以后年份的股票比较少。比较好的解决办法是投资于发放股利的股票并且严格遵守永远不消耗本金的原则。尽管行为金融学家并没有声称此方法对每个人都有效，但确实有很多人这样考虑，这足以解释为什么股利虽然要征税，但公司仍然发放股利。

行为金融学家也同样赞同增加股票回购吗？答案是否定的，因为投资者会卖掉公司想回购的股票。正如前面所说，出售股票较为灵活，投资者可能一时卖出太多的股票，留给以后年份的股票就比较少。因此，行为学派较好地解释了为什么公司在征收个人所得税的情况下仍然发放股利。

代理成本

虽然股东、债权人和经营者为了共同的利益而组成公司，但其中的一方会通过牺牲他人的利益而获利。例如，股东和债权人之间经常出现利益冲突。债权人希望股东尽可能多地将现金留在公司里，这样当公司面临财务困境时，就会有足够的现金来偿还债权人。与此相反，股东喜欢将剩余的现金作为股利发放给自己。作为股东代表的经营者，发放股利仅仅是为了不让现金留给债权人。也就是说，股利使得债权人的财富转移给了股东。当然，债权人也知道股东有将资金从公司转移出去的倾向，为了保护自己，债权人常常在贷款协议中规定，只有当公司的利润、现金流量和营运资本超过预先约定的水平时才能发放股利。

当股东与债权人发生利益冲突时，经营者会站在股东一方，但在其他情况下，经营者会牺牲股东的利益来追求自身效益最大化。例如，前面章节中介绍的经营者高消费、投资净现值为负的项目或者不努力工作。当公司拥有充足的自由现金流时，经营者更容易追求自私利益目标。不过，当资金不是那么容易取得时，人们毕竟无法浪费。这正是股利产生的根源。股利可作为公司董事会降低代理成本的手段。将剩余的现金流量以股利形式发放，可以减少经营者浪费企业资源的可能性。

以上主要讨论的是股利发放的理由，这些理由同样适用于股票回购。作为股东代表的经营者，通过股票回购可以像股利发放一样不让现金留给债权人。作为股东代表的董事会，通过股票回购可以像股利发放一样减少经营者挥霍的现金。因此，代理成本不是只支持股利发放而不支持股票回购，也就是说，根据代理成本理论，公司要么提高股利，要么进行股票回购，但不应保有大量现金。

股利的信息内涵和股利信号

虽然还有很多有关股利的问题研究者不清楚，但有一点我们很确信：当公司宣布提高股利时，公司的股票价格通常会上涨；而当公司宣布降低股利时，公司的股票价格往往会下跌。问题是我们如何解释这一事实。关于股利的观点有以下三种：

1. 如果未来盈利（或现金流量）保持不变，MM认为由于投资者可以自制股利，股利政策是无关的。

2. 由于税收的影响，当未来盈利（或现金流量）保持不变时，公司股票价格与现期股利负相关。

3. 由于偏爱当前收入和其他相关因素的作用，即使未来盈利（或现金流量）保持不变，公司股票价格也与现期股利正相关。

乍看起来，当公司宣布提高股利时，公司的股票价格通常上涨的实证结果与观点3一致而与观点1和观点2相矛盾。许多学者都同意这一点。但是，其他学者则批评说上述实证结果实际上与三个观点都是一致的。他们指出，公司不愿意削减股利，因而只有当公司确信未来盈利和现金流量等将提高到足以保证股利以后不可能再降低到以前的水平时才会增加股利。股利的增加是经理向市场传递的公司前景良好的信号。

是对美好前景的预期，而不仅仅是对现期收入的喜爱导致了股价上升。股票价格随着股利信号而上涨的现象称作股利的**信息内涵效应**（information content effect）。概括地说，当未来盈利保持不变时，股票价格不会受到股利水平的影响或是受到股利水平的负面影响，不过，信息内涵效应意味着若股利增加股价会上升——如果股利能够驱使股东向好的方面调整其对未来盈利和现金流量的预期。

16.7 客户效应：现实问题的解决

前面两节指出，个人所得税的存在使得投资者偏爱低股利股票，但是另外一些因素的存在又使得投资者喜爱高股利股票。财务学界希望能够很容易地确定到底哪类因素占主导。遗憾的是，多年的研究都表明没人能够发现这两类因素中何者更重要。甚至有人怀疑这两类因素可能正好完全相互抵消。

客户效应（clientele effect）学派就认为这两类因素可能最终会完全相互抵消。为说明这一点，我们将投资者分成高税收等级和低税收等级两大类。高税收等级的个人投资者更偏爱低股利或无股利。低税收等级的投资者通常分为三类：一是低税收等级的个人投资者。如果喜爱现期收入，他们很可能希望发放一定的股利。二是保险基金，它们的股利收入和资本利得都无须纳税。由于无须纳税，如果它们偏爱现期收入也会希望发放股利。三是公司，它们至少有 70%的股利收入可以免税，但资本利得一分也不能免。因此，即使公司对现期收入也无偏好，它们仍宁愿投资于高股利股票。

假设 40%的投资者喜爱高股利，60%的投资者喜爱低股利；只有 20%的公司发放高额股利，80%的公司发放低额股利。这样，高股利公司供应不足，因而其股价会上涨；相反，低股利公司的股价会下跌。

然而，所有公司的股利政策不可能长期固定不变。本例中，我们预计有足够的低股利公司将提高股利支付率，从而有 40%的公司发放高额股利，60%的公司发放低额股利。这一变化发生后，没有公司能够从改变股利政策中受益。一旦公司的股利支付率与股东的需求一致，则没有公司能够通过改变股利策略来影响其市场价值。

客户（clienteles）的构成如下表所示：

组别	股票
高税收等级个人投资者	零股利或低股利支付率的股票
低税收等级个人投资者	低股利或中等股利支付率的股票
免税的机构投资者	中等股利支付率的股票
公司	高股利支付率的股票

为了测试你是否理解客户效应，请思考以下问题：“理论上认为股利政策是无关的，公司不应发放股利。但多数投资者都喜欢高股利，因此公司可以通过提高股利支付率来使其股价上升。”以上说法是对还是错？

错。只要高股利的公司足以满足喜爱高股利的投资者的需求，公司就不能通过发放高股利来提高其股价。只有当客户的需求不能满足时，公司才有可能提高其股价。

我们关于客户效应的讨论是基于投资者的税收等级高低不等的事实。如果股东在乎税收，股票将吸引重视股利收益率的税收追随者。有证据证明这种观点吗？

图16-7中，格雷厄姆和库马尔（Alok Kumar）[①] 将普通股按照股利收益率（股利/股价）排名并分成五组，最低组包括20%最低股利收益率的股票，接下来的五分位数组包括20%次低股利收益率的股票，以此类推。每组中都列出了低、中、高收入投资者的比重。从图中可以看出，相对于低收入投资者，高收入投资者将其资产投入低股利收益率证券的比例要高，而投入高股利收益率证券的比例要低。

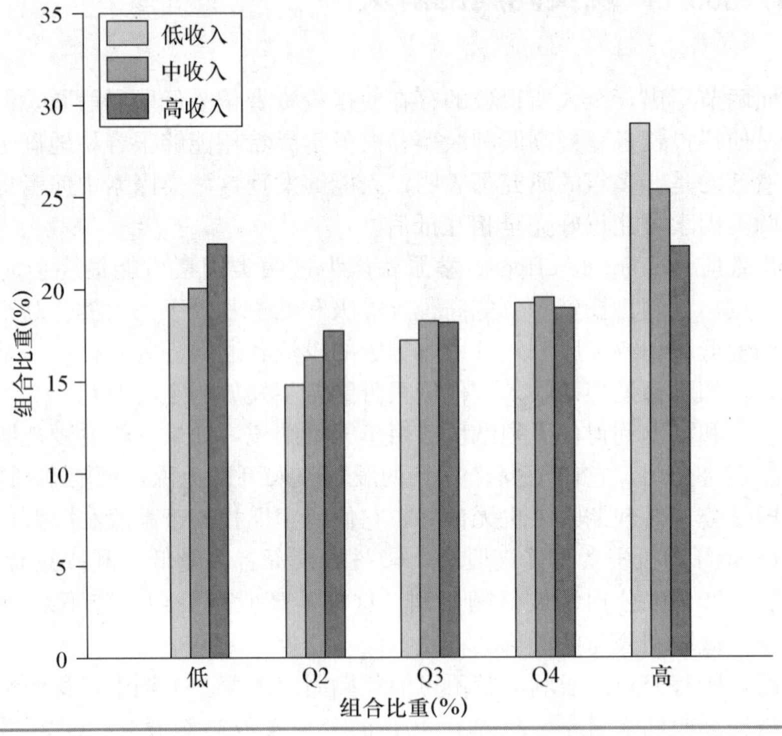

图16-7 投资者对股利收益率的偏好情况

说明：所有股票按照其股利收益率排名并按五分位数分成五组。每一组中都列出了低、中、高收入投资者的比重。相对于低收入投资者，高收入投资者将其资产投入低股利收益率证券的比例要高，而投入高股利收益率证券的比例要低。

资料来源：John Graham and Alok Kumar，"Do Dividend Clienteles Exist? Evidence on Dividend Preferences of Retail Investors，" *Journal of Finance* 61（2006），pp. 1305-36.

16.8 我们了解和不了解的股利政策

公司股利居高不下

前面论及，与资本利得相比，股利在税收上是不利的，因为股利在收到时就要缴纳股利所得税，而资本利得税可以递延到资本利得实现时才缴纳。然而，股利在美国经济

① John Graham and Alok Kumar，"Do Dividend Clienteles Exist? Evidence on Dividend Preferences of Retail Investors，" *Journal of Finance*（*June* 2006）.

中仍占有重要的分量。图 16－8 是美国公司 1980—2012 年汇总的股利支付率，2012 年这一比率大约为 50％。

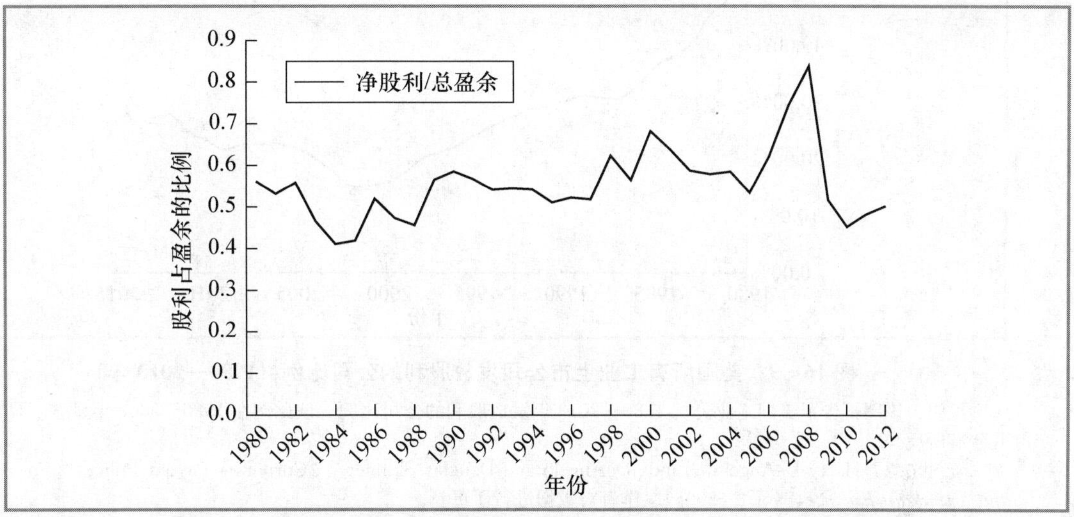

图 16－8 全美国公司累计股利占累计盈余的比例（1980—2012 年）

资料来源：The Economic Report of the President，February 2013 的表 B-90。

有人可能争辩说，股利可能主要是发放给了税收等级较低的个人投资者（目前现金股利的税率远低于普通收入），或者像养老金一样无须纳税的机构投资者，所以，股利的税负实际上很小。但是，P. 彼得森（P. Peterson）、D. 彼得森（D. Peterson）和安（J. Ang）① 深入研究了典型的 1979 年的股利后发现，大约 2/3 的股利发放给了个人投资者，这些个人投资者的平均边际税率大约为 40％。因而，我们可以得出结论：尽管税负很重，公司仍然发放了大量股利。

越来越少的公司发放股利

尽管股利占有重要的分量，法玛和弗伦奇②指出，近年来，发放股利的公司比例呈下降趋势。他们认为，下降的主要原因是，近年来各个交易所都有大量还未盈利的小公司上市，这些公司多半不发放股利。图 16－9 显示，1980—2002 年，美国工业公司中发放股利的公司比例大幅减少。

哈里·迪安杰洛（Harry DeAngelo）、琳达·迪安杰洛（Linda DeAngelo）和斯金纳（Skinner）③ 给出的数据也显示，2002—2013 年发放股利公司的比例上升了。其中一个解释是 2003 年 5 月颁布的法律将股利的最高税率削减到 15％。不过，他们忽略了减税的影响，而是给出了其他解释。

---

① P. Peterson，D. Peterson and J. Ang，"Direct Evidence on the Marginal Rate of Taxation on Dividend Income，" *Journal of Financial Economics* 14（1985）.

② E. F. Fama and K. R. French，"Disappearing Dividends：Changing Firm Characteristics or Lower Propensity to Pay?" *Journal of Financial Economics*（April 2001）.

③ Harry DeAngelo，Linda DeAngelo and Douglas Skinner，"Corporate Payout Policy，" in *Foundations and Trends in Finance*，vol. 3（2008）. 作者对数据进行了更新。

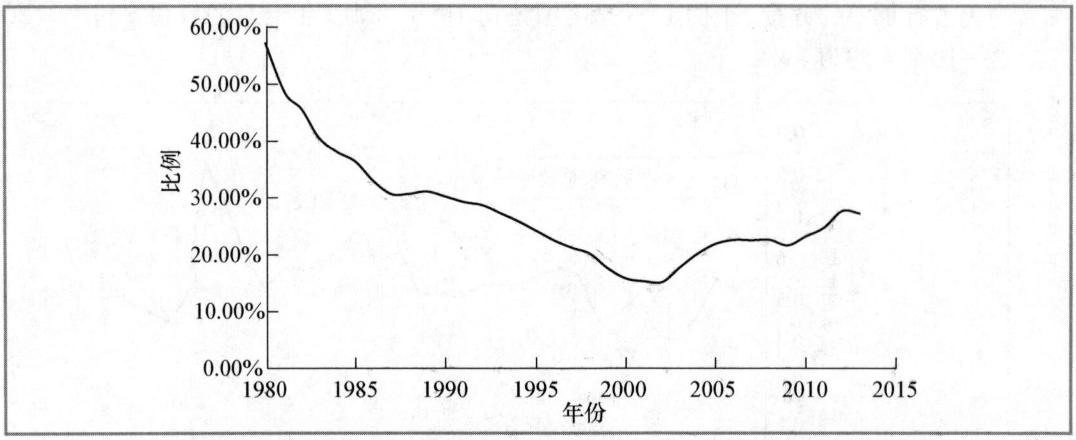

图 16-9 美国所有工业上市公司发放股利的公司比例（1980—2013 年）

说明：该图报告了美国工业公司 1980—2013 年发放股利的公司比例。该比例在 1980—2002 年显著下降，随后几年有所反弹。

资料来源：Harry DeAngelo，Linda DeAngelo and Douglas Skinner，"Corporate Payout Policy，" *Foundations and Trends in Finance*，vol. 3 (2008)．作者对数据进行了更新。

图 16-9 并不表明 1984—2013 年间所有公司发放的股利都减少了。迪安杰洛等①指出，近十年来，小公司削减股利，但大公司实际上在增加股利。这就导致股利日益集中。2013 年，美国 25 家发放股利最高的公司其股利占所有公司发放的股利之比超过 50%。他们得出结论："工业公司呈现出两极结构，少量高盈利公司贡献了大部分的利润和股利，而大部分的公司对利润和股利贡献都比较小。"

股利平滑化

1956 年，林特纳（Lintner）②观察到两个重要的股利政策现象：第一，现实生活中，公司通常设定一个长期的股利支付率目标。当公司的现金不足且拥有很多净现值为正的投资项目时，可能设定较低的股利支付率；当公司的现金充分但净现值大于零的投资项目有限时，设定的股利支付率会较高。第二，公司经理知道利润变化中只有部分是永久的。由于经理需要一定的时间来评估利润增加的持久性，因而股利变化通常要滞后于利润变化一定的期间。

林特纳认为，股利政策取决于两个参数：目标股利支付率 t 和现期股利对目标值的调整系数 s。股利变化按照下列模型进行：

$$\text{股利变化} = \text{Div}_1 - \text{Div}_0 = s \times (t\text{EPS}_1 - \text{Div}_0) \qquad [16.2]$$

式中，Div_1 和 Div_0 分别代表下一年度和本年度的股利；EPS_1 代表下一年度的每股收益。

式［16.2］中 $s=0$ 和 $s=1$ 是两个极端的情况。如果 $s=1$，实际股利变化就等于目标股利变化，此时，股利将全额调整。如果 $s=0$，$\text{Div}_1=\text{Div}_0$，也就是说，根本没有任

① Harry DeAngelo，Linda DeAngelo and Douglas Skinner，"Are Dividends Disappearing? Dividend Concentration and the Consolidation of Earnings"，*Journal of Financial Economics* (2004)．

② J. Lintner，" Distribution and Incomes of Corporations among Dividends，Retained Earnings and Taxes，" *American Economic Review* (May 1956)．

何股利变化。实际工作中，公司设定的调整系数 s 介于 0～1 之间。

这一模型意味着，当公司开始陷入困境时，股利支付率会提高；当公司进入繁荣期时，股利支付率会下降。股利变化小于利润变化，也就是说，公司尽量使股利平滑化。

例 16.1　股利平滑化

Culculator Graphics 公司（CG）的目标股利支付率为 0.30，上年每股收益为 10 美元，根据设定的目标，CG 公司上年每股发放了 3 美元股利。今年，每股收益突然增长到 20 美元，管理层认为这种增长趋势不太可能持久，所以不准备将股利提高到 6 美元（0.30×20）。公司的调整系数为 0.50，因此，今年的股利增加额为：

$$0.50\times(\$6-\$3)=\$1.50$$

这就是说，股利增加额等于调整系数（0.50）乘以今年目标股利（6＝0.30×20）与上年股利之差。本例中的股利增加额为 1.50 美元，本年度股利应为 4.50 美元。

如果下一年的每股收益仍然维持在 20 美元，则下一年的股利增加额为：

$$0.50\times(\$6-\$4.50)=\$0.75$$

也就是说，今年相对于下一年的股利增加额等于调整系数（0.50）乘以下一年目标股利（6＝0.30×20）与今年股利（4.50）之差。由于股利增加额为 0.75 美元，下一年的股利将为 5.25 美元（4.50＋0.75）。这样，如果未来所有年份的每股收益都保持在 20 美元，每年的股利增长将越来越慢，不过，最终会达到每股 6 美元。

发放股利的利弊

利	弊
1. 股利可以吸引那些喜爱稳定现金流量又不愿意承担出售股票所产生的交易成本的投资者。 2. 行为金融认为缺乏自我控制的投资者购买高股利的股票，这样既可以满足其当期消费需求，又能确保不花掉本金。 3. 作为股东代表的管理层为了不使债权人拿走现金而发放股利。 4. 作为股东代表的董事会通过发放股利可以减少供管理层挥霍的现金。 5. 管理层提高股利以传递其对公司未来现金流量的乐观预期。	1. 股利要按普通收入征税。 2. 发放股利减少了公司的内部融资金额，迫使企业放弃净现值大于零的项目或转而寻求代价高昂的外部权益融资。 3. 一旦股利政策确立了，股利的削减会对股票价格带来负面影响。

关于股利的一些调查证据

最近的一项研究调查了大量财务负责人关于股利政策的看法。其中一个问题是："以下因素是否影响贵公司的股利决策？"调查结果如表 16－2 所示。

表 16－2　股利决策的调查反馈

政策描述	同意或强烈同意的比例
1. 我们试图回避减少每股的股利	93.8%
2. 我们试图每年保持股利的平滑	89.6%
3. 我们制定每股股利水平时会考虑最近一季度的股利发放情况	88.2%
4. 我们不愿意做出以后可能又不得不取消的股利变化	77.9%

续前表

政策描述	同意或强烈同意的比例
5. 我们注意到每股股利的变化或增长	66.7%
6. 我们认为外部资本融资的成本低于削减股利的成本	42.8%
7. 我们发放股利是为了吸引受到投资限制的保守投资者	41.7%

说明：调查源于一个问题："以下因素是否影响贵公司的股利决策？"

资料来源：摘自 A. Brav，J. R. Graham，C. R. Harvey，and R. Michaely，"Payout Policy in the 21st Century，" *Journal of Financial Economics*，2005 一文的表 4。

表 16-2 显示，财务经理非常不愿意削减股利，而且他们非常关注以前的股利情况并希望保持股利的相对稳定。相反，外部资本融资的成本和吸引具有信托责任的保守型投资者两项不太重要。

表 16-3 摘自同一项调查，但这是关于问题"以下因素在贵公司股利决策中的重要程度如何？"的调查结果。根据表 16-2 中的反馈和前面的分析，我们不应奇怪，保持股利政策的一致性是最重要的决策因素，第二项重要因素也与前面的分析一致，财务经理在制定股利政策时十分关心盈利的稳定性和未来的盈利状况，他们也关注良好投资机会的可能性。调查者认为吸引机构投资者和个人投资者相对不太重要。

表 16-3　　股利决策的调查反馈

政策描述	认为重要或非常重要的比例
1. 与历史股利政策保持一致	84.1%
2. 未来盈利的稳定性	71.9%
3. 盈利的可持续性	67.1%
4. 吸引机构投资者购买我们的股票	52.5%
5. 良好投资机会的可能性	47.6%
6. 吸引个人投资者购买我们的股票	44.5%
7. 我们股东收到股利时的个人所得税情况	21.1%
8. 发行新股票的融资成本	9.3%

说明：调查源于一个问题："以下因素在贵公司股利决策中的重要程度如何？"

资料来源：摘自 A. Brav，J. R. Graham，C. R. Harvey，and R. Michaely，"Payout Policy in the 21st Century，" *Journal of Financial Economics*，2005 一文的表 5。

与在前面章节中讨论税收和发行成本得出的结论相反，调查中财务经理认为股东缴纳的股利所得税并不重要，甚至很少有经理认为权益发行成本是相关的。

16.9 融会贯通

我们在本章中讨论的大部分内容和几十年来的股利研究结果可以总结归纳为以下六点①：

1. 累计股利和股票回购的数额巨大，而且这些年来它们不管名义量还是实际量都在稳步增长。

① 该部分提炼自 Harry DeAngelo and Linda DeAngelo，"Payout Policy Pedagogy：What Matters and Why，" *European Financial Management* 13（2007）。

2. 现金股利和股票回购主要集中发生在数量相对较少的大型成熟公司。
3. 管理层极度不愿削减股利，除非公司层面发生了问题。
4. 管理层会平滑股利，确保股利随着盈利的增长而缓慢增长。
5. 股价只对未预期的股利变化有所反应。
6. 股票回购的规模会随着非经常性盈利的变动而变动。

现在面临的问题就是将这六个部分整合成一个合理的逻辑框架图。总的来看，支付政策包括股票回购和现金股利发放，简单的生命周期理论可以解释第 1 点和第 2 点。核心的观点是非常直观的。首先，那些相对较年轻的公司可用的现金较少，因此一般不会分配现金，它们往往需要为那些净现值为正的项目留存现金（而且发行成本也不鼓励公司进行外源融资）。

但是，只要公司存活下来并且逐步发展成熟，它就开始积累自由现金流（你可以回忆一下，自由现金流就是内部积累的现金流减去所需投资到可盈利项目的部分）。大量的自由现金流如果不进行分配，则可能会导致代理问题。管理层可能会变得热衷于追求建立自己的帝国，或是以非最大化股东利益的方式来浪费资金，因此，公司往往会迫于股东的压力进行现金发放，而不是囤积现金。而这与我们所观察的一致：我们预期拥有良好盈利记录的大公司会进行大额分配。

生命周期理论认为，公司在过量现金留存的代理成本和潜在的未来外部融资成本之间进行权衡。公司在积累了足够的内部现金流，可以满足当前及可预见的未来的投资需求后，就应该开始进行股利分配。

一个更为复杂的问题是关于分配的形式，是发放现金股利还是进行股票回购？税收学派赞成股票回购的论述是清晰而有力的一种观点。股票回购是一项更为灵活的方案（而且管理层往往会很看重财务灵活性），因此问题就变为：为什么公司仍然会选择发放现金股利？

如果准备回答这个问题，我们得先回答其他问题：有什么是现金股利能做到而股票回购却做不到的？一个回答是当公司承诺从现在开始直到未来都发放现金股利时，它就向市场传递了两个信号。正如我们已经讨论过的，其中一个信号是公司预期是盈利的，从而有能力不仅在当期发放股利，而且可以将这种发放行为持续下去。我们注意到，公司是不能从试图愚弄市场的行为中得到任何好处的，因为一旦无法支付股利（或是只有依赖外源融资才可以支付股利），公司最终会被市场惩罚。因此，现金股利可以使公司将自己与盈利能力较弱的竞争对手区分开来。

第二个也是最为细微的一个信号让我们回归到自由现金流的代理问题。通过承诺从现在直到未来都支付股利，公司就向外界传递了不会囤积现金（或至少是不会囤积太多现金）的信号，从而降低了代理成本，增加了股东财富。

信号传递理论与上述第 3 点到第 5 点相一致，但仍然存在一个很明显的悖论。这与公司承诺实施这样一项政策，也就是将原本打算用于发放现金股利的所有资金都用于回购股票有何不同呢？因为这两种方式最终都可以看作公司承诺向股东发放现金。

固定回购策略其实存在以下两个缺陷。第一个缺陷是核查。公司可以宣布进行公开市场回购，而后又不真正进行回购。通过妥善处理账本，到骗局被揭穿时又会经过一段时间。因此，对于股东来说，通过监督机制，也就是通过一些办法来切实知道回购实际上发生了是非常必要的。这样一种机制的建立其实不会很困难（可以像债券市场那样建立一个信托人），但它目前尚未建立起来。当然，要约收购几乎不需要核查，但是这样的要约收购往往伴随成本。现金股利的好处在于它不需要监管。公司必须每年四次剪下支票并邮寄给股东，年年如此。

合理的股利支付政策的特征如下：

- 随着时间的推移，发放所有自由现金流。
- 不通过削减正的净现值项目的开支来支付股利或回购股票。
- 只有当公司积累了大量的自由现金流时，才开始进行股利发放。
- 使当前的固定股利发放与长期目标支付率相一致。
- 设定的股利水平应低到足以避免未来成本高昂的外部筹资活动。
- 采用回购方式来分配暂时性的现金流增长。

固定回购策略的第二个缺陷存在更大的争议。假设管理层作为内部人，能比股东更好地判断公司的股价是过高还是过低（注意，在存在内部信息的情况下，这个观点并未违背半强式有效市场假说）。在这种情况下，固定回购合约强迫管理层即使在股价被高估的情况下也必须回购股票。也就是说，这就强迫管理层进行净现值为负的投资项目。

对现金股利和股票回购问题的研究还需要进一步深入，但从历史趋势来看，那些回购金额持续增长的公司比股利金额持续增长的公司更受青睐。总的公司支付额看起来相对稳定，但是回购在其间所占的比重越来越大，回购额总计最近超过了股利额总计。

现金股利问题中未受到太多关注的一个方面是历史遗留问题。1982年前，关于股票回购的规定还很模糊，成为一个很重要的不利因素。1982年，美国证券交易委员会在经过多年的争论后，制定了一系列公司可以遵循的指导意见，从而使股票回购变得更有吸引力。

这种历史遗留效应的产生归结于股利分配额在股利额总计中所占很大一部分的许多公司巨头在1982年前（或是在更早前）都支付股利。从某种程度上说，这些公司不愿意削减股利发放，从而导致股利额总计巨大，这仅仅是由于这些老牌公司的“锁定”效应所致。一旦锁定，这些原先进行股利发放的公司就占了股利额总计的大部分，而我们将会观察到的就是成熟的公司开始发放股利的意愿大幅下降，以及随着时间的推移，股票回购相比现金股利呈现出增长的趋势。我们确实看到了这两个趋势。

16.10 股票股利与股票拆细

股票拆细和股票股利实际上对公司和股东的影响相同：它们都增加了流通在外股票数量，降低了每股股票价值。它们的会计处理不完全相同，这取决于两方面：(1) 分配形式是股票股利还是股票拆细；(2) 如果是股票股利，股利规模的大小。

传统上，小于20%～25%的股票股利称作小额股票股利（small stock dividend），其会计处理后面再讨论。大于20%～25%的股票股利称作大额股票股利（large stock dividend），大额股票股利不常见。例如，2015年12月，耐克公司实施了100%的股票拆细；2015年7月，收费视频网站公司网飞（Netflix）实施了700%的股票股利。

小额股票股利举例 Peterson是一家专门解答疑难会计问题的咨询公司，其流通在外股票数量为10 000股，每股市场价格为66美元，总市值达660 000美元（$66×10 000）。公司宣布发放10%的股票股利，每个股东原来持有10股股票就可另外再得到1股股票。因此，股利发放后，公司流通在外的股票数量为11 000股。

发放股票股利之前，Peterson 公司资产负债表上权益部分如下：

普通股（面值 1 美元，流通在外 10 000 股）	$ 10 000
资本公积	200 000
留存收益	290 000
所有者权益总额	$ 500 000

发放小额股票股利时用于调整资产负债表的会计处理似乎较为武断。因为新增了 1 000 股，普通股账户增加 1 000 美元（1 000×1），总额达到 11 000 美元。市场价格 66 美元高出面值 65 美元，因而资本公积账户增加 1 000×65＝65 000 美元，总额达到 265 000 美元。

因为没有现金流入或流出，股票股利对所有者权益总额没有影响，留存收益则减少 66 000 美元，只剩 224 000 美元。发放股票股利之后，Peterson 公司资产负债表上权益部分如下：

普通股（面值 1 美元，流通在外 11 000 股）	$ 11 000
资本公积	265 000
留存收益	224 000
所有者权益总额	$ 500 000

股票拆细举例　股票拆细从概念上说与股票股利相似，但通常用比率表示。在 2∶3 的股票拆细中，每个股东原来持有 2 股股票就可另外再得到 1 股股票，因此，2∶3 的股票拆细相当于 50%的股票股利。同样，没有现金流出，每位股东拥有的公司价值比例不会受到影响。

股票拆细的会计处理与股票股利略有不同，相对简单。假设 Peterson 公司宣布进行 1∶2 的股票拆细，则公司流通在外股票数量将翻番到 20 000 股，每股股票面值将减半，只有 0.50 美元。股票拆细后，所有者权益如下：

普通股（面值 0.50 美元，流通在外 20 000 股）	$ 10 000
资本公积	200 000
留存收益	290 000
所有者权益总额	$ 500 000

需要注意的是，股票拆细后，上表中三个项目右边的数字完全没有改变，只是每股股票面值和流通在外股票数量有所变化，因为流通在外股票数量翻番，每股股票面值减半。

大额股票股利举例　上例中，如果 Peterson 公司宣布 100%的股票股利，将新增 10 000 股，流通在外股票数量达到 20 000 股。每股面值仍为 1 美元，普通股账户会增加 10 000 美元，总额达到 20 000 美元。留存收益账户则减少 10 000 美元，只剩 280 000 美元。结果如下：

普通股（面值 1 美元，流通在外 20 000 股）	$ 20 000
资本公积	200 000
留存收益	280 000
所有者权益总额	$ 500 000

股票股利与股票拆细的价值

逻辑规律告诉我们，股票股利与股票拆细可能：（1）不改变公司的价值；（2）提高公司的价值；（3）降低公司的价值。然而，这一问题十分复杂，以至于我们很难判定应该坚持以上哪一种关系。

基准案例 上述案例充分说明了股票股利和股票拆细既不改变任何股东的财富，也不改变公司整体的价值。上例中，权益的市场价值总额为660 000美元，发放小额股票股利情况下，股票数量增至11 000股，则每股的价值为660 000/11 000＝60美元。

如果一位股东发放股利之前拥有100股、每股价值66美元的股票，发放股利之后则持有110股、每股价值60美元的股票。两种情况下，拥有股票的总价值均为6 600美元，所以股票股利没有实质的经济影响。

实行股票拆细后，流通在外股票数量为20 000股，每股价值降为660 000/20 000＝33美元。也就是说，股票数量翻番，股票价格减半。由此看来，股票股利和股票拆细都仅仅是纸上交易。

尽管这一结果是显而易见的，但常常有很多理由认为这些交易是有一定利益的。财务经理们认为，现实世界是非常复杂的，因此，实际工作中，股票股利或股票拆细决策不能儿戏。

合理交易范围 股票股利和股票拆细赞成者常持的一个理由是证券存在合理的**交易范围**（trading range）。当价格高于这一水平时，投资者没有足够资金购买正常的交易单位100股，即一手。虽然证券可以进行零股交易（少于100股），但零股买卖的佣金较高。因此，公司将股票予以拆细以使股价维持在合理的交易范围内。

例如，2003年年初，微软公司宣布实行1∶2的股票拆细，这是微软公司自1986年上市以来的第9次股票拆细，其中2次是2∶3的股票拆细，7次是1∶2的股票拆细。因此，如果1986年初始上市时持有1股微软股票，到2003年最近一次股票拆细后就变成了288股。与此相似，沃尔玛在1970年上市后共进行了11次1∶2的股票拆细；苹果公司在1987年上市后共进行了1次1∶7和3次1∶2的股票拆细。在股票拆细的历史上最为有名的公司当属宝洁，其自1920年上市以来共进行了2次1∶5，1次1∶1.5，8次1∶2的股票拆细，第一次股票拆细前购买的1股宝洁股票一直持有的话最后变成了9 600股。

尽管上述维持合理交易范围的观点较为流行，但其有效性最近受到了许多质疑。第二次世界大战后，共同基金、养老基金和其他机构稳定地增加了它们的交易活动，目前在整个交易量中已占有相当比例（大约占纽约证券交易所交易量的80%）。由于这些机构的买卖交易量都非常大，个股的价格已很少受到关注。

此外，我们有时观察到股票价格非常高似乎也没有产生任何问题。我们来看看极端的例子，瑞士巧克力公司瑞士莲（Lindt）的股票在2016年4月的价格大约为每股7.2万欧元，即8.2万美元，其一手的成本大约为820万美元，这是相当昂贵的。再来看看传奇投资人物沃伦·巴菲特经营的伯克希尔哈撒韦公司，其股票价格在2016年4月大约为每股216 000美元，这还是从高点每股229 500美元下跌后的价格。

最后，有证据表明股票拆细实际上会降低公司股票的流动性。如果股票拆细能够提高流动性，实施 1∶2 的股票拆细后，股票交易量应比翻番还要多，这实际并没有出现，相反的情况却时有出现。

反向拆细

反向拆细（reverse split）是一种较少采用的财务政策。例如，2016 年 3 月，分子诊断测试公司大盆地科技公司（Great Basin Scientific）实施了 35∶1 的反向拆细，几乎与此同时，油气钻探公司 Tengasco 也宣布了 10∶1 的反向拆细。在 10∶1 的反向拆细中，每个股东用 10 股旧股票换取 1 股新股票，与此同时，股票面值提高 10 倍。

在不完美的现实世界中，反向拆细的理由主要有三个：第一，反向拆细后，股东的交易成本下降。第二，当股价上升到合理的交易范围时，股票的流通性和市场性都会得以改善。第三，股票以低于某一水平的价格交易，说明投资者对公司的利润、现金流量、成长性和稳定性都不乐观，这严重影响了公司形象。不过，有些财务分析师认为反向拆细并不能立即改善公司形象。与股票拆细相类似，这些理由，特别是第三个，没有一个是特别令人信服的。

反向拆细还有另外两个理由。第一，股票交易所规定了每股最低交易价格的限制。反向拆细使股价上升，达到这一最低价格。例如，纳斯达克市场中，每股股票价格连续 30 天低于 1 美元的公司将被退市，在 2001—2002 年网络泡沫破灭期间，大量互联网有关的科技公司发现它们正处于退市的边缘，因而通过反向拆细提升其股价。第二，有时，公司在实施反向拆细的同时，全面收购少于某一数量股票的股东的股票。

例如，2015 年 12 月，堪萨斯城人寿保险公司（Kansas City Life Insurance）的股东同意实施反向/正向拆细（reverse/forward split）。该案例中，公司实施了 250∶1 的反向拆细。同时，公司回购持有股份少于 1 股的股东的全部股票，从而淘汰了小股东，减少了股东总人数。反向拆细的目的是使公司可以退市，反向拆细和股票回购使得公司的股东可能少于 300 人，从而不再需要按照美国证券交易委员会的要求提供定期报告。令人印象特别深刻的是，反向拆细后不久，公司又实施 1∶250 的股票拆细，使其股票恢复到原始成本！

本章小结

1. 因为股东可以有效地抵消公司的股利策略，因此，在完美资本市场，股利政策是无关的。如果股东收到的股利多于他所期望的，他可以将这部分多余现金再投资；相反，如果股东收到的股利少于他所期望的，他又可卖出多余的股票。这就是 MM 理论，与前面章节中介绍的自制杠杆的概念很相似。

2. 在完美资本市场，股东对股利发放和股票回购无所谓偏好。

3. 股利是要征税的，因此，公司有动机发放进行股票回购而不是现金股利，实证证据也表明公司逐渐选择这样做。

4. 现金分配的生命周期理论认为，公司在持有大量现金而产生的代理成本与外部权益融资的潜在成本之间权衡，当公司可以创造足够的内部现金流量以满足现在和可预见将来权益投资的需要时，就开始分配现金。

5. 与生命周期理论一致，在美国，公司分配金额巨大而且日益增长，但主要集中在少数成熟的大公司。

6. 管理层通常会平滑股利，逐渐缓慢地提高股利，他们极不愿意削减股利，一般只有公司处于特别时期时才会这样做。

7. 未预期的股利变化会引发股价反应。

8. 为什么公司发放现金股利而不进行股票回购是个具有挑战性的问题。其中一个原因是，现金股利发出了未来将支付现金而且拥有资金这样做的承诺信号，这样的信号可以使公司与其盈利能力差的竞争同行区分开来，让市场对公司的盈利有信心。

概念性思考题

1. **股利政策无关** 为什么股利非常重要，与此同时，股利政策却是无关的？

2. **股票回购** 股票回购对公司的负债/权益比有何影响？它是剩余现金的另一用途吗？

3. **股利政策** 有人认为公司应该采取剩余股利政策，也就是说，公司应该首先满足其投资需要，保持合理的负债/权益比，然后再将剩余资金用于发放股利。你认为剩余股利政策的主要缺陷是什么？

4. **股利发生时序** 12月8日，星期二，Hometown Power公司董事会宣布将于1月17日（星期三）向1月3日（星期三）登记在册的股东发放每股75美分的股利。那么除息日是哪一天？如果股东在这一天购买股票，谁将获得这些股票的股利，买入者还是卖出者？

5. **其他股利** 有些公司用实物形式发放股利，即以低于市场成本的价格向其股东提供服务。例如英国一家公司向其大股利提供免费殡葬服务。共同基金是否应投资这些发放实物股利的公司股票（共同基金持有者不能享受这些服务）？

6. **股利与股价** 股利增加通常会引起股价立刻上涨，那怎么能说股利政策是无关的呢？

7. **股利与股价** 由于其新建立的核动力工厂成本超支，Central Virginia公司于上个月宣布由于投资导致的现金流量问题，暂时延缓股利支付，公司股价立即从28.5美元下跌到25美元，如何解释这一股价变化现象？也就是你认为是什么因素引起了股票价格的如此变动？

8. **股利再投资计划** DRK公司最近宣布了一项股利再投资计划（dividend reinvestment plan, DRIP），允许投资者将其现金股利自动投资到DRK公司，以换取公司股票。

1 000多家公司提供股利再投资计划。大多数股利再投资计划不收取经纪费和服务费。实际上，DRK公司股利再投资计划下的股票可以按市场价10%的折扣购买。

一家为DRK公司提供服务的咨询公司估计大约75%的投资者会参加该计划，这略高于平均水平。

请评价DRK公司的股利再投资计划。这会增加股东的财富吗？有什么优点和缺点？

9. **股利政策** 2015年是IPO市场较为惨淡的一年，只发行募集了219亿美元资金，117家新上市公司只有少数几家发放现金股利。你认为为什么大多数公司选择不发放现金股利？

10. **投资与股利** Phew Charitable信托公司的资本利得、股利收入和利息收入都无须纳税。公司在其投资组合中配置高成长、低股利的股票是否合适？配置市政债券呢？请解释。

请根据以下信息回答接下来的两题：

历史上，美国税法将发放给股东的股利视为普通收入，股利根据投资者的边际税率纳税，2002年最高曾经达到38.6%。资本利得税率对于多数投资者都是相同的，每年都会变化，2002年高达20%。为了刺激经济，小布什总统推出了包括股利和资本利得税率改革计划在内的全面税收改革计划。根据2003年实施的新税收法，对于最高税收等级的投资者，股利和资本利得税率均为15%；对于低税收等级的投资者，股利和资本利得税率2007年为5%，2008年降为零。

11. **除息日股价** 你认为新税收改革计划对除息日的股价会产生什么影响？

12. **股票回购** 新税收改革计划如何影响股票回购对股利发放的相对优势？

13. **股利与股票价值** 根据永续增长模型，股票的价值等于未来预期股利的现值。如果该模型是有效的，那么为什么又说股利是无关的呢？

14. **手中鸟理论**　手中鸟理论（bird-in-the-hand）认为今天的股利比明天不确定的、预期的资本利得更安全，他们通常赞成高股利支付率。请指出其中的谬误之处。

15. **股利与收入偏好**　因为投资者可以通过卖出其部分股票自制股利，喜欢现时收入还不足以解释高股利偏好，这句话对吗？为什么？

16. **股利与追随者**　亨德森持有 Neotech 公司股票，因为该股票价格过去几年稳步上涨而且预期其业绩良好。他想让琼斯也买些，但琼斯认为 Neotech 公司从不分红而不愿意买入。琼斯依赖稳定的股利作为其收入来源。

a. 这两个投资者分别属于什么偏好？

b. 什么理论可以帮助他说服琼斯买入 Neotech 公司的股票是合适的？

c. 为什么他的理由无法说服琼斯？

17. **股利与税收**　假设你姑妈属于高税收等级，很想最小化其投资组合的税负。她很愿意为了使其税后回报最大而买卖股票，并征求你的意见。你会如何建议呢？

18. **股利与资本利得**　如果市场认为 1 美元股利和 1 美元资本利得的价值相同，那么不同股利支付率的公司将吸引不同的投资追随者。所有投资追随者无所谓偏好，因此，公司不可能通过改变股利政策来提升其价值。实证研究也表明股利支付率和公司特征具有较强的相关关系。例如，新近上市的高速成长的小公司的股利支付率几乎都为零，其所有利润都再投资到公司经营中。如果股利是无关的，请解释这种现象。

19. **股利与生命周期理论**　生命周期理论如何解释股利政策？公司生命周期的哪些证据可以至少部分解释公司的股利政策？

20. **股利发放与股票回购**　既然没有税收时，股票回购与股利发放对股东具有完全相同财富效应，考虑税收时，股票回购更有利，公司为什么不简单地进行股票回购来取代股利发放？

练习题

1～10 题为基础题；11～15 题为中级题；16～18 题为提高题。

1. **股利与税收**　Ash 公司宣布每股发放 7.25 美元股利。假设资本利得免税，股利税率为 25%，国内税收署新法规规定股利发放时就要纳税。Ash 公司股价为每股 79 美元，并且即将除息。你认为除息日股价会怎样？

2. **股票股利**　Southern Lights 公司的股东权益账户如下：

普通股（面值 1 美元）	$25 000
资本公积	135 000
留存收益	787 600
股东权益合计	$947 600

a. 如果公司现在的股价为每股 30 美元，宣布发放 10% 的股票股利，公司要发放多少新股票？股东权益各账户的数据如何变化？

b. 如果公司宣布发放 25% 的股票股利，股东权益各账户的数据又将如何变化？

3. **股票拆细**　在下列情况下，第 2 题中公司股东权益各账户的数据如何变化：

a. 如果公司宣布进行 1∶4 的股票拆细，分割后流通在外的股票数量是多少？每股面值又是多少？

b. 如果公司宣布进行 5∶1 的反向股票拆细，分割后流通在外的股票数量是多少？每股面值又是多少？

4. **股票拆细与股票股利**　Roll 公司目前流通在外的股票为 310 000 股，每股股价为 91 美元。假设不存在市场不完美或税收效应问题，判断以下情况下股价会如何变化：

a. Roll 公司实施 3∶5 的股票拆细。

b. Roll 公司发放 15% 的股票股利。

c. Roll 公司发放 42.5% 的股票股利。

d. Roll 公司实施 7∶4 的反向股票拆细。

e. 计算问题 a 至问题 d 情况下流通在外的股票数量。

5. **常规股利**　Rami 公司流通在外的股票为 8 000 股，按市场价值计量的资产负债表如下：

资产负债表（按市场价值计）			
现金	$ 43 000	权益	$ 241 000
固定资产	198 000		
合计	$ 241 000	合计	$ 241 000

公司宣布每股发放 1.25 美元的股利，股票明天除权。不考虑税收影响，今天的股价是多少？明天的股价又将是多少？发放股利后，资产负债表将如何变化？

6. **股票回购** 第5题中，假设 Rami 公司宣布将回购价值 9 000 美元的股票。该业务对公司的权益有何影响？流通在外的股票数量是多少？回购后股价将会是多少？不考虑税收影响，说明股票回购与发放现金股利实际上是如何完全相同的。

7. **股票股利** Desktop 制造公司按市场价值计量的资产负债表如下。公司宣告发放 25%的股票股利，股票除息日为明天（股票股利的日期名称与现金股利相似）。公司流通在外的股票为 28 000 股。请问除息日的价格将是多少？

资产负债表（按市场价值计）			
现金	$ 149 000	负债	$ 127 000
固定资产	603 000	权益	625 000
合计	$ 752 000	合计	$ 752 000

8. **股票股利** 某公司的股东权益如下表所示，每股股价为 62 美元，宣布发放 12%的股票股利。发放股票股利后，权益账户将有何变化？

普通股（面值1美元）	$ 130 000
资本公积	979 000
留存收益	2 865 000
股东权益合计	$ 3 974 500

9. **股票拆细** 上题中，假设公司取而代之决定进行 1∶5 的股票拆细，按分割后股数发放每股 80 美分的现金股利，相比上年按分割前股数发放的股利提高了 10%。股票拆细对权益账户有何影响？公司上年每股股利是多少？

10. **股利与股价** Harpe 公司目前流通在外的股票为 65 000 股，每股股价 87 美元。公司正考虑在财年年末宣布每股 9 美元的股利。假设没有税收，请根据本教材中介绍的 MM 理论回答下列问题：

a. 如果宣布了发放股利，除息日的股价将是多少？

b. 如果没有宣布发放股利，年末的股价将是多少？

c. 如果 Harpe 公司在年初进行了一项总额为 180 万美元的新投资，实现利润 105 万美元，并在年末发放股利，则公司必须新发行多少股票才能满足其资金需求？

d. 现实世界中，应用 MM 模型对股票进行估值合理吗？为什么？

11. **自制股利** 假设你拥有 1 000 股 Avondale 公司股票，第一年你将收到每股 1.95 美元的股利，第二年公司将发放每股 65 美元的清算股利。公司股票的必要收益率是 15%。不考虑税收影响，Avondale 公司股票的目前价格是多少？如果你希望在这两年收到的股利一样，则如何通过自制股利来实现？

12. **股票回购** Campbell 公司正在评估是发放特别股利还是回购股票，两种情况下都将耗费 10 988 美元的资金。公司目前每股收益为 4.5 美元，每股股价为 84 美元，流通在外股票为 4 100 股。不考虑税收等不完美市场因素，回答下面前两个问题：

a. 评价两种方案对公司股价和股东财富的影响。

b. 两种不同情况下，Campbell 公司每股收益和市盈率有何不同？

c. 现实世界中，你会推荐哪种方案？为什么？

13. **股利与公司价值** Wheeler 公司净利润为 115 000 美元，流通在外股票为 30 000 股，采取股利支付率为 100%的股利政策。一年后公司的预期价值为 1 650 000 美元，折现率为 11%，股利税收为零。

a. 假设公司没有发放股利，则公司的当前价值是多少？

b. 如果董事会执行现有股利政策，则除息日公司的股价是多少？

c. 在讨论股利政策的董事会上，部分董事认为公司目前的股利太低，影响了 Wheeler 公司的股价，因而建议发行新股来筹集资金以将股利提高至每股 4.7 美元。

i. 对低股利影响公司股价的看法加以评论，并通过计算来支持你的观点。

ii. 如果采纳了这一建议，则应以什么价格发行多少新股？

14. **股利政策** Gibson公司目前的现金流量为160万美元，不发放股利。公司未来现金流量的现值为1 830万美元。公司采取完全权益融资，流通在外股票为345 000股，假设股利税收为零。

Gibson公司的股价是多少？

假设Gibson公司董事会计划将其现金流量的50%作为现金股利发放给股东。持有1 000股Gibson公司股票的股东米勒如何实现其零股利的股利政策？

15. **股利平滑** Sharpe公司刚刚支付了每股2.65美元的股利，其目标股利支付率为40%，公司预期一年后每股收益为6.3美元。

a. 如果林特纳模型中的调整系数为0.3，则一年后Sharpe公司的股利是多少？

b. 如果调整系数为0.6，则一年后Sharpe公司的股利又将是多少？

c. 哪个调整系数更合适？为什么？

16. **期望收益率、股利与税收** Gecko公司与Gordon公司的经营风险相同，但股利政策不同。Gecko公司不发放股利，而Gordon公司的预期股利收益率为2.5%。假设资本利得不征税，但股利按35%的税率征税。Gecko预期每年的利润增长率为12%，其股价预期也将按同样速度上涨。如果两只股票的税后预期收益率相同（因为它们的风险等级相同），那么Gordon公司股票的税前必要收益率是多少？

17. **股利与税收** 如教材所述，不存在市场不完美因素和税收影响的情况下，除息日股价预期下跌额为股利支付额。一旦考虑税收影响，则不完全正确。考虑税收影响时除息日的股价模型为：

$$(P_0-P_X)/D=(1-t_P)/(1-t_G)$$

式中，P_0为除息日前股价；P_X为除息日股价；D为每股股利；t_P为股利个人边际税率；t_G为资本利得有效税率。

a. 如果$t_P=t_G=0$，除息日股价下跌额应为多少？

b. 如果$t_P=15\%$，$t_G=0$，除息日股价下跌额应为多少？

c. 如果$t_P=15\%$，$t_G=20\%$，除息日股价下跌额应为多少？

d. 假设股票只有一个股东且为公司，我们知道公司收到的股利至少有70%的免税额，但资本利得则无此免税额。如果公司的股利和资本利得税率均为30%，则按上述模型计算的除息日股价下跌额应为多少？

e. 关于真实世界中的税收和公司股利政策，此题对你有何启发？

18. **股利与再投资** National Business Machine公司缴完税后尚有230万美元额外现金，公司有两个选择来使用这笔资金。一个方案是投资金融资产，得到的投资收益将在第3年年末作为特别股利发放给股东。此时，公司可以投资1.6%收益率的国库券或者4.3%收益率的优先股。国内税收署相关法规允许因投资其他公司而收到的股利收入的70%免税。另一个方案是现在就发放现金股利。该方案使得股东可以同样的收益率自己投资国库券或优先股，企业所得税税率为35%，投资者利息收入和优先股股利收入的个人所得税税率为31%，普通股股利收入的个人所得税税率为15%。公司应该现在支付现金还是三年后支付？哪个方案给股东带来的税后收益更高？

网络资源

1. **股利再投资计划** 股利再投资计划允许股东将其现金股利自动再投资于公司。需要了解更多有关详情，可浏览全球最著名的个人投资者交流网站www.fool.com，并回答以下问题：股利再投资计划有哪些不同类型？什么是直接购买计划（direct purchase plan）？直接购买计划与股利再投资计划有什么不同？

2. **股利** 浏览www.dividend.com，找出今天有多少家公司除息，宣布的股利最多的公司是哪家？今天除息的公司中，哪家距离股利支付日的时间最长？

3. **股票拆细** 浏览www.stocksplits.com，找出今天进行股票拆细的公司。有多少家公司进行股票拆细？多少家公司进行反向股票拆细？最大的股票拆细和反向股票拆细是哪家公司？找出其中一家公司并点击其链接，你能发现哪些信息？

4. **股利收益率** 哪只股票股利收益率最高？为回答此类问题，可登录网站 www. finance. yahoo. com，找到股票筛选工具。多少股票的股利收益率超过 3%？多少股票的股利收益率超过 5%？多少股票的年度股利超过 2 美元？多少股票的年度股利超过 4 美元？

5. **股票拆细** IBM 进行过多少次股票拆细？可登录网站 www. ibm. com，找到“Investor Relations”栏目查询。IBM 第一次股票拆细是什么时候？比例是多少？最近一次股票拆细又是什么时候？

章末案例

Electronic Timing 公司

Electronic Timing 公司（ET）是电子工程师汤姆·米勒（Tom Miller）和杰茜卡·基尔（Jessica Kerr）于 15 年前创立的一家小公司。ET 公司主要生产用于复杂混合信号设计技术的集成电路，目前已进入频率发生器和硅计时装置（发出计时信号或时钟以校准电子系统）市场。其时钟产品最初用于个人电脑视频图形装置，但市场随后扩展到主板、个人电脑外围设备和其他数码消费电子产品（如数字电视机顶盒、游戏机等）。ET 公司也设计和销售定制应用程序——面向工业客户的特制集成电路（ASIC）。ASIC 设计融合了模拟与数字，是一种混合信号技术。除了汤姆和杰茜卡，第三个股东诺兰·皮特曼（Nolan Pittman）主要为公司提供资金，他们各拥有公司 100 万股份的 25%，其余股份则由公司现有员工持有。

最近，公司开发了一种新的计算机主板，这种主板生产起来既高效又成本低，公司希望它会成为个人计算机的标准配件。经过论证调查，公司觉得生产新主板需要建造新厂房，所需资金太多。现有股东也不愿意再引进外部新股东。因此，公司决定将新主板设计出售给其他公司，估计可获得 3 000 万美元资金（税后）。

1. 汤姆认为应将出售新设计所得资金发放一次特别股利。这一建议对公司股票价格和公司价值有何影响？

2. 杰茜卡认为这笔钱应用于偿还债务，扩大和改造现有生产能力。杰茜卡的建议对公司会有什么影响？

3. 诺兰则赞成股票回购，他认为股票回购可以提高公司的市盈率、资产报酬率和净资产收益率。他的看法正确吗？股票回购如何影响公司的价值？

4. 汤姆、杰茜卡和诺兰讨论的另一个方案是开始向股东发放正常股利，你对该方案如何评价？

5. 股票价值的一个计算模型是股利增长或永续增长模型，具体如下：

$$P_0=\frac{E_1(1-b)}{R_S-ROE\times b}$$

根据该模型发放股利和扩大改造生产能力对公司分别有什么影响？解释之。

6. 企业是否发放股利是否取决于该企业的组织形式是公司制还是有限责任公司？

第 5 篇

理财专题

第 17 章

短期财务与计划

开篇故事

在大多数情况下，有关公司现金状况的新闻都是公司持有的现金储备少。然而，对于2016年年初的很多公司而言并非如此。比如，汽车制造商福特公司持有352亿美元现金余额，即每股9美元。令人惊讶的是，公司当前每股股价仅为13美元，而福特公司每股现金余额几乎等于每股股价。这通常不是一个好信号。其他运行更健康的公司也持有大量现金。比如，通用电气持有约1 013亿美元现金。但是，几乎没有公司像投资银行高盛那样囤积现金多达2 530亿美元。通过这些数字很明显看出，这些公司都持有充沛的现金储备；事实上，用“巨额”一词描绘它们持有的现金储备可能更合适。为什么这些公司持有大量的现金？为破解谜团，本章将探究短期融资并考察在流动资产（比如现金）上最优的投资。

到目前为止，我们探讨了很多长期融资决策，比如资本预算、股利政策和资本结构。本章我们开始探讨短期融资。短期融资主要关注影响流动资产和流动负债的决策分析。

净营运资本一词通常与短期融资决策联系起来。如前面章节所述，净营运资本等于流动资产减去流动负债。短期融资管理常称为营运资本管理（working capital management）。这些术语叫法虽不同，但描述同一件事。

短期融资并无统一定义。短期融资和长期融资最大的差别在于现金流量的时期不同。短期融资决策涉及的现金流入和现金流出通常发生在一年之内。例如，当公司支付现金购买原材料并预期一年内卖出产成品收回现金时，就属于短期融资。相反，当公司购置一种特殊设备，以备未来五年能降低营运成本时，则涉及长期融资问题。

短期融资涉及哪几类问题？下面仅列出其中一小部分：

1. 手头（或银行）应持有多少现金以支付公司账单？
2. 短期内公司应该借多少钱？
3. 应授予客户多少信用额度？

本章介绍短期融资决策的基本要素。首先，讨论公司的短期运营活动；然后，明确一些可选择的短期融资政策；最后，归纳短期融资安排的基本要素，描述一些短期融资工具。

17.1 现金和净营运资本溯源

本节考察现金和净营运资本的组成，它们逐年波动。第2章和第3章已讨论过该议题的各个方面。下面简要回顾这些讨论，因为它们与短期融资决策相关。我们的目的是描述公司的短期经营活动及其对现金和净营运资本的影响。

首先，流动资产是指现金和预期一年内可转换成现金的其他资产。流动资产根据它们的流动性大小在资产负债表中列示；流动性指转换成现金的难易程度和所耗时间长短。资产负债表中“资产”部分四项重要的流动资产依次是现金及现金等价物、可交易证券、应收账款和存货。

类似于流动资产，公司运用了多种短期负债，即流动负债。流动负债是指一年内或者虽然超过一年但在一个营业周期内预期需要支付现金的义务。三种主要的流动负债是应付账款、应付费用（包括应付工资和应付税款）和应付票据。

因为本节专注于现金变化，所以从资产负债表的其他组成要素来定义现金，以便将现金分离出来单独考察其对公司经营活动和筹资活动的影响。资产负债表基本等式可写为：

净营运资本＋固定资产＝长期负债＋所有者权益　[17.1]

净营运资本等于现金加上其他流动资产再减去流动负债，即

净营运资本＝(现金＋其他流动资产)－流动负债　[17.2]

把式 [17.2] 带入式 [17.1] 并做适当变换，可得：

现金＝长期负债＋所有者权益＋流动负债－非现金流动资产－固定资产　[17.3]

式 [17.3] 表明：有些活动自然而然地能增加现金，有些活动则会减少现金。下面列举部分例子逐一分析各种活动：

增加现金的活动

- 增加长期负债（举借长期债务）。
- 增加所有者权益（发行一些股票）。
- 增加流动负债（获得 90 天的贷款）。
- 减少非现金流动资产（卖掉存货变现）。
- 减少固定资产（卖掉一些财产）。

减少现金的活动

- 减少长期债务（偿还某项长期债务）。
- 减少所有者权益（回购一些股票）。
- 减少流动负债（偿还 90 天的贷款）。
- 增加非现金流动资产（用现金购买存货）。
- 增加固定资产（购买一些财产）。

注意上述两组刚好相反。比如，发行一项长期债券增加现金（至少在把筹到的资金用完之前）；偿还一项长期债券减少现金。

增加现金的活动称为现金的来源（sources of cash），减少现金的活动称为现金的运用（uses of cash）。回头看上面两组例子，现金的来源常包含增加负债（股东权益）账户或者减少资产账户。这讲得通，因为增加负债意味着通过借债或者卖掉公司的股东权益来融资；减少资产意味着卖出或者清算某项资产。无论哪种情况，都是现金流入。

现金的运用恰与现金的来源相反。现金的运用包括归还款项导致的负债减少，或者购买物品导致的资产增加。这些活动都需要公司花掉现金。

例 17.1　现金的来源与运用

快速检查你是否理解现金的来源和运用：如果应付账款增加 100 美元，这是现金的来源还是现金的运用？如果应收账款增加 100 美元，又是怎样呢？

应付账款是公司拖欠供应商的款项。这是一项短期债务。如果应付账款增加 100 美元，实际上公司借到了钱，这是一项现金的来源。应收账款是顾客欠公司的款项，因此如果应收账款增加 100 美元意味着我们贷出一笔款项，这是一项现金的运用。

17.2 经营周期和现金周期

短期融资主要关注公司的短期经营和融资活动。以典型的制造企业为例，这些短期活动或许包括如下事件和决策。

事件	决策
1. 购买原材料	1. 需要订购多少存货？
2. 支付现金	2. 是否借钱或者减少现金余额？
3. 制造产品	3. 运用何种生产技术？
4. 销售产品	4. 是否对某特定客户延长信用期？
5. 收取现金	5. 怎样收款？

这些活动形成现金流入和现金流出的各种模式。这些现金流量既不同步发生，又不确定。比如，不同步发生是因为购买原材料的现金支出未必与销售货物收取现金同时发生；不确定是因为未来的销售和成本无法准确预测。

经营周期和现金周期的定义

举一个简单例子。某天，记为第0天，我们赊购了价值1 000美元的货物。货款30天后支付。又过了30天，顾客花了1 400美元购买这个价值1 000美元的货物；顾客在45天后才付款。按时间先后顺序将上述事件总结如下：

第几天	活动	对现金的影响
0	取得存货	没影响
30	付购货款	－$1 000
60	赊销存货	没影响
105	收到货款	＋$1 400

经营周期　本例中有几点值得注意。首先，从取得存货到收到货款，整个周期共105天。这称为**经营周期**（operating cycle）。

如本例所描述，经营周期是指公司从取得存货开始到销售存货并收回现金为止的时期。经营周期由两个部分构成：第一部分是从取得存货开始到销售存货的时期，本例中是60天，称为**存货周期**（inventory period）。第二部分是从销售存货开始到收到货款的时期，本例中是45天，称为**应收账款周期**（accounts receivable period）。

基于上述定义，经营周期显然是存货周期和应收账款周期之和。

$$经营周期=存货周期+应收账款周期 \qquad [17.4]$$

$$105=60+45$$

经营周期描述了一个产品如何在流动资产各个账户中进行转移。产品首先以存货形式存在，然后当销售实现时它变成应收账款，最后收回货款变为现金。注意每个阶段资产的形式越来越接近现金。

现金周期　本例中第二点值得注意的是现金流量和其他事件并非同步发生。比如，我们不是立刻支付购货款，而是直到 30 天后才支付。发生于其间的 30 天称为**应付账款周期**（accounts payable period）。其次，我们于第 30 天支付现金，但是直到第 105 天才收到现金。那么我们必须以某种方式准备 75 天（105－30）的 1 000 美元的融资。这一期间称为**现金周期**（cash cycle）。

因此，现金周期是指公司从支付购货款开始到收到销售货款为止的时期。基于上述定义，现金周期就是经营周期与应付账款周期之差。

现金周期＝经营周期－应付账款周期　[17.5]

75＝105－30

图 17－1 以现金流量时间轴描述了一家典型制造企业的短期经营活动和现金流量。如图所示，**现金流量时间轴**（cash flow time line）以图形形式展示经营周期和现金周期。在图 17－1 中，短期融资需求用现金流入和现金流出的缺口来表示。这与经营周期和应收账款周期的长短有关。

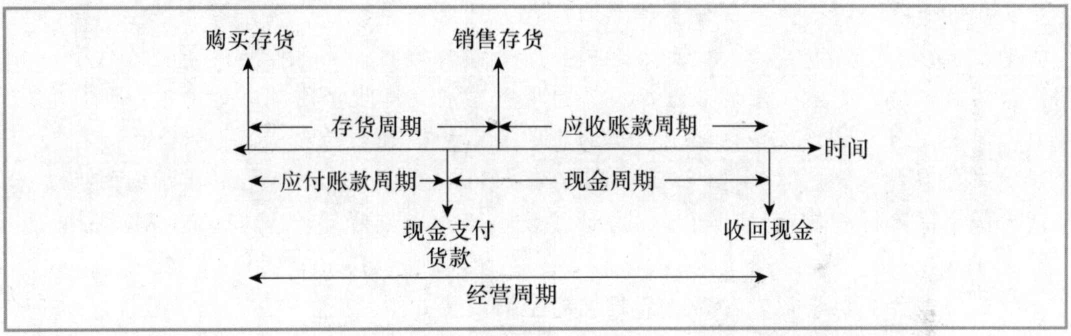

图 17－1　一家典型制造企业的现金流量时间轴和短期经营活动

说明：经营周期是指从购买存货到收回现金的时期（经营周期可能不包括下订单至存货抵达这段时间）。现金周期是指从支付现金到收回现金这段时间。

短期现金流入和现金流出的缺口可通过借款或者以现金和可交易证券的形式持有流动资产储备来填补。换句话说，它们之间的缺口可以通过改变存货周期、应收账款周期和应付账款周期来缩小。这些都是接下来的章节所要讨论的管理决策。

网络书商与零售商亚马逊的例子可说明现金周期管理的重要性。2016 年年初，亚马逊公司的市值高于（事实上是 310 倍于）世界上最大的实体图书商巴诺公司（Barnes & Noble）。

亚马逊公司何以价值如此之高？原因很多，但是其中之一是短期管理。2015 年，亚马逊公司的存货周转率约为每年 7 次，2 倍于巴诺，所以其存货周期明显短得多。更引人注目的是，亚马逊公司卖出一本书，一天之内通过顾客的信用卡就能收到货款。这意味着亚马逊公司是负的现金周期！事实上，亚马逊 2015 年的现金周期是－82 天。因此每笔销售产生的现金流入能立即投入到经营中。下面的“金融实务”专栏探讨了若干行业以及一些特定公司的现金周期和经营周期。

金融实务

经营周期和现金周期一览

2015年，*CFO*杂志公布了一项各种行业营运资本的调查。调查结果显示，现金周期和经营周期存在行业间的显著差异。下表展示四个不同行业经营周期和现金周期的平均值。其中，航空业的经营周期和现金周期最短。进一步细看，令人惊讶的是，航空业的应收账款周期只有10天（多数顾客预付机票费用）。比如，阿拉斯加航空公司的应收账款周期为18天，是行业中最长的之一。

	应收账款周期（天数）	存货周期（天数）	经营周期（天数）	应付账款周期（天数）	现金周期（天数）
航空航天与国防业	62	79	141	36	105
健康医疗设备行业	59	119	178	39	139
航空业	10	10	20	20	0
零售业	6	77	83	51	32

相比航空业，健康医疗设备行业的经营周期长得多。其应收账款周期长是主要原因。然而，这并不意味着健康医疗设备行业效率低下。因为该行业多数甚至全部的应收账款来自医疗保险公司和诸如Medicare等政府医疗保险机构，而这些组织的应付账款周期相对较长。

我们注意到经营周期和现金周期在行业间的差异，但这种差异也存在于同行业的不同公司间。下表描绘的是食品行业公司的经营周期和现金周期。如下表所示，它们的经营周期和现金周期差异很大。亨氏（H. J. Heinz）和WhiteWave在行业内拥有最好的经营周期和现金周期，而McCormick和绿山咖啡（Keurig Green Mountain）的存货周期1.5～3倍于同行其他公司。

	应收账款周期（天数）	存货周期（天数）	经营周期（天数）	应付账款周期（天数）	现金周期（天数）
亨氏	28	64	92	90	2
WhiteWave	20	34	54	47	7
McCormick	42	104	146	54	92
绿山咖啡	48	105	153	52	101

通过考察现金周期的各个组成部分，可以知晓公司哪里运作得好，哪里运作得不好。我们上面提到，McCormick和绿山咖啡的存货周期较长。然而，进一步深挖，其原因就很明显了。McCormick是干调味料的市场领导者，而绿山咖啡当然是以咖啡闻名。可见，这两家公司都是销售保质期长的食品。与此形成鲜明对照的是，亨氏和WhiteWave分别以出售调味酱料和乳制品闻名，这两类产品的保质期短得多。

因此，虽然这些公司同处食品行业，但是它们的产品不同，经营周期和现金周期也各异。这里能学到的是，当你关注经营周期和现金周期时，要将它们视为财务指标。而对任何财务指标而言，公司和行业特征都会影响它，因此对它进行解释和做比较分析需要选择真正的匹配公司时要格外小心。

经营周期和公司的组织结构

在进一步详细考察经营周期和现金周期之前，让我们先看一看管理公司流动资产和流动负债涉及的人员。表 17－1 描述某大公司短期财务管理涉及的财务和非财务经理。表 17－1 显示，赊销至少涉及三类人员：信用经理、市场经理和财务经理。他们中的两位对财务副总裁负责（市场经理通常向市场副总裁报告）。所以，这里有潜在的矛盾，尤其当不同的经理各自为政时。例如，市场经理想开拓一个新客户，或许由此需要更自由宽松的信用条件。然而，这可能导致公司应收账款或者坏账风险的增加，冲突就此产生。

表 17－1　负责处理短期融资问题的经理

经理名称	短期财务管理相关的职责	对资产/负债的影响
现金经理	收取、集中、支付款项；短期投资；短期借款；银行关系处理	现金，可交易证券，短期贷款
信用经理	监督和控制应收账款；信用政策决策	应收账款
市场经理	信用政策决策	应收账款
采购经理	采购决策，供应商选择；可能参与付款条款谈判	存货，应付账款
产品经理	生产计划设定，原材料需求规划	存货，应付账款
付款经理	付款政策决策和决定是否要享受折扣	应付账款
财务经理	现金流量的会计信息；应付账款的调节；应付应收账款的对冲	应收账款，应付账款

计算经营周期和现金周期

在我们的例子中，时间长度显然是由各个时间段组成。如果我们手头所掌握的只有财务报表信息，需要做点工作才能完成这些计算。现阐述如下。

首先，需要确定平均销售周期是多长，平均收账期是多长。下表给出若干资产负债表信息。

项目	期初	期末	平均
存货	\$200 万	\$300 万	\$250 万
应收账款	160 万	200 万	180 万
应付账款	75 万	100 万	87.5 万

此外，从近期的利润表中获得如下信息。

销售净额	\$1 150 万
销售成本	820 万

现在可以开始计算各项财务指标。我们在第 3 章详细讨论过这些财务指标。在这里，只要按需要根据它们的定义直接运用。

经营周期　首先，需要计算存货周期。假设花了 820 万美元购买存货（即销售成本）。平均库存为 250 万美元。因此，可以计算出存货每年周转 3.28 次（820/250）。①

$$存货周转率=\frac{销售成本}{平均存货}=\frac{820}{250}=3.28(次)$$

粗略地讲，这告诉我们一年内买卖货物 3.28 次。这意味着，平均而言，我们持有存货的时间为：

$$存货周期=\frac{365}{存货周转率}=\frac{365}{3.28}=111.3(天)$$

因此，存货周期大约 111 天。换句话说，存货在卖出去之前大约放在仓库里 111 天。②

类似地，平均应收账款 180 万美元，销售收入 1 150 万美元。假设所有的销售都是赊销，那么应收账款周转率是③：

$$应收账款周转率=\frac{赊销销售收入}{平均应收账款}=\frac{1\ 150}{180}=6.4(次)$$

如果应收账款周转 6.4 次，那么应收账款周期是：

$$应收账款周期=\frac{365}{应收账款周转率}=\frac{365}{6.4}=57(天)$$

应收账款周期也叫应收账款周转天数或者平均收账期。不管叫什么，它告诉我们顾客平均 57 天才支付款项。

经营周期是存货周期和应收账款周期之和：

$$经营周期=存货周期+应收账款周期=111+57=168(天)$$

这告诉我们：从购买存货开始到销售存货最后收回货款平均需要 168 天。

现金周期　现在我们需要计算应付账款周期。从前面提供的信息，我们知道平均应付账款是 87.5 万美元，销售成本是 820 万美元。那么，应付账款周转率是：

$$应付账款周转率=\frac{销售成本}{平均应付账款}=\frac{820\ 万}{87.5\ 万}=9.4(次)$$

应付账款周期是：

$$应付账款周期=\frac{365\ 天}{应付账款周转率}=\frac{365}{9.4}=39(天)$$

因此，平均 39 天才支付货款。

最后，现金周期是经营周期与应付账款周期之差。

$$现金周期=经营周期-应付账款周期=168-39=129(天)$$

---

① 注意，这里计算存货周转率，用的是存货平均数而不是像第 3 章那样使用期末存货。现实中两种方法均可使用。本章一律采用平均值计算各种指标。

② 这种衡量方法同第 3 章讨论的存货周转天数在概念上等同。

③ 如果不是百分之百赊销，我们需要更多的信息来计算全年赊销额。详见第 3 章的有关讨论。

可见，平均而言，从支付货款开始到收到销售款之间有 129 天时差。

例 17.2 经营周期和现金周期

下表是 Slowpay 公司的有关信息。

项目	期初	期末
存货	$5 000	$7 000
应收账款	1 600	2 400
应付账款	2 700	4 800

全年赊销额是 50 000 美元，销售成本是 30 000 美元。Slowpay 公司多久收回应收账款？货物入仓库多久后卖出去？Slowpay 公司多久支付货款？

首先，计算三个周转率：

存货周转率＝30 000/6 000＝5(次)
应收账款周转率＝50 000/2 000＝25(次)
应付账款周转率＝30 000/3 750＝8(次)

利用它们计算各种周期：

存货周期＝365/5＝73(天)
应收账款周期＝365/25＝14.6(天)
应付账款周期＝365/8＝45.6(天)

由上可知，Slowpay 公司收回货款需 14.6 天，存货待在仓库 73 天后卖出，大概 45.6 天支付货款。经营周期是存货周期和应收账款周期之和，即 73＋14.6＝87.6 天。现金周期是经营周期与应付账款周期之差，即 87.6－45.6＝42 天。

解释现金周期

上面的例子表明，现金周期取决于存货周期、应收账款周期和应付账款周期。现金周期随存货周期和应收账款周期延长而拉长。如果公司推迟支付货款，由此延长应付账款周期，现金周期会随之变短。

不像亚马逊，多数公司的现金周期为正，因此它们需要对存货和应收账款进行融资。现金周期越长，需要的融资越多。公司现金周期变化常常作为早期预警的一个监控指标。周期越长意味着公司存货周转越困难，应收账款收回越有难度。这些问题在应付账款周期增加的情况下会得到掩盖，至少是部分掩盖，所以这些周期都应该受到监控。

现金周期和盈利能力的关系可从决定公司盈利能力和增长的基本要素之一，即总资产周转率（销售收入/总资产）中明显看出。我们在第 3 章看到：总资产周转率越高，公司的资产报酬率和股东权益报酬率就越高。那么，在其他条件等同的情况下，现金周期越短，公司在存货和应收账款上的投资越少。因此，公司的总资产越低，相应的总资产周转率越高。

17.3 短期财务政策的若干方面

公司采取的短期财务政策至少从以下两方面得到反映。

1. 公司在流动资产上的投资规模。这经常通过与公司的经营总收入水平相比较来加以衡量。一项弹性或者适宜的短期财务政策常常需要保持较高的流动资产占收入比。一项受限短期财务政策势必导致较低的流动资产占收入比。①

2. 流动资产的融资。这通过短期债务（即流动负债）与用来保障流动资产的长期债务之比来衡量。受限短期财务政策意味着高短期债务与长期债务比；反之，弹性短期财务政策意味着较少的短期债务、较多的长期债务。

综合二者来看，奉行弹性短期财务政策的公司在流动资产上的投资相对较大，也会用相对较少的短期债务来融资保证这块投资。弹性政策最终的净效应是较高的净营运资本。换句话说，维持弹性政策的公司保持了较高的总体流动性。

公司在流动资产上的投资规模

短期财务政策所谓的“弹性”是指在流动资产上采取如下行动：

1. 现金余额和可交易证券金额很大。
2. 存货投资大。
3. 放宽信用条件，保持高额应收账款。

受限的短期财务政策刚好与此相反：

1. 现金余额小和可交易证券的投资很少。
2. 存货投资小。
3. 几乎不允许或者少量赊销，最小化应收账款。

确定短期资产的最优投资需要计算各种短期财务政策的成本。其目标是权衡受限财务政策和弹性财务政策的成本，以达到最佳的平衡。

流动资产持有量在弹性短期财务政策里最高，而在受限政策里最低。可见，弹性政策成本高，因为需要在现金、可交易证券、存货和应收账款上投资较多。然而，我们预期弹性政策会带来未来较高的现金流入。例如，对顾客运用宽松信贷政策将刺激销售收入增加。大量产成品易于向顾客快速配送，销售收入随之增加。类似地，原材料库存囤积，较少出现因为原材料短缺而导致的生产停工。

受限短期财务政策下的销售收入要低于弹性政策下的。在弹性政策下，向顾客的售价可能更高。顾客也更愿意支付更高的价格，因为弹性政策里的配送服务更快、信用条件更宽松。

流动资产管理可视为一项权衡投资水平导致的成本上升和成本下降的工作。随流动资

① 有人使用“稳健的”（conservative）一词代替“弹性的”（flexible），用“激进的”（aggressive）一词代替“受限的”（restrictive）。

产投资增加而增加的成本称为**持有成本**（carrying costs）。公司在流动资产上的投资越大，持有成本就越高。随流动资产投资增加而下降的成本称为**短缺成本**（shortage costs）。

一般来说，持有成本就是持有流动资产的机会成本。与其他资产相比，流动资产收益率较低。例如，美国国库券的收益率一般低于 5%，这相对于公司期望达到的收益率来说是很低的。（美国国库券是现金和可交易证券的重要组成部分。）

当流动资产上的投资很低时，短缺成本就会产生。如果公司用完所有现金，就将被迫出售可交易证券。当然，当用完现金且不准备出售可交易证券时，公司可能借款或者在某项债务上违约。这种状况称为现金不足（cash-out）。如果用尽存货（存货不足）或者不能对顾客赊购货物，公司可能会就此失去顾客。

一般来讲，存在两类短缺成本：

1. 交易成本或者订单成本。订单成本指现金（比如经纪费）或者存货（比如生产准备成本）的采购成本。

2. 缺少安全储备的成本。这些成本包括销售额流失、顾客信誉受损和生产计划中断。

图 17－2 描述持有成本和短缺成本的权衡。纵轴表示以美元为单位的成本大小，横轴表示流动资产的持有量。当流动资产为零时，持有成本为零，然后随着流动资产的增加而稳步增加。短缺成本一开始非常高，但随着流动资产的增加而降低。总成本是二者之和。注意二者成本之和是如何达到最小值 CA^* 的。该点对应的就是流动资产最优水平。

最优流动资产持有水平在弹性政策下最高。弹性政策下，相比短缺成本，持有成本相对较低；这是图 17－2 的 A 部分所示内容。形成对比的是，在受限政策下，相比短缺成本，持有成本相对较高；这是图 17－2 的 B 部分所示内容。

可供选择的流动资产融资政策

前面章节关注流动资产投资的基本决定因素，所以我们只关注资产负债表的资产方。现在转向资产负债表的负债方。这里关注短期债务和长期债务的相对数量，并假定流动资产投资固定不变。

理想情形　我们从理想经济假设下的最简单情形开始。在这种经济环境里，短期资产总能由短期债务来筹措资金，长期资产总能由长期债务和股东权益来筹措资金。在这种经济环境下，净营运资本总是为零。

考虑一个谷物仓储商的简化例子。谷物仓储商在谷物收获后，收购、仓储谷物并在一年之内出售。它们在收割期过后，保持高水平的库存，并且在临近下一收割期时，库存水平很低。

期限小于一年的银行借款可以用来筹措谷物收购款。这些借款随着谷物的销售而偿还。

这种状况可用图 17－3 来表示。假定长期负债随着时间而增长，而流动资产在收割期末增加，并在一年中逐渐降低。流动资产在下一收割期前正好降为零。这些流动（短期）资产可以用短期负债来筹措资金，而长期资产可以用长期负债和股东权益来筹措资金。净营运资本——流动资产减去流动负债，总是为零。现在，我们需要在不够完美的条件下讨论流动资产融资的若干替代政策。

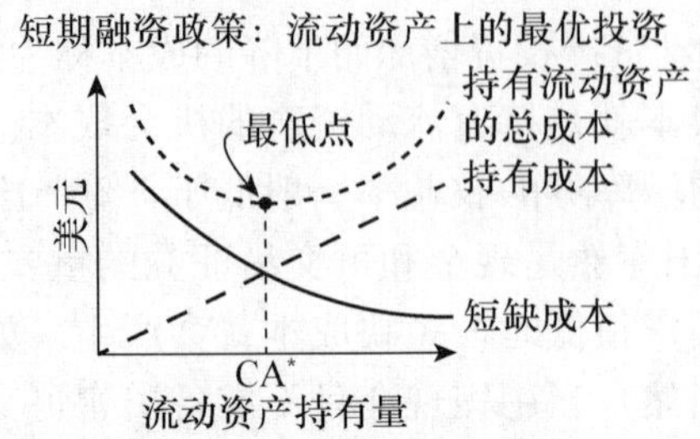

CA^* 表示流动资产的最优持有量。在该点，总成本最低。

持有成本随着流动资产上的投资水平提高而增加，包括维持经济价值的成本和机会成本。短缺成本随着流动资产上的投资水平提高而减少，包括交易成本和流动资产短缺带来的成本（例如，现金短缺）。企业的政策可以归纳为弹性或者受限。

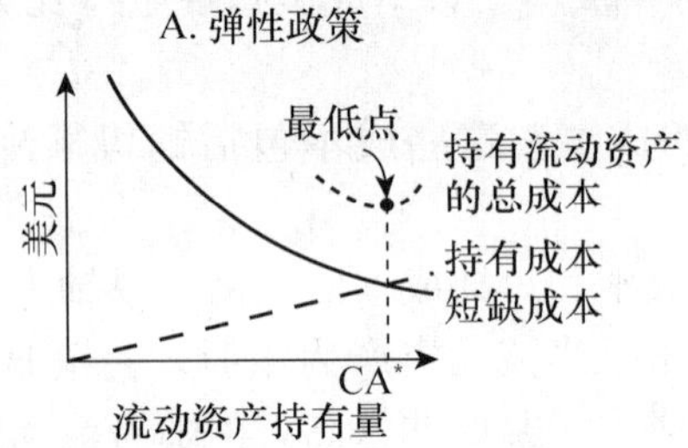

当持有成本比短缺成本低时，弹性政策最适宜。

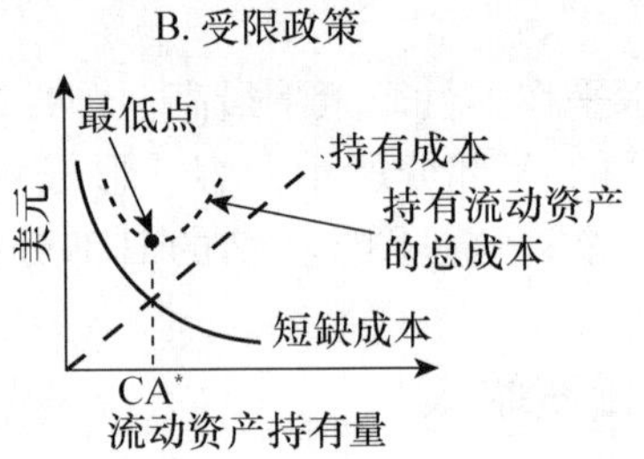

当持有成本比短缺成本高时，受限政策最适宜。

图 17－2　持有成本和短缺成本

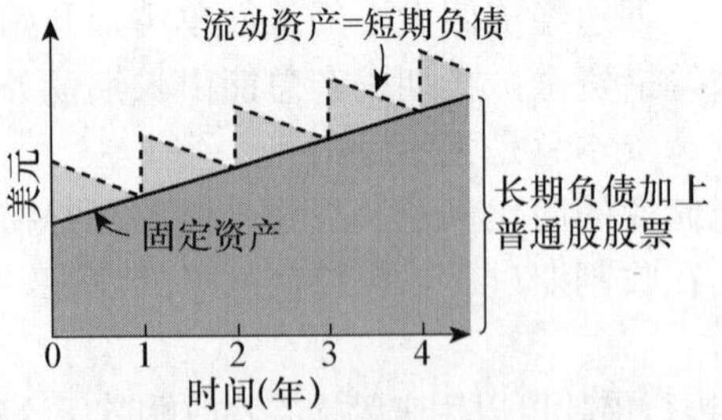

图 17－3　理想经济的融资政策

说明：理想世界里，净营运资本总是等于零，因为短期资产由短期负债来融资。

流动资产融资的不同策略　在现实世界里，我们不能期望流动资产降为零。例如，销售的长期上升趋势会导致流动资产的永久性投资，而且公司在长期资产的投资上会有很大的波动。

一个成长性企业的有效运作需要对由流动资产和长期资产组成的总资产进行投资。总资产需求由于各种原因随着时间推移会表现出：(1) 一种长期的增长趋势；(2) 围绕这种趋势的季节性变动；(3) 逐日、逐月不可预测的波动。这种波动描绘在图 17-4 中（我们没有试着描述总资产需求逐日、逐月不可预测的变动）。

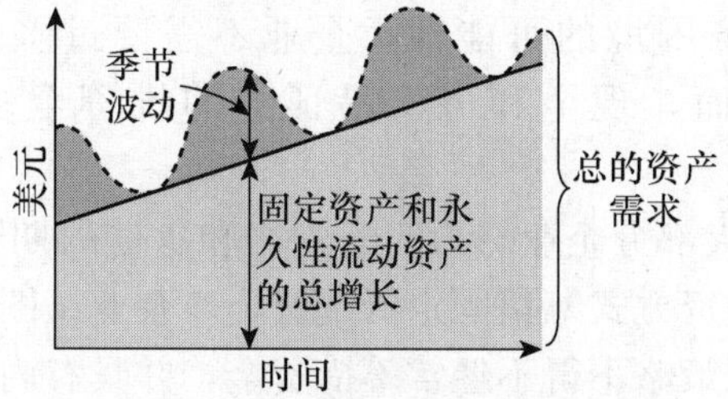

图 17-4　随时间变化的总资产需求

图 17-4 的波峰和波谷代表公司随时间变化的总资产需求。例如，对一家草坪和花园供应公司而言，波峰代表春天销售季节来临之前的存货囤积；当处理过季存货时，波谷就随之产生。有两种政策可满足这类公司的周期性需求。首先，公司持有相对较大额的可交易证券。随着存货和其他流动资产需求的增加，公司可以卖掉可交易证券变现来满足购买流动资产的资金需求。一旦存货售出和手头库存下降，公司就可以重新购买可交易证券。这就是图 17-5 中策略 F 所描述的弹性政策。注意，公司必须使用可交易证券作为流动资产变化的缓冲器。

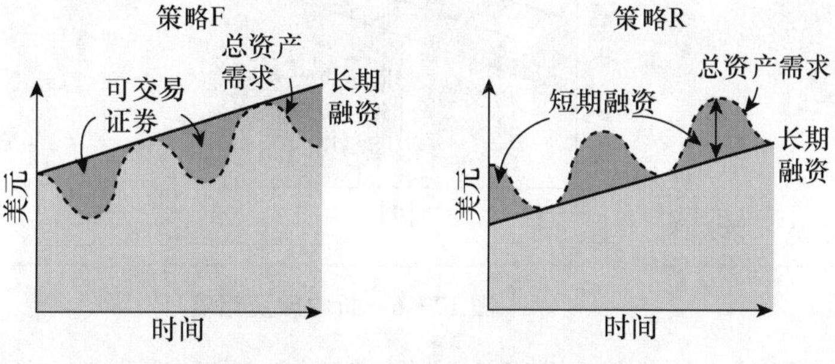

图 17-5　可替代资产融资政策

说明：策略 F 总保持短期资金剩余及在现金和可交易证券上的大量投资。
策略 R 对永久性资产需求只使用长期融资，对季节性变动融资则使用短期借款。

另外一个极端是，公司几乎不持有可交易证券。一旦存货和其他资产需求上升，公司通过举借短期债务满足资金需求。随着资产需求下降，公司偿还贷款。这就是图 17-5 的策略 R 所描述的受限政策。

比较图 17-5 中的两种政策，最大的区别在于满足季节性波动资产需求的资金筹措方式不同。在弹性政策下，公司通过自身的现金和可交易证券内部融资；在受限政策下，公司通过外部借贷短期资金满足资金需求。如前所述，在其他条件相同的情况下，实行弹性政策的公司在净营运资本上的投资较大。

哪种融资政策最优

最适量的短期借款应该是多少呢？这没有确定的答案。要做出正确的分析必须考虑多种因素：

1. 现金储备。弹性融资政策意味着过剩的现金和很少的短期借款。这种策略降低了企业陷入财务困境的可能性，企业不需要过多担心会遇到不断出现的短期债务偿还义务。然而，现金和可交易证券的投资至多也只能算是净现值为零的投资。

2. 期限匹配。大部分企业努力匹配资产和负债的期限。它们以短期银行贷款筹集存货资金，以长期融资方式筹集固定资产资金。企业试图避免用短期融资方式筹措长期资产。这种期限匹配策略不得不经常筹措资金，并具有内在的风险性，因为短期利率比长期利率波动更大。

3. 相对利率。短期利率正常情况下比长期利率要低，这意味着，平均来说长期借款比短期借款成本要高。

图17-5描述的两种策略当然属于极端情况。对于策略F，企业从不进行任何短期借款；对于策略R，企业从不进行任何现金储备（包括在可交易证券上的投资）。图17-6描绘了介于两种策略之间的折中策略C。

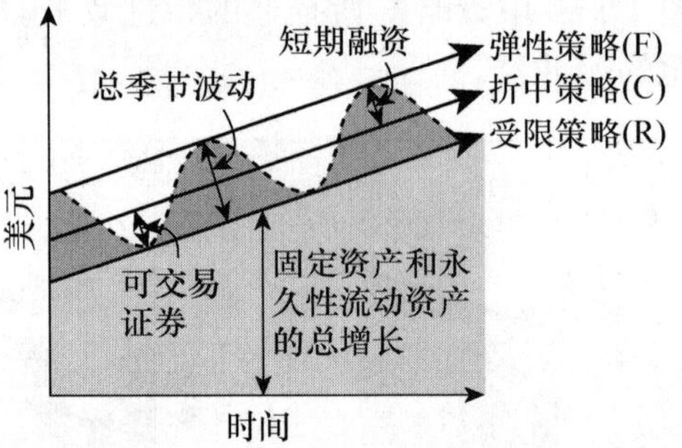

图17-6 折中融资策略

说明：折中策略下，企业保持一定的流动性储备以应对流动性资产季节性波动。当储备耗尽时，使用短期债务融资。

对于折中策略C，企业借入短期借款满足波峰的资金需求，但同时以可交易证券的方式保留一定的现金储备。当流动资产需求增加时，企业先用现金储备满足该部分资金需求而非直接进行短期借款。这使企业在诉诸短期借款前，流动资产可以有适当的增加。

流动资产和流动负债实务

企业总资产中，短期资产占有较大比重。20世纪60年代，对美国制造、采矿、贸易公司来说，流动资产占到总资产的50%左右。今天，这个比例接近40%。下降归因于现金和存货管理的效率提高。与此同时，流动负债占总负债和权益合计的比例从20%左右上升到30%左右。由此可见，流动性（以净营运资本除以总资产来衡量）下降，表明公司转向更受限的短期政策。

17.4 现金预算

现金预算（cash budget）是短期财务计划的基本工具。现金预算让财务经理识别短期资金需求和机会，其重要功能在于帮助财务经理探究短期内需要多少借款。现金预算的思想很简单：它把估计的现金收入与支出记录下来，结果就是估算的现金赤字或者现金盈余。

销售收入和现金回收

我们用 Fun Toys 公司的例子进行说明。我们按季度做现金预算，当然也可以用月、周甚至每天作为基准。选择按季度的原因是方便，而且季度也是常见的商业计划周期。

Fun Toys 公司所有的现金流入来自玩具的销售。Fun Toys 公司的现金预算也必然从下年度按季度的销售预测开始。

项目	第一季度	第二季度	第三季度	第四季度
销售收入	\$20 000 万	\$30 000 万	\$25 000 万	\$40 000 万

注意这是预测数据，因此存在预测风险，实际的销售额可能或多或少有些出入。Fun Toys 公司年初的应收账款余额是 12 000 万美元。

Fun Toys 公司平均收账期为 45 天。这意味着当季度一半的销售收入在下一季度收回现金。第一季度前 45 天发生的销售收入在当季度就收回，但是第二个 45 天的销售收入只能延续到第二季度才收回货款。本例假定每个季节有 90 天，因此 45 天的收账期正好就是每个季度的一半天数。

基于销售预测数据，我们现在可以估算 Fun Toys 公司的现金回收。首先，每个季度开始前的应收账款在当季度前 45 天内收回。其次，每个季度前半季度的收入在本季度收回。因此，现金回收如下：

$$现金回收=期初应收账款+销售收入/2 \qquad [17.6]$$

比如，第一季度的现金回收等于期初应收账款 12 000 万美元加上销售收入的一半，即 1/2×20 000=10 000 万美元，合计 22 000 万美元。

由于期初应收账款来自上期销售收入的一半，所以一个季度销售收入的一半是另一个季度的应收账款。因为第一季度的销售收入为 20 000 万美元，那么第一季度末的应收账款是 10 000 万美元，也是第二季度期初的应收账款。第二季度的现金回收就是 10 000 万美元加上当季度收入 30 000 万美元的一半，合计 25 000 万美元。

重复这一程序得到表 17－2。这张表里，销售收入的回收是现金的唯一来源。当然，不一定总是这样。现金还有其他来源，比如资产出售、投资收入和长期融资。

表17-2　　Fun Toys 公司的现金回收

	第一季度	第二季度	第三季度	第四季度
期初应收账款	$12 000 万	$10 000 万	$15 000 万	$12 500 万
销售收入	20 000 万	30 000 万	25 000 万	40 000 万
现金回收	-22 000 万	-25 000 万	-27 500 万	-32 500 万
期末应收账款	10 000 万	15 000 万	12 500 万	20 000 万

说明：回收现金=期初应收账款+销售收入/2

期末应收账款=期初应收账款+销售收入-回收现金=销售收入/2

现金流出

接下来我们考虑现金支出。它们可以分为四种基本类别：

1. 应付账款的支出。这些是对供应商提供的商品或服务，如原材料的支付款。这些支出一般发生在购买之后。

2. 工资、税款和其他费用。这包括所有其他需要实际支付的经营成本。例如，折旧经常被认为是一种正常的经营成本，但它不需要现金的流出。

3. 资本支出。这是为购买长期资产的现金付款。

4. 长期融资费用。包括未清偿长期债务的利息和支付给股东的股利。

假定 Fun Toys 公司一个季度从供应商的采购金额等于下一季度销售收入的60%。Fun Toys 公司支付给供应商的采购款现金流出等于前一个季度的采购金额，那么应付账款周期是90天。比如，Fun Toys 公司在本季末的采购订单金额等于 0.60×20 000万=12 000万美元，这笔款延迟到下一年的第一个季度才支付。

工资、税款和其他费用一般为收入的20%；利息和股利为每个季度2 000万美元。此外，Fun Toys 公司在第二季度有一大笔资本支出10 000万美元用于设备扩张。可以把上述信息归纳，形成表17-3。

表17-3　　Fun Toys 公司的现金支出

	第一季度	第二季度	第三季度	第四季度
支付应付账款（销售收入的60%）	$12 000 万	$18 000 万	$15 000 万	$24 000 万
工资、税收和其他费用	4 000 万	6 000 万	5 000 万	8 000 万
资本支出	0	10 000 万	0	0
长期融资费用（利息和股利）	2 000 万	2 000 万	2 000 万	2 000 万
总的现金流出	$18 000 万	$36 000 万	$22 000 万	$34 000 万

现金余额

净现金流入（net cash inflow）等于现金回收与现金支出之差。表17-4是 Fun

Toys 公司的净现金流入表。由表 17-4 容易看出，第一、三季度现金盈余，而第二、四季度现金赤字。

表 17-4 **Fun Toys 公司的净现金流入**

	第一季度	第二季度	第三季度	第四季度
总的现金回收	$22 000 万	$25 000 万	$27 500 万	$32 500 万
总的现金支出	18 000 万	36 000 万	22 000 万	34 000 万
净现金流入	$4 000 万	−$11 000 万	$5 500 万	−$1 500 万

假设 Fun Toys 公司期初现金余额是 2 000 万美元，并维持 1 000 万美元最低现金余额以应付不可预见的突发事件和预测误差。那么，公司第一季度期初有 2 000 万美元，然后增加到 4 000 万美元，季末的现金余额是 6 000 万美元。其中，1 000 万美元为最低现金余额。扣除最低现金余额保障 1 000 万美元后得出，第一季度的现金盈余是 5 000 万美元（6 000−1 000）。

Fun Toys 公司第二季度的期初现金余额是 6 000 万美元（即上季度末的现金余额），净现金流入是−11 000 万美元，那么第二季度末的现金余额是 6 000−11 000=−5 000 万美元。加上公司需要最低 1 000 万美元的现金余额保障，所以总的现金赤字是−6 000 万美元。这些和第三、四季度的计算如表 17-5 所示。

表 17-5 **Fun Toys 公司的现金余额**

	第一季度	第二季度	第三季度	第四季度
期初现金余额	$2 000 万	$6 000 万	−$5 000 万	$500 万
净现金流入	4 000 万	−11 000 万	5 500 万	−1 500 万
期末现金余额	$6 000 万	−$5 000 万	$500 万	−$1 000 万
最低现金余额	−1 000 万	−1 000 万	−1 000 万	−1 000 万
累计现金余额	$5 000 万	−$6 000 万	−$500 万	−$2 000 万

第二季度末，Fun Toys 公司现金短缺 6 000 万美元。原因在于销售收入的季节性（越趋近第二季度末越高）、货款回收的延迟和一笔资本支出计划。

Fun Toys 公司到第三季度现金短缺 500 万美元，到了年末仍然有 2 000 万美元的短缺。若没有再进行任何形式的融资，这一短缺将延续到第二年。我们将在下节探讨这个问题。

现在对 Fun Toys 公司的现金需求评述如下：

1. Fun Toys 公司第二季度大额现金支出未必是一个糟糕的信号。它源于货款回收的延迟和规划中的资本支出（假定这是有价值的资本支出项目）。

2. 例子中的所有数据都基于预测。现实的销售收入可能比预测的更差（或者更好）。

17.5 短期融资

Fun Toys 公司存在短期融资问题。它利用内部资源无法满足第二季度预计的现金支出需要。如何弥补这个资金缺口取决于公司的财务政策。如果公司采取灵活的政策，则可以通过长期债务融资6 000万美元。

此外，现金赤字主要由于大额资本支出所致，按理说，公司应该采取长期融资。尽管如此，由于我们在其他地方讨论过长期融资，这里仅关注四种短期举债方式：(1) 无担保贷款；(2) 担保贷款；(3) 商业票据；(4) 商业信用。

无担保贷款

解决临时性现金不足最常见的方法是短期无担保贷款。利用短期银行贷款的企业通常要求银行给予一定的信贷额度。**信贷额度**（line of credit）是指银行授权企业借款的最高限额的协定。为了确保这个信用额度用于短期目的，贷款人有时要求借款人付清额度，而且在一年中，必须把这个额度在银行中保持一段期间，通常为60天，称为清偿期间（clean-up period）。

短期信贷额度可以分为承诺的（committed）和非承诺的（uncommitted）两种。后者是一种非正式的约定，允许公司不需要通过正式的书面手续（大多采用信用卡）就可以借款达到先前约定的限额。循环信用协议（revolving credit arrangement/revolver）和信贷额度很相似，但是它通常持续两年或是更长期间，而信贷额度通常按年进行评估。

有承诺的信贷额度是比较正式的法律性协议，通常公司必须付给银行承诺费（一般为每年总承诺金额的0.25%）。信贷额度的利率通常是银行的基本贷款利率加上一个额外的百分比，而且通常是浮动的。公司对承诺的信贷额度支付承诺费，相当于购买保险，以保证银行不会违背约定（除非借款人的状态发生实质性变化）。

补偿性余额　作为信用额度或其他借款协议的一部分，有时银行会要求公司在银行保留一定的存款金额，这叫作**补偿性余额**（compensating balance）。补偿性余额是公司的资金中被银行保留在低息或无息账户上的那一部分。通过把这些资金存在银行，并且收到很少的甚至收不到利息，公司进一步提高了银行在信贷额度上所赚取的实际利率，从而“补偿”了银行。补偿性余额可能是借款金额的2%～5%。

公司还可利用补偿性余额来支付银行的非信贷服务，例如现金管理服务。一个传统的争议是，公司应该用费用还是用补偿性余额来对银行的借款和非借款服务进行支付。现在，大多数公司已经和银行协商，用公司收到的资金作为补偿性余额，用费用来弥补任何不足的部分。下一章会讨论如此安排和其他类似的办法，这将使最低余额问题不像起初看起来那么困难。

补偿性余额的成本　因为钱必须经常存放在一个零利率或是低利率的账户上，补偿性余额有个明显的机会成本。例如，假定我们拥有一个要求10%补偿性余额的100 000美元信贷额度。这意味着实际借款中的10%必须留下，存放在不付利息的账户中。

这个信贷额度的报价利率是16%。假设我们需要54 000美元来购买一些存货。必须借多少钱？实际支付的利率是多少？

如果需要54 000美元，我们就必须借入足够的钱，以便在被拿走10%的补偿性余额之后，还剩下54 000美元。

$$\$54\,000=(1-0.10)\times 借款金额$$

$$\$60\,000=\$54\,000/0.90=借款金额$$

在 16%的利率下，60 000 美元的一年利息是 60 000×0.16=9 600 美元。而实际上，我们只可以使用 54 000 美元，因此，实际利率是：

$$实际利率=利息/可用金额=\$9\,600/\$54\,000=0.177\,8 或 17.78\%$$

请注意，这里实际发生的情形是，每借 0.90 美元，就必须支付 0.16 美元的利息，这是因为不能使用被锁定作为补偿性余额的 0.10 美元。所以，利率是 0.16/0.90=17.78%。

有几点需要提出来。第一，补偿性余额一般是以每个月的日平均余额来表示的。这可能意味着，实际利率将比例子所显示的更低。第二，补偿性余额已经普遍地变成根据未使用的信贷额度确定，对这种余额的要求相当于隐含的承诺费。第三，也是最重要的，任何短期经营贷款协议的细节都具有高度的可协商性。通常银行会和公司一起设计出一揽子费用和利息。

信用证　信用证是国际财务上的通用协议。发行信用证的银行承诺，只要达到某些特定的条件，就发放贷款。通常，信用证保证只要货物如约到达，银行就对这批货物付款。信用证又可分为可撤销的（可取消）和不可撤销的（如果满足了特定条件就不能取消）。

担保贷款

银行和其他财务公司经常要求为短期贷款提供保证，就像它们对长期贷款要求的那样。短期贷款的保证通常包括应收账款、存货或者二者的结合。

应收账款融资　**应收账款融资**（accounts receivable financing）包括应收账款转让（assigning receivables）和应收账款保理（factoring）。在应收账款转让下，贷款方以应收账款债权作为保证；当应收账款无法收回时，借款方仍然负有偿还责任。在传统保理（conventional factoring）下，应收账款折价卖给贷款方（保理商）。一旦出售，能否收回应收账款就是保理商的责任，保理商承担应收账款违约的全部风险。在到期保理（maturity factoring）下，保理商在应收账款到期时按双方协商的金额付给公司。

保理在零售业扮演极其重要的角色。例如，服装零售商在季节开始时必须购进大量新衣服。衣服卖出去需要一段比较长的时间，通常要 30～60 天才能付款给供应商。万一服装制造商不能等这么久才拿到货款，就可以向保理商求助；保理商买下应收账款然后到期收回。事实上，美国服装业大约占到保理市场的 80%。

一项最新的保理业务是信用卡应收款（credit card receivable funding）或公司预付款（business cash advances）。公司预付款的运营方式是公司在保理商处预先收到现金。从那时起，每笔信用卡销售的一定比例（假定 6%～8%）由信用卡机构直接划给保理商，直到贷款还清。这种业务对小微企业尤其具有吸引力，但是成本较高。预付款的标准溢价约为 35%——意味着 100 000 美元的贷款，在短期内就必须偿还

135 000 美元。

订单融资（PO 融资）是中小企业常采用的一种保理业务。在典型情境下，小企业销售产品，收到客户的确定订单，但它没有足够的资金支付制造该产品的供应商的货款。通过 PO 融资，保理商向供应商支付货款。当销售完成且销售方收到货款时，再偿还给保理商。订单融资保理的利率一般在前 30 天是 3.5%，此后每 10 天的利率是 1.25%，年利率超过 50%。

例 17.3 保理的成本

LuLu's Pies 公司年底有 50 000 美元的应收账款。赊销金额是 500 000 美元。LuLu's Pies 公司的保理商以 3%的折扣保理应收账款，换句话说就是 1 美元应收账款卖 0.97 美元。这项短期融资的实际利率是多少？

为求解实际利率，我们首先需要知道应收账款周期或者平均收账期。LuLu's Pies 公司一年之内应收账款周转率是 10 次（500 000/50 000）。平均收账期是 36.5 天（365/10）。

这里的利息是以折扣利率的形式出现的（见第 4 章的讨论）。本例中，LuLu's Pies 公司每融资 97 美分需要支付 3 美分的利息。因此，36.5 天的利率是 3.09%（=3/97）。名义利率等于 30.9%（=10×3.09%），但是

$$实际年利率=1.030\,9^{10}-1=0.356 或 35.6\%$$

由此可见，在本例中保理的成本相对比较高。

我们必须注意到，如果保理商承担了应收账款的违约风险，那么，此时的保理商不仅立刻给付现金，而且还提供一种保险服务。更一般地讲，保理商本质上承担了企业的信用管理业务。这可以显著地节约成本。所以，这里计算的利率是高估了，尤其是当违约很可能发生时。

存货贷款 **存货贷款**（inventory loan）是一种用于购买存货的短期贷款，通常有三种基本类型：

1. 整体存货置留权（blanket inventory lien）。整体存货置留权将借款方所有存货的置留权转移至贷款方（整体（blanket）意指任何事情）。

2. 信托收据（trust receipt）。信托收据是借款方以接受贷款方信托的名义持有存货的一种工具。例如，汽车经销商通过信托收据融资。这种担保融资方式也叫“地板协议”（floor planning），意指存货放在展厅地板上。然而，对大麦、谷物等运用信托收据进行融资就显得有些不便了。

3. 现场仓储融资（field warehouse financing）。在现场仓储融资中，公共的仓储公司（独立的存货管理专业公司）作为控制代理人为贷款人监视存货。

商业票据

公司还可以利用大量的其他短期资金来源。其中最重要的是商业票据（commercial paper），尤其是对某些比较大的公司来说。

商业票据是由规模大且信用高的企业发行的短期票据。一般来说，这些票据期限

短，最多达 270 天（超过这个限制，企业要向美国证券交易委员会登记备案）。因为企业直接发行这些票据，况且企业通常有专门的银行信贷额度来支持这些发行，所以企业所承担的利率通常明显低于银行向企业直接贷款所收取的利率。

商业信用

对所有不同规模的企业而言，另一个很重要的短期资金来源是商业信用（trade credit），意指应付账款。应付账款相当于向供应商举借的资金，尤其是小企业特别依赖于短期信用融资。商业信用对大公司也很重要；零售商巨头沃尔玛通过商业信用筹措的资金多于它从银行的借款。

理解商业信用条款 理解商业信用条款最快捷的方式就是举例说明。对散装糖果而言，商业信用条件可能为“2/10，60/n”。[①] 这表示顾客从发票开具日（随后讨论）起有 60 天的付款期；如果 10 天内付款，可以享受货款金额 2%的现金折扣。

假设某顾客下订单 1 000 美元，销售条款为“2/10，60/n”。顾客有两种选择：10 天内付款 980 美元（1 000×(1－0.02)），或者 60 天内全额付款 1 000 美元。如果销售条款仅是“30/n”，那么顾客从发票开具日起 30 天内全额付款 1 000 美元，即使提前付款也无折扣可享。

一般，信用条款可按如下方式理解：

（可从发票金额中扣除的折扣）/（如果你在这些天内付款），（否则你在这些天内就必须按发票金额全额付款）

因此，“5/10，45/n”意指如果 10 天内付款可享受货款 5%的折扣，否则在 45 天内付全款。

现金折扣 如我们所看到的，**现金折扣**（cash discounts）常常是销售条款的一部分。现金购买时给顾客折扣的实务可以追溯到美国国内战争时期，如今被广泛应用。原因之一在于可以加快应收账款回收和降低授信额度（相应地减少违约带来的潜在损失）。

需要注意，当授予现金折扣时，在折扣期内信用本质上是免费的。只有折扣期到期，顾客才会付款。比如“2/10，30/n”下，理性顾客要么 10 天内付款以尽可能最大地利用这种免费信用，要么在 30 天内放弃折扣尽可能地拖后支付货款。所以，顾客放弃折扣实际取得 20 天（30－10）的信用期。

采用现金折扣的另一个原因是它提供了向需要延期付款的顾客收取高价的方式。现金折扣成为一种对顾客授信收费的便利途径。

在我们的例子中，你或许发现现金折扣很小。例如，信用条款为“2/10，30/n”的情况下，顾客提前支付仅获得 2%的折扣。这是否足以刺激顾客提前付款呢？答案是确定的，因为它隐含的利率极高。

为了考察为什么折扣那么重要，我们计算一下顾客不提前付款的成本。注意，顾

---

① 本节和书中其他地方有关销售条款数据来自 Theodore N. Beckman，*Credits and Collection*：*Management and Theory*（New York：McGraw-Hill，1962）。

客的利率其实就是商业信用的实际支付代价。假设订单金额为 1 000 美元，顾客可以 10 天内支付 980 美元或者再延后 20 天支付 1 000 美元。很显然，这实际相当于顾客借款 980 美元，期限 20 天，20 美元相当于这笔“贷款”的利息。那么，实际利率是多少？

借 980 美元需要支付 20 美元利息，利率是 2.040 8%（=20/980）。这个利率比较低，不过请注意这只是 20 天期间的利率。一年内有 18.25 个（365/20）这样的期间，所以顾客的实际年利率为：

$$实际年利率=1.020\,408^{18.25}-1=0.446 或 44.6\%$$

从顾客的角度看，这是一笔昂贵的资金！

考虑到这里利率如此高，商家不大可能从顾客的提前付款中获益。忽略顾客违约的可能性，顾客放弃折扣的决策当然对商家有利。

例 17.4 什么是利率

通常瓷砖是以“3/30，60/n”的信用条款销售的。顾客放弃折扣的实际年利率是多少？名义年利率是多少？

本例中，30 天（60－30）的信用期对应 3%的折扣利息。30 天的利率是 3.093%（=0.03/0.97）。一年有 12.17 个（365/30）的 30 天，那么

$$实际年利率=1.030\,93^{12.17}-1$$
$$=0.449 或 44.9\%$$
$$名义年利率=0.030\,93\times12.17$$
$$=0.376 或 37.6\%$$

商业信用的成本常常按名义年利率所采用的计算方式计算出的利率来报价，如同本例所描述的，这严重低估了实际成本。

17.6 一项短期融资计划

为阐述一项完整的短期融资计划，我们假设 Fun Toys 公司拟安排短期借款满足资金需求。基于季度计算出的名义年利率是 20%。根据第 4 章，我们知道每个季度的利率是 5%（=20%/4）。假设 Fun Toys 公司年初的短期债务为零。

从表 17-5 可知，Fun Toys 公司第二季度现金赤字为 6 000 万美元。公司必须筹措这个金额的资金。下一个季度的净现金流入是 5 500 万美元。而公司必须支付利息 300 万美元（6 000×5%），那么剩下的 5 200 万美元可用来偿还债务。

到第三季度末，Fun Toys 公司还剩下债务 800 万美元（6 000－5 200）。因此最后一个季度的利息是 40 万美元（800×5%）。此外，第四季度的净现金流入是－1 500 万美元，所以公司还需要融资 1 540 万美元，期末债务余额为 2 340 万美元（1 540+800）。具体见表 17-5 的扩展表 17-6。

表 17-6　　Fun Toys 公司的短期融资规划

	第一季度	第二季度	第三季度	第四季度
期初现金余额	$2 000 万	$6 000 万	$1 000 万	$1 000 万
净现金流入	4 000 万	−11 000 万	5 500 万	−1 500 万
新短期融资	—	6 000 万	—	1 540 万
短期融资利息	—	—	−300 万	−40 万
短期融资偿还	—	—	−5 200 万	—
期末现金余额	$6 000 万	$1 000 万	$1 000 万	$1 000 万
最低现金余额	−1 000 万	−1 000 万	−1 000 万	−1 000 万
累计现金余额（赤字	$5 000 万	$　0	$　0	$　0
期初短期债务	0	0	6 000 万	800 万
短期债务变化	0	6 000 万	−5 200 万	1 540 万
期末短期债务	$　0	$6 000 万	$800 万	$2 340 万

注意年末的短期债务刚好等于年末累计现金赤字 2 000 万美元加上全年的利息 340 万美元（300+40），合计 2 340 万美元。

本例比较简单。例如，我们忽视了短期债务可抵税的事实，也没考虑第一季度的现金盈余可带来的利息收入（需要纳税）。我们可以对本例进行一系列改进。尽管如此，本例强调如下事实：在约 90 天内，Fun Toys 公司需要融入约 6 000 万美元的短期资金。该是公司组织安排资金来源的时候了。

本例还表明公司的短期融资全年需支付大约 340 万美元的利息费用（税前）。这是 Fun Toys 公司评估其他替代方案以降低该笔费用的起点。例如 10 000 万美元的资本支出是否该推迟或者分期进行？每个季度 5%的短期信用是昂贵的。

如果 Fun Toys 公司预计销售会继续保持增长，那么 2 000 万美元的现金赤字也可能随之增长，这样，额外的融资将成为常态需求。Fun Toys 公司或许该考虑通过长期融资来满足这一需求。

本章小结

1. 本章介绍了短期财务管理。短期财务涉及短期资产和短期负债。我们从企业的财务报表上跟踪和检查现金的短期来源与运用。我们研究在短期营业活动和企业现金周转过程中流动资产和流动负债是如何产生的。

2. 短期现金流量的管理涉及成本最小化问题。其中两类主要的成本是持有成本，即因短期资产如现金的过度投资而产生的利息和相关成本，以及短缺成本，即短期资产入不敷出的成本。短期财务管理和短期财务计划的目标是找到在这两种成本间的最佳平衡点。

3. 在理想的经济环境里，企业能准确地预测现金的短期运用和来源，将净营运资本保持为零。在现实世界里，净营运资本为企业满足不断变化的债务提供了缓冲。财务经理寻找每一种流动资产的最优水平。

4. 财务经理可以利用现金预算来确定短期资金需求。现金预算告诉财务经理短期内需要多少借款或可能借出多少款。企业有许多可能取得资金的渠道用来解决短期资金不足问题，包括无担保贷款、担保贷款、商业票据和商业信用。

概念性思考题

1. **经营周期** 经营周期长的企业具有什么特征？

2. **现金周期** 现金周期长的企业具有什么特征？

3. **现金来源和现金运用** 你年末收集到 Holly 公司的如下信息：

a. 支付 200 美元的股利。

b. 应付账款增加 500 美元。

c. 购买固定资产 900 美元。

d. 存货增加 625 美元。

e. 长期负债减少 1 200 美元。

判断它们属于现金的来源还是现金的运用，并说明它们对公司现金余额的影响。

4. **流动资产的成本** Loftis 制造公司近期安装了准时制（just-in-time，JIT）存货管理系统。描述它对公司的持有成本、短缺成本和经营周期的影响。

5. **经营周期和现金周期** 企业的现金周期是否可能比经营周期长？请解释。

6. **短缺成本** 短缺成本包括哪些？请描述。

7. **净营运资本的理由** 在理想的经济里，净营运资本保持为零。为什么在现实世界里，净营运资本大于零？

第 8 题至第 12 题基于如下信息：Blue Sky 航空公司上个月宣布将延长付款周期，从 30 天延长到 45 天。原因是公司想控制成本和优化现金流量。应付账款周期增加将最终影响公司 4 000 个供应商。

8. **经营周期和现金周期** 应付账款政策改变对 Blue Sky 航空公司的经营周期有什么影响？对它的现金周期有什么影响？

9. **经营周期和现金周期** Blue Sky 航空公司的公告对公司的供应商有什么影响？

10. **企业伦理** 大公司单方面宣布延长应付账款周期，这是否符合企业伦理，尤其当交易对方是小型供应商时？

11. **应付账款周期** 为什么并非所有公司都简单地通过延长应付账款周期来缩短现金周期？

12. **应付账款周期** Blue Sky 航空公司延长应付账款周期是为了控制成本和优化现金流量。这一改变对 Blue Sky 航空公司现金流量真正的好处在哪里？

练习题

1～15 题为基础题；16～17 题为中级题；18 题为提高题。

1. **现金账户的变化** 判断如下公司行为对现金的影响，用字母 I 表示增加，D 表示减少，N 表示没有变化。

a. 出售债权所获资金用来支付股利。

b. 用短期债务购买不动产。

c. 赊购存货。

d. 偿还银行短期贷款。

e. 提前缴纳下一年的税收。

f. 赎回优先股。

g. 赊销。

h. 支付长期债务利息。

i. 收到前期销售货款。

j. 应付账款余额减少。

k. 支付股利。

l. 用短期票据购买生产材料。

m. 支付水电费账单。

n. 用现金支付原材料货款。

o. 卖出可交易证券。

2. **现金等式** McConnell 公司账面净资产为 11 640 美元，长期债务为 7 100 美元，除现金外的净营运资本为 2 845 美元，固定资产为 14 970 美元。该公司有多少现金？如果流动负债是 1 580 美元，公司的流动资产是多少？

3. **经营周期的变化** 判断如下事件对经营周期的影响，用字母 I 表示增加，D 表示减少，N 表示没有变化。

a. 平均应收账款增加。

b. 顾客的付款时间延长。

c. 存货周转率从 3 次变为 6 次。

d. 应付账款周转率从 6 次变为 11 次。

e. 应收账款周转率从 7 次变为 9 次。

f. 加快向供应商支付货款。

4. **周期的变化**　判断如下事件对经营周期和现金周期的影响，用字母 I 表示增加，D 表示减少，N 表示没有变化。

a. 对顾客的现金折扣条款变得不受欢迎。

b. 对供应商的现金折扣增加，由此付款提前。

c. 与赊购顾客相比，付现顾客开始增加。

d. 原材料购买比平时减少。

e. 越来越多的原材料采用赊购。

f. 越来越多的产成品变为存货而非订单。

5. **计算现金回收**　假设 Litzenberger 公司来年各季度销售收入预测如下：

项目	第一季度	第二季度	第三季度	第四季度
销售收入	\$690	\$740	\$705	\$780

a. 年初应收账款是 275 美元，Litzenberger 公司的收账期是 45 天。通过计算填写下表的空格。

项目	第一季度	第二季度	第三季度	第四季度
期初应收账款				
销售收入				
现金回收				
期末应收账款				

b. 假设收账期是 60 天，重复问题 a。

c. 假设收账期是 30 天，重复问题 a。

6. **计算周期**　Zamboni Icers 公司的财务报表信息如下：

项目	期初	期末
存货	\$20 386	\$22 164
应收账款	16 783	17 126
应付账款	17 099	17 561
销售净额	\$418 276	
销售成本	234 912	

计算现金周期和经营周期并解释。

7. **应收账款保理**　企业平均收账期为 38 天。当前实务中普遍的做法是以 1.5%折扣保理所有应收账款。假设违约不可能发生，本例中应收账款保理的实际成本是多少？

8. **计算应付账款**　假设 Lewellen Products 公司来年销售收入预测如下：

项目	第一季度	第二季度	第三季度	第四季度
销售收入	\$1 430	\$1 590	\$1 360	\$1 670

假设下一年每个季度的销售收入在上表中每个季度销售收入的基础上增长 15%。

a. 假定 Lewellen Products 公司每个季度采购金额等于下一季度预计销售收入的 30%，计算对供应商的应付账款。假设公司立即支付，那么本例中应付账款周期是多少？

项目	第一季度	第二季度	第三季度	第四季度
支付应付账款				

b. 如果应付账款周期是 90 天，重复问题 a。

项目	第一季度	第二季度	第三季度	第四季度
支付应付账款				

c. 如果应付账款周期是 60 天，重复问题 a。

项目	第一季度	第二季度	第三季度	第四季度
支付应付账款				

9. **计算现金回收**　Shleifer 公司 2017 年第一季度的销售收入预算如下：

项目	1 月	2 月	3 月
销售收入预算	\$334 000	\$386 000	\$408 000

赊销收入收回情况为：

65%在当月收回；

20%在下一月收回；

15%在第三个月收回。

前一季度末应收账款余额是 227 000 美元（其中的 163 000 美元是未收回的 12 月销售款）。

a. 计算 11 月的销售收入。

b. 计算 12 月的销售收入。

c. 计算 1—3 月每月来自销售收入的现金回收。

10. **计算现金预算**　下表是 Cornell 公司 2017 年第二季度的部分重要预算数据：

项目	4月	5月	6月
赊销	$ 434 000	$ 510 000	$ 538 500
赊购	210 800	278 300	286 700
现金支出			
工资、税收和其他费用	62 700	78 500	95 100
利息	15 100	15 100	15 100
购买设备	127 800	148 400	—

公司预测5%的赊销收入将永远无法收回，35%在当月收回，60%在下个月收回。赊购款将在购买后下月支付。2017年3月，赊销额是419 000美元，赊购额是206 300美元。利用上述信息，完成下述现金预算：

项目	4月	5月	6月
期初现金余额	$ 265 000		
现金回收			
从赊销中回收的现金			
可用现金合计			
现金支出			
采购			
工资、税收和其他费用			
利息			
购买设备			
现金支出合计			
期末现金余额			

11. **现金的来源和运用** 下表是Country Kettles公司最近的资产负债表。除了累计折旧，判断每一项是现金的来源还是现金的运用及其金额。

Country Kettles公司 资产负债表 截至12月31日的会计年度		
	2016年	2017年
资产		
现金	$ 59 430 000	$ 64 510 000
应收账款	148 210 000	140 320 000
存货	126 385 000	135 840 000
财产、厂房与设备	375 840 000	416 360 000
减：累计折旧	99 610 000	121 830 000
资产合计	$ 610 255 000	$ 635 200 000
负债和所有者权益		

续前表

Country Kettles公司 资产负债表 截至12月31日的会计年度		
	2016年	2017年
应付账款	$ 97 100 000	$ 95 360 000
应计费用	18 740 000	19 610 000
长期负债	71 340 000	65 250 000
普通股	60 850 000	64 700 000
留存收益	$ 362 225 000	$ 390 280 000
负债和所有者权益合计	$ 610 255 000	$ 635 200 000

12. **现金折扣** 假设你以单价104美元购买350件存货。供应商给予的付款条件为“1/10，30/n”。

a. 在货款到期前你最长多久得付款？如果占用了整段时期，你得支付多少钱？

b. 供应商给予的折扣是多少？你多快支付款项才能获取这个折扣？如果获得了该折扣，你得支付多少钱？

c. 如果放弃折扣，你变相地支付了多少利息？你获得的信用期是多少天？

13. **销售条款** 假设企业的销售条款是“1/10，25/n”。如果顾客放弃折扣，那么企业获得的实际年利率是多少？不进行任何计算，请解释以下情况会对这一实际利率产生什么影响：

a. 折扣变为3%。

b. 信用期延长至45天。

c. 折扣期延长至15天。

14. **应收账款的规模** Essence of Skunk Fragrances公司每年按单价395美元销售3 500件香水产品。所有的销售实行的信用条款是“1/10，40/n”。70%的顾客获取了折扣。请问公司的应收账款是多少？为保持市场份额、应对主要竞争对手Sewage Spray公司，Essence of Skunk Fragrances公司拟改变信用政策为“2/10，30/n”。这对应收账款有什么影响？

15. **平均收账期和应收账款周转率** Music City公司的平均收账期是36天，每天在应收账款上的投资平均为103 000美元。请问每年的赊销额是多少？应收账款周转率是多少？

16. **借款成本** 假设你获得了随时可以借款5 500万美元的信贷额度。贷款月利率是0.68%。此外，你还必须在无利息账户中保留4%的借款额。假定银行按复利计息。

a. 本项贷款安排的实际年利率是多少？

b. 假设你今天借款 2 000 万美元并在 6 个月后偿还。你将支付多少利息？

17. **现金预算的计算**　Wildcat 公司预计未来四个季度的销售收入如下：

项目	第一季度	第二季度	第三季度	第四季度
销售收入	$16 000 万	$14 500 万	$19 000 万	$22 000 万

假设此后的第一季度销售收入是 17 500 万美元。期初应收账款是 6 300 万美元。Wildcat 公司的收账期是 45 天。

Wildcat 公司每个季度的采购金额等于下一季度预计销售收入的 45%，通常 36 天就支付货款。工资、税收和其他费用大约是销售收入的 30%。每个季度的利息和股利支出是 1 500 万美元。

Wildcat 公司预计第二季度有一笔大额资本支出 4 500 万美元。最后，公司的年初现金余额是 3 600 万美元，并希望维持 2 000 万美元的最低现金余额。

a. 填空完成 Wildcat 公司的现金预算。

Wildcat 公司的现金预算				
	第一季度	第二季度	第三季度	第四季度
期初现金余额	$3 600 万			
净现金流入				
期末现金余额				
最低现金余额	2 000 万			
累计现金盈余（赤字）				

b. 假设 Wildcat 公司能以每季度利率为 3%的成本借到所需资金，并将多余资金投资于可交易证券获取每季度利率为 2%的收益。请填空完成如下短期融资计划表。请问年净现金成本（等于利息总支出减去投资总收益）是多少？

Wildcat 公司的现金预算				
	第一季度	第二季度	第三季度	第四季度
最低现金余额	$2 000 万			
净现金流入				
新短期投资				
短期投资收益				
短期投资出售				
新短期借款				
短期借款利息				
短期借款偿还				
期末现金余额				
最低现金余额	$2 000 万			
累计现金盈余（赤字）				
期初短期投资				
期末短期投资				
期初短期债务				
期末短期债务				

18. **借款成本**　为获取 40 000 万美元固定额度的信贷额度承诺，你的公司同意：

1. 对实际借到的资金按每季度 1.85%的利率支付利息。
2. 将实际借款金额的 5%作为补偿性余额。
3. 预付信贷额度 0.165%的承诺金。

基于上述信息，请回答：

a. 假设忽略承诺金，该信贷额度的实际年利率是多少？

b. 假设你的公司借入 15 000 万美元并在一年后偿还。请问这 15 000 万美元贷款的实际年利率是多少？

网络资源

1. **现金周期**　浏览网站 www.reuters.com，你能找到贝克休斯公司（Baker Hughes，BHI）和雅诗兰黛（Estée Lauder，EL）近期的年度利润表和近两年的资产负债表。两家公司都是标准普尔 500 指数成分公司。BHI 是压力泵和石油领域其他服务的供应商，而 EL 是美容化妆及其相关产品的制造商和销售商。计算每家公司的现金周期，并对它们的相似点或不同点做出评论。

2. **经营周期**　利用前一题的相关信息，计算两家公司的经营周期。它们的相似点或不同点在哪里？这是否就是你从公司所处行业预期得到的结果？

EXCEL 解题

佩德森（Heidi Pedersen）是 Wood Products 公司的财务主管，公司董事长伍德（Justin Wood）要求佩德森准备一份列示公司未来三个月月末现金余额的简报，这段时期相关估计数值如下表所示。

项目	7月	8月	9月
赊销收入	$1 275 800	$1 483 500	$1 096 300
赊购金额	765 480	890 160	657 780
现金支出			
工资、税收和其他费用	348 600	395 620	337 150
利息	29 900	29 900	29 900
购买设备	0	158 900	96 300
赊销回款			
销售当月收回货款	35%		

续前表

项目	7月	8月	9月
销售下月收回货款	60%		
无法收回的货款	5%		
6月赊销收入	$1 135 020		
6月赊购金额	$681 012		
现金期初余额	$425 000		

所有赊购款项都在采购的下月支付。

a. 完成 Wood Products 公司未来三个月的现金预算。

b. 佩德森知道现金预算是需要在每个季度之前完成的标准报告，为了节省每季报告的准备时间，她想要一个与 Excel 相关信息相关联的简报。请为佩德森准备一个当 Excel 表数据变化时会自动更新的简报。

章末案例

Keafer 制造公司的营运资本管理

假设你刚被 Keafer 制造公司聘用到新成立的资金部工作。Keafer 制造公司是一家小公司，生产满足不同消费者需求的各种各样高度个性化的纸盒。作为公司的所有者，亚当·基费尔（Adam Keafer）主要负责公司的销售和生产。公司目前只是简单地将所有应收账款放一堆，所有应付账款放另一堆，一个兼职会计人员定期过来处理这些账款。正因为如此混乱，公司的财务需要加强管理。这也是你被招聘进来所需要做的工作。

公司当前的现金余额是 170 000 美元，并计划在第三季度购买成本为 325 000 美元的新设备。设备款需用现金支付，因为现金付款可享受折扣优惠。Keafer 公司需要维持 130 000 美元的最低现金余额以应对不可预见的或有事项。公司所有的销售都是赊销，从未提供任何折扣；所有的采购都是赊购，从未获取过任何折扣。

在刚刚结束的一年中，公司各个季度的销售收入如下：

项目	第一季度	第二季度	第三季度	第四季度
销售收入总额	$893 000	$924 000	$996 000	$858 000

经过调查以及与顾客商谈，你预计第二年每个季度的销售收入能增长 8%。第三年第一季度的销售收入预期也能增长 8%。你计算出 Keafer 公司目前的平均收账期是 57 天，应收账款余额是 683 000 美元。然而，10%的应收账款来自一家已破产的公司，预计这部分应收账款无法收回。

你还计算出 Keafer 公司通常按下一季度预计销售收入总额的 50%确定每个季度的采购金额，平均 53 天支付货款。工资、税收和其他费用大约是销售收入总额的 25%。公司每个季度需要支付长期债务利息 190 000 美元。最后，公司利用当地银行贷款来满足短期资金需求。目前公司所有短期债务需支付每季度 1.2%的利息，所有短期存款存放在可获取每季度 0.5%利息的货币市场账户里。

亚当要求你在当前政策下为公司做现金预算和短期融资计划。他还要求，当一些因素变化时能准备另外的计划。

1. 利用上面给出的信息完成公司现金预算和短期融资计划。

2. 假设 Keafer 公司的最低现金余额维持在 100 000 美元，重做现金预算和短期融资计划。

3. 假设销售增长率为 11%和 5%，重做销售预算。假设公司维持 100 000 美元的目标现金余额。

4. 假设公司销售增长维持在 8%，目标现金余额是多少能保证短期融资为零？为回答这个问题，你或许需要打开一个 Excel 表运用“Solver”函数。

5. 你已经了解到竞争对手的信用政策并确定行业标准的信用政策为“1/10，45/n”。这些条款解释为：如果顾客在 10 天内付款，可享受 1%的折扣；如果顾客没在 10 天内付款，全额货款将在 45 天内到期。你需要检验公司信用政策改变会怎样影响现金预算和短期融资计划。如果公司采取该信用政策，你估计 25%的顾客会提前付款，应收账款收账期有望缩短到 38 天。在新的信用政策和最低现金余额为 100 000 美元的情况下，重做现金预算和短期融资计划。该信用条款隐含的利率是多少？

6. 你与公司的主要供应商商洽 Keafer 公司面临的信用政策。供应商同意向你的公司提供“2/15，40/n”的信用政策。该信用政策可理解为：如果 Keafer 公司 15 天内付款，可以享受 2%的折扣优惠；如果 Keafer 公司在 15 天内未付款，全额的应付账款在 40 天内到期。供应商提供给公司的信用条款的利率是多少？假设公司所有订单都接受供应商的信用条款并维持 100 000 美元的最低现金余额，重做现金预算和短期融资计划。

第 18 章

筹　资

开篇故事

2015年6月18日，Fitbit公司以每股20美元的价格公开上市。该公司主要生产可穿戴健康和健身追踪设备。在德意志银行、摩根士丹利和美国美林银行的协助下，Fitbit公司以每股20美元的价格向公众出售3 657.5万股股票。显然，Fitbit股票在IPO中处于良好状态。该股票开盘价是每股30.4美元，最高达每股31.9美元，收盘价达到每股29.68美元，比发行价上涨近48%。Fitbit公司上市筹集到7.315亿美元资金，是较大规模的IPO。美国IPO纪录保持者目前是Visa，它在2008年的IPO中筹集资金196.7亿美元。本章考察诸如Fitbit公司公开上市的流程、成本以及投资银行在其中的角色。

公司不管大小有一点是共同的：它们都需要长期资本。本章阐述如何获得长期资本。我们尤其关注可能是公司财务生命周期最重要的阶段，即IPO。这一过程就是公司从私人持有转变为公众持有的过程。对于大多数人而言，开创一家公司，看着它不断成长，然后将它上市是终极的创业梦想。

本章探讨企业如何筹集资金。筹资方式与企业生命周期密切相关。初创企业通常通过风险资本筹资。随着企业发展壮大，它们会希望上市，即IPO（上市后再融资称为SEO）。本章根据企业的生命周期，分别介绍风险资本、IPO和SEO等资本来源，最后对债务资本来源做一个讨论。①

18.1 企业融资生命周期：早期融资与风险资本

一天，你和朋友有一个很好的想法，即设计出一款新的能帮助用户进行沟通的电脑软件产品。满怀创业激情，你们将产品命名为MegaComm并打算把它推向市场。

你们不分昼夜地工作创造出产品的原型。但这并不管用，你们至少需要向周围的人描述你们的想法。为进一步开发产品，你们需要雇用程序员，购买电脑，租办公室等。遗憾的是，因为都是在校大学生，你们所有的资产加起来都不够举办一场聚会，更不用说新办一家公司。你们需要的就是称为OPM的东西，即其他人的钱（other people's money）。

你首先想到的方法是找一家银行贷款。但是你可能发现，银行对向一家没有资产（除了想法）并由毫无经验的创业者新创立的公司提供贷款通常不会感兴趣。实际上，你应该寻求其他资本来源。

天使投资者（angel investor）是可以寻求融资的一个群体。他们可能是你的朋友或家人，对产品所属行业知之甚少，也没有投资新创企业的经验。然而，一些天使投资者是更有知识的个体或群体，他们对之前的风险项目充满兴趣。

风险资本

或者，你可以到风险资本（venture capital，VC）市场融资。虽然风险资本并没有

① 我们感谢佛罗里达大学的杰伊·R. 里特对本章有益的评论和建议。

一个精确的定义，但风险资本家具有一些共同特征。三个特征尤为重要[1]：

1. 风险资本是从外部投资者融资的金融中介。风险投资公司的组织形式通常是有限责任合伙制。正如任何有限责任合伙制一样，有限责任合伙人将权力授予普通合作人，由他们制定投资决策。有限责任合伙人通常是机构投资者，如养老金、基金公司或企业。富有的个人或家族也常是有限责任合伙人。这个特征将风险资本家和天使投资者区分开来，因为天使投资者通常仅投资他们自己拥有的资金。此外，公司有时也会成立内部风险资本部门，以扶持没有经验的企业。但是，梅特里克（Metrick）和安田（Yasuda）指出，因为这些部门投资的是它们母公司的资金，而不是外部资金，因此它们不是名副其实的风险资本家。

2. 风险资本在审查、建议和监督其所投资企业中发挥积极作用。例如，风险投资公司的人员通常会加入所投资企业的董事会。风险投资公司的委托人通常具有丰富的商业经验。虽然掌控初创企业的创业家可能非常聪明、富有创造力，具有丰富的产品知识，但是他们通常缺乏商业经验。

3. 风险资本并不会永久持有其所投资企业。风险投资公司会寻求退出策略，如推动所投资企业上市，或者将其卖给另一家公司。公司内部风险资本并不具备该特征，因为公司通常希望将其投资永远保留在内部风险投资部门的账簿中。

最后一个特征在对风险投资定性时具有重要意义。企业必须成长到一定规模才能上市或被顺利卖掉。这些企业最初都很小，但具有强大的增长潜力，而很多企业并不具备该潜力。例如，有人想开一家餐馆，如果他是一个真正的美食家，没有在其他地方开设分店的欲望，那么这个餐馆很难达到可以上市的规模。相反，高科技企业通常具有显著的成长潜力，很多风险投资公司专投该领域。

图18-1显示了风险投资的行业。如图18-1所示，投资的很大比例集中在高科技产业。

风险投资一般多久成功退出一次？退出数据很难获得，图18-2显示了20世纪90年代其所投资的11 000家企业的退出渠道。由图18-2可知，近50%（=14%+33%）的企业上市或被收购。然而，互联网泡沫在2000年年初达到顶峰，所以图18-2中覆盖的这段时期可能是一段不寻常的时期。

融资阶段

实践者和学者通常谈及风险资本融资阶段。对这些阶段的经典分类如下[2]：

1. 种子基金阶段。用少量资金来证明一个观念或开发一个产品。营销不在此阶段。
2. 启动。投资在一年内成立的企业。资金主要用于营销和研发支出。
3. 第一轮融资。在企业用完启动资金之后，注入资金用于开启销售和生产。
4. 第二轮融资。对于销售产品亏钱的企业，注入资金作为企业的营运资本。
5. 第三轮融资。投资已实现盈亏平衡但想进一步扩张的企业。该轮融资被称为夹层融资（mezzanine financing）。

---

① 更详细的讨论见 Andrew Metrick and Ayako Yasuda, *Venture Capital and Finance of Innovation*, 2nd ed.（Hoboken, NJ: John Wiley and Sons, 2011）.

② A. V. Bruno and T. T. Tyebjee, "The Entrepreneur's Search for Capital," *Journal of Business Venturing*（Winter 1985）; Paul Guompers and Josh Lerner, *The Venture Capital Cycle*（Cambridge, MA: MIT Press, 2002）.

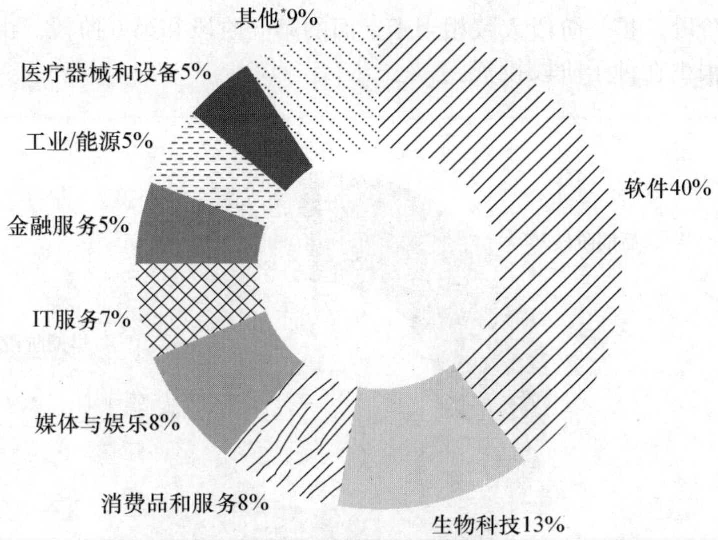

图 18-1 2015 年风险资本投资行业

*包括：零售/分销 2%，保健服务 1%，半导体 1%，计算机和外围设备 1%，通信 1%，商业产品和服务 1%，电子/仪器仪表 1%，网络和设备 1%。

资料来源：National Venture Capital Association.

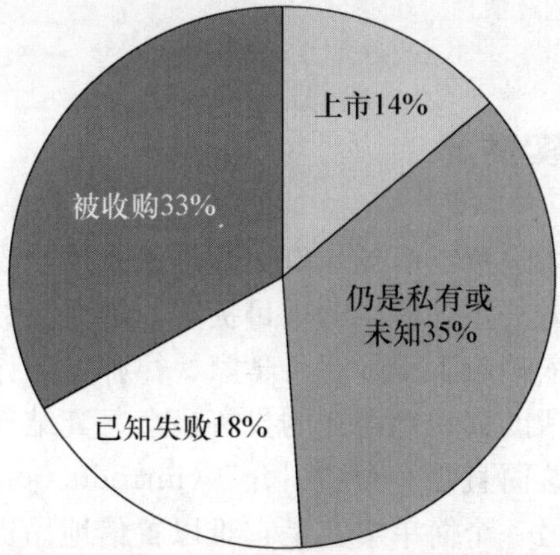

图 18-2 1991—2000 年间最初投资的 11 686 家企业的退出渠道

资料来源：National Venture Capital Association.

6. 第四轮融资。为可能会在半年之内上市的企业提供资金。该轮融资被称为过桥融资（bridge financing）。

虽然这些分类对读者而言有些费解，但是我们发现这些术语在行业内被广泛接受。例如，普拉特私募股权与风险资本来源指南（Pratt's Guide to Private Equity & Venture Capital Sources）列示的风险投资公司表明了它们对哪一阶段比较感兴趣。①

图 18-3 表明了不同阶段的风险资本投资。该图的作者采用了一种稍微不同的分类

① Pratt's Guide to Private Equity & Venture Capital Sources by Reuters（Corporate author），2013，Thomson Financial.

方法。种子阶段和早期阶段相当于上面的前两阶段。后期阶段大致相当于上面的第 3 阶段和第 4 阶段。扩张阶段大致相当于上面的第 5 阶段和第 6 阶段。由图 18－3 可见，风险资本家很少在种子阶段投资。

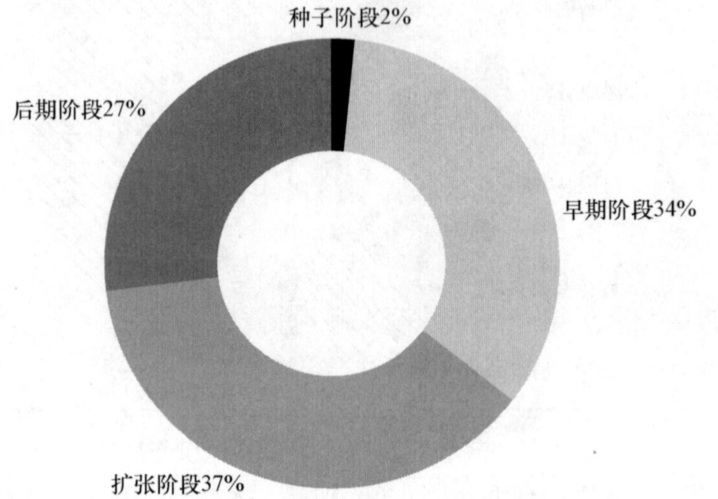

图 18－3　2015 年不同企业阶段的风险资本投资

资料来源：Pratt's Guide to Private Equity & Venture Capital Sources by Reuters（Corporate author），2013，Thomson Financial.

风险资本的若干真实情况

尽管存在巨大的风险资本市场，事实却是获得风险投资的企业真的非常有限。风险投资公司收到数量巨大的主动提供的项目提案，绝大多数提案被当作宣传单扔进了废纸篓。风险资本家严重依赖由工程师、科学家、律师、会计师、银行家和其他风险资本家组成的非正式网络以帮助其识别潜在的投资机会。其结果是，通过私人关系进入风险资本市场是很重要的；这简直是一个“引介”（introduction）市场。

关于风险资本的另一个简单事实是它难以置信地昂贵。在一个典型的交易中，风险资本家会要求获得 40％甚至更多的公司股权。风险资本家还经常持有具有投票权的可转换优先股，这给予他们在公司被卖出或者清算时很多优先权。风险资本家通常要求获得公司董事会的几个席位，甚至直接委派一个或多个高级管理人员。

众　筹

2012 年 4 月 5 日，《创业企业融资法案》（JOBS Act）正式成为法律。该法案的一项条款是允许企业采取众筹（crowdfunding）方式融资，即大众小额融资。众筹曾用于资助英国摇滚乐队 Marillion 的美国之旅，《创业企业融资法案》则允许企业通过众筹方式销售股权。《创业企业融资法案》允许企业在 12 个月内发行上限为 100 万美元的证券，投资者在每 12 个月 1 次的众筹发行中可投资最多 10 万美元的资金。2015 年，由

SEC制定的众筹规则生效，以适应这些新“交易”。众筹中的投资者必须得到认可：对他们而言，这意味着其净值超过100万美元，或者说过去3年中，有2年的收入超过20万美元。

18.2 向公众发售证券：基本程序

接下来的几节探讨向公众发售证券的流程，尤其是公开上市的流程。

发售证券的过程涉及很多规章和制度。1933年法案是联邦政府对所有跨州证券发行监管的起源。1934年法案是监管已上市证券的基础。SEC负责这些法律的执行。

向公众发售证券有一系列的步骤。笼统而言，基本程序如下：

1. 向公众发行任何证券的第一步是获得董事会的批准。在某些情况下，可能会增加普通股的股数。此时，还需要股东投票同意。

2. 企业必须准备申请上市**注册登记书**（registration statement）并向SEC备案。所有的跨州证券发行都必须准备申请上市注册登记书，只有少数情况例外。

一般来说，申请上市注册登记书要求填制的资料极多，包括财务信息报表、财务历史、目前营业详情、融资方案和未来规划等。

3. SEC在静候期间审阅注册登记书。在此期间，企业可发布初步的**招股说明书**（prospectus）。招股说明书包含大量申请上市注册登记书里的信息，提供给企业潜在的投资者。初步招股说明书的封面以红色粗体字印刷，所以有时称为**红鲱鱼**（red herring）招股说明书。

申请上市注册登记书在SEC备案后第20天正式生效，除非SEC发出建议变更的评注函（letter of comment）。在这种情况下，变更一旦产生，另外一个20天的静候期重新开始。注意到这一点很重要，即SEC不会替你考虑拟出售证券的经济成本问题，SEC只确保各种规章制度是否得到遵守。另外，SEC通常也不会检查招股说明书信息的真实性和准确性。

申请上市注册登记书最初不会含有新发行证券的价格，通常在静候期或临近静候期时才补充填制价格信息，此后，申请上市注册登记书正式生效。

4. 公司在静候期内不能发售证券。但是，可以做一些口头的发行承诺。

5. 申请上市注册登记书正式生效日才确定发行价；随后销售努力正式启动。无论哪个在先，证券的交割或销售的确认都必须附带最终定稿的招股说明书。

静候期后，承销商采用的是**墓碑式**（tombstone）广告。图18-4复制了一份这种样本。墓碑式广告包括发行者的名称（本例中是World Wrestling Federation，WWF）。它提供了发行的有关信息，列示了负责销售证券的投资银行（承销商）。投资银行在销售证券中的作用随后会得到更充分的讨论。

由于它们参与发行，投资银行在墓碑式广告上被分成几组或叫等级段（brackets），每一等级段里的投资银行名称按字母顺序排列。等级段通常被视为某种强弱次序。一般来讲，等级段越高的承销商声望越高。

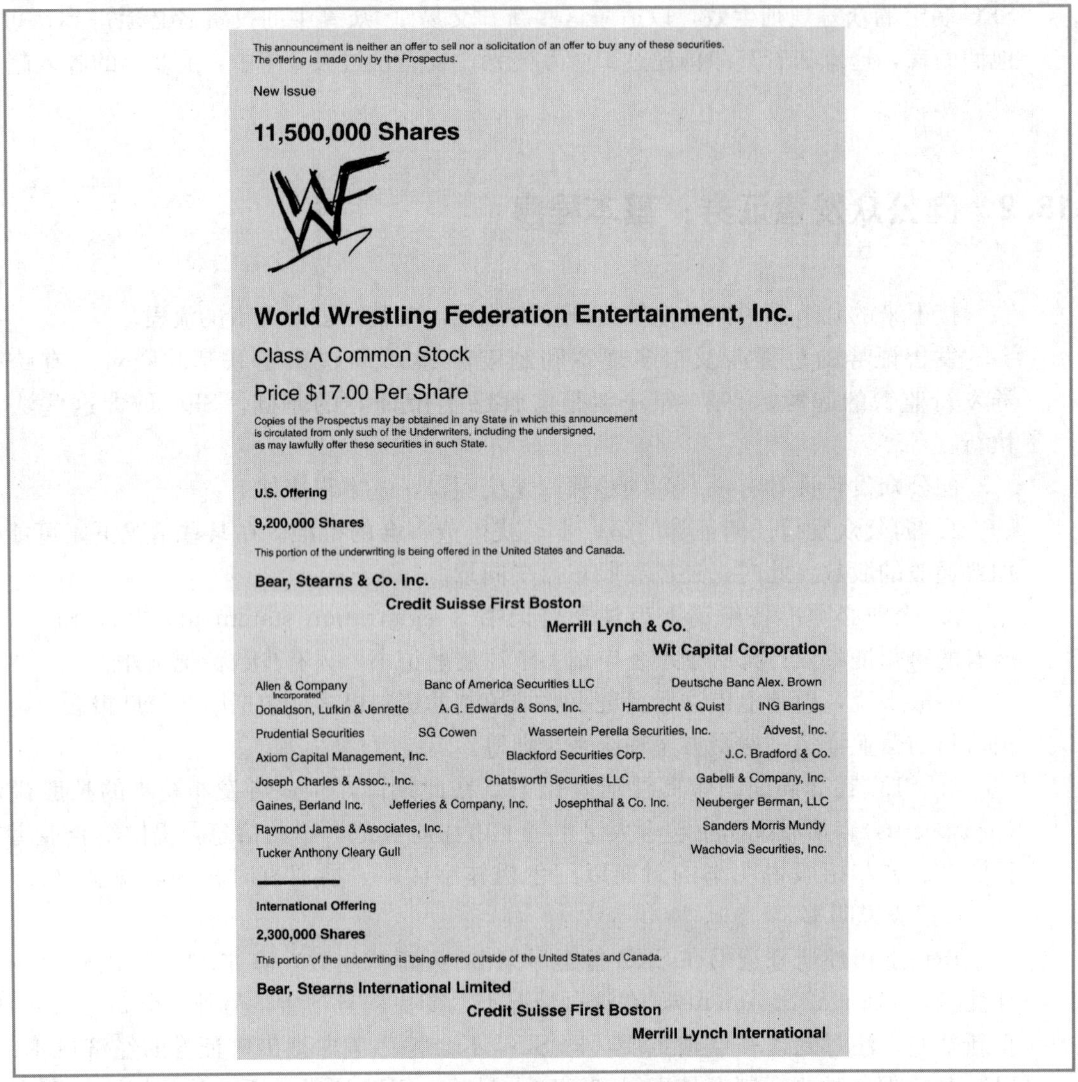

图 18-4 墓碑式广告的例子

18.3 可供选择的发行方式

当一个公司决定发行新的证券时，既可以公开发行，也可以私下发行。如果是公开发行，则要求公司在 SEC 注册登记本次发行。如果发行对象少于 35 个投资者，发行可以当作私下发行处理。在这种情况下，无须准备申请上市注册登记书。①

对于权益证券，公开发行有两种方法：**普通现金发行**（general cash offer）和**附权发行**（rights offer/rights offering）。现金发行指按照“先到先得”原则向普通公众发售

① 私下股票发行可以有各种各样的不同安排。出售无须注册登记的证券可以避免遵守 1934 年法案的成本。值得注意的是，法规限制未注册登记证券的再销售。例如，购买者必须持有该证券至少两年。不过，很多限制在 1990 年对大型机构投资者都大大放宽了。私下债券发行将在随后探讨。

证券。附权发行则是只向现有股东出售证券。附权发行在其他国家相当普遍，但在美国相对较少，尤其是近些年。因此，本章重点关注普通现金发行。

公司第一次公开发行股票称为**首次公开发行股票**（initial public offering，IPO）或非多次发行股票（unseasoned new issue）。当公司决定公开上市，首次公开发行就出现了。显然，所有的首次公开发行都是现金发行。如果企业的现有股东想要购买股票，那么企业就根本没必要公开出售股票了。

股权再融资（seasoned equity offering，SEO）指先前曾经发行证券的公司的新股发行，也叫二次发行（secondary）或者后继发行（follow-on offering）。普通股的股权再融资可以通过现金发行或附权发行来实现。

表18-1列示了新证券的发行方法。

表18-1　新证券的发行方法

方法	类型	定义
公开发行		
传统议价现金发行	现金发行包销	公司与投资银行就发行新股的承销和分配协议进行谈判。承销商买入事先确定的一部分股票，然后按较高价格出售。
	现金发行代销	公司要求投资银行按协议价格尽可能多地售出股票，至于能筹措多少资金并没有保证。有时代销没有用到承销商。
	现金发行荷兰式拍卖	公司要求投资银行就事先确定拟发售的股票进行拍卖以确定最高发行价。
特权认购	直接附权发行	公司直接向现有股东发行新股。
	备用附权发行	同直接附权发行一样，该方法包含一份与现有股东关于特权认购的协议。募集资金净额由承销商予以保证。
非传统现金发行	上架现金发行	授权有资格的公司取得在未来两年内所有拟发行股票的许可，当需要时再发售它们。
	企业现金竞价发行	公司可以通过公开拍卖而非协商来选择如何给予承销合同。
私下发行		
	私下直接发行	将证券直接出售给购买者，购买者至少两年内不得再行出售。

18.4 承销商

假如公开发行证券是现金发行，通常要涉及**承销商**（underwriters）。证券承销对诸如高盛等大型投资公司来说是一项很重要的业务。承销商为发行公司提供如下服务：

1. 规划发行新证券的方式。
2. 定价新证券。
3. 销售新证券。

典型地，承销商以低于发行价的价格购买证券并承担不能全部销售的风险。承销商的购买价和发行价的差称为**价差**（spread）或者折扣。这是承销商获得的基本报酬。有时承销商除了价差，还获得认购权证（warrants）[①] 或者股票等形式的非现金报酬。

① 认购权证本质上是在未来某段时期以某一固定价格购买股票的选择权。

承销商组成的承销商团称为**辛迪加**（syndicate），用来分担风险和帮助销售证券。在一个辛迪加里，一个或者多个承销商安排发行。该承销商被指定为主承销商或者首席承销商。主承销商通常要负责对证券定价，辛迪加里的其他承销商主要负责发行事宜。

选择一家承销商

企业可以通过竞价发行（competitive offer）的方式，将证券出售给出价最高的承销商，也可以直接同承销商协商。多数情况下，公司通常按协商发行（negotiated offer）的方式发行债券和股票。

研究显示，竞价发行的发行成本要比协商发行的发行成本便宜，在美国却是协商发行占主流。随后我们将讨论其潜在原因。

承销类型

现金发行方式下的承销有三种基本类型：包销、代销和荷兰式拍卖承销。

包销 **包销**（firm commitment underwriting）方式下，发行公司将所有证券卖给承销商，承销商然后再试图卖出。这是在美国最受欢迎的承销类型。这实际上就是购买-转售的安排，承销商的酬金是买卖价差。对于多次发行股票来说，承销商通过观察市场价格确定应该向市场出售什么样的证券，多数这类新股发行都是包销。

如果承销商不能按协议的发行价出售所有证券，就不得不对未出售的股票进行降价。然而在包销方式下，发行公司得到按协议价确定的收入，所有出售证券的风险已经转移给承销商。

由于承销商通常是在已经调查清楚到底市场怎样接纳本次发行后才确定发行价，因此风险一般很小。另外，在销售开始前发行价通常还无法确定，发行者要到发行后才能准确知道发行净收入。

为了确定发行价，承销商会与潜在购买者会面，典型的潜在购买者是大型机构购买者，如共同基金。通常，承销商和公司的管理人员会在多个城市做汇报，以路演方式推销股票。潜在购买者提供他们愿意购买的价格信息和以特定价格采购的股票数目。这个向购买者征求价格和需求量信息的过程被称为询价圈购（bookbuilding）。正如我们将看到的，尽管存在询价圈购的过程，承销商还是经常错误定价。

代销 在**代销**（best efforts underwriting）中，承销商受到法律上的制约，必须尽最大努力按协商一致的发行价销售证券。此外，承销商对发行公司并不保证筹措资金的特定金额。近年来，这种形式的承销已经相当少见。包销是当前的主流形式。

荷兰式拍卖承销 在**荷兰式拍卖承销**（Dutch auction underwriting）下，承销商对拟发售股份不设定一个固定价格。相反，承销商向竞价购买的投资者举行拍卖会。发行价根据投标价来确定。荷兰式拍卖还因它另一个更具描述性的称呼“统一价格拍卖”（uniform price auction）而闻名。在IPO市场里向公众发售证券采用这一方法还相对较新，尚未广泛使用；不过，在债券市场已习以为常。例如，这是美国财政部向公众发售票据、债券和汇票的唯一方法。

理解荷兰式或者统一价格拍卖最好的方法就是考察一个简单的例子。假设 Rial 公司拟向公众出售 400 股股票。公司收到如下 5 份投标价：

投标商	数量	每股价格
A	100 股	$16
B	100 股	14
C	200 股	12
D	100 股	12
E	200 股	10

可见，投标商 A 愿意以每股 16 美元购买 100 股股票，投标商 B 愿意以每股 14 美元购买 100 股股票，其他以此类推。Rial 公司通过研究投标方案确定最高价格以保证 400 股能出售出去。比如以 14 美元的价格，A 和 B 只能购买 200 股，所以价格偏高。如此往下推，直至确定 12 美元的价格才能让 400 股股票全部出售，因此 12 美元就是 IPO 发行价。投标商 A 至 D 都会购买获得股票，而投标商 E 不会。

本例有两个要点需要格外关注：首先，所有胜出的投标商都按 12 美元的价格支付，尽管投标商 A 和 B 实际上标出了更高的价格。所有获胜的投标商都按相同价格支付的事实，就是“统一价格拍卖”名字的缘由。这种拍卖方式的思想是鼓励投标人激烈竞价，对标价太高提供适当保护。

其次，我们注意到在 12 美元的发行价下，实际上有 500 股竞买，超过 Rial 公司想要发售的 400 股。因此，必须按某种形式进行分配。可以有许多不同的分配方法，但在 IPO 市场中，分配方法只是简单地计算拟出售股份数除以发行价以上竞买股份数合计的比率，然后按此比率分配。本例中，该比率＝400/500＝0.8。换句话说，投标商 A 至 D 都能按 12 美元每股的价格分配到自己竞价购买数量 80％的股票。

绿鞋条款

许多承销合同包含一项**绿鞋条款**（Green Shoe provision），有时叫超额配售权（overallotment option），该条款给予承销团成员按照发行价增购证券的选择权。① 事实上，所有的 IPO 和 SEO 都包含该条款，但正常的债券发行一般不包含。绿鞋条款选择权是为了满足过多的需求和超额认购，通常延续 30 天左右，增购证券不得超过新发行证券的 15％。

后 市

新股首次发售给公众后的时期称为后市（aftermarket）。主承销商经常在新股发售后一段相对短的时期内“稳定”或者支撑市场价格，尤其在向市场出售 115％的股份时。如果后市股价上涨，承销商就会执行绿鞋条款选择权，购买额外的 15％股票。如

① 绿鞋条款听起来很奇异，但其起源相当普通。该词汇来自 1963 年首次运用该选择权的公司名字，叫绿鞋制造公司（Gree Shoe Manufacturing Company）。

果价格下跌，承销商就会进入二级市场，从二级市场购买股票以支撑股价。在后一种情况下，承销商让绿鞋条款选择权失效。① 例如，脸书在2012年5月上市时，主承销商摩根士丹利被迫介入并稳定股价。股票开盘价是每股42.05美元，但在股票开始交易1个小时内就跌到每股38美元。那时，摩根士丹利介入并开始购买股票以稳住每股38美元的股价。

锁定协议

虽然不是法定要求，但是几乎所有的承销合同都会包含**锁定协议**（lockup agreement）的条款。该条款明确内部持股人必须在IPO后多长时间才能出售他们的部分或全部股票。近年来锁定期变得相当标准化，一般是180天。所以，内部人士要在公司公开上市后6个月才能变现，这样确保他们在公司公开上市过程中保有巨大的经济利益。

锁定协议也十分重要，因为锁定期内的股票超过有时甚至是多倍于公众持有的股票，这并不罕见。锁定期到期那天，大量股票可能在同一天抛售，进而使市值下滑。证据表明，平均而言，风险资本支持的公司在锁定期到期日尤为可能承受价值损失。

静默期

在IPO后的40个日历天，SEC要求企业及其主承销商要执行一个静默期（quiet period）。这意味着，在此期间，和公众的沟通仅限于普通公告和其他纯事实事项。SEC的逻辑是所有相关的信息都必须包含在招股说明书里。这个要求的一个重要后果是承销商的分析师们禁止向投资者推荐股票。然而，静默期一旦结束，主承销商一般会立刻发表研究报告，通常推荐积极买入。

不遵守静默期规定的企业其IPO可能延迟。例如，谷歌临近IPO前，一篇对共同创始人谢尔盖·布林（Sergey Brin）和拉里·佩奇（Larry Page）的访谈出现在《花花公子》杂志上。这个访谈差点导致IPO推迟，好在谷歌及时修正了招股说明书（将该文章包括在内）。然而，2004年5月，Salesforce.com公司的IPO就被推迟了，因为一篇对公司CEO马克·贝尼奥夫（Marc Benioff）的访谈出现在《纽约时报》上。Salesforce.com公司最终在两个月后才获准上市。

18.5 IPO与抑价

承销商在首次公开发行中必须做的难度最大的事情是确定准确的发行价。发行价太高或者太低，发行企业都要面临潜在的成本。如果发行价偏高，IPO可能不成功，不得不撤回。如果发行价低于市场真实价值，当按低于它们的真实价值出售股票时，发行公司的现有股东将遭受机会成本损失。

---

① 承销商停止支撑股价时，证券市场价格会急剧下跌。在这种情形下，华尔街幽默家（不购买任何股票的某些人）把二级市场（aftermarket）之后的这段时期称为余波（aftermath）。

抑价（underpricing）是相当普遍的。显然，它能帮新股东在他们购买的股票上获得一个较高的收益率。然而，抑价对发行公司的现有股东没有什么帮助。对它们而言，这是发行新证券的间接成本。以 2015 年 6 月 26 日 Seres 公司的 IPO 为例。Seres 是一家生物制药公司，以每股 18 美元的价格出售了大约 740 万股股票。开盘当天收盘时股价飙升至每股 51.4 美元，涨幅达 185%。从这些数字可以看出，Seres 公司每股抑价大约 33.4 美元，这意味着公司大概失去了额外的 2.482 亿美元，对于仅筹集了 1.337 亿美元的公司而言，这是一笔巨款。

荷兰式拍卖应该能消除这类首日交易价格的“暴涨”。然而，正如我们前面所讨论的，谷歌在荷兰式拍卖 IPO 中以每股 85 美元发售 1 960 万股股票。然而，上市首日股价收盘 100.34 美元，涨幅达 18%，所以谷歌也失去了额外的 3 亿美元。

另一笔“留在桌上”的大额损失发生在 1999 年。当时 eToys 公开上市，发售 820 万股股票。股价在上市当天比发行价飙升了 57 美元，这意味着 eToys 将大约 5 亿美元扔在了桌上！eToys 本可以筹措到这笔资金。不到 2 年后，该公司申请破产。2002 年 5 月，这家公司起诉主承销商，声称发行价被故意压低了。

当然，并非所有 IPO 在上市首日的股价都上涨。2006 年 5 月 24 日，提供网络 IP 电话服务的 Vonage Holdings 公司公开上市。公司以每股 17 美元的价格向公众发售 3 130 万股股票。遗憾的是，对股东而言股价以 14.85 美元收盘，几乎损失 13%。对 Vonage 公司而言，问题远未结束。在 IPO 中，Vonage 公司采取了不同寻常的步骤，允许其客户购买 420 万股股票，然而公开发行后，很多客户拒绝付款购买原先要求购买的股数。而 Vonage 公司已按客户拟购买的股数向承销商保证佣金，所以公司还得为此承担责任。

抑价的证据

图 18－5 描述了较常见的抑价现象，显示了在 SEC 注册登记的 IPO 逐月抑价的历史情况。[①] 时间段为 1960—2015 年。图 18－6 展示了同样一段时期内逐月的公开发行数量。

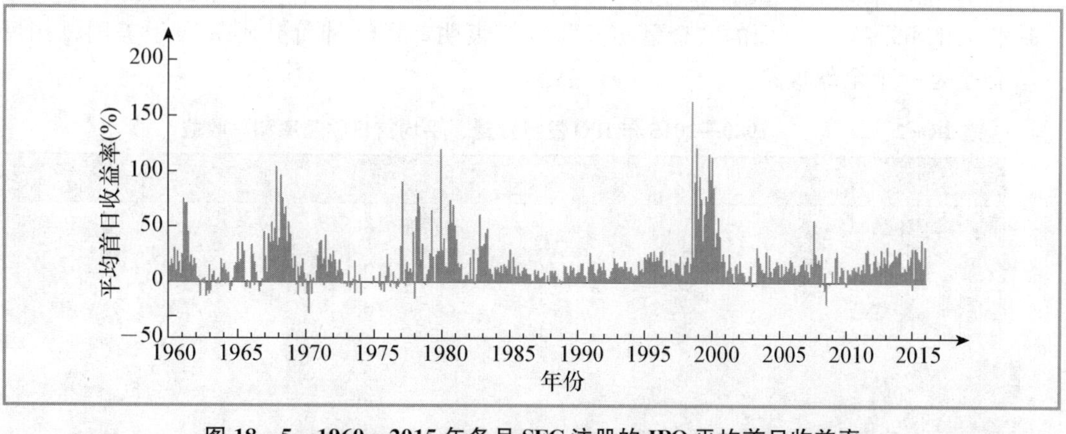

图 18－5 1960—2015 年各月 SEC 注册的 IPO 平均首日收益率

资料来源：R. G. Ibbotson，J. L. Sindelar，and J. R. Ritter，“The Market's Problems with the Pricing of Initial Public Offerings，” *Journal of Applied Corporate Finance* 7（Spring 1994）. 作者对数据进行了更新。

---

① 本节的讨论来自 Jay R. Ritter，“Initial Public Offerings，” *Contemporary Finance Digest* 2（Spring 1998）。

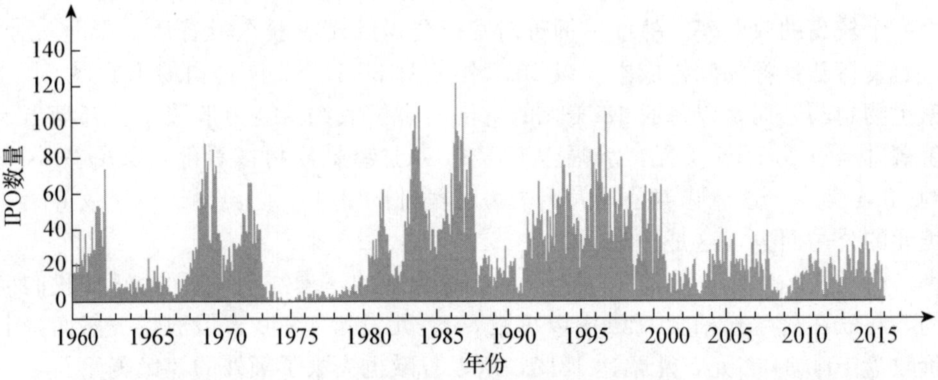

图 18-6 SEC注册的IPO每月发行数量：1960—2015年

资料来源：R. G. Ibbotson, J. L. Sindelar, and J. R. Ritter, "The Market's Problems with the Pricing of Initial Public Offerings," *Journal of Applied Corporate Finance* 7 (Spring 1994). 作者对数据进行了更新。

图18-5显示，抑价非常引人注目，在某些月份甚至超过100%。在这些月份里，IPO平均增加两倍多，有时就是几个小时的事。此外，抑价的程度随时间变化，严重抑价（"热销"市场）一段时期后伴随的是轻度抑价（"冷销"市场）。例如，20世纪80年代，IPO平均抑价7.3%。1990—2000年，IPO平均抑价64.5%；2000—2015年，IPO平均抑价21.3%。

从图18-6可以看出，IPO的数量也明显随时间剧烈波动，而且抑价的程度和IPO的数量存在明显的周期性。对比图18-5和图18-6，我们发现严重抑价时期过后6～12个月，新股发行数量倾向于增加。这是有可能的，因为当察觉市场容易接纳新股发行时，很多公司决定公开上市。

表18-2归纳出1980—2015年逐年的IPO情况。如表所示，该分析涵盖总计8 712家公司。在36年的考察期里，平均抑价的程度是17.2%。这段时期中抑价最低的是1984年，市值上升2.8%。另外一个极端是，在1999年有486家公司抑价，平均达到惊人的69.7%。下面的"金融实务"专栏表明，IPO抑价并不局限于美国；相反，它似乎是一个全球现象。

表18-2 1980—2015年IPO发行数量、平均首日收益率和总收益

年份	发行数量*	平均首日收益率（%）†	总收益（百万美元）‡
1980	75	13.9	934
1981	196	6.2	2 367
1982	80	10.5	1 014
1983	524	8.9	11 370
1984	218	2.8	2 622
1985	218	6.5	4 964
1986	477	6.1	15 938
1987	336	5.7	12 481
1988	129	5.4	3 922

续前表

年份	发行数量*	平均首日收益率（%）†	总收益（百万美元）‡
1989	122	7.8	5 308
1990	116	10.4	4 334
1991	293	11.8	16 431
1992	416	10.2	22 750
1993	527	12.7	31 756
1994	411	9.8	17 493
1995	464	21.1	29 511
1996	690	17.3	42 481
1997	486	13.9	32 559
1998	316	20.3	34 465
1999	486	69.7	64 913
2000	382	56.2	64 876
2001	79	14.2	34 241
2002	70	8.6	22 136
2003	68	11.9	10 075
2004	183	12.3	31 927
2005	168	10.1	28 593
2006	162	11.9	30 648
2007	160	14.0	35 704
2008	21	5.7	22 762
2009	43	10.6	13 307
2010	100	9.2	30 708
2011	82	13.2	27 750
2012	105	17.1	32 074
2013	162	20.9	39 093
2014	225	14.9	47 040
2015	124	17.7	22 157
1980—1989	2 375	6.9	60 380
1990—1999	4 205	21.0	296 693
2000—2015	2 132	21.3	492 923
1980—2015	8 712	17.2	849 996

* 发行数量不包括发行价低于每股5美元的IPO、美国存托凭证（ADRs）、代销、按规章A（Regulation A）的发行（小规模发行，20世纪80年代筹资少于150万美元）、房地产投资信托、合伙制企业和封闭式基金；包括银行、信用储蓄社和不在芝加哥大学证券价格研究中心数据库中（non-CRSP-listed）的IPO。

† 首日收益率计算为市场收盘价对发行价的增减百分比。

‡ 总收益数据来自 Securities Data 公司，不考虑超额配售选择和国际配售部分。未考虑通货膨胀调整。

资料来源：Professor Jay R. Ritter，University of Florida.

金融实务

全球 IPO 抑价

美国并不是普通股股票 IPO 被抑价的唯一国家。虽然抑价的程度因国家而异，但是这一现象存在于每个国家或地区的股票市场。

通常来说，发达资本市场的抑价比新兴市场温和。然而，1999—2000 年网络泡沫期间，发达资本市场的抑价程度戏剧性地提高。例如，在美国，1999—2000 年平均首日收益率是 65%。发达资本市场的抑价程度增加，而同期中国的 IPO 抑价却变得相对温和。中国平均首日收益率下降至 114%，低于 20 世纪 90 年代初期和中期。2000 年网络泡沫破灭之后，美国、德国和其他发达资本市场的 IPO 抑价回归到更传统的水平。

表 18-3 归纳了全球许多国家或地区的 IPO 平均首日收益率。这些数字摘自不同作者的一些文章。

全球部分国家或地区 IPO 首日平均收益率

国家或地区	样本规模	期间	平均首日收益率
阿根廷	26	1991—2013	4.2%
澳大利亚	1 562	1976—2011	21.8
奥地利	103	1971—2013	6.4
比利时	114	1984—2006	13.5
巴西	275	1979—2011	33.1
保加利亚	9	2004—2007	36.5
加拿大	720	1971—2013	6.5
智利	81	1982—2013	7.4
中国	2 637	1990—2014	113.5
塞浦路斯	73	1997—2012	20.3
丹麦	164	1984—2011	7.4
埃及	62	1990—2010	10.4
芬兰	168	1971—2013	16.9
法国	697	1983—2010	10.5
德国	779	1978—2014	23.0
希腊	373	1976—2013	50.8
韩国	1 758	1980—2014	58.8
马来西亚	474	1980—2013	56.2
毛里求斯	40	1989—2005	15.2
墨西哥	123	1987—2012	11.6
荷兰	181	1982—2006	10.2
新西兰	242	1979—2013	18.6
尼日利亚	122	1989—2013	13.1
挪威	209	1984—2013	8.1
菲律宾	155	1987—2013	18.1
波兰	309	1991—2014	12.7
葡萄牙	32	1992—2013	11.9
俄罗斯	64	1999—2013	3.3
沙特阿拉伯	80	2003—2011	239.8
新加坡	609	1973—2013	25.8
南非	316	1980—2013	17.4
西班牙	143	1986—2013	10.3
斯里兰卡	105	1987—2008	33.5
印度	2 983	1990—2014	88.0
印度尼西亚	464	1990—2014	24.9
伊朗	279	1991—2004	22.4
爱尔兰	38	1991—2013	21.6
以色列	348	1990—2006	13.8
意大利	312	1985—2013	15.2
日本	3 313	1970—2014	42.8
约旦	53	1999—2008	149.0
瑞典	374	1980—2011	27.2
瑞士	164	1983—2013	27.3
泰国	500	1987—2012	35.1
土耳其	404	1990—2014	9.6
英国	4 932	1959—2012	16.0
美国	12 702	1960—2014	16.9

资料来源：Professor Jay R. Ritter，University of Florida.

IPO 抑价：1999—2000 年的实践

表 18-2 以及图 18-2 和图 18-3 表明，1999—2000 年是 IPO 市场极其不平常的年份。大约 900 家公司上市，这两年的平均首日收益率达到约 65%。其中，194 家公司的

IPO 首日收益率翻倍甚至更多。形成鲜明对比的是，此前的 24 年里总计只有 39 家如此。一家名为 VA Linux 的公司，其首日收益率竟然暴涨至 698%！

2000 年筹措的资金达到 651 亿美元，超过 1999 年的 649 亿美元，创下了一个新的纪录。1999 年抑价非常厉害，"留在桌上"的财富达到 370 亿美元，这个金额比 1990—1998 年的合计还要多；2000 年这个金额至少是 300 亿美元。换句话说，在这两年里，公司因为抑价失去了 670 亿美元。

1999 年 10 月 19 日是这段时期中让人难以忘记的一个日子。The World Wrestling Federation（WWF）（现在名为 World Wrestling Entertainment，WWE）和 Martha Steward Omnimedia 公司同时公开上市。所以 Martha Steward 单挑"Stone Cold" Steve Austin 成为 MTV《名人大乱斗》(*Celebrity Deathmatch*）的华尔街版本。当股市收盘铃响时，对决结果为：Martha Steward 的首日收益率为 98%，超出了 WWF 的 48%。

2001 年 IPO 市场冷却下来。现在很多观察家把 1999—2000 年这段时期称为网络泡沫时期。"泡沫"一词在金融语境中指价格哄抬至非理性、不稳定水平的状态。例如，1999 年公开上市的 323 家公司都被视为互联网 IPO，这意味着这些公司的大多数（或者全部）业务都在互联网上，或者说公司的产品应用于电脑或者互联网。到 2001 年 4 月，1999 年的互联网 IPO 只有 12 家，即 4%的公司是在高于发行价的价格上交易；只有 4 家，即 1%的公司是在高于收盘价的价格上交易。这真的是泡沫吗？让我们姑且这么说吧，至少存在估值很难与经济现实一致的事实。

为什么存在抑价

基于前面讨论的证据，一个明显的问题是为什么抑价持续存在。在我们的讨论中会有各种各样的解释，但是直到今天哪个才是正确的解释，学者们仍然缺乏共识。

我们通过强调前面讨论中的两个重要注意事项来说明抑价之谜。首先，我们考察的这些数字易于混淆如下事实，即多数抑价明显集中在规模小、更高投机的发行中。这一点可从表 18-3 看出，它揭示了 1980—2015 年超过 8 700 家企业的抑价程度。这里，企业是按 IPO 前 12 个月的销售额排序分组的。

表 18-3　　按规模归类的 IPO 平均首日收益率：1980—2015 年*

发行企业的年销售额	1980—1989 年		1990—1998 年		1999—2000 年		2001—2015 年	
	企业数量	平均首日收益率	企业数量	平均首日收益率	企业数量	平均首日收益率	企业数量	平均首日收益率
[0，10)	420	10.3%	741	17.2%	331	68.9%	316	10.1%
[10，20)	243	8.7	393	18.7	138	81.4	71	14.0
[20，50)	500	7.8	791	18.8	155	75.0	205	14.6
[50，100)	356	6.3	589	12.9	87	61.8	264	20.5
[100，200)	234	5.1	454	11.8	56	35.8	224	17.0
[200，+∞)	290	3.4	645	8.7	91	25.0	584	11.6
合计	2 043	7.3	3 613	14.8	858	64.5	1 664	13.9

* 销售额按百万美元计，是指公开上市前 12 个月的销售收入。所有的销售收入数据都已利用消费者价格指数按 2003 年的购买力换算。共计 7 346 次 IPO，剔除了发行价低于每股 5 美元的 IPO，房地产投资信托，美国存托凭证，封闭式基金，银行、信用储蓄社，因发行不满 6 个月而不在芝加哥大学证券价格研究中心数据库中的企业，以及销售数据缺失的 146 家企业。平均首日收益率是 18.1%。

资料来源：Professor Jay R. Ritter，University of Florida.

从表18-3可发现一种趋势：IPO前销售额相对较小的企业抑价更明显。这些企业常是年轻企业，而年轻企业通常是高风险的。按理说，平均而言，必须有显著抑价才足以吸引投资者。这是抑价现象的解释之一。

其次，第二个注意事项是相对较少的IPO购买者能获得高平均收益，事实上很多购买者是赔钱的。尽管IPO平均而言有正收益率是事实，但是相当部分IPO的股价也会下跌。而且当发行价很低时，发行通常是"超额认购"。这意味着很多投资者无法按自己想要的数量购买到所有股票；承销商只能在投资者中分配股票。

投资者很难在"成功"的发行中（股价上涨的情况）获得想要的股份，因为那时股份不够每个人分。另一方面，投资者在跌价发行时会盲目地申购过量的股票。

为解释清楚，我们考虑两个投资者的故事。当Bonanza公司发行股票的时候，史密斯小姐准确知道公司的真实价值。她确信股票定价偏低。琼斯先生只知道IPO通常定价偏低。琼斯利用这个资讯，决定每次IPO都申购1 000股。他真能在IPO中获得异常高的收益率吗?

答案是不能，至少一个原因是史密斯。因为史密斯知晓Bonanza公司，她会将所有钱投入这次IPO中。当发行超额认购时，承销商只能按某种方式在琼斯和史密斯之间分配。结果是当发行定价偏低时，琼斯无法申购到他想要的股票数量。

史密斯还清楚Blue Sky公司的IPO定价偏高。在本次发行中，她会避开这次申购，而琼斯最后将获得1 000股。总结这个故事，当更精明的投资者对申购定价偏低的股票蜂拥而至时，琼斯只能获得少量股份；而当定价偏高时，聪明的资金回避申购，琼斯就能获得所有他想要的股票。

这一现象称为赢家的诅咒。这是IPO有如此高的平均收益率的另一个原因。普通投资者赢得了头彩，获得了整个分配，可能是因为那些知情的投资者回避了本次发行。为了对付赢家的诅咒，吸引更多的普通投资者，承销商唯一能做的就是折价发行（平均而言），这样普通投资者仍然能获得一定的利润。

抑价的最后一个原因是：对投资银行来说，抑价可视作某种形式的保险。可以想象的是，如果投资者总是申购到定价偏高的证券，愤怒的投资者必然会起诉投资银行。抑价至少平均而言保证了投资者会"最终盈利"。①

局部调整现象

在企业向SEC递交股票申请上市注册登记书的过程中，它会表明所期望的股票价格区间。这个区间被称为"询价区间"。10～12美元是常见的询价区间，但是也有很多例外。例如，我们在开篇故事中提到的Fitbit公司2015年6月2日进行IPO，预期最高价格是16美元。

在向投资者销售公司股票之前，需要确定最终的IPO价格。正如表18-4的A部

① 有些研究者假设个体投资者的狂热和乐观可解释高首日收益率（例如，Jay Ritter and Ivo Welch, "A Review of IPO Activity, Pricing and Allocation," *Journal of Finance* 57, pp. 1795-1828）。还可以参见Francesca Cornelli, David Goldreich, and Alexander Ljungqvist, "Investor Sentiment and Pre-IPO Markets," *Journal of Finance* (June 2006), pp. 1187-1216。此外，Gerard Hoberg, "The Underwriter Persistence Phenomenon," *Journal of Finance* (June 2007), pp. 1169-1206中总结道，高抑价的承销商并非"虚报低价"的发行商，而是能获取优势信息并利用这一优势。

分所示，发行价可以高于、位于或者低于公司最初制定的价格区间。1980—2015 年，48%的 IPO 位于询价区间，29%低于询价区间，23%高于询价区间。

表 18-4 的 B 部分阐述了一个有趣而清晰的特征。当发行价高于询价区间时，IPO 抑价程度更为严重。1980—2015 年，发行价高于询价区间的 IPO 平均抑价 50%，而发行价低于询价区间的 IPO 平均抑价仅为 3%。1999—2000 年的数据也进一步证实了以上观点。高于询价区间的发行平均抑价高达 121%。

表 18-4　　IPO 抑价和询价区间

A：相对于询价区间的 IPO 比例			
期间	低于	位于	高于
1980—1989 年	30%	57%	13%
1990—1998 年	27	49	24
1999—2000 年	18	38	44
2001—2015 年	36	42	22
1980—2015 年	29	48	23
B：相对于询价区间的平均首日收益率			
期间	低于	位于	高于
1980—1989 年	0%	6%	20%
1990—1998 年	4	11	31
1999—2000 年	8	26	121
2001—2015 年	3	11	36
1980—2015 年	3	11	50

这个特征被称为“局部调整”现象。命名源于以下事实：企业提高 IPO 价格时仅提高一小部分，即它们不会把价格提得足够高。例如，在 Fitbit 公司的案例中，最终发行价是 20 美元，比最初的最高价高出 25%，股价在首个交易日飙升了 48%。

为什么会存在局部调整现象？答案尚未可知。这个问题与为什么存在 IPO 抑价这个更为广泛的问题密切相关，我们接下来会进一步探究。

18.6 CFO 对 IPO 流程的看法

企业在一次 IPO 中完成了两件重要的事情，即筹资和成为一家公开上市的公司。企业公开上市的两个最大好处是筹资能力更强和股东分散化投资能力提升。在美国成为一家公开上市的公司代价很大。我们已经介绍过 SEC 监管的法定信息披露要求以及纽约证券交易所和纳斯达克的上市要求。近期，还有《萨班斯-奥克斯利法案》对公司治理可靠性的要求。

2000—2002 年，大量刚公开上市企业的 CFO 被调查他们所在企业的上市动机。图 18-7 描绘了他们的回答。引用最多的理由是公开上市后的公开股份可用于未来的兼并以及实现企业价格/价值的市场化。多元化也被视为动机之一。

研究还调查了他们对 IPO 抑价的看法。图 18-8 是调查结果。关于 IPO 抑价引用最多的理由是补偿投资者承担 IPO 的风险，接着是增加股票发行后交易量。这些理由同我们的故事，即史密斯小姐和琼斯先生以及承销风险的故事是一致的。不过，他们还表明企业质量和后市的流动性也重要。

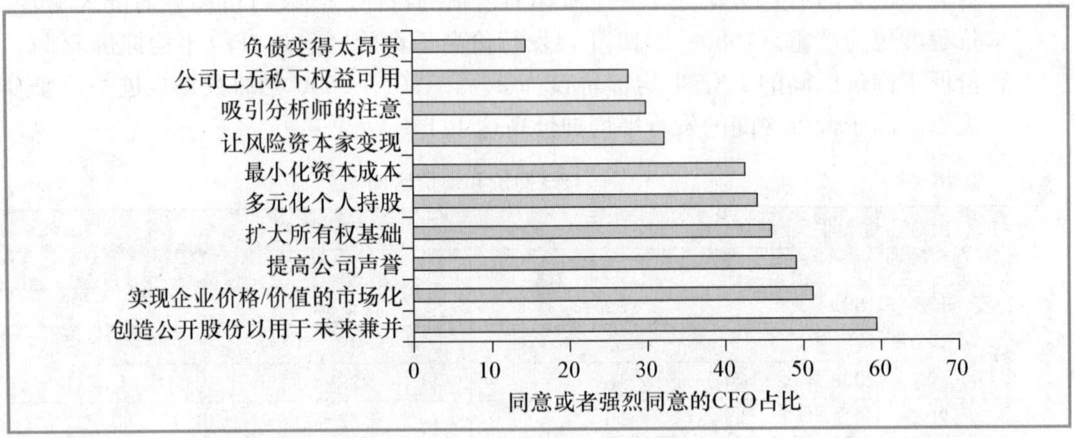

图 18-7　公开上市动机的调查证据

资料来源：James C. Baum and Stanley E. Fawcett, "Evidence on What CFOs Think about the IPO Process: Practice, Theory and Managerial Implications," *Journal of Applied Corporate Finance* 18 (2006).

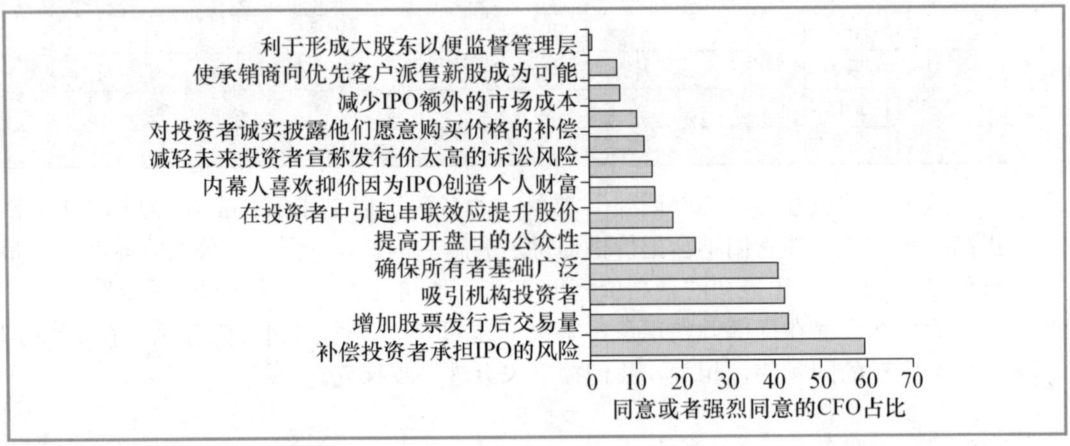

图 18-8　CFO 对 IPO 抑价的看法

资料来源：James C. Baum and Stanley E. Fawcett, "Evidence on What CFOs Think about the IPO Process: Practice, Theory and Managerial Implications," *Journal of Applied Corporate Finance* 18 (2006).

18.7 CEO 和企业价值

现在转而考察股权再融资。早前我们讨论过股权再融资，它是指已经有发行在外证券的企业的股票发行。当研究过所有正净现值项目后，公司才会安排新的长期融资。这看起来合情合理。因此，当公司宣布外部融资时，企业的市场价值应该提高。有趣的是，事实并非如此。虽然公司宣告发行债券时股价波动不大，但是当公司发布新增股票发行公告时，股价往往下跌。很多学者已经研究了这个问题。一些貌似可信的理由如下：

1. 管理层信息。如果管理层对企业价值拥有优势信息，他们或许知道什么时候企业价值被高估。倘若如此，管理层会在企业价值超过真实价值时尝试发行新股。这会使现有股东获益。然而，潜在的新股东也不是傻瓜，他们会推断出管理层所拥有的优势信息，因此，他们会通过降低新股发行日的市场价格使得新股发行价低一些。

2. 债务运用。公司发行新股可能表明公司目前债务太多或者流动性太差。该论断的一个版本指出，股票发行对市场来说是一个糟糕信号。毕竟，如果新投资项目很好，为什么企业要让新股东分享呢？这时公司应该发行债券，只让现有股东享受所有的收益。

3. 发行成本。我们随后就将讨论，发行证券的成本巨大。

发行新股公告后现有股票价值的下跌就是发行证券间接成本的例子。对于工业企业，这一下跌一般为3%，对公用事业公司会相对小些，因此，对于一家大型公司而言，这意味着很大的一笔钱。我们将这一跌幅称为“异常收益率”(abnormal return)，用于随后讨论新股发行成本。

18.8 发行证券的成本

向公众发行证券不是免费的，成本是决定采用哪种方式的重要因素。发行证券相关的成本一般称为发行成本(flotation costs)。在本节，我们深入探讨向公众发行股票的相关成本。

发行股票的成本归类在下表，共分为六类：(1) 价差；(2) 其他直接费用；(3) 间接费用；(4) 异常收益率(前面讨论过)；(5) 折价；(6) 绿鞋条款选择权。

发行证券的成本	
1. 价差	价差包括发行公司付给承销辛迪加的直接费用——发行人得到的价与公开发行价之间的差额。
2. 其他直接费用	指发行人发生的不属于给承销商报酬的那部分开销。包括申请费、律师费和税收——所有这些费用都在招股说明书里予以公布。
3. 间接费用	不在招股说明书里反映的费用，包括管理层用于新股发行的时间成本。
4. 异常收益率	股票多次发行时，在发行公告日股价平均要下跌3%。这一跌幅称为异常收益率。
5. 折价	对于首次公开发行，低于真实价值发售股票的损失。
6. 绿鞋条款选择权	绿鞋条款选择权给予承销商按发行价买入追加股票以补偿股票超额分配的权利。

表18-5报告了1990—2008年的19年间IPO，SEO，直接发行(普通)债券和可转换债券直接成本占筹资额的百分比。这里仅仅指直接成本，不包括间接费用、绿鞋条款、折价(对IPO而言)和异常收益率(对SEO而言)。

如表18-5所示，仅直接成本就很大，尤其对小额(少于1 000万美元)发行而言。例如，对于小型IPO，总直接成本占到筹资额的25.22%。这意味着，如果一家公司出售1 000万美元的股票，净筹资额仅为750万美元；其他250万美元是承销商价差和其他直接费用。典型的IPO承销商价差从大型IPO差不多占5%到小型IPO差不多占10%；表18-5里有一半的IPO价差却是7%。也就是说这是目前最常见的价差。后面的“金融实务”专栏列出了某一特定公司的详细费用清单。

表 18-5　美国国内运营公司发行普通债券、可转换债券、IPO 和 SEO 中直接成本占募集资金的比重：1990—2008 年

募集资金（百万美元）	IPO				SEO			
	发行数量	总价差	其他直接费用	总直接成本	发行数量	总价差	其他直接费用	总直接成本
2.00～9.99	1 007	9.40%	15.82%	25.22%	515	8.11%	26.99%	35.11%
10.00～19.99	810	7.39	7.30	14.69	726	6.11	7.76	13.86
20.00～39.99	1 422	6.96	7.06	14.03	1 393	5.44	4.10	9.54
40.00～59.99	880	6.89	2.87	9.77	1 129	5.03	8.93	13.96
60.00～79.99	522	6.79	2.16	8.94	841	4.88	1.98	6.85
80.00～99.99	327	6.71	1.84	8.55	536	4.67	2.05	6.72
100.00～199.99	702	6.39	1.57	7.96	1 372	4.34	0.89	5.23
200.00～499.99	440	5.81	1.03	6.84	811	3.72	1.22	4.94
500.00（含）以上	155	5.01	0.49	5.50	264	3.10	0.27	3.37
合计/平均	6 265	7.19	3.18	10.37	7 587	5.02	2.68	7.69

募集资金（百万美元）	普通债券				可转换债券			
	发行数量	总价差	其他直接费用	总直接成本	发行数量	总价差	其他直接费用	总直接成本
2.00～9.99	3 962	1.64	2.40	4.03	14	6.39	3.43	9.82
10.00～19.99	3 400	1.50	1.71	3.20	23	5.52	3.09	8.61
20.00～39.99	2 690	1.25	0.92	2.17	30	4.63	1.67	6.30
40.00～59.99	3 345	0.81	0.79	1.59	35	3.49	1.04	4.54
60.00～79.99	891	1.65	0.80	2.44	60	2.79	0.62	3.41
80.00～99.99	465	1.41	0.57	1.98	16	2.30	0.62	2.92
100.00～199.99	4 949	1.61	0.52	2.14	82	2.66	0.42	3.08
200.00～499.99	3 305	1.38	0.33	1.71	46	2.65	0.33	2.99
500.00（含）以上	1 261	0.61	0.15	0.76	7	2.16	0.13	2.29
合计/平均	24 268	1.38	0.61	2.00	313	3.07	0.85	3.92

资料来源：Inmoo Lee，Scott Lochhead，Jay Ritter，and Quanshui Zhao，“The Costs of Raising Capital，” *Journal of Financial Research* 1（Spring 1996）．作者对数据进行了计算和更新。

总之，从表 18-5 可看出四个明显的特征：首先，除了直接的债券发行（我们将在后面更多讨论），规模经济效益较大。对大型发行而言，承销商价差较小，当筹资金额增加时，其他直接成本占比急剧下降，反映出这类成本多数具有固定的性质。其次，发售债券的成本比发售股票小得多。再次，IPO 比 SEO 的费用更高，但两者之差不像原先想象的那么大。最后，发行普通债券比发行可转换债券的成本低。

我们已经讨论，IPO 抑价对发行者来说是一项额外的成本。为对公开上市的总成本有一个更好的理解，表 18-6 合并了表 18-5 的 IPO 信息和这些企业经受的抑价信息。将总直接成本（第 5 栏）和抑价程度（第 6 栏）进行比较，我们发现：在不同的发行规模上，这两项成本基本相似，所以直接成本仅占到小额发行总成本的一半左右。综合所有规模的组别来看，总直接成本占到募集资金的 10%，抑价占到 19%。

表 18-6 IPO 中直接成本和间接成本所占比重：1990—2008 年

募集资金（百万美元）	发行数量	总价差	其他直接费用	总直接成本	抑价程度
2.00～9.99	1 007	9.40%	15.82%	25.22%	20.42%
10.00～19.99	810	7.39	7.30	14.69	10.33
20.00～39.99	1 422	6.96	7.06	14.03	17.03
40.00～59.99	880	6.89	2.87	9.77	28.26
60.00～79.99	522	6.79	2.16	8.94	28.36
80.00～99.99	327	6.71	1.84	8.55	32.92
100.00～199.99	702	6.39	1.57	7.96	21.55
200.00～499.99	440	5.81	1.03	6.84	6.19
500（含）以上	155	5.01	0.49	5.50	6.64
合计/平均	6 265	7.19	3.18	10.37	19.34

资料来源：Inmoo Lee，Scott Lochhead，Jay Ritter，and Quanshui Zhao，"The Costs of Raising Capital，" *Journal of Financial Research* 1（Spring 1996）. 作者对数据进行了计算和更新。

最后，债券的发行成本列示在表 18-5 中。第 5 章曾提到，债券有不同的信用等级。信用等级高的债券称为投资级债券；而信用等级低的债券称为非投资级债券。表 18-7 列示了区分投资级和非投资级后的债券发行直接成本的分解。

表 18-7 国内债券发行的平均总价差和总直接成本：1990—2008 年

筹集资金（百万美元）	可转换债券							
	投资级债券				垃圾债券或非投资级债券			
	发行数量	总价差	其他直接费用	总直接成本	发行数量	总价差	其他直接费用	总直接成本
2.00～9.99	—	—	—	—	14	6.39%	3.43%	9.82%
10.00～19.99	1	14.12%	1.87%	15.98%	23	5.52	3.09	8.61
20.00～39.99	—	—	—	—	30	4.63	1.67	6.30
40.00～59.99	3	1.92	0.51	2.43	35	3.49	1.04	4.54
60.00～79.99	6	1.65	0.44	2.09	60	2.79	0.62	3.41
80.00～99.99	4	0.89	0.27	1.16	16	2.30	0.62	2.92
100.00～199.99	27	2.22	0.33	2.55	82	2.66	0.42	3.08
200.00～499.99	27	2.03	0.19	2.22	46	2.65	0.33	2.99
500.00（含）以上	11	1.94	0.13	2.06	7	2.16	0.13	2.29
合计/平均	79	2.15	0.29	2.44	313	3.31	0.98	4.29

筹集资金（百万美元）	普通债券							
	投资级债券				垃圾债券或非投资级债券			
	发行数量	总价差	其他直接费用	总直接成本	发行数量	总价差	其他直接费用	总直接成本
2.00～9.99	2 709	0.62%	1.28%	1.90%	1 253	2.77%	2.50%	5.27%
10.00～19.99	2 564	0.59	1.17	1.76	836	3.15	1.97	5.12
20.00～39.99	2 400	0.63	0.74	1.37	290	3.07	1.13	4.20
40.00～59.99	3 146	0.40	0.52	0.92	199	2.93	1.20	4.14
60.00～79.99	792	0.58	0.38	0.96	99	3.12	1.16	4.28
80.00～99.99	385	0.66	0.29	0.96	80	2.73	0.93	3.66
100.00～199.99	4 427	0.54	0.25	0.79	522	2.73	0.68	3.41
200.00～499.99	3 031	0.52	0.25	0.76	274	2.59	0.39	2.98
500.00（含）以上	1 207	0.31	0.08	0.39	54	2.38	0.25	2.63
合计/平均	20 661	0.52	0.35	0.87	3 607	2.76	0.81	3.57

资料来源：Inmoo Lee，Scott Lochhead，Jay Ritter，and Quanshui Zhao，"The Costs of Raising Capital，" *Journal of Financial Research* 1（Spring 1996）. 作者对数据进行了计算和更新。

表18-7澄清了债券发行的三件事。首先，这里也存在明显的规模经济效益。其次，发行投资级债券的直接成本低得多，尤其对发行普通债券而言。最后，在发行规模较小组别里非投资级债券发行相对较少，反映出这类发行经常采用私下发行的方式处理。

金融实务

IPO解剖

云协作平台Box公司于2015年1月23日通过IPO公开上市。Box公司以每股14美元的价格发行1 250万股。此次IPO的主要承销商是摩根士丹利、瑞士信贷和摩根大通，由另外5家投资银行组成的银团提供协助。

尽管IPO筹资总额是17 500万美元，但是Box公司扣除各项费用后只能拿到大概15 755万美元。最大的一笔费用是承销商价差7%，这是这类规模股票发行的正常标准。Box公司以每股13.02美元出售1 250万股给承销商，承销商再将股票按每股14美元发售给公众。

等一等，还有更多的费用。Box公司支付给SEC 21 715美元注册费、美国金融业监管局28 532美元申请费用和纽约证券交易所25万美元上市费。公司还花费了185万美元律师费、217.3万美元必要审计费、2 500美元过户代理费和股东清单费用、40万美元打印和印刷费用，以及474 253美元各种五花八门的费用。

Box公司的发行费用告诉我们：IPO代价高昂！最后，Box公司的发行费用总计达到1 745万美元，其中承销商收取了1 225万美元，其他相关各方共收取了520万美元。Box公司的IPO总成本是发行收入的11%。

18.9 权　证

当向社会公众发行新普通股时，现有股东所有权比例可能降低。然而，如果企业章程条款包含优先认股权，企业必须优先向现有股东出售新发行的普通股。这样可以确保每个所有者保持其持股比例不变。

向现有股东发行普通股股票称为附权发行（rights offering）。此时，授予每位股东一种可以在确定的时间里按确定的价格从公司买入确定数量新股的选择权，这种选择权过期即失效。例如，一家公司的股票现价为每股20美元，其现有股东可在两个月内以每股10美元的价格购入一定数量的股票。选择权的条件由所谓的股票认股权证（share warrants）或权证（rights）等证书予以证明。该种权证经常在证券交易所或场外进行交易。

附权发行的机理

财务经理在附权发行中面临的多方面考虑可从National Power公司的情形中得到说明，表18-8是公司最初的财务报表。

表 18-8　附权发行前的财务报表

National Power 公司 资产负债表和利润表			
资产负债表			
资产		所有者权益	
		普通股	$ 10 000 000
		留存收益	10 000 000
合计	$ 20 000 000	合计	$ 20 000 000
利润表			
税前利润	$ 3 030 303		
所得税（34%）	1 030 303		
净利润	$ 2 000 000		
每股收益	$ 2		
流通在外股票数	1 000 000		
每股市场价格	$ 20		
总市值	20 000 000		

National Power 公司的净利润是 200 万美元，发行在外流通股为 100 万股。每股收益是 2 美元，股票按 10 倍于利润（即市盈率是 10 倍）的价格出售。因此每股市场价格是 20 美元。公司打算通过附权发行筹集 500 万美元新的权益资本。

附权发行的过程不同于发行新股筹集资金的过程。现有股东收到通知，他们持有的每一股都被授予一份权证。当股东把款项支付给企业认购代理商（通常是银行）并归还了必要的权证数量时，就执行了选择权。National Power 公司有几个选择：(1) 认购名下全部股票；(2) 下单出售所有权证；(3) 什么都不做，让权证过期失效。

National Power 公司的财务管理者必须回答以下问题：

1. 现有股东应按照什么价格购买每一股新股？
2. 购买每股股票需要多少份权证？
3. 附权发行对股票现价会有什么影响？

认购价格

认购价格（subscription price）是指在附权发行中允许现有股东购买一股股票的价格。理性的股东只有在权证到期日认购价格低于股票市价的情况下才会认购附权发行的股票。例如，如果到期日股价是每股 13 美元，而认购价是每股 15 美元，那么没有一个理性的股东会认购。为什么要花 15 美元来买只值 13 美元的东西呢？National Power 公司选择每股 10 美元，这个价格远低于市场现价每股 20 美元。只要市价在到期日前不跌掉一半，附权发行就能成功。

购买一股股票所需权证数量

National Power 公司想要发行新股筹资 500 万美元。给定认购价格是每股 10 美元，需要发行 500 000 股新股。这个数据可以通过拟筹资总额除以认购价格来确定：

$$新股数量=\frac{筹资总额}{认购价格}=\frac{\$5\,000\,000}{\$10}=500\,000(股)$$

由于通常每一股股票授予一份权证，因此 National Power 公司将会发行 100 万份权证。为确定执行多少份权证才能获得一股股票，我们可以用流通在外的现有股票数量除以新股数量：

$$购买一股股票需要的权证数量=\frac{“旧”股票}{“新”股票}=\frac{1\,000\,000}{500\,000}=2(份)$$

所以，股东必须放弃两份权证并支付 10 美元才能得到一股新股。如果所有股东都如此做，National Power 公司就能筹集到所需的 500 万美元。

必须清楚的是，认购价格、新股数量和购买一股新股所需权证数量是相互联系的。假设 National Power 公司调低认购价格，那就必须发行更多的新股才能筹足 500 万美元。这里提供几种可供选择的方案：

认购价格	新股数量	购买一股新股所需权证数量
$20	250 000	4
10	500 000	2
5	1 000 000	1

附权发行对股价的影响

显而易见，权证具有价值。在 National Power 公司的例子里，权证是很值钱的，凭借它能够用 10 美元买到价值 20 美元股票。

假定 National Power 公司的某一位股东恰好在附权发行之前拥有 2 股股票。表 18-9 描述了这种情形。最初，National Power 公司的股价是每股 20 美元，所以该股东持有股票的市值是 2×20=40 美元。这位股东拥有 2 股股票，所以他将得到 2 份权证。National Power 公司的附权发行授予股东用 2 份权证以每股 10 美元购入 1 股新股的机会。股东执行这些选择权来购入新股，那么他的股票数增加到 3 股。新持有股票的市值应当是 40+10=50 美元（最初 40 美元的价值加上付给公司的 10 美元）。因为股东现在持有 3 股股票，所以每股价格将会下降为 50/3=16.67 美元（四舍五入至小数点后两位数字）。

表 18-9　National Power 公司的附权发行对个人股东的价值

	股东
最初状态	
股票数量	2
每股股价	$20
企业价值	$40
发行条件	
认购价格	$10
权证发行的数量	2

续前表

	股东
认购一股所需的权证数量	2
发行后	
股票数量	3
持有股票的价值	\$ 50
每股股价	\$ 16.67
每份权证的价值	
原有股票价格－新的股票价格	\$ 20－16.67＝\$ 3.33
$\frac{\text{新的股票价格－认购价格}}{\text{认购一股所需的权证数量}}$	(\$ 16.67－10)/2＝\$ 3.33

原来 20 美元的股价与 16.67 美元新的股价之差反映了这样一个事实：旧股有权认购新股。这一价差应当等于一份权证的价值，也就是 20－16.67＝3.33 美元。

我们在前面章节学到了除息日，这里也有一个**除权日**（ex-rights date）。在权证分配时，在除权日之前购入股票的人都将得到权证。在除权日当天或者除权日以后购入股票的人得不到权证。在我们的例子中，除权日之前的股价是每股 20 美元。除权日当天或者以后的股价是每股 16.67 美元。

表 18-10 显示 National Power 公司究竟发生了什么事。假如所有股东都行使他们的选择权，股票数量将增加到 150 万股，而企业的价值将增加到 2 500 万美元。附权发行后，每股价值应当跌到 16.67 美元（2 500/150）。

表 18-10　　National Power 公司的附权发行

	股东
最初状态	
股票数量	1 000 000
每股股价	\$ 20
企业价值	\$ 20 000 000
发行条件	
认购价格	\$ 10
权证发行的数量	1 000 000
认购一股所需的权证数量	2
发行后	
股票数量	1 500 000
每股股价	\$ 16.67
企业价值	\$ 25 000 000
每份权证的价值	\$ 20－16.67＝\$ 3.33 或（\$ 16.67－10)/2＝\$ 3.33

不持有 National Power 公司股票而又想认购公司新股的投资者可以通过购买权证来达到目的。某外部投资者购买 2 份权证需支付 3.33×2＝6.67 美元（先前四舍五入的原因）。如果投资者以每股 10 美元的认购成本行使选择权，总成本应该是 10＋6.67＝16.67 美元。作为这项开支的回报，投资者将获得一股价值 16.67 美元的新股。

当然，外部投资者也可以按每股16.67美元的价格直接购入National Power公司的股票。在一个有效率的股票市场上，无论是通过权证还是通过直接购买的方式获得新股，结果没有差别。

对股东的影响

股东可以行使他们的选择权，也可以出售这些选择权。无论什么情形，通过附权发行，股东既不赚也不赔。假定National Power公司股票的一位持有者拥有价值40美元的资产组合。一方面，如果股东行使了选择权，她最终持有市值为50美元的3股股票。换句话说，支出10美元，投资者持有的市值相应增加了10美元，这意味着她既没有变得更好，也没有变得更坏。

另一方面，以每份3.33美元卖出2份权证的股东获得3.33×2=6.67美元的现金。由于2股股票每股值16.67美元，其持有价值等于

股票=2×＄16.67=	＄33.33
售出权证=2×＄ 3.33=	＄ 6.67
总计	=＄40.00

股票新市值33.33美元加上6.67美元现金恰好等于最初的资产组合40美元。所以，无论是行使选择权还是出售权证，股东既没有损失也没有获益。

显然，附权发行后，公司股票新的市场价格应当低于附权发行前公司股票的市场价格。认购价格越低，附权发行的价格下跌幅度就越大。不过，我们的分析表明，股东不会因为附权发行而蒙受损失。

承销协议

当投资者放弃选择权或者有坏消息导致股票的市场价格跌到认购价格以下时，则可能出现认购不足。为阻止这种可能的发生，附权发行一般通过**备用承销**（standby underwriting）来安排。这时，承销商通过包销，按照扣减一小部分认购费用后的认购价格买入发行股票中没有被认购的部分。承销商通常得到**备用费用**（standby fee），作为对其承担风险责任的补偿。

在实践中，认购价格通常被定得远低于当时的市场价格，从而使得附权发行失败的可能性降到很低。尽管小部分比例（少于10%）的股东没能行使有价值的选择权，但多数股东一般会被允许按照认购价格购买没有认购的部分。这种**超额认购特权**（oversubscription privilege）使发行公司不太可能需要转而求助于其承销商。

权证之谜

如果公司管理层是理性的，他们就应当以最便宜的方式筹集权益资本。然而，有关发行成本的证据表明纯粹权证的发行应占有首要地位。令人奇怪的是，美国几乎所有的

新股都是不附权发行。另外，附权发行在全世界数量相当大。尽管人们提出了若干解释，但这通常视作财务业界的一个异象。

这些解释包括：(a) 承销发行募集资金比附权发行更快；(b) 承销发行能比附权发行提供可能更为分散的所有权分布；(c) 可能从投资银行的咨询建议中受益；(d) 股东觉得行使权证是件麻烦事；(e) 市价可能低于认购价格的风险很大；(f) 通过直接承销发行，承销商“证明”发行价与其真实价值一致。

18.10 稀 释

在关于出售证券的讨论中出现相当多的一个议题就是**稀释**（dilution）。稀释指现有股东价值的损失。有几种类型：

1. 所有权比例的稀释。
2. 市场价值的稀释。
3. 账面价值和每股收益的稀释。

这三类之间容易混淆，而且还存在一些对稀释的常见误解。所以，我们在本节予以讨论。

所有权比例的稀释

无论企业什么时候向公众出售股票，第一种类型的稀释都会发生。例如，史密斯持有 Merit Shoe 公司的 5 000 股股票。Merit Shoe 公司当前流通在外股票数量是 50 000 股；每股有一份投票权。因此史密斯控制 10%（=50 000/500）的投票权，获得 10%的股利。

如果 Merit Shoe 公司通过普通现金方式向社会公众发行新股 50 000 股，史密斯在 Merit Shoe 公司的所有权可能被稀释。如果史密斯没有参与新股发行，他的所有权下降到 5%（=5 000/100 000）。注意，史密斯持有股份的价值是不受影响的，只是他持有公司股票的比例变小。

因为附权发行将确保史密斯维持 10%的持股比例，所以通过附权发行能避免现有股东的所有权比例被稀释。

价值的稀释：账面价值对比市场价值

我们现在通过一些会计数据来解释价值的稀释。这么做是为了说明关于稀释的谬论，而不是试图阐明会计价值稀释比市场价值稀释更重要，事实上恰恰相反。

假设 Upper States Manufacturing（USM）打算建设一家新发电厂以满足未来预期需求。表 18-11 表明，USM 目前流通在外股票数为 100 万股，没有债务。每股售价 5 美元，公司的市值为 500 万美元，账面价值是 1 000 万美元，即每股 10 美元。

表 18-11　　新股发行和稀释：USM 的案例

	最初	接受新项目后 带有稀释	不带有稀释
股票数量	1 000 000	1 400 000	1 400 000
账面价值	\$10 000 000	\$12 000 000	\$12 000 000
每股账面价值	\$10	\$8.57	\$8.57
市场价值	\$5 000 000	\$6 000 000	\$8 000 000
市场价格	\$5	\$4.29	\$5.71
净利润	\$1 000 000	\$1 200 000	\$1 600 000
净资产收益率	0.10	0.10	0.13
每股收益	\$1	\$0.86	\$1.14
每股收益/市场价格	0.20	0.20	0.20
市场价格/每股收益	5	5	5
市场价格/每股账面价值	0.5	0.5	0.67
项目成本 \$2 000 000		净现值＝－\$1 000 000	净现值＝\$1 000 000

USM 在过去经历了各种各样的困境，包括成本超支、管制推迟了核电站的建设和利润低于正常水平。这些困难反映在这样一个事实上，即 USM 的市场价值与账面价值的比是 5/10＝0.5（成功的公司很少有市场价值低于账面价值的）。

USM 目前的净利润是 100 万美元。由于有 100 万股股票，因此每股收益是 1 美元，净资产收益率是 1/10＝10%。因此，USM 股票是按 5 倍于利润的价格交易的（市盈率为 5 倍）。USM 有 200 个股东，每个股东持有 5 000 股。新发电厂耗资 200 万美元，那么 USM 将不得不发行 400 000 股新股（5×400 000＝200 万美元）。这样一来，发行后流通在外股票数将是 140 万股。

新发电厂的净资产收益率预期同整个公司的净资产收益率一样。换句话说，净利润有望增加 0.10×200＝20 万美元。所以，总的净利润是 120 万美元。电厂投建后会有如下结果：

1. 流通在外股票数变为 140 万股，每股收益从 1 美元下降到 1.2/1.4＝0.857 美元。

2. 每个老股东的所有权比例从 0.50%下降到 5 000/1 400 000＝0.36%。

3. 如果股票持续按 5 倍于利润交易，那么市值将下降到 5×0.857＝4.29 美元，相当于每股损失 0.71 美元。

4. 总的账面价值等于原来的 1 000 万美元加上新的 200 万美元，即总计 1 200 万美元。每股账面价值下降到 1 200/140＝8.57 美元。

如果我们从面值的角度来看这个例子，那么所有权比例稀释、会计稀释和市值稀释都发生了。USM 的股东看起来遭受很大的损失。

一个错觉　我们的例子看起来表明，当市场价值与账面价值比小于 1 时出售股票，对股东是有害的。有些经理声称，在市场价值低于账面价值的情况下，无论什么时候发行股票，每股收益都会下降，稀释都会产生。

当市场价值与账面价值比小于 1 时，增加股票数量的确会导致每股收益下降。每股收益的这种下降就是会计稀释；在这种情境下，会计稀释总会发生。

市场价值稀释也必然发生，这是否正确？答案是否定的。例子中没有错误的地方，但是为什么市场价值下降不是那么显而易见，我们随后讨论。

正确的论断 在本例中，股票价格从每股 5 美元下降到 4.29 美元。这是真实的稀释，但是为什么会发生呢？答案还得跟新投资项目联系起来。USM 打算投资 200 万美元建设新厂。然而，如表 18-11 所示，公司总的市场价值从 500 万美元上升到 600 万美元，仅增加了 100 万美元。这简单意味着新投资项目的净现值为－100 万美元。由于有 140 万股股票，每股的损失是 100/140＝0.71 美元，同前面计算的一致。

所以，对 USM 股东发生真正的稀释是因为新项目的净现值为负数，而不是因为市场价值与账面价值比小于 1。负的净现值导致市场价值下跌，会计稀释与此没有任何关系。

假设新投资项目的净现值为＋100 万美元。总的市场价值上涨了 200＋100＝300 万美元。如表 18-11 所示（第 4 列），每股价格上升到 5.71 美元。我们注意到会计稀释依然发生，因为每股账面价值仍然下降，但是这没有带来任何经济后果。股票的市场价值上升了。

每股价值上升了 0.71 美元是由于 100 万美元的净现值让每股的价值增加了 0.71 美元。如表所示，如果市盈率保持在 5 倍，那么每股收益必将上升到 5.71/5＝1.14 美元。净利润总额上涨到每股 1.14 美元×140 万股＝160 万美元。最后，净资产收益率将会上涨到 160/120＝13.33％。

18.11 发行长期债

向公众发行债券的一般程序跟发行股票的程序一样。发行必须在 SEC 注册，必须有说明书等。然而，向公众发行债券的注册登记书同普通股不一样。对债券而言，注册登记书必须包含一份债务契约。

另外一个重要的差异是超过 50％的债务是私下发行的。私下发行长期债融资有两种基本形式：定期贷款和私下发行。

定期贷款（term loans）就是直接的商业贷款。这些贷款的到期时间从 1 年到 5 年不等。多数定期贷款在贷款期内可提前偿还。贷款方包括商业银行、保险公司和其他专注于公司融资的出借者。除了到期日更长，**私下发行**（private placement）与定期贷款非常相似。

直接私下发行长期债融资和发行公开债的重要区别在于：

1. 直接的长期贷款避免了向 SEC 注册的成本。

2. 直接的私下发行可能有更多限制性的契约。

3. 当违约发生时，定期贷款或私下发行更容易重新谈判协商。公开发行比较难重新谈判，因为通常涉及成百上千的持有者。

4. 寿险公司和养老金主导债券的私募市场。商业银行是短期贷款市场的重要参与方。

5. 在私下发行市场，债券分销成本更低。

定期贷款和私下发行的利率常常高于公开发行同类债务的利率，这是因为前者在企业出现财务困境时更具弹性，以及其他相关成本更低。

另外，需要特别注意的一点是，出售债务相关的发行成本要比出售股票相关的成本低得多。

18.12 上架注册发行

为简化发行证券的程序，SEC 于 1982 年 3 月决定临时采纳《415 条例》（Rule 415）；到 1983 年 11 月永久化该条例。《415 条例》准许上架注册发行。债务和所有者权益证券均可上架注册。

上架注册（shelf registration）允许公司将合理预计到的未来两年内准备发售的证券进行注册登记；在这两年内可根据需要随时发售证券。例如，2016 年 2 月，摩根大通宣布上架注册发行总计 1 250 亿美元的债券、优先股、普通股、美国存托股份、基金和认股权证。根据公司提交的注册登记书，这些募集资金用于将来其他业务、资产或证券的兼并。

并非所有公司都适用《415 条例》，以下为主要的资格条件：

1. 公司必须被评定为具有投资价值。
2. 过去 3 年里，公司对其债务没有违约。
3. 公司流通在外股票的总市值必须超过 15 000 万美元。
4. 在过去 3 年里，公司必须不曾违反 1934 年法案。

该条例曾经引起争论。反对上架注册的意见归纳如下：

1. 新证券的发行成本可能提高，因为承销商不能向潜在投资者提供足够多的当前信息，所以投资者愿意支付的价格降低。一点一点地出售证券的费用可能高于一次性整体出售的费用。

2. 某些投资银行争辩说上架注册会造成市场的危机感（market overhang），从而压低市场价格。换言之，公司可在任何时候增加股票的供给可能会对当前股价有负面影响。然而，很少有证据支持这种可能性。

除了上架注册发行，公司还可以采用连续性股票发行，即“点滴”（dribble）计划或“照市价”（at-the-market）发行股票。在“点滴”计划中，公司通过一系列不同方法在 SEC 注册，然后一看到满足条件就“点滴”式出售股票。换句话说，公司像其他投资者一样在二级市场出售股票。例如，美国 Corrections 公司在 2016 年第一季度注册了 2 亿美元的“照市价”发行。

本章小结

本章考察了公司怎样发行证券。要点总结如下：

1. 风险资本市场是高风险新公司融资的一个主要来源。

2. 发行证券成本可能相当大，但大规模发行的成本（以百分比计）较低。

3. 对于大规模发行而言，包销比代销更为盛行。这可能与小规模发行的不确定性有关。对于给定规模的发行而言，代销和包销的直接费用大致相同。

4. 公开上市的直接成本和间接成本很高。然而，企业一旦公开上市后，再次筹集资本相对来说更容易。

概念性思考题

1. **负债与所有者权益发行规模** 总体而言，发行负债比发行股票要常见得多，一般来说发行规模也大得多。为什么？

2. **负债发行成本与股票发行成本** 为什么出售股票的成本比出售债券的成本大得多？

3. **债券评级与发行成本** 为什么发行非投资级债券的直接成本比投资级债券的直接成本大得多？

4. **债券发行的抑价** 为什么抑价在债券发行中不是主要受关注的问题？

利用如下信息回答第5～7题。Shake Shack是一家汉堡包店，于2015年1月公开上市。在摩根大通和摩根士丹利的帮助下，Shake Shack公司以每股21美元出售500万股股票，筹集到总计1.05亿美元的资金。首日交易结束时，股价收盘于每股45.9美元，略低于盘中最高价52.5美元。基于首日收盘数据，Shake Shack公司的股票很明显每股抑价大概24.9美元，这意味着公司损失了1.245亿美元。

5. **IPO定价** Shake Shack公司的抑价幅度达119%。Shake Shack公司是否会由于抑价而对摩根大通和摩根士丹利不满意？

6. **IPO定价** 如果你知道该公司在2004年成立，2014年仅有1.18亿美元的收入和210万美元的净利润，这是否会影响到你对前面问题的思考？

7. **IPO定价** 如果你知道公司内部人持有56%的公司A股股票和所有的公司B股股票，这些信息怎样影响到你对前面两个问题的思考？

8. **现金发行与附权发行** McCanless公司计划通过发行普通股来筹集权益资本。McCanless目前是上市公司，试图在对已有股东的现金发行（承销）和附权发行（不承销）中进行选择。McCanless公司的管理层希望销售成本最小化，向你咨询应该选择哪种发行方式。你推荐哪一种方式？为什么？

9. **IPO抑价** 1980年，某一金融学助理教授申购到12次IPO普通股股票。他每只股票持有大概一个月后卖出。他遵循的投资规则是申购石油和天然气开发公司的每次IPO股票。共有22次发行，他对每家公司投资大概1 000美元。其中的10次申购，他没中标分配到股票；12次成功申购中有5次，购买到的股票数量少于他想要的。

1980年对石油和天然气开发公司是非常好的一年。平均而言，对22家公开上市的公司而言，股票上市一个月后的价格高出发行价80%。助理教授查看了他的业绩记录发现，投资于12家公司的8 400美元增长到10 000美元，表明只有大概20%的收益率（不考虑佣金）。他是运气差，还是他早预期到会比平均IPO投资者的业绩差？请解释。

10. **IPO定价** 下面的材料是Pest Investigation Control Corporation（PICC）首次公开上市招股说明书的封面和摘要。PICC明天就公开上市，由投资银行Erlanger and Ritter包销。回答下列问题：

a. 假设你除了招股说明书的信息外对PICC一无所知。根据你的财务学知识，你预测PICC明天的股价是多少？简短解释其理由。

b. 假设你有几千美元用于投资。当你上完今天的课程回家后发现，你几个月未曾联系的股票经纪人给你打过电话。她留下信息说，PICC明天要上市；如果你明早起来第一时间给她复电，可以让你按发行价获得几百股股票。讨论这次机会的价值。

招股说明书　　　　PICC

200 000股

Pest Investigation Control Corporation

此处正在发行的200 000股股票是由Pest Investigation Control Corporation出售的。在此之前，PICC没有公开发售过股票；并不保证未来会公开发售。

这些证券尚未被SEC批准或者不批准，SEC也未曾核实本招股说明书的准确性和完整性。任何相反的表述都是犯罪行为。

	公开发行价	承销商折扣	公司募集的资金*
每股	\$11.00	\$1.10	\$9.90
总计	\$2 200 000	\$220 000	\$1 980 000

* 尚未扣除公司约 27 000 美元的应付费用。

这是首次公开发行股票。当被转达给承销商，承销商接受后，且如果该公司的法律顾问和他们的律师也确认了某些法律事务，普通股优先发售。承销商保留撤回、取消、修改或者拒绝部分或者全部发行的权利。

Erlanger and Ritter，Investment Bankers

2017 年 7 月 12 日

招股说明书概要

公司	PICC，养殖和销售蟾蜍和树蛙作为生态安全昆虫控制机制
发行	200 000 股普通股，没有账面价值
挂牌	公司拟在纳斯达克挂牌并在柜台交易
流通在外股数	2017 年 6 月 30 日流通在外 400 000 股。本次发行后，流通在外 600 000 股
资金用途	为存货扩张、应收账款和一般营运资本融资以及为某些财务学教授支付乡村俱乐部会员费

财务信息摘录

	截至 6 月 30 日的会计年度				2017 年 6 月 30 日	
	2015 年	2016 年	2017 年		原来	本次发行调整后
收入	\$60 000	\$120 000	\$240 000	营运资本	\$8 000	\$1 961 000
净利润	3 800	15 900	36 100	总资产	511 000	2 464 000
每股收益	0.01	0.04	0.09	所有者权益	423 000	2 376 000

练习题

1～7 题为基础题；8～12 题为中级题。

1. **附权发行** Sheary 公司打算进行一次附权发行。目前流通在外股票数为 375 000 股，每股价格 60 美元。公司拟以每股 57 美元的价格发行 65 000 股新股。

a. 公司新的市场价值是多少？

b. 多少份权证才能购买 1 股新股？

c. 除权日价格是多少？

d. 1 份权证的价值是多少？

e. 为什么公司宁愿选择附权发行而非普通现金发行？

2. **附权发行** Clifford 公司宣布为新办杂志 *Journal of Financial Excess* 附权发行筹资 4 500 万美元。作者支付每页 5 000 美元的不可退还审稿费后，杂志会对潜在可能发表的文章进行审稿。目前股价为每股 34 美元，流通在外股票数为 270 万股。

a. 认购价格最高可能是多少？最低呢？

b. 如果认购价格设定在每股 31 美元，必须出售多少股？购买 1 股股票需要多少份权证？

c. 除权价格是多少？1 份权证的价值是多少？

d. 某一股东在发行前持有 1 000 股股票且没有欲望（或资金）去购买额外的股票，证明他在附权发行中不会有任何损失。

3. **权证** Stone Shoe 公司决定进行额外的股权融资以满足对外经营扩张需要，而且确定筹集资金的最好方式是附权发行。由于附权发行，可精确计算出股价将从78美元下降到74.3美元（78美元是未除权价格；74.3美元是除权价格，也称为发行时价）。公司拟设定每股认购价格为50美元，筹集1 200万美元额外的资金。在附权发行前，公司目前股票数量是多少？（假设权益市场价值的增加额等于发行所募集的资金。）

4. **IPO抑价** Speith公司和McIlroy公司同时宣布按每股30美元首次公开发行股票。其中一只股票低估了8美元，另一只股票高估了5美元，但是你不知道到底是哪只。你计划每只发行的股票都购买1 000股。如果发行定价偏低，并且发行是理性的，那么只能满足你订单的一半。假设你可以申购到1 000股Speith公司股票和1 000股McIlroy公司股票，那么你的利润会是多少？你实际预期的利润是多少？你已经证明了什么原理？

5. **计算发行成本** Hagelin公司需要融资5 000万美元以满足扩张进入新市场的需要。公司拟通过普通现金发行股票筹集所需资金。如果发行价是每股34美元，公司的承销商要收取7%的价差，需要出售多少股股票？

6. **计算发行成本** Westlands公司已经公开上市。通过包销方式，Westlands公司按每股21.39美元出售1 200万股股票。首次公开发行时股价是每股23美元，股市开盘几分钟股价冲高到每股27.85美元。Westlands公司花了145万美元的律师费和其他直接费用以及37.5万美元的间接成本。发行成本占筹集资金的比例是多少？

7. **价格稀释** Fehr公司流通在外股票有135 000股，每股价值63美元，那么公司股东权益的市场价值是8 505 000美元。假设公司打算分别按每股63美元、60美元和56美元发行33 750股新股。每种发行价对现有股价有什么影响？

8. **稀释** Kessel公司希望能扩展它的设备。公司当前流通在外有340万股股票且没有负债，每股售价为51美元，且每股账面价值是18美元。Kessel公司目前的净利润是735万美元。新设备需要耗资1 800万美元，而且新设备投产使净利润增加69万美元。

a. 假设市盈率保持不变，发行新股为项目融资有什么影响？这是怎么回事？为回答这个问题，请计算新的每股账面价值、新的总利润、新的每股收益、新的股票价格和新的市场价值与账面价值之比。

b. 为保持股价不变，Kessel公司新的净利润应该是多少？

9. **权证** 公司当前股价是每股86美元。上周公司发行权证来筹集新的股东权益资本。为购买1股新股，股东必须支付7美元和行使3份权证。

a. 股票除权价格是多少？

b. 1份权证的价值是多少？

c. 什么时候会发生股价下跌？为什么会发生下跌？

10. **权证** Daley公司当前股价是每股27美元。流通在外有130万股股票。公司打算筹资240万美元以满足新投资项目需要。在下列情境中，股票的除权价格、每份权证的价值、适当的认购价格分别是多少？

a. 每2股流通在外普通股有权购买额外的1股新股票。

b. 每4股流通在外普通股有权购买额外的1股新股票。

c. 从问题a到问题b，股东的财富会怎样变化？

11. **权证的价值** 证明权证的价值可表示为：

$$\text{每份权证的价值}=P_{RO}-P=(P_{RO}-P_S)/(N+1)$$

式中，P_{RO}，P_S 和 P_X 分别代表附有认购新股权利的股价、认购价格和除权价格；N 表示以认购价格购买1股新股所需的权证数量。

12. **权证估值** Cullen Inventory Systems公司宣布进行一次附权发行。公司公告说需要4份权证以每股40美元的价格购买1股股票。除权日前一天，公司股价为每股75美元。第二天早上，你注意到公司股价为每股68美元，每份权证售价6美元。股价和（或者）权证在除权日的价格正确吗？描述你可以利用这些价格迅速获利的交易手法。

章末案例

东海岸游艇公司上市

拉丽莎和丹正在讨论东海岸游艇公司的未来。公司预期销售会快速增长，未来看起来一帆风顺。

然而，快速增长意味着公司的增长不能单纯靠内部融资，所以拉丽莎和丹认为该是公司公开上市的时候了。为达到这个目的，他们已经与投资银行 Crowe & Mallard 进行接洽。公司与承销商 Renata Harper 有着工作关系，它曾经帮助公司发行债券。Crowe & Mallard 已经帮助过无数的小公司公开上市，所以拉丽莎和丹对这个决策信心满满。

Renata 公司开始告诉拉丽莎和丹有关流程。Crowe & Mallard 对债券发行收取 4%的承销费用，不过根据东海岸游艇公司首次公开发行的规模确定收取 7%的承销费。Renata 公司告诉拉丽莎和丹，公司预计支付大约 1 600 000 美元的律师费、15 000 美元的 SEC 注册费和 20 000 美元的其他备案费。此外，为在纳斯达克挂牌上市，公司必须支付 100 000 美元。还有过户代理费 9 500 美元和打印印刷费用 540 000 美元。公司还得支付 IPO 相关的其他费用 125 000 美元。

最后，Renata 公司告诉拉丽莎和丹，公司在 SEC 注册登记必须提供三年经过审计的财务报表。她对审计成本没把握。丹告诉 Renata 公司，公司提供经过审计的财务报表作为债务契约的一部分，公司需每年支付外部审计费用 300 000 美元。

1. 在讨论的最后，丹向 Renata 公司咨询有关荷兰式拍卖的 IPO 流程。东海岸游艇公司使用荷兰式拍卖方式对比传统方式的 IPO，两者在费用上有什么区别？公司应该采用荷兰式拍卖承销还是传统的承销方式？

2. 在讨论 IPO 与东海岸游艇公司的未来时，丹谈到他认为公司必须筹资 6 000 万美元。然而，拉丽莎指出，如果公司不久后需要更多的现金，IPO 后不久就进行二次发行可能会面临潜在的问题。因此，她建议公司应该在 IPO 中筹资 9 000 万美元。我们怎么计算 IPO 的最优规模？提高 IPO 规模至 9 000 万美元，有什么优点和缺点？

3. 经过深思熟虑，拉丽莎和丹决定公司选择 Crowe & Mallard 作为主承销商，并采用包销方式发行。IPO 规模确定为 7 000 万美元。不考虑抑价，公司 IPO 成本占所筹集资金的比例是多少？

4. 许多东海岸游艇公司的员工由于一个现有的员工股票购买计划而持有公司股票。公司员工可以按发行价在 IPO 中要约出售其持有的股票，也可以持有股票等到东海岸游艇公司公开上市后再在二级市场出售（须在 180 天锁定期结束后）。拉丽莎向你咨询哪种方式对员工是最有利的。你会向员工做何建议？

附录　数学用表

表 A-1　　复利现值系数表 $PVIF=1/(1+r)^T$

期数	利率								
	1%	2%	3%	4%	5%	6%	7%	8%	9%
1	.990 1	.980 4	.970 9	.961 5	.952 4	.943 4	.934 6	.925 9	.917 4
2	.980 3	.961 2	.942 6	.924 6	.907 0	.890 0	.873 4	.857 3	.841 7
3	.970 6	.942 3	.915 1	.889 0	.863 8	.839 6	.816 3	.793 8	.772 2
4	.961 0	.923 8	.888 5	.854 8	.822 7	.792 1	.762 9	.735 0	.708 4
5	.951 5	.905 7	.862 6	.821 9	.783 5	.747 3	.713 0	.680 6	.649 9
6	.942 0	.888 0	.837 5	.790 3	.746 2	.705 0	.666 3	.630 2	.596 3
7	.932 7	.870 6	.813 1	.759 9	.710 7	.665 1	.622 7	.583 5	.547 0
8	.923 5	.853 5	.789 4	.730 7	.676 8	.627 4	.582 0	.540 3	.501 9
9	.914 3	.836 8	.766 4	.702 6	.644 6	.591 9	.543 9	.500 2	.460 4
10	.905 3	.820 3	.744 1	.675 6	.613 9	.558 4	.508 3	.463 2	.422 4
11	.896 3	.804 3	.722 4	.649 6	.584 7	.526 8	.475 1	.428 9	.387 5
12	.887 4	.788 5	.701 4	.624 6	.556 8	.497 0	.444 0	.397 1	.355 5
13	.878 7	.773 0	.681 0	.600 6	.530 3	.468 8	.415 0	.367 7	.326 2
14	.870 0	.757 9	.661 1	.577 5	.505 1	.442 3	.387 8	.340 5	.299 2
15	.861 3	.743 0	.641 9	.555 3	.481 0	.417 3	.362 4	.315 2	.274 5
16	.852 8	.728 4	.623 2	.533 9	.458 1	.393 6	.338 7	.291 9	.251 9
17	.844 4	.714 2	.605 0	.513 4	.436 3	.371 4	.316 6	.270 3	.231 1
18	.836 0	.700 2	.587 4	.493 6	.415 5	.350 3	.295 9	.250 2	.212 0
19	.827 7	.686 4	.570 3	.474 6	.395 7	.330 5	.276 5	.231 7	.194 5
20	.819 5	.673 0	.553 7	.456 4	.376 9	.311 8	.258 4	.214 5	.178 4
21	.811 4	.659 8	.537 5	.438 8	.358 9	.294 2	.241 5	.198 7	.163 7
22	.803 4	.646 8	.521 9	.422 0	.341 8	.277 5	.225 7	.183 9	.150 2
23	.795 4	.634 2	.506 7	.405 7	.325 6	.261 8	.210 9	.170 3	.137 8
24	.787 6	.621 7	.491 9	.390 1	.310 1	.247 0	.197 1	.157 7	.126 4
25	.779 8	.609 5	.477 6	.375 1	.295 3	.233 0	.184 2	.146 0	.116 0
30	.741 9	.552 1	.412 0	.308 3	.231 4	.174 1	.131 4	.099 4	.075 4
40	.671 7	.452 9	.306 6	.208 3	.142 0	.097 2	.066 8	.046 0	.031 8
50	.608 0	.371 5	.228 1	.140 7	.087 2	.054 3	.033 9	.021 3	.013 4

续前表

期数	利率										
	10%	12%	14%	15%	16%	18%	20%	24%	28%	32%	36%
1	.9091	.8929	.8772	.8696	.8621	.8475	.8333	.8065	.7813	.7576	.7353
2	.8264	.7972	.7695	.7561	.7432	.7182	.6944	.6504	.6104	.5739	.5407
3	.7513	.7118	.6750	.6575	.6407	.6086	.5787	.5245	.4768	.4348	.3975
4	.6830	.6355	.5921	.5718	.5523	.5158	.4823	.4230	.3725	.3294	.2923
5	.6209	.5674	.5194	.4972	.4761	.4371	.4019	.3411	.2910	.2495	.2149
6	.5645	.5066	.4556	.4323	.4104	.3704	.3349	.2751	.2274	.1890	.1580
7	.5132	.4523	.3996	.3759	.3538	.3139	.2791	.2218	.1776	.1432	.1162
8	.4665	.4039	.3506	.3269	.3050	.2660	.2326	.1789	.1388	.1085	.0854
9	.4241	.3606	.3075	.2843	.2630	.2255	.1938	.1443	.1084	.0822	.0628
10	.3855	.3220	.2697	.2472	.2267	.1911	.1615	.1164	.0847	.0623	.0462
11	.3505	.2875	.2366	.2149	.1954	.1619	.1346	.0938	.0662	.0472	.0340
12	.3186	.2567	.2076	.1869	.1685	.1372	.1122	.0757	.0517	.0357	.0250
13	.2897	.2292	.1821	.1625	.1452	.1163	.0935	.0610	.0404	.0271	.0184
14	.2633	.2046	.1597	.1413	.1252	.0985	.0779	.0492	.0316	.0205	.0135
15	.2394	.1827	.1401	.1229	.1079	.0835	.0649	.0397	.0247	.0155	.0099
16	.2176	.1631	.1229	.1069	.0930	.0708	.0541	.0320	.0193	.0118	.0073
17	.1978	.1456	.1078	.0929	.0802	.0600	.0451	.0258	.0150	.0089	.0054
18	.1799	.1300	.0946	.0808	.0691	.0508	.0376	.0208	.0118	.0068	.0039
19	.1635	.1161	.0829	.0703	.0596	.0431	.0313	.0168	.0092	.0051	.0029
20	.1486	.1037	.0728	.0611	.0514	.0365	.0261	.0135	.0072	.0039	.0021
21	.1351	.0926	.0638	.0531	.0443	.0309	.0217	.0109	.0056	.0029	.0016
22	.1228	.0826	.0560	.0462	.0382	.0262	.0181	.0088	.0044	.0022	.0012
23	.1117	.0738	.0491	.0402	.0329	.0222	.0151	.0071	.0034	.0017	.0008
24	.1015	.0659	.0431	.0349	.0284	.0188	.0126	.0057	.0027	.0013	.0006
25	.0923	.0588	.0378	.0304	.0245	.0160	.0105	.0046	.0021	.0010	.0005
30	.0573	.0334	.0196	.0151	.0116	.0070	.0042	.0016	.0006	.0002	.0001
40	.0221	.0107	.0053	.0037	.0026	.0013	.0007	.0002	.0001	*	*
50	.0085	.0035	.0014	.0009	.0006	.0003	.0001	*	*	*	*

* 表示系数的小数点后第四位仍然为零。

表 A-2　　年金现值系数表 PVIFA= $[1-1/(1+r)^T]/r$

期数	利率								
	1%	2%	3%	4%	5%	6%	7%	8%	9%
1	.9901	.9804	.9709	.9615	.9524	.9434	.9346	.9259	.9174
2	1.9704	1.9416	1.9135	1.8861	1.8594	1.8334	1.8080	1.7833	1.7591
3	2.9410	2.8839	2.8286	2.7751	2.7232	2.6730	2.6243	2.5771	2.5313
4	3.9020	3.8077	3.7171	3.6299	3.5460	3.4651	3.3872	3.3121	3.2397
5	4.8534	4.7135	4.5797	4.4518	4.3295	4.2124	4.1002	3.9927	3.8897
6	5.7955	5.6014	5.4172	5.2421	5.0757	4.9173	4.7665	4.6229	4.4859
7	6.7282	6.4720	6.2303	6.0021	5.7864	5.5824	5.3893	5.2064	5.0330
8	7.6517	7.3255	7.0197	6.7327	6.4632	6.2098	5.9713	5.7466	5.5348

续前表

期数	利率								
	1%	2%	3%	4%	5%	6%	7%	8%	9%
9	8.566 0	8.162 2	7.786 1	7.435 3	7.107 8	6.801 7	6.515 2	6.246 9	5.995 2
10	9.471 3	8.982 6	8.530 2	8.110 9	7.721 7	7.360 1	7.023 6	6.710 1	6.417 7
11	10.367 6	9.786 8	9.252 6	8.760 5	8.306 4	7.886 9	7.498 7	7.139 0	6.805 2
12	11.255 1	10.575 3	9.954 0	9.385 1	8.863 3	8.383 8	7.942 7	7.536 1	7.160 7
13	12.133 7	11.348 4	10.635 0	9.985 6	9.393 6	8.852 7	8.357 7	7.903 8	7.486 9
14	13.003 7	12.106 2	11.296 1	10.563 1	9.898 6	9.295 0	8.745 5	8.244 2	7.786 2
15	13.865 1	12.849 3	11.937 9	11.118 4	10.379 7	9.712 2	9.107 9	8.559 5	8.060 7
16	14.717 9	13.577 7	12.561 1	11.652 3	10.837 8	10.105 9	9.446 6	8.851 4	8.312 6
17	15.562 3	14.291 9	13.166 1	12.165 7	11.274 1	10.477 3	9.763 2	9.121 6	8.543 6
18	16.398 3	14.992 0	13.753 5	12.659 3	11.689 6	10.827 6	10.059 1	9.371 9	8.755 6
19	17.226 0	15.678 5	14.323 8	13.133 9	12.085 3	11.158 1	10.335 6	9.603 6	8.950 1
20	18.045 6	16.351 4	14.877 5	13.590 3	12.462 2	11.469 9	10.594 0	9.818 1	9.128 5
21	18.857 0	17.011 2	15.415 0	14.029 2	12.821 2	11.764 1	10.835 5	10.016 8	9.292 2
22	19.660 4	17.658 0	15.936 9	14.451 1	13.163 0	12.041 6	11.061 2	10.200 7	9.442 4
23	20.455 8	18.292 2	16.443 6	14.856 8	13.488 6	12.303 4	11.272 2	10.374 1	9.580 2
24	21.243 4	18.913 9	16.935 5	15.247 0	13.798 6	12.550 4	11.469 3	10.528 8	9.706 6
25	22.023 2	19.523 5	17.413 1	15.622 1	14.093 9	12.783 4	11.653 6	10.674 8	9.822 6
30	25.807 7	22.396 5	19.600 4	17.292 0	15.372 5	13.764 8	12.409 0	11.257 8	10.273 7
40	32.834 7	27.355 5	23.114 8	19.792 8	17.159 1	15.046 3	13.331 7	11.924 6	10.757 4
50	39.196 1	31.423 6	25.729 8	21.482 2	18.255 9	15.761 9	13.800 7	12.233 5	10.961 7

期数	利率									
	10%	12%	14%	15%	16%	18%	20%	24%	28%	32%
1	.909 1	.892 9	.877 2	.869 6	.862 1	.847 5	.833 3	.806 5	.781 3	.757 6
2	1.735 5	1.690 1	1.646 7	1.625 7	1.605 2	1.565 6	1.527 8	1.456 8	1.391 6	1.331 5
3	2.486 9	2.401 8	2.321 6	2.283 2	2.245 9	2.174 3	2.106 5	1.981 3	1.868 4	1.766 3
4	3.169 9	3.037 3	2.913 7	2.855 0	2.798 2	2.690 1	2.588 7	2.404 3	2.241 0	2.095 7
5	3.790 8	3.604 8	3.433 1	3.352 2	3.274 3	3.127 2	2.990 6	2.745 4	2.532 0	2.345 2
6	4.355 3	4.111 4	3.888 7	3.784 5	3.684 7	3.497 6	3.325 5	3.020 5	2.759 4	2.534 2
7	4.868 4	4.563 8	4.288 3	4.160 4	4.038 6	3.811 5	3.604 6	3.242 3	2.937 0	2.677 5
8	5.334 9	4.967 6	4.638 9	4.487 3	4.343 6	4.077 6	3.837 2	3.421 2	3.075 8	2.786 0
9	5.759 0	5.328 2	4.946 4	4.771 6	4.606 5	4.303 0	4.031 0	3.565 5	3.184 2	2.868 1
10	6.144 6	5.650 2	5.216 1	5.018 8	4.833 2	4.494 1	4.192 5	3.681 9	3.268 9	2.930 4
11	6.495 1	5.937 7	5.452 7	5.233 7	5.028 6	4.656 0	4.327 1	3.775 7	3.335 1	2.977 6
12	6.813 7	6.194 4	5.660 3	5.420 6	5.197 1	4.793 2	4.439 2	3.851 4	3.386 8	3.013 3
13	7.103 4	6.423 5	5.842 4	5.583 1	5.342 3	4.909 5	4.532 7	3.912 4	3.427 2	3.040 4
14	7.366 7	6.628 2	6.002 1	5.724 5	5.467 5	5.008 1	4.610 6	3.961 6	3.458 7	3.060 9
15	7.606 1	6.810 9	6.142 2	5.847 4	5.575 5	5.091 6	4.675 5	4.001 3	3.483 4	3.076 4
16	7.823 7	6.974 0	6.265 1	5.954 2	5.668 5	5.162 4	4.729 6	4.033 3	3.502 6	3.088 2
17	8.021 6	7.119 6	6.372 9	6.047 2	5.748 7	5.222 3	4.774 6	4.059 1	3.517 7	3.097 1
18	8.201 4	7.249 7	6.467 4	6.128 0	5.817 8	5.273 2	4.812 2	4.079 9	3.529 4	3.103 9

续前表

期数	利率									
	10%	12%	14%	15%	16%	18%	20%	24%	28%	32%
19	8.364 9	7.365 8	6.550 4	6.198 2	5.877 5	5.316 2	4.843 5	4.096 7	3.538 6	3.109 0
20	8.513 6	7.469 4	6.623 1	6.259 3	5.928 8	5.352 7	4.869 6	4.110 3	3.545 8	3.112 9
21	8.648 7	7.562 0	6.687 0	6.312 5	5.973 1	5.383 7	4.891 3	4.121 2	3.551 4	3.115 8
22	8.771 5	7.644 6	6.742 9	6.358 7	6.011 3	5.409 9	4.909 4	4.130 0	3.555 8	3.118 0
23	8.883 2	7.718 4	6.792 1	6.398 8	6.044 2	5.432 1	4.924 5	4.137 1	3.559 2	3.119 7
24	8.984 7	7.784 3	6.835 1	6.433 8	6.072 6	5.450 9	4.937 1	4.142 8	3.561 9	3.121 0
25	9.077 0	7.843 1	6.872 9	6.464 1	6.097 1	5.466 9	4.947 6	4.147 4	3.564 0	3.122 0
30	9.426 9	8.055 2	7.002 7	6.566 0	6.177 2	5.516 8	4.978 9	4.160 1	3.569 3	3.124 2
40	9.779 1	8.243 8	7.105 0	6.641 8	6.233 5	5.548 2	4.996 6	4.165 9	3.571 2	3.125 0
50	9.914 8	8.304 5	7.132 7	6.660 5	6.246 3	5.554 1	4.999 5	4.166 6	3.571 4	3.125 0

表 A-3　　复利终值系数表 FVIF=$(1+r)^T$

期数	利率								
	1%	2%	3%	4%	5%	6%	7%	8%	9%
1	1.010 0	1.020 0	1.030 0	1.040 0	1.050 0	1.060 0	1.070 0	1.080 0	1.090 0
2	1.020 1	1.040 4	1.060 9	1.081 6	1.102 5	1.123 6	1.144 9	1.166 4	1.188 1
3	1.030 3	1.061 2	1.092 7	1.124 9	1.157 6	1.191 0	1.225 0	1.259 7	1.295 0
4	1.040 6	1.082 4	1.125 5	1.169 9	1.215 5	1.262 5	1.310 8	1.360 5	1.411 6
5	1.051 0	1.104 1	1.159 3	1.216 7	1.276 3	1.338 2	1.402 6	1.469 3	1.538 6
6	1.061 5	1.126 2	1.194 1	1.265 3	1.340 1	1.418 5	1.500 7	1.586 9	1.677 1
7	1.072 1	1.148 7	1.229 9	1.315 9	1.407 1	1.503 6	1.605 8	1.713 8	1.828 0
8	1.082 9	1.171 7	1.266 8	1.368 6	1.477 5	1.593 8	1.718 2	1.850 9	1.992 6
9	1.093 7	1.195 1	1.304 8	1.423 3	1.551 3	1.689 5	1.838 5	1.999 0	2.171 9
10	1.104 6	1.219 0	1.343 9	1.480 2	1.628 9	1.790 8	1.967 2	2.158 9	2.367 4
11	1.115 7	1.243 4	1.384 2	1.539 5	1.710 3	1.898 3	2.104 9	2.331 6	2.580 4
12	1.126 8	1.268 2	1.425 8	1.601 0	1.795 9	2.012 2	2.252 2	2.518 2	2.812 7
13	1.138 1	1.293 6	1.468 5	1.665 1	1.885 6	2.132 9	2.409 8	2.719 6	3.065 8
14	1.149 5	1.319 5	1.512 6	1.731 7	1.979 9	2.260 9	2.578 5	2.937 2	3.341 7
15	1.161 0	1.345 9	1.558 0	1.800 9	2.078 9	2.396 6	2.759 0	3.172 2	3.642 5
16	1.172 6	1.372 8	1.604 7	1.873 0	2.182 9	2.540 4	2.952 2	3.425 9	3.970 3
17	1.184 3	1.400 2	1.652 8	1.947 9	2.292 0	2.692 8	3.158 8	3.700 0	4.327 6
18	1.196 1	1.428 2	1.702 4	2.025 8	2.406 6	2.854 3	3.379 9	3.996 0	4.717 1
19	1.208 1	1.456 8	1.753 5	2.106 8	2.527 0	3.025 6	3.616 5	4.315 7	5.141 7
20	1.220 2	1.485 9	1.806 1	2.191 1	2.653 3	3.207 1	3.869 7	4.661 0	5.604 4
21	1.232 4	1.515 7	1.860 3	2.278 8	2.786 0	3.399 6	4.140 6	5.033 8	6.108 8
22	1.244 7	1.546 0	1.916 1	2.369 9	2.925 3	3.603 5	4.430 4	5.436 5	6.658 6
23	1.257 2	1.576 9	1.973 6	2.464 7	3.071 5	3.819 7	4.740 5	5.871 5	7.257 9
24	1.269 7	1.608 4	2.032 8	2.563 3	3.225 1	4.048 9	5.072 4	6.341 2	7.911 1
25	1.282 4	1.640 6	2.093 8	2.665 8	3.386 4	4.291 9	5.427 4	6.848 5	8.623 1
30	1.347 8	1.811 4	2.427 3	3.243 4	4.321 9	5.743 5	7.612 3	10.063	13.268

续前表

期数	利率								
	1%	2%	3%	4%	5%	6%	7%	8%	9%
40	1.488 9	2.208 0	3.262 0	4.801 0	7.040 0	10.286	14.974	21.725	31.409
50	1.644 6	2.691 6	4.383 9	7.106 7	11.467	18.420	29.457	46.902	74.358
60	1.816 7	3.281 0	5.891 6	10.520	18.679	32.988	57.946	101.26	176.03

期数	利率										
	10%	12%	14%	15%	16%	18%	20%	24%	28%	32%	36%
1	1.100 0	1.120 0	1.140 0	1.150 0	1.160 0	1.180 0	1.200 0	1.240 0	1.280 0	1.320 0	1.360 0
2	1.210 0	1.254 4	1.299 6	1.322 5	1.345 6	1.392 4	1.440 0	1.537 6	1.638 4	1.742 4	1.849 6
3	1.331 0	1.404 9	1.481 5	1.520 9	1.560 9	1.643 0	1.728 0	1.906 6	2.097 2	2.300 0	2.515 5
4	1.464 1	1.573 5	1.689 0	1.749 0	1.810 6	1.938 8	2.073 6	2.364 2	2.684 4	3.036 0	3.421 0
5	1.610 5	1.762 3	1.925 4	2.011 4	2.100 3	2.287 8	2.488 3	2.931 6	3.436 0	4.007 5	4.652 6
6	1.771 6	1.973 8	2.195 0	2.313 1	2.436 4	2.699 6	2.986 0	3.635 2	4.398 0	5.289 9	6.327 5
7	1.948 7	2.210 7	2.502 3	2.660 0	2.826 2	3.185 5	3.583 2	4.507 7	5.629 5	6.982 6	8.605 4
8	2.143 6	2.476 0	2.852 6	3.059 0	3.278 4	3.758 9	4.299 8	5.589 5	7.205 8	9.217 0	11.703
9	2.357 9	2.773 1	3.251 9	3.517 9	3.803 0	4.435 5	5.159 8	6.931 0	9.223 4	12.166	15.917
10	2.593 7	3.105 8	3.707 2	4.045 6	4.411 4	5.233 8	6.191 7	8.594 4	11.806	16.060	21.647
11	2.853 1	3.478 5	4.226 2	4.652 4	5.117 3	6.175 9	7.430 1	10.657	15.112	21.199	29.439
12	3.138 4	3.896 0	4.817 9	5.350 3	5.936 0	7.287 6	8.916 1	13.215	19.343	27.983	40.037
13	3.452 3	4.363 5	5.492 4	6.152 8	6.885 8	8.599 4	10.699	16.386	24.759	36.937	54.451
14	3.797 5	4.887 1	6.261 3	7.075 7	7.987 5	10.147	12.839	20.319	31.691	48.757	74.053
15	4.177 2	5.473 6	7.137 9	8.137 1	9.265 5	11.974	15.407	25.196	40.565	64.359	100.71
16	4.595 0	6.130 4	8.137 2	9.357 6	10.748	14.129	18.488	31.243	51.923	84.954	136.97
17	5.054 5	6.866 0	9.276 5	10.761	12.468	16.672	22.186	38.741	66.461	112.14	186.28
18	5.559 9	7.690 0	10.575	12.375	14.463	19.673	26.623	48.039	86.071	148.02	253.34
19	6.115 9	8.612 8	12.056	14.232	16.777	23.214	31.948	59.568	108.89	195.39	344.54
20	6.727 5	9.646 3	13.743	16.367	19.461	27.393	38.338	73.864	139.38	257.92	468.57
21	7.400 2	10.804	15.668	18.822	22.574	32.324	46.005	91.592	178.41	340.45	637.26
22	8.140 3	12.100	17.861	21.645	26.186	38.142	55.206	113.57	228.36	449.39	866.67
23	8.954 3	13.552	20.362	24.891	30.376	45.008	66.247	140.83	292.30	593.20	1 178.7
24	9.849 7	15.179	23.212	28.625	35.236	53.109	79.497	174.63	374.14	783.02	1 603.0
25	10.835	17.000	26.462	32.919	40.874	62.669	95.396	216.54	478.90	1 033.6	2 180.1
30	17.449	29.960	50.950	66.212	85.850	143.37	237.38	634.82	1 645.5	4 142.1	10 143.
40	45.259	93.051	188.88	267.86	378.72	750.38	1 469.8	545 5.9	1 9427.	6 6521.	*
50	117.39	289.00	700.23	1 083.7	1 670.7	3 927.4	9 100.4	46 890.	*	*	*
60	304.48	897.60	2 595.9	4 384.0	7 370.2	205 55.	56 348.	*	*	*	*

* 表示 FVIF>99 999。

表 A-4　　年金终值系数表 FVIFA=$[(1+r)^T-1]/r$

期数	利率								
	1%	2%	3%	4%	5%	6%	7%	8%	9%
1	1.000 0	1.000 0	1.000 0	1.000 0	1.000 0	1.000 0	1.000 0	1.000 0	1.000 0
2	2.010 0	2.020 0	2.030 0	2.040 0	2.050 0	2.060 0	2.070 0	2.080 0	2.090 0
3	3.030 1	3.060 4	3.090 9	3.121 6	3.152 5	3.183 6	3.214 9	3.246 4	3.278 1

续前表

期数	利率								
	1%	2%	3%	4%	5%	6%	7%	8%	9%
4	4.060 4	4.121 6	4.183 6	4.246 5	4.310 1	4.374 6	4.439 9	4.506 1	4.573 1
5	5.101 0	5.204 0	5.309 1	5.416 3	5.525 6	5.637 1	5.750 7	5.866 6	5.984 7
6	6.152 0	6.308 1	6.468 4	6.633 0	6.801 9	6.975 3	7.153 3	7.335 9	7.523 3
7	7.213 5	7.434 3	7.662 5	7.898 3	8.142 0	8.393 8	8.654 0	8.922 8	9.200 4
8	8.285 7	8.583 0	8.893 2	9.214 2	9.549 1	9.897 5	10.260	10.637	11.028
9	9.368 5	9.754 6	10.159	10.583	11.027	11.491	11.978	12.488	13.021
10	10.462	10.950	11.464	12.006	12.578	13.181	13.816	14.487	15.193
11	11.567	12.169	12.808	13.486	14.207	14.972	15.784	16.645	17.560
12	12.683	13.412	14.192	15.026	15.917	16.870	17.888	18.977	20.141
13	13.809	14.680	15.618	16.627	17.713	18.882	20.141	21.495	22.953
14	14.947	15.974	17.086	18.292	19.599	21.015	22.550	24.215	26.019
15	16.097	17.293	18.599	20.024	21.579	23.276	25.129	27.152	29.361
16	17.258	18.639	20.157	21.825	23.657	25.673	27.888	30.324	33.003
17	18.430	20.012	21.762	23.698	25.840	28.213	30.840	33.750	36.974
18	19.615	21.412	23.414	25.645	28.132	30.906	33.999	37.450	41.301
19	20.811	22.841	25.117	27.671	30.539	33.760	37.379	41.446	46.018
20	22.019	24.297	26.870	29.778	33.066	36.786	40.995	45.762	51.160
21	23.239	25.783	28.676	31.969	35.719	39.993	44.865	50.423	56.765
22	24.472	27.299	30.537	34.248	38.505	43.392	49.006	55.457	62.873
23	25.716	28.845	32.453	36.618	41.430	46.996	53.436	60.893	69.532
24	26.973	30.422	34.426	39.083	44.502	50.816	58.177	66.765	76.790
25	28.243	32.030	36.459	41.646	47.727	54.865	63.249	73.106	84.701
30	34.785	40.568	47.575	56.085	66.439	79.058	94.461	113.28	136.31
40	48.886	60.402	75.401	95.026	120.80	154.76	199.64	259.06	337.88
50	64.463	84.579	112.80	152.67	209.35	290.34	406.53	573.77	815.08
60	81.670	114.05	163.05	237.99	353.58	533.13	813.52	1 253.2	1 944.8

期数	利率										
	10%	12%	14%	15%	16%	18%	20%	24%	28%	32%	36%
1	1.000 0	1.000 0	1.000 0	1.000 0	1.000 0	1.000 0	1.000 0	1.000 0	1.000 0	1.000 0	1.000 0
2	2.100 0	2.120 0	2.140 0	2.150 0	2.160 0	2.180 0	2.200 0	2.240 0	2.280 0	2.320 0	2.360 0
3	3.310 0	3.374 4	3.439 6	3.472 5	3.505 6	3.572 4	3.640 0	3.777 6	3.918 4	4.062 4	4.209 6
4	3.641 0	4.779 3	4.921 1	4.993 4	5.066 5	5.215 4	5.368 0	5.684 2	6.015 6	6.362 4	6.725 1
5	6.105 1	6.352 8	6.610 1	6.742 4	6.877 1	7.154 2	7.441 6	8.048 4	8.699 9	9.398 3	10.146
6	7.715 6	8.115 2	8.535 5	8.753 7	8.977 5	9.442 0	9.929 9	10.980	12.136	13.406	14.799
7	9.487 2	10.089	10.730	11.067	11.414	12.142	12.916	14.615	16.534	18.696	21.126
8	11.436	12.300	13.233	13.727	14.240	15.327	16.499	19.123	22.163	25.678	29.732
9	13.579	14.776	16.085	16.786	17.519	19.086	20.799	24.712	29.369	34.895	41.435
10	15.937	17.549	19.337	20.304	21.321	23.521	25.959	31.643	38.593	47.062	57.352
11	18.531	20.655	23.045	24.349	25.733	28.755	32.150	40.238	50.398	63.122	78.998
12	21.384	24.133	27.271	29.002	30.850	34.931	39.581	50.895	65.510	84.320	108.44

续前表

期数	利率										
	10%	12%	14%	15%	16%	18%	20%	24%	28%	32%	36%
13	24.523	28.029	32.089	34.352	36.786	42.219	48.497	64.110	84.853	112.30	148.47
14	27.975	32.393	37.581	40.505	43.672	50.818	59.196	80.496	109.61	149.24	202.93
15	31.772	37.280	43.842	47.580	51.660	60.965	72.035	100.82	141.30	198.00	276.98
16	35.950	42.753	50.980	55.717	60.925	72.939	87.442	126.01	181.87	262.36	377.69
17	40.545	48.884	59.118	65.075	71.673	87.068	105.93	157.25	233.79	347.31	514.66
18	45.599	55.750	68.394	75.836	84.141	103.74	128.12	195.99	300.25	459.45	700.94
19	51.159	64.440	78.969	88.212	98.603	123.41	154.74	244.03	385.32	607.47	954.28
20	57.275	72.052	91.025	102.44	115.38	146.63	186.69	303.60	494.21	802.86	1 298.8
21	64.002	81.699	104.77	118.81	134.84	174.02	225.03	377.46	633.59	1 060.8	1 767.4
22	71.403	92.503	120.44	137.63	157.41	206.34	271.03	469.06	812.00	1 401.2	2 404.7
23	79.543	104.60	138.30	159.28	183.60	244.49	326.24	582.63	1 040.4	1 850.6	3 271.3
24	88.497	118.16	158.66	184.17	213.98	289.49	392.48	723.46	1 332.7	2 443.8	4 450.0
25	98.347	133.33	181.87	212.79	249.21	342.60	471.98	898.09	1 706.8	3 226.8	6 053.0
30	164.49	241.33	356.79	434.75	530.31	790.95	1 181.9	2640.9	5 873.2	12 941.	28 172.3
40	442.59	767.09	1 342.0	1 779.1	2 360.8	4 163.2	7 343.9	22 729.	69 377.	*	*
50	1 163.9	2 400.0	4 994.5	7 217.7	10 436.	21 813.	45 497.	*	*	*	*
60	3 034.8	7 471.6	18 535.	29 220.	46 058.	*	*	*	*	*	*

* 表示 FVIFA>99 999。

表 A-5 连续复利终值系数 e^{rT}

期数	连续复利计算利率 (*r*)													
(*T*)	1%	2%	3%	4%	5%	6%	7%	8%	9%	10%	11%	12%	13%	14%
1	1.010 1	1.020 2	1.030 5	1.040 8	1.051 3	1.061 8	1.072 5	1.083 3	1.094 2	1.105 2	1.116 3	1.127 5	1.138 8	1.150 3
2	1.020 2	1.040 8	1.061 8	1.083 3	1.105 2	1.127 5	1.150 3	1.173 5	1.197 2	1.221 4	1.246 1	1.271 2	1.296 9	1.323 1
3	1.030 5	1.061 8	1.094 2	1.127 5	1.161 8	1.197 2	1.233 7	1.271 2	1.310 0	1.349 9	1.391 0	1.433 3	1.477 0	1.522 0
4	1.040 8	1.083 3	1.127 5	1.173 5	1.221 4	1.271 2	1.323 1	1.377 1	1.433 3	1.491 8	1.552 7	1.616 1	1.682 0	1.750 7
5	1.051 3	1.105 2	1.161 8	1.221 4	1.284 0	1.349 9	1.419 1	1.491 8	1.568 3	1.648 7	1.733 3	1.822 1	1.915 5	2.013 8
6	1.061 8	1.127 5	1.197 2	1.271 2	1.349 9	1.433 3	1.522 0	1.616 1	1.716 0	1.822 1	1.934 8	2.054 4	2.181 5	2.316 4
7	1.072 5	1.150 3	1.233 7	1.323 1	1.419 1	1.522 0	1.632 3	1.750 7	1.877 6	2.013 8	2.159 8	2.316 4	2.484 3	2.664 5
8	1.083 3	1.173 5	1.271 2	1.377 1	1.491 8	1.616 1	1.750 7	1.896 5	2.054 4	2.225 5	2.410 9	2.611 7	2.829 2	3.064 9
9	1.094 2	1.197 2	1.310 0	1.433 3	1.568 3	1.716 0	1.877 6	2.054 4	2.247 9	2.459 6	2.691 2	2.944 7	3.222 0	3.525 4
10	1.105 2	1.221 4	1.349 9	1.491 8	1.648 7	1.822 1	2.013 8	2.225 5	2.459 6	2.718 3	3.004 2	3.320 1	3.669 3	4.055 2
11	1.116 3	1.246 1	1.391 0	1.552 7	1.733 3	1.934 8	2.159 8	2.410 9	2.691 2	3.004 2	3.353 5	3.743 4	4.178 7	4.664 6
12	1.127 5	1.271 2	1.433 3	1.616 1	1.822 1	2.054 4	2.316 4	2.611 7	2.944 7	3.320 1	3.743 4	4.220 7	4.758 8	5.365 6
13	1.138 8	1.296 9	1.477 0	1.682 0	1.915 5	2.181 5	2.484 3	2.829 2	3.222 0	3.669 3	4.178 7	4.758 8	5.419 5	6.171 9
14	1.150 3	1.323 1	1.522 0	1.750 7	2.013 8	2.316 4	2.664 5	3.064 9	3.525 4	4.055 2	4.664 6	5.365 6	6.171 9	7.099 3
15	1.161 8	1.349 9	1.568 3	1.822 1	2.117 0	2.459 6	2.857 7	3.320 1	3.857 4	4.481 7	5.207 0	6.049 6	7.028 7	8.166 2
16	1.173 5	1.377 1	1.616 1	1.896 5	2.225 5	2.611 7	3.064 9	3.596 6	4.220 7	4.953 0	5.812 4	6.821 0	8.004 5	9.393 3
17	1.185 3	1.404 9	1.665 3	1.973 9	2.339 6	2.773 2	3.287 1	3.896 2	4.618 2	5.473 9	6.488 3	7.690 6	9.115 7	10.804 9
18	1.197 2	1.433 3	1.716 0	2.054 4	2.459 6	2.944 7	3.525 4	4.220 7	5.053 1	6.049 6	7.242 7	8.671 1	10.381 2	12.428 6
19	1.209 2	1.462 3	1.768 3	2.138 3	2.585 7	3.126 8	3.781 0	4.572 2	5.529 0	6.685 9	8.084 9	9.776 7	11.822 4	14.296 3
20	1.221 4	1.491 8	1.822 1	2.225 5	2.718 3	3.320 1	4.055 2	4.953 0	6.049 6	7.389 1	9.025 0	11.023 2	13.463 7	16.444 6
21	1.233 7	1.522 0	1.877 6	2.316 4	2.857 7	3.525 4	4.349 2	5.365 6	6.619 4	8.166 2	10.074 4	12.428 6	15.332 9	18.915 8
22	1.246 1	1.552 7	1.934 8	2.410 9	3.004 2	3.743 4	4.664 6	5.812 4	7.242 7	9.025 0	11.245 9	14.013 2	17.461 5	21.758 4
23	1.258 6	1.584 1	1.993 7	2.509 3	3.158 2	3.974 9	5.002 8	6.296 5	7.924 8	9.974 2	12.553 5	15.799 8	19.885 7	25.028 1
24	1.271 2	1.616 1	2.054 4	2.611 7	3.320 1	4.220 7	5.365 6	6.821 0	8.671 1	11.023 2	14.013 2	17.814 3	22.646 4	28.789 2
25	1.284 0	1.648 7	2.117 0	2.718 3	3.490 3	4.481 7	5.754 6	7.389 1	9.487 7	12.182 5	15.642 6	20.085 5	25.790 3	33.115 5
30	1.349 9	1.822 1	2.459 6	3.320 4	4.481 7	6.049 6	8.166 2	11.023 2	14.879 7	20.085 5	27.112 6	36.598 2	49.402 4	66.686 3

续前表

期数	连续复利计算利率（r）													
（T）	1%	2%	3%	4%	5%	6%	7%	8%	9%	10%	11%	12%	13%	14%
35	1.419 1	2.013 8	2.857 7	4.055 2	5.754 6	8.166 2	11.588 3	16.444 6	23.336 1	33.115 5	46.993 1	66.686 3	94.632 4	134.289 8
40	1.491 8	2.225 5	3.320 1	4.953 0	7.389 1	11.023 2	16.444 6	24.523 5	36.598 2	54.598 2	81.450 9	121.510 4	181.272 2	270.426 4
45	1.568 3	2.459 6	3.857 4	6.049 6	9.487 7	14.879 7	23.336 1	36.598 2	57.397 5	90.017 1	141.175 0	221.406 4	347.234 4	544.571 9
50	1.648 7	2.718 3	4.481 7	7.389 1	12.182 5	20.085 5	33.115 5	54.598 2	90.017 1	148.413 2	244.691 9	403.428 8	665.141 6	1096.633
55	1.733 3	3.004 2	5.207 0	9.025 0	15.642 6	27.112 6	46.993 1	81.450 9	141.175 0	244.691 9	424.113 0	735.095 2	1 274.106	2 208.348
60	1.822 1	3.320 1	6.049 6	11.023 2	20.085 5	36.598 2	66.686 3	121.510 4	221.406 4	403.428 8	735.095 2	1 339.431	2 440.602	4 447.067

期数	连续复利计算利率（r）													
（T）	15%	16%	17%	18%	19%	20%	21%	22%	23%	24%	25%	26%	27%	28%
1	1.161 8	1.173 5	1.185 3	1.197 2	1.209 2	1.221 4	1.233 7	1.246 1	1.258 6	1.271 2	1.284 0	1.296 9	1.310 0	1.323 1
2	1.349 9	1.377 1	1.404 9	1.433 3	1.462 3	1.491 8	1.522 0	1.552 7	1.584 1	1.616 1	1.648 7	1.682 0	1.716 0	1.750 7
3	1.568 3	1.616 1	1.665 3	1.716 0	1.768 3	1.822 1	1.877 6	1.934 8	1.993 7	2.054 4	2.1170	2.1815	2.2479	2.3164
4	1.822 1	1.896 5	1.973 9	2.054 4	2.138 3	2.225 5	2.316 4	2.410 9	2.509 3	2.611 7	2.718 3	2.829 2	2.944 7	3.064 9
5	2.117 0	2.225 5	2.339 6	2.459 6	2.585 7	2.718 3	2.857 7	3.004 2	3.158 2	3.320 1	3.490 3	3.669 3	3.857 4	4.055 2
6	2.459 6	2.611 7	2.773 2	2.944 7	3.126 8	3.320 1	3.525 4	3.743 4	3.974 9	4.220 7	4.481 7	4.758 8	5.035 1	5.365 6
7	2.857 7	3.064 9	3.287 1	3.525 4	3.781 0	4.055 2	4.349 2	4.664 6	5.002 8	5.365 6	5.754 6	6.171 9	6.619 4	7.099 3
8	3.320 1	3.596 6	3.896 2	4.220 7	4.572 2	4.953 0	5.365 6	5.812 4	6.296 5	6.821 0	7.389 1	8.004 5	8.671 1	9.393 3
9	3.857 4	4.220 7	4.618 2	5.053 1	5.529 0	6.049 6	6.619 4	7.242 7	7.924 8	8.671 1	9.487 7	10.381 2	11.358 9	12.428 6
10	4.481 7	4.953 0	5.473 9	6.049 6	6.685 9	7.389 1	8.166 2	9.025 0	9.974 2	11.023 2	12.182 5	13.463 7	14.879 7	16.444 6
11	5.207 0	5.812 4	6.488 3	7.242 7	8.084 9	9.025 0	10.074 4	11.245 9	12.553 5	14.013 2	15.642 6	17.461 5	19.491 9	21.758 4
12	6.049 6	6.821 0	7.690 6	8.671 1	9.776 7	11.023 2	12.428 6	14.013 2	15.799 8	17.814 3	20.085 5	22.646 4	25.533 7	28.789 2
13	7.028 7	8.004 5	9.115 7	10.381 2	11.822 4	13.463 7	15.332 9	17.461 5	19.885 7	22.646 4	25.790 3	29.370 8	33.448 3	38.091 8
14	8.166 2	9.393 3	10.804 9	12.428 6	14.296 3	16.444 6	18.915 8	21.758 4	25.028 1	28.789 2	33.115 5	38.091 8	43.816 0	50.400 4
15	9.487 7	11.023 2	12.087 1	14.879 7	17.287 8	20.085 5	23.336 1	27.112 6	31.500 4	36.598 2	42.521 1	49.402 4	57.397 5	66.686 3
16	11.023 2	12.935 8	15.180 3	17.814 3	20.905 2	24.532 5	28.789 2	33.784 4	39.646 4	46.525 5	54.598 2	64.071 5	75.188 6	88.234 7
17	12.807 1	15.180 3	17.993 3	21.327 6	25.279 7	29.964 1	35.516 6	42.098 0	49.899 0	59.145 5	70.105 4	83.096 3	98.494 4	116.745 9
18	14.879 7	17.814 3	21.327 6	25.533 7	30.569 4	36.598 2	43.816 0	52.457 3	62.802 8	75.188 6	90.017 1	107.770 1	129.024 2	154.470 0
19	17.287 8	20.905 2	25.279 7	30.569 4	36.966 1	44.701 2	54.054 9	65.365 9	79.043 6	95.583 5	115.584 3	139.770 2	169.017 1	204.383 9
20	20.085 5	24.532 5	29.964 1	36.598 2	44.701 2	54.598 2	66.686 3	81.450 9	99.484 3	121.510 4	148.413 2	181.272 2	221.406 4	270.426 4

续前表

期数 (T)	连续复利计算利率（r）													
	15%	16%	17%	18%	19%	20%	21%	22%	23%	24%	25%	26%	27%	28%
21	23.336 1	28.789 2	35.516 6	43.816 0	54.054 9	66.686 3	82.269 5	101.494 0	125.211 0	154.470 0	190.566 3	235.097 4	290.034 5	357.809 2
22	27.112 6	33.784 4	42.098 0	52.457 3	65.365 9	81.450 9	101.494 0	126.469 4	157.590 5	196.369 9	244.691 9	304.904 9	379.934 9	473.428 1
23	31.500 4	39.646 4	49.899 0	62.802 8	79.043 6	99.484 3	125.211 0	157.590 5	198.343 4	249.635 0	314.190 7	395.440 4	497.701 3	626.406 8
24	36.598 2	46.525 5	59.145 5	75.188 6	95.583 5	121.510 4	154.470 0	196.369 9	249.635 0	317.348 3	403.428 8	512.858 5	651.970 9	828.817 5
25	42.521 1	54.598 2	70.105 4	90.017 1	115.584 3	148.413 2	190.566 3	244.691 9	314.190 7	403.428 8	518.012 8	665.141 6	854.058 8	1 096.633
30	90.017 1	121.510 4	164.021 9	221.406 4	298.867 4	403.428 8	544.571 9	735.095 2	992.274 7	1 339.431	1 808.042	2 440.602	3 294.468	4 447.067
35	190.566 3	270.426 4	383.753 3	544.571 9	772.7843	1 096.633	1 556.197	2 208.348	3 133.795	4 447.067	6 310.688	8 955.293	1 2708.17	18 033.74
40	403.428 8	601.845 0	897.847 3	1 339.431	1 998.196	2 980.958	4 447.067	6 634.244	9 897.129	14 764.78	22 026.47	32 859.63	49 020.80	73 130.44
45	854.058 8	1 339.431	2 100.646	3 294.468	5 166.754	8 103.084	12 708.17	19 930.37	31 257.04	49 020.80	76 879.92	120 571.7	189 094.1	296 558.6
50	1 808.042	2 980.958	4 914.769	8 103.084	13 359.73	22 026.47	36 315.50	59 874.14	98 715.77	162 754.8	268 337.3	442 413.4	729 416.4	1 202 604.
55	3 827.626	6 634.244	11 498.82	19 930.37	34 544.37	59 874.14	103 777.0	179 871.9	311 763.4	540 364.9	936 589.2	1 623 346.	2 813 669.	4 876 801.
60	8 103.084	14 764.78	26 903.19	49 020.80	89 321.72	162 754.8	296 558.6	540 364.9	984 609.1	1 794 075.	3 269 017.	5 956 538.	10 853 520.	19 776 403.

表 A-6　连续复利现值系数 e^{-rT}

期数 (T)	连续复利计算利率（r）																
	1%	2%	3%	4%	5%	6%	7%	8%	9%	10%	11%	12%	13%	14%	15%	16%	17%
1	.990 0	.980 2	.970 4	.960 8	.951 2	.941 8	.932 4	.923 1	.913 9	.904 8	.895 8	.886 9	.878 1	.869 4	.860 7	.852 1	.843 7
2	.980 2	.960 8	.941 8	.923 1	.904 8	.886 9	.869 4	.852 1	.835 3	.818 7	.802 5	.786 6	.771 1	.755 8	.740 8	.726 1	.711 8
3	.970 4	.941 8	.913 9	.886 9	.860 7	.835 3	.810 6	.786 6	.763 4	.740 8	.718 9	.697 7	.677 1	.657 0	.637 6	.618 8	.600 5
4	.960 8	.923 1	.886 9	.852 1	.818 7	.786 6	.755 8	.726 1	.697 7	.670 3	.644 0	.618 8	.594 5	.571 2	.548 8	.527 3	.506 6
5	.951 2	.904 8	.860 7	.818 7	.778 8	.740 8	.704 7	.670 3	.637 6	.606 5	.576 9	.548 8	.522 0	.496 6	.472 4	.449 3	.427 4
6	.941 8	.886 9	.835 3	.786 6	.740 8	.697 7	.657 0	.618 8	.582 7	.548 8	.516 9	.486 8	.458 4	.431 7	.406 6	.382 9	.360 6
7	.932 4	.869 4	.810 6	.755 8	.704 7	.657 0	.612 6	.571 2	.532 6	.496 6	.463 0	.431 7	.402 5	.375 3	.349 9	.326 3	.304 2
8	.923 1	.852 1	.786 6	.726 1	.670 3	.618 8	.571 2	.527 3	.486 8	.449 3	.414 8	.382 9	.353 5	.326 3	.301 2	.278 0	.257 6
9	.913 9	.835 3	.763 4	.697 7	.637 6	.582 7	.532 6	.486 8	.444 9	.406 6	.371 6	.339 6	.310 4	.283 7	.259 2	.236 9	.216 5
10	.904 8	.818 7	.740 8	.670 3	.606 5	.548 8	.496 6	.449 3	.406 6	.367 9	.332 9	.301 2	.272 5	.246 6	.223 1	.201 9	.182 7
11	.895 8	.802 5	.718 9	.644 0	.576 9	.516 9	.463 0	.414 8	.371 6	.332 9	.298 2	.267 1	.239 3	.214 4	.192 0	.172 0	.154 1

续前表

期数 (T)	连续复利计算利率 (r)																
	1%	2%	3%	4%	5%	6%	7%	8%	9%	10%	11%	12%	13%	14%	15%	16%	17%
12	.886 9	.786 6	.697 7	.618 8	.548 8	.486 8	.431 7	.382 9	.339 6	.301 2	.267 1	.236 9	.210 1	.186 4	.165 3	.146 6	.130 0
13	.878 1	.771 1	.677 1	.594 5	.522 0	.458 4	.402 5	.353 5	.310 4	.272 5	.239 3	.210 1	.184 5	.162 0	.142 3	.124 9	.109 7
14	.869 4	.755 8	.657 0	.571 2	.496 6	.431 7	.375 3	.326 3	.283 7	.246 6	.214 4	.186 4	.162 0	.140 9	.122 5	.106 5	.092 6
15	.860 7	.740 8	.637 6	.548 8	.472 4	.406 6	.349 9	.301 2	.259 2	.223 1	.192 0	.165 3	.142 3	.122 5	.105 4	.090 7	.078 1
16	.852 1	.726 1	.618 8	.527 3	.449 3	.382 9	.326 3	.278 0	.236 9	.201 9	.172 0	.146 6	.124 9	.106 5	.090 7	.077 3	.065 9
17	.843 7	.711 8	.600 5	.506 6	.427 4	.360 6	.304 2	.256 7	.216 5	.182 7	.154 1	.130 0	.109 7	.092 6	.078 1	.065 9	.055 6
18	.835 3	.697 7	.582 7	.486 8	.406 6	.339 6	.283 7	.236 9	.197 9	.165 3	.138 1	.115 3	.096 3	.080 5	.067 2	.056 1	.046 9
19	.827 0	.683 9	.565 5	.467 7	.386 7	.319 8	.264 5	.218 7	.180 9	.149 6	.123 7	.102 3	.084 6	.069 9	.057 8	.047 8	.039 6
20	.818 7	.670 3	.548 8	.449 3	.367 9	.301 2	.246 6	.201 9	.165 3	.135 3	.110 8	.090 7	.074 3	.060 8	.049 8	.040 8	.033 4
21	.810 6	.657 0	.532 6	.431 7	.349 9	.283 7	.229 9	.186 4	.151 1	.122 5	.099 3	.080 5	.065 2	.052 9	.042 9	.034 7	.028 2
22	.802 5	.644 0	.516 9	.414 8	.332 9	.267 1	.214 4	.172 0	.138 1	.110 8	.088 9	.071 4	.057 3	.046 0	.036 9	.029 6	.023 8
23	.794 5	.631 3	.501 6	.398 5	.316 6	.251 6	.199 9	.158 8	.126 2	.100 3	.079 7	.063 3	.050 3	.040 0	.031 7	.025 2	.020 0
24	.786 6	.618 8	.486 8	.382 9	.301 2	.236 9	.186 4	.146 6	.115 3	.090 7	.071 4	.056 1	.044 2	.034 7	.027 3	.021 5	.016 9
25	.778 8	.606 5	.472 4	.367 9	.286 5	.223 1	.173 8	.135 3	.105 4	.082 1	.063 9	.049 8	.038 8	.030 2	.023 5	.018 3	.014 3
30	.740 8	.548 8	.406 6	.301 2	.223 1	.165 3	.122 5	.090 7	.067 2	.049 8	.036 9	.027 3	.020 2	.015 0	.011 1	.008 2	.006 1
35	.704 7	.496 6	.349 9	.246 6	.173 8	.122 5	.086 3	.060 8	.042 9	.030 2	.021 3	.015 0	.010 6	.007 4	.005 2	.003 7	.002 6
40	.670 3	.449 3	.301 2	.201 9	.135 3	.090 7	.060 8	.040 8	.027 3	.018 3	.012 3	.008 2	.005 5	.003 7	.002 5	.001 7	.001 1
45	.637 6	.406 6	.259 2	.165 3	.105 4	.067 2	.042 9	.027 3	.017 4	.011 1	.007 1	.004 5	.002 9	.001 8	.001 2	.000 7	.000 5
50	.606 5	.367 9	.223 1	.135 3	.082 1	.049 8	.030 2	.018 3	.011 1	.006 7	.004 1	.002 5	.001 5	.000 9	.000 6	.000 3	.000 2
55	.576 9	.332 9	.192 0	.110 8	.063 9	.036 9	.021 3	.012 3	.007 1	.004 1	.002 4	.001 4	.000 8	.000 5	.000 3	.000 2	.000 1
60	.548 8	.301 2	.165 3	.090 7	.049 8	.027 3	.015 0	.008 2	.004 5	.002 5	.001 4	.000 7	.000 4	.000 2	.000 1	.000 1	.000 0

期数 (T)	连续复利计算利率 (r)																	
	18%	19%	20%	21%	22%	23%	24%	25%	26%	27%	28%	29%	30%	31%	32%	33%	34%	35%
1	.835 3	.827 0	.818 7	.810 6	.802 5	.794 5	.786 6	.778 8	.771 1	.763 4	.755 8	.748 3	.740 8	.733 4	.726 1	.718 9	.711 8	.704 7
2	.697 7	.683 9	.670 3	.657 0	.644 0	.631 3	.618 8	.606 5	.594 5	.582 7	.571 2	.559 9	.548 8	.537 9	.527 3	.516 9	.506 6	.496 6
3	.582 7	.565 5	.548 8	.532 6	.516 9	.501 6	.486 8	.472 4	.458 4	.444 9	.431 7	.419 0	.406 6	.394 6	.382 9	.371 6	.360 6	.349 9
4	.486 8	.467 7	.449 3	.431 7	.414 8	.398 5	.382 9	.367 9	.353 5	.339 6	.326 3	.313 5	.301 2	.289 4	.278 0	.267 1	.256 7	.246 6

续前表

期数	连续复利计算利率（r）																	
（T）	18%	19%	20%	21%	22%	23%	24%	25%	26%	27%	28%	29%	30%	31%	32%	33%	34%	35%
5	.406 6	.386 7	.367 9	.349 9	.332 9	.316 6	.301 2	.286 5	.272 5	.259 2	.246 6	.234 6	.223 1	.212 2	.201 9	.192 0	.182 7	.173 8
6	.339 6	.319 8	.301 2	.283 7	.267 1	.251 6	.236 9	.223 1	.210 1	.197 9	.186 4	.175 5	.165 3	.155 7	.146 6	.138 1	.130 0	.122 5
7	.283 7	.264 5	.246 6	.229 9	.214 4	.199 9	.186 4	.173 8	.162 0	.151 1	.140 9	.131 3	.122 5	.114 2	.106 5	.099 3	.092 6	.086 3
8	.236 9	.218 7	.201 9	.186 4	.172 0	.158 8	.146 6	.135 3	.124 9	.115 3	.106 5	.098 3	.090 7	.083 7	.077 3	.071 4	.065 9	.060 8
9	.197 9	.180 9	.165 3	.151 1	.138 1	.126 2	.115 3	.105 4	.096 3	.088 0	.080 5	.073 5	.067 2	.061 4	.056 1	.051 3	.046 9	.042 9
10	.165 3	.149 6	.135 3	.122 5	.110 8	.100 3	.090 7	.082 1	.074 3	.067 2	.060 8	.055 0	.049 8	.045 0	.040 8	.036 9	.033 4	.030 2
11	.138 1	.123 7	.110 8	.099 3	.088 9	.079 7	.071 4	.063 9	.057 3	.051 3	.046 0	.041 2	.036 9	.033 0	.029 6	.026 5	.023 8	.021 3
12	.115 4	.102 3	.090 7	.080 5	.071 4	.063 3	.056 1	.049 8	.044 2	.039 2	.034 7	.030 8	.027 3	.024 2	.021 5	.019 1	.016 9	.015 0
13	.096 3	.084 6	.074 3	.065 2	.057 3	.050 3	.044 2	.038 8	.034 0	.029 9	.026 3	.023 1	.020 2	.017 8	.015 6	.013 7	.012 0	.010 6
14	.080 5	.069 9	.060 8	.052 9	.046 0	.040 0	.034 7	.030 2	.026 3	.022 8	.019 8	.017 2	.015 0	.013 0	.011 3	.009 9	.008 6	.007 4
15	.067 2	.057 8	.049 8	.042 9	.036 9	.031 7	.027 3	.023 5	.020 2	.017 4	.015 0	.012 9	.011 1	.009 6	.008 2	.007 1	.006 1	.005 2
16	.056 1	.047 8	.040 8	.034 7	.029 6	.025 2	.021 5	.018 3	.015 6	.013 3	.011 3	.009 7	.008 2	.007 0	.006 0	.005 1	.004 3	.003 7
17	.046 9	.039 6	.033 4	.028 2	.023 8	.020 0	.016 9	.014 3	.012 0	.010 2	.008 6	.007 2	.006 1	.005 1	.004 3	.003 7	.003 1	.002 6
18	.039 2	.032 7	.027 3	.022 8	.019 1	.015 9	.013 3	.011 1	.009 3	.007 8	.006 5	.005 4	.004 5	.003 8	.003 2	.002 6	.002 2	.001 8
19	.032 7	.027 1	.022 4	.018 5	.015 3	.012 7	.010 5	.008 7	.007 2	.005 9	.004 9	.004 0	.003 3	.002 8	.002 3	.001 9	.001 6	.001 3
20	.027 3	.022 4	.018 3	.015 0	.012 3	.010 1	.008 2	.006 7	.005 5	.004 5	.003 7	.003 0	.002 5	.002 0	.001 7	.001 4	.001 1	.000 9
21	.022 8	.018 5	.015 0	.012 2	.009 9	.008 0	.006 5	.005 2	.004 3	.003 4	.002 8	.002 3	.001 8	.001 5	.001 2	.001 0	.000 8	.000 6
22	.019 1	.015 3	.012 3	.009 9	.007 9	.006 3	.005 1	.004 1	.003 3	.002 6	.002 1	.001 7	.001 4	.001 1	.000 9	.000 7	.000 6	.000 5
23	.015 9	.012 7	.010 1	.008 0	.006 3	.005 0	.004 0	.003 2	.002 5	.002 0	.001 6	.001 3	.001 0	.000 8	.000 6	.000 5	.000 4	.000 3
24	.013 3	.010 5	.008 2	.006 5	.005 1	.004 0	.003 2	.002 5	.001 9	.001 5	.001 2	.000 9	.000 7	.000 6	.000 5	.000 4	.000 3	.000 2
25	.011 1	.008 7	.006 7	.005 2	.004 1	.003 2	.002 5	.001 9	.001 5	.001 2	.000 9	.000 7	.000 6	.000 4	.000 3	.000 2	.000 2	.000 2
30	.004 5	.003 3	.002 5	.001 8	.001 4	.001 0	.000 7	.000 6	.000 4	.000 3	.000 2	.000 2	.000 1	.000 1	.000 1	.000 1	.000 0	.000 0
35	.001 8	.001 3	.000 9	.000 6	.000 5	.000 3	.000 2	.000 2	.000 1	.000 1	.000 1	.000 0	.000 0	.000 0	.000 0	.000 0	.000 0	.000 0
40	.000 7	.000 5	.000 3	.000 2	.000 2	.000 1	.000 1	.000 0	.000 0	.000 0	.000 0	.000 0	.000 0	.000 0	.000 0	.000 0	.000 0	.000 0
45	.000 3	.000 2	.000 1	.000 1	.000 1	.000 0	.000 0	.000 0	.000 0	.000 0	.000 0	.000 0	.000 0	.000 0	.000 0	.000 0	.000 0	.000 0
50	.000 1	.000 1	.000 0	.000 0	.000 0	.000 0	.000 0	.000 0	.000 0	.000 0	.000 0	.000 0	.000 0	.000 0	.000 0	.000 0	.000 0	.000 0
55	.000 1	.000 0	.000 0	.000 0	.000 0	.000 0	.000 0	.000 0	.000 0	.000 0	.000 0	.000 0	.000 0	.000 0	.000 0	.000 0	.000 0	.000 0
60	.000 0	.000 0	.000 0	.000 0	.000 0	.000 0	.000 0	.000 0	.000 0	.000 0	.000 0	.000 0	.000 0	.000 0	.000 0	.000 0	.000 0	.000 0

Stephen Ross, Randolph Westerfield, Jeffrey Jaffe, Bradford Jordan
Corporate Finance: Core Principles & Applications (Fifth Edition)
1259289907

北京市版权局著作权合同登记号：01-2018-4079

图书在版编目（CIP）数据

公司理财：第5版/斯蒂芬·罗斯等著；李常青等译. —北京：中国人民大学出版社，2018.11
（工商管理经典译丛. 会计与财务系列）
ISBN 978-7-300-26310-6

Ⅰ.①公… Ⅱ.①斯…②李… Ⅲ.①公司-财务管理 Ⅳ.①F276.6

中国版本图书馆CIP数据核字（2018）第232129号

工商管理经典译丛·会计与财务系列
公司理财（第5版）
斯蒂芬·罗斯
伦道夫·威斯特菲尔德 著
杰弗利·贾菲
布拉德福德·乔丹
李常青 魏志华 等 译
Gongsi Licai

出版发行	中国人民大学出版社		
社　　址	北京中关村大街31号	**邮政编码**	100080
电　　话	010－62511242（总编室）		010－62511770（质管部）
	010－82501766（邮购部）		010－62514148（门市部）
	010－62515195（发行公司）		010－62515275（盗版举报）
网　　址	http://www.crup.com.cn		
经　　销	新华书店		
印　　刷	北京七色印务有限公司		
规　　格	185 mm×260 mm　16开本	**版　　次**	2018年11月第1版
印　　张	36.5 插页1	**印　　次**	2021年10月第3次印刷
字　　数	890 000	**定　　价**	79.00元

教师反馈表

麦格劳-希尔教育集团（McGraw-Hill Education）是全球领先的教育资源与数字化解决方案提供商。为了更好地提供教学服务，提升教学质量，麦格劳-希尔教师服务中心于2003年在京成立。在您确认将本书作为指定教材后，请填好以下表格并经系主任签字盖章后返回我们（或联系我们索要电子版），我们将免费向您提供相应的教学辅助资源。如果您需要订购或参阅本书的英文原版，我们也将竭诚为您服务。

★ 基本信息					
姓		名		性别	
学校			院系		
职称			职务		
办公电话			家庭电话		
手机			电子邮箱		
通信地址及邮编					
★ 课程信息					
主讲课程一1		课程性质		学生年级	
学生人数		授课语言		学时数	
开课日期		学期数		教材决策者	
教材名称、作者、出版社					
★ 教师需求及建议					
提供配套教学课件（请注明作者/书名/版次）					
推荐教材（请注明感兴趣领域或相关信息）					
其他需求					
意见和建议（图书和服务）					
是否需要最新图书信息	是、否	系主任签字/盖章			
是否有翻译意愿	是、否				

Higher Education

教师服务热线：800-810-1936

教师服务信箱：instructorchina@mheducation.com

网址：www.mheducation.com

麦格劳-希尔教育教师服务中心

地址：北京市东城区北三环东路36号环球贸易中心A座702室教师服务中心　100013

电话：010-57997618/57997600

传真：010 59575582

教师教学服务说明

中国人民大学出版社财会出版分社以出版经典、高品质的会计、财务管理、审计等领域各层次教材为宗旨。

为了更好地为一线教师服务，近年来财会出版分社着力建设了一批数字化、立体化的网络教学资源。教师可以通过以下方式获得免费下载教学资源的权限：

在中国人民大学出版社网站 www. crup. com. cn 进行注册，注册后进入“会员中心”，在左侧点击“我的教师认证”，填写相关信息，提交后等待审核。我们将在一个工作日内为您开通相关资源的下载权限。

如您急需教学资源或需要其他帮助，请在工作时间与我们联络：

中国人民大学出版社　财会出版分社

联系电话：010-62515987，62511076

电子邮箱：ckcbfs@crup. com. cn

通讯地址：北京市海淀区中关村大街甲 59 号文化大厦 1501 室（100872）